经以人七

社会而未

贺教方印

毛泽东同志

诞辰七十周年

教育部哲学社会科学研究重大课题攻关项目
"十三五"国家重点出版物出版规划项目

法治中国建设背景下警察权研究

RESEARCH ON POLICE POWER UNDER
THE BACKGROUND OF
RULE OF LAW IN CHINA

余凌云
等著

中国财经出版传媒集团
经济科学出版社
Economic Science Press

图书在版编目（CIP）数据

法治中国建设背景下警察权研究/余凌云等著.—北京：经济科学出版社，2020.12
教育部哲学社会科学研究重大课题攻关项目 "十三五"国家重点出版物出版规划项目
ISBN 978-7-5218-2205-2

Ⅰ.①法… Ⅱ.①余… Ⅲ.①警察-行政执法-研究-中国 Ⅳ.①D922.144

中国版本图书馆 CIP 数据核字（2021）第 038172 号

责任编辑：何　宁
责任校对：隗立娜
责任印制：李　鹏　范　艳

法治中国建设背景下警察权研究
余凌云　等著
经济科学出版社出版、发行　新华书店经销
社址：北京市海淀区阜成路甲 28 号　邮编：100142
总编部电话：010-88191217　发行部电话：010-88191522
网址：www.esp.com.cn
电子邮箱：esp@esp.com.cn
天猫网店：经济科学出版社旗舰店
网址：http：//jjkxcbs.tmall.com
北京季蜂印刷有限公司印装
787×1092　16 开　32.25 印张　620000 字
2021 年 5 月第 1 版　2021 年 5 月第 1 次印刷
ISBN 978-7-5218-2205-2　定价：129.00 元
(图书出现印装问题，本社负责调换。电话：010-88191510)
(版权所有　侵权必究　打击盗版　举报热线：010-88191661
QQ：2242791300　营销中心电话：010-88191537
电子邮箱：dbts@esp.com.cn)

课题组主要成员

首席专家 余凌云
主要成员 赵丽君 程 悦 许 韬 陈 山
　　　　　　王洪芳 李 蕊 张 超 苏 宇
　　　　　　施立栋 于小龙 高刘阳 冀冰清
　　　　　　张 咏 韦佼杏 李 晴 郑 琳
　　　　　　王嘉贤 彭 凯

编审委员会成员

主　任　吕　萍
委　员　李洪波　柳　敏　陈迈利　刘来喜
　　　　　樊曙华　孙怡虹　孙丽丽

总　序

哲学社会科学是人们认识世界、改造世界的重要工具，是推动历史发展和社会进步的重要力量，其发展水平反映了一个民族的思维能力、精神品格、文明素质，体现了一个国家的综合国力和国际竞争力。一个国家的发展水平，既取决于自然科学发展水平，也取决于哲学社会科学发展水平。

党和国家高度重视哲学社会科学。党的十八大提出要建设哲学社会科学创新体系，推进马克思主义中国化、时代化、大众化，坚持不懈用中国特色社会主义理论体系武装全党、教育人民。2016年5月17日，习近平总书记亲自主持召开哲学社会科学工作座谈会并发表重要讲话。讲话从坚持和发展中国特色社会主义事业全局的高度，深刻阐释了哲学社会科学的战略地位，全面分析了哲学社会科学面临的新形势，明确了加快构建中国特色哲学社会科学的新目标，对哲学社会科学工作者提出了新期待，体现了我们党对哲学社会科学发展规律的认识达到了一个新高度，是一篇新形势下繁荣发展我国哲学社会科学事业的纲领性文献，为哲学社会科学事业提供了强大精神动力，指明了前进方向。

高校是我国哲学社会科学事业的主力军。贯彻落实习近平总书记哲学社会科学座谈会重要讲话精神，加快构建中国特色哲学社会科学，高校应发挥重要作用：要坚持和巩固马克思主义的指导地位，用中国化的马克思主义指导哲学社会科学；要实施以育人育才为中心的哲学社会科学整体发展战略，构筑学生、学术、学科一体的综合发展体系；要以人为本，从人抓起，积极实施人才工程，构建种类齐全、梯队衔接的高校哲学社会科学人才体系；要深化科研管理体制改革，发挥高校人才、智力和学科优势，提升学术原创能力，激发创新创造活力，建设中国特色新型高校智库；要加强组织领导、做好统筹规划、营造良好学术生态，形成统筹推进高校哲学社会科学发展新格局。

哲学社会科学研究重大课题攻关项目计划是教育部贯彻落实党中央决策部署的一项重大举措，是实施"高校哲学社会科学繁荣计划"的重要内容。重大攻关项目采取招投标的组织方式，按照"公平竞争，择优立项，严格管理，铸造精品"的要求进行，每年评审立项约40个项目。项目研究实行首席专家负责制，鼓励跨学科、跨学校、跨地区的联合研究，协同创新。重大攻关项目以解决国家现代化建设过程中重大理论和实际问题为主攻方向，以提升为党和政府咨询决策服务能力和推动哲学社会科学发展为战略目标，集合优秀研究团队和顶尖人才联合攻关。自2003年以来，项目开展取得了丰硕成果，形成了特色品牌。一大批标志性成果纷纷涌现，一大批科研名家脱颖而出，高校哲学社会科学整体实力和社会影响力快速提升。国务院副总理刘延东同志做出重要批示，指出重大攻关项目有效调动各方面的积极性，产生了一批重要成果，影响广泛，成效显著；要总结经验，再接再厉，紧密服务国家需求，更好地优化资源，突出重点，多出精品，多出人才，为经济社会发展做出新的贡献。

作为教育部社科研究项目中的拳头产品，我们始终秉持以管理创新服务学术创新的理念，坚持科学管理、民主管理、依法管理，切实增强服务意识，不断创新管理模式，健全管理制度，加强对重大攻关项目的选题遴选、评审立项、组织开题、中期检查到最终成果鉴定的全过程管理，逐渐探索并形成一套成熟有效、符合学术研究规律的管理办法，努力将重大攻关项目打造成学术精品工程。我们将项目最终成果汇编成"教育部哲学社会科学研究重大课题攻关项目成果文库"统一组织出版。经济科学出版社倾全社之力，精心组织编辑力量，努力铸造出版精品。国学大师季羡林先生为本文库题词："经时济世　继往开来——贺教育部重大攻关项目成果出版"；欧阳中石先生题写了"教育部哲学社会科学研究重大课题攻关项目"的书名，充分体现了他们对繁荣发展高校哲学社会科学的深切勉励和由衷期望。

伟大的时代呼唤伟大的理论，伟大的理论推动伟大的实践。高校哲学社会科学将不忘初心，继续前进。深入贯彻落实习近平总书记系列重要讲话精神，坚持道路自信、理论自信、制度自信、文化自信，立足中国、借鉴国外，挖掘历史、把握当代，关怀人类、面向未来，立时代之潮头、发思想之先声，为加快构建中国特色哲学社会科学，实现中华民族伟大复兴的中国梦做出新的更大贡献！

教育部社会科学司

前　言

本书是教育部哲学社会科学研究重大课题攻关项目"法治中国建设背景下警察权研究"（项目编号：15JZD010）的最终成果，一共分为两编十八章。

第一编共十三章，是课题的重点研究专题，讨论警察权的基础理论。包括警察权的概念（执笔人：苏宇，中国人民公安大学法学院副教授）、变迁（执笔人：余凌云，清华大学法学院教授）、二元属性（执笔人：韦佼杏，广西警察学院讲师）、央地划分（执笔人：余凌云）、扩张及控制（执笔人：陈山，四川师范大学法学院副院长、教授；于小龙，四川警察学院助教；王洪芳，四川警察学院教授；彭凯，中南财经政法大学法学院博士研究生）、内在边际（执笔人：王嘉贤，清华大学法学院博士研究生；李晴，南京大学法学院助理研究员；程悦，中国人民公安大学讲师）、警察行政程序（执笔人：施立栋，苏州大学法学院副教授）、警务公开（执笔人：冀冰清，清华大学教职工）、警务督察（执笔人：高刘阳，中国纪检监察学院讲师）、警察协助义务（执笔人：郑琳，大连海事大学法学院讲师）、警察权行使与警务辅助人（执笔人：赵丽君，中共北京市委党校（北京行政学院）讲师）。需要注意的是，警察权的外在边际是实体法律规定，属于实然性问题，因此没有必要在法学上予以专门研究；反之，内在边际则关注"警察权应当有多大"的问题，属于应然性问题，具有法学上的研究价值。具体而言，警察权的内在边际包括公民权、法治原则和比例原则等一般性原则，换言之，即便法律授予了公安机关相应权力，该权力也不得肆意滥用而侵害公民权，不得违背法治原则与比例原则。

第二编共五章,探讨警察权的主要形态与种类。在警察法上,警察权的主要形态与种类包括警械与枪支使用、行政管束、行政传唤、警察行政强制措施、警察盘查权(执笔人:彭凯)、警察行政检查(执笔人:张咏,上海市人大干部)、治安管理处罚(执笔人:李晴)和刑事侦查权(执笔人:彭凯)等。但是,警械与枪支使用、行政管束、行政传唤、警察行政强制措施等形态,已经由课题组负责人在早期主持的其他课题中做了较为深入细致的研究,成果已汇集在《警察法讲义》(余凌云著,法律出版社2015年版,清华大学出版社2020年第二版)中。因此,本编主要针对一些有新发展、研究尚且不足的权力形态,如对警察盘查权、治安管理处罚、警察行政检查和刑事侦查权进行剖析。

因本书是在法治中国的背景下,紧紧围绕我国的警察权基础理论进行研究,所以书稿原有的附录部分,虽然涉及美国、日本、韩国警察权的概念、变迁、基本样貌等(执笔人:余凌云;许韬,浙江警察学院公安理论研究中心主任教授;桑瑞娇;赵贤彬),可以观照域外域内不同国情与法治基础,联系法治中国建设的背景,汲取可为我国所用的有益成分,但从成书的整体性与学术性来把握,最终决定删去附录。

本书能最终成型,除了离不开各课题组成员、各章执笔人的辛苦耕耘、离不开经济科学出版社各审稿人的无私奉献外,也同样离不开张咏、谢明睿、王正鑫等统稿、校对与修正,在此一并致谢。

摘　要

本书正文部分分为两编，两编之间是一般与特别的关系。其中，第一编研究"警察权基础理论"，总体性地阐述警察权基础理论，包括警察权的概念、变迁、二元结构、央地划分、扩张及控制、内在边际、警察行政程序、警务公开、警务督察、警察协助义务、警察权行使和警务辅助人。第二编"警察权的具体形态"是在第一编的基础上，对目前已经有一些新发展但研究不足的警察权具体形态予以详细剖析，如盘查权、行政检查、治安管理处罚、刑事侦查权的规制等。

我国对警察权的理论研究起步较晚，导致从总体上对警察权控制与规范进行系统、专门研究的著作，目前尚属少见。不仅研究内容仍未体系化，相关的比较法研究也明显不足，警察法学并未从行政法学的范式中脱离出来，形成部门行政法的独特系统。为此，我们在总结警察法律法规和司法实践的经验教训，充分吸取国内外最新研究成果的基础上，撰写了这本《法治中国建设背景下警察权研究》。本书对警察权进行了较全面的体系化建构，填补了警察法学理论研究中，关于警察权研究的一些空白，推进了警察法学理论研究的深化。警察法的研究并非行政法原理和原则的简单翻版与再现，更多的是创造性工作。本书的研究视角强调从特定领域的警察法问题入手，形成相对独立的、体系完善的微观法规范子集合。

在成果方面，本书突出法治中国建设背景，以本土警务实践经验为基础，展开较大规模的实证研究，并以域外警察制度为参考，得出了一系列符合我国国情的研究成果。具体而言，本书立足于全面依法治国的历史进程和中国语境，把握中国现代化进程中警察权迅速扩张的客观趋势与法治国家对警察权监督制约这对矛盾关系，就警察权运行的体制与机制提出诸多创新性建议，并对我国警察领域的相关立法建言献策。同时，本书也对我国公安机关的实践工作经验进行了总结与提升。总体上，本书对警察法律法规制定和公安执法具有参考价值，一方面达到为国家立法机关提供高质量立法建议的目标；另一方面也达到总结警察执法工作经验、为人民警察提供实务指南的目标。

Abstract

    The main body of this book is divided into two parts. The relationship between the two parts is general and special. Among them, the first part studies the "basic theory of police power", which elaborates the basic theory of police power in general, including the concept of police power, the changes of police power, the dual attributes of police power, the division of police power between central and local, expansion and control, internal margins, police administrative procedures, publicity of police affairs, police inspectors, police assistance obligations and enforcement of police power and auxiliary police. The second part, "the main forms and types of police power", is based on the first part, which makes a detailed analysis of the specific forms of police power, such as stop-and-frisk, the power of administrative inspection, the power of criminal investigation, the power of public security management and punishment.

    The theoretical research on police power in China started late, resulting in the systematic and specialized research on the control and regulation of police power in general, which is still rare at present. Not only the research content is not systematic, but also the relative comparative law research is also obviously inadequate. Police law has not separated from the paradigm of administrative law, forming a unique system of administrative law of departments. Therefore, on the basis of summing up the experience of police laws and judicial practice, and fully absorbing the latest research results at home and abroad, we have written the *Study on Police Power under the Construction of China under the Rule of Law*. This book makes a comprehensive systematic construction of police power, fills some gaps in the research of police law theory, and promotes the deepening of the research of police law theory. The study of police law is not a simple copy and reproduction of the principles of administrative law, but more of creative work. This book's research perspective emphasizes starting with police law issues in specific fields to form a relatively independent and well-structured set of micro law norms.

In terms of achievements, this book highlights the background of the construction of China under the rule of law, carries out large-scale empirical studies based on the practical experience of local police, and draws a series of research results that are in line with China's national conditions. To be specific, based on the historical process of comprehensively governing the country by law and the Chinese context, this book balances the contradictory relationship between the objective trend of rapid expansion of police power in China's modernization process and the supervision and restriction of police power in a country under the rule of law. In addition, this book also puts forward many innovative suggestions on the system and mechanism of the operation of police power, and provides suggestions and suggestions on relevant legislation in the field of police in China. In general, this book is of reference value to the formulation of police laws and regulations and the enforcement of public security. On the one hand, it achieves the goal of providing high-quality legislative suggestions to national legislatures; on the other hand, it also achieves the goal of summarizing the experience of police enforcement work and providing practical guidances for the people's police.

目 录
Contents

第一编

警察权基础理论 1

第一章 ▶ 警察权的概念 3

第一节 问题的提出 3
第二节 学界的既有观点 4
第三节 警察权的权力属性：历史与现实之分析 7
第四节 反思中国法语境中的警察权 17
第五节 结语 24

第二章 ▶ 警察权的变迁 25

第一节 引言 25
第二节 西方警察权的变迁 27
第三节 清末以来形成的认识 33
第四节 两个维度的阐释 39
第五节 进一步变革之建议 45
第六节 结语 54

第三章 ▶ 警察权的二元结构 56

第一节 历史发展源流 56
第二节 制度结构的合理性评价 63

第三节　制度结构的主要联结点及易产生的问题　68

第四节　制度结构的完善路径　72

第四章 ▶ 警察权的央地划分　90

第一节　引言　90

第二节　对法规范的梳理与评价　93

第三节　对条块体制的影响　96

第四节　事权的划分　107

第五节　结语　115

第五章 ▶ 警察权的扩张及控制　116

第一节　警察权性质的梳理　117

第二节　警察权的扩张和规制体系的困境　119

第三节　警察权的扩张与控制　124

第四节　结语　130

第六章 ▶ 警察权的内在边际（Ⅰ）：公民权　132

第一节　引言　132

第二节　对警察权的目的性限制：保障公民权利　133

第三节　侵益性警察行为的正当性基础　138

第四节　警察履行尊重义务的限度　140

第五节　警察履行保护义务的限度　143

第六节　警察履行保障义务的限度　155

第七节　结语　157

第七章 ▶ 警察权的内在边际（Ⅱ）：比例原则　158

第一节　早期形式法治国理念下警察法中"妥当性"
与"最小侵害"的生成　158

第二节　第二次世界大战后实质法治国理念下比例原则的
完整呈现与一般化　167

第三节　近年来德国警察法中比例原则的新发展　170

第四节　清末民国时期的引入与发展　172

第五节　新中国成立后我国警察裁量权的产生与约束　176

第六节　比例原则不受重视的原因分析　185

第七节　我国警察法上比例原则深入的必要　187

第八章 ▶ 警察权的内在边际（Ⅲ）：法治原则　192

第一节　序言　192

第二节　法治原则是能够被警察所感知的非物的存在　194

第三节　法治原则体现在警察法中的无二性　198

第四节　警察权的产生根据与设置目的　202

第五节　警察裁量权对特殊事实的科学法则　205

第六节　暴力袭警时依法维护警察权　208

第七节　善用警察权实现公平、正义和自由　210

第八节　结语　213

第九章 ▶ 警察行政程序　215

第一节　问题的提出　215

第二节　分析样本的说明及其总体状况　217

第三节　行政处罚前的告知程序是案件频发之处　224

第四节　内部行政程序成为法庭上的重要争辩话题　232

第五节　行政调查中的程序问题备受关注　236

第六节　超期办理案件的相关问题　239

第七节　结语　243

第十章 ▶ 警务公开
　　　　——以侦查信息公开为例　245

第一节　从警务公开到侦查信息公开　245

第二节　侦查信息是否属于政府信息　251

第三节　侦查信息的可公开性　256

第四节　侦查信息公开的演进出路　261

第五节　余论：完善警务公开制度的建议　266

第十一章 ▶ 警务督察　269

第一节　问题的提出　269

第二节　制度的功能　271

　　　第三节　存在的问题　279

　　　第四节　影响运行效果的可能因素　284

　　　第五节　结语　295

第十二章 ▶ 警察协助义务　297

　　　第一节　引言　297

　　　第二节　警察协助的产生与发展　298

　　　第三节　警察协助的现状、问题及成因　309

　　　第四节　警察协助的分类改革与法治完善　315

　　　第五节　结语　321

第十三章 ▶ 警察权行使与警务辅助人　323

　　　第一节　辅警制度概述　323

　　　第二节　身份定位及其组织法回应　332

　　　第三节　辅警的职责与职权　340

　　　第四节　辅警的纪律责任　353

　　　第五节　结语　356

第二编

警察权的具体形态　359

第十四章 ▶ 警察盘查权（Ⅰ）：相对可容忍性视阈下的盘查规范化探析　361

　　　第一节　盘查的法律性质　361

　　　第二节　相对可容忍性之合理性探析　363

　　　第三节　基于相对可容忍性的盘查规范化建设　365

第十五章 ▶ 警察盘查权（Ⅱ）：继续盘问的主要困境与解决出路　368

　　　第一节　我国继续盘问的内涵分析　368

第二节 我国继续盘问的主要困境——缺失正当程序观念 370

第三节 我国继续盘问的解决出路 371

第十六章 ▶ 警察行政检查 375

第一节 引言 375

第二节 警察行政检查的内涵 376

第三节 检查的决定主体：行政审批模式 389

第四节 检查的形式要件：检查证的适用与豁免 393

第五节 检查的实体要件：双重要素标准 400

第六节 结语 404

第十七章 ▶ 治安管理处罚 406

第一节 问题的提出 406

第二节 仍应坚持"全异说" 409

第三节 行政拘留应予排除 415

第四节 限缩后的治安管理处罚制度应予全面重构 428

第五节 结语 430

第十八章 ▶ 警察刑事侦查权的规制 431

第一节 我国警察刑事侦查权规制的必要性 431

第二节 我国警察刑事侦查权运行时面临的现实问题 432

第三节 我国警察刑事侦查权规制的路径选择 435

参考文献 439

Contents

Part I
Basic Theory of Police Power   1

Chapter 1 Concept of police power   3

　　Section 1　Issues Raised   3

　　Section 2　Different Views of Academia   4

　　Section 3　Attribute of Police Power: Analysis on History and Reality   7

　　Section 4　Introspection on the Police Power in Context of Chinese Law   17

　　Section 5　Conclusion   24

Chapter 2 Changes in Police Power   25

　　Section 1　Introduction   25

　　Section 2　Changes in Police Power of Western Countries   27

　　Section 3　Cognition Formed since the End of Qing Dynasty   33

　　Section 4　Two Dimensions of Explanation   39

　　Section 5　Suggestions on Further Reformation   45

　　Section 6　Conclusion   54

Chapter 3 Dual Structures of Police Power   56

　　Section 1　The Development and History   56

Section 2　Rational Evaluation of Institutional Structure　63

Section 3　Connecting Points and Issues of Institutional Structure　68

Section 4　Perfect Path of Institutional Structure　72

Chapter 4　Division of Police Power between Central and Local Authorities　90

Section 1　Introduction　90

Section 2　Carding and Evaluation on the Statutes　93

Section 3　Influence on the Structure of Departments and Regions　96

Section 4　Division of Authority of Office　107

Section 5　Conclusion　115

Chapter 5　Expansion and Control of Police Power　116

Section 1　Carding of the Character of Police Power　117

Section 2　Expansion of Police Power and Dilemma of its Regulation　119

Section 3　How to Regulate the Expanding Police Power　124

Section 5　Conclusion　130

Chapter 6　The Inner Margin of Police Power (Ⅰ): Civil Rights　132

Section 1　Introduction　132

Section 2　Purposeful Regulation of Police Power: Protecting the Civil Rights　133

Section 3　The Legitimate Basis of the Police's Aggressive Behavior　138

Section 4　The Limitation of Police's Duty of Respect　140

Section 5　The Limitation of Police's Duty of Protection　143

Section 6　The Limitation of Police's Duty of Safeguard　155

Section 7　Conclusion　157

Chapter 7　The Inner Margin of Police Power (Ⅱ): The Principle of Proportion　158

Section 1　The Formation of "Appropriateness" and "Minimum Infringement" in Police Law Under the Concept of Early Formal State of Law　158

Section 2　The Complete Representation and Generalization of the Principle of Proportionality Under the Concept of Substantive State of Law After the Second World War　167

Section 3　New Development of the Principle of Proportionality in German Police Law in Recent Years　170

Section 4　The Introduction and Development of the Late Qing Dynasty and the Republic of China　172

Section 5　The Generation and Restraint of Police Discretion After the Founding of People's Republic of China　176

Section 6　Analysis of Reasons for the Overlook of the Principle of Proportionality　185

Section 7　The Necessity of Deepening the Principle of Proportion Under the Context of Police Law　187

Chapter 8　The Inner Margin of Police Power（Ⅲ）：The Rule of Law　192

Section 1　Introduction　192

Section 2　The Principle of Rule of Law is Not Something Physical that Can be Perceived by Police　194

Section 3　The Uniqueness of the Principle of Rule of Law in Police Law　198

Section 4　The Production Basis and Setting Purpose of Police Power　202

Section 5　The Scientific Law of Police Discretion with Respect to Particular Fact　205

Section 6　The Safeguard of Police Power in Accordance with the Law When Faced with Attackingd Police　208

Section 7　Good Use of Police Power to Achieve Fairness, Justice and Freedom　210

Section 8　Conclusion　213

Chapter 9　Police Administrative Procedures　215

Section 1　Issues Raised　215

Section 2　Sample Analysis and General Situation　217

Section 3　Notification Procedure Before Administrative Penalty is Litigious　224

Section 4　Internal Administrative Procedures Have Become An Important Topic of Debate in Courts　232

Section 5　Much Attention Paied to Procedural Problems in Administrative Investigation　236

Section 6　Issues Related to Extended Handling of Cases　239

Section 7　Conclusion　243

Chapter 10　Disclosure of Police Information
——Taking the Disclosure of Investigative Information for Example　245

Section 1　From Police Disclosure to Investigation Information Disclosure　245

Section 2　Whether Detection Information Belongs to Government Information　251

Section 3　Openness of Investigative Information　256

Section 4　The Evolution Outlet of Investigation Information Disclosure　261

Section 5　Conclusion: Suggestions on Perfecting the System of Police Publicity　266

Chapter 11　Police Inspector　269

Section 1　Issues Raised　269

Section 2　Functions of the System　271

Section 3　Current Issues　279

Section 4　influence factors of the operation effect　284

Section 5　Conclusion　295

Chapter 12　Police Assistance Duty　297

Section 1　Introduction　297

Section 2　The Emergence and Development of Police Assistance　298

Section 3　Current Status, Issues and Causes of Police Assistance　309

Section 4　Reform of Classification and Rule of Law of Police Assistance　315

Section 5　Conclusion　321

Chapter 13　Exercise of Police Power and Auxiliary Police　323

Section 1　Overview of the Auxiliary Police System　323

Section 2　Identity and Organic Law's Response　332

Section 3　Duties and Powers of Auxiliary Police　340

Section 4　Disciplinary Responsibilities of Auxiliary Police　353

Section 5　Conclusion　356

Part II
Specific Forms of Police Power　359

Chapter 14　The Power of Stop and Frisk (Ⅰ): An Analysis of the Standardization of Stop and Frisk from the Perspective of Relative Tolerance　361

Section 1　The Legal Nature of Interrogation　361

Section 2　The Rationality of Relative Tolerability　363

Section 3　The Standardization of Interrogation Based on Relative Tolerance　365

Chapter 15　The Power of Stop and Frisk (Ⅱ): The Major Dilemmas and Solutions to Continue Questioning　368

Section 1　Continue Questioning Connotation Analysis　368

Section 2　The Major Dilemma: Lack of the Idea about Due Procedure　370

Section 3　The Solutions to Continue Qusetioning　371

Chapter 16　Police Administrative Inspection　375

Section 1　Introduction　375

Section 2　Police Administrative Inspection Connotation　376

Section 3　Subject of Decision: Administrative Approval Model　389

Section 4　Formal Requirements: The Use and Exemption of Inspection Permit　393

Section 5　Substantive Requirements: Double Factor Standard　400

Section 6　Conclusion　404

Chapter 17　Public Security Management Penalty　406

　　Section 1　Issues Raised　406

　　Section 2　Insist on A Totally Different Theory　409

　　Section 3　Exclude Administrative Attachment　415

　　Section 4　Reconstruct the Reduced Public Security Management Punishment System　428

　　Section 5　Conclusion　430

Chapter 18　Regulation of Police Criminal Investigation Power　431

　　Section 1　The Necessity of Regulation of Police Criminal Investigation Power　431

　　Section 2　The Practical Problems of Police Criminal Investigation Power　432

　　Section 3　The Path Selection of Police Criminal Investigation Power　435

References　439

第一编

警察权基础理论

第一章

警察权的概念

第一节 问题的提出

时至今日,警察权已经全面而深入地影响国家、社会和普通公民的生活。大城市中日夜值守的警力、星罗棋布的视频监控和安全技术防范系统、无处不在的网警巡查执法、与千家万户紧密相关的户籍管理和特种行业管理,等等,都已经深嵌于中国社会秩序之中。中国学界也已经围绕着警察权展开了30余年的探讨,对于警察权的概念、权力属性、法理定位及规范约束体系等问题提出了丰富而多元的见解。警察权从何处来?它是一种什么样的权力?它应当如何定位?这一潜藏的问题影响到许多现实问题的回答。社会对相关国家权力的运行给予了高度的关注,但是警察权概念本身却仍然处于重重迷雾之中,不能不引人深思。

迄今为止,中国内地学界对警察权的属性与定位等基本问题仍然存在较大分歧,莫衷一是;宪法、法律、法规与规章中也未明文表述警察权之概念及属性,给理论上对警察权的阐释增加了难度。这一局面在一定程度上阻碍了学界形成对警察权的共识,延缓了警察权一般原理的生成,影响到警察权行使规范的系统供给。《中华人民共和国人民警察法》《中华人民共和国治安管理处罚法》等法律的修订、《中华人民共和国反恐怖主义法》的全面推行、社会治安综合治理制度建设的不断推进,更是迫切需要警察权的基础理论支持。因此,使警察权的属性正本清源、使警察权的定位恰如其分,已是殊为必要的基础性研究任务。

第二节 学界的既有观点

国内学界对警察权属性的见解非常丰富,主要有以下几种立场:

一、行政权说

此种认识在学界流行甚广,主张警察权本质上是一种行政权。主张此说的学者包括陈卫东[①]、刘茂林[②]、孙振雷[③]、彭贵才[④]、张建良[⑤]、张盛国[⑥]、张洪波[⑦]、刘燕玲、刘亚妮[⑧]、刘贵峰[⑨]、王银梅[⑩]等数十位学者。其中,彭贵才的论述展示了此种认识的一些典型据:"首先,警察权同其他行政权一样,具备行政权的基本特征,如单方性、国家强制性等。而且警察权的行使方式具有积极主动性……其次,警察权的行使具有非中立性、非裁决性。……再次,从上下级关系上看,行使警察权的警察个体和组织必须服从和接受来自上级的领导、指挥和命令,其与上级之间是一种上命下从、上下隶属的关系。……即便在警察刑事职能方面的刑事司法性仍然不能改变其行政权本质。"[⑪]甚至有学者虽然提出"刑事警察权"的概念,但仍认为警察权属于行政权,[⑫]因其主张刑事侦查权也属于行

[①⑫] 陈卫东:《刑事诉讼法再修改后刑事警察权与公民权的平衡》,载于《法学家》2012年第3期。

[②] 刘茂林:《警察权的现代功能与宪法构造难题》,载于《法学评论》2017年第1期;刘茂林:《警察权的合宪性控制》,载于《法学》2017年第3期。

[③] 孙振雷:《法治警政建设中的警察权配置——以〈人民警察法〉修改为视角》,载于《河南警察学院学报》2017年第3期。

[④⑪] 彭贵才:《论我国警察权行使的法律规制》,载于《当代法学》2009年第4期;彭贵才:《论法治视野下中国警察权的重构》,载于《社会科学战线》2009年第11期。

[⑤] 张建良:《规制警察权权限范围的思考——兼评"城管警察"的组建》,载于《湖北警官学院学报》2007年第5期。

[⑥] 张盛国:《警察职权的重新配置》,载于《北京人民警察学院学报》2003年第4期。

[⑦] 张洪波:《公共领域中的警察权》,载于《政法学刊》2008年第4期。

[⑧] 刘燕玲、刘亚妮:《论警察权与警察执法权威——以暴力袭警为背景》,载于《中国人民公安大学学报》(社会科学版)2010年第3期。

[⑨] 刘贵峰:《我国警察权研究》,中国政法大学博士论文,2006年,第25、52页。

[⑩] 王银梅:《论警察权的法理属性与设置改革》,载于《政治与法律》2007年第2期。

政权。①

二、双重属性说

持此说者主张警察和陈刚权包含行政权与司法权（或行政权与侦查权）的双重属性。持此说者包括蒋勇和陈刚②沈国琴③、杨志芳和郝薇④等。其中，司法权的部分主要指刑事侦查方面的职权。除此以外，侦查权属于司法权的观点也得到了部分学者的支持。⑤

三、独立权力形态说

持此说者不把警察权归属于立法权、行政权或司法权，而将警察权与它们相并列，或者将警察权与上述国家权力分开来单独讨论。持此说者包括陈兴良⑥、胡建刚⑦、郭济⑧、惠生武与马腾⑨等。其中，陈兴良与胡建刚等主要是从广义上去理解警察权，惠生武与马腾等主要从狭义上去理解警察权，其理解层面与理据有显著差异。

四、综合性权力说

此说基于"警察"的范围包括了公安警察、国家安全警察、狱政管理警察、武装警察、司法警察等，主张警察权是对行政、刑事、司法、安全和武装等权力进行整合的基础上形成的一种综合性权力；值得注意的是，此种说法也认为侦

---

① 陈卫东、石献智：《警察权的配置原则及其控制——基于治安行政管理和刑事诉讼的视角》，载于《山东公安专科学院学报》2003 年第 5 期。

② 蒋勇、陈刚：《公安行政权与侦查权的错位现象研究——基于警察权控制的视角》，载于《法律科学（西北政法大学学报）》2014 年第 6 期。尽管蒋、陈在此文中论及"警察权作为一种强力的行政权"，综合全文，其仍然认为警察权包含公安行政权与侦查权。

③ 沈国琴：《正当法律程序与警察行政权的行使》，载于《中国人民公安大学学报》（社会科学版）2007 年第 3 期。

④ 杨志芳、郝薇：《论警察权威构建——以警察权特征为视角》，载于《云南警官学院学报》2015 年第 4 期。

⑤ 周欣：《侦查权新论》，载于《刑事司法论坛（第 1 辑）》2008 年第 00 期。

⑥ 陈兴良：《限权与分权：刑事法治视野中的警察权》，载于《法律科学》2002 年第 1 期。

⑦ 胡建刚：《宪政之下我国警察权的合理构建》，载于《学术论坛》2008 年第 12 期。

⑧ 郭济：《中国公共行政学》，中国人民大学出版社 2003 年版，第 21 页。

⑨ 惠生武、马腾：《论警察权的性质与特点》，载于《河南公安高等专科学院学报》2010 年第 2 期。

权属于行政权,故单就公安警察的部分而言,警察权属于行政权。①

五、多义说

此说将警察权区分为广狭不同的两层或三层含义,先确认较广泛意义上的警察权是属于整个国家的一种权力,较狭窄意义上的警察权是属于警察机关的权力,再对较狭窄意义上的警察权进行权力属性的界定。对于狭义警察权的属性,学界仍然有类似前述不同立场的争论,主要的观点包括行政权说与双重属性说。多义说的主要持论者包括高文英、李荣坤②、陈天本③等。其中,高文英教授的观点颇具代表性,其将警察权力分为最广义、广义与狭义三种,其中最广义的观点认为警察权是指国家有关警察活动的一切权力;广义的警察权是指国家赋予警察机关的一切权力,包括履行警察刑事职能和行政管理职能中所运用的一切权力;狭义上的警察权则包含了多种见解;尽管如此,狭义上的警察权之范围应当既包括行政职权、也包括刑事职权,具有综合性。④ 高文英基本上赞同将狭义上的警察权界定为一种行政权,但也强调刑事侦查方面的权力的独特性,只不过这种警察刑事侦查权"与一般司法权不同,主要体现出行政权的特点而已"。⑤

此外,还有单纯主张警察权是国家一般统治权者⑥,有主张警察权指国家机关对警察行为的立法权、司法权、行政管理权以及警察机关及其人民警察依法所拥有的各项权力的总称者⑦,也有认为警察权不仅包括行政属性和司法属性、还包括政治属性与军事属性者⑧,等等,可谓众说纷纭,莫衷一是。

由以上研究现状可见,国内对警察权属性的认识相当混乱,至今尚未形成凝聚各方共识的通说。实际上,对警察权的认识与定位,并不仅是中国学界面对的难题。美国法学家杜博(Markus D. Dubber)也认为警察权是"最为宽泛、最不明确和最欠审查的政府权力"。⑨ 上述对警察权的研究虽然投入了相当可称道的

---

① 李元起、师维主编:《警察法通论》,中国人民大学出版社2013年版,第9~11页。
② 李荣坤:《警察学》,中国人民公安大学出版社1998年版,第24~26页。
③ 聂福茂、余凌云主编:《警察行政法学》,中国人民公安大学出版社2012年版,第22~23页。
④ 高文英:《警察法学语境下的警察权研究》,载于《净月学刊》2017年第3期。
⑤ 高文英:《我国社会转型期的警察权配置研究》,群众出版社2012年版,第21页。
⑥ 贾谦:《警察权与国家立法》,载于《现代法学》1989年第4期。
⑦ 李永清主编:《警察法学》,中国民主法制出版社2012年版,第143页。
⑧ 李健和:《论我国警察权力的属性和类别——警察权力专题研究之一》,载于《中国人民公安大学学报(社会科学版)》2007年第3期。
⑨ M. Dubber, "The Power to Govern Men and Things": Patriarchal Origins of the Police Power in American Law, Buffalo Law Review, 2004, 52: 1277.

大量努力，但却很少就国家权力的类型与属性本身进行深入的历史考证与理论思辨，而这恰恰是解决警察权属性认定的关键基础问题。

第三节 警察权的权力属性：历史与现实之分析

一、现代国家的权力架构

欲确定警察权的权力属性，必先认识现代国家的权力架构。在英国资产阶级革命以前，政治和公法制度的基本概念并不是"权力"。法学家们使用最高权力，或译主权（maiestas）、治权，或译统治权（imperium）、权威（auctoritas）甚至管辖权（iurisdictio）、所有权（dominium）[1]、法权（ius）[2] 等概念组成的框架刻画政治体制，而其间的法理结构与现代公法学中基于权力建立的框架大相径庭。在17世纪以前的公法和政治学说中，《学说汇纂》第一卷中频繁出现的"imperium"被选中作为核心概念，它在当时的公法学理论中占据了举足轻重的地位。纯粹治权（merum imperium）和混合治权（mixtum imperium）、有时也包括简单管辖权（iursiditio simplex）在当时有关统治关系及权力现象的法学理论中发挥着枢纽作用。[3] 例如，巴托鲁斯（Bartolus）和巴尔德斯（Baldus）等人文主义法学家所建立的公法学理论架构，就是先将整个广义上的相当于统治者的整个管辖权（iurisdictio）划分为治权与简单管辖权，继而将治权划分为纯粹治权与混合治权；随后将纯粹治权划分为从最大到最小的六个等级，再在其中填充具体的权力内容。[4] 直至格老秀斯的时代，公法学说中仅有权力相关概念，如早期的立法

---

[1] M. P Glimore, Argument from Roman Law in Political Thought: 1200 - 1600, Harvard University Press, 1941: 115; See J. Canning, Ideas of Power in the Late Middle Ages: 1296 - 1417, Cambridge University Press, 2011: 122.

[2] 例如，在中世纪晚期公法中，ius regendi（统治之法权）也被广泛使用，它就包含了现代视角的权力要素。

[3] See M. P Glimore, Argument from Roman Law in Political Thought: 1200 - 1600, Harvard University Press, 1941: 30, 38, 40, 56, 86, 90.

[4] See M. P Glimore, Argument from Roman Law in Political Thought: 1200 - 1600, Harvard University Press, 1941: 37 - 41.

权（potestas condendi leges）①、立法职能（facultas legem condendi）② 等，使用权力概念系统表述政府分支的现代公法观念尚未成型，甚至严格意义上的行政权、司法权之概念亦未产生，更未出现严格意义上的现代分权学说。

在英国资产阶级革命中，自1642年查理一世《对十九主张的答复》提出"司法权"概念起③至1649年其被处决止，英国政界关于权力分配的讨论形成了现代政府分权理论的雏形。例如，1647年，亨利·爱雷顿（Henry Ireton）在1642年文献的基础上区分出了原则上属于大众的立法权与原则上属于贵族的司法权；1648年，英国查尔斯·达利森（Charles Dallison）提出了实质上的"三权分立"设想，在执行权中划分出"统治"（governance）和"裁决"（adjudication）两种权力（实际上对应当代的行政权和司法权）。1649年，约翰·萨德勒（John Sadler）更进一步明确提出了立法、执行与司法的三权划分。④ 此后，这一版本的权力划分思想由法国著名思想家孟德斯鸠在《论法的精神》中探讨英格兰政制的著名篇章发扬光大，被美国宪法所吸收。需要注意的是，无论是孟德斯鸠的原著还是美国宪法原文，均只使用了执行权（la puissance exécutrice 或 le pouvoir executive）或执行分支（the executive branch）的概念，行政权与警察权之概念均未出现。当今中国学界讨论"行政权"时往往将其混同于"执行权"，实际上有翻译混淆之影响。

1789年，法国女政治家德瓦妮（Théroigne de Méricourt，或译泰鲁瓦涅）声称在孟德斯鸠"二权分立"框架之外发现了"第四权"，即行政权（pouvoir administratif），这一思想迅速流传⑤，她自己也在国民议会中将这一概念迅速投诸实践。⑥ 德瓦妮提出这一概念是试图以"王权+行政权"的模式取代"立法、执行、司法"的三权模式，获得保王派人士的盛赞⑦，但由于革命的浪潮不断推进，行政权概念虽然得到广泛使用，却也无力吞噬已经深入人心的权力分立主

---

① J. Canning, Ideas of Power in the Late Middle Ages：1296-1417, Cambridge University Press, 2011：126. 此概念后来在英国形成了"立法权"（the Legislative power）概念，最晚不晚于查理一世《对十九主张的答复》就已经被正式使用。

② M. P Glimore, Argument from Roman Law in Political Thought：1200-1600, Harvard University Press, 1941：55.

③ Jay, Stewart, Servants of Monarchs and Lords：The Advisory Role of Early English Judges, The American Journal of Legal History, 1994, 38 (2)：160. 这一历史文献原文中的司法权为"Judicatory power"。

④ Jay, Stewart, Servants of Monarchs and Lords：The Advisory Role of Early English Judges, The American Journal of Legal History, 1994, 38 (2)：160-161.

⑤ Gabriel Peltier, Jean. Les Actes des Apôtres. I. 1790：106.

⑥ Gallais, Jean-Pierre. Extrait d'un Dictionnaire Inutile, Composé par une Société en Commandite, et Rédigé par un Homme Seul, 1790：40.

⑦ Gabriel Peltier, Jean. Les Actes des Apôtres. I. 1790：77, 131.

张,更多的人还是将行政权概念用于典型的政府管理领域,避免它取代带有民主性质的立法权和职能上相对独立的司法权。这个新生的概念缺乏雄厚的理论积淀和思想基础去完成更大的宏图,但它具备足够的实践支持去挤入理论上原本属于执行权的部分空间,在基佐(Guizot)将法国的行政权与执行权概念融合起来后,行政权与执行权的概念在大陆法系国家逐渐开始通用,但在普通法系国家仍然呈现区分状态。[①] 在美国,由于传统三权中并不包含行政权,后起的行政权和执行权本身就很大程度上并不重合,在兼收立法、执行、司法职能的独立规制机构大规模兴起以后,行政权更加呈现出组织上和功能上的独立特性,成为所谓的"无头的第四部门"(headless fourth branch)[②],而与执行职能相去更远。[③] 在美国,严格意义上的行政权(administrative power,不同于 executive power 或执行权)甚少被讨论,它仅仅包含总统被议会立法授予的权力(区别于其宪定权力)以及不受总统直接管理与指挥的独立规制机构(independent regulatory agencies)所行使的公权力。[④] 这也是为何在其行政法之中全无警察机关影踪的原因。

二、警察权概念的形成与定位

在现代国家权力框架中,警察权并没有像立法权、执行权、司法权或者检察权、审判权那样,成为某个国家的一个权力分支。警察权的定位何以与立法权、执行权、司法权乃至后起的行政权均有所不同?为何警察权最终既未能挤进政府权力分立的结构之中,又未从国家权力的理论中销声匿迹?这是一个非常值得研究的问题。只有将这一问题剖析清楚,警察权的定位才能真正彰显。

警察权概念的出现,有着浓厚的时代背景。城市管理含义上的"警察"概念起源于古希腊,而被拉丁语所吸收(即 politeia)、被古罗马人所使用[⑤]。自中世纪中期起,这一概念先变为"politia",其后至 16 世纪再由法国开始变形为"police";后者在西欧范围内逐步取代了"politia",得到了广泛的使用,它起初主要指共同体、公民组织或开化之进程,其后逐渐才发展出内政、规训和维持秩序等方面的含义。[⑥]"警察权"概念的出现则要晚得多。1648 年威斯特伐利亚和约中

[①③] 苏宇:《行政权概念的回溯与反思》,载于《行政法论丛》2015 年第 17 卷。

[②] 这一说法最先出自罗斯福新政时期的司法部报告,后为众多学者所援引。For example, Freedman, James, Crisis and Legitimacy in the Administrative Process, Stanford Law Review, 1975 (27): 1048.

[④] 同上,第 107~110 页;Peter L. Strauss, The Place of Agencies in Government: Separation of Powers and the Fourth Branch, Columbia Law Review, 1984, 84 (4): 575.

[⑤⑥] Santiago Legarre, The Historical Background of the Police Power, The University of Pennsylvania Journal of Constitutional Law, 2007 (9): 748–750.

出现的"内政法权"（ius politiae）被视为警察权概念的先声①，但警察权概念的形成要晚至 100 多年以后。在 1794 年《普鲁士一般国家法》② 中，已经存在大量有关警察权威（polizeyobrigkeit）、警察机关（polizeybehörden）、警察法律（polizeygesetzen）、警察命令（polizeyverordnungen）、警察处罚（polizeystrafen）等的条款，并且就警察的职能范围及一般任务③和警察裁决规则（polizeygerichtsbarkeit）形成了专门的规定，唯独缺乏警察权的概念。《普鲁士一般国家法》虽然已经在某些条款使用了权力概念，但却没有与国家政治体制的设计或政府的运作紧密结合起来，毕竟它还是以私法规定为主。在神圣罗马帝国的统治实际终结以后，短时间内警察权的概念也还没有出现，德国警察法史研究中经常被引述的 1808 年 11 月 19 日《普鲁士王国全体城市法令》（Ordnung für sämtliche Städte der Preußischen Monarchie）中同样充满各种与"警察"相关的术语，但未见"警察权"之概念。与此同时，在英国，18 世纪以前的文献虽然已经出现大量对警察概念的讨论，著名法学家布莱克斯通更对警察概念及其作用的界定做出了不可忽视的贡献④，但也没有提及警察权；而警察权概念在美国也晚至 19 世纪 20 年代才开始出现。⑤ 这表明"警察"与"权力"在概念上的结合与近代警察概念及其实践的发展并不一定是同步的。只有当对国家权力架构的思考和对警察实践的理论反思均得到有力发展时，警察和权力这两个词才被紧密地联结在一起。

　　这场联结开始于近代警察实践发达的英国。如前所述，现代英语中的"警察"一语最初即源自法国；1755 年著名词典编纂者塞缪尔·约翰逊（Samuel Johnson）在其编纂的《英语词典》中也将"警察"词条的来源注明为法语。⑥ 大约与此同时，英语文献中就有了警察与权力概念的零星衔接，这种衔接是欧洲大陆罕有先例的，这正是因为由于前述英国资产阶级革命的推动以及 18 世

---

① Schärmeli, Liliane, Entwicklung und Tragweite des Polizeibegriffs im Verwaltungsrecht. In：Abo Youssef, Omar；Töndury, Andrea. Der Schutz polizeilicher Güter：Entwicklungen und Spannungsfelder. Zürich：S. 2011：42.

② Allgemeines Landrecht für die Preußischen Staaten，又译"普鲁士普通邦法"。

③ Allgemeines Landrecht für die Preußischen Staaten（ALR），§10 Ⅱ 17.

④ See Santiago Legarre, The History Background of the Police Power, The University of Pennsylvania Journal of Constitutional Law，2007，9：755 - 761.

⑤ 在美国，"警察权"是马歇尔大法官引入的概念，see Collins Denny, Jr., The Growth and Development of the Police Power of the State, Michigan Law Review, 1921, 20（2）：173；1827 年，美国就有涉及"警察权"的相关判决，see Brown v. Maryland, 25 U. S. 419（1827），at 443；1848～1849 年则出现了深入剖析警察权之判决，see Passenger Cases, 48 U. S. 283（1849）；19 世纪 50 年代就有关于警察权的学术讨论，see Everett V. Abbot, The Police Power and the Right to Compensation, Harvard Law Review, 1889, 3（5）：195.

⑥ "Page View, Page 1528." A Dictionary of the English Language：A Digital Edition of the 1755 Classic by Samuel Johnson. Edited by Brandi Besalke. http：//johnsonsdictionaryonline.com/? page_id = 7070&i = 1528，最后访问时间：2012 年 12 月 6 日。

纪 40 年代开始对政府分权的讨论，英国已经走在权力概念框架讨论的前沿地带。1754 年，英国法学家厄斯金（John Erskine）开始使用"警察方面的一项权力"（a power of police）的表述；① 在 18 世纪 60 年代，更是出现了"警察的全部权力"（the whole power of police）② 或"警察的总体权力"（general power of police）等概念。③ 这可以被看作是警察权概念的雏形。但在整个 18 世纪，英语文献中类似的内容颇为罕见，学界很少将警察与权力这两个概念连接起来。直至法国大革命以后，英国报纸对法国的报道中才开始频繁出现"警察的权力"这样一类表述，或者用其他方式将警察和权力联结在一起。④ 易言之，警察与权力概念的连接、警察权的观念，是初成型于英国，但却是从法国大革命以后才最终成型的。

在法国大革命以前的法语文献中，警察概念与权力概念是相互分离的，甚至两者可以并列⑤；这种用法与当时英国文献的主流情形类似⑥。法国大革命期间，警察第一次独立地作为中央政府部门出现，公安委员会（Comité de salut public）、总警察局（Le Bureau de police générale）和警察部长（ministre de la Police）等制度实践使得警察作为一项政府权力获得单独的强调。1789 年 12 月 14 日的《城市法》（Loi municipale du 14 décembre 1789）第五十条将"良好警察"（bonne police）作为法国大革命期间风靡一时的"市政权"（pouvoir municipal）中的一项职能；1793 年 6 月，"警察"概念还被写进法国宪法。不过，此时"警察"这一概念并不被看作是一项权力，比较接近于警察权概念的形式是"警察的执行权"（le pouvoir exécutif de la police）⑦，它虽然把警察和权力概念联结在一起，但和"警察权"内涵并不相同，这一概念本质上还是在表述一种执行权。在雅阁宾派主政时期，警察机关的权力高度膨胀，圣茹斯特（Saint‑Just）1794 年 4 月所作的《警察总体报告》（Rapport sur la Police générale）及其起草的《警察总纲》给

---

① John Erskine, The principles of the law of Scotland, Vol. 1, Hamilton, Balfour & Neill, 1754, Edinburgh: 42.

② Kinghorn (Scotland), Information for the magistrates and town-council of the Borough of Kinghorn, Edinburgh, 1861: 11.

③ See Thomas Clerkson, Lord Elliock reporter, Edinburgh, 1765: 5.

④ For example, see Unamed, France: New Organization of the Committee of the Convention, at XVI, Morning Herald, September 26, 1794; Unamed, "France: New Organization of the Committee of the Convention", at XVI, Sun, Thursday, September 25, 1794; Unamed, "France: National Convention", London Packet or New Lloyd's Evening Post, January 25, 1793; "France: National Convention", London Chronicle, January 24, 1793.

⑤ Brissot de Warville, Le philadelphien à Genève, Dublin, 1783: 10.

⑥ See William Godwin, A defence of the Rockingham party, in their late coalition with the Right Honourable Frederic Lord North, J. Stockdale, London, 1783: 8.

⑦ Louis‑Pierre Manuel, La police de Paris dé voilée, Paris, 1794: 118.

警察部门（公安委员会）赋予了强有力的警察权①，他虽然没有直接提出警察权的概念，但却大幅加强了警察机关的权力和力量，从而借着法国大革命的风潮而为其他国家所关注、报道和思考。迄今为止，没有证据表明法国人首先正式形成了警察权概念。在大革命时期一些出版物和法令中，警察概念还与权力（pouvoir）、权威（autorité）相并列②，这是因为法国人对警察本身就采取了类似于权力的定位，所以"警察"不能成为"权"的定语。然而，法国大革命期间警政实践对各国带来的冲击，却促使欧洲的其他国家开始考虑警察作为一种权力的定位问题。

最先系统地考虑此问题的是备受法国大革命冲击的德意志地区。在法国大革命以前，就笔者之考察，这一地区并未出现使用"警察权"概念的德语文献。在18世纪的最后岁月里，警察法专家根特·冯·伯格（Günther Heinrich von Berg）在其七大卷《德意志警察法手册》的第一卷中开创性地提出了警察权与司法权在政府中的区分，为专门论述警察权概念之先声。③ 不仅如此，冯·伯格还基于警察权的概念定义了当时的"警察法"（Polizeirecht），认为警察法——警察权行使之法，即施政之法（das Recht der Regierung）。④ 黑格尔1821年的《法哲学原理》一书认为施政权（regierungsgewalt）包含审判的系列权力（richterlichen gewalten）和警察的系列权力（polizeilichen gewalten），⑤ 但没有确认警察权自身作为一种权力形态的存在；此种思想即部分地受冯·伯格之影响。从19世纪初开始，警察权概念已经在普赫塔（G. F. Puchta）、尼布尔博士（Dr. Nibler）、布夏地（Burchardi）等学者的著述中不时可见⑥，也出现了以罗茨（Johann Lotz）、

---

① Louis–Antoine Saint–Just, "Rapport sur la Police générale（1794）", Translated by Christopher Fotheringham, with an Introduction and edited by Jérémie Barthas, Theoria, 2014, 61（4）：77.

② F. Byrne et al., An historical sketch of the French Revolution from its commencement to the year 1792, Stockdale, Dublin: 1792: 251; Latocnaye, Les causes de la Révolution de France, et les efforts de la noblesse pour en arrêter les progress, J. Mundell, Edimbourg: p. 257; Jean–Paul Rabaut, An impartial history of the French Revolution, R. Morison junior, 1795, Perth: 65, etc.

③ Vgl Funk, F. X, Die Auffassung des Begriffes der Polizei im vorigen Jahrhundert（Erster Aufsatz），Zeitschrift für die gesamte Staatswissenschaft, 1863, 19（3）：513.

④ Von Berg, Günther, Handbuch des teutschen Policeyrechts. 1. 2. verb. Aufl. Hannover：1802：14.

⑤ G. W. F. Hegel, Grundlinien der Philosophie des Rechts, §287. 范扬、张企泰中译本将此句译为"行政权包括审判权和警察权"，译法可斟酌。首先，Regierungsgewalt 不等同于严格意义上的行政权（Verwaltungsgewalt），前者含义更宽广；其次，原文没有直接使用审判权和警察权的组合词概念（如Polizeigewalt），而是使用形容词性的定语加上权力概念的复数形态，应认为不是指此种权力形态，而是指此种性质的一系列权力的组合。

⑥ Vgl Puchta, G. F., Über Nothwendigkeit und Mittel der Vereinfachung des Geschäftsganges im deutschen Aemterwesen, besonders bei den Untergerichten, Archiv für die civilistische Praxis, 1828, 11（2）：257; Dr. Nibler, Einige Worte über die Trennung der Gerichte in Civil-und Administrativ–Gerichte, Archiv für die civilistische Praxis, 1820, 3（3）：393; Burchardi, Das gemeinrechtliche Erziehungsrecht, Archiv für die civilistische Praxis, 1825, 8（2）：176.

海德（W. G. Heyde）、罗斯赫特（Roßhirt）、盖斯特纳（G. Gerstner）为代表的写作警察权（内政权）专著或论文的学者。① 在制度层面，1804 年 1 月形成的《科堡第一宪法草案》（Der erste coburgische Verfassungsentwurf）中就已经出现了有关警察权的专章规定。无论理论层面或制度层面，最初的这些认识和规定都基本上是将警察权当作一种相当宽泛的国家内部治理权力存在。英国和美国最初使用警察权概念时，也没有明确界定它的内涵、确认它的定位。

这样的局面当与欧美政治思想史有一定的关系。在欧美政治思想史上，亚里士多德提出的审议（βουλευόμενον）、执行（τόπερίτάςάρχάς）与裁断（δικάξον）的政府三职能影响深远，② 孟德斯鸠的分权理论又先后在美国和法国逐渐占据主导地位，这种状况限制了其他权力概念的成型。尽管自法国大革命以来，市政权（pouvoir municipal）、选人权（pouvoir électif）、规制权（pouvoir régulateur）等概念先后被提出，③ 但却一直无法进入主流的国家权力框架之中，甚至包括更早的英国著名思想家洛克提出的对外权（the federative power）在今天也较少出现在各国宪法及宪法性文件中。只有德瓦妮提出的"行政权"概念获得了主流权力框架的接受，但如前所述，行政权概念在大陆法系也与执行权概念渐行渐近，进而被重新纳入三权的框架内。警察权概念的形成与发展也没有摆脱思想史传统路径的束缚，它不仅起源较晚，而且是在传统三权以外提出的概念，与立法、执行、司法的权力类型化进路不处于同一逻辑链条上，它也就不可能在国家权力中与其他三权获得同等的位置；由于警察权一开始就涵盖整个内政权力，它也不像大陆法系的行政权概念那样能够顺利地与执行权概念汇流。

因此，警察权概念的定位之路始终没有在权力分立与制衡的框架之内进行，它一直是一项总体性的国家权力。在 19 世纪中前期，这一概念并未发挥显著的历史作用；在 19 世纪末、20 世纪初，警察权概念在欧美各国得到了广泛而热烈的讨论，对警察权定位的思考也主要盛行于此时，至第二次世界大战以后逐渐又归于平静，并且形成了今日警察权概念的不同用法，这是值得我们观察和反思的。

---

① Vgl Funk, F. X, Die Auffassung des Begriffes der Polizei im vorigen Jahrhundert（Erster Aufsatz）, Zeitschrift für die gesamte Staatswissenschaft, 1863, 19（3）：513；Von Mohl, Robert（1866）. Die Polizei - Wissenschaft nach den Grundsätzen des Rechtsstaates. 3. vielfach veränd. Aufl. Tübingen：S. 9.

② 亚里士多德谈论的是职能（μόρια）而非权力，译文见《古希腊》亚里士多德著，吴寿彭译：《政治学》，商务印书馆 2007 年版，第 218 页；原文附注见第 481 页。

③ Vgl Stein, Lorenz, Die Verwaltungslehre, I, Stuttgart, 1865：11.

三、警察权概念的理论维度：与政府权力划分的不同视角

与博丹式的主权学说或孟德斯鸠式的分权学说理论相比，警察权这一主题在19世纪没有出现影响整个西方世界的专门著述，各国对警察权认识的发展呈现出明显分化和相对独立性；除非有专门立法或权威司法判例，一国之内学者们对警察权概念的界定和见解也不尽相同。在19世纪中叶以前，系统地研究警察权概念的几乎仅限于德意志邦联地区。随着德国统一和美国联邦权力的加强、进步主义运动（progressivism）推动国家权力的扩张、第二次工业革命和经济规制的大规模兴起、警察组织与运行机制的专业化等一系列历史进程的发展，各国对警察权的深入阐释与明确定位的思考也终于全面来临，它的定位最终采取了与传统政府分权迥然有别的方式。

在19世纪之初，论者们认为警察权是政府的全部内政权力，警察权的内容覆盖范围广泛，包括警察立法（polizeigesetzgebung）、警察行政、警察监控（polizeiaufsicht）、警察裁判等。[①] 也有论者认为警察权是根据一般法的要求决定个别事物的权力，例如，罗茨1807年在立法、执行和司法权以外单独分析警察权[②]，但认为警察权与国家权力划分出的执行权在性质上最为接近。[③] 格奥尔格·迈耶（Georg Mayer）也持类似的观点。[④] 施泰因（Lorenz von Stein）则倾向于在执行权的框架中讨论警察权，在其论述中，执行权之法权（recht der vollziehenden gewalt）是通过有关组织的、命令的与警察的权力之实定法知识为执行权划出的正确、合法的边界。[⑤] 这些观点看上去似乎将警察权置于执行权概念之下，细究之则可发现几位公法学家其实都没有真正将警察权放置于国家权力分立的框架中考虑问题。无论是罗茨、迈耶还是施泰因，都没有将警察权定位成国家权力分支的意愿，也从来未明确认为警察权包含、从属或等同于执行权。从19世纪初期开始，包括上述几位学者在内，欧美学者与法律实务人士对警察权概念提出的限定都是来自目的与功能方面，而不是在权力分支方面。类似地，近现代德国部分学者在讨论警察权概念时，也并不分析其定位而强调其功能，如有学者认为

---

① Vgl Harl, Johann Paul, Vollständiges Handbuch der Polizei – Wissenschaft, ihrer Hülfsquellen und Geschichte. Palm, Erlangen: 1809: 112 ff.
② Vgl Lotz, Eusebius, Über den Begriff der Polizei und den Umfang der Staatspolizeigewalt. Hanisch, Hildburghausen: 1807.
③ a. a. O, S. 71.
④ Vgl Schade, A, Eigentum und Polizei. Eine verwaltungsrechtliche Untersuchung mit Berücksichtigung der Rechtsprechung des sächsischen Oberverwaltungsgerichts, Archiv des öffentlichen Rechts, 1909, 25 (2): 319.
⑤ Vgl Stein, Lorenz, Verwaltungslehre I, Stuttgart, 1865: 51.

警察权可以被视为一种秩序权（ordnungsgewalt）①，而"秩序权"概念本质上就不需要某一种分权理论或权力分支方面的类型学作为其发挥作用的基础，而是转以权力的社会功能为其依归；施泰因对警察权的前述使用，也是使"警察"并列于"组织"（organization）和"命令"（verordnung）的两种功能，而从功能层面刻画执行权的内容，没有使之与执行权等国家权力处于同一维度上。

　　这种认识路径在欧美各国其实是有共通性的。例如，美国学界与实务界对警察权的认识也遵循着相似的路径。它在发生史上是独立于主权理论和分权框架的②，在很长一段时间内是一个由"法官造法"过程发展的概念③，因此它也不能直接进入宪法对国家权力的划分框架之中。自马歇尔大法官第一次相对于联邦权力不能侵入的州权保留范围而使用警察权概念后，利摩尔·肖（Lemuel Shaw）和恩斯特·弗洛伊德（Ernst Freund）等法官和学者进一步发展了警察权的内涵。④ 警察权概念一开始是由"内政事务"（internal police）发展而来的，是宪法第十修正案为各州政府保留的、旨在促进州内公民一般福利之权力的概称⑤，马歇尔大法官于1827年第一次使用警察权概念也只是为论证州权的内容提供一个理论基点⑥；但随着时间的推移，警察权也逐渐在联邦层面得以确立和发展，并且在宪法对联邦立法权所规定的"必要且合适"（necessary and proper）条款中找到了依托。⑦ 在19世纪，还有学者试图从政府分权上认识警察权，认为警察权是属于内部行政的一部分，不是立法或司法属性的⑧，但此种看法即使在当时的美国法学界也不属主流，并且很快被理论的发展所推翻。随着政府活动范围和目标的扩张，警察权由最初政府基于必要性（necessity）而为安全、秩序与道德（safety, order and morals）之目标进行干预的权力，逐渐扩展到所有的政府规制事务，包括经济规制、行业立法和精神性利益等，加入了道德、智识和美学方面

---

① Knoke, Thomas, Betriebliche Ordnungsgewalt in Räumlichkeiten des Verwaltungsvermögens: Zugleich ein Beitrag zum "öffentlichen Hausrecht", Archiv des öffentlichen Rechts, 1969, 94 (3): 389, 401.

② See Homer C. Hockett, "Little Essays on the Police Power", The Mississippi Valley Historical Review, 1930, 17 (1): 9.

③ See Thomas R. Powell, The Police Power in American Constitutional Law, Journal of Comparative Legislation and International Law, Third Series, 1919, 1 (3): 163.

④ See William J. Novak, Police Power and the Hidden Transformation of American State, in M. Dubber & M. Valverde edited, Police and the State, Stanford University Press, 2008: 56.

⑤ See W. Cook, What is the Police Power? Columbia Law Review, 1907, 7 (5): 325 – 326.

⑥ See Brown v. Maryland, 25 U. S. 419 (1827), at 443.

⑦ See W. Novak, Police Power and the Hidden Transformation of the Hidden American State, in M. Dubber & Mariana Valverde edited, Police and the Liberal State, Stanford University Press, Stanford, 2008: 65; Thomas R. Powell, The Police Power in American Constitutional Law, Journal of Comparative Legislation and International Law, Third Series, 1919, 1 (3): 164.

⑧ See W. Cook, What Is the Police Power? Columbia Law Review, 1907, 7 (5): 322.

的规制功能。① 同时，随着法律实证化的进程不断加深，美国的警察权以"必要且合适"条款为起点，逐渐被实证的立法权所完全吸收——在当今的美国，警察权概念已经完全被整合为一种一般性的立法权，意味着警察权成为一个正式的宪法原则，用以界定立法性规制权的范围②，它根本不是作为国家权力的一个分支获得界定，而是作为国家权力的一种理论基础、一种基本功能获得认识。它和其余的国家权力并不在一个逻辑维度上，也就没有必要在政府纵向分权的意义上进行定位。当代美国谈论的警察权，无论是州权还是联邦权力都指向整体上的政府权力，学者和法官们也大多仅是从功能上界定其范围。

在此基础上，欧美国家对警察权概念的认识，我们可以辨识出最广义、广义和狭义三种层次，这种三分局面的雏形是在 19 世纪末、20 世纪初成型的。在最广义上，警察权仍然相当于政府的全部治理权力③，或者从另一个角度上进行界定，相当于私人的权利由于公共利益所受限制的总和④。这种警察权界定方式主要是为不断扩张的政府权力提供一个最为宽广的理论支点；在第二次世界大战以后，此种认识已经伴随公权力法治化程度的日益深入和精细而逐渐消退。在广义上，警察权相当于国家在必要性的前提下行使的全部权力，即维护安全（safety）、健康（health）与伦理（morals）的国家权力，它在理论上被限定于这个利益范围（sphere of interests）之中，可以通过立法或者制定规章的方式行使。⑤ 在这种含义上的警察权，由于对其目标往往采取较为宽泛的解释，它的范围就不仅及于打击犯罪、保障交通、保护社会伦理等领域，也延伸到了一些经济规制事务，如雇员工作时间的限制⑥、城市区划的调控⑦、谷物仓储的收费额度⑧等，它们也被视为与秩序维持相关的内政事务，这是最常见的警察权定位。在狭义上，部分国家的学者认为警察权是警察机关及其工作人员行使的权力。此种理解以最

---

① See William J. Novak, Police Power and the Hidden Transformation of American State, in M. Dubber & M. Valverde edited, Police and the State, Stanford University Press, 2008：65.

② Id, p. 62.

③ See L. Mallonee, Police Power: Proper and Improper Meanings, The Virginia Law Register, 1917, 3 (1)：18.

④ See T. Powell, Administrative Exercise of the Police Power. II, Harvard Law Review, 1911, 24 (5)：346.

⑤ See S. Dunscomb, Jr., The Police Power and Civil Liberty, Columbia Law Review, 1906, 6 (2)：94.

⑥ See S. Dunscomb, Jr., The Police Power and Civil Liberty, Columbia Law Review, 1906, 6 (2)：97 – 100.

⑦ See D. Patalano, Police Power and the Public Trust: Prescriptive Zoning Through the Conflation of Two Ancient Doctrines, Boston College Environmental Affairs Law Review, 2001, 28：686.

⑧ See C. Tomlins, BOOK REVIEW: To Improve the State and Condition of Man: The Power to Police and the History of American Governance, Buffalo Law Review, 2005, 53：1246.

早将警察变为专业组织的英国最为典型和常见。在英国,由于现代专门警察机构的建立,警察权率先经历了彻底的组织化和形体化后,这一概念很快就成了警察机关维持秩序的权力,它直接包含实施逮捕、拘留、检查等一系列具体措施的权力①,直接联结于各种警察措施(police measure),形成了具体化的内涵。

当然,警察权的含义在现代有所变化。以美国为例,在制度层面上,联邦政府基于警察权对经济事务的调控走向收缩,而州的警察权却在迅速扩张,延展至天然气的分配、铁路布局和就业歧视等方面②;在理论层面上,警察权与公共信托原则(the public trust doctrine)的共生关系(symbiotic relationship)和异文融合(conflation)在理论和实践上逐渐被确认③,这些变化给警察权的内涵与性质带来了深刻的影响,但总体上警察权的含义仍未超出前述几个层次。在不同的概念层次上,警察权在界定政府进行治理或维持公共秩序的相关功能时或有伸缩涨落,在形体化为一系列措施实行权的总称时或有出入加减,但却不曾试图修改或填充国家分权的逻辑框架——历史与现实都未曾为此种理论想象力提供充分的条件。

第四节　反思中国法语境中的警察权

一、建构警察权概念之前提

中国宪法和法律文本中并无"警察权"的概念,因此,警察权的定位也缺乏权威的规范来源。对警察权定位的思考,也不能凭空想象,完全离开规范文本谈论法教义学,即成空中楼阁。若需要结合宪法与法律规范对警察权进行定位,则以下几个前提是应当被明确的。

---

① See Leonard Jason-Lloyd, An Introduction to Policing and Police Powers, 2nd edition, Cavendish Publishing Limited, 2005: 27.

② See Margaret S. Thomas, Parens Patriae and The States' Historic Police Power, SMU Law Review, 2016, 69: 805-806.

③ Donna Jalbert Patalano, Police Power and the Public Trust: Prescriptive Zoning Through the Conflation of Two Ancient Doctrines, Boston College Environmental Affairs Law Review, 2001, 28: 710-717.

（一）警察权概念的基本定位需要与本土法治实践相结合

警察权的概念既然尚未出现在我国的宪法与法律规范中，引入此概念时即应首要考虑其基本定位问题：在国家权力划分的意义上作为一种权力分支或权力类型，还是在社会功能的意义上做界定，甚或仅仅是在行使主体的意义上进行界定？每一种界定的意义是不同的。警察权的引入，须有相关法律关系的联结方有意义；一旦其法理定位得以确立，就需要进一步发展和充实相应的法教义学内容；相关法律关系及法教义学内容均需要与现行的宪法体制及法规范体系相融洽，这是一个非常现实的问题，否则空谈其理论定位并无太大意义。

（二）警察权不能借助司法权进行定位

在中国，认为警察权中包含司法权内容的主张，姑且不论其价值主张上的正误，于法理上并无太大意义。中国宪法与法律未正式承认"司法权"的概念，而仅承认行政权、检察权、审判权等概念，警察权显然不属于检察权或审判权；而在西方各国，无论对警察权作何种定位，它始终未包含司法权之属性，这导致前述主张在本土法律规范和外国法理论方面处于双重的无根状态。《最高人民法院关于执行〈中华人民共和国行政诉讼法〉若干问题的解释》第一条第二款中的"……（二）公安、国家安全等机关依照刑事诉讼法的明确授权实施的行为"这一排除范围以及实践中更为久远的救济渠道分流现象，是造成警察权双重属性说的重要源头。但是行政诉讼受案范围是一回事，权力自身在整个宪法权力框架内的定位又是一回事。若仅仅根据这一司法解释的排除范围就认为警察权包含双重权力属性，不仅在规范位阶上缺乏足够的权威，也在逻辑链条上面临显著的缺陷："依照刑事诉讼法的明确授权实施的行为"不等于运用司法权实施的行为。因为《中华人民共和国刑事诉讼法》并没有任何对运用司法权的宣称，其中除了检察权、审判权的运行，还有其他机关或社会组织有关权力和职能的运作，例如，强制医疗机构对被强制医疗的人进行诊断评估（第二百八十八条）、同级政府财政对司法机关业务经费的保障（第六十三条）、有关主管机关将行政处罚或处分的处理结果通知人民检察院（第一百七十三条）等；这些行为显然都不是运用司法权做出的行为，为何同样是行政机关的公安机关或国家安全机关依照《中华人民共和国刑事诉讼法》授权所做的行为就是运用司法权的行为？它仅仅是被行政诉讼受案范围排除而已。行政诉讼受案排除范围情形众多，原因也各不相同，例如，行政调解、行政指导等行为也被行政诉讼受案范围所排除，但却显然地不属于运用司法权做出的行为；如果以行政诉讼受案排除范围作为论证权力属性的基点，这一论证的逻辑无法成立。因此，仅仅依据这一解释就认为警察权有双重属性,将面临难以逾越的逻辑鸿沟;强行认定警察权包含司法权的内容,又完全缺乏宪法和法律规范之依据,也欠缺比较法上的明确理论支持。

(三) 警察权概念的建构必须凸显其不可替代的理论与实践意义

由于这一概念缺乏明确的规范依据,仅仅是广泛地存在于学术研讨中,它的作用如能被其他法律概念或其组合所替代,我们也就不必做叠床架屋之构设了。事实上,同样未被宪法和法律规范所正式承认,司法权概念已经广泛出现在我国的法院裁判之中[①],而警察权概念则连其被人民法院论及的判决都罕见,在法律实务上的应用更加薄弱。不仅如此,《关于全面深化公安改革若干重大问题的框架意见》等重要的文件中也未提及"警察权",仅使用了"执法权力"的概念就对全面深化公安改革提出了完整的要求。那么,我国是否需要自身的警察权概念?警察权概念在何种定位上才能发挥它不可替代的独特作用?这是探讨警察权概念又一个不能回避的前提。

这三个前提对中国的警察权概念研究提出了根本性的挑战,也要求我们在更广阔的视野中去看待警察权概念及其定位。

二、我国警察权概念的功能性定位

每一个提纲挈领的概念都是宝贵的学理资源。警察权作为国家的一种重要权力形态,有着丰富的学术积淀和法理内涵,它的深远内涵不可被忽视。如果我们对警察权的理论积淀和思想基础予充分的尊重,就不应当随意将它的定位与近代以降的政府分权或权力分工框架相混淆,而是从这一权力的功能面向上对其进行把握。既然警察权是从功能面向上进行定位,它就要脱离立法权、执行权、司法权等的固有法理维度上,而应当与功能面向上的其他政府权力进行区分,厘清各自的边界,完成警察权外部法理结构的整体构筑,也防止警察权的界限过分膨胀或收缩。易言之,在警察权与承载其他政府功能的公权力之间,我们需要清楚地确定警察权的功能边界。

现代政府的功能体系是十分庞大的,需要按照一定的逻辑层次进行归类和梳理。在总体的层面上,政府的功能可以区分为内政和外事两大部分。在内政方

---

① 例见陕西浦江置业发展有限公司与宁夏唐华实业有限公司合同纠纷二审民事判决书,最高人民法院(2014)民二终字第 11 号;广州星群(药业)股份有限公司与广东星群食品饮料有限公司不正当竞争一案审民事裁定书,最高人民法院(2008)民申字第 982 号;蓟县外贸畜产公司与陵水黎族自治县人民政府行政命令、行政确认申诉行政判决书,最高人民法院(2015)行提字第 27 号等。

面，政府要能够收取资源才能维持自身运转，要保护秩序才能让社会经济正常运行，要调节经济分配和再分配才能促进社会公平、保障人权和保证可持续的发展，要发展社会经济以使更多社会需求得到满足，同时增加政府解决问题的资源和能力，其中保护秩序（包括保障公民和法人的合法权益）就是警察权的作用范围。在保护秩序方面，政府又需要有具体实施功能的各种机关、机构；其中又有维持秩序的功能最为专业和集中的行政机关。相应以上逻辑层次，不同层面的警察权也就可以得到有效的定位。

第一个层面即最广义的警察权，是由相当于整个国家内政意义上的"警察"延续而来，与之相当的同类权力形态为洛克的对外权（federative power）。第二个层面即广义的警察权，是基于国家警察功能的规范化进程而产生的，主要是功能性、理论性的权力，不需要在宪定政府权力框架内有明确的规定，相当的同类权力形态有民治权（civil power）、规制权、征税权（taxing power）、战争权（war power）、缔约权（treaty-making power）等，此外现代政府还有所谓"生存照顾"（daseinsvorsorge）的职责，它也隐含着一种未经完全概念化的权力形态。其中，规制权的定位与警察权是有所重叠的，并实际上逐渐替代了原先存在于经济领域的部分警察权；由此，剩余部分的警察功能则应与经济规制及生存照顾方面的政府功能相区分。但是，即便如此，民政、卫生、交通、工商、食药监、行政综合执法等部门也仍然承担着一部分秩序行政之功能，亦即仍被赋予了一部分广义的警察权。第三个层面的警察权是基于国家警察职能的组织化、专业化、规范化而出现的，具有维持和恢复社会基本公共秩序的强制手段和能力，能够直接包含各种警察措施，这又可以再划分为两个层面：狭义上的警察权是所有一定程度上具备此种特征的组织或机构，就我国的现状而言，公安机关、国家安全机关、监狱、海警以及执行国内反恐任务的武装警察部队等均分担一部分狭义的警察权。最狭义的也就是由最典型意义上的警察机关（即公安机关）所实施的广义警察权。需要注意的是，这些权力虽然较之最广义和广义的警察权已经相对具体化，但较之具体支撑权力组织与运行过程的任命权、罢免权、弹劾权、内部审批权及具体手段意义上的处罚权、强制权、许可权等仍有相当的抽象程度。这是因为警察权始终是一项国家权力（德语 Gewalt），而不是具体的职权（德语 Befugnis）[①]；界定警察权概念的意义就在于为国家的秩序维持活动提供的法律关系总体框架、规范边界和基本活动原则。警察权概念下可以容纳各种进一步的职权细分，只要在警察权的框架与范围内形成一定的合理结构即可，它们不能代替警察权概念在

[①] 杨玉生：《警察权的法律解读——兼谈警察职权的法治意义》，载于《湖北警官学院学报》2013年第10期。

抽象理论层面上的独特意义。

三、我国警察权概念定位的主要层次选择

如果我国警察权概念从功能上也可以呈现最广义、广义、狭义和最狭义的界定，那么这一概念的主要层次应当定位于哪一层次呢？这又是一个值得我们深入思考的问题。

（一）最广义上的警察权显然已经不符合时代的需要

当今的国家形象早已不是一个"警察国"（Polizeistaat），也没有必要将全部内政权力都归诸"警察权"的概念笼罩之下，生存照顾与福利行政的兴起、经济建设职能的发达和国家公权力的法治化进程使得这些权力越来越不需要冠以"警察"的总体名义。

（二）广义上的警察权定位将面临相当棘手的麻烦

由于苏联行政体制的影响，我国政府的秩序维持功能是由多个部门分别进行的，包括公安、国安、工商、交通、城建等，在更广泛的范围内还有武警以及群众性的治安保卫组织；近20年来又增加了行政综合执法机构、社会治安综合治理机构和专门的反恐机构；从更宽泛意义上的秩序看，食药、卫生、环保、证监、银监、保监、电监等部门也是在行使维持秩序的功能。如果我们对维持秩序的功能不加深入区分，用一个广义上的警察权概念来涵盖以上所有不同主体的相关功能，则其涵盖范围过广、结构过于庞杂、内容过于繁芜；不仅如此，对于一些以经济性职能为主的政府部门而言，秩序性的职能与分配性、发展性的职能紧密结合，在此对所有公权力主体单独切割出一种警察权的功能未必有充分的法理价值，反而可能有相当显著的不便，即难以由此种警察权概念出发，对法律授权范围和权力行使过程差异巨大的各种主体提出比"法治政府"或"依法治国"更细致而又统一的下位要求。

（三）最狭义的警察权概念也不具备较为充分的法理价值

如果我国的警察权基本上等同于公安机关的执法权力，那么现行的法律关系及法律概念的体系直接采用"执法权力"概念即基本能胜任调整公安机关执法权力的任务，没有太大必要再增加一个理论上容易产生混淆的概念。《关于全面深化公安改革若干重大问题的框架意见》就只使用了（公安机关的）执法权力概

念，即已经足以起到概括的作用。

（四）对于国家保卫政权、维持社会秩序、预防和打击违法犯罪等方面的秩序维持职能，狭义的警察权概念正好能够起到统括和整合的作用

这些职能的承担者主要是公安机关，但也包括国家安全机关、监狱、海警甚至部分武警部队等。在我国，这些机关都是一定程度上组织化、专业化、规范化的秩序维持机关，也能够一定程度上运用具备特殊强制力的警察措施。它们所行使的职能分属不同的机关或机构，而又具有内在的有机联系，正需要一个统括性的概念对此加以涵盖，将相关职权的行使、职责的履行作为一个内在统一的公法对象予以观察和阐释，推进相关公权力运行的法治化进程。此种概括也符合我国当前法律规范体系的需要。无论是《中华人民共和国人民警察法》《中华人民共和国人民武装警察法》《中华人民共和国国家安全法》《中华人民共和国反恐怖主义法》还是《公安机关组织管理条例》《海洋法》等，都没有创设单独的权力类型，而是分别运用职权、职责、任务、工作、领导和指挥等概念构建了整个权力运行框架，此种概念结构的设计是与我国宪法对国家权力的定位与认识一致的。但是，在反恐怖主义、海上综合执法、应急处突等方面，各机关的任务和职责已经更为紧密地相互联结与协调，如果需要从理论上统一把握此种秩序性的、伴随特殊强制力的国家权力，正需要一个学理上的总体性概念。遍观世界各国对于国家维持一定社会秩序与安全的权力之理论认识，警察权就是最适宜的理论资源。此种概念定位也是和大多数国家对警察权的认识相接近的。

此种"警察权"与我国民间习惯上理解的"警察"显然有所区别，但同时我国法律规范及制度实践中"警察"概念的广泛运用又为此种警察权概念的构建与应用奠定了基础。根据现行《中华人民共和国人民警察法》和《中华人民共和国人民武装警察法》，存在"警察"身份的本就包括公安机关的人民警察、国家安全机关的人民警察、监狱的人民警察、人民法院、人民检察院的司法警察甚至人民武装警察，等等，他们在行使维护秩序职能、预防和打击违法犯罪、运用特殊国家强制力方面有着共同或相似的特点，而在组织体系上也有大量的共同特征和千丝万缕的制度关联。例如，人民武装警察部队曾经多次归公安部管理，在执行公安任务和相关业务建设方面，边防、消防和警卫部队还曾长期由公安部领导[①]；人民武装警察部队以及人民警察的法制、督察、刑侦、经侦、禁毒、治安、

[①] 王光、王毅虹、李侠：《从我国警察队伍的历史变迁看公安编制管理改革的发展趋势》，载于《公安教育》2013年第6期；苏宇：《当代中国警察行政法研究的三个基本问题》，载于《行政法论丛》2016年第19卷。2018年1月1日零时起，中国人民武装警察部队由党中央、中央军委集中统一领导，不再列国务院序列。

交通等众多执法勤务机构的总队、支队、大队、中队建制，是当年中国人民解放军公安部队（甚至更早一段时期的中央军委公安部）的体制遗痕[①]；司法警察长期处于《人民警察法》所列举的"人民警察"范围之内[②]；中国海警局的两位首任正职领导分别来自国家海洋局和公安部，等等。因此，警察权概念也完全可以超越单一部门、单一组织，而及于更加广阔的领域，甚至不仅局限于具有"警察"身份的执法者，而联结于相关执法任务、联结所有使用特殊国家强制力的政府职能范围，进而全面推进国家特殊强制力量运用的法治化水平。习近平同志在中国共产党第十九次全国代表大会上的报告指出："全面依法治国是中国特色社会主义的本质要求和重要保障"，国家特殊强制力的运行当然更不能脱离法治的轨道。在反恐、海上执法、网络安全管理、社会治安综合治理等工作日益深入展开的今天，对伴随特殊强制力的秩序性权力的系统规范尤为必要。

从功能面向上对警察权进行定位，就可以跳出"警察权是否包含司法权"之类的无谓论争，正视警察权保障安全与基本秩序的功能属性，在秩序、安全与人权保障的规范价值结构中深入挖掘统一适用于警察权的价值基础、法律原则和规范要求。基于可能使用具有特殊强制力的警察措施以及权力运行组织化、专业化、规范化的前提缔造一个广义的警察权概念，它就有相对清晰的边界和充分的法理意义：首先，警察权的范围仅包括公安、国安、海关等有特殊强制执法权的政府部门，职能相对比较集中，避免了涵盖范围过广、内容过于繁芜等问题；其次，警察权中包含了警察措施和特殊强制力的使用，与通常情况下的秩序维持机制就有了显著的区别，它需要有专门的原则、程序和实体法规则的规范，甚至是专门的立法（如《中华人民共和国人民警察使用警械核武器条例》），此种情形下的秩序维持功能也就需要得到单独的强调；最后，此种警察权的运行包含了大量的情境性判断与应急处置要求，价值权衡上的重要性、动态性和情境性是一般的秩序维持工作所无法涵盖的[③]，对危险的判断和处置往往需要执法权力在一定法律原则和规则范围内的临机处断、甚至可能是做出尚未具备特定法律形式或程序的紧急反应，这就对重要规范价值的权衡、法律关系的迅速梳理和使用相关措施的尺度掌握提出了更严格的要求。因此，在法教义学体系中为这些特殊的秩序维持职能形塑一种共通的权力形态是必要的，由此建构的警察权概念也将为这些可能伴随特殊强制力的秩序维持活动提供法理内涵和法律关系结构的重要基石。

[①] 苏宇：《当代中国警察行政法研究的三个基本问题》，载于《行政法论丛》2016 年第 19 卷。
[②] 2012 年修订的《中华人民共和国人民警察法》第二条第二款规定："人民警察包括公安机关、国家安全机关、监狱、劳动教养管理机关的人民警察和人民法院、人民检察院的司法警察"。
[③] 李文姝：《警察枪支使用裁量权的治理》，载于《甘肃行政学院学报》2016 年第 2 期；苏宇：《接处警法制的反思与重构》，载于《当代法学》2017 年第 1 期。

第五节 结　语

警察权的概念与定位无疑在公法学中有着重要的基础理论价值，但自世界范围观之，警察权的概念与定位不仅源流复杂，亦无对错高下、无统一模式，各国根据自身的理论认知与实践需要对其进行界定和应用。中国对警察权概念的界定与定位，也不能脱离中国自身的法律规范体系及制度实践，应当寻求概念生成、理论发展与中国自身法治实践之迫切需要的紧密结合，使概念与理论能够填补概念结构上最突出的空白地带，为完善法治体系做出切实的贡献，使之从文献中的争论向法治实践中的应用迈出坚实的一步。

第二章

警察权的变迁*

第一节 引 言

在我国,警察权还不是法律术语,在警察立法中基本不用,更谈不上立法解释。① 或许,在立法上描述清楚了警察职责权限,比抽象地规定警察权来得更加直观、具体,功能上也能取而代之。在司法判决上不乏援用②,但缺乏必要的阐释,即便解释,也多蜻蜓点水,语焉不详。学术研究中多用"警察权"一词。③ 作为一个学术术语,警察权广为人知,好像是"已经约定俗成的使用了"。④

---

* 本章部分内容以《警察权的"脱警察化"规律分析》为名发表于《中外法学》2018年第2期。

① 在北大法宝法律法规数据库上,以"警察权"为关键词,全文检索,截至2017年3月13日,没有发现一部法律、法规、规章上使用了该术语。只有在2004年10月22日在第十届全国人民代表大会常务委员会第十二次会议上,时任公安部副部长的田期玉所做的"关于《中华人民共和国治安管理处罚法(草案)》的说明"中,谈到"规范警察权的行使"。

② 在北大法宝司法案例数据库上,以"警察权"为关键词,全文检索,截至2017年3月13日,发现4个案例,包括:(1)浙江省杭州市萧山区(市)人民法院/(2015)杭萧行初字第28号/2016.03.03;(2)浙江省杭州市江干区人民法院/(2015)杭江行初字第32号/2015.07.27;(3)浙江省杭州市江干区人民法院/(2015)杭江行初字第24号/2015.05.25;(4)河南省开封市鼓楼区人民法院/(2014)鼓行初字第14号/2015.02.16。

③ 杨玉生:《警察权的法律解读——兼谈警察职权的法治意义》,载于《湖北警官学院学报》2013年第10期。

④ 程华:《警察权注疏:从古典到当代》,载于《中国人民公安大学学报》(社会科学版)2010年第6期。

但是，在当下中国，面对"什么是警察权"的追问，我们还是不免挠头，如同威斯康星大学瓦特·威勒·库克（Walter Wheeler Cook）教授早在20世纪初发出感慨一般，"没有一个词组（phrase）如此频繁使用（more frequently used），而又让人费解（less understood）"。① 从已有文献看，对警察权的认识，歧见纷纭，有从目的入手的，可称为"目的说"②，也有从内容去阐释的"内容说"③"职能说"④，还有从国家权力的构成去界定的"最广义说"⑤，以及从归属主体去界定的，又有"机关说"⑥"机关与人员双重说"之分⑦，再有就是从国家法、组织法和职权法意义上区分警察权⑧。但是，阅读起来，总觉得说理不透。也有的干脆直接跳过警察权不论⑨，这是因为警察概念的变迁，也折射了警察权的变化，彼此如影随形，交集甚多，可以在警察概念之中一并论及？还是因为警察制

---

① Cf. Walter Wheeler Cook, What is the Police Power, Columbia Law Review, 1907, 7：322.

② 例如，张强认为，警察权仅以直接防止社会公共危害为主要目的。参见张强：《法治视野下的警察权》，吉林大学法学院博士学位论文，2005年，第17页。王明泉认为，警察权"是指由国家宪法和法律赋予警察机关和人民警察维护国家安全和主权、维护社会治安和公共安全，进行治安管理和惩治犯罪的一种国家权力"。参见王明泉：《警察学教程》，中国人民公安大学出版社1996年版，第67页。梁晶蕊、卢建军认为，"警察权的活动范围仅限于维护国家安全和社会治安秩序，一切活动围绕着预防、制止和制裁违法犯罪而展开"。参见梁晶蕊、卢建军：《论法治社会中的警察权》，载于《甘肃政法学院学报》2003年2月总第66期。

③ 属于这类的比较多，只是归纳的内容、侧重点不同而已。例如，"警察权是国家机关有关警察行为的决策和实施的权力"。参见戴文殿主编：《公安学基础理论研究》，中国人民公安大学出版社1992年版，第178页。

④ 陈实认为，从国家职能上看，警察权包括国家关于警察职能的立法权、司法权和行政管理权。从机关职能看，警察权指国家依法授予警察机关及人民警察为履行国家安全和公共秩序的职能所必需的各种权力总称。参见陈实：《警察·警察权·警察法——警察法概念的逻辑分析》，载于《湖北公安高等专科学校学报》1998年第4期。

⑤ 但重新、杜军认为，"警察权是指国家有关警察活动的一切权力，它属于国家基本权力的组成部分，包括国家关于警察工作的立法权、执行权和行政司法权"。转自高文英：《警察法学语境下的警察权研究》，载于《净月学刊》2017年第3期。

⑥ 惠生武认为，"警察权是指由国家宪法、法律赋予警察机关执行警察法规范、实施警务活动的权力"。参见惠生武：《警察法论纲》，中国政法大学出版社2000年版，第3页。

⑦ 有学者认为，警察权力既指警察机关的权力，也指执行警务活动的人员的权力。例如，王泽河：《论警察权力》，载于《中国人民公安大学学报》1989年第2期。李建和：《我国警察权力配置的现状、问题与原因》，载于《中国人民公安大学学报》（社会科学版）2007年第5期。

⑧ 杨玉生认为，国家法意义上的警察权涉及在国家机关之中的横向与纵向分配，组织法意义上的警察权是指在警察机关内部管理体制之中的警察权分配，职权法意义上的警察权就是警察职权。参见杨玉生：《警察权的法律解读——兼谈警察职权的法治意义》，载于《湖北警官学院学报》2013年第10期。

⑨ 例如，在李震山的《警察法论——警察任务编》（正典出版文化公司2002年版）、蔡震荣主编的《警察法总论》（第三版，一品文化出版社2015年版）中，警察概念之后，直接跳到警察任务，都没有专门讨论警察权。而且，从李震山介绍的德国、日本警察法教科书看，也都没有专章介绍警察权，反而，警察任务是必不可少的。参见李震山：《警察法论——警察任务编》，正典出版文化公司2002年版，第30~38页。

度应以义务为本位,突出警察任务,淡化警察权?不得而知。但是,这个问题又至关重要。在警察法学理论之中,警察权是一个基础性概念,与警察任务互为表里,外化为警察职责权限,与警察协助义务、警察权的分解与外包等都有着极其密切的关系。

在笔者看来,之所以不甚了了,是因为,西方警察权经过漫长的变迁,先后形成了、且迄今并存着实质与形式两种意义的警察权概念,分梳不易。清末开启的警政运动直接嫁接了西方晚近的形式概念。新中国成立之后,逐渐形成"分散多元"的警察制度,实际上是将实质概念杂糅在形式概念之内,不免牵丝扳藤。在学术上,民国之前的警察法著述对西方警察权的变迁过程稍有涉猎,谈不上透彻。新中国成立之后,学术传承中断,我们对实质概念几乎一无所知,不能有效运用实质与形式之界分理论来容纳实践的发展。

所以,在本书中,首先,笔者将梳理警察权在西方的变迁,发现从分权到分工的基本规律,以及通过不断限缩警察权目的的发展路径,从实质走向形式,最终完成警察权从内务行政的等同物之中脱离而出。其次,笔者将梳理清末以来形成的对警察权的认识,指出从"机关说"入手界定警察权的合理性,通过职责权限两个维度,勾勒新中国成立之后警察权内涵的变化,并发现其分权、分工之不彻底,指出变革之方向。

第二节 西方警察权的变迁

在欧美,警察权的发展,历经沧海桑田、岸谷之变。在用词上,大致也有着"police""police polity""internal police""police power"的渐次替换,词义逐步收缩的过程。一些学者也下了很大力气,铺陈有关材料,分梳有关脉络。这些变迁,尤其是从国家行政向内务行政的演变,看似对我们影响不大,是我们不曾有过的。但是,我国自清末起步的现代警察制度毕竟嫁接于西方,西风东渐,异途同归。19世纪之后,西方警察权的变迁,对我国有着不小的影响。探究欧美警察权的总体变迁,其中折射出的发展规律,对我们理解警察权及其变革还是颇有益处。

一、变迁过程

从词源上看,"police"源自拉丁文"Politia",还可追溯至希腊文"politeia"

"polis",最初的意思是政府的政策(the policey of civil government),与执法没有什么关系(the term police originally means something other than law enforcement)。"police"一词,"在中世纪与封建领主的统治权相联系,是为了公共秩序和福利而被承认的一种特别统治权"。①

英文的"police"是从法文借用而来。16世纪之后,英文里的"police"与"policy"同义,表示英联邦或有组织的国家(commonwealth or organized state),也指民间组织和文明(civil organization and civilization)。②德国大约也是在16世纪初开始广泛应用"policey""poletzey""policey"等描绘警察的语词,它们都是在"共同体的良好秩序"这一意义上作为国内秩序的一个集合性概念加以使用,意指国家的活动或行政。③"随着民族国家的兴起,警察一词被用来表示一切国家行政""由公共权力维持一般社会秩序的事项都统称警察事务"。④当时的社会状态是,"警察成为专制政体下全能且大权在握的人,归其原因,在当时并无权力分立,警察行为不受宪法或法律约束,一切依行政命令及一般规定为张本,纵然在具体个案亦同,此外,亦无有效控制警察举措之机构存在"。⑤到19世纪,这种用法渐被淘汰。⑥

18世纪早期,"police"一词开始用来描述对社会的规制、约束与控制(the regulation, discipline, and control of a community),内务行政(civil administration)以及维持公共秩序(maintenance of public order)。在欧洲大陆,尤其是法国和西班牙,出现这种用法更早些。⑦在德国,从17世纪开始,军事、财政、外交、司法等事务便逐渐从警察事务中分离出来,至18世纪,警察概念便几乎与内务行政相对应,出现了"第一次脱警察化"。⑧彼时,洛克、孟德斯鸠等先哲的分权思想正席卷欧洲,对政治哲学的发展产生了巨大影响。国家权力不断分化,"警察只意味着与社会公共福利及维持秩序有直接联系的内务行政(internal affairs)"。⑨

在17~18世纪,一些学者(如 Pufendorf, Vattel, Smith, Blackstone)所援用的"police",其含义也迥异于今日,一般都是在内务行政层面上交互使用,"police"与"civil administration""domestic administration"同义。例如,在1762~1764年,亚当·斯密(Adam Smith)在格拉斯哥大学所做的法理学系列讲座(lectures on jurisprudence)中指出,任何政府制度的首要目标是确保国内安宁

---

①④⑨　卢建平:《警察相关词源考证》,载于《法治研究》2016年第6期。
②⑥⑦　Cf. Santiago Legarre, The Historical Background of the Police Power, University of Pennsylvania Journal of Constitutional Law, 2006 – 2007, 9: 748 – 750.
③⑧　参见陈鹏:《公法上警察概念的变迁》,载于《法学研究》2017年第2期。
⑤　李震山:《警察行政法论——自由与秩序之折衡》,元照出版社2007年版,第4页。

(internal peace),然后才是促进国家富裕(the opulence of the state)。这就产生了我们所说的"police"。只要与这个国家的贸易、商业、农业和制造业有关的规制,都可以看作属于"police"范畴。① 同样,在布莱克斯通(Blackstone)的论述里,"oeconomy"和"police"也是同义的。他谈到国王特权(royal prerogative)就包括国王作为国内商贸仲裁者(arbiter of domestic commerce)而具有的权力。② 这也就不难理解,"police"传入美国之后,很长时期都与州商业权交织不清。这种词义,在美国宪法的词汇中,尤其是在"police power"的语境下,还延续至今。

"police"一词,只是到了晚近,才开始用于司职于维持秩序和查究犯罪的警察群体。例如,在西班牙语中,直到19世纪初才有此用法。在苏格兰,用"police"指称有关执法和维持公共秩序,可以查到的首次记载大约出现在1730年。③ 德国在第二次世界大战之后,经美军占领区发布的限制警察概念范围的命令第235号④,警察的概念才真正蜕变为现代意义的警察。历史学者公认的第一个现代警察机关是,1829年在罗伯特·皮尔爵士(Sir Robert Peel)的倡导下建立的伦敦大都市警察(the London Metropolitan Police)。⑤ 罗伯特·皮尔爵士利用他在爱尔兰服役的经验,创设了一个介于军队和民间力量(a civil force)之间的社会控制的组织。⑥

这是在内务行政之上,不断限缩警察权目的的结果,也和制服警察的出现,以及警察组织的专业化有关。在欧洲,人们开始反对绝对主义的国家政权以及由此衍生而来的君主的"父权式监护",转而认为只有在不可避免地需要维护集体安全及自由时,国家方能限制个人自由,这就催生了从目的角度对警察概念进行约束与重构的努力。⑦ 这是"第二次脱警察化",通过不断深化内务行政之中的分工,完善行政机关系统,将一些警察事务逐渐分解、转移给其他行政机关,如营业、建筑、外国人等事务。这也促进了警察机构的体系完善,专业(职)程度的提升,"终至以执行为主之执行警察是为今日之民主警察"。⑧

自罗伯特·皮尔爵士倡导建立现代警察机关,欧美各国竞相仿效,无论是实践还是学术上所指的警察权,便多是指形式意义上的警察权。之后的历次警务革

---

①②③ Cf. Santiago Legarre, The Historical Background of the Police Power, University of Pennsylvania Journal of Constitutional Law, 2007, 9: 748, 752, 757-758, 761, and footnote 94.

④ 命令第235号要求"早期德国警察所执行之任务,其没有直接与生命、财产、维护公共秩序犯行之追缉等有关,排除于警察活动范围外。这些义务之执行得由其他适当之机关实施,然而,对此种功能或执行之机关与人员不得再使用'警察'之称呼"。参见蔡震荣主编:《警察法总论》(第三版),一品文化出版社2015年版,第31页,注释19。

⑤ Cf. Carol A. Archbold, Policing: A Text/Reader, SAGE Publications, 2012: 3.

⑥ Cf. Eric H. Monkkonen, History of Urban Police, Crime & Just, 1992, 15: 549.

⑦ 陈鹏:《公法上警察概念的变迁》,载于《法学研究》2017年第2期。

⑧ 李震山:《警察行政法论——自由与秩序之折衡》,元照出版社2007年版,第4页。

命,无论是以美国为代表的专业化运动、以社区警务为标志的欧美警察现代化运动、还是服务导向的警务改革,以及信息时代下倡导的情报警务模式,都没有改变对警察、警察权、警察权之目的以及警察任务的认识,只是对实现警察任务的具体方式和技术手段有所调整创新。在警察权的规范与扩张之间引发些许波动的是"9·11"事件之后引入的反恐警务模式,扩大了警察的检查权力和自由裁量权。

二、两次"脱警察化"

上述警察权的变迁,其实经历了两次质的飞越,出现了二次脱警察化或警察除权化的趋向,从而实现了从国家行政到内务行政再到组织法意义的警察权的渐次发展。第一次与分权有关,通过与军事权、财政权、司法权等的分离,警察权逐渐限定在内务行政领域。第二次与政府组织体系分化、职能进一步分工有关。在美国,通过不断明晰警察权目的,将政府的一些职能从警察权之中剥离出去,警察权也便与内务行政有了一定区分。

分权与分工,是以分化的场域为标准。我们大概可以说,发生在国家权力层面上的分化是分权,出现在政府层面上的分化是行政分工。或者更进一步说,以内务行政为标准,在该范畴之内的分化视为分工,如卫生防疫、整饬街道、建设管理从警察事务之中的剥离,该范畴之外的分化称为分权,如军事、司法与警察的分离。但是,从文献上看,上述两次变迁不都是严格在这个界限之内发生的,彼此也有交集,犬齿交错,却的确有着递进关系。从时间界线看,也比较模糊,大致17和18世纪以分权为主,19世纪前后为分工。

第一次脱警察化与分权理论的兴起有关。一方面,通过权力的分立与制衡,实现对公民权利的保障,如警察权与司法权的分立;另一方面,彼时国家任务,不外乎"外御强辱,内维治安",前者仰赖军人,后者交付警察。① 但是,正如西塞罗说的,"对待人民的方式,其中第一位的、最重要的是不得使用暴力"。② 通过警察权与军事权的分立,实现内外有别、差别对待,进一步科学而准确地校正了警察任务的定位。

第二次脱警察化主要是发生在内务行政的分工上,具体方法是"限缩警察概念的目的要素",将卫生、建筑、环保、劳动、税务等以往属于警察行政事务的权限划归一般行政机关。③ 这是因为"危害防止任务大都集中在行政权""应在

---

① 马岭:《军事权与警察权之区别》,载于《云南大学学报》2011年第5期。
② 西塞罗著,王焕生译:《论共和国,论法律》,中国政法大学出版社1997年版,第277页。
③ 张强:《法治视野下的警察权》,吉林大学法学院博士学位论文,2005年,第89页。

不失其时间与经济效能上,以及避免导致不必要之行政空转与摩擦下,加以分散"。这种在"行政权内部危害防止任务之水平分配""可以避免权力集中与专断",① 也能够促进专业化,提高效率。

至于分工的标准,没有精细的尺度,只有大致的原则,例如,按照"绝对法益"与"相对法益"之分,前者归警察机关,后者由一般行政机关负责。又如,只有同时符合"危害防止不可迟延性"与"强制力经常使用之必要性",才由警察机关负责。② 其实,在内务行政之中进一步分化的程度与范围,深受各国历史传统、社会诉求、立法选择等因素的影响。所以,在欧美,警察权目的相差无几,呈现出来的警察职责与权限在不同国家可能不完全一样,③ 没有逻辑可言,也无法强求一致。

脱警察化,也就是去暴力性。随着与警察权同构化的政府权力不断分解、分化出去,转移到一般行政机关之中,不适用传统的警察强制力,伴随着的是去强制化。一般行政机关在执行公务中为排除妨碍,确有需要警察手段,可以请求警察协助。这构成了一般行政机关运行的基本权力结构模式,也突显了警察协助义务的重要性。

但是,其中最重要、最根本的任务,也是经常需要使用警察手段来完成的任务,始终附着在警察权之中,必须通过警察权来完成。所以,保留在警察机关的权力仍然是最具有强制性的。可以说,除军事权之外,国家权力之中,警察权最具有暴力性、强制力。④ 也因此,警察权必须受到法的严格拘束,例如,必须符合比例原则,十分注重对公民权利的保障。公民权和法的基本原则构成了警察权的边际。

在这样的格局里,保持国内安宁、维护治安秩序、防止一切危害的警察任务,并非完全交给警察机关,而是分散到其他一些行政机关。相应的,在理论上,便出现了"实质的警察概念与形式的警察概念",以及实质意义上的警察权与组织法意义上的警察权。实质的警察概念与实质的警察权,是从功能角度出发,即便是一般行政机关,只要从事维护安宁秩序、防止危害之警察任务,便属于警察范畴。而形式的警察概念与组织法意义上的警察权,是从组织机构角度出发,仅指警察机关维护秩序、排除危害的角色、作用或者权力。⑤

---

① 李震山:《警察行政法论——自由与秩序之折衡》,元照出版社2007年版,第39~40页。
② 上引李震山书,第52~54页。
③ 阮光铭、赵益谦编著:《现代各国警察制度》,青岛醒民印刷局1934年版,第27~29页。
④ 警察权力具有特殊强制性,是"合法化的有组织暴力",也具有强限制性,是对公民权利限制性最强的权力。参见文华:《我国警察权力的法律规制研究》,武汉大学法学院博士学位论文,2010年,第13、16页。
⑤ 李震山:《警察行政法论——自由与秩序之折衡》,元照出版社2007年版,第5~8页。

三、目的和手段的界定方法

在欧美，内务行政的进一步分化，对警察权的限缩，之所以都不约而同地诉诸警察权目的，主要是为了将警察的强制作用收缩到最小领域，压缩到最低限度，以回应日益高涨的保障公民权利的诉求。或者说，"因自然法学说勃兴，主张尊重个人之自由，限制国家之权力，于是警察权之观念亦次第狭隘"。① 因为警察作用在于维护社会治安秩序、防止公共危害，是国家最原始、最根本、最基础的功能，警察手段也最具有暴力性，需要有所控制与节制。

很自然，对警察权的阐释，便出现了从目的入手的界定方法。例如，奥托·迈耶（Otto Mayer）认为，臣民对共同体以及对代表共同体利益的行政负有天然的义务，不能干扰共同体的良好秩序，且应当避免并防止自己的生活中出现这样的干扰，这种臣民的"一般义务"也是"警察义务"，而警察权便是为了实现这种义务而发动的公权力。②

但是，从美国的经验看，不论如何提炼警察权目的，还是很难与内务行政完全区分开来。或者说，从实质意义上去描述警察权，那将很大程度上与政府权力难解难分。瓦纳马克法官（Justice Wannamaker）就说，"政府警察权的维度，与政府保护和促进公共福祉的职责是一致的。警察权的措施，必须以公共必要为限度。公共诉求是制定、解释和适用法律的北极星。"（The dimensions of the government's police power are identical with the dimensions of the government's duty to protect and promote the public welfare. The measure of police power must square with the measure of public necessity. The public need is the pole-star for the enactment, interpretation, and application of the law.）③ 日德的有关理论纷争也说明，"不能借助行政目的的消极或积极区分警察与保育"，因为"当代的秩序行政已经超越了消极目的，而有了积极目的的面向"。"采取强制命令手段的警察措施亦同时包含了积极目的和消极目的"。④

于是，兼有"目的说"和"手段说"的界定方法脱颖而出。例如，恩斯特·弗伦德（Ernst Freund）从法院大量的判例中发现，至少有两个主要属性或特征（two main attributes or characteristics），能让警察权凸显出来，有别于其他权力，也就是，警察权直接意在确保与推进公共福祉，它是通过抑制与强制实施的

---

① 钟赓言：《钟赓言行政法讲义》，法律出版社 2015 年版，第 283 页。
②④ 陈鹏：《公法上警察概念的变迁》，载于《法学研究》2017 年第 2 期。
③ Thos J. Pitts, The Nature and Implications of the Police Power, Kansas City Law Review, 1937 – 1938, 6: 145.

(it aims directly to secure and promote the public welfare, and it does so by restraint and compulsion)。① 又如，有的学者（L. Dee Mallonee, 1916）考虑到"警察权"的最初使用，以及适宜性和逻辑，还有法院的实践，主张警察权应当是狭义的，首先，规制目的是"主要社会利益"（the primary social interests），包括公共健康、道德、安全和经济福利。其次，方法上具有强制性，可以限制私人权利，强迫其放弃全部或部分权利，限制其享有相应的权利。②

我国民国时期，一些学者对西方警察制度的引介，也采用了这种方法。如阮光铭、赵益谦指出，"警察实总于内务行政中，以命令权预防危害，而干涉个人之自由。若强制或以命令权不应用时，则不得谓为警察。所谓警察者，以消极的防制危害为目的；若以积极的增进公共利益为目的，而行强制权者，是亦不属警察之范围"。③ 当然，从文献上看，这种界定方式很大层面上仍然是在内务行政之中分梳实质意义的警察、警察权，判断哪些干预活动属于警察作用，实施这些活动的机构也不限于警察机关。

第三节　清末以来形成的认识

清末出现的警察制度是"西学东渐的产物"，既反映了开明之士"变法图新""师夷长技""中体西用"之期许，也有洋人"须目睹中国竭力设法保护外国人及铁路诸物方能退去"之威逼④，是主动与被动交互作用的结果。

一般认为，光绪二十四年（1898年）湖南巡抚陈宝箴、按察使黄遵宪等所创办的湖南保卫局，是我国近代警察之滥觞。⑤ 经北洋、民国，甚至到新中国成立之后，警察制度基本没有大的变化，警察的业务范围、管辖分工与管理体制等

---

① Ernst Freund, The Police Power: Public Policy and Constitutional Rights, Chicago Callaghan & Company, 1904.
② L. Dee Mallonee, Police Power: Proper and Improper Meanings, American Law Review, 1916, 50: 862, 870.
③ 阮光铭、赵益谦编著：《现代各国警察制度》，青岛醒民印刷局1934年版，第14页。
④ 康大民：《中国警察——公安的百年回顾》，载于《辽宁警专学报》2001年第4期。
⑤ 王先明、张海荣：《论清末警察与直隶、京师等地的社会文化变迁》，载于《河北师范大学学报》（哲学社会科学版）2005年第1期。也有认为，19世纪中叶，外国人在上海租界之内设立的巡捕与巡捕房等，是"我国之有现代警察的嚆矢"。参见陈水适主编：《清末民初我国警察制度现代化的历程（1901－1928）》，台湾商务印书馆1984年版，第19页。

基本一脉相承。①

对警察、警察权、警察任务、警察组织与管理等理论问题的思考，大概也始于清末，认识上总体比较平稳，虽有分歧、争执，却没有大起大落、天壤之别。当然，政权性质发生变化，政治意识形态对警察制度产生了较大的影响，警察的阶级属性与专政功能被凸显出来。民国之后，尤其明显。

一、直接嫁接欧美晚近概念

清末迈向警察制度现代化之初，对警察权的认识，直接嫁接了欧美晚近的概念，已实现了一定意义上的分权，也设立了专业化的警察机构与制服警察。清末"采借西法、推行新政"，一项重要举措就是设置了海军、外务、商务、巡警四部。② 无论从组织上还是权力上，作为最高警政机构，巡警部显然都与军事、外交、商务等有着明确的权力切割。所以，我们从没有过像美国那样的警察权与商业权（commercial power）的纠结与困惑。我们对警察权的理解，也始终附着在组织法意义上，就是指警察机关的权力。

彼时内务行政已然分化，"警察者，内政（内务行政）之一部。内政之范围，以学理的分类则为警察行政与福利行政之二种"。③ "警察实为内务行政中与助长行政对立之一分科"。④ 警察机关从隶属内务行政，逐渐发展到从内务行政之中与其他行政彼此剥离出来。组织机构始终相对独立，自成体系，名称几经变化，也渐趋固定。大致脉络为，清末的巡警部与巡警道、北洋的警政司和警察厅（局、所）、民国的内务部（内政部）和警察厅（处、局）、新中国的公安部与公安（厅、局、分局）。

清末有关行政分工已见雏形，但还不彻底。清末警察除缉盗治安外，还有"卫民生"之责，管着公共卫生、防疫，负责整饬街道。北洋政府时期，警察机关的职责之中，尤其是治安、营业、建筑、卫生等项，不少在今天看来已成历史遗迹，例如，卫生之中的负责道路清洁、保健防疫，治安之中的社会救恤和"贫民教养"，建筑之中的官私建筑的审查和准驳、公共建筑的保护，营业之中的店

---

① 李健和：《论我国警察权力的属性和类别——警察权力专题研究之一》，载于《中国人民公安大学学报》（社会科学版）2007年第3期。

② 陈水适主编：《清末民初我国警察制度现代化的历程（1901-1928）》，台湾商务印书馆1984年版，第36页。

③ 何维道、谭传恺撰写的《警察学、警察实务》（长沙府正街集成书社1913年版）是我国最早的警察学著作之一。引自师维：《我国实定法上的警察含义——兼议我国〈人民警察法〉的修改》，载于《河南公安高等专科学校学报》2008年第3期。

④ 郑宗楷：《警察法总论》，商务印书馆1946年版，第5页。

铺营业的准驳、开业歇业的登记、度量衡的检查等。① 清末民初，警察甚至还有部分的司法裁判功能。从清末到民国，警察事务不断增增减减，多是时势政策使然，但都发生在警察机关内部。对警察、警察权的理解也基本没有越出组织法意义。

新中国成立之后，《中华人民共和国人民警察条例》（以下简称《人民警察条例》）（1957 年）规范的还是严格组织法意义上的警察。② 然而，随着政法体制不断改革，逐渐形成"既统一又分散"的警察体制，正如《中华人民共和国人民警察法》（以下简称《人民警察法》）（1995 年）第二条第二款所确认的那样，"人民警察包括公安机关、国家安全机关、监狱、劳动教养管理机关的人民警察和人民法院、人民检察院的司法警察"，而这些机关之间彼此独立，互不隶属。警察权的意义才越出组织法，走向实质意义。也就是，警察权不再为警察机关所独有，为其他机关所分享，但也是涵射在"人民警察"概念之下。

这便形成了新中国成立之后很独特的现象，实际上已生成了实质的警察概念，却又在实践上不接受实质与形式意义的概念划分，而是人为地圈定在名义的警察概念之中。这既有对历史承续的缘故，也有这些机构的职责权限具有近似性的现实考虑。无论如何，我们都可以视之为一种分工不彻底或者拒绝进一步分工的表现。

所以，无论是对警察还是警察权的理解，我们既没有欧美早期混沌未开之经历，也不存在欧美的曲折含义。也就是，警察、警察权从没有与国家行政同构化，与内务行政已有分离，又有些交集，仅是分工不细所致。这与当时欧美的状况大致相同。但是，在欧美的那种实质意义上的警察，也就是由一般行政机关承担防止危害的任务，也视为警察，这种宽泛的认识，在我国，只存在于学术，是对西学的继受，在实践上根本没有这样的理解。"警察概念在我国从未真正形成类似当代德国法上的实质概念与形式概念、当代日本法上的'学问上的概念'与实定法上的概念的二元格局"。③

二、从"机关说"入手

从后续的制度变迁看，我们对警察权的困惑还是有别于西方，不是纠缠在实质意义，也没有德国法上"形式的警察概念"与"实质的警察概念"并存问题，

---

① 韩延龙、苏亦工：《中国近代警察史》，社会科学文献出版社 2000 年版，第 336、342、374~375 页。
② 《中华人民共和国人民警察条例》（1957 年）第四条明确规定，"人民警察受中华人民共和国公安部和地方各级公安机关的领导"。
③ 陈鹏：《公法上警察概念的变迁》，载于《法学研究》2017 年第 2 期。

而是需要从组织意义上去进一步澄清。因此,对于警察权业已形成的"目的说""内容说""职能说""机关说"等诸多观点中,在笔者看来,以"机关说"入手来界定警察权,最为贴切妥当,更符合业已形成的公众认知。

新中国成立之后,历经改革,警察制度形成了"分散多元"体制,出现了人民警察、司法警察、国家安全警察、狱警和武装警察五种类型。从组织结构上看,这些机关已完成形式上的分权,各自的警察职责又大相径庭,权限也出入较大。

因此,以"机关说"入手,警察权应当有广狭两种,狭义仅指公安机关的权力,是形式的、组织法意义上的警察权。广义则应反映"多元分散"体制。广义的警察权实际上已脱逸出组织法意义,变得异常纷繁复杂,多维难定,难以阐释。在这个意义上,警察权还是可以涵盖在原本就宽泛的警察权目的之中,依然不脱离警察、警察权之窠臼,从而形成了实质与形式警察权概念相杂糅的一个矛盾体。

我们同意采纳"机关说"的同时,不得不对另外一种近似观点展开批判。"机关与人员双重说"认为,警察权力既指警察机关的权力,也指执行警务活动的人员的权力。在笔者看来,这显然是误读了公安机关及其工作人员的关系。警察权的归属主体应当是、也只能是公安机关,而不是公安机关之中具体行使权力的警察。后者只是前者的化身,任何组织的活动都必须通过人来实现,警察的执法活动是代表公安机关,行为结果和责任也由公安机关承担。长期以来,我们没有认真鉴别。无论是《人民警察条例》(1957年)还是《人民警察法》(1995年),都没有处理好这对关系,都表述为"人民警察的职责""公安机关的人民警察按照职责分工,依法履行下列职责""人民警察的权限如下",等等。[①]

三、结合警察任务的诠释

随着社会的发展,政府职能分工的变迁,以及内务行政的分化,警察权的大小范围、管辖事项,很大程度上取决于各国的历史传统、社会诉求以及立法政策,是立法选择的结果,是长期历史发展的累积,没有统一的范式,也没有固定的理论模型。所以,即便从"机关说"入手,也很难描述清楚警察权是什么。

曾流行于欧美的"目的说",以目的来界定警察权,在我国却发生了变异。

[①] 《人民警察法》(2016年,修订草案征求意见稿)或许意识到这个问题,转而表述为"公安机关依法履行下列职责",但是,仍不能一以贯之,具体权限的行使主体还是采用"人民警察"而不是公安机关。《公安部关于〈中华人民共和国人民警察法〉(修订草案稿)公开征求意见的公告》,公安部网站,http://www.mps.gov.cn/n2254536/n4904355/c5561673/content.html,2017年5月1日。

因为，自清末初创现代警察制度之始，我们便很少纠缠于警察权目的的讨论，即便有为数不多的讨论，也多抄自日本。在学术上，更多探讨的是警察任务。从功能上看，警察任务可以替代警察权目的。对警察任务的讨论，又结合着警察职责，彼此构成抽象与具体、总括与阐释的关系。只是警察任务在不同历史阶段还是略有不同的。

可以说，从清末开始，我们一直关注的都是警察的功用，在探讨警察任务的同时，一般解决警察的职责与权限。从这个意义上去认识警察权，更简洁明了，既有对历史的承接，也反映现实需要。我们愿望之中的警察权便由此勾勒出来了。这个进路其实是以警察任务为底色，体现了义务本位的思想，又暗合了欧美的目的（任务）与手段的界定方法。只不过，这种界定方法，在欧美是适用于实质意义上的警察、警察权，在我国主要是运用在形式意义上，所以，流露出的趣味就很不一样。

警察权毫无疑问是一个集合概念，是由一个个具体的警察权力构成的，或者说，可以分解为一个个具体的警察权力形态。正如警察任务是由所有的警察职责组合而成，可以高度凝练，也可以用具体的警察职责逐一详细描述。但是，单凭一个个具体的警察权力形态，警察权只能给人一个碎片状的印象。要想描叙清楚警察权的真切内涵，还离不开警察任务。警察任务决定警察权力，警察权力是为了完成警察任务，彼此互为表里、相互依存。对于什么是警察权的追问，我们大致可以说，警察权就是法律赋予的实现警察任务的权力，其具体内涵是通过职责与权限来表达的。

四、对警察任务的认识

从有关文献看，从清末民初开启的现代警察制度，承继了传统上保甲、巡丁、练勇、捕役等职责，重在革除传统上衙役、兵丁、保甲、巡丁、练勇、捕役等弊端，虽然"职能更加广泛，并呈现出专业化趋向",[1] 诸如发挥消防、卫生、维护交通等积极功能，但是，主流还是延续、替代了传统的"侦奸、缉私、捕盗之类"的治安体系与职能。[2]

从早期何启、郑观应等传播的警政思想，以及维新派康有为、黄遵宪等力推的警政实践看，在有关动议、章程以及制度上，对警察任务、职责权限有明确界

---

[1] 王先明、张海荣：《论清末警察与直隶、京师等地的社会文化变迁——以〈大公报〉为中心的探讨》，载于《河北师范大学学报》（哲学社会科学版）2005年第28期。

[2] 陈水适主编：《清末民初我国警察制度现代化的历程（1901-1928）》，台湾商务印书馆1984年版，第14页。

定。例如，湖南保卫局就是"去民害、卫民生、检非违、索罪犯"，具体而言，"掌清查户籍，清理街道，抓捕盗贼，扑救火灾，查禁赌博，解民危困，禁拐妇女等事"。[1] 光绪三十年以后，人们对警察作用的认识更接近现代的观点，"保全国之治安，定人民之秩序"。[2]

北洋政府时期和民国时期，也延续了类似看法，只是政治色彩渐趋浓厚。例如，1914 年，袁世凯在《治安警察法草案》立法说明中指出，"警察以保护公共之治安为天职"。蒋介石也认为，"警察的任务，既在维持治安，改良社会，则势必时时与危害社会以及有损社会健康的烟赌娼匪等弊害相搏斗"。[3]

可以说，从清末到民国，一直没有出现像德日早期发生的关于警察权目的的激烈争论，也没有通过区分福利目的与保安目的、积极目的与消极目的，进一步促进内务行政的分化，澄清警察权的边际。[4] 这是因为，从清末警政运动开始，内务行政便有较高程度的分化，警察权与防止社会危害的其他行政作用之间的分工已基本完成。

民国时期以来的警察法理论，深受日本影响，也介绍日德有关警察权目的的理论争议，在学理上，也有学者对警察权做实质意义的阐释，但是，在我国，许多学者还是把警察"认做维护公共治安的消极行政"[5]，例如，何维道、谭传恺认为，"警察者，内政之一部，为防止危害，直接保持社会安宁之秩序，而限制人之自由之行政"[6]。维持秩序，必以限制人民自由为代价。但是，正如李士珍所警觉，不易将警察行政定位在"限制人民自由"，否则，一方面，"容易引起人民对警察之不良观念"；另一方面，也容易对人民之合法自由滥加干预。[7] 因此，警察作用的价值取向必然是多元的，其中，也充斥着诸如健康（health）、道德（morals）、安全（safety）以及一般福祉（the general welfare）等价值目标。[8] 实现的手段也是限制与助成并举、消极与积极兼用。

新中国成立后，从 1957 年的《人民警察条例》到 1995 年的《人民警察法》，警察任务基本不变，只是逐渐淡化政治色彩，文字表述略有增删，均体现在第二条关于"人民警察的任务"之中，包括：（1）维护国家安全；（2）维持

---

[1] 王先明、张海荣：《论清末警察与直隶、京师等地的社会文化变迁——以〈大公报〉为中心的探讨》，载于《河北师范大学学报》（哲学社会科学版）2005 年第 28 期。
[2] 韩延龙、苏亦工：《中国近代警察史》，社会科学文献出版社 2000 年版，第 55、336、342 页。
[3] 万川主编：《中国警政史》，中华书局 2006 年版，第 381、414 页。
[4] 有关德日的争论，参见陈鹏：《公法上警察概念的变迁》，载于《法学研究》2017 年第 2 期。
[5] 郑宗楷：《警察法总论》，商务印书馆 1946 年版，第 21 页。
[6] 师维：《我国实定法上的警察含义——兼议我国〈人民警察法〉的修改》，载于《河南公安高等专科学校学报》2008 年第 3 期。
[7] 李士珍：《警察行政之理论与实际》，中华警察学术研究会，1948 年版，第 2 页。
[8] 李震山：《警察法论——警察任务编》，正典出版文化有限公司 2002 年版，第 39 页。

社会治安秩序；（3）保护公私财产，以及公民人身自由与安全；（4）预防、制止和惩治违法犯罪活动。

对上述警察任务可以做进一步解读，第一，其中，（1）（2）（4）无疑是警察的基本任务，由这一基点散发出的效果是实现了第（3）项任务，而"保障公私财产""公民人身自由与安全"，又为上述基本任务注入了价值观与目标。第二，单从上述任务描述，"依靠纯粹的文义解释对于厘定警察任务范围尚有难度"[①]，还很难与其他行政机关区分开来，如前所述，后者也可能发挥着实质上的警察作用。所以，还必须通过具体胪列公安机关的职责，才能阐释清楚警察任务的基本内涵。第三，新中国成立之后推出的一系列警务改革，如社区警务、情报主导警务、从管理到服务等，都没有逾越上述警察任务，只是微观地、局部地调整、增删公安机关职责，重新分配、创新运用公安机关权限而已。

第四节 两个维度的阐释

从《人民警察条例》（1957 年）、《人民警察法》（1995 年）的立法技术看，对警察权的描述，都是在警察任务之下，通过职责与权限两个维度来进一步解析的。这实际上是采用了目的（任务）与手段的界定方法。新中国成立之后，警察权的流变，都是折射在这个基本框架之内，表现为警察职责的增删，警察职权的繁简，以及法律理念、警务思想的变化。因此，在稳定的警察任务之下容纳着流动的内涵。

但是，由于新中国成立之后，尤其是 1983 年全国政法体制改革之后，逐渐形成了"多元分散"的警察体制。例如，国家安全机关以及监狱、劳教机关最初都隶属于公安部，后来，前者独立出去，后者移交司法部。延续着传统，《人民警察法》（1995 年）第二条第二款对人民警察的界定变得相当宽泛，"包括公安机关、国家安全机关、监狱、劳动教养管理机关的人民警察和人民法院、人民检察院的司法警察"。这也给立法技术上如何规定警察职责权限、组织管理等带来了相当大的难度。因此，《人民警察法》（1995 年）在内容上充满了一般与特殊、

[①] 余湘青：《警察任务构造研究》，载于《中国人民公安大学学报》（社会科学版）2012 年第 1 期。

共性与个性等多方面的矛盾与冲突。① 立法上只能采取在表面上归纳共性，实质上以公安机关为主线的策略。

一、公安机关的职责

《人民警察法》（1995年）将公安、安全、监狱、劳教、司法五个部门的警察职责之中的"共同的、基本的、主要的职责"加以规定，大致分为五类：（1）预防、制止、惩治违法犯罪活动；（2）公安行政管理职能；（3）执行刑罚的职能；（4）指导治安保卫工作、指导治安防范工作；（5）其他职责。② 细读第六条，不难发现，还是以公安机关为规范对象，而且，公安机关职责规定是对长期实践的总结与体认，基本范式是逐一胪列立法与政策赋予的各项职责，好处是一目了然、不生歧义。

与《人民警察条例》（1957年）有关职责规定相对比，我们不难发现以下几点变化：

第一，追随法律理念的变化。例如，《人民警察法》（1995年）第六条（一）删除了《人民警察条例》（1957年）第五条（一）"反革命分子和其他犯罪分子的破坏活动"，改为"违法犯罪活动"。至于理由，李忠信只简单地陈述为"三十多年来，我国政治、经济、社会等情况都有了很大变化，根据当前形势"，这一修改"涵盖了所有的应当由人民警察管辖的违法犯罪案件"。③ 其实，不容忽视的是，早在20世纪80年代刑法学界就已展开取消反革命罪的热烈讨论，④ 1997年《中华人民共和国刑法》修订，取消反革命罪，易名为危害国家安全罪。这股思潮不可能不对其间酝酿修改的《人民警察法》产生一定影响。而《人民警察法》又先于《中华人民共和国刑法》修订，能启变革之先声，实在了不起。又如，《人民警察法》（1995年）第六条（十三）删除了《人民警察条

---

① 《人民警察法》（2016年，修订草案征求意见稿）回归到了严格狭义的、组织法意义上的警察范畴，明确"本法所称公安机关是指县级以上人民政府主管公安工作及其人民警察的行政机关"，"本法所称人民警察，是指公安机关中依法履行治安行政执法和刑事司法职能且被授予人民警察警衔的工作人员"。参见《公安部关于〈中华人民共和国人民警察法〉（修订草案稿）公开征求意见的公告》，公安部网站，http：//www.mps.gov.cn/n2254536/n4904355/c5561673/content.html，2017年5月1日。规范对象更加明确，立法内容更加自洽。对于国家安全机关、监狱以及人民法院、人民检察院中授予警衔的工作人员，准予适用，但法律另有规定除外。从立法技术上讲，这样处理无疑是最干净妥帖的。
② 李忠信：《人民警察法若干问题研究》，群众出版社1998年版，第62、65~66页。
③ 上引《人民警察法若干问题研究》，第71~72页。
④ 有关文献很多，如黄艾禾：《1980：取消反革命罪的第一声》，载于《中国新闻周刊》2012年第30期。曹子丹、侯国云：《论将"反革命罪"易名为"危害国家安全罪"》，载于《中国法学》1991年第2期。梁华仁、周荣生：《论反革命类罪名的修改》，载于《政法论坛》1990年第4期。

例》（1957 年）第五条（三）"领导群众进行防特、防匪、防盗、防火工作"，改为"指导和监督国家机关、社会团体、企业事业组织和重点建设工程的治安保卫工作"。

第二，政治意识的强烈影响。例如，《人民警察条例》（1957 年）第五条（十五）规定了警察的救助义务，"查找迷失的儿童和下落不明的人，救护被害人和突然患病处于孤立无援状态的人"，《人民警察法》（1995 年）第二十一条进一步拓展了这种基于人道主义的警察义务，要求人民警察遇到公民人身、财产安全受到侵犯或者处于其他危难情形，应当立即救助。同时，还应积极参与抢险救灾和社会公益工作。这"充分表明了人民警察热爱人民、保护人民的宗旨"①。这无疑是对警察的辅助任务做了积极的政治表达。

第三，警察职责的扩张几乎都是在行政领域。例如，《人民警察法》（1995 年）多出的几项职责，第六条（八）"管理集会、游行、示威活动"，（十）"维护国（边）境地区的治安秩序"，（十二）"监督管理计算机信息系统的安全保护工作"，（十四）"负责大型群众性活动的安全管理工作"，（十五）"监督管理保安服务活动"，（十六）"负责警用航空的运行、安全和管理工作"，（二十二）"开展国际执法合作，参加联合国警察维和行动"。还有"为了增强人民警察的责任感，同时也为了人民警察在非执行职务的时候履行职责受到法律保护"，② 第十九条规定，"人民警察在非工作时间，遇有其职责范围内的紧急情况，应当履行职责"。

第四，进一步深化行政分工，完全删除了《人民警察条例》（1957 年）第 5 条（十三）的"监督公共卫生和市容的整洁"。③

从上述变化看，警察的基本任务就是打击和预防违法犯罪、维持治安秩序，并由"打击"延伸到"预防"，再延至"维持治安秩序"，④ 工作重心不断向前

---

① 杨屹泰：《公安部部长助理、〈人民警察法〉起草小组组长罗锋谈〈人民警察法〉的基本特点》，载于《人民公安》1995 年第 6 期。

② 《关于〈中华人民共和国人民警察法（草案）〉的说明》，中国人大网，http：//www.npc.gov.cn/wxzl/gongbao/2000 - 12/07/content_5003300.htm，2017 年 4 月 7 日。

③ 《人民警察法》（2016 年，修订草案征求意见稿）又进一步删除了关于抢险救灾和社会公益工作。参见《公安部关于〈中华人民共和国人民警察法〉（修订草案稿）公开征求意见的公告》，公安部网站，http：//www.mps.gov.cn/n2254536/n4904355/c5561673/content.html，2017 年 5 月 1 日。

④ 在美国，20 世纪 60 ~ 70 年代，市民恐惧感上升，让警察和研究者困惑的是，恐惧程度与犯罪并不总是对应的。在一些犯罪率低的地方，市民的恐惧反而高，而在犯罪率高的一些地方，市民的恐惧却不高。直到 80 年代，研究者才发现，相对于犯罪，市民的恐惧感，与秩序不好有更密切的关系（What puzzled police and researchers was that levels of fear and crime did not always correspond：crime levels were low in some areas，but fear high. Conversely，in other areas levels of crime were high，but fear low. Not until the early 1980's did researchers discover that fear is more closely correlated with disorder than with crime）. Cf. Carol A. Archbold，Policing：A Text/Reader，SAGE Publications，2012：38.

延展，突出表现为上述第三点警察职责向行政领域的扩张。警务工作也由消极转为积极，一切以迅速回应和满足公众对警务服务的需求为要务。而且，进一步清除了清末民初以来的警察基本任务之外的一些职责，如监督公共卫生与市容整洁。但是，对当前反恐与网络管制的警察职责扩张反映不够。

二、公安机关的权限

在学理上是可以将公安机关管辖的事项归类，分为刑侦、治安、户籍、消防、交通、网监等，然后，笼统地概称为刑事侦查权、治安管理权、户籍管理权、消防监管权，等等，这些仍然是一个个集合概念，内涵不清，在立法上胪列意义不大。

要在人民警察法上胪列的，一定是警察法上重要的、需要特别授予的权力。因为人民警察法不可能成为一份完整的权力清单，囊括一切，一览无余，那样篇幅过长，在立法技术上也极难处理。根据公安机关职责，也就是"任务指派规范"，公安机关可以直接采取一些措施，从事一些不实质影响公民权利义务的非侵害性活动，任务指派规范可以"为非侵害性的执法活动提供了充足的法律基础"，不需要法律上的特别授权。例如，警察防止危害由消极变为积极，警察手段也多采用指导、协调、协商等方式，不可谓不重要，却因对公民权利干预力度不大，不在法律保留（重要事项保留）之内，所以，可以不用规定在人民警察法之中。但是，如果公安机关需要采取侵害公民权利的措施时，必须要有法律的特别授权。[①]

需要规定在人民警察法上的权力大致分为两类：一是重要的集合性权力，有关适用条件、程序过于繁多琐碎，需要具体法律另行规定，包括：（1）行政处罚权；（2）行政强制权；（3）刑事侦查权。这一类可以概括规定。二是较为单一的重要权力，须由法律来规定的，且能详定行使条件与程序的具体权力形态，包括：（1）使用武器与警械；（2）盘查；（3）行政管束；（4）身份证件查验；（5）传唤；（6）现场处置；（7）检查搜查；（8）履行职责中的优先权；（9）交通、现场管制，等等。这一类必须逐一详细规范。

与《人民警察条款》（1957年）相比，《人民警察法》（1995年）主要增加了盘查、采取行政强制措施、行政管束、使用警械、交通管制及现场管制、技术侦查措施等。权限之所以扩张，是因为，"在进一步深化改革、扩大改革开放和

[①] 杨玉生：《警察权的法律解读——兼谈警察职权的法治意义》，载于《湖北警官学院学报》2013年第10期。

建设社会主义市场经济体制的新形势下,人民警察的职责增多了,任务加重了"。[①] 例如,盘查就是在宪法规定的迁徙自由的情境下产生的一种警察应对措施,是为了有效打击市场经济下日益攀升的流动人口违法犯罪。[②]

其实,从有关立法文献看,上述新增不是创设,只是对既有权限的重申,其中,既有以往法律、法规增设的权限,也有规章、规范性文件规定的权限。[③] 从中,我们至少可以读出,第一,警察权限与警察任务如影随形,随之变化而发展。第二,《人民警察法》规定的警察权限仅是枚举,不是完结性的,还可以通过法律、法规进一步发展。这是由《人民警察法》的组织法性质决定的,偏重总结,而非前瞻。警察权限的拓展,一般是通过单行法完成,是为完成新的警察职责而创设的。第三,基本上都是涉及人身自由的警察权力,较为严厉,也不宜扩散到一般行政机关,比如,使用武器与警械、盘查、行政管束、身份证件查验、传唤、现场处置、检查搜查、交通、现场管制等。

当下,《人民警察法》正处在修订阶段,对警察权限的规定,尤其要注意捕捉警察法上已经发生的新变化,第一,随着反恐、缉毒等态势的日益紧迫,警察通过秘密手段,尤其是高科技方式获取情报的权限也随之扩大和加强,如"漫游"、监视、手机定位、查询往来邮件、微信、短信等。第二,随着互联网的普及,警察也不断参与网络治理,警察职责也由实体社会进入虚拟社会,应当明确相应的网络管制权限,划清警察权与言论自由、财产权的边际,以及警察权的"二元"结构在网络管制上的对应权限、具体适用条件和程序。[④] 第三,互联网、大数据也不断推动警务模式的变革,使数字化精细管理成为现实,需要不断强化信息的收集、整合、利用与管理,也应增加有关的警察权限,例如,生物信息强制采集、信息收集查阅和调取、各类图像监控系统的接驳。第四,随着法治公安建设的不断深入,对于《人民警察法》上的每一项权力,应该进一步加强法治化构造,尽量细化适用条件与程序,这不仅能够实现对权力行使过程的有效控制,也有助于提升司法审查的成效。

[①][③] 李忠信:《人民警察法若干问题研究》,群众出版社1998年版,第75页。
[②] 余凌云:《警察盘查论》,中国人民公安大学出版社2011年版,第1~7页。
[④] 蒋勇担忧,"从技术角度看,网络安全部门是执行网络领域技术侦查的技术行动机构,如追踪IP,网上通信的拦截与监控等;从行政权角度看,网络安全部门负责日常网络事务的治安行政管理;而从侦查权角度看,网络安全部门又承担着网络安全领域内的犯罪侦查任务。这种两权甚至三权共享机构的出现,消弭了本来就很模糊不清的权力界限,导致了现实中警察行为性质识别的不能。更令人担心的是,网络监察部门是否会滥用自身所具备的技术侦查能力而实施日常的行政管理?由于相关的公开资料很少,这一点不得而知"。参见蒋勇:《警察权"强"、"弱"之辩:结构失衡与有效治理》,载于《法制与社会发展》2017年第3期。

三、几点判断

从上述梳理，我们大致可以做出以下判断：

第一，从公安机关职责与权限两个维度的发展变化看，1995 年修订的《人民警察法》大量拓展了公安机关的职责与权限，这恰是在市场经济体制下完成的，没有显现出与计划经济体制有多少关联。一些学者所说的，警察权似乎过大，"高度垄断和庞杂""权力触及社会的各个方面"，[①] 是"由以往建立在计划经济之上的国家体制决定的"[②]。恐怕缺乏证据。

第二，从 1957 年的《人民警察条例》到 1995 年的《人民警察法》，警察权的目的始终未变，所以，公安机关职责权限的拓展只是与社会诉求、立法选择有关，没有发生质变。当然，随着法治的发展，社会的进步，对警察权的控制也出现了新的样式，如正当程序的引入，控权观念的深入。

还要注意的是，公安机关的职责权限不仅由警察法规定，普通法律之中也可能规定。大概又分两种类型：一是对公安机关已有管辖事项的进一步细化。如，《中华人民共和国环境保护法》（2014 年）第六十三条规定，"建设项目未依法进行环境影响评价，被责令停止建设，拒不执行的"，移送公安机关处罚。这是对《中华人民共和国治安管理处罚法》（2005 年）第五十条（三）"阻碍国家机关工作人员依法执行职务"的注脚，但是，拘留期限却从十日提高到十五日。又如，《中华人民共和国突发事件应对法》第五十条进一步明确规定，由公安机关针对事件的性质和特点，可以采取的应急处置措施。[③] 二是规定新的管辖事项。如《中华人民共和国教育法》（2015 年）第八十条规定，组织作弊、代替他人参加考试、泄露、传播考试试题或者答案等扰乱考试秩序的行为，由公安机关处罚。这是《中华人民共和国治安管理处罚法》（2005 年）第三章第一节"扰乱公共秩序的行为和处罚"中不曾有的。但是，这仍然属于扰乱公共秩序，没有逃逸出警察权的目的。

[①] 许韬：《建构我国警察权的若干思考》，载于《公安学刊》2003 年第 6 期。
[②] 陈兴良：《限权与分权：刑事法治视野中的警察权》，载于《法律科学》2002 年第 1 期。
[③] 关于以往警察法上的制度缺失，参见余凌云：《紧急状态下的警察预警与应急机制》，载于《法学》2004 年第 8 期。

第五节　进一步变革之建议

警察权是一种国家权力，却很特殊，不同于一般行政权力，它不纯粹，有着混杂的特质。而且，也处于不断发展变化之中。那么，反思我国的警察权，是否还有着进一步分化改革的空间？对此也有不少讨论与建议。①

从上述西方警察权的变迁看，有着两个共同的规律，一是随着国家层面的分权以及政府内部的职能分工，实现警察权向组织法意义上的迈进。二是在政府层面的进一步分工与格局，是由历史传统、社会诉求、警务理念等决定的，没有整齐划一的模式，因此，尽管对警察任务、警察权目的的认识没有出入，但不同国家，甚至一国之内不同地方，警察权的表现形态却很不一样。我国警察权的现代化发展，也没有逃逸出同样的轨迹。所以，在笔者看来，也可以依据上述规律，作为分析的准绳，对警察权的进一步变革展开批判性思考。

一、解决"多元分散"体制

新中国成立之后的改革，逐渐形成了警察制度的"多元分散"体系，警察权也就越出了公安机关的组织意义，具有了实质意义。"多元分散"体制让警察权变得多义，难以界定，突出表现在《人民警察法》的立法上，不得不采取"共同的、基本的、主要的"立法模式，警察职责的描述无法呈现全貌，警察权限的规定也不具有普适性。而且，已然完成行政分工的组织机构，依然涵射在人民警察范畴，也无法进一步发挥其特有的功能。

之所以会有这些问题，在笔者看来，是因为分权与分工不够彻底所致，是试图将实质与形式的警察概念在"多元分散"体制上进行统合，这种努力注定难以实现。所以，我们应当着手解决的恰好是"多元分散"体制。只要是组织机构、领导体制已经基本独立于公安机关之外的，都可以划分出去，从而使警察制度真正实现形式的警察概念以及组织法意义上的警察权。《人民警察法》要规范的对象变得纯粹单一，就是公安机关。

---

① 如陈兴良教授建议，"由一个机关垄断行使的警察权改变为由多个机关分散行使的警察权，个别权力也可以非警察化"。参见陈兴良：《限权与分权：刑事法治视野中的警察权》，载于《法律科学》2002年第1期。

第一，将武装警察从警察概念中彻底分化出去。从历史上看，军警不分久已有之。清末有过动议，亦有实践，将绿营改为巡警，这是将负责地方治安的经制之兵经淘汰筛选之后，"移作"警察。① 在认识上还存在军警不分、职责不明。② 民国时期才有武装警察队，这与时局混乱、军警不分有关。③ 新中国成立后，组建武警总部，先归公安部，后划归中央军委领导。④ 领导体制是，"由国务院、中央军事委员会领导，实行统一领导与分级指挥相结合的体制"。⑤ 武装警察是"国家武装力量的组成部分""担负国家赋予的安全保卫任务以及防卫作战、抢险救灾、参加国家经济建设等任务"，⑥ 尽管也涉及国内秩序维护，却应当属于军事权范畴。在 2016 年新一轮的国防与军队改革中，也要求"加强中央军委对武装力量的集中统一领导，调整武警部队指挥管理体制，优化力量结构和部队编成"。⑦ 如果不将武装警察分离出去，就无法解决警察权与军事权交叉问题，⑧ "警察权分为刑事侦查权和治安管理权"之通说也将无法成立。在上述剥离过程中，有些职责，如公安边防、消防不属于军事权范畴，宜划归公安机关，从现役转变为职业警察。

第二，国家安全机关的执法人员不再归入人民警察序列。《中华人民共和国国家安全法》（1993 年）意在"反间谍"，公安机关与国家安全机关"按照国家规定的职权划分，各司其职，密切配合，维护国家安全"，⑨ 已完成了政府职能的分工。近年来，由于认识到"国家安全内涵和外延比历史上任何时候都要丰富，时空领域比历史上任何时候都要宽广，内外因素比历史上任何时候都要复杂"，《中华人民共和国国家安全法》（2015 年）采取了"总体国家安全观"，涉及"政治安全、国土安全、军事安全、经济安全、文化安全、社会安全、科技安

---

① 陈水适主编：《清末民初我国警察制度现代化的历程（1901－1928）》，台湾商务印书馆 1984 年版，第 44～45 页。

② 何洪涛：《清末警察制度研究（1894－1911）——以警察立法为视角》，西南政法大学博士学位论文，2011 年，第 26 页。

③ 韩延龙主编：《中国近代警察制度》，中国人民公安大学出版社 1993 年版，第 524 页。

④ 1982 年，人民解放军担负内卫执勤任务的部队，加上公安机关实行兵役制的武装、边防、消防民警，组建武警总部，归公安部领导。1995 年武警总部划归中央军委，公安边防部队、消防部队、警卫部队仍归公安部领导。参见赵炜：《公安改革的历史回顾与前景展望》，载于《中国人民公安大学学报》2005 年第 6 期。

⑤ 《中华人民共和国人民武装警察法》（2009 年）第三条。

⑥ 《中华人民共和国人民武装警察法》（2009 年）第二条。

⑦ 《中央军委关于深化国防和军队改革的意见》，新华网，http://news.xinhuanet.com/mil/2016-01/01/c_128588503.htm，2017 年 8 月 3 日。

⑧ 如李健和教授就认为，警察权具有军事性，其中一个重要体现就是，"作为国家武装（军事）力量组成部分的武装警察，平时主要承担国内安全保卫任务"。参见李健和：《论我国警察权力的属性和类别》，载于《中国人民公安大学学报》（社会科学版）2007 年第 3 期。

⑨ 《中华人民共和国国家安全法》（2009 年修订，已失效）第二条。

全、信息安全、生态安全、资源安全和核安全等各项具体任务",维护国家安全的任务也需要国家安全机关、公安机关等各级国家机关、中央与地方各部门贯彻落实。① 如果继续坚持广义的警察概念,将造成认识上的巨大混乱。

第三,将司法警察彻底脱离出去,不称之为"警察",而称为"法警"或者"司法警察"。人民检察院和人民法院的"司法警察"②,与清末以后学理上的行政警察与司法警察之分中的"司法警察"不是一个概念,后者近似刑事警察,只是含义略窄。③ 根据最高人民法院、最高人民检察院分别发布的《人民法院司法警察暂行条例》(1997年)、《人民检察院司法警察暂行条例》(1996年),司法警察实行"双重领导,编队管理"的原则,④ 与公安机关实现了完全的分工,可以划出人民警察序列。

第四,监狱、看守所人民警察可另称为"狱警"或者"监管人员"。目前监狱的管理人员是人民警察,从事"管理监狱、执行刑罚、对罪犯进行教育改造等活动",⑤ 归司法行政部门领导。有关管理自成体系,已与公安机关完全分离。⑥ 看守所目前隶属公安机关,⑦ 但是,"看守所性质上本就属司法行政,非公安职能",⑧ "将看守所由公安机关划归司法行政机关管理的意见,已被视为彻底革除看守所多年累积弊端的唯一出路,是解决侦押分离与看守所体制变革的主流方向"。⑨ 随着机构的分离,所属执法人员也可以脱离人民警察序列。

---

① 《关于〈中华人民共和国国家安全法(草案)〉的说明》,中国人大网,http://www.npc.gov.cn/wxzl/gongbao/2015-08/27/content_1945964.htm,2017年4月22日。

② 1979年的《中华人民共和国人民法院组织法》《中华人民共和国人民检察院组织法》规定,"各级人民法院和人民检察院可以设立司法警察",但是,没有明确司法警察的性质、职权。《人民警察法》(1995年)明确了"司法警察属于人民警察序列"。

③ 阮光铭、赵益谦编著:《现代各国警察制度》,青岛醒民印刷局1934年版,第30页。

④ "人民法院司法警察受所在人民法院院长的领导,接受所在人民法院和上级人民法院法警部门的管理;人民检察院司法警察接受所在人民检察院检察长的领导,接受所在人民检察院和上级人民检察院司法警察部门的管理"。参见张永进:《中国司法警察制度建设三十年:发展、不足及完善》,载于《河北公安警察职业学院学报》2011年第1期。

⑤ 《中华人民共和国监狱法》(2012年)第五条、第十二条。

⑥ 如司法部曾通过发布一系列意见,"健全了监狱人民警察考录制度、辞退制度、执法质量考评和责任追究制度","制定了监狱人民警察职业道德准则和职业行为规范,并与各级监狱管理机关对执法履职行为开展经常性督察,有效促进了队伍纪律作风和职业道德建设"。参见《国务院关于监狱法实施和监狱工作情况的报告》,北大法宝,http://www.pkulaw.cn/fulltext_form.aspx?Db=chl&Gid=177358&keyword=监狱&EncodingName=&Search_Mode=accurate,2017年5月4日。

⑦ 《中华人民共和国看守所条例》(1990年)第五条。《中华人民共和国看守所条例实施办法》(1991年)第二条。

⑧ 石启飞:《浅议公安机关中央事权与地方事权划分、警种、部门设置》,载于《政法学刊》2015年第6期。

⑨ 樊崇义:《看守所:处在十字路口的改革观察》,载于《中国法律评论》2017年第3期。高一飞、陈琳:《我国看守所的中立化改革》,载于《中国刑事法杂志》2012年第9期。

当然，做上述改革，需要我们突破一个理论上的桎梏，就是接受实质意义的警察和警察权观念，为了有效防止和消除对公共秩序和安全造成的危害，必要时，警察强制作用也是可以适度分散的，允许由上述机关分享。① 但是，这些机关在组织机构、领导体制、管辖事项上都相对独立，执法人员都不称为"警察"，行使的权力也不属于"警察权"范畴，而是相当于欧美所说的实质上的警察、警察权概念。

二、政府层面的进一步分工

其实，随着行政体制改革的不断深入，根据管理效率、职能合并和成本效益等政策取向，微观上的分工一直在变动之中。警察事务的移入转出，从未停止过。一方面，公安机关的一些职责逐渐转移给其他行政机关或者社会组织、企事业单位，脱警察化的趋势愈发明显，比如，道路之外的车辆乱停乱放划归城管管辖。可以说，在现代法治国家，为了保障公民基本权利，脱警察化是必然的趋势。警察事务移交出去之后，一般危害防止任务由一般行政机关来完成。一般行政机关遇到执行困难，警察可以提供职务协助。这已成为行政机关权力运行的基本结构。我们姑且称之为"警察协助"模式。另一方面，随着政府职能的不断扩张，也会新增一些警察事务，必须移入公安机关。比如，在食药安全、环境保护等领域，但凡需要涉及行政拘留、使用警械这类手段，便统统交给公安机关，公安机关的职责也随之扩张到这些领域之中。② 这是为了防止警察泛化，坠入警察国家，无法有效保障公民权利。所以主张，"维护公共安全任务中涉及使用射击武器、器械时，宜由组织意义上的警察负责"。③ 这种认识被立法者不断强化，

---

① 未来海上执法的改革，建立统一的执法机关，负责水上安全、遇难船只及飞机的救助、污染控制、制止非法捕鱼、打击水上违法犯罪等，也可以配备武器警械，行使类似警察的强制力。

② 全国人大法工委刑法室统计，目前，共计24个法律规定了行政拘留处罚。其中：（1）主管部门是公安机关的有11部，包括《中华人民共和国集会游行示威法》《中华人民共和国人民警察法》《中华人民共和国枪支管理法》《中华人民共和国消防法》《中华人民共和国居民身份证法》《中华人民共和国道路交通安全法》《中华人民共和国护照法》《中华人民共和国禁毒法》《中华人民共和国出境入境管理法》《中华人民共和国反恐怖主义法》《中华人民共和国境外非政府组织境内活动管理法》等。（2）主管部门是国家安全机关的有1部，如《中华人民共和国反间谍法》。（3）主管部门是其他行政机关，但该机关内设有公安机关的有2部，如《中华人民共和国铁路法》《中华人民共和国森林法》。（4）主管部门是其他行政机关，内部也未设有公安机关，但行政拘留由公安机关决定和执行的有10部。如《中华人民共和国环境保护法》《中华人民共和国劳动法》《中华人民共和国教育法》《中华人民共和国安全生产法》《中华人民共和国中国人民银行法》《中华人民共和国食品安全法》《中华人民共和国网络安全法》《中华人民共和国中医药法》等法律，以及关于惩治破坏金融秩序犯罪的决定、关于惩治虚开、伪造和非法出售增值税专用发票犯罪的决定。

③ 张强：《法治视野下的警察权》，吉林大学法学院博士学位论文，2005年，第90页。

形成了根深蒂固的一种观念。

在警察法理论上也逐渐形成一种认识，主张警察事务的转入移交，也不是随意而行。判断是否可以转移职能的两个标准是：第一，执行上是否具有不可迟延性，或者危害是否具有急迫性。第二，是否经常使用警察手段，或者警察强制作用。[①] 如果同时符合上述两个标准，就属于警察职责，不得移转。其他不具有上述特征的危害防止，可以移交一般行政机关。

因为对公共安全的危害如果具有不可预见性，防止也具有不可迟延性，"凭借警察的机动性及全天候执勤"，才足以及时有效制止。立法上之所以多授予警察强制手段，也是为了能够有效率地迅速排除危害。[②] 当然，危害不见得必须是现实发生的。也就是说，危急的可能性，而不是危急本身，才是采取警察权行为的理由（The possibility of an exigency became the justification for police power actions, rather than the exigency itself.）。[③] 与其他行政手段相比，警察手段也就具有突出的强制力，对公民权利会产生巨大的破坏力量，具体表现为，一是原则上只有警察才配备枪械；二是行政强制上的即时强制几乎都集中在警察法上；三是行政拘留一般都交由公安机关来决定与执行。

当然，也有一些学者希望大刀阔斧，打破现有格局，对于公安机关已有的职责，包括治安、刑侦、交通管理、出入境、户籍、消防、网监等，彻底拆并，进一步向一般行政机关转移职能。例如，"目前已具有相对独立性的消防局、交通管理局、出入境管理局、看守所都可以独立"，户籍管理划入民政局。[④]

的确，如果按照上述职能转移的两个标准衡量，可以做一些大幅度的格局调整。例如，完全可以将户籍和出入境管理划给民政部门。但是，对此，笔者持审慎态度。第一，从上述研究可知，警察职责的形成是历史的累积，立法选择的结果，不是纯理论的遐想、逻辑上的分析。第二，是否需要进一步分工和分化，取决于这些职能在运行中是否存在不融洽，是否需要剥离出公安机关，转移给其他行政机关或者另建一个行政机关。而户籍和出入境恰好是公安工作的基础和手段，能够与预防、打击违法犯罪工作形成合力。行政机构改革不是分分合合、拆拆并并，而是要形成良好的机制和更高的效率。在笔者看来，还没有迹象表明，有进一步分化的必要，可以基本维持现状不变。

[①] 李震山：《警察行政法论——自由与秩序之折衡》，元照出版社2007年版，第52~54页。
[②] 张强：《法治视野下的警察权》，吉林大学法学院博士学位论文，2005年，第90页。
[③] Cf. Markus Dirk Dubber, Police Power: Patriarchy and the Foundations of American Government, Columbia University Press, 2005: 118.
[④] 陈兴良：《限权与分权：刑事法治视野中的警察权》，载于《法律科学》2002年第1期。

三、二元结构的改革

清末警察制度的出现,是在西学东渐的影响下,从传统体制之中脱胎而来。清政府改革了中央刑部、大理寺、都察院和地方各级行政长官掌管司法审判权的司法与行政合一体制①,与之相应,警察也分为司法警察与行政警察,很自然地形成了警察权的二元体系。从某种意义上看,我国警察权的二元论是历史传统的余绪,是因为在司法体制改革过程中没有从组织结构上分离警察机关的结果。

这种二元结构也并非全无道理。其一,尽管我们可以从目的上将警察作用区分为司法行为与行政行为,前者"警察发动干预行为之目的在于追缉犯行或镇压犯罪",后者"在于预防犯罪或实力排除行政不法行为",但是,"在实际面临操作时","常常很难仔细区别"。②其二,从实现防止危害、追缉犯行的警察任务看,也需要司法手段与行政手段的配合使用。二元之间便于转换,能够更好地预防与打击违法犯罪,提高办案效率,例如,刑事证据与行政证据之间互通共用,案件性质可以及时变更。所以,要及时防止危害、查缉违法犯罪,就需要司法手段与行政手段之间转换的一定灵活度。在欧美,警察权也都具有同样特征。所以,清末形成的二元结构迄今也没有改变。警察权一定是"警察行政职权和警察刑事职权的统一"。③

然而,警察机关从隶属关系上是行政机关,但又行使着对犯罪的侦查权力,因此,刑事侦查权、刑事侦查程序的属性难免不发生争议④,出现了行政权力说⑤、司法与行政双重特征说⑥、司法权力说⑦以及不确定说⑧。在笔者看来,不

---

① 韩延龙、苏亦工:《中国近代警察史》,社会科学文献出版社2000年版,第336、342、456页。
② 林明锵:《警察法学研究》,新学林出版股份有限公司2011年版,第8~9页。
③⑥ 陈兴良:《限权与分权:刑事法治视野中的警察权》,载于《法律科学》2002年第1期。
④ 李健和甚至认为,"我国警察权具有四种属性:即政治性、行政性、司法性和军事性"。参见李健和:《论我国警察权力的属性和类别》,载于《中国人民公安大学学报》(社会科学版)2007年第3期。
⑤ 如王银梅认为,"从司法权与行政权的特性来分析,警察权应该是或主要是行政权"。参见王银梅:《论警察权的法理属性与设置改革》,载于《政治与法律》2007年第2期。彭贵才也认为,"刑事犯罪的侦查权在本质上仍属于行政权的范畴,并且是一种特殊的行政权""即便在警察刑事职能方面的刑事司法性仍然不能改变其行政权本质"。参见彭贵才:《论我国警察权行使的法律规制》,载于《当代法学》2009年第4期。许韬认为,"从设立警察权的目的及权力体系的划分来看,警察权本质上应属于行政权力,不应具有司法属性"。参见许韬:《建构我国警察权的若干思考》,载于《公安学刊》2003年第6期。
⑦ 陈卫东、郝银钟:《实然与应然——关于侦检权是否属于司法权的随想》,载于《法学》1999年第6期。
⑧ 夏菲认为,在我国,"国家权力构建的理论基础并不是三权分立,权力归属只有模糊的原则,没有严格的界限""因此,有关警察侦查权性质的争论是很难得出分晓的"。参见夏菲:《论英国警察权的变迁》,法律出版社2011年版,第12页。

是说只有建立审判中心主义，只有在法官参与下的侦查活动才具有司法性。刑事侦查职能、权限与程序本身就具有司法性，是司法过程的一个重要组成部分。

刑事警察和治安警察、刑事侦查权与治安管理权之间的区分，不是形式意义上的分权，而是警察机关内部的分权，体现为不同的警种分别行使着完全不同性质的权力。警察权的二元结构是掌握在一个组织机构之手。

在英美，警察机关也负责治安管理和查缉犯罪。犯罪分为轻罪与重罪，都由法院裁判，警察负责调查取证。警察职责清澈单纯。二元结构在此不会被滥用。只是欧陆与英美不同。欧陆却有违警罪之说。法国、德国等是"以刑之重轻而为违警之分类"，奥地利、匈牙利等国是"以罪之性质而为违警之分类"①。在法国，违警罪是违反了"社会纪律的规则"，在"罪分三类"之末端，在重罪、轻罪之下。其理论根据是"违警与犯罪性质无异说"②。违警罪早期是由市镇官员、治安法官主持的法庭审判，现在是由治安法庭、违警罪法庭、社区法庭审判。③但是，德国却采纳了"违警与犯罪性质全异说"④，通过《秩序违反法》（1952年），尤其是1975年的刑法改革，将违警罪从刑法体系里剔除，"违警罪的刑事犯罪性质被排除，违警罪仅被视为对法律的一般违反，只处行政罚款，而不处刑事罚金"⑤，交由警察裁处，"不必遵照刑事诉讼法之成规"。日本"效法德国各邦立法成例"，也从刑法典中剔除违警罪，1908年颁布了《警察犯处罚令》，也交给警察管辖。⑥

我国深受德国、日本影响，早期也制定违警律，后来逐渐演变为治安管理处罚，也是由警察负责调查与裁决。"将违警罪的管辖权赋予警察，有利于运用简单便捷的方法处理违警行为，其目是谋求实际运用的便利"。之所以不交给普通法院裁判，一是诉讼程序烦琐，"会延搁案件的审理"；二是"违警行为连续

---

① 陈水适主编：《清末民初我国警察制度现代化的历程（1901-1928）》，台湾商务印书馆1984年版，第50页。

② 该理论认为，违警与犯罪只有程度或危害性上的不同，没有性质上的差别。参见李秀清：《〈大清违警律〉移植外国法评析》，载于《犯罪研究》2002年第3期。沈岚：《中国近代治安处罚法规的演变——以违警罚法的去刑法化为视角》，载于《政法论坛》2011年第4期。

③⑤ 卢建平：《法国违警罪制度对我国劳动教养改革的借鉴意义》，载于《清华法学》2013年第3期。

④ 该理论认为，违警与犯罪的区别，不在程度的大小，而在性质的不同。根据具体区别的标准，又主要分为三派观点。一是以行为人的心理立论。普通犯罪行为人一般是知其为恶，故意实施；而违警行为人则只需有违背法令的行为，无须考察其心理状态。二是以行为的性质立论。认为普通犯罪行为本身含有反道义性及反社会性，是得到人们共识的"自然犯"；而违警则是"法定犯"，只因违反法规的命令或禁止而明定处罚。三是以结果的所及立论。认为对于法益（有保护的价值而以法律确实之者，如生命、身体、名誉、自由及财产权等）有毁损、直接侵害者或有现实之危险者为犯罪；于法益仅有损害或危险的可能者为违警。沈岚：《中国近代治安处罚法规的演变——以违警罚法的去刑法化为视角》，载于《政法论坛》2011年第4期。

⑥ 李秀清：《〈大清违警律〉移植外国法评析》，载于《犯罪研究》2002年第3期。

不断",法院难以招架。①

但是,因为同一个机构却掌握着两套不同性质的调查程序和手段,而且,更糟糕的是,其中一套调查系统是在该机构之内运转,并由该机构做出裁决,这实际上违背了正当程序的要求。在实际运作过程中,该机构就很可能会避重就轻,变换易手,互换荫掩。例如,用刑事侦查手段查处治安违法,对证据不足的刑事案件采取治安处罚,规避行政诉讼与信息公开,等等。行政法建立的控权机制只适用于警察权的行政一端,司法一端还必须由刑事诉讼法来控制。这已是当下实践的通例。② 但是,由于司法控制不力、救济途径不畅,实践中屡屡发生争议。

那么,能否从组织意义上进一步区隔司法与行政,做进一步的分权呢? 反对意见认为,"原因在于行为认定程序和要件具有同一性,作为区分的社会危害性并不影响行为是否应受处罚的认定,同时也是为避免同一行为双重处罚的恶果"。所以,不主张做组织机构上的改革,而应通过立法"明确警察治安处罚与刑事侦查的清晰界限"③。即便主张做组织机构上的变革的,也是建议在"警察机关内部的适当分权,以加强相互之间的制约"④。

在笔者看来,警察权的二元结构几乎是基本模式。在英美法之所以没有太大问题,是因为警察职责限于调查取证,惩处原则上必须交由法院决断。德国也于1987年公布《违反社会秩序法》,将裁决权收归法院,与英美殊途同归。在这些国家,也就不太可能存在像我国那样的腾挪转换空间,如因为证据不足,将刑事案件转回行政案件,由警察自己来惩处。

因此,笔者认为,在公安机关系统内,仿效复议委员会模式⑤,建立相对独立的治安裁判所,行政处罚必须由治安裁判所来裁决,可以有效地治理二元结构可能发生的弊端。首先,实现了调查与裁决职能的彻底分离。其次,建立了治安裁判所的监控机制。实践上时有发生的那种在刑事程序与行政程序之间随意跳动,混杂使用刑事与行政手段等问题,都能受到治安裁判所的有效监督与制约。

---

① 李秀清:《〈大清违警律〉移植外国法评析》,载于《犯罪研究》2002年第3期。
② 如《最高人民法院关于执行〈中华人民共和国行政诉讼法〉若干问题的解释》(2000年)第一条第二款规定,"公民、法人或者其他组织对下列行为不服提起诉讼的,不属于人民法院行政诉讼的受案范围:(二)公安、国家安全等机关依照刑事诉讼法的明确授权实施的行为。"《公安部关于印发〈公安机关办理政府信息公开行政复议案件若干问题的规定〉的通知》第三条规定,"被申请人以申请公开的信息不属于政府信息为由不予提供的,应当重点审查该信息是否为被申请人履行行政职责过程中制作或者获取。公安机关履行刑事司法职能过程中制作或者获取的信息、党务信息,以及申请人以政府信息公开名义进行法律ाय政策咨询,或者要求确认相关行为、文件的合法性的,不属于政府信息。"
③ 刘茂林:《警察权的现代功能与宪法构造难题》,载于《法学评论》2017年第1期。
④ 陈兴良:《限权与分权:刑事法治视野中的警察权》,载于《法律科学》2002年第1期。
⑤ 复议委员会是如何建构与运行的,参见余凌云:《论行政复议法的修改》,载于《清华法学》2013年第4期。

最后，对治安裁判所的裁决不服，依然可以按照现行的行政复议、行政诉讼途径解决争议。治安裁判所的设计，是不动现有框架下的温和改革。从行政复议委员会的实践成效看，这一改良应该能够提升决定的中立性与公正性。

四、警察协助义务

在行政权的结构之中，警察权是其他行政权力的担保。早在民国时期，就有学者指出，"国家诸般行政，如交通、卫生、文化、经济、救济、建筑等的推进，无一项不与警察行政息息相关，而赖其协助"，"凡有关其他行政的法令，亦以警察为最终的实力保障。"[①] 这里的"协助""保障"究指何意？没有释明。

李震山教授认为，"职务协助，并非警察机关独有之行为形态，其普遍存在于国家及地方机关之行为中，特别是行政机关之间"[②]。这属于一般意义上的警察协助义务，我们多称之为"行政机关之间的配合协调"。其实，在笔者看来，还有一种特殊意义上的警察协助义务。李震山教授在书中虽也提及，却没有特别胪列出来，反而荫掩在一般职务协助之中。他只是列举道，"有些机关由法律赋予任务之同时，并未赋予其强有力之执行权，但警察机关却因工作性质，拥有广泛多元之执行权力，在一定要件下，警察就可透过职务协助管道，行使其职权，而完成他机关之任务，以维系其他机关执行力之不坠"。他又说，"各该机关紧急性下令或禁止色彩不宜太浓，更不宜使用武器，因此，依法定程序请求警察协助之管道必须畅通，以资平衡"。[③]

在笔者看来，特殊意义上的警察协助义务，才是在警察法上要特别规定的，而不是混同一般职务协助，泛泛规定在行政程序法之中。这种警察协助义务是建立在一般行政权力运行的"警察协助"模式上，主要借助警察的暴力性、强制力，作为一般行政权力运行的担保。这是脱警察化、警察除权化之后的必然结果，是通过分工将某些警察事务转移到一般行政机关之后必然产生的一种协助义务。

具体而言，其他行政机关在履行公务过程中遇到相对人阻碍，尤其是暴力抗拒，一般不具有法定职责和强制手段直接处置，而应通过警察协助予以排除。为其他行政权力的行使排除事实上的阻碍或抗拒，便成为警察的一项重要职责。这种意义上的警察协助义务更重要、更有意义，它为一般行政权的顺利

---

① 孟庆超：《中国警制近代化研究——以法文化为视角》，中国政法大学博士学位论文，2004年，第3页。
② 李震山：《警察法论——警察任务编》，正典出版文化有限公司2002年版，第30~38、111页。
③ 李震山：《警察法论——警察任务编》，正典出版文化有限公司2002年版，第113、131页。

运行提供了基本保障。抗拒、妨碍警察执法，便具有更大的社会危害性，应当从重处罚。①

但是，这样的权力结构与协作机制，有可能使得警察权"大量地承载从其他类型权力所转嫁过来的矛盾"，警察协助义务不能"放纵其他权力的专断"。②而且，公安机关"又被频繁的'非警务活动'所困扰"③。如何解决这样的张力呢？《人民警察法》应尽早写入这一基础性义务，增加一条，"其他行政机关或者人民法院需要公安机关协助的，可以请求公安机关提供职务协助。除紧急情况外，请求协助的机关应当提出书面申请。公安机关没有及时提供协助的，应当说明理由"。

第六节 结 语

在欧美，警察权的发展经历了一个漫长的演变过程，通过分权和行政分工，也就是脱警察化的过程，逐渐明晰目的，从内务行政的同义词渐渐走向组织法意义。在内务行政之中发生的行政分工，意味着传统的警察任务不再由警察独自承担，而为一般行政机关所分担，一些警察事务也转移给了一般行政机关。因历史传统、社会诉求、警务观念以及立法选择等不同，决定了在不同国家，内务行政应如何分工，警察事务哪些可以转移，哪些要保留在警察机关，理解与选择是不同的。所以，从组织法意义上去考察警察权，便不难发现，在欧美，警察权目的与任务大致一样，组织结构、职责权限却不尽相同，也就是，警察权的外延与内涵会有一些差异。

在我国，自清末起步的现代警察制度，通过组织体系的重构，延续了传统上衙役、兵丁、保甲、巡丁、练勇、捕役等职责，对警察权的认识直接取自欧美晚近的警察概念。之后的发展，虽不像西方那样大起大落，也经历了分权与分工，也出现了"脱警察化"的趋向。但不彻底，尤其是新中国成立之后形成的"分散多元"体制，是一种反向而动。在这一点上，还存在着进一步改革的空间。

---

① 《中华人民共和国治安管理处罚法》（2012 年）第五十条规定，"阻碍国家机关工作人员依法执行职务的"，由公安机关处以罚款或拘留，"阻碍人民警察依法执行职务的，从重处罚"。《中华人民共和国刑法修正案（九）》（2015 年）第二十一条；在刑法第二百七十七条中增加一款作为第五款，"暴力袭击正在依法执行职务的人民警察的，依照第一款的规定从重处罚"。

② 刘茂林：《警察权的现代功能与宪法构造难题》，载于《法学评论》2017 年第 1 期。

③ 师维：《我国实定法上的警察含义——兼议我国〈人民警察法〉的修改》，载于《河南公安高等专科学校学报》2008 年第 3 期。

新中国成立之后，在先后两个警察基本法的制定中，无一例外地采取了职责与权限的规定方式，实际上暗合了目的与手段的界定方法，是表达与阐释警察权的最有效的公式，与学术上的见解也保持了一致。从文本上看，警察权限多以人身自由为处置对象，而警察职责多为传统的累积，是立法选择的结果，也是警察强制作用较多发生的地方。但也不尽然，所以，也就有着进一步分化的空间，可以统筹考虑，将一些不常使用警察强制作用的事务逐渐转移给一般行政机关。

第三章

警察权的二元结构

警察行政职权与侦查职权的二元划分,始终是近现代各主要国家警察权力配置的通例,体现的是宪政国家行政权与司法权的不同运作机理。中国近代警察制度起源于清末,是晚清引进西方政治文明改造传统政治制度的重要产物。相对于西方各主要国家而言,中国警政建设起步较晚,是在参照了日本警制模式的基础上建立并发展起来的。在移植和本土化的过程中,警察权在近代中国政治变革与转型的历史背景下,受政治、经济、法律与社会等诸方面因素的影响,具有独特的发展和演变历程。作为内务行政的警察权,在近代中国从传统的司法行政合一向司法行政分离的历史进程中,其性质也由单一的行政权底色走向"行政—司法"的二元分化。二元结构自清末形成,历经民国,沿用至今。这一制度的延续性,既反映了分权理念下诉讼职能分工的历史发展趋势,也契合了警察在执法实践中的现实要求。因此,对于二元结构的研究,应在现有制度基础之上遵循法治理念,兼顾基本权利保障的自由价值与警察整体功能发挥的秩序价值,对制度存在的问题进行治理。

第一节 历史发展源流

日俄战争后,鉴于洋务运动的局限与失败,清朝政府决定借鉴西方政治文明对国内政治制度进行改革,企图从根源上挽救危旧时局。作为新政内容之一的官制改革，目的在于通过促进国家机器和运行体制的现代化转型，为宪政改革提供组织上的条件和基础。警察作为内务之首，自然成为官制改革的重中之重。警察作为西法东渐的产物，在移植过程中，近代中国政体的变动、司法制度的改革与传统法律体系的革新，成为警察制度落地生根的重要土壤，这也为近代中国警察权的二元分化奠定了基础和基本走向。

一、清末雏形初现

1905年，作为全国警政最高管理机构的巡警部成立，标志着近代警政建设正式在全国范围内拉开帷幕。在中央层面，根据巡警部官制章程的规定，内部机构设五司十六科。在"预备立宪"的分权理念下，警察职责采用了行政警察与司法警察的分类。行政警察与司法警察的区分起源于法国，日本明治宪法时期的警察制度，也效仿了法国的警察分类，行政警察属于内务大臣所辖事务，司法警察属于法院检事局事务。行政警察与司法警察的分类，为即将开启的司法改革和检警一体化侦查模式的确立，奠定了组织基础。而接下来的近代司法制度改革与违警罚法的出现，又进一步推动了警察权由单一的行政权底色转向"行政—司法"的二元分化。

（一）近代侦查权的产生

清末司法改革，司法与行政的分离使传统侦查权脱离了行政权，在刑事司法领域内获得独立的发展空间。在中国古代，"侦查"一词始终带有浓厚的军事色彩，在诸法合体、程序法与实体法不分的中国传统法制下，"侦查"一词虽有犯罪追缉之意，却没有作为专门的法律术语进行使用。司法改革后，侦查作为刑事诉讼的审前程序，开始在刑事司法领域中获得了独立的地位和意义。

近代司法改革过程中，检警一体化侦查模式的确立，使侦查权逐渐成为警察权的一个重要方面。"1906年，清政府改变了中央刑部、大理寺、都察院和地方各级行政长官掌握司法审判权的司法与行政合一的体制，设大理院和各级审判厅为刑事审判权的专门机关，同时相应设立各级检察厅，对刑事案件实行侦查，提起公诉，监督判决的执行。"[1] 在刑事司法程序的设计方面，侦查服务于公诉职能，并采取检警一体化的侦查模式。1906年《大理院审判编制法》明确了检察官在法律上的侦查主体地位，1908年《司法警察职务章程》对检警关系进行了进一步明确，即司法警察在检察官的指挥调度下，行使具体的侦查职权。在特殊

---

[1] 韩延龙、苏亦工：《中国近代警察史》，社会科学文献出版社2000年版，第456页。

紧急的情形下，司法警察可以享有一定的紧急处置权和自主侦查权，如发现现行犯，警察可先行逮捕，后补办拘票。从法律规定上看，检察官在侦查中占据主导地位，司法警察只是作为一个辅助的角色。然而，在侦查实践当中，警察无论是在人员组织还是侦查实务技能方面，相对于检察官而言都具有明显优势。因此，警察成为事实上的侦查主体，而检察官也往往自觉让步于司法警察的侦查。

在司法制度建立之初，侦查权是一项依附于公诉权的刑事司法权力，开始从传统行政权中脱离，警察权的二元分化初现雏形。虽然，在检警一体化的侦查模式下，警察侦查权的独立性并未得到彰显；但是，基于警察在侦查实务中的重要地位，侦查权终究是警察权的一个重要组成内容，并在警务实践中有进一步扩张的趋势。

（二）近代治安处罚权的出现

在清末立宪与法律改革运动中，通过民事、行政等调控方式对社会进行更加精细的治理，成为统治者对社会加强全面控制的重要选择。其中，"以积极干涉社会公共生活促进国民福利为由，行国家行政权力伸张之实"①，成为统治阶级推动近代治安行政立法的内在动力。《大清违警律》应时而生，打破了中国延续了数千年"以刑为主"的社会治理方式的垄断，并由此奠定了警察治安行政处罚权发展的重要基础。《大清违警律》的出台，为警察行使治安行政管理职权，提供了一套相对完整的制度依据。其所强调的治理理念是，"息祸患于未萌，期秩序之共守。"② 在性质上，违警律属于行政法范畴，而不属于传统刑事法范畴。在调整对象上，违警律针对的是违反社会管理秩序的一般违法行为，内容涉及政务、公共危害、交通、通信、秩序、风俗、身体及卫生、财产等社会生活领域。在立法体系上，采用了独立的立法例，成为警察执法的独立依据。在管辖方面，警察对违警行为享有即决处罚权，这不仅为警察行政提供一种及时有效的手段和措施，同时也丰富和灵活了国家对社会进行治理的方式。治安管理手段的兴起，"使国家通过法律对社会提供的'防线'向前推进，使国家节省了司法资源而同时获得了极大的社会福利"③。治安管理处罚作为警察行政的一项重要方式和手段，一直沿用至今，并与侦查权共同成为警察权的两个重要方面。

---

① 沈岚：《中国近代警察职权立法扩张的背景——以违警罚为视角》，载于《学术界》2011年第9期，第209页。
② 怀效锋主编：《清末法制变革史料》（上卷），中国政法大学出版社2009年版，第206页。
③ 王世洲：《罪与非罪之间的理论与实践——关于德国违反社会秩序法的几点考察》，载于《比较法研究》2000年第2期，第190页。

二、民国的曲折反复

民国时期，行政法与刑事诉讼法等近代法律体系的完备，使二元结构的法制化形式得到制度的确认。但由于特定历史时期下司法改革的不彻底性，实践与司法独立的初衷产生背离，司法权在事实上遭受来自多方面的牵制与排拒，并一度回归依附行政权的传统。由于司法独立的有名无实，侦查权很难在相对混乱的法制中获得独立的发展空间。"无论是清末，还是民国政府，都没有为司法警察侦查权营造一个真正独立的空间，过于浓厚的政治色彩使得侦查权再次沦为政治权力的附庸。"①

第一，行政权侵越司法权。虽然清末司法改革初步建立起司法与行政分离的制度框架，但在现实中，长期以来的封建专制集权所蕴藏的强大行政惯性，难免会对司法权造成侵越。北洋政府时期推行的县知事兼理司法，使司法改革一度倒退至司法依附行政的原点。根据1914年《县知事兼理司法事务暂行条例》与《县知事审理诉讼暂行章程》的规定，"县知事得兼理司法实务，司法警察由县知事公署巡警兼任"②。同时，1914年《增订检察厅调度司法警察章程》将县知事纳入司法检察官的范围，授权其行使犯罪侦查职权。如此一来，从制度上授予了县知事从事侦查、审判权等司法事务的绝对权力，司法独立再次回归到司法依附行政的传统。

第二，军事权干预司法权。南京国民政府时期的宪兵，既是军事警察，同时兼司法警察身份。在"国防中心主义"的建警方针下，警察和军队的身份并无实质差异，军队同样可以行使与警察同等的侦查权。"1936年《维持治安紧急办法》、1937年《危害民国紧急治罪法》等法规赋予了军队与警察同等的维持治安和执行逮捕权，军队甚至还享有警察所不具有的司法审判权。"③ 显而易见，军事权对司法权的不当干扰，极大冲击了司法独立原则，使侦查权成为服务军事斗争的附庸工具。

第三，政党等政治势力干预司法权。1927年国民党设立了特别刑事法庭，主要是审判"反革命罪"。与一般法院不同，特刑庭不是独立审判，它受国民党同级党部的监督，1927年《特种刑事临时法庭组织条例》规定，各省、市国民党党部有权干预地方特种刑事临时法庭的审判。在审判过程中，"特刑庭案件的

---

① 应旭斌：《近代中国侦查权独立的历史考量》，载于《犯罪研究》2014年第4期，第12页。
② 夏锦文、秦策：《民国时期司法独立的矛盾分析》，载于《南京社会科学》1999年第5期，第54页。
③ 韩延龙、苏亦工：《中国近代警察史》，社会科学文献出版社2000年版，第539页。

被告人无权聘律师为自己辩护，也无权上诉"①。政党对司法的直接干预，使侦查权成为国民党镇压革命的政治工具。

第四，统治当局以紧急状态立法授予警察不受司法控制的自主侦查权。1936年《维持治安紧急办法》规定了警察在社会控制方面所享有的权力，包括直接使用武力、当场逮捕、搜捕及其他有效方法。甚至，还赋予警察处置刑事案件的权力，"其所逮捕人犯，应立即解送之较近之宪兵队长官、公安局长、县长或检察官讯问后，分别情形，依照危害民国紧急治罪法或其他刑事法规办理。"② 1940年《非常时期维持治安紧急办法》为"肃清奸宄"，广泛赋予了警察侦察逮捕、使用武器、使用有效方法排除抗拒、搜索、检查、扣押等权力。这些紧急状态立法，使侦查权脱离了司法令状制度的束缚，成为警察一项自主强大的权力。

三、新中国的成熟发展

新中国成立后，二元结构通过现代警察制度的重建得到延续，以宪法为核心的社会主义法制框架为其奠定了制度基础。在新旧政权交替的时期，基于阶级斗争的复杂性与政权巩固的需要，不再继续沿用检警一体化的侦查模式，警察成为独立的侦查主体。中共十一届三中全会后，宪法的修订与刑事诉讼法的制定，使司法审判的独立性获得了有力的保障，这为侦查权的发展创造了良好的制度环境。进入社会转型期，随着"打防结合、预防为主"这一社会治安综合治理方针的提出，二元职权在同一机构内部集中的趋势逐步加强，警察权形成"两面一体"的权力格局。

（一）二元追诉体系的确立

新中国成立后，在违警罚与刑罚并立的历史惯性下，继续沿用了二元追诉体系。根据1957年全国人大常委会发布的《中华人民共和国人民警察条例》，警察权具体分为治安行政职权和侦查职权两大类，警察成为独立的侦查主体。在基本法律体系尚未建立健全的情况下，单行治安行政法律与刑事法律的制定，为二元铺设了基本的制度轨道。

在治安行政职权方面，1957制定了《中华人民共和国治安管理处罚条例》，对违反治安管理的违法行为与犯罪行为进行了统一区分。"违反治安管理的轻微

---

① "揭秘1927年民国政府的司法党化运动"，凤凰网，http://news.ifeng.com/shendu/fzzm/detail_2012_02/01/12223292_0.shtml，2017年1月1日。

② 戴鸿映：《旧中国治安法规选编》，群众出版社1985年版，第376~377页。

违法行为，还不到触犯刑法的程度，够不上给予刑事处分；但又超过了一般批评教育所能解决的限度，需要执行一定的行政处罚。"① 违反治安管理的处罚分为警告、罚款与拘留三种。在处罚程序上，由警察对治安案件进行调查、裁决和执行，不服裁决的，由上一级公安机关做出最后的裁决。治安处罚沿袭了民国违警行为由警察进行即决处理的做法，其考虑在于："违反治安管理的案件，情节一般比较简单，容易弄清情况，有可能迅速处理，而且时间久了不作处理，就会失去教育意义，所以裁决程序力求简便，利于执行"。②

在侦查职权方面，侦查权作为服务司法审判的一项基本职能。在刑事司法审判的内部分工中，1954 年《中华人民共和国人民检察院组织法》第十条、第十一条规定了公安、检察院和法院在刑事诉讼上的相互关系，明确了检察院对公安机关侦查活动的监督权。在程序法方面，全国尚未制定出台统一的刑事诉讼法律，侦查程序的相关规定散见于各类组织法和单行法当中。如 1954 年制定的《中华人民共和国逮捕拘留条例》，成为警察实施逮捕、拘留、搜查、扣押、讯问的职权依据。

新中国成立初期，二元追诉体系的确立，为警察权的未来发展奠定了基本走向。虽然司法体系在"文化大革命"期间遭受重大冲击，公安机关一度取代审判、检察工作，侦查权在群众运动中丧失了独立性地位。但中共十一届三中全会后，我国法制建设开始恢复和重建，审判独立与分工制约的原则得到了根本法的保障。警察二元结构由此正式步入法制正轨，并随着基本法体系的丰富而不断完善，日趋规范。

（二）二元集中趋势加强

20 世纪 80 年代初，专门侦查机构成立后二元开始在治安管理部门与侦查部门之间进行相对明确的划分。新中国成立初期，公安机关尚未建立独立的侦查机构，侦查工作仍归口在治安部门。随着刑事犯罪活动的日益严重，中共十一届三中全会后，公安机关开始积极探索侦查体制改革，成立专门化的侦查机构。侦查机构体系建成后，刑事案件的管辖也随之进行分流，治安管理部门与侦查部门分别承担治安管理与刑事侦查职责，二者的职权与分工相对清澈明了。

进入社会转型期，为充分利用警力资源应对社会治安形势的新变化，公安机关对警察权进行了二次调整与分配，二元集中于同一主体的趋势不断加强。1998年 10 月出台的《公安部刑事案件管辖分工规定》将涉及危害公共安全犯罪、破

---

① 罗瑞卿：《论人民公安工作（1949-1959）》，群众出版社 1993 年版，第 340 页。
② 罗瑞卿：《论人民公安工作（1949-1959）》，群众出版社 1993 年版，第 344 页。

坏社会主义市场经济秩序罪、侵犯公民人身权利与财产罪、妨害社会管理秩序罪等 95 种案件交给治安管理部门进行管辖。随后，公安部又分别于 2012 年、2015 年根据刑法新增罪名就有关刑事案件的管辖进行了补充规定，不断扩充治安管理部门的案件管辖范围。目前，治安管理局对刑事案件的管辖范围已经扩充至 107 种。此外，作为"综合性战斗实体"的派出所，也被赋予了侦查权。同时，《中华人民共和国人民警察法》的宽泛授权，更是进一步强化了二元集中的趋势。根据《中华人民共和国人民警察法》第九条的规定，无论治安行政管理部门的警察，还是侦查部门的警察，都可以对违法犯罪嫌疑人进行盘问、检查，甚至进一步采取继续盘问措施进行调查。这意味着，即便是不具有治安案件管辖权的侦查部门，也可以根据警察法的授权，通过行政职权来实现犯罪的预防以及侦破任务。

四、小结

清末警察制度建立之初，警察权在封建社会行政管理体制下，具有单一的行政色彩。直到预备立宪引发的近代法律改革，使传统的法律制度开始向西方看齐，中国近代司法制度才得以确立，并使近代侦查权在分权基础上获取独立发展空间。警察侦查权也伴随着检警一体化侦查模式的出现，从传统行政权中分离出来，使警察权呈现出二元分化的特点。

二元结构在发展过程中，由于司法尚未能够与行政实现分离，侦查权一直在曲折反复中艰难发展。1982 年《中华人民共和国宪法》修订后，尊重和保障人权的核心价值得到彰显，国家权力的分工与制约开始在宪法框架下得到规范与保障。在审判独立的宪法理念下，侦查权作为刑事司法审判的一项重要内容，也开始在刑事诉讼程序中获得独立的价值和地位。

二元的区分，反映的是近代宪政国家建立当中，分权这一制度安排对于国家机器所产生的影响。警察权的二元结构，"使行政司法，确然独立，而无相侵。遂于警察事务，亦明此二者之分界，一以补助行政，而使属之，一以补助司法，使隶于刑事裁判所焉。"[①] 至今，二元相互独立、相互区分已经成为警察权运行的基本模式。

---

① 戢翼翚、章宗祥、马岛渡、宫地贯道等：《警察学》，引自《政法类典》，作新社 1903 年版，转引自王力、王大伟：《略论我国近代警察行政创立初期的警察分类》，载于《广西警官高等专科学院学报》2014 年第 4 期，第 34 页。

第二节　制度结构的合理性评价

警察权是行政职权与侦查职权的统一，这一制度结构既是近代民主政治分权与分工的必然要求，又是由警察作为维护国内治安武装力量之身份决定的。从近代分权的历史渊源看，侦查权作为服务于刑事司法审判的一项重要职能，专门侦查机关的建立是刑事诉讼职能分工的结果。从现实角度看，国家之所以将侦查权与治安管理权两种性质不同的权力集中于公安机关，而不将刑事警察与行政警察进行组织意义上的区隔，这是由警察作为维护社会治安秩序与国家安全的武装力量之身份定位所决定的。二元在警察主体内部的集中，有利于治安管理与侦查手段的灵活应用与转换，进而以优化高效的警务资源应对和完成警察任务。

一、历史正当性：分权理念下的职能分工

从历史起源看，最初的司法就是国家通过法律适用的形式解决社会冲突，以国家强制力来维护统治所必需的社会秩序。随着分权理念在国家政治生活中的实施，司法逐步从传统行政权中分离出来。在相对独立的司法体系中，审判、公诉、侦查等职能的进一步分工，是司法实现公正与效率两大价值的必然要求。在司法职能分工中，由专门的警察机关行使侦查权，则是迎合了权力相互制约和职能专业化的需要。

在封建中央集权制度下，为了维护统治阶级的利益和统治秩序，国家将传统的私诉权上升为国家权力。在纠问式的诉讼模式下，国家机关依据职权主动对犯罪进行侦查、控诉和审判。一直以来，行政权力支配社会是封建中央集权下的重要特征。在传统中国，"行政兼理司法是清末以前帝制时代的通例"①。在行政司法合一的政治体制中，传统刑事司法主要以"发现事实真相"的侦查为中心，即无分权的制度安排，亦无侦审的阶段划分，司法公正性无从保证。分权理念用于近代宪政实践后，司法权逐渐从行政权中脱离，司法内部开始通过职能分工实现司法体系的高效运转。

首先，司法职能内部分工的第一步，是公诉权与审判权的分离。传统以来，

---

① 朱勇：《论中国传统刑事司法的"泛侦查主义"》，载于《河北法学》2008年第7期，第145~146页。

大陆法系国家的检察官自诞生之日起,其身份定位就是国王代理人,负责监督法律实施。"大陆法系国家比较早地确定了公诉制度,检察机关是代表国家和社会公共利益对犯罪进行追诉的,没有法律的允许不能随意处分自己的公诉权。"① 因此,在公诉权与审判权的分离中,由检察官在诉讼中担任起诉职能,不仅能够强化国家对犯罪的控制能力,而且符合职权主义诉讼模式追求实体公正的司法理念。

其次,在公诉权与审判权实现分离的基础上,现代分工理念进一步要求侦查权与公诉权的分离。"在现代社会中,起诉与侦查工作在具体操作方面存在明显不同,侦查主体与起诉主体的适度分离可以适应现代社会分工的要求,提高诉讼效率。"② 近代职业警察的出现,迎合了刑事诉讼职能分工的需求。"警察机构的性质决定了它具备调查案情和收集证据的便利条件,于是侦查职责从起诉职责中分离,成为警察职责的一部分。"③ 在实行职权主义诉讼模式的大陆法系国家,为了确保检察官能够专注于公诉工作,故将检察官所拥有的侦查权逐渐转移给司法警察,但检察官依然保留对侦查活动的监督权。清末司法改革采取了大陆法系国家司法制度,并借鉴日本警察制度对我国刑事侦查程序进行改造。大理院和检察厅等司法机构成立后,设立了司法警察一职来协助检察官进行侦查。在侦查业务中,司法警察与检察官之间保持一定的独立。一是司法警察与检察厅在组织机构上的分离。司法警察由警政司的普通警察担任,检察厅调动司法警察需先转饬办理。二是司法在侦查过程中,对于现行犯等紧急情形,拥有一定程度的即时处置权。"检察官拥有侦查指挥权,警察拥有一定范围内的自主侦查权,两者在侦查权内部形成了权力的分工与制约。"④

最后,警察在犯罪侦查中的专业优势,进一步加强了警察作为独立侦查主体的趋势。在实行检警一体化的大陆法系国家和地区,警察作为侦查活动的事实主导者已成为惯例。例如,学者在考察中发现,德国约有70%的犯罪案件由警察单独侦查。⑤ 在日本,"司法警察是第一层次的侦查机关,检察官是第二层次的补充性侦查机关"⑥,检察官侦查主体的定位更多是外部的司法监督。在我国,清末所设立的司法警察,主要由行政警察担任,原因是行政警察在履行侦查职能

---

① 宋英辉、陈永生:《英美法系与大陆法系国家检察机关之比较》,载于《中央检察官管理学院学报》1998年第3期,第61~62页。
② 种松志:《检警关系论》,中国政法大学博士论文,2006年,第38页。
③ 何勤华:《外国侦查制度试析》,载于《公安大学学报》1992年第2期,第10页。
④ 倪铁:《简论近代中国侦查权的制衡机制》,载于《中国人民公安大学学报》2009年第4期,第127页。
⑤ 龙宗智:《评"检警一体化"简论我国的检警关系》,载于《法学研究》2002年第2期,第56页。
⑥ 彭勃:《日本刑事诉讼法通论》,中国政法大学出版社2002年版,第46页。

方面的优势十分明显："检察厅局所附设的司法巡警，经费无法保障，并且人数有限，不能完全胜任侦查，远不如遍布城乡的普通警察之耳目有效"①。事实上，司法警察与行政警察的区别仅仅是工作性质上的分工。在检警一体化的侦查格局下，作为法定侦查主体的检察官，由于侦查业务素养相对欠缺，在侦查实务中也往往让步于警察。

民国时期，我国侦查组织专业化建设不断得到加强。北洋政府时期，从中央到地方设立了专门负责侦查的探防队，"并通过条例、章程的形式赋予其相对独立的侦查职权"②。南京国民政府时期，开始在全国范围内建立刑事警察编制。根据1947年《各级警察局刑事警察整编规则》的规定，从首都警察厅到各市县，均建立刑事警察组织，负责"刑事案件的预防、调查、勘验即鉴定，刑事案犯的侦查、缉捕、解送、保密防谍即社会治安案件的调查，刑事案犯的登记及其他有关刑事侦防的执行事项等"③。刑事警察的建立，意味着侦查业务的重心逐渐由检察官向警察转移，警察已经成为侦查的主导力量。

新中国成立后，由于阶级斗争形势复杂，公安机关成为法定的侦查主体。中共十一届三中全会后，1982年《中华人民共和国宪法》第一百三十五条对公检法三机关的关系进行了明确，即"分工负责，互相配合，互相制约"。其中，以分工为基础的权力运作关系，体现了公安机关行使侦查权只服从于宪法和法律，检察院只能通过法律监督的方式对侦查权进行制约。

简言之，近代侦查权在分权政治的基础上，与行政权实现分离，并进一步在司法内部实现独立，是分权理念下诉讼职能分工的必然要求。"诉权、侦查权是历史发展到一定阶段的产物。随着现代诉讼制度的建立，控诉权从审判权中分离，并进一步分化为现代的公诉权与侦查权。"④ 侦查权从公诉权的分离，并逐渐向警察机关发生转移，是实现刑事司法审判公正价值与效率价值的制度保障。从公正价值角度分析，如将侦查权交由检察官主导，"检察官将因深陷于侦查事务而带上浓厚的行政机关的色彩，丧失其司法机关的非偏倚品格和独立性，其'过滤'与制约的功能实际上也就丧失了"⑤。从效率价值角度分析，由检察官行使侦查权，不仅令其在人事、组织方面勉为其难，而且在侦查学养方面也存在明显不足，从而降低侦查整体效能。

---

① 倪铁：《简论近代中国侦查权的制衡机制》，载于《中国人民公安大学学报》2009年第4期，第128页。
② 倪铁：《中国传统侦查制度的现代转型——1906-1937年侦查制度现代化的初步进展》，华东政法大学博士论文，2008年，第113页。
③ 韩延龙、苏亦工：《中国近代警察史》，社会科学文献出版社2000年版，第638页。
④ 种松志：《检警关系论》，中国政法大学博士论文，2006年，第51页。
⑤ 龙宗智：《评"检警一体化"简论我国的检警关系》，载于《法学研究》2002年第2期，第56页。

二、现实合理性：违法与犯罪的内在关联

一直以来，警察权的二元结构由于权力的过于集中而饱受争议。反对观点认为，二元集中于同一机关的大一统警察体制，容易导致权力之间的规避与挪用。其负面影响是"公安机关凭藉警察刑事职权的行使以完成警察行政职责"①，"难以破解权力混搭和滥用现象"②，等等。基于上述认识，将刑事警察从公安机关中剥离，成为解决警察权滥用的基本方向。

支持观点主要从违法行为与刑事犯罪的内在关联性考虑，坚持警察权是行政权与侦查权的统一。具体观点如下：第一，在警察实务中，防卫危害与预防犯罪难以严格区分。③ 第二，行政警察与刑事警察的分离，会妨碍警察整体功能的发挥。"警察机关刑事侦查能力的构成，在相当程度上依靠警察机关的总体构成和综合能力。不仅治安与刑侦相互依存，相互支援，而且公安其他部门对刑侦也有重要的支撑作用。"④ 第三，违法与犯罪在行为事实的认定方面，二元的职权行使没有太大差异。⑤ 第四，侦查权是在治安管理权基础上的延伸，治安形势的变化是二元集中的根本动因。⑥

笔者认为，国家之所以将具有司法性质的侦查权，交由属于行政序列的公安机关统一行使，这是由警察在国家机器框架内的身份定位和警务活动的现实特点所决定的。"一个国家的警察，在一个全面的意义上，包含了它的整个内部监管体系。国家不仅要维护公共秩序和防止对国家的犯罪，此外，还应为公民的交往确立旨在防止权利冲突的良好礼貌和友好邻里关系的规则……"⑦ 现实中，治安管理与犯罪侦查往往存在密不可分的内在关联，二元结构不仅符合行政权与侦查权在事实上的相互分工、相互配合的特点，同时也有利于警察能够根据执法需要，及时进行职权转化，提高办案效率。

首先，两种不同权力在公安机关内部的集中，这是由警察作为维护社会治安

---

① 陈兴良：《限权与分权：刑事法治视野中的警察权》，载于《法律科学》2002 年第 1 期，第 59 页。
② 高文英：《社会转型期我国警察刑事职权配置若干问题探讨》，载于《河南警察学院学报》2012 年第 1 期，第 35 页。
③ 林明锵：《由防止危害到危险预防：由德国警察任务与权限之嬗变检讨我国之警察法制》，载于《台大法学论丛》2010 年第 39 卷第 4 期，第 190～191 页。
④ 龙宗智：《评"检警一体化"简论我国的检警关系》，载于《法学研究》2002 年第 2 期，第 56 页。
⑤ 刘茂林：《警察权的现代功能与宪法构造难题》，载于《法学评论》2017 年第 1 期，第 34 页。
⑥ 周欣：《赋予治安部门侦查权的合理性及其原则构建》，载于《中国人民公安大学学报》2012 年第 5 期，第 29～30 页。
⑦ Ramage, B. J, Social Progress and the Police Power of a State, American Law Review, 1902, 36 (5): 686.

秩序与国家安全的武装力量的身份定位所决定的。在近现代内务行政的分工上，"为避免整体公共行政制警察化"，"警察防止危害之任务受到重分配的命运，主要是将卫生、建筑、环保、劳动、税务等昔日行政警察事务权限，划归到一般行政机关"。专门行政机关的出现，使警察所承担的职能范围限缩为同时具备"危害防止不可迟延性"与"强制力经常行使之必要"两项标准之治安管理事务。①警察作为具有武装性质的国家治安行政力量，在此身份基础上承担制止、惩治犯罪活动的任务，较其他行政机关而言，在权能配置方面具有极大的明显优势。"治安管理与刑事侦查之间具有行为主体的同一性，行为目的的一致性，行为力度的国家性，二者在处理方式上具有兼容性或吸收性"②。警察在行政管理中可以采取的强制性调查措施，如身份证件查验，交通工具拦停检查，交通、现场和网络管制，警械使用等，其在表现形式与强制程度方面均与侦查措施存在兼容或吸收关系。因此，为了更好地优化整合警务资源，只有将治安行政管理职能与侦查职能适当集中在同一主体内部，才能以较低的单位成本获取尽可能大的执法效益。

其次，侦查活动的复杂性，需要行政职权的补充与辅助。在现实办案中，犯罪侦查任务的实现，在很大程度上依赖于治安行政管理工作。"警察维护社会治安，不能置身于侦查环境之外，治安维护与侦查犯罪时互为表里……侦查工作与警察行政的组织作为应该紧密结合，不能陷入单兵出击，否则很难发现犯罪的端倪。"③ 警察日常巡查的执法方式，相对于其他机关而言，更有利于及时发现和控制犯罪。警察深入街头巷尾的日常巡逻及遍布城乡基层的触角，使之能够掌握更加充分全面的治安资讯，并在此基础上对犯罪进行针对性的预防和及时追缉。目前，侦查三大基础工作包括犯罪情报、阵地控制与刑嫌调控，这些基础工作大多是以日常行政管理职能为依托。因此，有学者总结，"侦查实践本身并不具备必然的独立性，在事实上必须依赖于公安机关的日常管理工作，以获得侦查线索、发现犯罪嫌疑人、收集犯罪证据"④。

最后，二元之间能够进行灵活衔接和转换，是提高警务效率的重要保障。"'两法衔接'域在社会治理上的优势正是其特有的制度活性，它能保证警察在

---

① 李震山：《警察行政法论——自由与秩序之折冲》，元照出版公司2016年版，第56~57页。
② 陈光中等：《中国司法制度的基础理论问题研究》，经济科学出版社2010年版，第269页。
③ 陈宏毅：《警察行政行为与侦查行为之研究》，收录于《最新警察实用法律解说》（1999年），第20页；转引自陈柏年：《警察临检法制之研究》，中央警察大学行政警察研究所硕士论文，2001年，第60页。
④ 刘方权：《"两面一体"——公安行政权与侦查权关系研究》，载于《法学论坛》2008年第4期，第85页。

对危险作出专业判断后,有权采取灵活的处理方式。"① 现实中,违法与犯罪之间并无明确的界分点,二者存在着模糊不清或即时过渡的可能,这就需要二元能够进行及时的交互转换运作。治安行政权与侦查权由于作用对象的不同,在强制力配置上,总体呈现出由弱到强的渐进关系。现实执法中,一旦违法行为演变升格成为犯罪行为,单单依靠行政强制措施是难以有效应对的。此时,必须立即采取强制程度较高的侦查措施及时有效地控制犯罪行为,避免危害后果的扩大。"行政警察与司法警察各自任务之间有着极为紧密的联系,一旦行政警察的任务为充分得到履行,司法警察的任务便告开始。"② 如果二元分别由两个不同的机关行使,警情处置过程中一旦出现案件性质的转换,职权将无法进行及时变换和跟进。

第三节　制度结构的主要联结点及易产生的问题

二元在行政执法与刑事司法两种不同的法律领域内,所展现出的是两种不同的运作轨迹。但由于治安行政与犯罪侦查在行为上具有同构性,在权力运作过程中,程序法所分别铺设的制度轨道及设定的程序节点大致相同。因此,违法与犯罪在二元之间的切换,随时发生在相互对应或相互衔接的程序节点上。这些程序节点,即是二元结构的主要联结点。在同一主体的掌握下,这些联结点常常成为公安机关互换易手、规避监督的策略空间。

一、受案与立案

在二元关系结构中,行政受案与刑事立案作为两种程序发动的标志,决定着案件的定性与走向。其中,刑事立案在很大程度上关系着案件在行政程序与侦查程序之间的分流。从整个刑事追诉程序进行考察,立案的一个重要功能就是对刑事案件的过滤筛选功能,"对哪些事件作为刑事案件展开侦查或审判进行筛选,避免在没有法定理由的情况下启动诉讼程序造成个人自由权利受到限制或者剥

---

① 商瀑:《论行政执法与刑事司法衔接领域的合宪性控制》,载于《河南师范大学学报》2018年第5期,第61页。
② [法]卡斯东·斯特法尼等著,罗结珍译:《法国刑事诉讼法精义》,中国政法大学出版社1999年版,第306页。

夺，也避免因无合理根据的诉讼活动造成司法资源的浪费"①。在治安违法与刑事犯罪的灰色地带，案件究竟作为治安案件受理还是进行刑事立案，必须依靠刑事立案的标准进行衡量和判断。从一定程度上讲，刑事立案制度是二元结构间的一道分界线，对于二元运行轨迹起到了重要的规范和引导作用。

在立案的内部控制上，公安机关对于立案程序的选择具有相当大程度的自主决定权。长期以来，公安机关采取的是受立案合一的工作模式，即受案、审查和立案工作完全由办案部门负责和完成。这种受立案模式将受案、调查、立案、侦查工作都高度集中在同一业务部门，在一定程度上实现了侦查的效率目标。但最大的弊端在于，立案权缺乏相应的制约，立案过程缺乏应有的监管。内部分工和制约机制的不健全，使公安机关对于立案程序的选择具有较大的裁量权。如"刑事立案过程极少受到外来制约，立案证明标准的主观性，又在一定程度上使立案成为侦查机关自由裁量、自行决定的一个强封闭性诉讼行为"②。在传统受立案合一的工作模式下，受个人私利或部门执法利益的驱动，警察滥用立案权违法进行"降格处理"或"升格处理"的现象时有发生。

在立案的外部监督方面，由于我国侦查权的发动采取的是程序性启动模式，立案前的受案、审查阶段不被视为侦查程序，故未纳入检察监督的范畴。近年来，警察机关一直在试图加强对公安立案的监督，但由于监督关系定位不明，导致公安立案缺乏制度化的外部监督。我国现有的立案监督模式，是一种后发式的静态监督，监督触角难以深入受案至立案全过程。根据刑事诉讼法的规定，立案程序具体包括受案、审查、初查、立案、撤案等环节，是一个动态发展的阶段性过程。但是现有的立案监督仅限于初查后立案环节的合法性评价，忽视了对立案程序的整体性考查。在这种监督模式下，检察院无法从受案源头对立案程序进行全程跟进，从而导致立案阶段发生的行政程序与侦查程序间的随意转换缺乏必要的控制。

二、调查取证

在调查取证环节，虽然行政调查与刑事侦查分别属于行政法与刑事法领域，但实践中二者时常发生关联。行政调查措施除了具备一般危害防止的目的外，还可作用于犯罪预防与打击的目的。例如，盘问检查、继续盘问、交通工具拦检、生物信息采样、信息收集查阅和调取等行政法领域的强制调查措施，均以"有违

---

① 张建伟：《刑事诉讼法讲义》，北京大学出版社 2016 年版，第 399 页。
② 胡常龙：《论检察机关视角下的冤假错案防范》，载于《法学论坛》2014 年第 5 期，第 126 页。

法犯罪嫌疑"为实体要件，兼具治安纠违与犯罪查缉之功能。警察在行政调查中发现犯罪嫌疑，行政调查就会自然延伸至犯罪预防领域，并与侦查目的发生直接关联。另外，在违法与犯罪的两可之间，公安机关可按照行政程序先行办理，通过行政强制措施进行调查取证，一旦符合刑事立案条件，那么原先获取的行政执法证据将进入刑事诉讼作为证据使用。由于侦查措施的发动原则上必须以刑事立案为前提，侦查措施不可能作用于行政调查程序。因此，调查取证阶段的联结，主要是行政调查对侦查程序的渗透。不容否认，在警察整体功能下，行政调查作用于侦查目的具有合理性与必要性。然而，在警察权"两面一体"的权力构造中，由于行政调查法制的粗简，极易诱发行政权违反比例原则而向侦查领域进行扩张的冲动，并由此规避刑事诉讼程序的严格约束。例如，行政权在初查阶段的挪用，行政权对侦查措施适用空间的挤压。这种现象，在学者们的实证调研中也得到了广泛的印证。① 行政调查权对侦查程序的侵越，既有行政权本身过于自主强大的内在动因，也有侦查权能配置不足的外部诱因。具体而言，一是行政调查发动要件标准单一，并未对基于行政目的与刑事目的之发动标准进行层次性区分，极易导致行政调查权被挪用于犯罪侦查之目的。二是权能比例化构造严重不足，行政调查权能的强弱递进缺乏程序的合理节制，行政调查的高权能配置极有可能造成宪法框架下的权力越界，从而产生行政措施替代侦查措施的问题。三是重事前审批、轻事后审查的控权模式，削弱了执法程序的监督实效，权力的错位挪用问题无法得到自我纠正。四是过高的刑事立案标准限制了侦查权能的发挥，公安机关不得不借助行政权能完成侦查任务。

三、案件处理

二元的联结，除了发生在受立案、调查取证等案件办理过程中，还有可能发生在案件处理阶段。受立案程序只是对案件性质的初步预断，随着调查取证的深入，案件事实的逐步查明使得案件性质得到最终的确认。此时，原先作为行政受案处理的警情，有可能涉嫌犯罪；而原先做刑事立案处理的警情也有可能不构成犯罪。于是，二元再次面临着相互转换的可能。一方面，在案件性质尚未明确的情况下，公安机关先依据行政程序办理案件，经查违法行为为涉嫌犯罪的，转为刑事程序进行处理；另一方面，刑事立案后，侦查过程中发现符合撤案情形的，做

---

① 刘方权：《"两面一体"：公安行政权与侦查权关系研究——基于功能的分析》，载于《法学论坛》2008年第4期，第84~86页；左卫民：《规避与替代——搜查运行机制的实证考察》，载于《中国法学》2007年第3期，第114页；马静华：《侦查到案制度：从现实到理想——一个实证角度的研究》，载于《现代法学》2007年第2期，第122页。

撤案处理并转入行政处罚程序。在此期间，如若二元发生切换，治安处罚环节便成为案件分流需要经历的一个重要环节。

我国的治安处罚的一个显著特点就是，治安违法调查权与处罚权均由公安机关集中行使。在二元结构下，治安处罚极有可能成为警察人为操纵程序来回窜动的空间。一方面，将治安处罚作为刑事案件降格处理、有罪不移、以罚代刑的分流渠道。对违法与犯罪区分不明显的情形，或是没有受害人的案件，警察将刑事案件进行非罪化处理的行为显得相对隐蔽。在治安处罚程序中，公安机关享有调查、处罚、执行等一系列完整的权力。随着治安处罚罚款数额的逐步提高，自由裁量将为执法部门创收提供更为自主的便利。这种相对自主宽泛的处罚权力，不仅造成了行政处罚乱作为的行为，而且还诱发了实践中以罚代刑、降格处理的乱象。

另一方面，将治安拘留挪用于刑事侦查以延长办案期限。由于刑事诉讼程序对于羁押期限的约束相对严格，公安机关在侦查实践中使用治安拘留来延长人身控制期限，成为一种较为常见的现象。治安拘留程序中，拘留处罚决定权与执行权由公安机关统一行使，治安拘留最长可达 20 天的关押期限可以为犯罪线索的排查提供相对充裕的时间。因此，公安机关对涉嫌犯罪的不法行为，即便具备刑事拘留条件，也往往先作为治安拘留处理，在拘留期限内进一步调查取证，深挖犯罪线索，待案情明朗后再做刑事立案处理。这种做法，极有可能造成"虚置刑事诉讼非法证据排除规则""侵犯嫌疑人合法权利""脱离检察监督""规避立案"等问题。[①]

四、信息公开

在执法信息公开方面，公安行政信息与侦查信息的公开路径，既存在重合又存在分立。一方面，在公安部主导的执法信息公开制度的改革中，两类信息都可以根据《公安机关执法公开规定》所规定的主动公开方式向公民、法人或其他组织进行公开；另一方面，根据国务院《中华人民共和国政府信息公开条例》的规定，行政信息还可以通过依申请公开的方式进行公开，而侦查信息却不能通过此路径公开。换言之，公安执法信息的性质认定，关系到信息公开的法律依据及公开方式。如果执法信息属于侦查信息，那么公民只能根据公安机关主动公开的方式被动获取信息，而不能通过依申请的方式获取。如果执法信息属于政府信息，

---

① 张泽涛：《论公安侦查权与行政权的衔接》，载于《中国社会科学》2019 年第 10 期，第 164～167 页。

那么公民将可以通过主动公开和依申请公开两种方式获取信息。

在侦查信息与行政执法信息公开路径尚未统一的情况下,执法行为性质的混淆进一步加剧了执法信息公开的复杂化。一方面,在政府信息公开中,行政行为常被公安机关解释为侦查行为而获取豁免公开。根据《中华人民共和国政府信息公开条例》关于"政府信息"的界定,侦查信息并不属于政府信息,故不能依据该行政法规进行公开。因此,行政行为与侦查行为的识别,成为公民依法申请政府信息公开的前提。在"张某田与某省公安厅等二审行政裁定书"所涉及的案件事实中,公安机关并未真正实施刑事诉讼授权的行为,而仅在政府信息公开答复中回复申请人该信息属于刑事诉讼法授权所制作或获取的信息。在此期间,并未向当事人主动公开履行法定职责的相关材料文书。法院在审理中亦未对此进行实质审查,而仅以"公开事项不属于《中华人民共和国政府信息公开条例》所规定的政府信息范畴"为由,驳回其起诉。因此,在行为性质的认定中,究竟以怎样的标准对行政行为与侦查行为进行界定,是行政执法信息公开所要面临的一个重要问题。

另一方面,侦查信息公开与行政执法信息公开存在制度的脱节,侦查保密原则成为执法信息规避公开的"避风港"。虽然侦查信息公开早在1999年颁布的《公安部关于在全国公安机关普遍实行警务公开制度的通知》中得到明确,并在2005年《关于实行"办案公开制度"的通知》中得到进一步细化。然而,直至2018年《公安机关执法公开规定》修订,侦查信息公开的方式一直局限于主动公开,而未在依申请公开上取得突破。现实中,由公安机关主导的执法信息公开,关于执法行为的性质、执法信息是否涉密等内容的认定,往往掌握在公安机关手中。另外,关于信息公开的救济途径只是通过内部监督方式进行,其中立性和权威性相对薄弱。在侦查信息公开制度相对滞后的情况下,公民知情权的保障尚面临诸多障碍。

第四节 制度结构的完善路径

在二元结构中,权力错位与衔接不畅等问题,在制度结构的主要联结点中普遍存在。问题的根源在于,我国社会转型期的警察权法治化建设,并没有完全牢固树立起正当程序、司法审查、基本权利保障等民主法治理念,因此导致二元结构充斥着与权力正当性要求相背离的种种弊病。有鉴于此,我们应以建构正当程序为基点,以契合本土情境的司法审查机制为保障,以基本权利保障为终极目标，使自由价值与秩序价值在制度结构中实现平衡。

一、对立案随意转换的规制

行政受案与刑事立案的选择，决定了不同权力运作的走向。在受案立案过程中发生的"当立不立""不当立而立"等程序随意切换问题，不仅是受案、立案职权在同一主体内部过于集中所致，而且也是检察立案监督过于薄弱的结果。因此，需要从内部控制与外部监督两方面进行受案立案的规范。

（一）立案的内部控制

第一，强化源头信息的数据化采集。接处警作为案件的入口环节，案件信息的全面、准确采集，是警情分析研判的重要依据。在接处警环节实现案件信息的数据化采集，可以在相当程度上强化案件的源头管理。一是规范受案笔录制作要求，明确受案调查阶段所要重点采集的信息要素。源头信息的准确录入，关系到后续案件的认定。因此，对于赌博、盗窃、诈骗、贩毒、寻衅滋事等常见性案件，应当制定具体的笔录制作和取证引导规则。尤其应当强调涉及刑事立案标准的事实构成要件，如违法前科、数额、动机等核心要素。二是通过智能语音转写技术的运用，解决传统网上录入方式的不足。2017年浙江海盐公安机关从实战实用角度推出"智捷执法云平台"，依靠智能技术对执法活动进行数据化采集，在处警过程中，通过警务通所具备的自动语音识别功能生成询问笔录。[①] 目前，这一技术也在广泛推进和适用中。这种笔录的现场采集和自动生成技术，无论是在街头执法还是办案场所，都能够在第一时间收集和固定证据，从源头上消减民警瞒报警情、事后伪造篡改笔录的现象。三是实现案件信息的回溯式管理，数据化采集工作应与执法办案系统实现无缝对接。例如，在现有的执法办案系统中设计语音笔录的储存功能，法制部门在监督过程中就可以导出所有包括对话语音在内的案件信息材料，及时发现笔录是否存在漏记、错记或篡改的问题。在执法办案系统的权限设计方面，应当注重案件信息的保密性和安全性，避免个人对笔录内容的非授权查阅或篡改。

第二，在保持办案部门分别接报案并即受、即立、即办的现行模式下，通过法制部门对受立案环节进行重点监督管理，实现办案与审批权限的分离。一是法制部门的机构设置，应当注重办案的专业性与保密性。受案机构与立案审核机构

[①] "200秒生成移动笔录 智能手环实时监控嫌疑人"，浙江法制报，http://www.pazjw.gov.cn/jingtanjishi/201710/t20171030_5480335.shtml，2020年2月1日。

的过度疏离，不利于立案的专业化审查和侦查保密性的要求。在各业务警种内部设立案法制机构的相对分离模式，能够较好兼顾业务的专业性与案情的保密性。为了解决相对分离模式存在的部门利益保护、案件管辖不明的问题，还可以通过省、市、县一级公安机关法制部门统一指挥协调的方式，弥补各警种自行管理的不足。二是具体工作机制的建立，应当保证办案权与审批权的实质分离。为了解决科层制审批流于形式化的问题，应当通过在办案部门与机关负责人之间专门设立一个审核主体，将传统的二级审批制度调整为三级审批制度，以此强化案件的实质性审查。三是审核重点应倾向于问题较为突出的案件类型，实现监督资源的优化配置。法制部门应将审核的重点放置在容易产生争议的案件类型上，如经济犯罪、寻衅滋事、盗窃、贩毒等案件，必须由法制部门进行事前把关。四是强化监督管理职责，提高监督的实效。在监督方式上，法制部分综合运用事前审核、事中监控和事后纠错等监督管理手段，及时发现和整改存在问题。在监督效力上，将执法绩效考评、执法过错责任追究作为担保手段，提高监督的实效性。在监督中立性保障上，对于受限于部门执法利益而不敢实质化追责等问题，可将人事权独立作为一个改革探索的方向，如"编制划归上级法制部门统一归口管理"。①

第三，明晰立案标准。关于违法与犯罪的界限划分，"质量区别说"已获得学界的普遍认同，即"根据行为是否危害到刑法保护的核心利益，分别运用质（核心领域）和量（非核心领域）厘清二者的界限"②。采取"量"之区分标准主要适用于传统社会伦理不法之外的违法行为，例如，侵犯经济、卫生等现代福利国家的行政秩序的行为。采取"质"之区分标准主要适用于侵犯生命、安全、家庭、财产等传统伦理秩序的行为。对于侵犯法益明显属于"非核心领域"的不法行为，应当尽可能明确"量"的标准，合理限缩警察的裁量空间。尤其是对一些相对笼统抽象的标准，省一级公安机关应根据授权，结合本地区经济发展、社会治安状况，与同级检察院、法院协商后，确定本地区执行的具体标准。对于法益性质侵害相异的情形，应当根据刑法目的，体现刑法判断的独立性。尤其在空白罪状的解释中，不能放弃对刑法条文的实质性解读，而过度依赖于行政法规。

第四，建立健全投诉反馈机制。随着信息化水平的提高和立案系统功能的完善，当事人可以通过互联网平台和移动终端对受立案信息进行查询，使公安机关的受立案工作从幕后正式走向台前。建立健全投诉反馈机制，通过督查办理举报

---

① 杨锦璈、贾晓千：《刑事执法结构化监督模式新探》，载于《中国人民公安大学学报》2019年第5期，第66页。

② 孙国祥：《行政犯违法性判断的从属性和独立性思考》，载于《法学家》2017年第1期，第51~52页。

投诉事项，改进考评指标等工作机制，及时回应社会关切，不仅可以提升公安机关执法公信力，而且还可以保证公众的知情权、监督权和参与权。一方面，在受理投诉的具体工作机制上，应由督查部门负责受理投诉和反馈工作；另一方面，在执法考评指标设计上，应增加当事人对接报案、受立案工作满意度的评价比重。

（二）立案的检察监督

在公、检、法三机关"分工负责，互相配合，互相制约"的宪法关系结构之下，检察院的立案监督权成为刑事诉讼法所明确的一个重要内容。但从现行的刑事诉讼制度安排看，刑事诉讼的重心处于侦查阶段，这种诉讼格局在很大程度上削弱了检察院的监督能力。因此，构建以审判为中心的检察引导侦查模式，并在此基础之上进行检察权的配置，是强化立案监督的制度关键。

立案监督的强化首先需要明确监督的关系定位。2016年，我国发布《关于推进以审判为中心的刑事诉讼制度改革的意见》推进以审判为中心的刑事诉讼制度改革。"以审判为中心"的诉讼制度改革有多种表现形式，尤其在检警关系的重构上，实务界和理论界提出了不同模式。其中一种观点认为，应构建检警一体化的工作机制，"检察官有权命令、指挥公安机关进行立案、侦查活动"[1]；另外一种观点则是检察引导侦查模式，"检察机关通过参与侦查，对证据收集及侦查方向等提出法律意见，并且通过行使监督权纠正违法侦查行为，以引导侦查活动的进行"[2]。从我国的侦查实践和宪法体制综合考察，检察引导侦查的模式更合理。一是从侦查专业性角度出发，侦查实践中，由于检察机关在业务素养、政策把握、人员编制等方面均逊色于训练有素的警察，检察官难以胜任侦查任务。二是检警一体化不利于保障侦查监督的公正性。权力制约需要建立在权力分工基础之上，检警一体意味着检察官与警察在控诉中的同体化，这种同体监督的方式将削弱监督的中立性和公正性。三是将会对现有的宪法体制框架造成较大冲击，并由此衍生出新的矛盾和冲突。而检察引导侦查的改革方式相对缓和，尤其是在"提前介入""建立案件信息通报制度"等工作机制相继建立的情况下，具有较为稳定的制度基础。

以审判为中心的检警关系，决定了立案监督的运行模式应当是过程性监督，而不是结果式监督。受案、初查、立案、侦查、撤案等环节，作为立案程序的关键组成部分，对于侦查活动的走向起到重要的决定作用。在行政受案和刑事立案

---

[1] 刘计划：《检警一体化模式再解读》，载于《法商研究》2013年第6期，第162页。
[2] 陈岚：《我国检警关系的反思与重构》，载于《中国法学》2009年第6期，第115页。

的选择上,公安机关不仅同时掌握着行政与侦查两种程序的启动权,而且还控制着决定刑事案件终结的撤案权。二元在立案程序中的切换,均有可能发生在受案、立案、撤案等任何一个环节。如立案监督的触角不向整个立案程序进行前后延伸,将难以从源头、过程和结果上对立案程序进行全面的掌握和监督。

在权力分工的宪法原则下,立案监督应当是程序的控制,而不是实体的处分。"检察机关的立案监督本质上是定位于一种程序性权力,即通过启动程序解决实体问题,而不是被赋予直接的实体处分权。"[1] 检察院对立案的程序控制权,一是体现在立案信息的知情权上。在检察引导侦查的监督关系之上,公安机关作为被监督者,对于立案信息的披露和提供负有明确的义务,而非自愿配合为前提。二是对立案情况的调查核实权。对于依职权发现的不当立案线索,或依当事人控告、申诉的材料,检察院应采取必要的调查核实手段进行审查。三是对于违法立案行为,检察院具有程序纠正权,通过纠正权要求被监督者检视审查自己的行为。

二、行政调查对侦查程序的合理止步

在警察法上,行政调查措施所依据的法规范属于行政法范畴,且实务中主要作用于治安行政领域,因此在性质上仍属于基于行政目的的行政行为,而不能等同于具体犯罪发生后的刑事侦查行为。对于行政调查措施对侦查措施适用空间的过度挤压问题,应在保持警察整体功能相对稳定的前提下,对行政调查权的发动、运行和监督进行更加细致的规范。同时,还应适当降低刑事立案标准,解决侦查权能配置不足的问题,从源头上解决权力的挪用与替代问题。

(一) 权力发动的双重标准

在违法与犯罪的二元追诉体系下,警察行政作用与司法作用所依据的法律规范、启动要件、运作程序和权利救济各有不同。警察传统的行政权限以一般危害防止为核心,即以已经发生的损害或可预见性的损害作为警察权发动的依据。[2] 然而,随着犯罪现象的层出不穷,警察不得不扩大原有的行政权限进行犯罪的预防,这种在犯罪发生前有别于刑事侦查所进行的干预,在德国警察法上称之为

---

[1] 董坤、马建华:《论立案监督模式的转型》,载于《安徽大学学报》2014年第3期,第125~126页。

[2] 警察法任务上的危害,系之在顺利进行下,因物之状况或人之行为,极有可能对公共安全与公共秩序造成损害之一般情况。其构成要素包括损害和损害发生的可能性。见李震山:《警察法论——警察任务编》,正典出版文化有限公司2002年版,第180~181页。

"犯行预先抗制"。① 与具体明确、可预测性的一般危害防止任务相比，犯罪预防任务具有抽象的不可预见性。检视我国现有立法，这些犯罪预防权限的发动，存在"无法以明确的法律要件和固定的法律效果加以管制"的问题。② 为避免警察行政权限在犯罪侦查领域的急剧扩张，故有必要对实务中危害防止与犯罪预防的界限进行区分，并在此基础上重新设置双重标准的启动要件。

英美法系国家虽无警察行政作用与司法作用的区分，但却是通过"相当理由"这一法律术语及相关标准作为区分行政警务与侦查警务的发动要件。大陆法系国家和地区，部分行政强制措施设立的法律目的并不是为了犯罪侦查，而仅仅是预防和处置行政上的不法危害，故不得用于犯罪侦查之中。对于行政法领域的犯罪预防权限，则通过设置较高门槛严格控制其发动，德国甚至将刑事上的实体要件作为前沿权限的发动标准。换言之，警察在犯罪预防中所采取的干预权限，必须与客观化的不法程度保持合乎比例的关系，如不存在相当程度的怀疑理由，则不能够发动此类权限。只有具备"相当理由"这一几近等同于刑事发动要件的标准，才能够采取类似侦查强度的行政强制措施。且"相当理由"之判断，并不单纯以警察执法经验进行裁量，而必须结合当时的执法环境、嫌疑程度、相对人反应和情报资讯进行理性推断。

在我国，行政强制调查措施的发动多以"有违法犯罪嫌疑"作为发动前提，而"违法犯罪嫌疑"并无客观量化标准，仅凭警察个人主观裁量判断，其危害是，"由警察单凭'不确定法律概念'控制社会，并对人民生活行止罗织一张滴水不漏之管制法网，犹如天罗地网，对人权保障并非妥适"③。因此，通过客观评价标准的引入，对作用于不同警务目的的强制调查措施的发动进行区分，是避免手段与目的不当联结的关键源头。对此，有必要对实务中问题争议较大的调查措施，逐一进行梳理并讨论。

（1）盘查措施中的全面检查，应以存在犯罪嫌疑为前提，而非当场盘问之附带权能。盘查制度涵盖了当场盘问、检查、继续盘问三项权能。其中，继续盘问的发动要件已获得法制详细规范，而检查的规范相对欠缺。根据《公安机关人民警察盘查规范》的规定，盘查中的检查在权能上等同于刑事搜查"由表及里、仔细彻底"的标准。为避免实践中基于危害防止目的进行的检查，其强制权能被顶格适用。因此，有必要对此种全面检查的发动门槛提高至具备刑事上的"相当理

---

① 蔡震荣：《警察职权行使法概论》，元照出版公司2004年版，第5~7页。
② 林明锵：《由防止危害到危险预防：由德国警察任务与权限嬗变检讨我国之警察法制》，载于《台大法学论丛》2010年第39卷第4期，第178页。
③ 李建良：《新闻采访自由与个人生活保护的冲突与调和——简评释字第689号解释》，载于《台湾法学杂志》2011年9月第184期，第44页。

由"。在"相当理由"标准的构建上,应参照是否对执法安全造成现实威胁、是否具有客观合理之事由可推理出存在犯罪嫌疑等要素。经盘查,如尚未产生犯罪嫌疑的充分怀疑,则不应直接采取全面搜索的方式,而应进行进一步询问或体表检查,如能存在相对充分的客观理由证明存在"犯罪嫌疑",则可以启动全面搜索的检查权能。

(2)住所检查的发动,必须以紧急处险或制止犯罪为限。2016年《中华人民共和国人民警察法》(修订草案稿)第二十二条对检查搜查进行了规定,住宅强制检查搜查的适用条件为"遇有制止违法犯罪行为、抓捕违法犯罪嫌疑人,或者保护人身、财产安全的其他紧急情形"。由于检查搜查在权能上的同质,故住宅强制检查发动的实质要件除消除急迫危险的情形外,对于不法行为抗制的实质要件应当等同于刑事搜查。在美国,行政机关在行政检查中,同样面临着公共安全与基本权利的基本矛盾:一方面,政府需要执行旨在促进公共安全的政策法规或监管计划;另一方面,"美国宪法第四修正案"要防止执法人员对隐私权的任意侵犯。为此,美国通过"自由裁量"与"侵扰性"两大要素对行业例行检查与传统刑事搜查进行区分。"一方面,刑事搜查需要基于犯罪相当理由的传统搜查令,因为它们涉及高度的自由裁量权和身心侵扰;另一方面,一些行政搜查,如煤矿检查,由于涉及很少的自由裁量权或侵扰性,因此不需要搜查令或相当理由。"[1] 同样,我国行政检查中涉及住宅权等宪法核心领域的权利,除紧急处险情形外,应当具备预防犯罪的事实基础和主观目的,否则不能够采取强制方式进行此种权利的干预。

(3)以预防特定犯罪为目的的交通工具拦检,应当基于客观充分的情报作为判断基础。在美国,促进公路安全为目的的机动车拦停检查,因涉及公共安全这一公共利益,故警察的拦停检查行为不需获得令状授权。然而,拦停检查经常被用来进行调查搜查与不当驾驶执照或车辆登记无关的犯罪。为了解决这个问题,法院主要采取了两种方法对警察裁量权进行控制:一是要求所有的拦停检查都以系统的方式进行,不允许个别人员对车辆被截停有任何自由裁量权,确保警官无法将检查的重点放在某一个人身上。第二种方法是警察事先取得特定区域的许可,授权他们在一般情况下发现在某些地区发生的侵犯事件时,在这些地区进行巡回搜查。法院可以通过搜查令对程序细节进行审查,要求执法人员在检查前详细说明要采用的制度,执法人员将被要求具体说明覆盖的区域、拦停的持续时间

---

[1] O'Brian, Fern Phillips, Administrative Agency Searches Since Marshall v. Barlow's Inc.: Probable Cause Requirements for Nonroutine Administrative Searches, Georgetown Law Journal, 1982, 70 (4): 1191-1192.

以及选择拦停的计划。①由于预防特定犯罪的交通拦检，面对的是并未发生的不确定事态，故以拉网式大排查的方式获取犯罪线索无异于大海捞针，且对民众行动自由产生较大影响。对于此类拦检，可参照第二种做法，结合利用大数据对既发案件进行分析，从而发现犯罪热点地区，为权力发动提供依据。这种建立在充分情报资讯和高度嫌疑基础上的发动理由，可以在提高犯罪打击的精准性和效率性的同时，尽可能减少对公众正常生活秩序的干扰。

（4）对隐私性生物信息的强制采集，应当具备犯罪嫌疑的事实基础。生物信息采集包括面部肖像、指纹、声纹、虹膜图等个体识别信息和血液、唾液、尿液、毛发等生物样本。在强制采集过程中，对于危害防止与犯罪嫌疑两种不同目的，所采取的信息范围和条件应当有所区分。在英国，《1984年警察与刑事证据法》对隐私性样品、非隐私性样品进行了区分。隐私性样品是指血液、精液或其他组织液、尿、唾液或阴毛等，对于隐私性样品的提取，警察无权强制进行，但在当事人无正当理由拒绝的情况下，允许法官对其做出不利推定。② 在美国，生物信息作为人身权的延伸，并涉及隐私权方面的重大利益，生物信息的采集也必须遵守"相当理由"的标准。在施默伯诉加利福尼亚州（Schmerber v. California）一案中，法官明确了血液酒精含量测试适用"美国宪法第四修正案""不受无理搜查和扣押"的原则。即在"美国宪法第四修正案"框架下，警察对公民核心性宪法权利进行干预必须以相当理由这一较高标准作为启动门槛。③ 由于生物信息承载了不同程度的隐私期待，对于指纹、血液、尿液等与隐私权密切相关的生物标本，应当在强制采集上保持谨慎态度，将其适用范围限定于存在犯罪嫌疑的基础上，而不应在以危害防止为目的的行政执法活动中普遍使用。

（二）权力运行的程序规制

在警察强制干预的立法中，出于一般危害防止目的的行政强制措施，其整体权能配置应当弱于犯罪预防和犯罪侦查。通过比例原则对行政权能强弱进行合理的配置，将行政权能控制在合理必要的限度，是解决行政调查权越位问题的根本途径。对于一般危害防止为目的的强制措施，其所作用的对象是一般违法行为，并不需要类似于侦查强制措施的权能，故应对其权能进行比例化的构造，从而避免实践中权能一旦发动必然顶格适用的滥用情形。对于行政强制调查措施，可以

---

① Eckersley, David, United States v. Jenkins: Driver's License Inspections Inspections and the Fourth Amendment, Utah Law Review, 1975 (4): 992.
② 陈光中、陈学权：《强制采样与人权保障之冲突与平衡》，载于《现代法学》2005年第5期，第48~49页。
③ Schmerber v. California, 384 U. S. 757 – 758 (1966).

重点从运行要素着手,结合具体的执法情境,将时间、空间、实施方式作为权力内部制约的重要因素。

(1) 时间要素。强制权能的时间要素包括强制干预发生的时间和持续的时间。在人身权的干预方面,不同的时间要素意味着不同程度的干预强度。例如,住宅的白天检查,其干预程度弱于夜间检查;短暂的拦停询问,其干预程度弱于继续盘问。为确保警察对基本权利的干预控制在合理必要的范围,有必要对强制调查中的时间要素进行限制。

(2) 空间要素。空间要素是强制干预发生的范围、地点或场合,是强制发动与地缘上的关联性。由于在不同的地点和场合,公民基本权利保护的预期也有高低之分,对公民私人领域的干预程度越高,作为正当性基础的启动要件越严格。在我国,作为宪法基本权利之一的住宅权,本身蕴含着对抗国家权力不当侵害与限制的意味。住宅权作为人身自由权的衍生,公民住宅承载的隐私权保护期待水平明显高于公共场所。公共场所具有一定的开放性与公共性,社会相互依存所产生的安全需求高于一切,因此公民部分权利应当让步于公共安全利益,在必要时接受必要的限制。只有存在相对客观明确的理由证实住宅内存在违法嫌疑,且警察所需要保护的法益大于住宅权利益时,针对私领域进行的强制干预才具有正当性基础。

(3) 强制程度。从宪法比例原则角度,行政强制措施的权能应当以实现特定的执法目标为限,而不能超越必要程度与规定之外的目的发生不当关联。"法律将权限赋予警察机关,是为了实现特定的行政目的,因而必须按照该目的行使权限。这里说的'目的',不同于组织设置的目的,是指赋予权限时被充分具体化了的东西"。① 一方面,行政强制干预的程度,必须要与行政目的保持妥当性、必要性和均衡性,禁止采取高强度的干预手段实现行政目的之外的其他警务目的;另一方面,由于治安危害防止与犯罪侦查之间具有灰色地带,一些具备双重属性的行政强制措施,其属性往往随着警务目的的转换而发生变化,并由此产生强制程度的升级。但此种升级必须基于客观犯罪迹象的出现,否则不能服务于犯罪侦查的目的。

(三) 执法过程的全面监督

目前,我国主要通过内部行政审批的方式,实现警察行政权发动的事前控制。然而,事前审批的方式,在权力控制功能上并非十分周全。由于违法行为的突发性与复杂性,警察临场裁量的执法情境大量存在,事前审批并不能够覆盖这

---

① [日] 田村正博著,侯洪宽译:《警察行政法解说》,中国人民公安大学出版社2016年版,第63页。

些临场处置行为。现实中,警察在临场处置中发动行政强制调查屡见不鲜,原因在于"警察知道根本没有事后审查,无须顾虑自己行为的合法性与合理性"[①]。鉴于这种事前审批的局限,需要通过事后备案审查的方式进行弥补。

事后审查的制度优势在于,即便设置复杂、琐细的标准,也不会对警察在紧急情况下的临场处断权产生过度干预。"警察执法时不可避免地享有自由裁量权,至少有两个理由作为支撑:一是警察不可能有足够资源来完全执行法律,不可避免地需要做出优先选择;二是即便是最精准的法律规则,也需要在具体情况下进行解释。"[②] 因此,这种逻辑严谨的判断标准,更加适合在事后的审查中结合执法情境进行理性考量。这一制度设计,既可以发挥警察在应对突发紧急状况时的执法能动性,又可以对其自由裁量权产生自我约束的效果。

执法过程的可溯式管理,可以为警察执法行为的事后审查提供制度保障。在行政执法过程中,警察一旦在临场处置过程中出现权力的滥用,如假借治安之名行侦查之实而侵害公民基本权利时,公民一方难以在事后救济中进行有效举证。利用信息化、数字化技术手段对执法全过程进行记录,既可以对执法人员的执法过程形成一种无形监督,又可以为事后执法争议的解决提供全面客观的依据。在此过程中,还应当注意两个问题:一是在现场执法记录中,应当规范记录要素。在调查取证环节,警察对于执法活动具有主导的优势地位,公民一方难以对单方、强制的执法行为进行权利与权力的抗衡。为了保证事后审查的客观、全面,公安机关应当对执法过程中需要重点记录的内容进行明确,因公安机关自身原因造成关键内容遗漏且不能进行合理解释的,应当由公安机关承担举证不能的不利后果。二是完善执法记录的管理,建立记录信息调取查阅制度。为了保证执法记录的全面、真实,应当实现执法记录与执法办案系统的对接,增大执法办案系统中的音视频储存功能。办案人员在执法活动结束后,应当将执法记录及时提交,并由专人进行管理,未经审批程序不得编辑修改。

公安机关在采取行政强制措施后,应当以录音录像或书面方式进行记录,事后向同级法制部门备案,法制部门应当组织抽查或复查。由于警察行政强制措施数量较多,如不加区分一概报备,不仅会加重法制部门的工作负担,而且也不利于备案审查的质量。因此,应当将备案的范围限于对公民基本权利影响程度较高,且实施过程较容易发生争议的强制措施,如人身、住宅检查、贵重物品扣押、继续盘问等。法制部门应当对报备的强制措施从以下几个方面进行审查:(1)强制措施的发动是否符合法定的要件;(2)是否告知并说明理由;(3)强

---

① 邓子滨:《路检盘查的实施依据与程序监督》,载于《法学研究》2017年第6期,第185页。
② [英]罗伯特·雷纳著,易继苍、朱俊瑞译:《警察与政治》,知识产权出版社2008年版,第195页。

制措施的实施是否适当,是否超出必要限度,等等。需要注意的是,从保证执法效率性的角度出发,不应对"紧急性""必要性"等不确定概念做出过于机械僵化的判断,而应通过设置必要底线实现对裁量权的适当控制。

(四) 刑事立案标准的调整

行政调查对侦查程序的渗透,其内在原因是行政权能过于自主强大的越位冲动,其外因是侦查权能配置不足而引发的权力依赖。目前,刑事立案标准的高位配置,导致了立案程序对侦查权能的正常发挥形成制度障碍。对现有立案标准进行适度降低,激活侦查权能,是协调二元运行机制较为理想的一个选择。

目前,根据各主要国家的通例,侦查程序的启动主要有随机型模式与程序型模式。对于前者,"一旦侦查机关获悉有犯罪线索,就立即启动侦查程序加以调查,不需要经过特别的案件处理程序,如立案程序";对于后者,"通常必须经过一道专门的开启程序之后,才能正式启动侦查程序,展开调查。"[①] 在侦查权的启动方面,随机性启动模式不需附加前置审查程序,侦查权的发动较为灵活。而程序性启动模式则与之相反,立法要求立案前必须判明"有犯罪事实发生"和"需要追究刑事责任"的结论。实践中程序性启动模式的立案标准往往成为制约侦查权能发挥的障碍。"由于犯罪行为本身的隐秘性、突发性特征,侦查机制必须保持常备的警戒性,并在事发时能做出机动性反应。"[②] 侦查权的发动,应由一线执法者综合当时的客观情境、情报资讯和执法经验等主客观因素进行考量并做出决定,而不应附加过于繁杂的审批程序。否则,初查极有可能被异化为隐性的前置侦查行为,架空初查制度的原本初衷。

我国立案制度的改革,可在随机性启动模式经验基础上,完善现有制度。一方面,由于我国不存在引进令状主义的宪政基础,立案审查对于控制国家刑罚权的恣意发动具有不可替代的重要作用,立案程序应当予以保留。如完全摒除,将导致大量案件涌入司法治罪的流水线,既不利于公民合法权益的保障,也不利于国家对社会治安形势进行准确评价。另一方面,为了更好地疏导立案程序存在的制度性障碍,应当对现有立案标准进行必要的调整。在实体要件上,对现有的立案标准进行修正,仅保留"有犯罪事实发生"的事实要件,剔除"应当追究刑事责任"的法律要件,将实质性审查改为形式性审查。毕竟,法律要件的评价并非侦查阶段的任务,"某种行为是否构成犯罪,进一步是否应当被追究刑事责任,不仅在立案前大多难以确定,甚至有些案件需要通过审判最后才能确定,否则,

---

①② 万毅:《侦查启动程序探析》,载于《人民检察》2003 年第 3 期,第 25~27 页。

宣告无罪和定罪免刑就没有理由存在了"[①]。同时，为避免追诉范围扩大的风险，还应及时建立与随机性启动模式相配套的侦查监督机制，进一步强化侦查强制措施的控制。

三、案件处理来回窜动的防治

在二元结构下，治安处罚极有可能成为警察人为操纵程序来回窜动的空间。一是将治安处罚作为刑事案件降格处理、有罪不移、以罚代刑的分流渠道。二是将治安拘留挪用于刑事侦查以延长办案期限。对此，应根据不同处罚种类所涉及的权利性质与程序特点进行制度的调整与优化。

（一）对"以罚代刑"的防止

2017年国务院办公厅推行行政执法三项制度以来，公安机关一直在积极探索建立包括行政案件法制审核制度在内的执法监督制度。法制审核内部监督的功能定位，可以对治安处罚中"以罚代刑"的问题起到良好的抑制作用。实践中，各地公安机关在落实重大行政执法决定法制审核过程中，均将较大数额的行政处罚列入法制审核的目录清单。例如，威海市公安局文登分局，对于1000元以上的罚款，或相当于此数额的违法所得或非法财物没收，须由法制部门事前审核。[②] 法制部门审核的内容包括：部门是否具备相应权限、事实与证据是否充分确凿、法律依据是否准确、自由裁量权是否行使适当、程序是否合法等。在具体数额的确定上，可由各地公安机关根据当地经济情况，制定符合本地实际的具体标准。在审核工作机制上，办案部门应当对所呈交案件材料的客观性与真实性负责。法制部门在审核过程中，有权调取与案件有关的材料，必要时可以进行调查取证。对于定性和适用法律不准确的，提出变更或纠正意见。例如，认为涉嫌构成犯罪的，提出转为刑事案件办理。未经法制审核或者审核不通过的，办案部门不得做出处罚决定。在工作责任制方面，承办人、审核人不正确履行职责造成执法错误的，依据《公安机关人民警察执法过错责任追究规定》的规定，根据办案中各自承担的职责，区分不同情况进行责任追究。

中共十八届四中全会后，检察院开始逐渐探索加强对违法行政行为的法律监督。将检察备案监督作为行政处罚事后监督机制，可以有效消除公安内部"两法

[①] 吕萍：《刑事立案程序的独立性质疑》，载于《法学研究》2002年第3期，第145页。
[②] "威海市公安局文登分局重大行政执法决定法制审核目录"，威海市文登区人民政府网，http://www.wendeng.gov.cn/art/2019/9/30/art_62624_2149981.html，2019年12月1日。

衔接"的监督盲区。公安内部的处罚程序,主要解决的是相对人与公安机关两造对抗中的平等和公正问题,但并不能解决对于行政执法与刑事司法衔接中公安机关有案不移的现象。因此,为了能够让检察院对立案监督的关口向前延伸,应当将行政执法领域纳入检察监督的环节。在治安处罚决定做出后,公安机关应当向检察院移送行政处罚的有关案卷材料和处理决定。为了保证备案审查的质量,应当明确处罚数额较大、对公民权利影响程度较高的案件类型,如对公民处以 1 万元以上罚款、治安拘留等处罚,必须向检察院备案审查。检察院收到报送的备案材料后,应当及时登记建档,进行普遍检查或重点抽查。"面临治安行政案件过多所带来的成本过高问题,可以考虑通过经验总结明确实践中衔接的治安案件类型,在此基础上配之以常态性的定期抽查机制。"①

(二) 治安拘留程序的司法化

一直以来,大陆法系国家一向倚重行政规制实现社会治理,而不是由司法机关承担公共规制功能。2017 年《中华人民共和国治安管理处罚法(修订公开征求意见稿)》,依然保留了治安拘留的处罚种类,这也意味着赋予公安机关较高权威以处理社会转型期各种矛盾,依然是官方主流的态度。因此,对于治安拘留处罚程序的司法化改造,最为现实的选择,应当是在现有制度基础上进行局部的适当调整。一方面,应当明确行政管理的初衷在于通过积极主动的调控实现对犯罪行为的前瞻性预防,而不应忽略警察在治安管理中的主导地位;另一方面,要强调行政处罚程序的中立、理性和参与等价值,通过正当程序实现基本权利保障的效果。

听证制度的意义在于"公众通过听证程序参与作出行政决定的过程,可以运用自己的程序权利来保障自己的实体权利,促使政府执法权正确、恰当地行使,以抵抗政府违法和不合理的自由裁量"②。在听证制度建立之初,尚未将治安拘留纳入听证范围,当时主要有两方面考量。一方面是基于执法效率的考虑,"考虑到 20 世纪 90 年代社会治安形势的严峻复杂,实行拘留听证可能对公安执法带来较大挑战,进而影响到社会公共安全和秩序维护,行政拘留没有纳入听证范围"③。另一方面是基于权利救济实效的考虑,在拘留暂缓执行制度的设计中,公民通过行政复议或行政诉讼获取的救济,其规范性和实效性明显优于听证。

事实上,听证作为事前的救济方式,可以通过当事人的参与和申辩,对处罚

---

① 刘茂林:《警察权的现代功能与宪法构造难题》,载于《法学评论》2017 年第 1 期,第 34 页。
② 肖金明:《论政府执法方法及其变革》,载于《行政法学研究》2004 年第 4 期,第 14 页。
③ 孙振雷:《我国实定法上的行政拘留比较研究及其立法完善》,载于《中国人民公安大学学报》2019 年第 4 期,第 103 页。

结果进行过程性的控制，从而避免治安拘留造成的不可恢复性的损害。随着人权入宪带动有关人权保障方面法律的调整和修订，人身罚程序设计中权利优位的价值理念，也开始获得社会的普遍认同。另外，在行政救济体系中，听证具有行政复议、行政诉讼所不具备的独特功能。"行政复议、行政诉讼和国家赔偿对相对人的救济都是事后的、有限的。听证的使命就是通过事中的救济，减少错案发生的几率。"① 鉴于此，治安处罚中对于基本权利限制最为严厉的拘留，应当纳入听证范围。

根据《公安机关办理行政案件程序规定》的规定，治安处罚听证由公安机关法制部门组织实施。这种调查与裁决职能在同一机关内部合并的做法，其目的是满足治安管理政策相关专业知识和经验的需要。"行政裁决往往需要高度的技术知识，裁决人员和技术人员共同工作，容易了解行政上的需要，也能得到技术上的知识。同时，行政裁决具有很强的政策性质，裁决机关完全分离以后，缺乏全盘管理经验，较难把握政策。"② 但就中立性而言，听证者与裁决者在同一机关内部的统一，实在难以保证处罚的公正性。治安拘留在处罚性质上不同于财产罚、资格罚，处罚决定的做出应保持高度谨慎。为了保证听证的中立性和超然性，听证应由上一级公安机关法制部门主持进行。

在听证笔录的效力上，应通过确立案卷排他原则来保证听证的实质性展开。"是否遵循案卷排他的要求是检验行政机关诚实程度、听取相对人意见实效的根本标准。案卷排他是正当程序的落脚点，是实现程序正义的关键所在。"③ 案卷排他制度意味着，公安机关的处罚只能以行政程序中形成的案卷作为依据，案卷外的任何资料不能成为处罚根据。在行政处罚中，听证者与决定者并不是高度统一的，行政首长作为处罚决定者并不亲历听证，为了保证决定者能够认真考虑相对人的陈述申辩，最好的方式是决定者做出的处罚，必须以案卷所记载的证据材料作为处罚依据。因此，应进一步完善案卷排他原则在处罚程序上的地位和规范表述。

在治安拘留的实效担保方面，为避免相对人利用申请听证的机会逃避处罚，可通过建立个人信用制度进行解决。如若被处罚逃避拘留，那么其在出行、住宿、工作等方面的权利将受到限制。同时，个人信用制度的建立，还可以进一步激活现有拘留暂缓执行制度的适用。即便是被处罚人无法提供担保人或保证金，也可以通过信用担保的方式申请拘留暂缓执行，从而获取更加充分彻底的权利救济。

---

① 余凌云：《听证理论的本土化实践》，载于《清华法学》2010 年第 1 期，第 130 页。
② 王名扬：《美国行政法》，北京大学出版社 2016 年版，第 331 页。
③ 章志远：《我国行政法基本原则之重构》，载于《太原理工大学学报》2005 年第 1 期，第 66 页。

四、规避信息公开问题的破解

在执法信息公开被规避的问题上，一方面，需要在政府信息公开领域明确行政行为与侦查行为的界分标准，解决行政信息被解释为侦查信息从而获得公开豁免的问题；另一方面，在公安机关主导的执法公开中，现有侦查信息公开制度应当从主动公开向依申请公开进行适度转向，从而满足知情权、司法民主的要求。在此前提下，应通过具体的制度构建平衡侦查保密与侦查公开的关系，处理好两类信息公开的衔接工作。

（一）职权性质的区分标准

目前，对于行政行为与侦查行为的区分，学界采取了"法律授权说"，即以具体职权行为是否获刑事诉讼法的明确授权作为区分标准。[①] 这一标准也在实务中得到印证，法院对于侦查行为的界定主要以刑事立案为标准。在"张某琴诉山西省某市公安局调查处理行为案"中，最高人民法院对刑事诉讼法明确授权行为的判断依据是：已做出刑事立案决定，亦被追究刑事责任。然而，法院并未对"刑事诉讼法明确授权"进行深入解释，而仅限于公安机关是否做出立案决定的形式审查。如若公安机关虚假立案，或借刑事侦查之名干预经济纠纷，那么这一标准并不足以真正区分行政行为与侦查行为。因此，对于"法律授权标准"含义的解释，还应特别注意以下两个方面：

一方面，侦查行为的认定应当符合刑事诉讼法的法定程序和立法精神。立案作为刑事诉讼程序的开端，一般情况下，只有立案后采取的侦查措施才能够被视为刑事诉讼法授权的行为。例外的情形主要有两种，一是《中华人民共和国刑事诉讼法》规定的先行拘留，主要适用于犯罪侦查中的现行犯或重大嫌疑分子；二是《中华人民共和国人民警察法》规定的盘查，但仅限于出于查缉特定犯罪为目的的盘查。如"张某诉清水县公安局强制案"裁决书中所涉及的案件事实，公安机关在接到涉嫌抢劫的警情后立即出警，并带着被害人乘车寻找犯罪嫌疑人，在此过程中发生的职权行为属于实现犯罪侦查的目的，应视为刑事诉讼法明确授权实施的行为。同时，立案后所采取的行为，必须是法定的侦查行为种类。所谓法定的侦查行为种类，即是刑事诉讼法上规定的刑事强制措施和侦查措施。在"王某某、宜昌市公安局某分局刑事违法查封、扣押、冻结、追缴赔偿决定书"中，

[①] 孟昭阳：《论公安行政行为与刑事侦查行为的界定》，载于《公安大学学报》2002年第3期，第10页。

公安机关扣押相对人款项后，直接将此款项给付第三人，未依照刑事诉讼法的规定随案移送。在性质上，该行为属于动用行政职权追偿债款的行为，而不是刑事诉讼法明确授权实施的行为。因此，此类行为应视为缺乏法律授权，属于超越职权的违法行政行为。

另一方面，侦查行为的解释应当符合公民基本权利保护的精神。在虚假立案或不当立案的情况下，立案审批程序极易成为伪饰侦查行为的"外衣"，导致违法行政行为被解释为侦查行为。尤其是在侦查行为与具体行政行为的混同中，由于行为种类的相似，难以透过立案审批的形式看清行为性质的实质。因此，法院对于立案的审查，还应进一步触及案件情况是否符合立案标准的关键核心。在此过程中，公安机关应对其立案决定负有举证责任，即向法院提供立案的根据和能够证明犯罪事实存在的证据。法院应在此基础上进行审查，从而判断刑事立案是否符合刑事诉讼的规定。值得注意的是，行政诉讼法的立法宗旨在于解决行政争议，而非惩罚犯罪。因此，法院对于立案标准审查的程度不宜过于深入，而应秉持形式审查的标准。

（二）侦查信息公开的探索

虽然公安机关执法信息公开制度一定程度上打开了侦查信息公开的突破口，但就特定主体对侦查信息的特殊需求而言，《公安机关执法公开规定》所规定的公开方式和公开内容依然是远远不够的。因此，在刑事诉讼各方利益的复杂博弈中，需要明确侦查信息公开的基本立场，从而为具体制度的构建奠定基础。

知情权作为一项政治权利和社会权利，是被国际公认的信息公开请求之宪法依据。《中华人民共和国宪法》明确了人民在国家事务中的地位，以及公民所享有的批评、建议、申诉、控告或检举的权利，都以知情权作为前提和基础。《公安部关于在全国公安机关普遍实行警务公开制度》的目的就是"便于人民群众和社会各界对公安工作实施监督"；《公安机关执法公开规定》的目的是"保障公民、法人和其他组织依法获取执法信息"。虽然在立法目的条款上，都没有明确提出公民知情权的保障，但显而易见，两部规范性法律文件都将"便于实施监督"和"保障依法获取执法信息"作为立法宗旨，已经明显隐含了促成公民知情权实现的目的。因此，公安机关侦查信息公开的模式应当由善治模式向知情权模式进行适度转向。

司法民主是现代政治理论的一个重要理念，侦查信息的公开是强化民主监督，提升司法公信的必然要求。2014年《中共中央关于全面推进依法治国若干重大问题的决定》将保障人民群众参与司法，作为保障公正司法，提高司法公信力的一个重要内容。"构建开放、动态、透明、便民的阳光司法机制，推进审判公开、检务公开、警务公开、狱务公开，依法及时公开执法司法依据、程序、流程、结果和生效法律文书。"侦查作为刑事司法的重要组成部分，在通过司法透明推动司法公正的改革趋势下，侦查信息的公开，已经成为提高司法公信力的必然要求。"侦查程序公开能产生一系列的程序效益：保护犯罪嫌疑人和被害人的合法权益、有利于刑事预警机制的建立、有利于推动侦查程序的民主化等等。"[①]在司法民主的理念之下，侦查信息的公开应当在公安机关主动公开的传统模式下有所突破，逐步探索和确立公民依申请公开的模式。

针对两种信息公开制度的脱节，在明确侦查信息公开的基本立场上，应当对侦查信息公开制度进行重构，从而保证公安执法信息公开制度的整体平衡。由于2019年新修订的《中华人民共和国政府信息公开条例》已明确将"职责标准"用于政府信息的界定，如将侦查信息按照"主体说"的标准重新纳入条例调整的范围，不仅会对原有的立法目的和理念造成较大冲击，而且也会造成巨大的立法成本，故不可取。如在现有的制度基础上，对《公安机关执法公开规定》做进一步的调整和完善，将更加契合现实的需求。具体应当从以下几个方面入手：

第一，依申请公开模式的确立。现有侦查信息公开制度的缺陷在于，公民仅能通过公安机关主动公开的方式获取信息，导致了信息获取具有局限性和被动性。在刑事司法领域，侦查信息的获取，是控辩双方与被害人实现诉讼平衡和程序正义的基础。这一特殊意义决定了侦查信息公开的个性化需求，因此，侦查信息公开的主动权应当从公安机关转移到公民手中，并通过赋予公安机关公开义务来落实保障。

第二，建立两类信息公开申请受理衔接机制。由于行政程序与侦查程序存在重合的灰色地带，故在执法信息性质的甄别上，必须充分结合案件事实和证据进行全面审查。公安执法程序相对封闭的特点，决定了公民难以全程介入案件调查并对执法信息进行准确识别。相比之下，公安机关主导整个调查程序，对案件事实和证据材料的掌握了如指掌。在执法信息公开申请的入口，由公安机关承担信息识别的义务，不仅可以有效提高侦查信息公开的程序效率，而且可以消除办案部门相互推脱扯皮、规避公开的现象。

第三，对侦查秘密的合理界定。"长期以来，公安机关习惯性地认为公安工作应当保持神秘色彩，否则会失去权威性，因此在确定秘密事项的问题上总是遵循'宁高勿低'、'宁宽勿窄'的原则，将秘密事项任意扩大化。"[②] 在刑事侦查

---

① 杨正鸣、倪铁：《侦查公开的程序效益衡平论纲》，载于《中国人民公安大学学报》2004年第3期，第88页。

② 李淑华：《警务信息公开法律制度的冲突与完善》，载于《上海公安高等专科学校学报》2012年第3期，第81页。

范畴中，侦查秘密事项应当以相对准确清晰的定义进行界定，避免对公民知情权领域事项进行过度挤压。在立法的完善上，应将侦查秘密的范围，限定在与侦查效率、当事人隐私、司法公正、社会利益等有实质关联的特定领域，而不应做扩大解释。此外，还需要通过反面排除的方式，将属于公民知情权范畴的事项从侦查秘密这一宽泛的定义中排除出去。同时，为了控制公安机关自行定密的裁量权，应当通过提级定密的方式合理限定侦查秘密的范围。对此，建议将侦查秘密的定密工作由省一级公安机关保密部门统一进行，通过职业化、专业化的审查，科学、合理界定侦查秘密的范围。

第四，完善争议解决机制。鉴于侦查信息涉及国家秘密和警务秘密的特殊性，我国应建立特别的争议解决机制，协调好中立性审查与专业性审查二者的关系。对于信息公开制度中的权利救济问题，日本设立了信息公开审查会作为行政复议的重要补充。信息公开审查会作为第三方机关，在中立性的保障问题上，"采取了合议制的议事规则，超然于各行政部门之上"；在专业性审查方面，"根据相应行政文件的性质考虑在何种程度上尊重行政机关专业技术性裁量和政策性裁量"[①]。对此，我们可以借鉴日本的做法，在省一级公安机关内部成立相对独立的信息公开审查委员会。一来可以通过提级审查的方式避免各级公安机关解释的随意性；二来可以通过合议的方式准确把握侦查、保密政策，防止行政首长因责任过重而不堪重负，"用团体主义来降低个人判断的政治风险"[②]。

[①] 周汉华：《外国政府信息公开制度比较》，中国法制出版社2003年版，第110~112页。
[②] 余凌云：《行政法讲义》，清华大学出版社2019年第2版，第406页。

第四章

警察权的央地划分[*]

第一节 引 言

在任何一个国家,不论是采取联邦制还是单一制,是崇尚地方自治抑或中央集权,都面临一个共同的问题,就是警察权(police power)在中央与地方的划分。这个话题又是中央与地方关系的一个缩影,也必须放在这个总体框架内探讨。毫无疑问,这也是一种纵向分权,本质上也是"在不同层级的政府之间配置不同的治理权力"。[①]

但是,从以往的文献看,从这样的视角切入的研究不多,更多的是和公安事权划分、公安机关管理体制等讨论交织在一起。一方面,这可能是有关警察权的理论研究储备不足;另一方面,也是想转化为警察法上的一个特殊话题,从警察关注的视角、关联性更广的范围来展开探讨吧。

公安事权划分,在以往的研究当中,有指中央与地方公安机关的管辖事项,有指公安机关内部的警种划分,也有等同于公安管理体制。公安事权是指组织法意义上的警察权所管辖的事务。从理论上,可以分为纵向与横向划分,"纵向事权是公安部、省(市)、自治区、设区市、县各级公安机关的事权划分;横向事

---

[*] 本章部分内容以《警察权的央地划分》为名发表于《法学评论》2019年第4期。
[①] 苏力:《当代中国的中央与地方分权——重读毛泽东〈论十大关系〉第五节》,载于《中国社会科学》2004年第2期。

权则是指公安机关与政府其他部门之间事权划分"。① 其中，纵向事权划分，也就不是危害防止任务在分工或者分权意义上的分散化，而是指在中央和地方如何分配为完成警察任务上的事权。这个研究视角最接近本书要探讨的问题。公安管理体制就是在上述事权的基础上进一步明确领导关系，是由事权划分以及对应领导关系组合而成的制度构造。

以往，对公安事权的研究，多关注人、财、物保障。认为，"公安事权的划分涉及到公安机关的责任、与贵任相适应的权力、应履行的义务及相应的人、财、物保障体系等"②。"是财政保障与理顺支出责任的前提""也是各级公安机关机构设置的基础"。③ 当前遇到的主要问题，就是地方公安机关大量承接了中央事务或者中央委托事项，而中央又没有配套落实有关经费，造成地方不堪重负。因此，解决上述问题的根本出路，也就是如何落实《人民警察法》（1995年）第 27 条规定，主张"划定中央事权、中央委托事权、中央和地方共同事权、地方事权的要求。合理划分公安部与地方公安机关事权是划分好各级计委、建委、财政分级负担的公安经费项目的重要基础"。④

但是，答案会是这么简单吗？在笔者看来，这一研究进路恐怕是受到中央与地方事权划分的研究影响。长期以来，中央与地方事权划分的研究都是"寄寓在财政分配的背景下进行的"，"体现出浓厚的'财政色彩'"。⑤ 然而，从近年来社会学、经济学一些研究成果看，中央与地方之间的良性互动，不仅是财政分配的合理化，关键还是如何发挥"两个积极性"，找到一个平衡点，既保证中央的上令下行、政令畅通，又能够充分发挥地方的积极性，实现地方的良好治理。

在世纪之交，由于市场经济获得了合法性，中国政府将自己定位为市场的规制者和公共服务的提供者。如今，有关中央与地方关系的讨论转向了各级政府在公共服务提供方面的责任划分。⑥ 公安机关的条块体制运行过程中遇到的诸多问题，恐怕不是财政分配不合理那么简单，还有更加复杂的原因。对于这些成因，近期社会学、经济学对央地关系的研究成果，如行政分包制、权威体制与地方治

---

① 程小白：《公安事权划分：全面深化公安改革的"扭结"》，载于《江西警察学院学报》2015 年第 2 期。
② 洪巨平：《关于公安事权划分的思考》，载于《浙江公安高等专科学校学报》2003 年第 8 期。
③ 程小白：《公安事权划分：全面深化公安改革的"扭结"》，载于《江西警察学院学报》2015 年第 3 期。
④ 陈达元：《对公安机关事权划分及经费保障探讨》，载于《中国人民公安大学学报》（社会科学版）1996 年第 2 期。
⑤ 郑毅：《中央与地方事权划分基础三题——内涵、理论与原则》，载于《云南大学学报》2011 年第 4 期。
⑥ 李芝兰，刘承礼译：《当代中国的中央和地方关系：趋势、过程及其对政策执行的影响》，载于《国外理论动态》2013 年第 4 期。

理的矛盾分析等,都能够提供很有说服力的分析工具。

但是,社会学、经济学的研究结论之一是认为,因应中央一体政策和地方特殊需要、中央权威体制和地方治理能力之间矛盾的主要对策,表现为运动式治理、地方"共谋"等"非正式制度"方式,以暂时实现中央与地方互动关系的平衡,在"名"与"实"之间各得其所、各安其分。然而,近年来不断加强的法治建设,"意味着压缩非正式制度的运行空间"。① 在他们看来,法治建设似乎打破了已形成的均衡状态,让以往的因应手段不再有效。

其实,在笔者看来,现代意义的警察权无疑是指组织法意义上的公安机关的权力。与中央和地方的分权一样,警察权的划分也是"以事务的性质为标准"。② 公安机关在处理中央事务、地方事务以及中央与地方共同事务方面的能力,不仅受到支出责任分配的影响,更取决于立法授权。当下,立法对地方公安机关的授权不足,是使得有效治理窒碍难行的重要原因。要有效地实施地方治理,地方立法的空间大小与创制能力变得至关重要。因此,影响地方治理能力不是法治的进程,而是没有在立法上划清中央与地方的事权,没有为地方治理留下足够的法律空间与手段。只要明确地方公安事权,采取恰当的立法技术,便能够在立法权限上释放出更大的空间,有助于更好地回应地方诉求,提升公众对公安机关的满意度,进而促进法治公安的建设。这就是本书的基本立场与学术贡献。

因此,在本章中,首先,笔者将借助社会学、经济学已有的成果,对当下由于公安事权划分不清,对条块体制运行产生的问题做更为深入的分析。其次,笔者将从警察基本法与组织法中,并结合已有研究,梳理中央与地方事权的划分标准。然后,笔者将从中央与地方的警察权划分角度,进一步探讨地方立法权的空间,以及在法治统一的目标下,应当采取哪些基本的立法技术。最后,为了更直观地说明,笔者将以《中华人民共和国道路交通安全法》(以下简称《道路交通安全法》)在地方的实施,以及未来的修改为个案,透视警察权在道路交通领域如何进行中央与地方划分,如何妥善协调全国统一与因地制宜,尤其是立法上的处理技术。

---

① 周雪光:《从"黄宗羲定律"到帝国的逻辑:中国国家治理逻辑的历史线索》,载于《开放时代》2014年第4期。

② 潘小娟主张,"依据行政管理科学的基本原理,在划分中央政府与地方政府以及地方各级政府的权限时,首先应界定中央及地方各级政府在国家行政体系中的地位和作用,依此确定各自的核心任务领域,进而配备相应的职权。在配备职权时应遵循业务同类和职责权相称原则,尽可能将职权作整体划分,即中央政府与地方政府以及地方各级政府之间的权限,应尽可能地整体加以区分,改变以往那种对等分配、总量分割的划分方式,使它们各自有相对专门的管辖领域,并在各自的管辖范围内拥有全部的权力"。参见潘小娟:《中央与地方关系的若干思考》,载于《政治学研究》1997年第3期。但是,这个方案在警察法上估计不适用,因为警察制度更偏向中央集权的特征。

还必须说明的是，在以往的研究中，事权有着不同含义，在财政学上，一般是指"职责、任务或职能"，或者说，"政府的财政支出责任"。[①] 在法学上，多关注权力，有的指"职权"[②]，或者"行政管理权"[③]，以及广狭意义上的事权[④]。本书探讨的警察权是指形式意义上的或者组织法意义上的，其含义包括职责与权限两个维度，所以，中央与地方的划分不仅包括公安机关职责或事项，也涉及相应的权限。这些也会牵扯到立法上的分权，尤其是地方立法的空间。因此，本书探讨的警察权划分是中义的，包括立法与行政，是混合形态的，兼具职责与权限。

第二节　对法规范的梳理与评价

在单一制和中央集权之下，警察权在中央与地方之间的划分原则应当主要体现在法律、行政法规之中。《人民警察法》（2012年修订）是有关警察的基本法，《公安机关组织管理条例》（2006年）是一般组织法，不可能不涉及有关划分规定。在《中华人民共和国消防法》（2008年修订）、《道路交通安全法》（2011年修订）等法律之中，也应该有具体的规定。当然，上述中央立法也必须遵循《中华人民共和国立法法》（2015年修订）第八条、第九条对中央专属立法权的规定。

但是，从以下法律规范的梳理过程中，发现有关规定不很清晰，明示与暗示间杂，以特定的表述方式与关键词汇为标准的耙剔，尽管一鳞一爪，梳理不全，也不免争执，笔者想还是能够大致分梳出具体的中央和地方事权。

---

① 事权一般指的是一级政府在公共事务或服务中应承担的任务和职责，或者简单地说，就是政府的财政支出责任。参见黄韬：《中央与地方事权分配机制——历史、现状及法治化路径》，格致出版社、上海人民出版社2015年版，第6页。政府事权是指政府的职责或职能，政府提供的公共服务，换一个角度讲指政府的支出责任。参见张震华：《关于中央与地方事权划分的几点思考》，载于《海南人大》2008年第7期。

② 事权即职权，是处理事情的权力，包括国家事权、政府事权和财政事权三个部分。参见谭建立主编：《中央与地方财权事权关系研究》，中国财政经济出版社2010年版，第6页。转引自郑毅：《中央与地方事权划分基础三题——内涵、理论与原则》，载于《云南大学学报》2011年第4期。

③ 事权是对公共事务的行政管理权，即政府依法管辖某一领域公共事务并负责组织、实施的权力。参见朱丘祥：《从行政分权到法律分权——转型时期调整垂直管理机关与地方政府关系的法治对策研究》，中国政法大学出版社2013年版，第42页。

④ 广义上的事权包括立法事权、行政事权和司法事权，狭义的事权仅指政府事权。参见郑毅：《中央与地方事权划分基础三题——内涵、理论与原则》，载于《云南大学学报》2011年第4期。

一、《人民警察法》

《人民警察法》（2012 年修订）之中明确要求分工实施的事项有两条，一个是第六条，对于十四项警察职责，要"按照职责分工"履行，但是，没有对十四项职责的归属做进一步区分。另一个是第三十七条，"国家保障人民警察的经费。人民警察的经费，按照事权划分的原则，分别列入中央和地方的财政预算"。

属于中央事权的规定，大致有以下几种表述，第一，"由公安部统一监制"，如"人民警察的警用标志、制式服装和警械"（第三十六条）。第二，"国家统一规定"，如第二十四条（组织机构设置和职务序列）、第二十九条（教育培训）、第三十条（服务年限）规定的主体都是国家。第三，尽管没有采用上述表述，但是，从内容上看，属于警察的基本制度，必须遐迩一体、率宾归王，如警衔（第二十五条）、担任警察条件（第二十六条）、录用原则（第二十七条）、领导职务的任职条件（第二十八条）、督察（第四十七条）等。

属于地方事权的规定，一般明确规定"县级以上人民政府公安机关""各级人民政府"负责实施。如第十五条规定的交通管制，以及第三十八条规定的基础设施建设。

属于中央与地方分享的事项，在中央统一规定下，地方可以做一定的补充，如奖励（第三十一条）、工资待遇（第四十条）、抚恤（第四十一条）都属于给付行政，中央宜规定最低标准与事项，允许地方根据财政实际情况提高标准、增添事项。又如，警察的权限（第七条至第十四条、第十六条），根据《公安机关办理行政案件程序规定》（2012 年）、《公安机关办理刑事案件程序规定》（2012 年）关于管辖的规定，除了一般管辖和特殊管辖之外，上级公安机关"认为有必要的"，可以直接办理下级公安机关管辖的案件。因此，在办理行政或者刑事案件时，允许各级公安机关依法使用有关的警察权限。

二、《公安机关组织管理条例》

《公安机关组织管理条例》（2006 年）通过以下几种表述进一步明确中央事权，一是"按照符合国家规定""符合国家规定"，有关规定的内容应当属于中央事权，包括：警务技术职务的设置（第十三条）、任职资格条件（第十六条）、工资待遇（第三十五条）、保险（第三十六条）、抚恤和优待（第三十七条）、工时制度和休假制度（第三十八条）、退休（第三十九条、第四十条）。二是"由国务院另行规定"，如职务与级别的对应关系（第十五条）。三是国家行政编制，包括第十九条、第二十条、第二十一条。四是国家荣誉，如"拟以国务院名义授予荣誉称号的"（第三十四条）。五是需要全国统一的制度，如考试录用（第二十四条）、处分（第三十三条）、申诉（第三十四条）。

属于地方事权的，通常规定为地方公安机关的权限，如警官职务的设置（第十一条）、任免（第十八条）。

按照"国家规定"或者经过上级批准，分级实施，属于共同事权。

三、初步评价

从上述或许不算精确的梳理中，我们不难发现：

（一）从法规范梳理看，中央事权居多且较为明确，地方事权十分有限

尽管社会秩序的维护、危害的防止基本上依赖地方公安机关去实施执行，但是，在基本制度上却需要全国整齐划一，统筹设计。自清末警政革新以来，尤其是新中国成立之后，警察作为一个纪律部队，统一的警政制度建设一直是我国孜孜不倦的追求目标。在中央与地方事权划分中，全国统一是基本取向。上述法律规范也基本反映出这种趣味，具有浓厚的中央集权色彩。

（二）原则上是存在着中央事权、地方事权和共同事权的划分，但又晦而不彰，存在着大量灰色地带

如《人民警察法》（2012 年修订）第六条胪列了人民警察的各项职责，其中的"职责分工"究竟是指公安机关内部的警种划分，还是中央与地方公安机关的事权划分，不甚明了。《公安机关组织管理条例》（2006 年）却又完全避而不答。对于上述第六条"（三）维护交通安全和交通秩序，处理交通事故；"《道路交通安全法》（2011 年修订）第五条第一款明确为交警职责，但在中央与地方如何"职责分工"，却语焉不详。对于《道路交通安全法》（2011 年修订）第五章"交通事故处理"第七十条至第七十七条，究竟规定的是中央事权还是地方事权？其实不很清楚。这意味着，只要中央愿意，就可以主导和管理这些地带。由于公安机关上下级的"职责同构化"，公安部对地方公安机关也有较大的干预权。

第三节　对条块体制的影响

从已有研究看，公安管理体制，也简称公安体制，涉及公安机关机构设置、组织领导制度和工作运行机制、管理权限划分等内容，① 基本内涵是警察权"在公安组织之间的制度化配置而形成的稳定关系"，包括公安机关上下级之间的"指挥隶属关系"，以及公安机关之间因分工而形成的"协作配合关系"。② 通常将这种关系高度浓缩地表述为，"统一领导、分级管理、条块结合、以块为主"。

但是，这个提纲挈领的表述中，"统一领导""以块为主"是描述领导关系，彼此又有冲突。"分级管理"在阐述上多与"以块为主"趋同，指领导归属，对于公安机关，同级"党委政府都有业务决策权、人事管理权和经费分配权"。③但是，在笔者看来，第一，"分级管理""条块结合、以块为主"应当暗含着分工，却没有说清楚中央与地方、上级与下级存在着怎样的事权划分。第二，公安管理体制也把中央与地方"两个积极性"都包容进去了，但却充满矛盾，当"统一领导"与"以块为主"发生冲突时，以谁优先，并不清楚。

从法律上看，《人民警察法》（1995年）没有采用警察权概念，对于学术上广泛使用的警察权，是从公安机关职责和权限两个维度去解构的。其中第六条，胪列了十四项警察职责，并提出要"按照职责分工"，但是，在《人民警察法》（1995年）、《公安机关组织管理条例》（2006年）等法律、法规和规章之中，都没有对上述职责的归属做进一步区分。《人民警察法》（1995年）第七条至第十七条规定的公安机关权限，也没有区分行使主体，不存在中央或地方公安机关的专属权力。倒像是在公安部、公安厅、市县公安局以及公安分局之间，不区分警察职责权限、管辖事项，只不过是像"行政发包制"理论所阐述的那样，是统一事项、统一任务层层外包而已。④

---

① 张明：《新中国公安管理体制变迁研究综述》，载于《湖北警官学院学报》2015年第3期。
② 赵炜：《公安机关体制改革论纲》，载于《中国人民公安大学学报（社会科学版）》2014年第6期。对公安体制的表述略有不同，熊一新认为，"公安体制是指公安机关在机构设置、领导隶属关系和管理权限划分等方面的体系、制度、方法。形式等的总称"。参见熊一新：《关于全面深化公安改革若干问题的思考》，载于《中国人民公安大学学报》（社会科学版）2015年第6期。王基锋认为，"公安管理体制指的是公安机关内部各层次、各部门之间责权关系的制度化，具体包括领导体制、内部组织结构以及权责划分三大方面"。参见王基锋：《公安管理体制改革的若干探讨》，载于《公安研究》2009年第1期。
③ 赵炜：《公安机关体制改革论纲》，载于《中国人民公安大学学报》（社会科学版）2014年第6期。
④ 周黎安：《行政发包制》，载于《社会》2014年第6期。

这与当前中央与地方国家机构职权划分如出一辙，简直就是一个缩影。现行宪法第三条第一款、第四款规定也是宣示性的，"中华人民共和国的国家机构实行民主集中制的原则"，"中央和地方的国家机构职权的划分，遵循在中央的统一领导下，充分发挥地方的主动性、积极性的原则"。从已有的研究看，对上述第三条第一款、第四款规定的解读，一般认为，中央与地方国家机构的职权划分仍然处于非制度化状态，需要双方在实际运作中具体博弈平衡。

同样，从组织法上看，《中华人民共和国地方各级人民代表大会和地方各级人民政府组织法》（2015年修订）等有关法律尽管对中央政府与地方政府之间职责权限做出了划分，但是，仍然被批评为"不科学、不合理"。"没有对中央政府和地方政府各自的职责范围作出有明确区分的规定"。"职权的划分不是以分工式为主，而是以总量分割式为主"。"除外交、国防等少数专属中央的权限外，法律赋予中央政府与地方政府的权限几乎是一致的、对等的，地方政府拥有的权限可以说是中央政府的翻版"。[①]"使得中央政府与地方政府的关系缺乏稳定性和连续性，对它的调整带有较大的随意性和不规范的行为，造成中央政府与地方政府互相掣肘、互相侵权现象较为普遍"。[②]

本书讨论的前提就是建立在上述基本判断之上，也就是当下，警察权在中央与地方之间的划分不甚清晰，仍处于在互动过程之中随机调整的非制度化状态。本书在勾勒公安管理体制的历史沿革之后，分别从"统一领导"和"以块为主"两个方面去观察、分析实践运行的基本方式与表现，发现实际运转是杂乱的，无论条块，都并存着干预过度与能力不足。而且，总体的运转方向会趋向中央集权，尤其是对地方乱象的治理，解决问题的基本思路往往是权力上收。但是，在这个过程中，一方面，地方治理的能力被忽略了；另一方面，加强"条"上的领导，也有着不少问题。因此，必须明确警察权在中央与地方之间的划分，对条块体制做法治化构造。只有在事权划分的格局上，才能实现公安机关上下级之间的良性互动。

一、历史沿革

新中国成立之后逐渐形成的"统一领导、分级管理、条块结合、以块为主"的公安机关管理体制，源自战争年代，是对根据地公安工作经验的总结，"定型

[①] 潘小娟：《中央与地方关系的若干思考》，载于《政治学研究》1997年第3期。
[②] 金太军：《当代中国中央政府与地方政府关系现状及对策》，载于《中国行政管理》1999年第7期。

于计划经济时代"。① 延续迄今。

在革命战争时期,根据地之间、根据地与中央之间联系不便,多是各自为战,地方上的治安、司法事务亦当便宜从事、当机立断,在财政上也是自力更生、自给自足,强调"以块为主",这也十分自然而合理。中央、上级的"统一领导"多体现在思想、政策与组织上,对具体事项干预不多。根据地的经验对后来公安管理体制的形成产生了深刻的影响。

新中国成立之后,在计划经济体制下,由于严格的户籍制度和独特的单位制度,限制了人口在城乡之间、地区之间、单位之间的随意流动,而且,强调阶级斗争和思想改造的政治运动,以及群众路线上形成的群防群治,构建起来一个以单位治理为重点的颇为有效的治安模式。所以,秩序的维护、危害的防止、违法犯罪的打击,很大程度上都可以依靠单位、地方解决,"以块为主"基本上还是适用当时的社会需要。"以块为主、条块结合"之中的笼统矛盾,也没有引发太大的问题。"这种公安管理体制适应计划经济时期高度集中、静态封闭、低犯罪率的社会治安状况"。②

但是,改革开放之后,特别是随着市场经济的发展、人口流动的频繁,以及由此引发的跨地区流动作案的加剧,上述体制之中的事权不清,也就是在中央与地方之间,权力和责任的划分变动不居,可以随时随地上收或下放,甚至权力上收、责任下放,这种状态便暴露出了诸多不适应。对于上述体制在运行中表现出的问题,一些研究公安管理体制的文献中都做了大致相同的现象描述,③ 但是,对产生原因,却缺乏深入的理论分析。近年来,一些经济学、管理学和社会学的学者也加入了对中央与地方关系的深入研究。其中,周黎安的"行政发包制"、周雪光的"威权体制与有效治理"最值得关注,为我们提供了深层次的理论分析工具。④

---

① 程小白、章剑:《事权划分——公安改革的关键点》,载于《中国人民公安大学学报》(社会科学版)2015年第5期。还有一种观点认为,新中国成立前,"警察(公安)体制主要是学习借鉴了苏联'契卡'(肃反委员会)的经验,实行'垂直领导'"。之后,经过"中国化的改造和改革",开始实行"条块结合、以块为主"的管理体制。参见赵炜:《公安机关体制改革论纲》,载于《中国人民公安大学学报》(社会科学版)2014年第6期。

② 王基锋:《公安管理体制改革的若干探讨》,载于《公安研究》2009年第1期。

③ 如万长松:《现行公安体制存在的几个问题》,载于《公安大学学报》1999年第2期。

④ 周黎安:《行政发包制》,载于《社会》2014年第6期。周黎安:《再论行政发包制——对评论人的回应》,载于《社会》2014年第6期。周雪光:《行政发包制与帝国逻辑——周黎安〈行政发包制〉读后感》,载于《社会》2014年第6期。周雪光:《威权体制与有效治理——当代中国国家治理的制度逻辑》,载于《开放时代》2011年第10期。周雪光:《运动型治理机制——中国国家治理的制度逻辑思考》,载于《开放时代》2012年第9期。周雪光:《从"黄宗羲定律"到帝国的逻辑——中国国家治理的历史线索》,载于《开放时代》2014年第10期。

二、"以块为主"

地方公安机关在人事、资源与工作上高度依赖地方政府,公安工作绝大多数属于地方事权或者中央与地方的共同事权,需要由地方政府和党委统筹领导,各工作部门协调配合,"以块为主"是很明显的,也与权力一元化[①]、公安事权的基本属性相契合。如疏导城市交通拥堵,需要合理规划、建管结合,在地方政府的统筹下实行综合治理。但是,"以块为主"在实际运行中又存在着过度干预与能力不足的问题。

首先,权力一元化和"以块为主"又进一步强化了公安机关对地方政府和党委的依附,不得违拗地方党委和政府的指示命令。近年来,公安机关大量卷入拆迁征地、维稳等工作,从事非警务活动比较突出,为保护地方利益,不当干预经济活动等问题也时有发生。"个别地方党政领导出于本地区、本部门利益得失的考虑干扰公安执法工作,致使办人情案、关系案现象时有发生"。[②] 出现这些乱象也就很好理解了。一旦地方政府要求警察机关协助开展某些不利于群众利益并且超越警察权限的工作时,警察机关就处于或者违反法律规定,或者违抗地方政府指示的两难境地。

为避免地方对公安工作的不当干预,就需要引入上级政府对下级政府的纵向控制。[③] 公安机关局长的任命,必须征得上一级公安机关的同意,就是加强对地方主义控制的一个重要手段,[④] 也是公安工作强化"纵向问责机制"、趋向"委托—代理"模式的一种表征。因为"如果中央能够有效地控制地方官员的晋升的话,中央政府不会持续地抱怨地方官员不遵从中央的命令,地方主义也不会具有威胁性"。[⑤] 而且,"正如'分权化威权主义'所指出的那样,垄断的人事权赋予了高层政府在地方层面落实自身意愿的强控制力,高层政府的介入能够更快、更

[①] 曹正汉、薛斌锋、周杰观察到,地方存在着权力一元化的现象,这是"中央集权所派生的结果","是通过地方党委统一领导来实现的"。"地方政府在实际的权力运作过程中,有意消解权力的分立和制衡排斥横向制约,强化了地区权力的一元化"。参见曹正汉、薛斌锋、周杰:《中国地方分权的政治约束——基于地铁项目审批制度的论证》,载于《社会学研究》2014 年第 3 期。

[②] 王基锋:《公安管理体制改革的若干探讨》,载于《公安研究》2009 年第 1 期。

[③] 转引自曹正汉、薛斌锋、周杰:《中国地方分权的政治约束——基于地铁项目审批制度的论证》,载于《社会学研究》2014 年第 3 期。

[④] 赵炜建议,"领导班子的人员都必须跨区域或跨部门交流"。参见赵炜:《公安机关体制改革论纲》,载于《中国人民公安大学学报》(社会科学版)2014 年第 6 期。

[⑤] 李芝兰著,刘承礼译:《当代中国的中央和地方关系:趋势、过程及其对政策执行的影响》,载于《国外理论动态》2013 年第 4 期。

有效地纠正地方政府行为"。①

其次，随着市场经济的发展，人员流动加剧，"交通、通讯的大发展以及互联网的普及"，公安工作面临的一些新形势对"以块为主"的体制提出了挑战。如"犯罪呈现一种全国化乃至全球化的态势，网络指挥、远程犯罪、长途奔袭、高速移动的特点明显"，需要通过全国统一的调度指挥，加强跨区域的公安机关之间协作。又如，地方发生恐怖事件、群体性事件等紧急突发事件，"当地公安机关在第一时间首先要上报当地党委政府，是否在第一时间向上级公安机关报告取决于当地党委政府的意愿。等到上级公安机关基本掌握情况后，往往错失良机"。② 在这些问题的处置上，"以块为主"的体制显然捉襟见肘、弊端丛生，造成了"警令不畅""警力难以形成整体合力"。③ 在国家治理的逻辑上，这种态势又很自然地趋向于一体政策、权力上收。

最后，地方政府承担了主要的行政事务和行政责任。④《人民警察法》(1995年)第六条规定的人民警察十四项职责，由于没有进一步明确"职责分工"的方式，在执法下沉的趋势下，一般都需要地方公安机关具体执行。因此，地方政府，包括地方公安机关，是政府职能的实际履行者。然而，与此同时，决策权、监督权以及立法权又趋向中央集权。如《中华人民共和国行政处罚法》(1996年)、《中华人民共和国行政许可法》(2004年)、《中华人民共和国行政强制法》(2011年)对地方性法规设定权做了严格的限制，毫无疑问，这是采取了传统的中央集权的解决思路，通过权力上收治理地方滥设问题。但是，随之而来的是，地方性法规的创制性规定也缺少相应的有效执法手段，地方政府和公安机关"并未获得充分的地区治理权"。⑤

从社会学、政治学的研究看，在以往中央与地方的互动过程中，解决一统体制与地方治理能力之间的矛盾主要是通过地方的变通等非正式方式，也称为"地方的共谋现象"。如在城市交通拥堵的治理中，地方性法规不时要求突破《道路

---

① 郁建兴、高翔:《地方发展型政府的行为逻辑与制度基础》，载于《中国社会科学》2012年第5期。

② 赵炜:《公安机关体制改革论纲》，载于《中国人民公安大学学报》(社会科学版) 2014年第6期。

③ 尤小文:《直面公安体制改革四大问题》，载于《人民公安》2003年第21期。彭贵才:《论我国警察权行使的法律规制》，载于《当代法学》2009年第4期。

④ 从国家财政支出结构来看，中央财政支出主要集中在外交、国防两个项目，地方财政成为履行政府对内职能的主要支出者，2010年地方政府在农林水事务、环境保护、医疗卫生、城乡社区事务，以及社会保障和就业等方面的支出比重甚至超过95%。参见郁建兴、高翔:《地方发展型政府的行为逻辑与制度基础》，载于《中国社会科学》2012年第5期。

⑤ 曹正汉、薛斌锋、周杰:《中国地方分权的政治约束——基于地铁项目审批制度的论证》，载于《社会学研究》2014年第3期。

交通安全法》（2003 年）、《中华人民共和国行政处罚法》（1996 年）、《中华人民共和国行政许可法》（2004 年）和《中华人民共和国行政强制法》（2011 年）等限制。以往，对于地方立法的诉求，全国人民代表大会常务委员会法制工作委员会和省级人大常委会有时采取默许方式。但是，随着法治建设的不断完善，这种非正式方式的运作空间受到了极大的挤压。例如，对上海市车牌号拍卖的合法性争议，不绝于耳。① 对深圳市交通治理的新规，也质疑不断。②

　　周雪光生动地描绘出了这样的窘境，"随着信息技术、公民权利意识的发展，政府的非正式行为——落实政策中的粗暴行为、妥协让步、私下交易、共谋掩盖——难以隐蔽实施。这些非正式行为一旦通过社会媒介公布于众，就会形成巨大社会压力，迫使上级政府做出反应，使得正式与非正式在治理过程中互为调节转换的空间大为压缩。社会发展的大趋势推动着政府行为走向正式化、标准化。但在相应的制度安排缺失的条件下，官僚体制的正式化、标准化又与各地情况的多样化产生了更大张力，使得一统体制与有效治理间的矛盾难以在官僚层级间微妙隐蔽的非正式过程中得到缓和消解，迫使中央政府自上而下的卷入和干涉，对整个体制产生大的震荡，诱发新的危机"。③

　　正如经济学、社会学、政治学学者发现的那样，地方的非正式方式有些是合理的，有些是不合理的。法律学者应当关心的是，为什么那些合理的、行之有效的非正式方式不能法治化？沿着这样的思考路径，我们不难发现，地方立法的空间一直是狭窄的，即便是《中华人民共和国立法法》（2015 年修订）第七十二条普遍授予了设区的市的地方立法权，"可以对城乡建设与管理、环境保护、历史文化保护等方面的事项制定地方性法规"，但是，一旦从事具体立法，便会发现中央立法无处不在，那么，如何把握"不同宪法、法律、行政法规和本省、自治区的地方性法规相抵触"呢？例如，在《道路交通安全法》规范体系之中，为地方立法找寻电动自行车、老年代步车、残疾人车辆的治理空间，便会顿感困惑与局促。

　　从上述分析看，在以往的经验中，一旦地方治理出现乱象，中央往往倾向权力上收，随之而来的是，地方治理的能力被削弱了，使得地方性法规无法有效回应地方事务的治理。退一步说，我们把弱化地方治理能力视为一种必须付出的代价，那么，加强中央集权，实行更强有力的"统一领导"，能够解决地方面临的

---

　　① 《上海拍卖车牌是否合法再起争议》，民主与法制网，http：//www.mzyfz.com/index.php/cms/item‐view‐id‐34961？verified＝1，2017 年 12 月 10 日。
　　② 陈太荣：《律师与交警交锋，深圳交通处罚是否合理》，http：//www.360che.com/law/151104/47349.html，2017 年 12 月 10 日。
　　③ 周雪光：《从'黄宗羲定律'到帝国的逻辑：中国国家治理逻辑的历史线索》，载于《开放时代》2014 年第 4 期。

治理乱象吗？加强自上而下的"统一领导"本身又会有着怎样的问题呢？

三、"统一领导"

毫无疑问，"条块结合、以块为主"是嵌生在中央集权的框架之内。当代社会的中央集权是与自秦汉以来形成的中央集权主义一脉相承的。清末开启的警政现代化建设，致力于统一的警察制度，北洋政府时期、民国时期却因连连战争未能如愿，新中国成立之后，"只用了约一年的时间，就在全国建立起统一的人民公安体制"。① 从中央到地方，从省、自治区、直辖市到市县，建立了上下严格隶属领导关系的各级公安机关，基本上职责同构。

从根本上讲，"统一领导"是为了保证中央的权威，做到政令通畅，步调一致。具体而言，"公安工作的主要法律法规由中央制定，公安工作的方针政策由中央确立，公安机关的管理制度由中央制定，公安工作的重大行动由中央决策部署"。② 从已有研究，以及笔者对实践的观察看，"统一领导"在公安工作中是一个基本趋向。警察队伍具有准纪律部队性质，拥有其他行政机关不具有的强制、技术手段，甚至武力。加强"统一领导"，下级服从上级，地方服从中央，对于维护国内安宁、打击违法犯罪、防止国家分裂，意义重大。公安系统浓厚的"政治教化的仪式化"，③ 通过不断的政治学习和思想统一，又使得"统一领导"易于实现。但是，不区分中央与地方事权的"统一领导"，在实际运行中又产生了一些问题。

第一，中央集权和威权体制的影响，不像周雪光表述的那样笼统，是通过"一个严密有序的科层制组织制度贯彻自上而下的行政命令和政策意图，从而确保不同属地与中央政府的步调一致"，④ 而是更进一步，从公安部、公安厅到公安局，在内部机构的安排上，往往采取对口设置。一种解释认为，这"是与公安机关相当部分事权属于央地共同事权之故"。⑤ 这种解释失之单薄。还有一种解

---

① 朱旭东、于子建：《新中国警察制度现代化进程述评》，载于《中国人民公安大学学报》（社会科学版）2011 年第 4 期。

② 赵炜：《公安机关体制改革论纲》，载于《中国人民公安大学学报》（社会科学版）2014 年第 6 期。

③ 关于"政治教化的仪式化"，参见周雪光：《中国国家治理的制度逻辑——一个组织学研究》，生活·读者·新知三联书店 2017 年版，第 34~37 页。

④ 周雪光：《威权体制与有效治理：当代中国国家治理的制度逻辑》，载于《开放时代》2010 年第 10 期。

⑤ 石启飞：《浅议公安机关中央事权与地方事权划分、警种、部门设置》，载于《政法学刊》2015 年第 6 期。

释认为,这是"职责同构","在政府间关系中,不同层级的政府在纵向职能、职责和机构设置上的高度统一、一致"。① 在笔者看来,这更是为了适应中央集权的要求。中央集权注重一统体制的推行,并通过激励机制、考核、检查与问责等方式督促地方不折不扣地落实。这需要组织机构的对口衔接,保持上令下达的畅通管道。

对口设置往往会被上级认为是对相应工作重视的姿态。"点对点"的回应如果在地方断了,就会被视为不重视相应的上级工作,在检查考评中就可能被"亮黄牌"。但是,首先,对口设置越到基层,越容易导致机构泛滥、人浮于事、互相推诿。② 其次,也束缚住地方公安机关在机构改革上的灵活性。最后,上级部门的每一个机构为了彰显自己的重要性,也热衷于不断布置各项任务,经常要求检查落实、上报执行情况。这也成为政出多门、基层不堪重负的源头。

2006年县级公安机关机构改革,开始解决与上级公安机关"上下一般粗"的机构设置模式,但只是为了契合县级公安机关的"实战特点和人员规模有限的实际情况"。③ 迄今,省区市与公安部的机构设置还没有根本触动。在笔者看来,公安机关的机构改革可以考虑依据中央事权、地方事权和央地共同事权的标准,承担中央事权的机构由公安部设置,负责地方事权的机构由地方公安机关决定,央地共同事权的可以对口设置。

第二,在中央集权的观念下,理论上讲,权力均是属于中央的,地方的权力不是来自传统的地方自治,从根本上来自中央的授权、放权与认可。实际运行的模式可以简单地概括为"中央出政策,地方对口执行"。"政策出台后,目标向下由各级政府逐级分解,由基层政府落实执行,形成了事权下移的局面"。④ 中央与地方更像是"委托—代理"关系,或者说,是一种行政外包制。这构成了中央与地方一般意义上的权力关系,以及运行的基本范式。

威权体制的核心是"一统的政策部署","一刀切"是"其制度逻辑所致"。但是,"统辖的内容越多越实,或治理的范围越大,资源和决策权越向上集中,那么,治理的负荷就会越沉重","其政策制定过程就越可能与各地具体情况相去

---

① 黄韬:《中央与地方事权分配机制——历史、现状及法治化路径》,格致出版社、上海人民出版社2015年版,第17页。
② 如吉林省县级公安机关除派出所外平均内设20多个部门,地市一级公安局内设机构有30多个,有的甚至更多一些。参见陈占旭:《关于深化公安管理体制的思考》,载于《公安研究》2003年第7期。
③ 赵炜:《公安机关体制改革论纲》,载于《中国人民公安大学学报》(社会科学版)2014年第6期。
④ 黄韬:《中央与地方事权分配机制——历史、现状及法治化路径》,格致出版社、上海人民出版社2015年版,总序第16页。

甚远"，"其有效治理的程度就会越低"。① 而且，不论一体控制制度在理论上有多少优点，它缺乏来自当地批判的激励，也不能很好地回应由其保护的人群的诉求（Whatever may be the theoretic advantages of such a system of unified control, it lacks the stimulus of local criticism and does not respond readily to the needs of the population it protects.）。②

公安部越是积极推动统一整治，越容易趋于治理目标的单一性、临时性，采取运动式的集中整治，表现为"一人生病、全家吃药"。同理，从省到市，上级公安机关越是加强统一领导，过多地布置各项任务，下级公安机关越疲于奔命、应接不暇，又不能不摆出认真对待、积极落实的姿态，有时却不免流于形式、应付了事。正如基础反映的，"集中统一的专项行动过多过滥，一竿子到底，一个标准考核排名，基层公安机关常年疲于应付，很少有自主空间"。③ 由于集中整治的问题不见得是地方上亟待解决的，在资源有限、警力不足的情况下，地方公安机关对当地急需解决的问题，无暇顾及，治理能力无疑就削弱了。

第三，从理论上讲，政府享有某一领域的事权，就同时应该配备相应的财权和财力，以财权、财力保证事权的实施。④ 经过 1994 年的分税制改革，中央与地方的财政关系发生重大变化，客观上形成了财力上收中央。但是，与此同时，并没有"对中央与地方之间的事权分配关系进行制度性安排"，依然保持原来的弹性灵活、相机授权的格局。然而，从中央到部委部署下达的"运动式治理"活动此起彼伏，各项指标、任务、项目都必须由基层来具体落实，事务向下转移的同时，经费却没有随之下拨落实，实际上变成了地方出钱出力，所以，"财力逐级上收和支出责任逐级下放导致的事权与财力不匹配的问题始终困扰着各级地方政府"。⑤

公安机关也不例外。2003 年 11 月第二十次全国公安会议以来，中央对公安保障体制也做了部分调整，包括：（1）建立中央公安转移支付制度，对地方公安机关的办案费和装备费进行必要的补助。（2）由国家发展和改革委员会立项建设公安业务用房。但是，仍然"没有建立在合理划分公安事权的基础上，没有使支出责任与公安事权直接挂钩"。⑥ 没有实现中央事权由中央财政负担，地方事权

---

① 周雪光：《威权体制与有效治理：当代中国国家治理的制度逻辑》，载于《开放时代》2010 年第 10 期。
② Edward Troup, Police Administration, Local and National, Police Journal, 1928（1）：6.
③ 金伯中：《进一步明晰公安机关中央事权和地方事权》，载于《人民公安》2013 年第 5 期。
④ 朱丘祥：《从行政分权到法律分权——转型时期调整垂直管理机关与地方政府关系的法治对策研究》，中国政法大学出版社 2013 年版，第 43 页。
⑤ 黄韬：《中央与地方事权分配机制》，格致出版社、上海人民出版社 2015 年版，第 2 页。
⑥ 赵炜：《公安机关体制改革论纲》，载于《中国人民公安大学学报》（社会科学版）2014 年第 6 期。

由地方财政承担，中央与地方共同事权按照各自比例分担或者由中央公安转移支付。

现行公安经费、装备保障主要取决于地方经济发展水平、财政状况和领导的重视程度。地区间经济发展差异导致公安财物保障水平差异甚大。① 而且，"地方政府支出责任的上升"，也意味着"公安领导权和事权过度集中于地方政府"②，由此产生的流弊很多，例如，"容易形成地方保护主义下的执法壁垒，损害国家利益和法制统一"。《中华人民共和国行政处罚法》规定的"收支两条线""禁止罚没款返还"难以落实。在一些经济不发达地区容易引发"三乱"、以罚代刑、以罚代处等现象，等等。③

第四，在警察法领域，还有一个很突出的问题，就是警察编制。新中国成立之后，公安编制就由中央政府直接管理④，并延续至今。根据《公安机关组织管理条例》（2006年）第十九条、第二十一条规定，"公安机关人民警察使用的国家行政编制，实行专项管理"，警察编制属于中央事权。因此，地方公安机关需要扩容，必须由国务院机构编制管理机关"征求公安部意见后进行审核，按照规定的权限和程序审批"。

但是，地方公安机关的警察规模实际上取决于当地治安状况、经济发展水平、公众对安全感的诉求程度等因素，在一定程度上也属于地方事权，不宜完全由中央垄断。否则，在地方治安压力之下，为快速解决警务人员不足，只能在正式制度之外采取非正式的方式，也就是警察之外引入辅警。这也是当前各地协警数量急剧增长，并不断从事警察执法活动，与公众发生激烈冲突的根源。

因此，必须引入中央编制与地方编制。对于地方公安机关承接的中央事权，有关警力和财政开支也应当由中央负担，这决定了地方公安机关的部分警察编制可以采用国家行政编制，"实行专项管理"。但是，对于地方治安事务的处理，这部分的警察编制应该由地方人大决定，并主要由地方财政负担。

四、初步的结论

当前警察权在中央与地方之间的划分还处于非制度化，或者说，法治化程度

---

① 陈占旭：《关于深化公安管理体制的思考》，载于《公安研究》2003年第7期。
② 程小白、章剑：《事权划分——公安改革的关键点》，载于《中国人民公安大学学报》（社会科学版）2015年第5期。
③ 王基锋：《公安管理体制改革的若干探讨》，载于《公安研究》2009年第1期。
④ 赵炜：《公安机关体制改革论纲》，载于《中国人民公安大学学报》（社会科学版）2014年第6期。

较低，一个重要表征就是上下级公安机关之间的职责分工不明确，游移变动，还处于根据上级意愿与实际需要随时调整、不断试错之中。可以说，当前公安体制的实际运行与上述社会学对央地关系的总体判断基本一致，只不过是中央与地方事权划分现状及问题的一个影像。

在中央集权的体制下，在建设统一警察制度的驱动之下，公安机关作为维护社会秩序、保障国内安宁的准纪律部队，在实际运作中有着纵向上不断统一行动、加强领导的趋向，"条"的关系变得愈发重要和清晰，"块"的关系即便重要，也退居其次。例如，尤小文根据当前犯罪的流动性、跨区域性不断增大的趋势，以及"以块为主"应对上的捉襟见肘，推导出刑事执法权，尤其是经济犯罪侦查权应当属于中央事权。[1] 但是，他却忽视了打击刑事犯罪首先必须依靠地方治理，包括预防和惩治，应当是中央与地方共同事权。赵炜甚至建议，"中央条管的力度正在不断加大"，"不宜再使用'条块结合、以块为主'的提法，只提'统一领导、分级管理'比较适宜"。[2]

这种趋势也可以从行政发包制理论获得解释。当统治风险增大（如政治危机、社会危机、地方政府行为偏离失控等情形），执政者的选择倾向于集权，即扩大、强化自上而下的正式权威，以便压缩、限制地方政府的剩余控制权。[3] 按照这种解释，如果在地方政府的干预下，公安机关提供的公共服务发生了偏离，例如，过多地涉足非警务活动，或者因为分权而频发腐败，如近年来，车管所易发腐败窝案，公安部、省公安厅便倾向于收权，降低统治风险。

这种互动的内在逻辑关系，正如周雪光描述的，是在中央与地方关系之中，长期存在着威权体制与有效治理之间的矛盾，集中表现在中央管辖权与地方治理权之间的紧张和不兼容。前者体现在中央政府自上而下推行其政策指令意图、在资源和人事安排上统辖各地的权力。后者是指政府在不同领域或属地管理中处理解决具体问题的可行性、有效性，尤其体现在基层政府解决实际问题的能力。这两者之间的深刻矛盾是，权威体制的集中程度越高，越刚性，必然以削弱地方治理权为代价，其有效治理的能力就会相应减弱。而地方政府治理权的增强，又常常表现为各行其是，偏离失控，对威权体制的中央核心产生威胁。[4] 这意味着在中央与地方的博弈互动过程中，地方的特殊性、治理的地方需求容易被弱化、忽

---

[1] 尤小文：《直面公安体制改革四大问题》，载于《人民公安》2003年第21期。

[2] 赵炜：《公安机关体制改革论纲》，载于《中国人民公安大学学报》（社会科学版）2014年第6期。

[3] 周雪光：《行政发包制与帝国逻辑——周黎安〈行政发包制〉读后感》，载于《社会》2014年第6期34卷。

[4] 周雪光：《威权体制与有效治理：当代中国国家治理的制度逻辑》，载于《开放时代》2010年第10期。

视。但是，中央不可能总览地方一切事务，权力上收也不是解决问题的根本出路。

这些研究，让我们深刻感觉到公安管理体制的问题只不过是央地关系的一个简版，上述社会学、政治学等学者提出的一些理论观点恰好能够用来解释公安事权划分以及条块关系上存在的问题。因此，在笔者看来，当前，条块体制运行中产生的问题，从很大程度上看，是源自警察权在中央与地方之间划分不清。我们迫切需要着手解决的问题，就是在这种不断趋向集权的走向之中，如何为地方治理留有足够的空间，赋予法律上的解决能力，能够积极调动和发挥地方积极性。因此，科学划分中央与地方公安机关的事权，并理顺领导关系，同时进行法治化建构，使得上下级公安机关在各自的职责范围内分工合作、良好互动，变得尤为重要。这又是另外一个很重要的研究课题。

第四节　事权的划分

清末警政实践之初，由湖南地方保卫局试水，自下而上，欲影响清朝政府，清政府的态度也是从反对、疑虑到首肯。1901 年清朝政府决定将警政作为一项新政推行，在中央设立巡警部，各省虽也"先后创行"，但"编制各殊，章程互异"。[①]

警政的推陈出新，很快引发了中央与地方关系的紧张。正如王先明、张海荣指出的，警察制度的推行本身就透露出国家权力向地方基层渗透的信息。警察制度一方面与原有的行政势力存在密切关联，另一方面又有一套自成一体的巡警运作系统，对于地方势力有一定的牵制力。它剥夺了地方精英的若干发言权，威胁到旧有乡绅在政治、经济和文化方面所拥有的某些特权，所以往往会激起他们的仇视和抵制。保定地区全省警务处为了便于管理曾在邱县重新划分区域，然而该县绅董不明权限，竟因此屡起争端，给警政推行制造阻力。[②]

从清末至民国，社会动荡，战乱连绵，国家没有实现实质统一，在警察权划分的经验上也乏善可陈。当时警察法理论在这方面的研究多引介西方，论述也不够深入。例如，胡承禄在介绍各国警察制度中，胪列了国家警察主义、自治警察主义和折中主义，认为，之所以"有中央集权、地方分权之别"，取决于国

[①] 陈水适主编：《清末民初我国警察制度现代化的历程（1901－1928）》，台湾商务印书馆 1984 年版，第 34～35 页。

[②] 王先明、张海荣：《论清末警察与直隶、京师等地的社会文化变迁——以〈大公报〉为中心的探讨》，载于《河北师范大学学报》（哲学社会科学版）2005 年第 28 期。

民性、国情和其他如山川气氛、风俗习惯等因素。① 黄遵宪对警察与地方自治有一定认识，他说："警察一局，为万政万事之根本。诚使官民合力，听民之筹费，许民之襄办，则地方自治之规模，隐喻于其中。而明智从此而开，民权以从此而伸。"②

新中国成立后，一直在摸索中央与地方的分权经验，认识到"中国是大国，人口众多，情况复杂。因此，分权管理比集权管理更好"。③ 要充分发挥中央与地方的"两个积极性"。这个经验高度地凝练在现行宪法第三条第一款、第四款规定之中，"中华人民共和国的国家机构实行民主集中制的原则""中央和地方的国家机构职权的划分，遵循在中央的统一领导下，充分发挥地方的主动性、积极性的原则"。该条款在阐释上具有极大的灵活性，或者说，不确定性。"民主集中制原则下形成的中央政府与地方政府关系，并非是一种完全制度化和法律化的关系，而主要是一种靠权力和信仰来维系的政治关系"。④ 所以，与其说它是职权划分的基本原则，不如说是一个政治号召。

一、一般理论的认识

从已有研究看，最早是由经济学家在 20 世纪 50 年代开始探讨地方分权，逐渐蔓延至政治学、法学。在经济学的语境中，中央与地方分权，是"通过权力合理的纵向配置，提高公共部门履行职责的质量和效率，从而最大限度地促进社会福利的增长"。⑤ 有关事权划分的理论极多，有"委托—代理"理论、公共产品层次性理论、博弈理论、市场经济理论、公共需要理论、制度变迁与体制创新理论、公平与效率理论、依法理财理论、政体—国体—国家结构理论、公共财政理论、民主集中制理论、功能最适理论、程序保障理论、特定机制和方法理论等 10 多种。⑥ 由于其中不少理论是针对财税分权的，对公安事权划分的意义不大，略去不说，仅择其重点，介绍几种。

---

① 胡承禄：《各国警察概要》，出版地不详，1931 年版，第 2~4 页。
② 黄遵宪：《人境庐诗草笺注》，上海古籍出版社 1981 年版，第 1110 页。
③ 苏力：《当代中国的中央与地方分权——重读毛泽东〈论十大关系〉第五节》，载于《中国社会科学》2004 年第 2 期。
④ 金太军：《当代中国中央政府与地方政府关系现状及对策》，载于《中国行政管理》1999 年第 7 期。
⑤ 冯洋：《论地方立法权的范围——地方分权理论与比较分析的双重视角》，载于《行政法学研究》2017 年第 2 期。
⑥ 郑毅：《中央与地方事权划分基础三题——内涵、理论与原则》，载于《云南大学学报》2011 年第 4 期。朱丘祥：《从行政分权到法律分权——转型时期调整垂直管理机关与地方政府关系的法治对策研究》，中国政法大学出版社 2013 年版，第 46~54 页。

(一)"以事务性质为划分标准"

"一般都以事务的性质为标准。凡属全国性的事务,即涉及国家整体利益的事务由中央国家机关决定。凡属地方的事务,即涉及本行政区域利益的事务由地方国家机关决定"。[①] 其实,追根溯源,《中国人民政治协商会议共同纲领》(1949年)就已有之。[②] 这是主流观点[③],对公安事权的划分影响极大。

(二)"重要程度"和"影响范围"标准

《中华人民共和国立法法》(2015年修订)第八条、第九条是按照"重要程度"将一些事项划为法律保留事项,属于中央立法权限。第六十四条和第七十三条第二款对地方立法权的规定,显然采取了"影响范围"标准。[④] 这两个标准实际上是对上述"以事务性质为划分标准"的进一步解构。

(三) 能力与效率标准,也称公共产品层次性理论

"需要由中央政府决策,只有中央政府才有能力承办的事务""由中央政府处理能达到行政效率最高的事务",属于中央事权,反之,则属于地方事权。[⑤] 这个观点实际上是对奥茨(Oates)分权定理的延伸阐述。奥茨主张从效率原则出发,为了提高公共产品的供给效率,地方性公共产品只要不存在规模经济效应,也就是由中央政府集中供给不能降低成本,其决策权和供给权都应归属地方政府。[⑥] 公共产品的划分有"二分法""三分法"之说,"二分法"就是分为全

[①] 潘小娟主张改进上述通说,应当"确定核心任务、职权整体划分"。"依据行政管理科学的基本原理,在划分中央政府与地方政府以及地方各级政府的权限时,首先应界定中央及地方各级政府在国家行政体系中的地位和作用,依此确定各自的核心任务领域,进而配备相应的职权。在配备职权时应遵循业务同类和职责相称原则,尽可能将职权做整体划分,即中央政府与地方政府以及地方各级政府之间的权限,应尽可能地整体加以区分,改变以往那种对等分配、总量分割的划分方式,使它们各自有相对专门的管辖领域,并在各自的管辖范围内拥有全部的权力"。参见潘小娟:《中央与地方关系的若干思考》,载于《政治学研究》1997年第3期。但是,这个方案在警察法上估计不适用,因为警察制度更偏向中央集权的特征。

[②] 《中国人民政治协商会议共同纲领》(1949年)第十六条规定:"中央人民政府与地方人民政府间职权的划分,应按照各项事务的性质,由中央人民政府委员会以法令加以规定,使之既利于国家统一,又利于因地制宜。"

[③] 潘小娟:《中央与地方关系的若干思考》,载于《政治学研究》1997年第3期。

[④] 孙波:《论地方专属立法权》,载于《当代法学》2008年第2期。

[⑤] 谢旭人:《关于中央与地方事权划分若干问题的思考》,载于《财政研究》1995年第1期。

[⑥] 转引自曹正汉、薛斌锋、周杰:《中国地方分权的政治约束——基于地铁项目审批制度的论证》,载于《社会学研究》2014年第3期。

国性和地方性,"三分法"包括全国性、准全国性和地方性。①

(四)"全国统一"还是"因地制宜"标准

这是接续孙中山先生的均权理论发展而来的事务本质理论。孙中山的均权理论认为,"权之分配,不当以中央或地方为对象,而当以权的性质为对象。权之宜归于中央者,属之中央者也;权之宜归于地方者,属之地方可也"。"事之非举国一致不可者,以其权属于中央;事之应因地制宜者,以其权属于地方"。② 事务本质理论进一步提出了具体判断标准,"一是依利益所及之范围,如果兴办某事务所产生的利益及于全国则属于中央事务,如仅及于一区域的人民,则归地方事务;二是事务所延及的地域范围大小,如涉及全国范围则属于中央事务,如仅限于某一地方区域,则属于地方事务;三是依事务的整齐一律性,如事务在性质上须在全国范围整齐一致者,则属于中央事务,如允许依特性自由发展者,则归之于地方;四是依完成某事务所需之能力,如事务之兴办须集合巨大的人力、财力及高度的技术者。则归之于中央事务,如在人力、财力、技术等方面没有特殊要求者,则归之于地方事务"。③

尽管事务本质理论还存在四个要素之间"是否能够排序和如何定序"的致命难题,其中的"整齐一致性""在很大程度上带有主观性,属于一种政治性决断,取决于占主导地位的政治价值观",④ 但在笔者看来,却是最有价值的。它实际上是对上述主流通说的解释性构建,提出了更具体的标准,上述第1、2、3学说都可以涵射其中。

二、来自公安系统的研究建议

从公安系统从事实践与理论研究的同志发表的论文看,其实都是围绕着《人民警察法》(2012年修订)第六条胪列的各项职责,阐述在中央与地方之间的划分,大致有"二分法"与"三分法",但是,他们都没有阐述划分的依据,可能

---

① 郑毅:《中央与地方事权划分基础三题——内涵、理论与原则》,载于《云南大学学报》2011年第4期。
② 转引自管欧:《地方自治新论》,五南出版社1989年版,第261页。
③ 朱丘祥:《从行政分权到法律分权——转型时期调整垂直管理机关与地方政府关系的法治对策研究》,中国政法大学出版社2013年版,第50页。
④ 罗秉成:《"中央"与"地方"权限划分之探讨——兼论"宪法"第十章之修废问题》,载于(我国台湾地区)《新竹律师会刊》1997年第2卷第1期。转引自朱丘祥:《从行政分权到法律分权——转型时期调整垂直管理机关与地方政府关系的法治对策研究》,中国政法大学出版社2013年版,第50页。

多是凭借对实践的感知。

(一)"二分法"

所谓"二分法",就是将公安机关的职责划分为中央事权与地方事权。

金伯中建议,对事关国家安全、党的执政地位巩固、政治稳定的,如国内安全保卫、边境保卫、出入境管理、反恐怖工作、对党和国家领导人以及重要外宾的安全警卫、国际警务合作等,确定为中央事权,由公安部承担。对事关地方社会稳定、公共安全、人民安居乐业、经济社会发展的,如打击刑事犯罪、维护社会治安、安全防范、治安行政管理等,确定为地方事权,由地方各级公安机关分级分区承担。[①]

尤小文认为,比较容易达成共识的是,国内安全保卫工作、出入境工作和边防工作属于中央事权,治安管理属于地方事权。争议较大的是刑事执法权,到底属于中央还是地方。但是,他认为,当前犯罪的流动性、跳跃性、复杂性日益增大,为有效处置突发事件、打击流动作案、侦破经济犯罪,需要跨地区警力资源协同运作,"以块为主"难以形成合力,因此,刑事执法权,尤其是经济犯罪侦查权,应当属于中央事权。[②]

对于地方事权,应当要强调指导性,以块为主,自主履职。中央"不干预地方事权警务的机构设置和人事安排"。[③] 地方公安机关在当地党委、政府的领导下,以人民群众安全感和满意度为根本标准,以民意为导向开展工作,这样也有利于整合地方各种资源来维护社会治安。[④]

(二)"三分法"

所谓"三分法",就是将公安机关的职责划分为中央事权、中央与地方共同事权以及地方事权。

韩冬建议,可将边防、出入境等划属中央事权,刑事司法为央地共同事权,大部分行政管理应属地方事权,其他工作根据需要确定;公安民警行政编制,由国家统管向省区市依据需要定编转移,给公安机关配置警力更多的自主权。[⑤]

石启飞在同意金伯中的二分法基础上,进一步提出,执法办案、社会面治安维护和为社会提供救助救援为央地共同事权,由公安部和地方公安机关共同承担。对于公安部事权和央地共同事权范围的业务,虽然具体职责是由基层公安机

[①④] 金伯中:《进一步明晰公安机关中央事权和地方事权》,载于《人民公安》2013年第5期。
[②③] 尤小文:《直面公安体制改革四大问题》,载于《人民公安》2003年第21期。
[⑤] 韩冬:《公安机关事权划分与警种设置初探》,载于《江西警察学院学报》2016年第5期。

关承担，但上下级公安机关的关系为领导指挥关系；对于地方事权范围的业务，上下级公安机关的关系应为指导关系。①

赵炜还提出了渐进发展的路径，"从实际工作看，先区分出中央公安事权和中央与地方共有事权两个方面，在时机成熟时再明确析分出地方公安事权"。他的初步划分是，"中央公安事权可包括国家政治安全、出入境管理、边防管理和要人警卫等内容，中央与地方共有事权可包括反恐怖、治安、刑侦、经侦、禁毒、监管和网络安全、技术侦察等事权。探索试行把交通、消防作为地方公安事权的制度，与之相适应，把相关的编制管理权和支付责任交给地方"。并且，他进一步提出，"在划分公安事权的基础上，把警察划分为中央警察和地方警察两大部分"。②

在笔者看来，第一，"二分法"显然与法律规范梳理的结果不一致。第二，似乎片面扩大了地方事务，可能是将需要地方公安机关具体负责落实的事项简单地等同于地方事务。其实，对于地方事务，地方必须具有自主决断的权力，这可以是来自中央立法的授权，更多的是依赖地方的创制性立法。

三、基本评价

（一）事权划分与领导关系

上述来自实践的建议，在笔者看来，最有价值的就是对公安机关上下级关系的批判性反思，都不约而同地认识到事权划分与领导关系之间的内在关联性，提出了应当根据事权的不同属性来确定相应的行政隶属关系，并且，通过领导关系进一步强化上级机关的领导职责，通过指导关系进一步抑制上级机关的不当干预。这种出自对实践的自觉感悟，促使我们必须对有关立法进行批评性反思。

根据《中华人民共和国地方各级人民代表大会和地方各级人民政府组织法》（2015年修订）第六十六条规定，"人民政府的各工作部门受人民政府统一领导，并且依照法律或者行政法规的规定受上级人民政府主管部门的业务指导或者领导"。公安机关作为人民政府的工作部门，实行双重领导关系。

《公安机关组织管理条例》（2007年）"第一次通过国家立法形式，具体规范

---

① 石启飞：《浅议公安机关中央事权与地方事权划分、警种、部门设置》，载于《政法学刊》2015年第6期。
② 赵炜：《公安机关体制改革论纲》，载于《中国人民公安大学学报》（社会科学版）2014年第6期。

了上下级公安机关的领导指挥关系",指出"公安部在国务院领导下,主管全国的公安工作,是全国公安工作的领导、指挥机关。"(第三条)。"公安工作,既包括公安业务工作,也包括公安队伍建设,充分体现了责权一致原则"。[①]

公安工作涉及政府有关工作部门的通力合作与积极协力,无论是消防、安全防范还是交通管理,都必须从规划、建设等源头抓起,都离不开地方政府的统一领导。因此,在"块"上建立领导关系是必要的。但是,在纵向关系上,不区分事权的属性,一味强化统一领导,却不足取。因为上级公安机关为追求政绩、彰显存在,不断发号施令、监督检查,这会使得"条"的关系变得越来越清晰,从而抑制并损害下级公安机关回应地方事务的能力。

因此,在"条"的关系上要区分事权的不同属性,建立相适应的上下级关系。第一,对于中央事务,公安部应当统一领导,可以直管、直接办理,也可以授权委托省区市公安机关办理。第二,对于地方事务,公安部应当统一指导,省级公安机关主要从事协调、指导与规划。第三,对于中央与地方共同事务,基本依靠市县公安机关实施,上级应当以指导为主、领导为辅。

(二)事权与立法权

上述从事公安实践的同志的一个共同感触,就是希望扩大地方事权。划清并扩张地方事权,能够解决地方公安机关有权做什么,包括决策与实施,可以积极防御上级公安机关的过度干预,但又必须通过立法权的分配来落实。地方事权的建构、规范与实现,很大程度上必须依赖地方立法。

地方立法包括地方性法规和地方政府规章。根据《中华人民共和国立法法》(2015年修订)第八十二条第五、第六款规定,[②] 地方政府规章几乎没有创制能力,或者仅具有短暂期限的创制效力。所以,本书讨论的地方立法主要指地方性法规。上述"扩大地方事权"的诉求,更准确地说,是希望不仅能够明确公安系统上下级、公安部与地方公安机关之间的职责权限,而且,也必须同时清晰地划出地方自主决断的法律空间。

中央与地方的事权划分,从立法意义上讲,就是划定了中央与地方立法的权限。各自事权的具体构建,依赖相应的立法来源(见表4-1)。(1)对于中央事

[①] 《公安部人事、法制部门负责人解读〈公安机关组织管理条例〉》,公安部网站,http://www.mps.gov.cn/n2254314/n2254409/n2254456/c3932743/content.html,2017年11月30日。

[②] 《中华人民共和国立法法》(2015年修订)第八十二条第五、第六款规定,"应当制定地方性法规但条件尚不成熟的,因行政管理迫切需要,可以先制定地方政府规章。规章实施满两年需要继续实施规章所规定的行政措施的,应当提请本级人民代表大会或者其常务委员会制定地方性法规"。"没有法律、行政法规、地方性法规的依据,地方政府规章不得设定减损公民、法人和其他组织权利或者增加其义务的规范"。

权,应当由中央立法规范,排除地方立法染指。(2)中央与地方共同事权,又可以按照各自发挥作用的大小,决定了中央与地方各自立法的比重。偏重由中央来规范的成分大些,地方规范的余地便小些,反之,亦然。(3)对于地方事权,比较复杂。在我国,地方事权一般与地方自治无关,而是指中央允许地方自主决断的事项,理论上不排除中央基于法制统一的干预。经过长期的法制建设,中央立法无处不在、无处不有,因此,属于纯粹由地方立法来规范的事项有限,除非先行立法。绝大多数情况是中央立法与地方立法交相作用,共同规范。

表 4-1　　　　　　　　　　事权与立法权关系

事权	立法权	原则
中央事权	中央立法权	全国统一
中央与地方共同事权	中央与地方共享立法权	全国统一与因地制宜
地方事权	地方立法权	因地制宜
	中央与地方共享立法权	全国统一与因地制宜

地方公安机关所行使的权力,来自中央和地方立法的授权。对于适当扩大地方事权的要求,可以进一步解构为二,一是扩大纯粹的地方事权,这需要明确地方立法权来落实。二是在中央与地方共同事权之中,对于主要依靠地方来落实的事项,中央应当保持克制,扩大地方决策的事项范围。这需要中央立法通过授权进一步明确和下放权力,下放事权又必须与明确地方立法权相结合。

(三) 事权划分与授予

从已有研究看,对于中央与地方立法权划分的成果车载斗量。对于划分标准形成了"重要程度""影响程度"等学说。[①] 一个基本共识就是,在我国单一制与中央集权之下,地方事权和地方立法权都来自中央的"委托、授权和安排",[②] 不是地方所固有的,中央有权随时下放或是上收这些权力。

---

① 封丽霞认为,《中华人民共和国立法法》主要是按照立法事项的"重要程度"而非"影响程度",作为划分中央与地方立法权限的标准。并对"重要程度"标准进行批判,提出应当采用"影响程度"。在她看来,"影响程度"是指"立法事项是事关全局意义的全国性事务还是仅具有局部意义的地方性事务作为划分标准"。这似乎与上述"以事务性质为划分标准"趋同,而且,地方立法的效力所及当然仅限于本地区范围。但是,她在阐释"影响程度"的优点时指出,"对一些影响范围仅限于特定地方的立法事务而言,地方立法有着中央立法所不可比拟的信息优势和因地制宜条件"。可见,"影响程度"的根本目的是因地制宜。参见封丽霞:《中央与地方立法权限的划分标准:"重要程度"还是"影响范围"?》,载于《法制与社会发展》2008 年第 5 期。

② 葛洪义:《关于我国地方立法的若干认识问题》,载于《地方立法研究》2017 年第 1 期。

从上述分析看，无论是理论认识还是立法实践，划定地方事权的标准基本是一致的。允许地方自主决断的事权，往往是相对独立、各地横向联系不多的事务。也就是说，这些事项的地域属性强，必须由地方因地制宜，根据实际情况裁断。即便出现了各地的不同规定，也不会对中央的统一政策造成不可容忍的分歧。如基础设施建设、施划停车泊位、交通管制等。

地方事权一般是立法授予的，仅限于法律上明确列举的事项，表现为地方政府的职责、权限。除此之外，皆归中央。这与美国"州剩余主权说"（residuary sovereignty of the states）的趣味不同，后者是采取排除法，除去联邦政府的权力，余下的就属于各州。这是立法上的"行政发包制"。地方事权有多大，地方能够就哪些地方性事项立法，都取决于中央的意愿，以及地方与中央的博弈。因此，可以对当下做出一个基本判断，与中央与地方的事权划分一样，中央与地方立法权的划分也基本上处于"发挥两个积极性"的政治表达，法治化建构的程度依然不高。

第五节 结　语

清末警政革新之后，不断致力于中国统一，单一制成为国家组成的基本结构形式，一方面，在不断强化的中央集权过程中，警察作为维护国家内部安宁与社会秩序的主要武装力量，更是需要加强对警察队伍的统一领导，为此，必须通过中央立法建立统一的警察制度，中央事权更多的是体现在统一领导与统一建制上；另一方面，警察任务又必须依赖地方公安机关来完成，这又更多地体现在地方事权上，需要赋予地方立法更多的建构责任。这两个方面共同形成了中央与地方的事权划分以及立法权分配的基本特征。

为了妥善调和在立法之中全国统一与因地制宜之间的内在张力，在基本策略上，可以考虑通过《中华人民共和国道路交通安全法》《中华人民共和国消防法》《中华人民共和国治安管理处罚法》《公安机关组织管理条例》和《中华人民共和国人民警察法》等法律、行政法规明确授权地方公安机关及所属政府具体事权，明确地方性法规的立法事项、权力边际，增强地方治理能力与执法成效。这种解决问题的进路，比较吻合当下的集权的分权立法模式，也就是，地方事权和地方立法权都来自中央的"委托、授权和安排"。

第五章

警察权的扩张及控制[*]

对于我国而言,无论是"警察"还是"警察权"的概念,都是舶来品。在文字性的考察过程中,我们可以发现,警察一词最早见于希腊语中的"politeia"可译为"国家""宪法",后加入城市行政的内涵(由此窥之,警察或警察权一词出现之初即带有行政之意),此后,拉丁语(polita)、法语(police)又先后引入警察一词,特别是法语给警察一词赋予了"增进国家稳定性和秩序性的神秘保安力量"的含义,对警察权的概括更具有近现代化的意义。1829 年《大都市警察法》的颁布,标志着现代职业化的警察出现;英国,作为第一个出现现代警察的国家,也引入了法语中警察一词的内涵"他既是一个国家的内部经济或政府的内部设施,同时也是借以实施政府法规的工具"。[①]

在我国,清光绪之前并无近现代意义的警察抑或警察组织。警察一词在词义的沿革过程中,起初就有戒敕之义,防卫戒备之义。古代的民间社会安全得不到国家的重视和有效保护,各种类型的民间自卫组织在历朝历代都有出现,以保甲制度为例,它在宋代以后维护地方治安就取代了其最初"寓兵于农"的意义,而是以地方保护作为了其工作的首要重心;随着清朝末期建警制度的深入,保甲组织逐渐向民团、乡团、自卫军等形式转变,呈现出"警甲合一"的面貌,这才有

---

[*] 本章部分内容以《警察权合宪性控制的必要性》为名发表于《公安学刊(浙江警察学院学报)》2018 年第 1 期;部分内容以《我国警察权的扩张与控制问题探讨》为名发表于《四川警察学院学报》2017 年第 4 期。

[①] [美] 列为斯·齐林:《犯罪学及刑法学》,中国政法大学出版社 2002 年版。

了警察组织的雏形。[①]

我国现代意义上的警察制度始于新中国的成立。从1957年的《中华人民共和国人民警察条例》到1995年的《中华人民共和国人民警察法》的颁布，人民警察在执行守护社会秩序和保卫人民安全的职责中，得到了法律的认可，也逐渐被法律所规制和保护。警察权被明确写入人民警察法，也标志着我国警察制度现代化、专业化、法律化的多面呈现与发展。

第一节 警察权性质的梳理

一、警察权存在的功能性分析

存在即是合理，既然警察权作为一项古老的权力而存在，且它在各个时期对政权维护、社会治理、犯罪打击等都发挥了作用，可见其存在的必要性和重要性。就我国而言：首先，对公民，警察权是同他们最为息息相关的一种权力类型。因为警察权十分贴近广大公民的日常生活，从消防许可到管理户籍再到管理集会、游行、示威等活动都处处可见警察权行使的身影，公民亦需要警察权的行使去捍卫他们的合法权益。其次，对社会而言，需要警察权的行使来依法打击违法犯罪进而维持良好秩序。最后，对国家而言，需要警察权的行使来保障和推动国家的现代化治理。所以，不论是国家的现代化治理、社会秩序的稳定还是公民合法权益的保障，都始终都离不开警察权的高效行使。而警察权和公民权的关系则显得比较微妙，"警察权和公民权在一定条件下成反比例关系，即警察权的扩大意味着公民权的缩小，而警察权的滥用往往会使公民权化为乌有。"[②]

承上而言，在我国警察权亦为一种必要的"恶"（对公民权必要的限制和减损）。面对这种必要的"恶"，广大公民所抱有的情感极其矛盾。一方面，公民寄希望于警察权的高效行使来保障自身合法权益和维持社会秩序；另一方面，公民又担心自己成为警察权不当行使的牺牲品。由于警察权具有直接强制性即可以对公民人身权和财产权采取直接强制的权力，那么，公民的以上担心其实是合理的。警察权一旦偏离法治轨道则会迅速沦为一种侵损公民合法权益的政治工具或

[①] 孟庆超：《论近代中国警察权力行使的统一化》，载于《武警学院学报》2006年第2期。
[②] 陈兴良：《限权与分权：刑事法治视野中的警察权》，载于《法律科学》2002年第1期。

者纯粹暴力。① 因此，当今世界上的法治国家都在不断尝试构建科学、合理的警察权规制体系，借由警察权规制体系之力将警察权的行使纳入法治轨道。②

二、警察权性质的探析

既然警察权的存在是必要且重要的，那警察权的性质究竟是什么呢。笔者查阅国内外众多论文著作，学者们大多只对各国警察职能（警察职权）进行一定的梳理，但对警察权没有一个莫衷一是的概念，或者是统一认可的概念，究其原因，应该是对警察权性质定性的不明确。警察、警察权的概念、范围等都是不能被学界忽略的问题和绕过的环节，但是如果离开对具体的警察职权的关注，研究难免会流于空洞并缺乏现实的依托。③ 我国学者们的研究路径是把警察权的内容（警察职权的内容，即具体的警察权）作为警察权性质的外延，通过对警察各项职权的性质做出判断，从而对警察权给出性质判断。根据"三权分立"的理论，公权力的性质划分是立法、行政、司法三大类，警察权性质属于哪一类，即可根据上述方法进行推论。鉴于10多年来绝大多数学者均采取此种方式对警察权定性，笔者先行借鉴。

内涵与外延是辩证统一的，内涵不清，则外延不明；外延模糊，内涵难以确定，推及至我国警察权性质也是如此。比较我国1957年《人民警察条例》第五条和1995年《人民警察法》第六条（两者都是关于警察职权内容的条款），可见，警察职能在这60年中发生了一些变化，前者共19项职责，后者共14项，其中变化有删除条例中"监督公共卫生和市容的整洁"的条款，将条例中"预防、制止、侦查反革命分子和其他犯罪分子的破坏活动，侦缉逃避侦查、审判和执行判决的人犯"的条款改为"预防、制止和侦查违法犯罪活动"等，2016年12月1日公安部公布的《中华人民共和国人民警察法》（修订草案稿）也在1995版的基础上做出了一些修改，这一系列的变化，体现了警察职能向专业化发展，也顺应了时代的要求。尽管几十年来我国警察职权的内容有所调整，但是其"打击犯罪、维持治安"的主要内容并没有变化，所以警察权的性质（至少在我国）是稳定的。笔者认为，我国警察权兼具有行政权和司法权的性质，并且是以行政权为主的权力，所以也有学者称警察权是强行政权。

对比司法权和行政权可以得出：（1）行政权具有积极主动性，而司法权往往

---

① ［日］石川才顯：《警察活動に対する法的規制》，ジュリスト524号，1973年1月，第64~69页。
② ［日］古谷洋一：《注釈警察官職務執行法》，立花書房2000年版。
③ 王洪芳：《对学界关于警察权性质认识的思考》，载于《行政与法》2008年第5期。

具有"惰性",权力的行使往往是被动开始的;(2)行政权层级性明显,层层设置,上下级关系明确,上命下从,而司法权相对独立(这也是我国司法改革多年来追求的重要目标);(3)行政权始终代表一方的利益,倾向性明显,而司法权一般是中立的,超然的;(4)司法权的目的是在出现社会冲突时得出最终裁判,行政权更多的是关于"组织、管理、执行"的权力。据此我们进一步对比分析警察权:第一,公安机关和警察开展工作绝不仅是"接案—出警"的被动模式,更多的是主动性工作的开展,特别是在行使刑事侦查职权的过程中,例如,各级公安机关开展的"铁拳行动"等,这样才能让更多的违法犯罪消失在萌芽状态,更好的维持社会治安;第二,就行政体系而言,各级公安部门均属于本级政府,组织和个人必须服从上级(同级政府和上一级公安局)的指挥、领导、命令;而法院和检察院的内部系统中则是监督与被监督的关系,原则上不干涉工作的开展;第三,人民警察和公安机关在进行工作开展中,代表的是国家和社会的利益,他们不是政府和当事人之间的居间人;第四,无论是行政案件的裁决还是刑事案件的处理,公安机关做出的结果都不具有终局性,这是警察权作为行政权的典型特征。[①]

当然,我国警察权的司法性是不言而喻的。在治安职权和刑事侦查权的行使过程中,其司法性体现在:(1)在行政管理、处罚、强制等措施中公安机关可以根据法律做出裁判结果,其中有可能出现终局性裁决。例如,《中华人民共和国外国人入境出境管理法》规定,受公安机关罚款或拘留处罚的外国人,对处罚不服的,可以向上一级公安机关提起申诉,如果选择向上一级机关申诉,则法院不再受理。(2)在刑事侦查过程中,检察院仅对逮捕阶段有对公安机关监督的权力,《最高人民法院关于执行中华人民共和国行政诉讼法若干问题的解释》第一条也指出,公安机关和国家安全机关在刑事诉讼法明确授权的范围内行使职权的行为,排除在人民法院行政诉讼受案范围之外。综上所述,笔者认为我国警察权的性质是兼具了行政权和司法权,且是以行政权为主的一种公权力。

第二节 警察权的扩张和规制体系的困境

一、警察权在立法和实际运中的扩张

既然警察权兼具了两种性质,也就兼具了两者的特点。行政权始终保持着膨

[①] 王银梅:《论警察权的法理属性和设置改革》,载于《政治与法律》2007年第2期。

胀和扩张的特征，而警察权作为强行政权更具有攻击性和侵略性。孟德斯鸠曾说过："一切有权力的人都容易滥用权力，这是万古不易的一条经验。有权力的人使用权力一直到遇到界限的地方才休止。"① 早些年，有的公安部门提出"有事找警察"的口号，增加了公安干警的工作负担，却大多没有取得良好的社会效果；一段时间内公安局局长兼任地方政法委书记的情况在全国范围也十分普遍。种种迹象可以看出，我国警察权的扩张在一直持续中。其扩张的具体表现有：

（一）多部法律明确规定警察权力的增加

2006年实施的《中华人民共和国治安管理处罚法》较之《中华人民共和国治安管理处罚条例》共增加了74项条款、124种违法行为；在扰乱公秩序行为方面，妨碍公共安全行为方面，侵犯人身权、财产权行为方面，妨害社会管理行为方面都新增了相关规定，扩充了警察权；特别是在行政强制措施方面、当场收缴罚款适用范围方面，基层派出所享有的治安管理权限范围方面，《中华人民共和国治安管理处罚法》都增加了公安机关和人民警察的职权内容。2012年3月第十一届全国人民代表大会第五次会议通过的《中华人民共和国刑事诉讼法》修正案较之1996年的版本修改达111处之多，其中延长传唤和拘传时间的规定以及采取技术侦查措施的规定，都被视作警察权扩张的典型标志。

（二）警察权在实际运用中的扩张

在警察权的行政职能领域中其扩张的表现主要是越过职能权限范围干涉公民私人生活（以延安夫妻在家看黄碟案为例），这种民事法律关系和行政法律关系处理不清，容易模糊民事（侵权）行为和行政违法行为，导致公安机关将大量的民事（侵权）行为当作行政违法处理。在刑事侦查领域研究警察权扩张的切入点较多，例如，滥用刑事强制措施、非法取证等，本章从轻微刑事案件中警察权的扩张角度入手分析。2010年以来，全国法院轻微刑事案件判决率（在当年的所有生效判决中）几乎逐年上升，仅2010～2012年3年间，该判决率就由37.5%上升至42%②，尽管这可以看作是暴力犯罪（抑或是重罪）比例下降的一个佐证，但也反映出公安机关打击犯罪范围的扩大以及新增案件已轻微刑事案件为主。实践中，公安机关几乎对轻微刑事案件全部采取入刑的做法，这既不符合刑法的立法精神，也是警察权在刑事侦查领域中扩张的一个缩影。

---

① ［法］孟德斯鸠著，张雁深译：《论法的精神》（上册），商务印书馆1961年版。
② 杨秋波：《轻微刑事案件中警察权的扩张和治理》，载于《中国公安大学学报》2014年第5期。

二、现有警察权规制体系的困境

面对警察权的扩张态势,当下的规制体系一般包括立法规制、行政规制、司法规制和公民监督。其中,立法规制是指以立法手段来配置警察权力、划分警察职能和限定警察活动区域;行政规制是指以行政手段来规范警察权的行使,具体包括顺序、步骤、时限、方式、手段等外部操作细则以及警队内部管理细则;司法规制是指启动行政诉讼程序,由人民法院对警察机关的外部警察活动(具体行政行为)予以合法性审查以极力确保警察权没有偏离法治之轨;而公民监督是指广大公民基于宪法这一根本法所赋予的言论自由和对国家机关及其工作人员的批评建议权①,以信访、投诉、建议等多元化形式监督警察权的行使。但是,就我国实践情况而言,不难察觉我国警察权规制体系尚有诸多缺失之处。此外,再加上警察权的直接强制性在现实中被表现得"淋漓尽致",在实践中甚至还表现出了警察权异化的苗头。② 综上所有因素,警察权规制体系的困顿也略显一二,至少在相当程度上很难发挥出应有的政治效果、法律效果和社会效果。申言之,警察权规制体系的困顿如下:

(一)警察权的时空范围不明朗

从权源上讲,《人民警察法》作为当下我国警察权最主要的来源依据,其赋予警察的权限极其宽泛进而致使警察权的时空范围难以明晰。

一方面,就学理层面而言,关于警察权的定义之争从未停息。我国台湾地区学者李震山认为:"从学理意义上讲,警察权是以维护社会公共安宁秩序或公共利益为目的,并以命令强制为手段等特质的国家权力。"③ 以此看来,警察权行使的时空范围仅仅局限于维护公共秩序和公共利益。但是,由于公共秩序抑或公共利益本身就是很不确定的法律概念,④ 所以,它们二者并不能够详尽地勾勒出警察权行使的时空范围。此外,就警察权自身内涵而言,学术界还有行政执法权

---

① 《中华人民共和国宪法》第四十一条:"中华人民共和国公民对于任何国家机关和国家工作人员,有提出批评和建议的权利;对于任何国家机关和国家工作人员的违法失职行为,有向有关国家机关提出申诉、控告或者检举的权利,但是不得捏造或者歪曲事实进行诬告陷害。"
② 刘茂林:《警察权的合宪性控制》,载于《法学》2017年第3期。
③ 李震山:《警察行政法论——自由与秩序之折冲》,元照出版公司2007年版,第8页。
④ 郑春燕:《取决于行政任务的不确定法律概念定性——再问行政裁量概念的界定》,载于《浙江大学学报》2007年第3期。

说和二元论说（兼具行政执法权和刑事司法权）等针锋相对的观点。① 但无论持有哪一种观点，均不可否认的是，现在警察权涉及的领域宽广且行使警察权的方式或者途径十分多样。警察权在一定程度上甚至还被称为一种兜底性的公权力。② 这种兜底性则具体体现在——几乎所有的社会治安问题和个人权利救济问题都能够向警察寻求一定的帮助。③ 此外，由于现代社会运行的各类风险因素也在日益增多，如社会问题的政治化发酵等。警察权作为一种享有直接强制性的国家权力，各级政府也逐渐倚重警察权的行使来迅速处置各类紧急事件以及突发事件。另一方面，从法律层面来讲，我国当下的警察法制并未形成一个相对完备的体系，进而亦未明晰警察权的时空范围。而现实则是我国警察种类之丰富且分散于不同的国家机关，警察权也由不同位阶的法规范来规制。就规制警察权最重要的法律——《人民警察法》而言，该法对警察权的规定也相对比较笼统和模糊。《人民警察法》首先概括规定警察的任务范围，其次明确列举具体权限，最后再进行兜底。④ 这种看似非常科学、合理的规范制定模式却依然没有完全言明警察权涉及的时空范围。综上所述，不管是学理层面还是法律层面，均难以明晰警察权的时空范围，进而致使警察权的边界呈现出模糊化的态势。

（二）警察权的复合性特征凸显警察权的直接强制性、自由裁量空间大以及不断膨胀的趋势致使警察权可能异化为侵损公民权的暴力工具⑤

警察权的直接强制性程度越高则意味着公民权受到不法侵损的可能性就越高。因为警察权是同公民生产生活最为紧密且享有即时对公民人身权和财产权采取强制的公权力。警察权在现代社会好比是一把双刃剑，一方面，它发挥着打击

---

① ［日］大國仁：《行政警察》，载于《司法警察》法学教室 119 号，1990 年 8 月，第 12～13 页。
② ［日］宫田三郎：《警察法》，信山社 2002 年版，第 61 页。
③ ［日］奥平康弘：《警察権の限界——条理上の限界について》，田中二郎ほか編行政法講座第 6 巻行政作用（有斐閣，1966 年 10 月）所收，67～88 页。
④ 我国《人民警察法》第六条明文规定："公安机关的人民警察按照职责分工，依法履行下列职责：（一）预防、制止和侦查违法犯罪活动；（二）维护社会治安秩序，制止危害社会治安秩序的行为；（三）维护交通安全和交通秩序，处理交通事故；（四）组织、实施消防工作，实行消防监督；（五）管理枪支弹药、管制刀具和易燃易爆、剧毒、放射性等危险物品；（六）对法律、法规规定的特种行业进行管理；（七）警卫国家规定的特定人员，守卫重要的场所和设施；（八）管理集会、游行、示威活动；（九）管理户政、国籍、入境出境事务和外国人在中国境内停留、旅行的有关事务；（十）维护国（边）境地区的治安秩序；（十一）对被判处拘役、剥夺政治权利的罪犯执行刑罚；（十二）监督管理计算机信息系统的安全保护工作；（十三）指导和监督国家机关、社会团体、企业事业组织和重点建设工程的治安保卫工作，指导治安保卫委员会等群众性组织的治安防范工作；（十四）法律、法规规定的其他职责"。
⑤ ［日］藤井俊夫：《行政法総論》，成文堂 1997 年版。

违法犯罪的重要的不可替代作用；另一方面，它也如同一匹桀骜不驯的烈马，随时面临着失去驾驭的可能性。① 在此基础上，广大公民也隐隐担忧自己成为警察权滥用的受害者。例如，近几年来关注度极高的"躲猫猫死事件"。警察权一旦被不当行使，将会对公民权带来无法挽救的后果。在法律实践中，警察机关自由裁量权的宽泛性主要体现在判断和选择之上。譬如是否构成违法、是否构成犯罪、是否从重处罚、是否从轻处罚、选择哪种行政处罚、选择哪种行政强制措施，等等。而警察机关也或多或少存在部门保护主义。"在实践中，就有不少公安机关利用裁量权限，用行政处罚代替刑事处罚而从中获取部门利益的事件。"② 而在现实中，更加致命的是，"由于行政警察权和刑事警察权同时为同一公安机关享有，导致公安机关在办案过程中，不断切换自身角色、法律程序和强制措施，以此规避用以规制警察权的程序设计，从而导致日益紧密的警察法律规制体系趋于'内卷化'，无法发挥约束警察权力的功效。"③ 近几年，警察权不断呈现出扩张或者膨胀的苗头。经济的迅猛发展和社会的剧烈变迁在客观上对警察权提出了新的动态要求和提供了新的发展方向。于是，警察权也逐渐向崭新的社会领域延展，进而诞生了新的警种和警察权类型。例如，为了有效应对互联网安全领域这一新兴事物，应运而生了新的警种和警察权类型——网警。网警在警察机关内部规范性文件的授权之下可以行使诸如下权力："查封IP地址、切断网络链接和网络通信、删除网络言论以及对公民网络言论进行处罚等等"。④ 有不少学者对此做出强烈批驳和质疑：网警在警察机关内部规范性文件的授权之下竟然行使了本该由法律法规授予的权力，这是没有法律依据的，甚至是违反法律的。然而，我国既有的警察权规制体系在面对怎样保障网警权力的合法性和正当性，以及当网警权力不法侵损公民权时该怎样提供有效救济，难以给出令人信服、满意的答案。

此外，值得学术界深究的是，在当今比例原则作用极其有限的背景之下，警察权却呈现出了多重面孔——具有直接强制性且警察机关自由裁量权极其宽泛且容易膨胀。⑤

---

① ［日］宫崎清文：《警察官のための行政法講義》，立花書房1994年版。
② 祖人、良发、怀忠：《行政执法中"以罚代刑"情况调查》，载于《海南人大》2003年第6期。
③ 蒋勇、陈刚：《公安行政权与侦查权的错位现象研究——基于警察权控制的视角》，载于《法律科学》2014年第6期。
④ 孙军、王旭：《公安部：建立网警常态化公开巡查执法机制》，载于《人民公安报》2015年6月1日。赵家新：《网上发布轻微违法信息，会被网警"拍肩膀"》，载于《人民公安报》2015年6月3日，等等。
⑤ ［日］田村正博：《今日における警察行政法の基本的な考え方》，立花書房2007年版。

(三) 警察权规制体系的初衷偏离宪法

当下,我国现有的警察权规制体系的初衷是依法控制警察权,而非依法保障公民权。由此,在警察权规制领域如何落实宪法所确立的公民基本权利体系成了一个现实难题。① 不论是规制警察权行政执法侧面的行政法,还是规制警察权刑事司法侧面的刑事诉讼法,二者的初衷均在于对警察权进行相应的合法性控制,二者的初衷始终不是保障公民权。易言之,即是整个警察权规制体系的初衷始终以维护国家的法律秩序为中心进而实现公益,而非以维护广大公民的权利为中心进而保障私权。于是,出现的问题便是宪法已经确立的人权保障体系在警察权规制体系中得不到充分实施,甚至被束之高阁。继而导致整个警察权规制体系偏离宪法而发生合宪性危机。这显然不是我国实现警察法治过程中所希望看到的一幕。同时,这也不利于我国宪法的实施和宪法权威的树立,进而严重影响我们社会主义法治国家的构建。以我国行政诉讼制度为例,一方面,就行政诉讼制度的立法目的来讲,"虽然《行政诉讼法》在立法目标上规定将保护相对人合法权益作为立法目的之一,但在制度设计上却呈现出时而偏向于公民权利救济、时而偏向行政权力监督的错裂现象。"② 另一方面,就行政诉讼制度的实施效果来讲,"行政诉讼案件数量少、判决结案率低、原告胜诉率低、撤诉率和驳回起诉率高、上诉率和申诉率高,足见行政诉讼解决行政纠纷、保护公民权利和监督依法行政的功能已经严重受挫。"③ 如此看来,在警察权规制体系的初衷偏离宪法的背景下,本该承担公民权被警察机关不法侵损时予以救济的行政诉讼制度显然没有发挥它应有的价值和功用。在我国缺乏宪法权利诉讼制度之际,行政诉讼制度亦不能有效弥合、补位,进而致使行政诉讼制度面临诸多现实困境。

第三节 警察权的扩张与控制

一、宪法控制警察权的必要性

如上所诉,我国警察权规制体系存在三大弊病,解决方案也不外乎从立法规

---

① [日] 辻村みよ子:《憲法》,日本評論社 2016 年版。
② 薛刚凌:《行政诉讼法修订基本问题之思考》,载于《中国法学》2014 年第 3 期。
③ 何海波:《困顿的行政诉讼》,载于《华东政法大学学报》2012 年第 2 期。

制、行政规制、司法规制、公民监督四个角度入手。毫无疑问，此种规制模式和手段会极大增加警察权行使的合法性和正当性。但上述措施都离不开我国整个政治体制和法律体制的不断改良。在一定程度上，如何增加警察权行使的合法性和正当性是以政治体制和法律体制的改良为前提和基础的。但是政治体制和法律体制往往在短时间之内难以改良。这样一来，也就客观上造成了我国警察法治逡巡不前的局面。

值得关注的是，除了政府政策研究之外，从法律层面找到警察权控制的对策才是切实可行的路径，才是我们公法学研究意义上的初衷。笔者认为，积极运用宪政思维，在宪法之下规制警察权或许是一条崭新的路径。在我国，宪法不但是一部具有最高效力的法律，它亦蕴含着极其丰富的法治思维和逻辑通路。其中，合宪性控制就是宪法所蕴含的调整全部法律体系的法治思维和逻辑通路。[①] 在对部门法进行合宪性控制之际，宪法必须居于核心地位且不可动摇。究其原因：其一，宪法是部门法的上位法；其二，宪法是部门法的规范基础；其三，宪法是部门法的价值基础；其四，宪法是部门法实现的终极目标和最终归宿。在此意义上，有必要将合宪性控制积极引入同公民权休戚与共的警察法领域，并应当充分发挥宪法在警察权控制和行使当中的作用和价值。而究其必要性，主要有下述三点：

（一）就警察法制而言，宪法的引入能够就警察法制体系的内在统一性做出积极调控

当下，我国社会主义法制体系基本建成，也基本可以做到有法可依。近年来，整个国家的立法工作的重心正从立法数量向立法质量转移。[②] 其实，保证立法质量而不是立法数量才是我们建设社会主义法治国家的应有之义。警察法制也不例外，而怎样维持我国警察法制体系的内在统一性是规制警察权的重要一环。对此，我们可以严格遵循宪法中关于警察权的精神内涵，以这些精神内涵为出发点并紧密统合现行的警察法制，不断完善现行的警察法及其相关法。

（二）就警察权而言，宪法的引入有利于明晰警察权的时空范围和对警察进行精准定位

宪法作为根本大法可以将警察权的政治任务以及法律任务统合到警察权的宪

---

① ［日］樋口阳一：《宪法》，北树出版 2000 年版。
② 周立民等：《从数量激增向质量飞跃——中国立法进入转型新阶段》，载于《新华日报每日电讯》2014 年 10 月 13 日。

法义务之中。"在学术界,行政权力从公众参与等民主程序中直接获取合法性已经获得了广泛关注,并被学者归纳为一种新的行政法范式。"① "一方面,在法治原则之下,作为法律执行权的警察权必须从法律授权之处获得合法性的传递,另一方面,警察权又可以跳过合法性的传送带模式,直接从满足公众期望上获得正当性。"② 此外,在实践中,警察法制对警察的定位也不够精准。我国警察往往扮演着双重角色。对于警察的角色扮演,学术界争议较大,有学者认为警察是法律执行者;也有学者认为警察是政治捍卫者;还有的学者认为警察既扮演法律执行者的角色,又扮演政治捍卫者的角色。但不能忽视的是,现实中,我国警察权的政治化色彩正在不断加剧。由于近几年来,随着经济和社会的飞速发展,一些社会矛盾也频繁爆发并不断升级。一些原本是法律问题的矛盾也逐渐被异化为政治问题。随着社会各界的不断呼吁和诉求表达,警察权的膨胀得到了深厚的民意基础。而就实践意义来讲,各级政府为了迅速、有效地处置社会群体性事件和极力保证政治效果和社会效果,也越来越青睐警察权的行使。如上,现实的客观需求为警察权的政治化增添了色彩。倘若任其自由发展,在不久的将来,警察权会彻底偏离法治之轨。故而,宪法介入警察权的调控可以确认部分警察权扩张的合宪性,进而可以为警察权的扩张提供合法性和正当性支撑。同时,宪法也可以加强对警察权的有效控制防止其异化为政治性暴力工具。③

(三) 就公民权而言,宪法的引入为公民对抗警察权的侵犯提供了防御武器

就目前来讲,在我国公法领域,由于行政法、刑事诉讼法等部门法自身不完善和作用有限,进而导致公民在面对公权力侵犯时难以进行有效防御。此时,宪法就应当发挥其根本大法的价值和作用。公民在面对公权力侵犯时,宪法所确认的公民基本权利体系发挥着不可替代的首要作用。而面对警察权这种具有直接强制性的公权力,一方面,公民需要倚靠宪法所确认的基本权利体系来捍卫自己的私人生活空间④;另一方面,公民也可以依据宪法所确认的基本权利体系来进行有效防御。在此基础上,立法者在配置警察权资源时,务必要将保障公民基本权利纳入警察权行使的目的和任务当中去。只有这样,才能增加警察法的合法性和

---

① 刘茂林:《警察权的合宪性控制》,载于《法学》2017 年第 3 期。
② 王锡锌:《行政正当性需求的回归——中国新行政法概念的提出、逻辑与制度框架》,载于《清华法学》2009 年第 2 期。
③ [日] 吉村博人编:《警察改革の道すじ》,立花書房 2002 年版。
④ [日] 出射義夫:《警察官職務執行法の基本概念》,载于《警察學論集》12 卷 5 号,1959 年 5 月,第 15~32 页。

正当性,才能对极其宽泛的警察权进行有效控制。例如,就一些警察的暴力性执法这一顽疾而言,可以通过落实宪法尊重和保障人权原则来加以有效控制。

二、通过对具有行政属性偏向的警察职权加以控制实现警察权扩张的控制

如前所诉,从宪法的视野出发控制警察权的扩张,是一个较好的途径。宪法与行政法(因为警察权的复合性质中以行政权属性为重)的天然联系,使其能够有效地对其职能权限加以控制,同时更能够保障警察权的实施和与公民权之间的平衡稳定关系。就我国而言,鉴于警察权的强行政性和警察权持续扩张的态势,笔者建议从以下几个方面加以控制。

(一)国家权力(这里我们讨论其代表警察权)的特质是什么,这是宪法要回答的核心问题之一

构建公民权与警察权之间理想状态,控制警察权的过度膨胀,首先就可以从宪法入手。理论和实践中都对警察权性质有争议(主要争议是警察权是行政权还是司法权),导致警察权在宪法的定位模糊,界限不明,甚至是一些设置和宪法精神存在矛盾之处。定位模糊,导致公安机关工作开展面临"万金油"的尴尬,很多公民和其他行政机关在需要帮助和职权不明时,都会想到公安部门;基层派出所承担的职能更是多到无法想象,文化音像制品的检查、工商检查、夫妻吵架调解,等等,众多看似和公安职能没有关系的工作,都能看到基层民警的身影。界限不明,致使公安机关自身开展工作时面临着很多困惑。前述提到了有地方公安部门提出了"有事找警察的"就是类似情况;有的地方政府甚至在财政不能支付公安预算拨款的情况下提出让公安部门"自己解决",于是"乱收费,乱罚款,乱摊派"的现象就出现了。[①] 警察权在限制人身自由和剥夺财产权利的设置,同样不尽如人意。《中华人民共和国治安管理处罚法》《中华人民共和国刑事诉讼法》《公安机关办理刑事案件程序规定》等法律法规中有大量警察可以处分公民自由和财产的职权,例如,留置盘查权让民警可以无条件限制公民人身自由48小时。又如,《中华人民共和国刑事诉讼法》第三十九条:"犯罪嫌疑人对侦查人员的提问,应当如实回答"这不仅违反了"任何人不能自证其罪"的原则,更增加了刑讯逼供的可能。

据此,从立法上特别是宪法上控制警察权的过度扩张是有意义的。尽管警

---

① 刘杰:《我国警察权的宪法缺失》,载于《河南公安高等专科学校学报》2005年第4期。

察权的一些职能带有司法性是目前警察权的现状，但在宪法层面上明确其是一种行政权是有必要的。通过"授权原则"和"法律保留原则"让警察权在行使的过程中依法、合法运行，这是来自宪法层面的控制，同样也是来自权力机关的控制。

（二）如果说警察权首先需要来自宪法和权力机关的控制，那么司法机关对警察权的控制应该是最为重要、最为有效的措施

最常见的司法权对行政权的控制就是行政诉讼。"完善行政诉讼范围的原则是，将所有国家公权力主体与相对人发生的公法上的争议均纳入行政诉讼的范围，"[1] 这是学者们期待看到的法治状态。就目前而言，修订后的《中华人民共和国行政诉讼法》于2015年5月1日起实施，把之前的第二条"公民、法人或者其他组织认为行政机关和行政机关工作人员的具体行政行为侵犯其合法权益，有权依照本法向人民法院提起诉讼"中"具体"两字取消，在形式就已经扩大了我们的行政受案范围，推及公安领域，公民只要认为公安机关的行为侵害了其合法权益，除另有规定以外原则上能提起行政诉讼。

诉讼毕竟是司法正义的最后一道防线，事后救济并不能很好的保障公民、相对人的权利，正如刚刚改判的聂树斌一案，尽管得到了正义的判决，但年轻的生命是无法挽回的。迟来的正义是非正义，通过司法权控制警察权还应该有其他更多的途径和方式。英美法系国家在警察权的司法控制上，奉行"令状主义"，令状主义来自1679年英国的《人身保护法》，该法规定了被羁押者可以向法官申请人身保护令，可以要求被保释。[2] 即警察的行为在有可能涉及或损害公民权利的情况下，行为开展之前必须先向司法机关提出申请，经司法机关审查后给予许可，方能开展。在我国，这样的司法审查同样存在，最为典型的是检察院对公安实施逮捕行为的审查。但是，这样的司法审查对于我国警察权是不多见的，而且这类审查大多是形式性审查，不能实际有效的控制警察权。更何况在诸如人身拘留、场所搜查以及财物的没收和扣押等众多涉及公民基本权利的警察行为中，公安机关都自行决定和实施，缺乏有效的事中监督控制手段。加强对警察权的司法控制，特别是事中的监督控制，能够更好地把警察权至于制度的笼中，也能够更好的保障公民的基本权利，这也成了警察权控制亟待解决的一个课题。

---

[1] 马怀德：《司法改革与行政诉讼制度的完善》，载于《法律适用》2005年第8期。
[2] 陈兴良：《限权与分权：刑事法治视野中的警察权》，载于《法律科学》2002年第1期。

三、通过对具有司法属性偏向的警察职权加以控制实行警察权扩张的控制

行政属性与司法属性兼具这是警察权的一个特点,这样的警察权就仿佛一个制定比赛规则的运动员,对参赛者不公,让观赛者不满。既然对警察权的行政属性抑或说警察的行政类职权有加以控制的方式(本书倡导的是宪法路径),对其司法性职权同样有加以控制的方式。前两种控制警察权的方式来源于公安机关以外,行政权的控制,也主要依赖于外力,这种外部控制的方式同样可以运用在对具有司法性质的警察权职能控制上,但不可忽视的是来自警察权内部的自身控制力。笔者认为,对具有司法性质的这一部分警察职能,还可以采取以下的控制措施。

(一)比例原则的实际应用

立法对在以刑事侦查权为主的警察职权控制中(具有司法性质的警察职能)存在较多空白,除了前述的加强立法控制以为,最为直接有效的控制方式是在实际运用中坚持比例原则的精神。警察权的运用中存在着广泛的自由裁量,这也是警察权和公民权利冲突的关键所在。在警察权的实际运用中,执法人员面临的往往不是单一法益的选择,而经常是多个难以选择和取舍的法益。人民警察法设定的执法手段几乎都会减损相对人相关权益,要在执法手段和执法目的之间寻求平衡,实现法益的价值追求,这对于执法人员是一个非常具有挑战性的任务。

在具体的案件中,执法人员应该首先衡量自己的执法手段是否有助于执法目的的实现,通过目的价值导向,来选择执法方式,来评价执法手段。当然,这里的执法目的,是法律设定的、明确的、可实现的。其次,既然执法手段几乎必然会给相对人带来权益损害,执法人员或机关就应当将损害降低到最低值。在多个执法手段和方式可选择的情况下,应当选择对相对人损害最小的;在仅有的执法手段下,也应该使用最温和、最人性化的方式。笔者在基层公安锻炼的半年,参与过聚众赌博的抓捕、普通暴力犯罪的抓捕以及制毒贩毒的抓捕,尽管同为抓捕行动,但因违法犯罪行为对社会危害程度不同,所选择的警械、警具以及行动方式和处理方式也大有不同。最后,在实现执法目的过程中还应该衡量执法手段与带来的法益收益之间的比例关系。尽管执法手段(有时候这种手段甚至唯一的)有助于实现目的,但达成目的所带来的社会利益明显低于所采取手段带来的损害,这也是不可取的。所以,在执法手段和方式的选择上还应该充分考虑公共利益和

相对人利益的结合。

上述三个方面为比例原则的适当性、必要性和法益相称性要求。公安机关和警察在行使警察权时应当对客观情况综合分析,衡量各种法益价值的大小,在不断的分析、衡量和自我限制中使警察职权的运用更加合理、合法、尊重保护人权,实现控制警察权的过度扩张。①

(二) 加快公安机关内部制度的建设和完善

警务督察制度是我国公安机关为了防止警察权滥用而设置的。《中华人民共和国人民警察法》第四十七条"公安机关建立督察制度,对公安机关的人民警察执行法律、法规、遵守纪律的情况进行监督"以及国务院制定的《公安机关督察条例》都是对我国警务督察制度的构建、明确和细化。警务督察制度在公安机关内部形成了一种以权力制约权力的控制机制,能有效地制约在法律层面受到较少制约的警察权力,进一步提升公安队伍的战斗力和整体形象。在完善警务督察制度的同时,还应该完善责任过错追究制度。在责任过错追究制度中首先要健全领导责任制,公安机关领导人对其重大决策失误行为、失职行为等都要承担法律责任。其次,要健全对公安机关和执法人员滥用职权、贪赃枉法行为的行政责任制度和刑事责任制度,特别是引起国家赔偿后,向相关责任人进行追偿的制度。

在内部制度完善的过程中,行政复议制度是我们不能不谈的。尽管《中华人民共和国行政复议法》是在法律层面控制行政权的滥用和扩张,其实质仍然是在行政机关内部控制权力和规范权力的行使。对于具有司法性质的这一部分警察职权的控制,行政复议制度也能发挥良好的作用。它是一种借鉴了司法程序优点的制约机制,能够有效地保障相对人权利、维护社会秩序,还能够在警察权控制中首先采取确实有效,公信力强的内部控制方式。这不仅能有效地控制了警察权的扩张,警察权力的滥用,还能更好地保障公民的生命财产权及合法权益,更是司法资源的节省。②

第四节 结 语

根据我国警察职权现状的分析,笔者认为我国警察权是以行政属性为主,行

---

① 向灏歆、许韬:《我国警察权规制思路探究》,载于《中国西部科技》2006年第18期。
② 刘桂峰:《我国警察权研究》,中国政法大学博士论文,2006年。

政性和司法性二元融合的一种行政权。有权力必有救济，权力必须置于制度的笼中；但一味地分权、限权、控权是盲目的，会把本可以发挥良效的警察权视为恶魔。我国警察权运行目前处于扩张的状态，对其的限制和控制是有必要的。很多警察职权都包含了行政、司法双重属性，所以对警察权扩张的控制也应该是多元的、多举措的。

将宪法引入警察法制体系不光是当下对警察权进行控制的新路子，还是维持国家法制统一和促进国家法治发展的有力措施。宪法可以为我国法制体系的构建提供价值指引，并以赋予权力的形式来完成国家机关的资源配置。警察权作为来源于宪法的公权力也理应以宪法所确认的公民基本权利为出发点和最终归宿。警察权的行使也必须与宪法价值相契合并服从于宪法意义下的制度架构。诚然，不断改良现行的警察法制体系的确能够保障警察法治的实现。但本章认为，在面临既有的警察权规制体系困顿不堪之际，不妨积极转变控制警察权的传统思维和方法，并尝试对警察权进行合宪性控制以更有效地推动我国警察法治的进步。

通过权力机关（立法机关）、司法机关以及警察机关自身的控制，并针对警察职权的内容、职权所含权力性质的偏向加以控制，能够有效地明确我国警察权力的界限和内容，并更好地实现或补救公民权利，从而形成警察权和公民权两者和谐共处的关系。以权力制约权力，以制度限制权力，是法治精神和法治社会的理想状态，同样也是我国警察权发展和控制的最佳进路。

第六章

警察权的内在边际（Ⅰ）：公民权

第一节 引 言

　　警察权作为一项即时暴力性的行政权力，有其存在的必要性，但同时该权力的行使必须满足相应的条件，否则可能导致权力的滥用，即警察权必须纳入法治、宪治的框架内依宪行使、依法行使。但是不可否认的是，警察权目前面临的问题不仅是依法行使权力，而且法律规定本身因裁量空间大而致使权力行使的正当性被质疑，这些问题的本质归结于警察权行使的边界，即警察权得以介入的正当性基础和合理行权问题。

　　就警察权的边界，有两个不同的角度对其予以确定。一是从权力与权力这一对范畴出发，通过界定不同行政主体所行使的相异的行政权力划分警察权与其他行政权力之间的界限，从而限定警察权行使的界限。这一角度主要从国家机关权力配置的角度出发，更多研究警察作为一类特殊的行政组织体所发挥的执法监督作用，区别于其他行政主体的具体职能。二是从权力与权利这一对范畴出发界定警察权的边界。警察权作为国家权力的一类，其直接目的就是产生或者改变公民与国家（警察机关）之间的法律关系，从而影响公民权利。因而警察权行使的条件、限度都与公民权利息息相关，公民权利本身也是规范警察权边界的一个重要参考依据。本书试图从第二个角度即公民权利与警察权力这一对范畴出发，借助公民权利确定警察权行使的边界。

第二节　对警察权的目的性限制：保障公民权利

确定警察权界限的前提是要确定警察权本身的正当性来源，即期行使的目的为何。警察权作为一种国家权力，从形式上讲其正当性来源于公民的授权。但从实质上讲，警察权的存在基础是公民权利，即公民授予国家权力（警察权）的根本原因是为了保障公民本身权利的实现。[①] 从这一点上讲，公民权利是第一位的，国家权力属于第二位，国家权力的范围随着公民权利的发展而相应的做调整，从目的角度讲权利制约权力的行使。

一、保障公民权利的实现是警察权行使的根本目的

警察权作为国家权力的一类，由公民通过法律的形式授予，根本目的是保障公民权利得以实现，即限制自由的理由来自自由原则本身。[②] 但同时，并非任何公民权利得不到实现时警察权都得基于其权利保障的目的而介入，警察权力的范围与公民权利的范围并非完全一致，即警察权仅保障符合特定条件的公民权利的实现。公民权利本质上作为一种利益，在其无法得以实现时公民有权向国家机关（警察机关）提出请求，但是这种请求权仅仅具有程序性或者形式性意义，警察权得以为其提供服务还需具备以下要件。

（一）警察权保障公民法定权利的实现

公民权利作为法学概念，其内涵并非固定不变，其内涵随着时代的发展和人权理念、权利意识的发展而变化，例如，随着信息技术的发展，公民隐私权的内涵也随之扩大，同时对公民隐私权的保护力度也有增强。公民的利益随着社会认可度的增强并经过立法或者司法确认最终才能成为法定权利。[③] 权利的这一变化过程不仅由社会需求决定，从形式上讲也必须由立法予以推动。权利必须得到认

[①] 赵万一、叶艳：《从公权与私权关系的角度解读国家国家征收征用制度》，载于《华东政法学院学报》2007 年第 2 期。
[②] ［美］约翰·罗尔斯著，何怀宏译：《正义论》，中国社会科学出版社 1988 年版，第 241 页。
[③] 于立深：《权利义务的发展与法治国家的建构》，载于《法制与社会发展》2008 年第 3 期。

可，才能由国家权力予以保障。①

警察权作为一种暴力性行政权力，一旦行使会对公民权利造成重大的影响。对于还未以法定的权利形式确定的利益需求，立法和行政决定对其是否予以保护需要利益衡量，一旦不适当的做出行政行为，可能对其他利益主体的利益造成较大的影响。因此警察权对新型权利是否做出回应需要格外慎重。因而笔者认为，警察权虽然以保障实现公民权利为目的，但是应当将其限定为公民的法定权利。

例如，针对因互联网、电子通信等的发展而出现的 QQ 号码、游戏币等虚拟物，其是否属于法律上的权利客体？进一步讲，其是否属于刑法意义上的权利客体？当事人能否以其物被盗而向警察主张保护请求？应当说法律对这类新的权利需求的认识是阶段性的，因而这也决定了警察权对该权利本质的认识具有阶段性②。

同时，即使有些警察权的行使不具有暴力性，甚至对于公民而言是受益性和救助性的，警察权也不得脱离公民权利的范围而任意给公民提供服务。例如，有报道称公民家中宠物丢失，报警寻求警察的帮助，在民警的帮助下找到丢失的宠物。③ 在这个案件中警察权以提供救助的形式行使，的确也使得公民的利益获得实现，形式上满足了警察权行使的目的。但深究其保护的法益，不难看出该公民对宠物所有权（财产权）的丧失虽事实上的确造成损失，但并非法律意义上的损失，警察机关既不得强制找到宠物的当事人返还宠物或赔偿补偿损失，也不得基于社会福利国家的原则为其提供帮助义务，因而警察在此情况下无权滥用国家权力为公民提供帮助。

（二）警察权保障公民特定权利的实现

国家权力因公民授权而存在，但是不同国家权力因为分工所保护的权利范围不一，警察权作为一项具有直接强制性的权力，其保护的公民权利的范围是特定的，也是有限的。

《人民警察法》虽然没有直接确定警察权保护的权利范围，但是其规定人民警察的任务，即维护国家安全、维护社会治安秩序、保护公民的人身安全、人身自由和合法财产、保护公共财产、预防、制止和惩治违法犯罪活动。将其归类，

---

① 吴家清：《论宪法权利价值理念的转型与基本权利的宪法变迁》，载于《法学评论》2004 年第 6 期。

② 陈兴良：《虚拟财产的刑法属性及其保护路径》，载于《中国法学》2017 年第 2 期。陈兴良教授总结我国司法实践中对虚拟财产从非财物到财物再到数据的演变过程。

③ 《冒着大雨帮助迷路牧羊犬找回主人　民警被网友称赞有爱》，凤凰网资讯，http://news.ifeng.com/a/20180702/58962473_0.shtml，2018 年 10 月 8 日。

可以发现该权利保护范围是对公民权利的细化，具体分为保障公民个人权利和保障公民公共利益两类。保障公民个人权利主要指保护公民的人身安全、人身自由和合法财产，保障公民公共利益主要指维护国家安全、维护社会治安秩序、保护公共财产，而就预防、制止和惩治违法犯罪活动这一类，警察任务因其涉及的具体违法行为针对的主体是公民个体还是公民整体的不同又分别归入上述两类警察目的。

从一般法理上讲，警察任务总结为保护公民权利，那么如何理解公民权利？就保障公民权利而言，初看应当是仅限于对公民个人权利的保护，不涉及公共利益的保护，同时，既有的公共利益与私人利益二分法理论也将公共利益排除于私人利益的范畴，但是随着公共利益理论的发展和对公民权利理论认识的加深，应该对警察权保护的公民权利的范畴有更深的认识，不仅包括私人利益，也包括公共利益。

（三）国家能力内在制约警察权的界限

有一些重大公民权利虽然受到侵害或者无法实现，但是警察权力是否介入也需要参考国家能力，即国家是否有实际保障该权利实现的现实可能性。① 国家是否介入以实现公民权利与国家的财政状态、人民物质生活条件以及权力行使的现实可能性息息相关，在这一层面上讲，警察任务的范围小于警察权的目的范围。

二、公民权利冲突制约警察权的行使目的和方式

警察权行使的直接目的是实现警察任务或者警察职责，其根本目的是保障公民权利的实现。对于个案中某一特定公民而言，其在特定条件下利益需求是确定的，但是不同主体之间可能存在对同一客体都具有合法的利益诉求，因而存在现实的权利冲突。权力必须通过运行来协调冲突的权利，从而维持社会运作。②

对于权利冲突，警察权应当对此做出积极回应，通过利益衡量的方法选择出优先保护的权利，而没有被选择的权利因冲突无法调和，只能以限制或禁止该权利行使的方式作为保障优势权利的手段被牺牲掉。因而利益衡量方法在此环节起到至关重要的作用，主要遵循以下规则：

---

① 袁立：《公民基本权利视野下国家义务的边界》，载于《现代法学》2011年第1期。
② 胡锦光：《法治与和谐社会论纲》，载于《法学家》2006年第6期。

(一) 利益衡量以实现整体利益最大化为基准

选择其中一个公民权利予以保护势必会以牺牲另一方的权利为代价,但是在利益衡量的过程中不能仅仅关注冲突权利本身,还应当关注保护或者牺牲该权利所产生的社会评价、社会影响以及警察权行使的成本等问题,这些外部效应也应当作为衡量所参考的因素。因而此处的利益衡量不仅仅权衡哪一方的公民权利处于优势,也需要注重权利之外的其他影响因素,因而利益衡量实际上以实现社会整体利益最大化为基准。

(二) 衡量结果须合法妥当

利益衡量的前提是冲突的权利本身都纳入警察权的保护范围,即都属于警察权行使的目的范围,不得过分偏离公民权利的解释范围,虽然警察权对衡量结果具有一定的裁量空间,但是结果不能突破警察权行使的目的范围,否则就构成越权或滥权,造成对公民权利的实际侵害。对受警察权保护的公民权利的解释必须在法律的框架内进行,尤其是对具有公共性质的公民权利的解释,不能突破其概念的最大范围甚至与法律规定的原意相冲突。

例如,已经被废止的收容遣送制度,其制度建立的初衷是为了对无业人员和灾民进行收容救济,本质上是一种带有社会福利性质的警察救助行为,主要手段为限制人身自由和收容遣返等。通过权衡被救助者在特定情况下[①]的人身自由和生命健康权、城市社会秩序和安定团结,[②] 立法者认为被救助者因为在城市乞讨、生活无着,因而其生命健康权处于紧迫的状态,有救助的必要性,相较于对其人身自由的限制而言更具有急迫性,因而赋予警察收容遣送的法律义务和权力。

2014年国务院发布《关于收容遣送工作改革问题的意见》,将被救助人的范围扩大到三证(身份证、暂住证、务工证)不全的流动人员,相较于之前的救助对象,三证不全的流动人员的生命健康权并不处于急迫状态,同时三证不全的流动人员其社会危害性较小,对城市的社会秩序并不产生较大的危险性,因而警察权介入的正当性依据——保障被救助人的权利不存在,因而也谈不上利益衡量的运用,收容遣送作为行政手段因为缺少正当目的的支撑成为警察权侵害公民权利的典型代表。同时,这一制度变迁在实践中逐渐脱离了原来的立法原义,演变成为限制外来人口流动和限制人身自由的惩罚性强制措施,不仅没有可保障的公

---

① 立法限制警察权行使的对象只能为以下三类:家居农村流入城市乞讨的、城市居民中流浪街头乞讨的、其他露宿街头生活无着的。

② 参见《城市流浪乞讨人员收容遣送办法》(已废止)第一条、第二条。

民权利，反而以侵权的手段达到侵犯公民权利的目的，严重脱离法治框架，构成实质违法。

同时，利益衡量的结果不仅应当具备合法性，也必须具有妥当性，即结果本身应当具有合理性，与公共政策、社会主流价值观念等相吻合，不能脱离社会实际。利益衡量服务于社会需求，因而必须符合社会实际需求。

例如，各国都面临着是否禁止公民持有枪支的问题。枪支作为一类致命性警械，具有极大的危险性，警察权有维护国家安全、社会治安秩序，防止持有枪支者对他人人身、财产造成侵害和损失的法定义务，但是公民也具有持枪的自由，这种自由在面对社会治安秩序、国家安全等公共利益面前，是否能够依法予以限制和剥夺呢？

仅通过持枪权本身确定其法益大小有难度，持枪权作为一种自由权与人身自由等自由权有较大区别，人身自由权等权利事关人格尊严，处在较高的法益位阶。而持枪权其权利本质是为了防止或抵抗他人或国家的暴力侵害所拥有的自救能力，该权利背后的法益大小取决于权利人抵抗他人或国家暴力侵害的实际概率。因而对于此种情况的权衡，不仅限于判断持枪权与社会秩序之间的优先顺位，而且应当关注本国公权力及公民使用暴力手段侵犯公民权利的实际情况。中国警察对枪支的配备和使用相比于美国警察而言，条件非常的严格，因而公民受到国家机关（警察）因滥用枪支权利受侵的概率非常小，同时，因为禁止全体公民持有枪支，公民之间相互以枪支作为武器侵权的事件发生的比率也会大幅降低，现实中中国公民只能通过使用枪支才能实现自救的可能性较低，因而在中国的语境下公民的持枪权的法益小于因开放公民持枪造成国家安全、社会治安秩序受侵害的法益。

（三）借助优先性原则和比例原则展开衡量

权利冲突的衡量方法，主要有价值衡量、比例原则、经济分析方法等，其中价值衡量方法又分为定义排除原则、优先性原则和比例平等原则。细究这些方法背后的逻辑，笔者认为利益衡量主要分为两个步骤进行，依次适用优先性原则和比例原则。

（1）优先性原则的具体适用规则。

优先性原则主要指在利益冲突还未具体发生时价值主体已经提前确定了优势利益，因为价值主体的价值观不同，其对于不同的价值形态往往有所偏重。因而对于一个已经确定的权利冲突框架，第一步判断两种权利是否具有抽象的优先顺位。如果法律明确规定一方权利优先于另一方权利，那么可以直接适用优先性原则保护优势权利，不再继续衡量过程。

例如，在警察权是否有义务制止公民自杀这一问题上，警察权所面临的权利冲突集中于在公民的生命权和自决权之间。警察权有积极的作为义务防止公民的生命权受到侵害，公民也有权利决定终止自己的生命，当两者发生冲突时，警察权究竟以消极不作为的义务形态保障公民自决权还是以积极作为的义务形态保障公民的生命权？社会普遍共识认为公民的人格尊严为公民权利的实质内涵，人格尊严首先表现为公民的生命权不受侵害，其中也包括不受权利人本人的侵害，因此权利人的生命权优先于自决权，警察权有义务制止权利人的自杀行为。

优先性原则虽然操作性较强，裁量空间小，但是现实中很难广泛适用，不同权利属性在不同的情况下表现的法益大小是不同的，且权利冲突主体也往往并非同一主体，很难达成社会共识，法律也无法强行对其进行规定。同时，即使已经抽象的确定了优势权利，也并不意味着在任何情况下优势权利都受到绝对的保护，[①] 不能完全不顾个案的特殊性绝对排斥个案衡量。因而还需要比例原则对冲突权利进行具体权衡。

（2）比例原则的具体适用规则。

比例原则最初来源于德国，其包含的"三阶理论"使得其从一个抽象的法律原则变成具有可操作性的具体平衡方法。就公民权利冲突之间的权衡问题，主要涉及其第三个子原则——法益相称性原则，也即狭义比例原则的运用。

在具体冲突情景下，警察权选择哪一方权利优先保护更多是事实判断问题，因为"社会整体利益的最大化"这一判断标准在一个能达成社会共识的国家中是客观的，警察权并非站在某一个公民的角度进行判断，而是基于社会整体进行判断的，因而运用比例原则选择出的优势利益应当符合社会主流价值观。

但同时，虽然运用比例原则得出的衡量结果具有客观性，但是因为权利本身无法通过数值的形式精确表达，因而这种客观性无法通过说明理由完全外部化。

第三节　侵益性警察行为的正当性基础

警察权的根本目的在于保障公民权利，但其权力行使的手段却大多以侵益性（限制、剥夺公民权利）为主，这种以限制权利的手段保护权利实现的逻辑似乎让人无法理解，因而警察的侵益行为必须接受实质正当性的考验。

[①] 例如，在德国联邦宪法法院审理的"第一次堕胎案"中，法院认为当胎儿的生命与孕妇的自主决定权发生冲突时，原则上应当优先保护胎儿的生命，但是在一些极端情况下无法期待孕妇继续怀孕，堕胎即在宪法上具有正当性，如继续妊娠会导致孕妇的生命受到威胁。

从公民权利角度出发，侵益性警察行为的根本目的在于保护公民权利，其侵益手段具有目的正当性。限制公民权利的正当性体现为法律对权利的限制本身不得违背宪法的原则和精神，其根本点在于实现公民权利与自由，如果限制公民权利的出发点在于权力而非权利，那么这种限制就不符合正义的法律。①

从警察权力角度出发，其所实施的侵益行为的直接目的在于履行国家义务（警察义务）②，在更多情况下警察义务的实现必须以牺牲公民权利的方式实现，警察权依其职责而不得已采取侵益性手段，具有手段的正当性。以上只是从限权的目的正当性和手段的必要性角度出发对警察权限的正当性基础做了简要的分析，但细究其权利限制的对象、限制原因等，其正当性基础还需要更加具体和充分的理由予以强化。

警察保护义务的产生直接来源于侵权人的侵权行为，因而针对侵权人所做出的警察权本身具有因果关系上的必然性，同时，侵益性警察权的正当性基础根据其直接目的的不同而有不同的理由约束。

（一）只有限制侵权人权利才能预防、制止、查明侵权行为（限制论）

限制论作为限制公民权利的一种理论，其完整表述为：为了保障公民的基本权利而限制基本权利的行使，即限制的目的是保障，同时必须正确处理好限制与保障的关系。③

限制论主张，为预防侵权行为的发生和制止侵权行为的继续，警察权应当从侵权人本身的侵权能力入手，通过弱化或剥夺其侵权的实际能力，使侵权人无法继续侵权行为。因而对侵权行为的预防和制止，更多采取即时性强制措施限制其人身权的自由行使，剥夺其侵权能力。

同时，对已经实施的侵权行为，警察办案过程中有时需要犯罪嫌疑人的配合，才能准确、及时查明案件事实，因而需要暂时性限制其权利，如采取拘留、逮捕、取保候审等方式限制犯罪嫌疑人人身自由。如果犯罪嫌疑人就是实际侵权人，那么对其而言，警察的限制行为所带来的不利后果包含于其侵权行为所应当承担的责任，如果犯罪嫌疑人并非侵权人，其也有对警察限制行为的忍受义务，这种忍受义务来自公共利益的需要。

---

① 朱福惠：《论宪政秩序》，载于《中国法学》2000 年第 3 期。
② 袁立：《公民基本权利视野下国家义务的边界》，载于《现代法学》2011 年第 1 期。
③ 石文龙：《论公民行使权利和自由的限制与"限制"的规范》，载于《政治与法律》2013 年第 7 期。

（二）只有通过惩戒方式才能预防潜在侵权行为的发生（预防论）

贝卡利亚曾在《论犯罪与刑罚》一书中写道：君主必须保卫人们不受每个私人的侵犯，这些个人不但试图从中夺回自己的那份自由，还极力想霸占别人的那份自由。因而贝卡利亚指出，对于违法犯罪行为，只有"易感触的力量"才能阻止个人专横的心灵把社会的法律重新沦入古时的混乱之中，如果所采取的力量并不直接触及感官，又不经常映现于头脑之中以抗衡违法普通利益的强烈私欲，那么无法阻止潜在侵权行为的发生，这种易感触的力量就是对触犯法律者所规定的刑罚。

同时，贝卡利亚认为非惩戒方式，如雄辩、说教、不那么卓越的真理，都不足以长久地约束活生生的物质刺激所诱发的欲望。①

因而，为了预防潜在侵权行为的发生，必须对侵权人采取限制权利的手段，一般的教育等方式不足以对潜在侵权人造成震慑效应。

（三）自然正义理论要求必须对侵权人的恶予以惩罚（报应论）

公民权利具有相对性，其行使不得超出必要的界限而侵犯到他人利益和公共利益，否则，构成滥权，对过度滥权行为的惩戒主要通过限制、剥夺公民权利的方式予以实现，应当说限制权利的理由来自权利本身，为了维持公民权利的普遍实现，必须得对滥权做出惩戒，否则社会将处于无序状态，每个人都可恣意侵权而避免受到不利处分，同时，正义观念也要求侵权人对自己的不法行为承担法律责任和社会责任，侵权行为本身是对理性的违背，如果侵权人不因此而受到惩罚和报应，那么也是不正义的。

第四节　警察履行尊重义务的限度

警察权目的的正当性只能证成其有相应的职权，但至于该权力如何行使、针对谁行使、行使的时间点、具体采取何种手段等还需要进一步规范，无论权力表现为限制形态还是给付形态，都需要在法律的框架内进行。下面在概括性论述警察权目的限制的基础上，将探讨警察权在不同场合行使的具体界限。

本节针对公民权利的防御功能，探讨警察履行其尊重义务的具体限度。

---

① ［意］贝卡利亚著，黄凤译：《论犯罪与刑罚》，中国法制出版社2002年版，第6~12页。

一、警察权的行使是否为了保障公民权利

警察权的唯一目的在于保护公民权利,公民权利的救济需求和警察的合目的性之间必须有因果关系。因而,对于不是为了保障公民权利的"警察权",其本就属于没有法律依据的违法行为,无论警察权行使方式和手段如何,也无论其作用于何领域,都属于违法行为,违背了警察的尊重义务。例如,实践中有警察为了阻止群众上访而拦截并限制群众人身自由,警察的拦截和限制行为并非为了保障群众的言论自由权和获得救济的权利,而是为了堵住"刁民"的嘴,目的本身就是违法的,因而无论采取何种手段均违反警察的不作为义务,构成滥用职权。

二、公民权利是否处于不完整状态

公民权利需要保护是警察权力行使的现实性基础,警察权附属于公民权利,没有权利需求就没有警察义务,也就没有警察权力。公民权利能够自我获得实现时,警察权具有绝对的不作为义务,而公民权利处于不完整状态时,警察权还需要满足其他条件才能积极作为。

首先,判断公民权利是否圆满的前提是法律肯定了公民的某项利益属于权利。公民的自由是有界限的,只有被法律所肯定的自由才能受到权力的保障,并对抗权力的侵入,而非法的自由因其本身存在不法因素或权利冲突,并不必然受到权力的保护,相反权力能介入其中限制自由的行使。

例如,在我国宪法价值体系中,公民的生命权高于其自决权,公民没有自杀的权利,因而公民不得主张警察尊重其自杀权,相反警察在具有期待可能性的情况下面对自杀行为有义务介入阻止自杀行为的发生。

与此同时,对于权利本身的判断也面临困难,有些权利是不言自明的,而对有些权利的判断与社会的整体评价、立法者的利益衡量和权利观念等有关。例如,对卖淫嫖娼的定性存在不同见解。有些国家认为卖淫嫖娼属于合法行为,属于自由权范围,警察负有不作为义务,无权介入。而我国认为卖淫嫖娼不仅不属于自由的范畴,而且是严重败坏社会风气的违法行为,因此,对权利的认识不同导致警察权的行使方式不同。

其次,公民不仅有权利,并且权利只有在处于客观不完整状态时,国家权力(警察权)才可以介入。权利的非完整性并不要求权利现实被侵犯或无法实现,潜在的危害或风险也可能需要警察权的积极介入,其要求是必须保证权利客观上确实受到侵害无法实现。

例如，陕西省夫妇卧室看黄碟案件中，邻居以播放声音过大影响其正常休息为理由报警，警察则以看黄碟的行为败坏社会风气，破坏社会秩序的名义对夫妻予以罚款，警察权行使的直接目的是保护社会秩序，防止播放行为影响社会风气。虽然法律承认淫秽色情物品能够破坏社会风俗秩序，但这一因果关系只具有法律上的抽象性，事实上是否客观造成危害还需要结合个案具体分析。在此案件中，夫妻二人在自家卧室中观看，而非在公共场所，客观上不可能侵害到社会秩序和善良风俗，因而警察权所保护的法益本身没有受到侵害，无权利的需求则无权力的介入。

三、公民权利是否有救济的必要性

并非只要公民权利处于不完整状态就需要国家权力的介入，行使国家权力本身具有制度成本，国家资源的稀缺性和矛盾的普遍性决定对一定程度的法益侵害才提供权力救济。

例如，街坊邻居在生活中出现的摩擦和争吵，本人有一定的容忍义务，不得一发生矛盾冲突就报警寻求警察的救济，同时，警察即使接到报案来到现场调查情况，也不得随意扩大处理，邻居之间的矛盾只要没有严重影响到社会治安秩序，没有造成严重的人身、财产损害，警察权就不得采取限制性手段制止或惩戒当事人。

同时，应当区别公民权利受损的原因，如果非本人意愿而受到侵害或无法实现，一旦法益达到一定程度，警察权就有积极介入的必要性，若本人自愿放弃（直接故意或间接故意）其某种权利，客观上导致其权利无法实现，只要这种放弃没有产生负外部性，造成权利人以外第三人权利的侵害，警察权就应当尊重权利人的意愿。例如，医生为救助患者而不得不锯掉其一条腿，患者在做出同意的情况下虽然其健康权受到损害，但是属于其个人自决范围内，因而公权力不得对医生的行为做出处罚。

但同时，公民对权利的放弃也有范围限制，确定这一范围限制与各国的文化传统、法律意识和对自由权的认识等都息息相关。例如，在日本耶和华见证人拒绝输血案中：患者因宗教信仰而拒绝输血而生命垂危，日本法院认为患者宗教信仰自由高于生命权，为了实现优势权利而放弃生命权具有正当性，本身属于实现患者人格尊严的范畴。① 而在我国的权利价值体系中，生命权作为人格

---

① 夏芸：《医疗事故赔偿法——来自日本法的启示》，法律出版社2007年版，第507~509、535~537页。

尊严的核心，受到绝对保护。因而公民没有自杀的权利，警察有制止自杀行为发生的义务。

第五节　警察履行保护义务的限度

警察权为实现其保护义务，必须对侵权行为进行预防、制止以及惩戒。因而在手段的行使上以侵益性为主，对侵益性行政行为的限度，应当根据危害阶段的不同，从其保护的公民权利和被限制的公民权利两个角度共同把握。

一、以预防、制止为目的的警察权的行使限度

绝大部分侵权行为的发生都得经历一段时间进行事先准备，警察权并非像司法权一样定位为事后救济渠道，相反，警察权有义务预防侵权行为的发生。即警察权有权在公民权利尚未实质受侵时即介入阻止危害的进一步发生，刑法将这一阶段表述为在犯罪的预备阶段。同时，对于正在发生的侵权行为，警察有义务行使权力制止其危害的继续发生以及防止危害后果的扩大。

本书按照危害发生的阶段将危害分为抽象危害、潜在危害、迫近危害和正在发生的危害，警察权应针对危害发生的阶段和侵害的法益确定权力行使的限度。

（一）预防抽象危害

笔者认为，对于抽象危害而言，原则上应当以不作为为原则，作为为例外。例如，为预防交通事故的发生，警察要求每位驾驶人通过驾校的培训取得驾驶证，具备开车的技能后才能单独驾驶车辆，同时驾驶过程中必须遵守交通规则，这些限制虽然在一定程度上限制了驾驶人的行为，但这些限制的初衷在于规范驾驶人的驾驶行为，使其正确行使权利，并非额外对其权利进行限制。

（二）预防潜在危害

在此阶段，对潜在危害人和第三人权利的限制应当严格遵循比例原则。对权利的限制必须特定、明确，同时，潜在危害存在于具体场合，对公民权利的限制必须在特定场合、特定时间段、采取特定的手段，不能泛泛而谈。例如，"两会"期间，为维持社会正常秩序，警察权有权在人流量大的火车站、飞机场、地铁站

等地方设置较为严格的安检程序，此行为对不特定多数人的出行产生不便，一方面，警察权对此限制应当在"维稳"的目的下采取最小手段，且在公民忍受限度内；另一方面，这种限制仅限于"两会"期间，潜在危险一旦解除，应当恢复平时的管理模式。

以《中华人民共和国道路交通安全法》为例，警察权为了预防潜在的交通事故的发生、维持道路交通秩序，有限制驾驶人、行人通行的必要性。同时，对驾驶人、行人的限制应当具有合理性，即应当根据危害发生的原因采取不同的限制手段，以期有效预防危害的发生。为预防潜在的交通事故发生，必须明确交通事故发生的原因。对于能够通过遵守交通规则而避免的事故，一旦发生，驾驶人本身作为未正当行使权利的主体，应当对事故后果承担法律责任，国家权力在承担保护义务的前提下，不仅应当在事后给受害人提供积极救济的渠道以惩戒驾驶人，而且应当在事故发生之前即采取积极行为预防事故的发生。就当事人疏忽大意、操作失误等原因，根本在于驾驶人驾驶能力不足，因而对其的预防措施主要通过审验驾照、"扣分"等方式限制驾驶人权利，以督促其提高驾驶能力，预防车祸的发生；对因车辆状态不佳而引起的车祸，交通部门有权对其做年检、对于已经达到报废程度的车禁止驾驶；对因天气或重大活动等导致路况不佳时，交警有权在特定路段采取交通管制限制车辆的流通以预防车祸的发生；现实中酒后驾车、超速、超载、超员行使、疲劳驾驶、争道抢行等驾驶人的故意行为造成很大比例的交通事故，因而应完全禁止驾驶人做出该危险行为，且因道路车流量大，交警无法即时监督每一辆车都严格遵守了该限制，因此交警有权设卡抽查行驶车辆，驾驶人有义务服从交警的检查，但同时驾驶人的配合义务也是有界限的，交警的抽查行为本身是为了预防、制止交通事故的发生，因而其设卡抽查行为不能成为影响道路正常秩序的原因。对于客观上无法避免的交通事故，驾驶人本身作为受害人，国家权力在此不再承担保护义务，而是承担国家保障义务保障公民的受益权的实现。因此警察权为预防交通事故的发生，应当根据交通事故发生的人为因素为基准，采取不同的限制措施预防交通事故的发生。

（三）制止迫近危害和正在发生的危害

笔者认为，在此阶段，更多应当侧重于判断警察权能否制止危害的发生和继续，对于被限制的公民权利的考量应当处于次要地位，其手段相比于抽象危害和潜在危害，强制性显著增强，可采取限制人身自由、查封场所、设施和财物等行为。

对于此阶段的危害，笔者认为应当扩大警察权行使的对象范围，授予其行使更为灵活的强制权以阻止危害的发生和继续，然而这样的做法对公民权利的限制也更大，因而在此阶段中，警察权的裁量行为必须要依靠、遵守比例原则的规范和限制。

（1）警察权限制危害人权利的限度。

对于危害人而言，其危害结果虽然没有实际发生，但根据警察所掌握的信息和证据证明危害已经处于即将发生的状态，不利后果完全是由其引起的，其侵害行为与危害后果之间的因果关系已经明确，因而警察权对危害人权利的限制应当是正当且必要的，且更多情况下因危害的即时性和现实性，导致警察权必须采取强制性行政措施才能达到目的。

然而，就此存在两种情况，一是警察不仅掌握危害的具体情况，同时也明确危害人，对这种情况而言，警察的预防、制止行为应当针对具体危害人，二是警察只掌握了危害的具体情况，但还不确定侵害主体的，为制止现实危害的发生和扩大，警察权所实施的对象应当扩大至潜在的危害人。

对已经确定危害人的案件，警察权对危害人权利的限制程度，笔者认为不得超过其本身应当承担的法律责任，因为其侵害行为本身存在违法性，需要在事后承担法律责任，同时，对权利限制的时间界限应当以消灭或降低危害状况为宜，至于是否与警察权保护的公民权利相适应，不在警察权裁量的范围内，当然，警察权为制止迫近危害的发生而对危害人权利进行限制也应当以制止危害发生为目的，不得故意加重对其权利的限制而造成惩戒的效果。

例如，《中华人民共和国治安管理处罚法》规定醉酒的人在醉酒状态中，对自身、他人的人身、财产或者公共安全有威胁的，应当对其采取保护性措施约束至酒醒。虽然法律规范对采取保护性措施的条件规定较为抽象，但警察在实际执法中应严格遵守比例原则。第一，只有当自身、他人的人身、财产或者公共安全遭受迫近的危害时，警察权才得以介入制止危害的发生，因而警察机关必须要判断醉酒人的具体状况，只有其具有危害他人人身、财产或公共安全的现实能力和现实可能性的情况下，才可以限制醉酒人的权利。第二，对醉酒人的权利限制的直接目的应当以制止其危害发生为限，其中包括醉酒人自我伤害和伤害他人，因此，警察对强制性措施的选择应当以保护性措施为限，其他强制措施诸如继续盘问、强制传唤、强制检测、拘留审查、限制活动范围等本身无法制止危害的发生，且对醉酒人的权利限制更大，不符合最少侵害原则（必要性原则）。第三，《公安机关办理行政案件程序规定》对此情况下的保护性措施做了进一步补充，警察可以对醉酒人采取保护性措施，也可以通知其家属、亲友或者所属单位将其领回看管，必要时，应当送医院醒酒。对行为举止失控的醉酒人，可以使用约束带或者警绳等进行约束，但是不得使用手铐、脚镣等警械。即警察的保护性措施限于适用约束带或警绳，不得适用手铐、脚镣等警械。第四，对醉酒人权利的限制应当限于酒醒，即警察权的行使以保护、制止为目的，而非惩戒，因而一旦危机解除，警察权就应当停止限制行为。

对于还未确定具体侵害人的案件，为了实现对危害行为的预防和制止，警察权实施的对象必须扩大至潜在危害人，但与此同时产生的问题是潜在危害人本身是否真正违法并不确定，为限制权利可能导致伤及无辜，因而笔者认为在此情况下对潜在危害人权利的限制应当限于普通公民的容忍范围，并且以任意性行政措施为主，例外情况下可以有限实施强制性措施。

例如，警察接到报案确定在居民小区内存在传销组织，但不确定具体地点，警察为制止传销活动的继续发生而采取地毯式盘查的方式，深入每一户进行询问，遇到拒不开门的居民可采取强制性措施进入房间进行检查，确定犯罪嫌疑人。

（2）警察权限制受害人权利的限度。

警察权有两种路径制止危害的发生或继续。一种路径是从危害人的角度出发，警察权针对危害人采取必要的强制措施使其丧失危害公民权利的能力；另一种路径则从受害人的角度出发，将受害人从危险环境中隔离出来，从而制止危害的发生或继续。因而，警察权为隔离受害人，保护其权利，在必要时需要对其权利予以限制。因对受害人权利的限制本身是为了受害人的利益，因而该权力本质上是一种以受益为目的表现为侵益性的权力形态，对受害人权利的限制不得大于受保护的权利范围。

例如，《人民警察法》规定：县级以上人民政府公安机关，经上级公安机关和同级人民政府批准，对严重危害社会治安秩序的突发事件，可以根据情况实行现场管制。公安机关的人民警察依照前款规定，可以采取必要手段强行驱散，并对拒不服从的人员强行带离现场或者立即予以拘留。此行为的目的在于隔离潜在受害人与危害源，从而制止犯罪的发生。同时，对于潜在的受害人而言，限制其在该场所的活动自由所侵犯的法益远小于严重危害社会治安秩序的突发事件对其所造成的人身危害，因而此种限制手段符合比例原则。

二、以调查、惩戒为目的的警察权的行使限度

对于已经实施的违法犯罪行为，警察权应采取措施惩戒违法犯罪人员，使违法犯罪人员得到法律的制裁，受害人得到心灵的慰藉，普通大众和潜在违法犯罪人员能够从中得到教育和警示，共同维护社会秩序，以实现社会公平正义。同时，为惩戒违法犯罪人员，前提必须对违法犯罪事实调查清楚，且未归案的违法犯罪分子本身有再次实施侵害行为的现实可能性，在必要情况下应采取强制性措

施限制违法犯罪嫌疑人的人身自由等权利,以降低其社会危害性。

(一) 为调查违法犯罪事实而行使警察权的界限

我国现行法对规范违法行为和犯罪行为的警察调查权分别由《中华人民共和国治安管理处罚法》和《中华人民共和国刑事诉讼法》所规定,结合公安部所发布的《公安机关办理行政案件程序规定》和《公安机关办理刑事案件程序规定》,笔者整理了警察权限制公民权利的若干情况,如表6-1所示。

表6-1　　　　　　警察权限制公民权利的若干情况

调查违法事实	调查犯罪事实
对违法嫌疑人人身安全检查	对犯罪嫌疑人人身搜查
当场盘问、检查违法嫌疑人	—
继续盘问违法嫌疑人	
询问违法嫌疑人	对犯罪嫌疑人传唤讯问
	拘留后对犯罪嫌疑人讯问
传唤违法人员	对犯罪嫌疑人拘传
强制传唤被传唤人	
传唤后询问查证违法人员	拘传后询问犯罪嫌疑人
—	对犯罪嫌疑人取保候审
	对犯罪嫌疑人监视居住
	对犯罪嫌疑人监视、通信监控
	对犯罪嫌疑人先行拘留
	拘留后对犯罪嫌疑人逮捕
	对犯罪嫌疑人逮捕
	通缉
	对犯罪嫌疑人采取技术侦查
对违法嫌疑人鉴定	—
询问被侵害人或证人	询问证人、被害人
—	了解案情的人的作证义务
对物品实施强制措施	查封、扣押、冻结
对场所、物品实施检查	对场所、物品、尸体、人身勘验检查
	对物品、住所等搜查

根据表 6-1，可以总结出警察权在调查违法犯罪事实中主要针对违法犯罪嫌疑人、证人、被害人实施强制措施，限制权利。同时，根据其不法行为的种类、程度等，采取不同的限制手段，下面详述之。

警察权对违法犯罪嫌疑人权利的限制程度。

警察权对违法犯罪嫌疑人的限制分为人身限制、财产限制以及其他行为限制。根据《中华人民共和国治安管理处罚法》，对违法嫌疑人的人身限制主要为安全检查、盘查（当场盘查、继续盘查）、传唤。根据《中华人民共和国刑事诉讼法》的规定，对犯罪嫌疑人的人身限制主要为人身搜查、传唤、拘传、取保候审、监视居住、通信监控、拘留、逮捕、通缉、技术侦查。对违法犯罪嫌疑人的财产进行限制主要为扣押、扣留、临时查封、查封、先行登记保存、抽样取证、检查、勘验检查、搜查等，虽然两法表述略有区别但实践中并不严格区分对违法案件和犯罪案件中财产限制的手段的区别。根据现有法律规范，警察权对违法犯罪嫌疑人权利的限制主要遵从以下规则：

第一，对违法犯罪嫌疑人权利限制不得重于其可能受到的行政处罚或刑事处罚。这一限制是对警察权力的兜底性限制，即警察权为调查违法犯罪事实无论采取何种手段，都不得重于该违法犯罪行为可能受到的法律后果。其背后的法理基础在于形式上的"过罚相当"原则，公民所承受的不利后果与其所实施的不法行为相一致，警察权不得在调查过程中加重对不法行为人的权利限制，使得其承受过多的权利限制，成为新的受害人。

因而，根据《中华人民共和国治安管理处罚法》所规定的行政处罚种类，对公民权利限制最重也只能予以行政拘留，且限于十五日内，因而警察权在调查违反《中华人民共和国治安管理处罚法》的违法行为时，所采取的强制措施最重也仅限于传唤，对违法嫌疑人的权利限制以暂时性强制措施为主，而非像犯罪案件一样可以适用取保候审、监视居住、甚至拘留和逮捕等较长时间限制人身自由的调查手段。同样，警察权限制犯罪嫌疑人的权利不得重于刑法本身所规定的刑事责任。例如，就醉驾而言，《中华人民共和国刑法》第一百三十三条规定醉酒在道路上驾驶机动车，处拘役，并处罚金。《中华人民共和国刑法》对该罪名规定最高法定刑为拘役，公安机关在调查犯罪事实时在必要情况下虽然可以拘留的形式限制犯罪嫌疑人，但该限制时间最长不得超出六个月，否则对权利的限制重于最高六个月的拘役刑罚。

第二，警察权的限制行为需遵循最小侵害原则。调查侦查手段对责任人的侵入程度根据调查进度的推进有不同的要求，仍然需要具体的法益衡量。例如，警察为调查违法犯罪事实要求违法犯罪嫌疑人的配合，当违法犯罪嫌疑人不配合调查或者调查周期长，警察权有权暂时性限制违法犯罪嫌疑人的人身自由。但同时，暂时性限制违法犯罪嫌疑人的人身自由有很多方式，根据限制时间的长短和限制地点的不同，该强制性措施对公民造成的权利侵害程度不同。

就限制人身自由的强制措施而言，有暂时性的检查、盘查、有传唤、拘传，还有具有一定时长的拘留、逮捕等，在这些强制措施实施过程中，警察都有权对违法犯罪嫌疑人进行询问，以获得证据或者线索，法律之所以规定种类如此之多的措施就是为了给警察提供不同的手段，使其能够基于个案的事实和嫌疑人的特殊情况选择不同的方式达到目的，法律的原意并非要让嫌疑人受到最严重的限制，而是给警察权足够的空间和最低的限制，能够运用较小的侵害手段达到目的，不得加重对公民权利的限制。如果嫌疑人认罪态度好，积极配合调查，在第一次询问过程中已经提供了全部的证据，则警察权没有必要再采取强制措施继续传唤或者其他更强的限制手段，使嫌疑人在法院最终判决之前受到事实上的惩戒。

（二）为惩戒违法犯罪行为而行使警察权的界限

警察在惩戒违法犯罪过程中所起到的作用包含两种，一种是在行政治安案件中作为案件的裁判主体和执行主体承担决定与执行任务；另一种是在刑事案件中承担执行惩戒任务。两种权力的行使最终都归结到对违法犯罪人的惩戒，具体表现为对其权利的剥夺和限制。

对违法犯罪人惩戒方式的选择，法律已经做了较多的规定，且实务上无论是法院还是警察主体，都根据案件事实适用法律，进行定罪和量刑，并不涉及对法律规定本身的判断和评价，体现"形式法治原则"。本书对该领域中警察权范围的界定和分析，则主要从实质正当性角度出发，探究法律本身对限制违法犯罪人权利的规定是否妥当，警察权应当对违法犯罪人施加何种限制才符合"实质法治原则"。

就此，笔者拟从宏观和微观两个层面分析对违法犯罪行为的惩戒程度。

（1）对过罚相当或罪责刑相适应的理解。

《中华人民共和国治安管理处罚法》规定对违反治安管理处罚法的违法行为的惩戒原则上遵循过罚相当原则，《中华人民共和国刑事诉讼法》规定违反刑法规定的犯罪行为的惩戒原则上遵循罪责刑相适应原则。两者作为惩戒违法犯罪行为的原则，要求重罪重罚、轻罪轻罚，惩罚措施与违法犯罪人的行为和责任相适应。但究竟对一种犯罪行为，规定何种惩戒手段才是适当的呢？笔者认为对此问题应当从罪与罪、罪与罚两个层面进行具体分析。

就罪与罪而言，最基本的要求是重罪重罚、轻罪轻罚，按照违法犯罪行为所侵害的法益的种类和严重性程度进行分类，例如，对人身权的侵害应当重于对财产权的侵害；对国家安全、社会公共利益的侵害应当重于对私人利益的侵害；对合法权益的侵害应当重于对非法利益的侵害，因而行政处罚或刑罚对此应当有所回应和调整，不能不加以区分全部纳入同一惩罚措施，导致惩戒的不平等和恣意。

就罪与刑（罚）而言，则情况相对复杂。根据不同的理论具有不同的结论。根据报复论，惩罚的目的是报复违法犯罪人，这种报复的程度与其本身实施的不法行为息息相关，报复论又分为等害报复论、等价报复论和该当性理论。[①] 等害报复论与同态复仇类似，主张"以眼还眼、以牙还牙"的惩罚措施，康德是等害报复论的首创者，他主张刑罚以与犯罪在损害形态上相等同为必要。等害报复论虽然不失为实现公正的一种选择，但是该理论存在一定的问题，即犯罪从表现形式到损害后果都是无限的，但是刑罚的表现形式是有限的，其处罚方式不可能完全复制犯罪形态，例如，危害公共安全犯罪，刑罚无法对其处于相同的处罚方式，因而等害报复论在客观上无法实现。同时，犯罪的严重性与其所侵害的法益之间并非一一对应，例如，盗窃罪和抢夺罪所侵害的财产可以等同，但抢夺罪的社会危害性和犯罪的严重性明显重于盗窃罪，如果对两个犯罪人剥夺相同数额的财产，则有违公平。因而报复论的支持者提出"等价报复论"来补充和完善"等害报复论"，即刑罚对犯罪否定评价的质与量和犯罪的质与量相等同。后报复论得到发展，"该当性理论"作为新的报复论修补了"等价报复论"，即强调刑罚应当与犯罪行为的应受谴责行相对称，该当性理论不以害害相报为理念，强调只要最重的犯罪所分配的刑罚也是最重的，那么该刑罚就是"该当"的，例如，假设在一国内故意杀人案件是侵犯法益最重的犯罪形式，而该刑法体系最重的刑法是无期徒刑，那么该犯罪人被判处无期徒刑即是该当的，并不要求刑法必须判处该犯罪人死刑。

与报复论相对立的是预防论，即刑罚的目的在于预防犯罪行为的发生，其又分为特殊预防和一般预防。特殊预防旨在预防违法犯罪人再次犯罪，即行为人刑法。一般预防是通过惩罚违法犯罪人而使得可能实施违法犯罪行为的社会成员震慑于刑罚的严酷性而不敢犯罪或不愿犯罪，即行为刑法。[②] 一般而言基于特殊预防的目的而实施的惩戒措施轻于基于一般预防的目的而实施的惩戒措施，特殊预防只要能够控制或者剥夺违法犯罪人实施不法行为的能力即可达到预防目的，而一般预防必须得达到一定的惩戒措施使社会大众震慑于该惩罚才能达到一般预防的目的，因而一般预防和特殊预防本身具有一定的冲突性。同时，预防论和报复

---

① 邱兴隆：《刑罚报应论——刑罚理性辩论之一》，载于《刑事法评论》第6卷，第267页。
② 车浩：《刑事立法的法教义学反思——基于〈刑法修正案（九）〉的分析》，载于《法学》2015年第10期。

论本身也存在冲突,报复论相较于预防论而言其处罚程度更大,对违法犯罪人权利的侵入也严重,基于不同的刑罚目的,对同一种犯罪行为的惩罚方式不同。

笔者认为应当按照有些学者的主张,针对不同的阶段,适用不同的刑罚理论来决定违法犯罪行为的惩戒措施。首先,在惩戒措施制定阶段,遵守重罪重罚、轻罪轻罚,同时在具体犯罪的设计上以一般预防为主,特殊情况下考虑该当性报复论,且应当以报复论作为惩戒手段的限制,即惩戒措施不得重于违法犯罪人本身所侵害的法益。其次,在惩戒措施裁量阶段,案件的判决主体(公安机关、法院)应当在法定刑范围内更多考量特殊预防的目的,根据违法犯罪人的主观状态和案件特殊情况进行裁量,较少参考一般预防理论。[①]

(2) 科学和理性制定违法犯罪行为的处罚格次。

不同种类的违法犯罪行为所侵害的法益程度不同,适用不同的处罚措施,同时,对于同一种类的违法犯罪行为,因其表现形式多样,违法犯罪程度的不同导致虽然触犯同一法益,惩戒措施也应当有所区分。因而行政处罚和刑罚通常规定了不同格次的刑罚幅度,以惩戒不同形式的违法犯罪行为。因而,处罚格次的划分和条件的确定应当基于立法理性。违法犯罪行为本身所侵害的法益的性质、侵害的程度、侵害的方式、行为人主观恶意、社会评价、行为人自身情况等都会对不法行为是否被处于行政处罚或刑罚,以及处罚方式、程度等造成影响。

以酒驾为例,《中华人民共和国治安管理处罚法》《中华人民共和国道路交通安全法》和《中华人民共和国刑法》对该行为制定了行政处罚和刑罚,但因驾驶人酒驾程度不一,造成的社会危害性不同,对该行为的惩戒做了如下区分,如表 6-2 所示。

表 6-2　　　　　　　　　不同程度的酒驾惩戒情况

适用条件		惩戒方式	惩戒依据
车辆驾驶人血液中酒精含量小 20mg/100mL		无	非违法犯罪行为
【酒驾】车辆驾驶人血液中酒精含量大于等于 20mg/100mL,小于 80mg/100mL	驾驶机动车	暂扣六个月机动车驾驶证,并处一千元以上二千元以下罚款	《中华人民共和国道路交通安全法》
	再次饮酒后驾驶机动车	处十日以下拘留,并处一千元以上二千元以下罚款,吊销机动车驾驶证	

---

① 刘晓山:《报应论与预防论的融合和分配——刑罚正当化根据新论》,载于《法学评论》2011 年第 1 期。

续表

适用条件		惩戒方式	惩戒依据
【酒驾】车辆驾驶人血液中酒精含量大于等于20mg/100mL，小于80mg/100mL	驾驶营运机动车	处十五日拘留，并处五千元罚款，吊销机动车驾驶证，五年内不得重新取得机动车驾驶证	《中华人民共和国道路交通安全法》
	发生重大事故，致人重伤、死亡或者使公私财产遭受重大损失	三年以下有期徒刑或者拘役	《中华人民共和国刑法》
	交通运输肇事后逃逸或者有其他特别恶劣情节的	处三年以上七年以下有期徒刑	
	交通运输肇事后逃逸，因逃逸致人死亡的	处七年以上有期徒刑	
【醉驾】车辆驾驶人血液中酒精含量大于80mg/100mL	醉酒驾驶机动车	处拘役，并处罚金	《中华人民共和国刑法》
		吊销机动车驾驶证，五年内不得重新取得机动车驾驶证	《中华人民共和国道路交通安全法》
	醉酒驾驶营运机动车	处拘役，并处罚金	《中华人民共和国刑法》
		吊销机动车驾驶证，10年内不得重新取得机动车驾驶证，重新取得机动车驾驶证后，不得驾驶营运机动车	《中华人民共和国道路交通安全法》

续表

适用条件		惩戒方式	惩戒依据
【醉驾】车辆驾驶人血液中酒精含量大于 80mg/100mL	发生重大事故,致人重伤、死亡或者使公私财产遭受重大损失	三年以下有期徒刑或者拘役	《中华人民共和国刑法》
	交通运输肇事后逃逸或者有其他特别恶劣情节的	处三年以上七年以下有期徒刑	
	交通运输肇事后逃逸,因逃逸致人死亡的	处七年以上有期徒刑	
附加措施	【酒驾或醉驾】发生重大交通事故	终生不得重新取得机动车驾驶证	《中华人民共和国道路交通安全法》
想象竞合		依法处罚较重的规定定罪处罚	《中华人民共和国刑法》

  为保障道路安全,防止道路上不特定人因驾驶人的危险行为而受到人身、财产的损失,法律有必要对驾驶人的行为予以约束。因驾驶人员喝酒导致发生交通事故的比率非常大,因而法律有必要对饮酒行为予以一定的约束。根据前面的梳理,法律对驾驶人员的惩戒主要以以下标准进行设计:

  第一,根据人体酒精含量划分驾驶人员的法律责任。饮酒之所以能导致危险,原因在于驾驶人员体内酒精的浓度决定驾驶人是否具有驾驶车辆正常行驶的实际能力,每个人对酒精的敏感程度不同,导致同样的酒精浓度,不同的人的意识清醒度不同。基于个体的差异性和法律要求的平等性两者之间的冲突,法律在此借助科技确定了酒驾处罚和醉驾入刑的标准,不再苛求交警主观判断驾驶人当时的意识和驾驶能力是否有发生交通事故的可能性,使交警能够通过一个客观的标准确定违法犯罪事实。排除行为人或警察关于醉酒驾驶安全性的经验认知,在禁止醉酒驾驶上确立不可动摇的规范保障[①]诚然这一标准虽具有较强操作性,但也有一定缺陷,因每个人对酒精浓度的反应不同,即使达到该标准,也并不代表所有驾驶人的驾驶能力都一致性减弱,对此,笔者认为即使少数人意识清晰,但为了降低执法成本,避免小概率事件的发生,这部分主体也负有容忍义务,为确

[①] 冯军:《论〈刑法〉第133条之1的规范目的及其适用》,载于《中国法学》2011年第5期。

保自身和他人安全，不得饮酒。

至于为何法律规定 20mg/100mL 和 80mg/100mL 这两个指标分别作为衡量酒驾和醉驾的标准，这一方面取决于人体本身对酒精的敏感度，同时，也取决于社会大众对酒驾醉驾行为的容忍度。人体对酒精的敏感度虽然因个体差异而有所不同，但整体而言还是确定在一定范围之内，同时，基于不同的惩戒目的，酒驾醉驾的处罚标准也有所不同，如根据一般预防理论，为了达到对社会第三人的震慑效果，行政处罚或刑罚的起点应当越低越好，使得社会第三人不敢或不愿意以身试法，而根据报复论，只有实质上对交通安全造成危险时才能够对违法犯罪人实施惩戒，因而依据该理论处罚或刑罚的起点较高。① 基于这些考量因素，法律确定了以 20m/100mL 作为酒驾的起始标准，80mg/100mL 作为醉驾的起始标准。法律规定驾驶人在一定酒精浓度内不以违法犯罪行为论处，一方面考虑到在该范围内驾驶人员造成交通事故的可能性较低，另一方面也是基于现实性考虑，例如，有些物品如荔枝、药物等本身还有一定浓度的酒精，被驾驶人食入后也能引起体内酒精浓度的变化，如果一律禁止体内含有酒精，则不适当的限制了驾驶人的权利，有违立法理性。

第二，根据对法益侵害的程度和主观恶性对行为犯和结果犯制定不同的量刑幅度。对于酒后驾驶，其所侵害的法益是道路安全和公民的人身、财产安全，但是不同的违法状态对法益侵害的程度不同，因而警察处罚权的行使应当考虑到对法益侵害的程度，从而决定对驾驶人权利的限制程度。

对于没有造成实质性损害的酒后驾驶行为，警察权为了对这类危险的行为予以惩戒，也需要对驾驶人实施一定的权利限制以达到惩戒违法犯罪行为和预防危害的发生。② 对于已经造成实质性损害的酒后驾驶行为，例如，发生了交通事故，造成被害人重伤、死亡等人身伤害，驾驶人有责任对其造成的实际损害承担法律责任，因而对酒后驾驶行为的惩戒措施，法律根据损害是否实际发生将不法行为分为行为犯和结果犯，对于行为犯制定较轻的处罚方式，对于结果犯根据其实际损害的法益的大小制定较重的处罚方式。

同时，违法犯罪人员的主观恶性也影响到惩戒方式和程度的不同。虽然不同表现形式的酒后驾车行为本质上都是故意犯罪，但是主观故意的程度有所区别。例如，对于已经发生交通事故的案件而言，犯罪人员在发生交通事故后其主观恶性有所区别，对于发生交通事故后逃逸现场的犯罪人，其承担的惩罚应当重于未逃逸的犯罪人。

---

① 叶良芳：《危险驾驶罪的立法证成和规范构造》，载于《法学》2011 年第 2 期。
② 谢杰：《"但书"是对抽象危险犯进行适用性限制的唯一根据》，载于《法学》2011 年第 7 期。

第六节 警察履行保障义务的限度

在警察的消极不作为义务（尊重义务）与积极作为义务（保护义务）之间还存在着第三类作为义务，这种作为义务主要是指当公民无法基于自己的能力而行使其权利，警察有义务提供帮助和救济，本质上可以被看作一种矫正正义和再分配正义。[1] 这一积极保障义务区别于警察的积极保护义务，保护义务针对因侵权行为，而保障义务则针对因公民权利本身无法行使的状况，权力来源于"社会福利国原则"。[2]

对警察保障义务的确定，并非像尊重义务和保护义务那样界限明晰，其处于"作为"和"不作为"之间的"灰色地带"，随着观念和社会实际情况的变化而变化。且判断该作为义务是否存在并未以"是"或"非"为标准，更多考虑国家责任、国家能力以及平等、公正等理念。

一、警察保障义务的界限取决于国家能力和国家理性

警察权主要表现为通过暴力性和强制性的手段限制公民权利以实现其警察任务，但随着社会的实际需要，警察任务范围的扩大，从侵益性扩大到救助行为形式。对于这类权力的行使，根据具体需要，通常表现为提供物质帮助、服务、具体制度以及限制第三人、受益人本身的权利手段等进行救助。

对于这类警察任务的范围，笔者认为应当首先确定国家给付义务的范围，其次在国家给付义务内部，区分警察权和其他一般的行政权力两者的范围界限。

国家保障义务的确定不仅取决于国家能力，也取决于国家理性。[3] 首先，国家负有保障义务的前提是国家在现阶段必须具有相应的能力，如果国家的经济发展水平还未达到，那么即使通过法律确定国家义务也不具有现实可能性，对于很多较高的权利诉求，国家应当依据其现实能力，以"法律义务""努力义务"

---

[1] 于立深：《权利义务的发展与法治国家的建构》，载于《法制与社会发展》2008 年第 3 期。
[2] 陈征：《基本权利的国家保护义务功能》，载于《法学研究》2008 年第 1 期。作者认为给付义务（保障义务）主要体现社会国家理念，而保护义务的目的是保障公民的基本权利不受侵犯，首先体现的是自由法治国家的理念。
[3] 袁立：《公民基本权利视野下国家义务的边界》，载于《现代法学》2011 年第 1 期。

"道德义务""政治承诺"等方式区别回应。① 其次，国家是否有相应的保障义务也需要结合权利的需求综合判断，国家义务的有无、运行方式等随着权利需求的变化而变化。② 同时，对国家义务的确定也必须进行宏观综合的考量，国家针对某一群体做出给付行为本身不仅关乎国家与受益人群体，也涉及非受益人群体的利益和社会整体的运作，其保障义务具有外部性。如果某一给付行为的做出整体上有利于国家的发展和社会的良好运作，那么基于国家理性就应当实施该给付行为，如果给付行为的做出有违平等原则，能给国家带来一定程度的负面影响，那么国家权力不应当介入这一领域，避免造成资源配置的不合理和不公平。

例如，对于为公民提供物质给付救助，是否应当纳入国家任务的范围？这需要结合国家能力、社会物质生活条件以及社会公平正义观念来具体分析。首先，应当确保国家有给付的能力，才能谈得上是否有义务，如果国家本身处于赤贫状态，即使规定国家有相应义务，这种义务也没有实际意义。其次，在国家有能力给付的前提下，国家是否负有给付义务应当视具体情况具体分析。如果但凡公民经济困难国家就提供物质帮助，那么一方面会促使人们产生怠惰心理，从而破坏了一直以来的社会竞争规则，影响社会本身的正常发展；另一方面国家的此种做法也有违平等原则，国家之所以有能力实现物质给付，主要依赖于公民的税收，因而追根溯源国家的物质给付本质上也是对纳税人财产的限制。因而，国家的物质给付行为具有正当性，不得随意为之。

同时，对于警察权而言，其物质给付义务的范围应当小于国家的给付义务，原因在于，警察权的任务主要是维护国家安全、维护社会治安秩序、保护公民的人身安全、人身自由和合法财产、保护公共财产、预防、制止和惩治违法犯罪活动，而非像某些专属救助性国家机关，其更多承担保护义务，而非保障义务。因而笔者认为，警察权所履行物质给付义务的界限为公民的生命健康受到迫近的、严重的危害时，警察权才有义务对其提供物质给付，例如，在发生重大地震灾害时，警察有义务出动警力为灾区人民提供物质给付帮助，以保障其生命健康。但对于一个符合扶贫标准的普通公民而言，其虽然有权向国家申请物质给付，但警察没有义务满足这种非迫近的物质给付请求。

二、侵益性警察权的界限应当遵循比例原则

对于侵益性的警察保障义务，实质上是以部分的权利换得被保障人权利的实

---

① 郑贤君：《权利义务相一致原理的宪法释义——以社会基本权为例》，载于《首都师范大学学报》2007 年第 5 期。
② 陈淳：《论国家的义务》，载于《法学》2002 年第 8 期。

现，被保障人权利的实现虽然并非由他人或自己的侵权行为造成的，但可因与他人已存在的利益或者自己的行为产生冲突，因而警察权为了实现公民受益权能，迫不得已必须牺牲限制非责任人或受益人自己的一部分权利，这种牺牲本身具有正当性和社会认可性，因为任何人都可能因为各种客观原因而需要国家的救助，对国家给付权力的授予本身也是公民个人的理性选择。

但同时受益人的权利与第三人权利的冲突并非基于第三人侵权，因而第三人本身没有过错，对其权利的限制虽然基于公共利益，但是第三人所受到的限制和忍受是有限度的，否则所有人的正当权利都可能处于不稳定的状态，间接性影响社会秩序的稳定和法律的权威性。笔者认为在此领域，国家权力（警察权）为保障公民权利的受益功能而限制第三人或受益人自身权利的范围应当远小于其所要保障的公民权利的范围。

第七节 结　语

警察权作为一种能够通过强制性手段限制公民权利的国家权力，本身应当受到公民权利的限制和制约。本书即从公民权利对警察权的限制这一角度探讨警察权的界限问题。

警察权来源于公民权利，也理所应当受到公民权利的限制。警察权的行使受到目的的制约，只有为了保障公民的权利，且只有保障公民特定的权利，警察权的行使才具有正当性。在这个意义上讲，被保护的公民权利是警察权行使的外部界限。

公民权利与警察权力之间的关系讨论很多，本书主要从公民权利对警察权力的限制角度入手，探讨警察权行使的内在边界。依法行使警察权，使警察权纳入法治的框架，不仅需要执法人员严格执法，同时也要求法律本身合理确定警察权的行使边界。

第七章

警察权的内在边际（Ⅱ）：比例原则[*]

比例原则是行政法乃至公法的一项基本原则。通常认为，比例原则"作为实现目的（或结果）手段的措施，必须符合广义的比例性；也就是说，必须具有特殊性、必要性和相称性。"具体而言，"（1）妥当性，即所采取的措施可以实现所追求的目的；（2）必要性，即除采取的措施之外，没有其他给关系人或公众造成更少损害的适当措施；（3）相称性，即采取的必要措施与其追求的结果之间并非不成比例（狭义的比例性）"。[①] 比例原则肇始于18世纪末的德国，20世纪初得以发展，于第二次世界大战前沉寂，第二次世界大战后再度回归并升华。德国警察法见证了比例原则的整个发展历史。

第一节 早期形式法治国理念下警察法中"妥当性"与"最小侵害"的生成

一、"必要"的生成与警察权的概括性限制

比例原则最早可以追溯到1794年7月1日《普鲁士一般邦法》（*Allgemeines*

---

[*] 本章部分内容以《我国警察法比例原则的适用》为名发表在《中国刑警学院学报》2019年第6期；部分内容以《德国警察法中比例原则的发展机理与启示》为名发表在《大连海事大学学报》（社会科学版）2020年第2期。

[①] ［德］哈特穆特·毛雷尔著，高家伟译：《行政法总论》，法律出版社2000年版，第238~239页。

Landrecht für die Preussischen Staaten）第 10 节第 2 条第 17 款。① 有学者将之翻译为"警察可以采取必要的措施，以维护公共安宁、公共安全与公共秩序，预防对公众或个人的潜在危险"②。在普鲁士境内，该条款以"19 世纪晚期的法确信"形式，被认为是习惯法，一直到跨世纪之 1931 年警察行政法制定后才失去效力。③

这一条款的形成具有一定的历史基础的。当时普鲁士受近代启蒙运动的影响，君主实行开明专制，崇尚通过理性进行自我约束。④ 这一时期被称为开明君主专制时期，也被有些学者称为"法治国酝酿时期"。⑤ 在此背景下君主推进了一系列改革，其中包含行政改革。在普鲁士行政改革中，警察机关面临着以下两个问题。一方面，警察的职权极其广泛。根据学者对当时警察概念的理解，认为"警察是指国防和财政之外的一切国内行政，由享有不确定强制权的中央领导掌握，针对一切社会秩序和安全方面的事物"。⑥ 而警察职能的实现多是通过对于臣民的侵害或者限制。另一方面，警察是王权的服务机器又少受限制。如奥托·迈耶（Otto Mayer）所说，"警察机关本身受到严格管理，并受上级特别是作为最高管理者的王侯本人的监督。王侯随时都有可能对警察机关做出特别指令。警察机关的命令不仅可由其上级机关，而且还常常直接由诸侯撤销和改变，或者诸侯自己在处理某事务时撇开警察机关而自行行事"。⑦ 当警察肆意地通过限制或者侵害臣民权益而实现目时，这是不理性的，也是不人道的。然而，这又是普遍的。如何解决这一问题，是当时行政改革的重要任务。

---

① Allgemeines Landrecht für die Preussischen Staaten（ALR）§10 Abs. 2 17：Die nötigen Anstalten zur Erhaltung der öffentlichen Ruhe, Sicherheit und Ordnung und zur Abwendung der dem publico oder einzelnen Mitgliedern desselben bevorstehenden Gefahren zu treffen, ist das Amt der Polizei. CF. Kugelmann, Polizei-und Ordnungsrecht, Springer–Verlag Berlin Heidelberg, 2006：24.

② 徐继强：《德国宪法实践中的比例原则》，引自许崇德、韩大元主编：《中国宪法年刊 2010》，法律出版社 2011 年版，第 69 页。对此，也有学者将该条款翻译为"维护公共安宁、安全、秩序，防止公众、个人遭受当前之危害的必要机构便是警察"，参见［德］苏勒、许乐著，李震山译：《德国警察与秩序法原理》，登文书局 1995 年版，第 2 页。

③ ［德］米歇尔·施托莱斯著，王韵茹译：《德意志公法史》，元照出版有限公司 2012 年版，第 139～140 页。

④ 刘刚：《德国"法治国"的历史由来》，载于《交大法学》2014 年第 4 期。刘刚博士认为，法治国的内涵即基本权利和分权。德国法治国的历史发展分为开明君主制时期、君主立宪制时期和宪政民主制时期三个阶段。开明君主制时期的法治国原则，"尚未获得制度形式，即基本权利和分权并未在制度上确立下来，而是停留在理念层面"，"君主愿意自觉地接受并遵守理性准则"。君主立宪时期的法治国原则，"获得了制度的依托"，"这种制度层面的落实表现为市民阶层对立法的参与，以及由此确立的法律优先和法律保留原则"。宪政民主制时期的法治国，要求"其一，宣称宪法至上和基本权利保护；其二，确立某种形式的宪法守护机制"。

⑤ 陈新民：《德国公法学基础理论（增订新版·上卷）》，法律出版社 2010 年版，第 4 页。

⑥ ［德］汉斯·J. 沃尔夫、奥托·巴霍夫、罗尔夫·施托贝尔著，高家伟译：《行政法（第一卷）》，商务印书馆 2002 年版，第 70 页。

⑦ ［德］奥托·迈耶著，刘飞译：《德国行政法》，商务印书馆 2013 年版，第 43 页。

当时的思想和理念契合了社会现实的需要，也就构成了该条款的思想渊源。18世纪中后期，在哈勒大学和哥廷根大学路线的指导下，已经形成了"所有预防危险和改善臣民整体生活状况的专制措施都是为了'幸福'这个国家目的。"① 在1791年，当时普鲁士最著名的法学家、改革家、《普鲁士一般邦法》的创始人卡尔·戈特利布·斯瓦雷茨（Carl Gottlieb Savarez）针对警察的改革，在"关于权利与国家的讲座（Vorträge über Recht und Staat）"上提出"公共国家法之第一基本原则，即国家仅在'必要'情形下有权限制个人的自由，以担保所有人自由之存在，这也是警察法的第一个基本原则"。② 1792年，威廉·洪堡（Wilhelm Von Humboldt）在《论国家的作用》中"国家通过警察法律对安全的关注"一章提出警察法律"最重要以及最一般的意义或许是，这些法律不牵涉到能够对他人权利进行直接侵犯的行为，它们只是谈及对这类侵犯进行防范的手段，它们或者对有些其结果自身进行限制或许容易对别人的权利构成危害的行为，或者对那些通常会引起践踏法律的行为进行限制，或者最后界定为了保证和进行国家自身的权力所必要的事情"。③ 该观点也被称为"最小国家"④ 或者"国家任务有限性"⑤ 观念。早期哈勒大学和哥廷根大学的指导路线形成了限制国家权力的思想基础。斯瓦雷茨的观点则是《普鲁士一般邦法》中"必要性"相关条文的直接来源。洪堡的观点相较于斯瓦雷茨则更为激进。

以上社会现实和思想渊源影响着该条款中"必要"的功能和内涵的理解。一是功能，该条款规定的"必要"，形成了对于警察的限制。⑥ 但需要注意的是，这种限制是概括性的。一方面，"警察（polizei）"本身的内涵是概括性的，它是当时整个行政管理权的总称；另一方面，"必要"是指对所有"警察"行为的概

---

① ［德］米歇尔·施托莱斯著，雷勇译：《德国公法史》，法律出版社2007年版，第312页。根据该书考证，以上观点见诸于 J. H. G. v. Justi, Grundsätze der Polizeiwissenschaft in einem vernünftigen, auf den Endzweck der Polizey gegründeten Zusammenhang, Göttingen, 1756; J. v Sonnenfels, Grundsätze der Polizei, Handlung und Finanzwissenschaft, Wien, 1765 - 1776; J. G. Darjes, Erste Gründe der Kameralwissenschaften, Jena, 1756.

② 转引自刘权：《目的正当性与比例原则的重构》，载于《中国法学》2014年第4期，第136页。经过考证，1794年《普鲁士一般邦法》的时任国王是腓特烈·威廉二世，而有学者认为该报告是向腓特烈·威廉三世做出的，需要进一步考证，在此存疑。

③ ［德］威廉·洪堡著，窦凯滨译：《论国家的作用》，华中科技大学出版社2016年版，第146~147页。

④ 张岸：《洪堡论国家》，载于《社会科学论坛》2008年第7期。

⑤ 陈新民：《德国公法学基础理论（增订新版·上卷）》，法律出版社2010年版，第8页。

⑥ 学界对于《普鲁士一般邦法》第10节第2条第17款给予了很高的评价。根据Scholler教授的理解，该条款是"显现出警察新形象的第一个重要法律"，将"警察权被限制于危害防止范围内"。［德］苏勒著，李震山译：《德国警察与秩序法原理》，登文书局1995年版，第2页。徐继强教授则将之认为是"第一个对'比例原则'做出规定的文本"。参见徐继强：《德国宪法实践中的比例原则》，引自许崇德、韩大元主编：《中国宪法年刊2010》，法律出版社2011年版，第69页。

括式限制。二是内涵，该条款规定的"必要"相当于目前比例原则中的妥当性原则。从语义上看，被规范的主体为警察，规范的方式是要求警察"采取必要的措施"以"维护公共安宁、公共安全与公共秩序，预防对公众或个人的潜在危险"。从规范的方式来看，"采取必要的措施"和"以维护公共安宁、公共安全与公共秩序，预防对公众或个人的潜在危险"是手段与目的的关系，而"采取必要的措施"本身也包含了措施和措施的要求即"必要"。"必要"和"以维护公共安宁、公共安全与公共秩序，预防对公众或个人的潜在危险"都是对"措施"的要求，两种要求具有一致性。也就是说，"必要"是指有助于"维护公共安宁、公共安全与公共秩序，预防对公众或个人的潜在危险"，也即措施有助于目的的实现。这与通说意义上的妥当性原则（所采取的措施可以实现所追求的目的）的含义是一致的。但是以上功能和内涵均具有历史局限性。何为"必要"，在该条款中并未展开，因此规范意义不强，仅具有口号意义。这使得该条款可操作性和规范价值大打折扣，也可能产生"专制君主（领主）作为绝对的法律卫士和自由的法律创造者，根据必要性和公共利益条款可以变更或者废除实在法，甚至可以通过其公权请求权干预救济程序"。[1]

《普鲁士一般邦法》制定之后，法治国理念得以不断萌芽和生长。伴随着法治国理念的发展，"必要性"的内涵和功能得到了进一步地探讨和共识。对于"必要性"的功能，则包含在对法治概念的阐述之中。康德认为，国家是许多人依据法律组织起来的联合体，而法律必须要被看成是先验的必然，而这种先验的必然体现为人的理性。[2] 在这种理念下，康德将"必要"置于"合法"之下。以警察检查权为例，他认为"警察查询和搜查私人住宅，只有在必要的情况下才是合法的。在任何特殊情况下，必须由高一级统治机关的授权才能行动。"[3] 在该观点中，"必要"与"授权"相并列，是合法性的下属概念。

对于"必要性"的内涵，主要是通过对警察目的的限定实现的。贝格（Günter Heinrich von Berg）在1799~1809年出版的《德意志警察法指南》（Handbuch des Teutschen Policeyrechts）中试图将警察权力限制在安全目的上，包括保障公共安全（镇压公共暴力、监管危险社会），国民私权保护（自由、财产和荣誉）等。但遗憾的是，他没有严格区分安全警察和福利警察、行政干预和行

---

[1] ［德］汉斯·J. 沃尔夫、奥托·巴霍夫、罗尔夫·施托贝尔著，高家伟译：《行政法（第一卷）》，商务印书馆2007年版，第71~72页。
[2] ［德］康德著，沈叔平译：《法的形而上学原理——权利的科学》，商务印书馆1991年版，第139页。该书原著出版于1797年。
[3] ［德］康德著，沈叔平译：《法的形而上学原理——权利的科学》，商务印书馆1991年版，第156页。

政服务。① 格斯特纳（Gerstner）在 1807 年出版的《警察概念的一种新尝试》（*Versuch einer Entwickelung des Begriffes von Polizei*）中将刑事追诉和促进福利均排除在警察概念之外，"警察是一个保护公众使其不受侵害的国家机关"。② 埃梅曼（Friedrich Wilhelm Emmermann）在其 1811 年出版的《关于警察的完整概念和独特程序》（*Ueber Polizei, ihren vollständigen Begriff und Ihr eigenthümliches Verfahren*）一书中，认为警察有权"根据相关的法律程序制止危险行为，并对其进行惩罚"，这意味着他将警察的目的限制在制止危险，而在其书中对国民经济管理、道德—宗教管理、教育管理、国家和地方财政管理等福利行政的内容完全予以叙述。直到 1832 年，莫尔（Robert von Mohl）在其《法治国基本原则下的警察学》（*Die Polizei - Wissenschaft nach den Grundsätzen des Rechtstaates*）一书中将警察的任务界定为"法律警察"和"协助警察"。前者用于制止人们的违法行为，后者用于消除阻碍全面发展的外部障碍。③

1882 年，在《普鲁士一般邦法》颁布 80 多年之后，普鲁士高等行政法院（Preussische Oberverwaltungsgerich）做出了著名的"十字架山案"（ProOVGE9, 353 - kreuzberg - Urteil）判决。④ 该案的大致案情是，在柏林 Kreuzberg 区，有一座自由纪念碑。为保护该纪念碑，柏林警察发布一道警察命令，规定 Kreuzberg 区附近建筑物的高度，不能高到妨碍他人从柏林市区或近郊看到该纪念碑的底部，并且建筑物不应有碍纪念碑之观瞻。另又规定，土地所有权人在申请建筑案件中应依以上规定办理。普鲁士高等行政法院对该案进行裁判的依据即是《普鲁士一般邦法》第 10 节第 2 条第 17 款。在适用该条款的同时，也吸纳了几十年间学界对"必要性"内涵和功能的阐述。一方面，从内涵上来看，该案进一步限制了警察行使权力的目的。判决书中提到"不认为警察颁布的命令合乎防止危害或维护公共安全之要件"；⑤ 理由是"过去数年公共秩序之用语已遭狭义化"。⑥ 另一方面，从功能上看，该案将"必要性"置于合法性之下，与"授权"并列。

---

① ［德］米歇尔·施托莱斯著，雷勇译：《德国公法史》，法律出版社 2007 年版，第 315～317 页。
② ［德］米歇尔·施托莱斯著，雷勇译：《德国公法史》，法律出版社 2007 年版，第 319 页。
③ ［德］米歇尔·施托莱斯著，雷勇译：《德国公法史》，法律出版社 2007 年版，第 332～333 页。
④ 我国不少学者也对此案做出评论。如陈新民教授认为该判决的启示之一是"警察以美学眼光所颁布之禁令，非其法定权力所必要。必要性原则也因之获得运用"。参见陈新民：《德国公法学基础理论（增订新版·上卷）》，法律出版社 2010 年版，第 426 页。周佑勇教授认为该案宣示了"行政权力必须依法律及在必要的范围内方得限制人权"。参见周佑勇：《论德国行政法中的基本原则》，载于《行政法学研究》2004 年第 2 期，第 29 页。刘权博士则认为该案"宣示了自由法治国的基本理念，认为国家只有在必要时，才可以限制公民的权利与自由。政府只能消极地'维护秩序'，而不能积极地'增进福祉'。如果政府要积极追求公共利益，必须有法律的授权"。参见刘权：《目的正当性与比例原则的重构》，载于《中国法学》2014 年第 4 期，第 136～137 页。
⑤⑥ ［德］朔勒著，李震山译：《德国警察与秩序法原理》，登文书局 1995 年版，第 4 页。

该案以"上述警察命令之内容不合乎警察法规定"为理由,确认该命令违法,也即警察机关不必要的行为即构成违反法律;同时,该案判决理由阐释了另一种解决方案,即"将警察机关在内政上所逾越之权限,转由有管辖权的其他政府机关,依据特别法执行之,或者是政府以'企业经营者'的姿态,以'基于公众福利'的理由,依公用征收法征收土地。在完全补偿的条件下,为积极促进福利,得依法执行公用征收,并持续限制土地所有权",① 也即通过授权的方式实现合法化。在该案 100 周年纪念活动中,有学者认为"它是法治国警察法基本原则发展和实现的起点"。② 而法治国原则也称为可以容纳比例原则最初内涵的框架,有学者认为"此表明(比例原则)源于法治国之基础"。③

奥托·迈耶(Otto Mayer)时期,19 世纪发展的法治国理念进入成熟时期。迈耶的法治国理念是"国家的普遍性权利也能被纳入到法律的形式和结构中去"④,在此基础上,他主要主张在于行政权与司法权、立法权的分立。行政权与司法权的分立,表现为建立行政审判制度,对行政尽可能的司法化;⑤ 行政权与立法权的分立,表现为法律优先及法律保留两个基本原则的构建。⑥ 在此基础上,奥托·迈耶提及"为一定目的并在一定范围内,法律也可以明确允许行政机关拥有或多或少的自由裁量范围",对此"由于没有不一致的规定,法律可以任意做出规定,即使在法律保留的范围内,法律也可以对个案做出决定"。⑦ 这意味着行政机关只需在法定的目的和范围内做出行政裁量,即是合法的。这同样可以应用到作为行政机关之一的警察。因此,奥托·迈耶若论及"必要",其仍然限制在法定目的之下,也属于形式合法性框架之内。

以上呈现了在形式法治国理念形成过程中,作为比例原则萌芽的"必要"(也即妥当性)的内涵与功能的生成。形式法治国理念强调"把法律当作治理国家及课于人民服从义务的工具,至于法律本身的质量是否符合宪法所追求之保障正义及人权,就失去其重要性"。⑧ 其建构的核心:一方面强调权力的分立,另一方面将法局限在立法机关的成文法。在这种意义上,一方面伴随着警察权行使目的的限缩,"必要"的要求略加严格,"十字架山"是典型的例子;另一方面

---

① [德] 朔勒著,李震山译:《德国警察与秩序法原理》,登文书局 1995 年版,第 4~5 页。
② Oberregierungsrat Joachim Rott, 100Jahr "Kreuzberg - Urteil" des PrOVG, NVwZ, 1982:363.
③ [德] 伯恩哈德·施林克著,张文郁译:《比例原则》,引自 Peter Badura, Horst Dreier《德国联邦宪法法院五十周年纪念论文集(下册)》,苏永钦译注,联经出版事业股份有限公司 2010 年版,第 483 页。
④ [德] 奥托·迈耶著,刘飞译:《德国行政法》,商务印书馆 2013 年版,第 58 页。
⑤ [德] 奥托·迈耶著,刘飞译:《德国行政法》,商务印书馆 2013 年版,第 61~66 页。
⑥ [德] 奥托·迈耶著,刘飞译:《德国行政法》,商务印书馆 2013 年版,第 68~69 页。
⑦ [德] 奥托·迈耶著,刘飞译:《德国行政法》,商务印书馆 2013 年版,第 77 页。
⑧ 陈新民:《德国公法学基础理论(增订新版·上卷)》,法律出版社 2010 年版,第 91~92 页。

"必要"仍然是在形式法治国框架下,指的是应当符合法定目的。

二、最小侵害原则的建构与警察裁量权的约束

1931年6月1日,当时的普鲁士自由邦颁布了《普鲁士警察行政法》(Das Preussische Polizeiverwaltungsgesetz),该法第14条规定"于公共安全或秩序受到威胁时,警察机关为了防御由此产生的对大众或个人的危险,必须在本法许可的范围内,依据合义务性裁量作必要的处置。"① 该法第41条第2款规定"如果有多种手段可以消除对公共安全、公共秩序的破坏,或能有效地防御危险,则警察机关应当尽可能地选择一种对相关人员与一般大众损害最小的手段"。②

第14条仍然延续了《普鲁士一般邦法》第10节17条第2款的思路,将警察权的行使限定在为了防御公共安全或秩序受到威胁时产生的对大众或个人的危险这一法定目的之上,但强调了"合义务性裁量"。第41条第2款则在法定目的之上,规定了对警察权行使的要求,即在多个能够实现法定目的的手段中,应当"尽可能地选择一种对相关人员与一般大众损害最小的手段",这显然高于第14条的要求。而该条款的内涵与比例原则中"最小侵害"原则的教义是一致的。因此,从内涵上来看,第14条和第41条第2款叠加起来进一步发展了"必要性"(也即比例原则)的释义。而从功能上来看,第14条和第41条第2款显然将比例原则的适用空间限定在警察裁量之内。

内涵的发展有着深厚的理论与实践背景。19世纪末、20世纪初,奥托·迈耶行政法学理论体系的建构,使整个行政法作为一个独立的学科随之兴起。随着行政法学的兴起,一大批学者倾力建构行政机关的行为模式。对于警察的暴力性约束这一显著问题,德国学者自然给予了更多的关注。而关注的起点与奥托·迈耶不同,已经超越形式合法性的框架,开始关注行政行为的合理性。其中,德国行政法学者弗里茨·佛兰尼(Fritz Fleiner)于1911年出版的《德国行政法体系》

---

① Das Preussische Polizeiverwaltungsgesetz, vom 1. Juni 1931, § 14 (1) Die Polizeibehörden haben im Rahmen der geltenden Gesetze die nach pflichtmäßigem Ermessen notwendigen Maßnahmen zu treffen, um von der Allgemeinheit oder dem einzelnen Gefahren abzuwehren, durch die die öffentliche Sicherheit oder Ordnung bedroht wird.

② Das Preussische Polizeiverwaltungsgesetz, vom 1. Juni 1931, § 42 (2) Kommen zur Beseitigung einer Störung der öffentlichen Sicherheit oder Ordnung oder zur wirksamen Abwehr einer polizeilichen Gefahr mehrere Mittel in Frage, so genügt es, wenn die Polizeibehörde eines dieser Mittel bestimmt. Dabei ist tunlichst das den Betroffenen und die Allgemeinheit am wenigsten beeinträchtigende Mittel zu wählen. Dem Betroffenen ist auf Antrag zu gestatten, ein von ihm angebotenes anderes Mittel anzuwenden, durch das die Gefahr ebenso wirksam abgewehrt wird. Der Antrag kann nur bis zum Ablauf der Frist für die Erhebung der Klage im Verwaltungsstreitverfahren gestellt werden.

(*Deutsch Verwaltungsrecht System*) 中提出了"警察不可用大炮击麻雀",同时认为最严厉的手段只能供作最不得已时刻用的最后手段,警察侵犯人权,必须合乎适当的比例。①"警察不可用大炮击麻雀"这一平实有趣的解释迅速风靡当时的学界和实务界。当然这与其与生俱来的自身自由与民主理念是不谋而合的。② 沃尔特·耶里内克(Walter Jellinek)在 1913 年出版的《法律、法律适用及目的衡量》(*Gesetz，Gesetzanwendung und Zweckmassigkeitserwägung*)中提出警察权的行使,不可有侵害性、不足性、过度性,也不可违反妥当性。对于过度性,耶里内克归纳出四个要点,其中两个要点是"若其他方法,亦可同时达成目的时,警察即不可行使禁止权""若警察同时有几个方法,同时可以达成目的时,则警察权力的相对人(即义务人——人民),可拥有选择权",以上观点与我们目前形成的"最小侵害性"原则的教义是一致的。③ 第一次世界大战使得整个公法学界经历了一场精神的洗礼。当时的行政法学者大都经历过第一次世界大战,同时也在整个威玛时期、国家社会主义时期,有部分甚至在德意志联邦共和国初期形塑了公法学科的面貌。④ 尽管行政法学的学者群体在第一次世界大战前后并未发生太多改变,但是第一次世界大战对于公民权利的侵夺,使得整个公法领域对国家权力更为警惕,对基本权利更加强调。这也促使第一次世界大战前用于深入限制警察权的最小侵害原则得以在第一次世界大战后更加受到重视。而直到 1931 年《普鲁士警察行政法》,相关学说被采纳。

除了学者的提倡,还有更为深层次的原因在于当时的现实环境,这也是学说之所以被采纳的根本原因。《普鲁士警察行政法》制定的 1931 年正处于魏玛时期的议会民主时期,"国家—社会"的双元结构产生,人民成为国家的主人。⑤ 基本权利的入宪与提倡是当时重要的历史背景,也是形式法治国理念的最新发展。基本权利保护成为宪法的重要课题。有学者认为基本权之所以受到重视"外部理由是由于魏玛宪法有半数以上的规范涉及基本权。内部理由是国家法的重新塑

---

① 转引自陈新民:《德国公法学基础理论(增订新版·上卷)》,法律出版社 2010 年版,第 426~427 页。

② 米歇尔·施托莱斯著,王韵茹译:《德意志公法史(卷三)》,元照出版有限公司 2012 年版,第 291 页。

③ 转引自陈新民:《德国公法学基础理论(增订新版·上卷)》,法律出版社 2010 年版,第 428~429 页。

④ 米歇尔·施托莱斯著,王韵茹译:《德意志公法史(卷三)》,元照出版有限公司 2012 年版,第 32 页。

⑤ [德]汉斯·J.沃尔夫、奥托·巴霍夫、罗尔夫·施托贝尔著,高家伟译:《行政法(第一卷)》,商务印书馆 2007 年版,第 79 页。

造，在民主共和中，人民十分重视'基本权'"。① 警察在和平年代是对公民权利最具有威胁的国家权力。基本权利保护的提倡对当时的警察定位和职能产生了极大的影响。一方面，从行政机关的定位来讲，"行政不能依附党派，而应当中立于所有的对抗群体，中立于执政党，以自己的专业能力为大众福祉服务"。② 也就是说，警察机关也成为独立于执政党的中立服务机关，法律成为约束警察机关作为重要的途径。另一方面，从行政机关的职能来讲，尤其是第一次世界大战之后，"国家从单纯的秩序保障者扩张到提供生存照顾、进行社会塑造、协调社会阶层冲突的给付主体"③，同时随着"行政机器的迅速膨胀和不协调"，"新的行政部门（如帝国财政行政部门和劳动行政部门），不断出现"。④ 这意味着，警察的职能更为专业化，更加倾向于秩序保障，而非生存照顾。而警察与其他机关的最显著的区别，在于警察的暴力性。采取一定的手段，进一步约束警察的暴力性就显得迫在眉睫。因此，从现实来看，采纳学者们的观点，用最小侵害原则深入约束警察的暴力性就显得不足为奇了。

功能的限缩与当时裁量理论与裁量界限的理论的产生与深入密不可分。根据王贵松教授的梳理，德国行政裁量的研究最早开始于 19 世纪 60 年代。⑤ 1862 年 F.F. 迈耶出版的《行政法的原则》是最早的关于行政裁量的著作。而在当时 F.F. 迈耶所讨论的裁量界限仍然在合法性的框架之内。⑥ 上一部分提到的奥托·迈耶对裁量的观点仍然延续合法性框架。直到第一次世界大战之前，裁量界限理论得以在合法性框架之下，继续深入到合理性之中。如前面提及的沃尔特·耶里内克所提出的过度性，也即最小侵害原则，在裁量论的框架下展开的，用于约束警察裁量权。⑦

以上呈现了形式法治国的深入发展时期，比例原则功能的变迁与内涵的深入。伴随着基本权利保障理念进入形式法治国的内涵之中，国家权力的限制更为具体和深化。在这一背景下，1931 年《普鲁士警察行政法》通过妥当性和最小侵害性原则两个子原则限制警察裁量权，无疑有助于实现这一目标。

---

① 米歇尔·施托莱斯著，王韵茹译：《德意志公法史（卷三）》，元照出版有限公司 2012 年版，第 112 页。
②③④ ［德］汉斯·J. 沃尔夫、奥托·巴霍夫、罗尔夫·施托贝尔著，高家伟译：《行政法（第一卷）》，商务印书馆 2007 年版，第 79 页。
⑤ 王贵松：《行政裁量的构造与审查》，中国人民大学出版社 2016 年版，第 6 页。
⑥ 王贵松：《行政裁量的构造与审查》，中国人民大学出版社 2016 年版，第 120 页。
⑦ 王贵松：《行政裁量的构造与审查》，中国人民大学出版社 2016 年版，第 121 页。

三、纳粹体制下的全面败退

1933 年起，直至 1945 年第二次世界大战结束，德意志帝国（1933~1945 年）发生了广泛清除公民法治国家的民主原则和自由原则的革命运动。与此同时，由于工业社会中人们的依赖性增加，与警察国类似的情况死灰复燃。国家由此成为"政党"的执行机器，行政机关原则上成为领袖及其政党的御用机器。国家和行政机关对个人生活领域、行为和财产的干预普遍失去了法律限制。① 作为国家暴力机器的警察，自然也就失去了法律限制。玛丽·富布卢克记录了当时的史实："1936 年，党卫队海因里希·希姆莱控制了党卫队和德国警察，在第三帝国成功地掌握了所有的恐怖手段，可以不顾法律公正，任意实施逮捕、拘留、监禁、酷刑和谋杀"。② 比例原则作为限制警察的手段，丧失适用空间。

第二节 第二次世界大战后实质法治国理念下比例原则的完整呈现与一般化

一、"均衡性"的产生与行政权的限制

1950 年，黑森州颁布《黑森州公权力直接强制执行法》（Hessisches Gesetz ueber die Anwendung unmittelbaren Zwanges bei Ausuebungoeffentlicher Gewalt）第 4 条规定："在直接强制执行时，应当选择对相关方与公众损害最小的手段，并且损害与行为所追求的目的不能明显不成比例"。③ 1953 年，德国《联邦行政强制执行法》（Verwaltungsvollstreckungsgesetz VwVG）第 9 条规定："强制手段应当与所追求的目的成均衡性比例。强制手段应当尽可能最小损害相关方与公众的利益"。④

通过规范分析可知，1950 年《黑森州公权力直接强制执行法》第 4 条是对必要性原则的阐释，该条款没有如 1931 年《普鲁士警察行政法》规定必要性原则"尽可能"的程度，与我们目前所描述的必要性原则的含义完全一致。1953

---

① ［德］汉斯·J. 沃尔夫、奥托·巴霍夫、罗尔夫·施托贝尔著，高家伟译：《行政法（第一卷）》，商务印书馆 2007 年版，第 81 页。
② ［英］玛丽·富布卢克著，高旖嬉译：《剑桥德国史》，新星出版社 2017 年版，第 172 页。
③④ 转引自刘权：《目的正当性与比例原则的重构》，载于《中国法学》2014 年第 4 期，第 138 页。

年《联邦行政强制执行法》第 9 条同样包含了必要性原则,且规定了"尽可能"的要求。可见当时对于必要性原则的程度性要求并未形成统一的立法见解。此外该条款还规定了手段应当与所追求的目的成均衡性比例原则。"所追求的目的",即所追求目的所形成的结果。这与我们当前认为的均衡性原则的含义(采取的必要措施与其追求的结果之间并非不成比例)也是一致的。这也是目前德国立法中能找到的关于均衡性原则最早的描述。

该法产生的历史背景如下:第二次世界大战后,德国被分区占领。占领区再次进行了国家体制改革和行政改革。在国家体制改革方面,《德意志联邦共和国基本法》(以下简称《基本法》)超越了形式意义上的法治国家,将人的尊严放在首位,通过权力分立和法律保留等原则,将第二次世界大战后德国塑造为实质意义上的法治国家。[1] 在行政改革方面,也围绕着非军事化、非纳粹化、民主化和非集权化的原则,以彻底清除纳粹的组织和法制。[2] "警察法被改革,按照法治国家的观点进行改造,警察条例、警察刑事处分和行政警察被废除。地方法也按照占领区政府各自的地方政治观点进行改造"。[3] 同时,"脱警察化"再一次带来影响,也即在权限和组织层面,营业警察、建筑警察、外国人警察、卫生警察、动物警察等从执行警察中分离出去。[4] 随着行政体制的改革的进行,警察与其他行政部门的界限更为清晰,而政府作为统一的行政法人需要制定统一的法律对其各个部门均进行约束,而不只是限于警察。在此基础上,各州和联邦[5]制定了统一的行政法律。《黑森州公权力直接强制执行法》和《联邦行政强制执行法》便是其中的两部法律。

第二次世界大战前警察法中的比例原则,也即必要性原则,为两部法律所沿用。沿用的原因值得推敲。无论是需要暴力性保障的危险性社会危害的防御还是一般性的社会危害防御,均可能对公民权利,甚至是公民基本权利形成干预。从《基本法》确立的人权保障原则出发,无论是警察权还是其他行政权力,尤其是其中的干预性行政权力,必须受到限制。而除了通过法律优先、法律保留原则进

---

[1] [德]伯阳:《德国公法导论》,北京大学出版社 2008 年版,第 37~44 页。
[2] [德]汉斯·J. 沃尔夫、奥托·巴霍夫、罗尔夫·施托贝尔著,高家伟译:《行政法(第一卷)》,商务印书馆 2007 年版,第 85 页。
[3] [德]汉斯·J. 沃尔夫、奥托·巴霍夫、罗尔夫·施托贝尔著,高家伟译:《行政法(第一卷)》,商务印书馆 2007 年版,第 86 页。
[4] 陈鹏:《公法上警察概念的变迁》,载于《法学研究》2017 年第 2 期,第 27 页。
[5] 第二次世界大战后,德国联邦制定了一系列统一的行政法律,如 1952 年《行政送达法》、1953 年《联邦公务员法》《联邦高速公路法》《行政执行法》《公务员法框架法》、1960 年《行政法院法》《联邦建筑法》《建筑法典》、1965 年《土地规划法》、1968 年《违反秩序法》、1976 年《行政程序法》,等等。参见[德]汉斯·J. 沃尔夫、奥托·巴霍夫、罗尔夫·施托贝尔著,高家伟译:《行政法(第一卷)》,商务印书馆 2007 年版,第 87 页。

行限制，还需要对法律规定的行政裁量空间进行一定的拘束。作为行政裁量拘束手段的必要性原则是必要的。因此，比例原则被沿用至统一的行政法律之中。

直到1976年6月11日，经德国联邦内政部会议议决通过，于1977年11月25日经国会通过的《联邦与各州统一警察法标准草案》（Musterentwurf eines einheitlichen Polizeige-setzes des Bundes und der Lander）第2条明确规定，"警察应就无数可行处分中，选择对个人或公众伤害最小者为之；处分不得肇致其结果不成比例之不利；目的达成后，或发觉目的无法达成时，处分应即停止。"①

二、完整适用与合宪性审查标准

1958年，德国联邦宪法法院（Deutshch Bundersverfassungsgericht）在"药店案（BVerfGE 7377 - Apotheken - Urteil）"判决中完整地适用了目的正当性、适当性、必要性和均衡性原则。②

"药店案"涉及的主要法律规范之一是《巴伐利亚州药店法》第3条第1款对新设立药店规定的许可条件："为了民众的药品供应而设立药店应符合公共利益：其经济基础有保障，并不对相邻药店的经济基础产生如此大的影响，以至于药店正常经营的前提不复存在；在许可中可以规定条件，即为了保障药品在所有地区的供应而要求在特定地点设立药店"③。涉及的另外一个法律规范是《基本法》第12条第1款："所有德国人均有自由选择职业、工作岗位和培训场所的权利，从事职业的行为可通过法律或依据法律予以规范"。④ 此外，还涉及《基本法》第2条："一、人人有自由发展其人格之权利，但以不侵害他人之权利或不违反宪政秩序或道德规范者为限。二、人人有生命与身体之不可侵犯权。个人之自由不可侵犯。此等权利唯根据法律始得干预之"。

在该案判决中，法院完全依据比例原则展开对《巴伐利亚州药店法》第3条第1款的审查。首先，法院考察了立法目的的正当性。立法者限制新药店成立的

---

① 李震山：《警察行政法论——自由与秩序之折中》，元照出版公司2009年版，第467页。
② 谢立斌：《药店判决》，引自张翔主编：《德国宪法案例选释（第1辑）·基本权利总论》，法律出版社2012年版，第48～49页。"药店案"的基本事实是：诉愿人从1955年开始，是特劳恩施泰因（Traunstein）一家药店的职员。1956年7月，他想在特劳恩施泰因开药店，向上巴伐利亚（Oberbayern）政府申请经营许可。1956年11月2日，政府根据《巴伐利亚州药店法》（1952年6月16日颁布，1955年12月10日修订）第3条第1款，拒绝颁发许可。1956年11月29日，上巴伐利亚政府基于《巴伐利亚州药店法》第3条第1款a/b的规定，拒绝了诉愿人的申请。1957年7月12日，针对当事人就拒绝颁发许可证的行为提起的行政异议，行政机关维持了原行政行为。因此诉愿人提起宪法诉愿，主张《巴伐利亚州药店法》第3条第1款违反了《基本法》第12条和第2条，是无效的。联邦宪法法院受理了这一诉愿申请。
③④ 谢立斌：《药店判决》，引自张翔主编：《德国宪法案例选释（第1辑）·基本权利总论》，法律出版社2012年版，第48页。

立法目的是防止药店数量毫无限制地增长而影响药品的正常供应，最终危害公众健康。联邦宪法法院肯定了立法目的的正当性，即承认公众健康是一个非常重要的公共利益；也承认有秩序的药品供应有助于保护公众健康。之后，法院考察了立法规定的限制是否符合目的。对此联邦宪法法院认为，允许药店自由开业并不会影响药品的正常供应，也不会危害公众健康。因此，其适当性有疑问。其次，法院审查了立法规定的限制是否必要。法院认为即使药店开业可能导致药品供应秩序的混乱，也完全可以通过对药剂师的职业自由限制更小的措施来避免这些危险，而没有必要禁止药剂师设立新药店。此外，法院通过针对职业自由创设的"三阶层"分析模型，形成了职业自由限制和公共利益保护之间的一个衡量公式。因此，"药店案"形成了当今意义上比例原则的完整的规范结构。"药店案"也是法院较早适用比例原则进行违宪审查。据有学者考证，在此之后的1965年，联邦宪法法院在"零售商限制案"中，明确宣布"比例原则具有宪法位阶"。[①]

比例原则扩展至宪法具有合理性。一方面，联邦宪法法院作为第二次世界大战后重要的维护公民基本权利的国家机构，需要有技巧的深入对其他国家权力的审查，尤其是通过违宪审查机制对有违《基本法》的立法进行监督。另一方面，比例原则随着理论的发展，其规范结构更加精细，更加完备。如劳斯的博士论文将衡量检验做出比例原则的基本部分。他认为，比例原则包含的衡量检验反映了更高层面的对权利的关注，"如果手段（合法的）仅仅是必要的（也就是最少侵害的检验），那么一个非常微小的公共利益可能导致对权利的严重侵害而不认为是非法的"。[②] 也就是说将均衡性原则加入比例原则的规范结构之中。应当说，均衡性原则的加入，将权利进行了更高层面的保护，试图实现公民权利与公共利益的平衡，这已经进入到宪法层面。对此，将比例原则扩展至宪法也就成为必然。

第三节　近年来德国警察法中比例原则的新发展

相较于一般意义上的比例原则，德国学界对警察法中的比例原则的描述有了进一步的描述。如迪特尔·库格曼（Dieter Kugelmann）教授提出了两点进展：一方面，他认为"在与犯罪行为的预防性斗争的内在关系中，比例原则的控制作

[①] 张千帆：《西方宪政体系（下）》，中国政法大学出版社2001年版，第351~355页。
[②] 转引自徐继强：《德国宪法实践中的比例原则》，引自许崇德、韩大元主编：《中国宪法年刊2010》，法律出版社2011年版，第69页。

用明显是较为弱小的",① 即从审查强度上认为比例原则对于警察法行为的控制度弱于一般行政行为;另一方面,他认为"在警察法裁量规则中包含的替代性方法的建议是必要性的模型。当责任必须清楚危险时,警察的命令可以具体化为与此有关的具体责任。因此,相关人员的申请是许可的,从而避开一个另外的同样有效的方法",② 警察法中发展出的替代性方法,即由相关人通过申请选择同样有效的方法,从而为必要性原则提供了更为精细化的规范结构。也就是说,从审查强度来看,比例原则对警察权的审查力度要弱于其他行政权。

之所以会出现对于警察权审查强度的减弱,首先,是由于"脱警察化"导致的警察职责变化。所谓"脱警察化"是指"从警察概念分化出来的其他机构和人员'不得再使用警察名称'"。历史上主要表现在两次脱警察化,第一次是与分权有关,通过与军事权、财政权、司法权等的分离,警察权逐渐限定在内务行政领域;第二次与政府组织体系分化、职能进一步分工有关,通过不断明晰警察权目的,将政府的一些职能从警察权之中剥离出去,警察权与内务行政有所区分。③ 在德国,尤其是第二次脱警察化,警察机关的行政职责主要限定在"辅助性"手段上,也即除了预防和防止犯罪,警察机关只有在其他安全机关无法出现或者无法及时出现,也即缺少相应必要的权力、手段或主体时,才履行紧急性职责。④ 由于警察机关的手段集中在紧急性措施上,且具有保护公共利益的迫切性,因此,基于比例原则对这类行为的审查往往会保持容忍态度,采取低强度的司法干预。⑤

其次,另外一个导致比例原则对警察审查强度降低的原因在于新增警察任务的重大性和保护的即时性。近年来恐怖活动的增多以及新型违法行为的产生,作为紧急措施施加者的警察机关,不得不适用大量相应有效的新兴执法手段,如个人资料采集。"信息采集已经成为警察执法的重要组成部分,现代通信技术使个人数据收集和运行成为警务的焦点。"⑥ 正如有学者认为的那样,"为了抵抗恐怖风险而针对个人权利的限制是否正当,以及这些限制的深度如何,取决于特定情况下法律利害关系的评估。实现目标的不确定性导致了适用手段的不确定性"。⑦ 由于这些新兴任务往往关系着重大的公共秩序安全,且专业性要求较强。因此,

---

① Dieter Kugelmann, Polizei-und Ordnungsrecht, Springer – Verlag Berlin Heidelberg, 2006:296.
② Dieter Kugelmann, Polizei-und Ordnungsrecht, Springer – Verlag Berlin Heidelberg, 2006:298.
③ 余凌云:《警察权的"脱警察化"规律分析》,载于《中外法学》2018年第2期,第397页。
④ Wolf – Rudiger Schenke, Polizei-und Ordnungsrecht, C. F. Müller, 8. Auflage, 2013:611.
⑤ 蒋红珍:《论适当性原则——引入立法事实的类型化审查强度理论》,载于《中国法学》2010年第3期,第71页。
⑥ Dieter Kugelmann, Polizei-und Ordnungsrecht, Springer – Verlag Berlin Heidelberg, 2006:3.
⑦ Dieter Kugelmann, Polizei-und Ordnungsrecht, Springer – Verlag Berlin Heidelberg, 2006:7.

基于比例原则对这类行为的审查也会适用低强度的审查标准。[①]

正如本章开头所提到的那样,德国警察法的发展几乎见证了比例原则这一"皇冠原则"的整个发展过程,抑或说,德国警察法与比例原则有着一定相辅相成的关系。具体而言,一方面,从最初的妥当性原则再到最小侵害原则最后到均衡性原则的产生,都与警察执法实践有着密切关联。究其原因在于警察权作为国家干预行政的主要组成部分,关系着整个行政权的约束,对于公民权利保障也有着重大意义。另一方面,从"平面式"的三阶理论发展为不同的审查强度,很大程度上取决于整个警察职责的调整。随着第二次"脱警察化"的展开,警察机关的职权得以逐步限缩至紧急情况的处置和基于强制手段的职责辅助。在此背景下,警察执法行为往往是紧急的、涉及重大公共利益,且专业性较强的。法院基于比例原则对其进行审查时,相对于其他行政执法行为,力度往往较弱。从而慢慢衍生出比例原则的审查强度理论。

第四节　清末民国时期的引入与发展

清末伊始,中国开始大批移植海外的法律制度。比例原则作为舶来品,经由日本引入中国警察法。然而,清末民国时期的中国正值战乱,尽管立法和学理对比例原则的发展不容忽视,但比例原则仅是落于纸面,并未发生实效。

一、清末经由日本传至我国

(一) 尚处于发端的比例原则进入日本

日本近代法制化深受欧洲尤其是德国影响。有学者认为"近代日本的法律文化,主要是在学习借鉴西方的法律文化的基础上形成和发展起来的"。[②] 而就行政法而言,该学者也认为"日本近代行政法属于大陆型的行政法,更加接近于德国的行政法制度。众所周知,在大陆法系的国家中,行政法首先产生于法国,法国的行政法以设立行政法院管辖行政诉讼为主要特征。法国行政法影响了大陆法

[①] 蒋红珍:《论适当性原则——引入立法事实的类型化审查强度理论》,载于《中国法学》2010年第3期,第72页。

[②] 何勤华等:《日本法律发达史》,上海人民出版社1999年版,第44页。

系的许多国家。德国的行政法虽然是在受法国行政法的影响下形成的,但其行政法院组织体系、诉讼制度等均具有自己的特点。日本近代行政法的形成过程中,虽也曾有人主张仿照法国的行政法,但由于 19 世纪 80 年代以后,日本政府已确立全面转仿德国法的方针,故日本近代的行政法更具有与德国行政法相似的特点"。①

在当时,德国警察法中的比例原则对日本有着一定的影响。一方面,在日本警察法中,有类似于德国警察法中比例原则的表述。如 1875 年《行政警察规则》第 1 条规定"行政警察之趣旨,在于预防人民之凶害,及保持安宁"。② 又如日本学者清水澄认为"谓防维有害公共之安宁秩序。及有害人民幸福之行为。皆成为警察作用。然不具第一要素。不得为警察。或又置重于加害原因之区别者。谓防卫生人所加之损害。即警察排除因自然力而生之损害。非警察"。③ 以上内容有前面所提到的 1882 年"十字架山案"中关于"必要"含义的表述,别无二致。另一方面,作为比例原则萌芽初期的"必要"原则在日本进一步适用于其他行政法领域,甚至成为行政法基本原则的内容。1924 年有斐阁出版的《行政法撮要》一书中,美浓部达吉在介绍行政法基本原则之一的"自由主义之原则"时,提到"故法律上虽任行政权自由裁量之情形,行政机关在裁量权之范围内,尚受此原则之拘束。不必要的束缚个人之自由者,盖为违法的行政权之滥用"。④ 可见日本当时已然将比例原则"一般化"。

(二) 我国近代学者将德日警察法中的比例原则引入中国

1903 年,梅谦次郎在法政大学创办了中国留日学生法律速成科,积极吸收中国短期留日学生,使法政大学成为当时中国留学生最集中的场所。在对中国留学生的致辞中,梅谦次郎曾说过以下一段话:"日中两国自古以来就拥有同文同教的关系,在根本的道德观念上是一致的。而日本先于中国研究西方的文物制度,采其之长补己之短,比较研究东西的得失利弊,将其折衷调和,编纂出了自己的法典。因此,中国在编纂新法典时,以日本的法典为模式是合适的、合算的。希望学生诸君体察此意,完成学业,为自己的国家作出贡献"。⑤ 在这一背景下,我国学者、学社大量翻译、编译、转译日本著作。

就翻译日本著作而言,以行政法为例,当时的上海商务印书馆编译了清水澄

---

① 何勤华等:《日本法律发达史》,上海人民出版社 1999 年版,第 92 页。
② 李英:《日本警察制度》,商务印书馆 1936 年版,第 169~170 页。
③ [日]清水澄著,上海商务印书馆编译:《行政法各论》,上海商务印书馆 1936 年版,第 69~70 页。
④ [日]美浓部达吉著,程邻芳、陈思谦译:《行政法撮要》,商务印书馆 1934 年版,第 61 页。
⑤ 何勤华等:《日本法律发达史》,上海人民出版社 1999 年版,第 38 页。

的《行政法各论》、金泯澜翻译了清水澄的《行政法泛论》、陈汝德翻译了铃木义男、杉村章三郎的《行政法学方法论之变迁》、美浓部达吉的《行政法》《行政法撮要》《日本行政法》《公法与私法》《行政裁判法》等均被翻译成中文，应当说以上翻译的日本行政法著作在我国近代行政法学界产生了极大影响。此外，我国学者也大量转译日本行政法的著作，其中也涉及警察法的著作，如李信臣编的《日本警察法释义》。该释义在涉及"警察权限界"时，认为"警察权之行使，常不得越必要之限度。警察权之行使，即对臣民之自由，是为自由权不当之侵害，已超越警察权之正当限界。换言之，警察上之必要，与警察权之行使，须互相比例。欲除大障碍，对于臣民之自由，可加大制限；欲轻除障害，可如轻制限。谓之警察上比例之原则"。① 可见，当时警察法中的比例原则已经引入我国。

二、民国时期文本意义上的促进

（一）1932年《行政执行法》将比例原则本土化并扩至一般行政法

在现有资料中最早引入比例原则的立法是1932年《行政执行法》。该法第一条规定"行政官署于必要时，依本法之规定，得行间接或者直接强制处罚"。该条款对行政官署行使间接或直接强制处罚的行为通过"必要"一词加以限制。仅从词义上讲，"必要"仍然是个不确定的法律概念。然而，该法第七条、第八条、第九条和第十条可以看作是对"必要"的进一步解释。以第七条第一款为例，该条款规定"管束非有左列情形之一者，不得为之。一 疯狂或酗酒泥醉，非管束不能救护其生命身体之危险及预防他人生命身体之危险者。二 意图自杀，非管束不能救护其生命者。三 暴行或斗殴，非管束不能预防其伤害者。四 其他认为必须救护或有害公安之虞，非管束不能救护或不能预防危害者。"该条款对于管束行为的限制是通过罗列具体的事实要件（如疯狂或酗酒泥醉、意图自杀、暴行或斗殴或其他认为必须救护或有害公安之虞）和在相应要件下与其他措施的比较来实现的。比较的前提是管束有助于实现相应的目的，这即是通常意义下"适当性原则"的含义。比较的结果是管束是有效实现相应目的的唯一措施，也就是说，不存在其他更少损害的措施能够同样实现法定目的，也即我们通常意义上"必要性原则"的含义。而同样，该条款也是对第一条"必要"的解读。因此，可以认为《行政执行法》第一条中规定的"必要"是指比例原则中的适当性原则和必要性原则。比例原则在当时的德国其含义也仅限于适当性原则和必要性原

---

① 李信臣编：《日本警察法释义》，真中外印字行1918年版，第7~8页。

则。这意味着比例原则已经成为民国时期行政法的一项基本原则。

但从表述上看,《行政执行法》通过"非……不能"的方式来表达必要性原则和适当性原则的含义,更符合中文的表达方式,因此,比例原则在中国被本土化了。此外,从现有资料来看,在当时德国和日本法律规范中,比例原则主要用于警察法,而未作为一项行政法的原则。可见,民国时期对于比例原则的引介,"青出于蓝,而胜于蓝",尽管当时的比例原则适用仅限于行政机关的执行行为。

(二) 民国时期警察法延续本土化的比例原则并在理论上得以发展

1933年《警械使用条例》第二条规定"警官警士因执行职务认为必要时,得使用警棍指挥或制止。"第三条规定"警官警士执行职务时,非遇有左列情形之一,不得使用刀枪。一警官警士之生命身体受危害之胁迫,非使用刀或枪,不足以抵抗或自卫时。二警官警士所防卫之土地,屋宇、或人之生命、身体、财产、受危害之紧迫,非使用刀或枪,不足以保护时。三要犯脱逃或拒捕,非使用刀或枪,别无他法,足以制止时。四暴徒扰乱公安,非使用刀或枪,不足以镇压时"[1]。该法第二条通过"必要"对使用警棍形成限制;第三条则通过"非……不得""非……不足以"对使用刀枪加以限制。以上与《行政执行法》中规定的比例原则表述如出一辙,可见《警械使用条例》延续了本土化之后的比例原则。

但需要注意的是,1936年《维持治安紧急办法》第一条规定"遇有扰乱秩序,鼓煽暴动,破坏交通,以及其他危害国家之事变发生时,负有公安责任之军警,得以武力或其他有效方法制止"。第二条规定"遇有以文字、图书、演说、或其他方法,而为前项犯罪之宣传者,得当场逮捕,并得必要时,以武力或其他有效方法排除其抵拒"。第二条虽然也通过"必要"来描述警察行为,但是此处的"必要"与《行政执行法》中的"必要"含义是不同的。这里的"必要"是作为"武力或其他有效方法"提供背书,即在"当场逮捕"的基础上,为其他武力甚至更为强迫性的方法提供法定依据。但是,这样的条款将给公民带来极大的不确定性和威胁。这也是比例原则需要警惕的地方,即比例原则不应当成为国家行为的论证工具,而应当以保障公民权利为根本目标和前提。

除了警察法规范对本土化之比例原则有所规定,民国时期公法学者在理论上发展了比例原则。有着美国留学背景的中央警官大学郑宗楷在《警察法总论》一书"总论"的"警察权之界限的原则"提到比例原则。他认为"警察权应该在维持社会秩序的必要限度内,必须在维持社会秩序的必要上即行使。倘越过其必要的程度,致侵害人民的自由时,就是超过警察权的界限。通常把这个限制称作

---

[1] 丁光昌编:《警察法规》,大东书局1947年版,第59页。

'警察权之比例的原则'。由这个原则所剩的结果，约有两端：（一）警察权的发动，必须在不可容忍之障害的场合。警察权只在社会上有不可容忍之障害存在的场合才发动的……（二）除去障害与限制自由，必须均衡……"①一方面，郑宗楷先生将《行政执行法》中本土化的比例原则加以抽象化，即将"非……不能/不得"格式的约束抽象为"不可容忍"。更为重要的是，从"比例"的本意出发，在比例原则的内涵里提出了"均衡"的理念。

具有留日背景的著名学者范扬也在《警察行政法》一书也有类似的表述，他认为"以警察权限制人民之自由须与排除社会障害所必要之程度相对称，如逾越其程度而限制之，则为越出警察权之正当界限，是为警察比例之原则。盖如前所述，现代国法，苟不妨害社会秩序，以不拘束个人之自由为原则。故凡在法规上容许警察官署得为裁量处分之场合，其裁量权须有一定之限制，只于警察上所必要限度，得行使之。此项原则，更可从次之三方面说明之。（甲）警察权仅于社会发生危害或有发生之直接危险时，始得发动之……（乙）警察权仅于社会公益上有不可容忍之危害时始得发动之……（丙）以警察权除去社会上不可容忍之危害须其除去危害之处分与所除去危害之程度成正比例……"。②

近代中国的行政法大多借鉴西方的行政法律原则、制度而建立。③当时大批参与立法的官员、学者具有留学背景。此外，民国时期，正值除旧革新之时，推崇限制国家权力的理念，警察权作为重要的国家权力也应受到限制。由此推测，民国时期警察法直接或间接地借鉴了欧美警察法的内容，其中也将德国法中的比例原则概念引入警察法，并且将引入之后的比例原则进一步精细化。

然而，值得注意的是，比例原则仅仅在法律文本或者教科书中有所提及和论述，而在司法裁判和行政执法中并未付诸实践。④

第五节　新中国成立后我国警察裁量权的产生与约束

有学者认为，"旧的传统的行政管理（administration）和经济、社会规制

---

① 郑宗楷：《警察法总论》，商务印书馆1938年版，第41～43页。
② 范扬：《警察行政法》，商务印书馆1940年版，第10～11页。
③ 赵晓耕主编：《中国近代法制史专题研究》，中国人民大学出版社2009年版，第153页。
④ 黄源盛教授曾对1914～1928年平政院审理的约200件案件进行梳理，这是目前学界少见的对民国时期行政裁判梳理的力作。然而在"行政诉讼裁决之部"的分类中竟然没有与警察相关的类别，这从一侧面反映了当时对于警察的诉讼非常不发达，在警察法中适用比例原则的案件更是难以查询。参见黄源盛：《平政院裁决录存》，五南图书出版公司2007年版，目录。

(regulation）模式"（以下简称为"管理模式"）正在转向"新的现代国家治理（governance）和行政法治（rule of law）模式"（以下简称为"治理模式"）。① 该观点大体概括了我国行政法研究对象的转变趋势。但是，不得不承认的是，自1989年《中华人民共和国行政诉讼法》颁布之后，"管理模式"已然走向"控权模式"，近年来才逐步走向"治理模式"。也就是说，我国行政法的研究对象经历了"管理模式""控权模式""治理模式"三个发展阶段。

一、"管理"时期警察裁量权的产生与扩张

新中国成立初期，我国行政法仿效苏联行政法。② 苏联行政法认为"行政法所调整的是发生在执行和号令机关之间、以及执行及号令机关和公民及其社会团体之间的社会关系。"③ 这种"管理论"的行政法思想，为我国所采纳，④ 也深深影响着新中国成立初期行政立法的制定。

当时，对于公安机关的性质和任务已经有着清晰的认识。"我们的人民公安机关是国家的保卫机关和侦查机关，是人民民主专政的工具、阶级斗争的锐利武器。"⑤ "我们的人民公安机关的基本职能是依法惩办犯罪，维护人民权益，保卫社会主义制度。"⑥ 基于此，1954年12月20日发布并实施的《中华人民共和国逮捕拘留条例》（以下简称《逮捕拘留条例》）第八条规定："执行逮捕、拘留的人犯，对抗拒逮捕、拘留的人犯，可以采取适当的强制方法，在必要的时候可以使用武器。"第十条规定"执行逮捕、拘留的机关，对逮捕、拘留人犯的邮件、电报，认为有扣押必要的时候，可以通知邮电机关加以扣押。"强制方法的选择、是否使用武器、是否通知邮件机关扣押逮捕与拘留人犯的邮件和电报，是由公安

---

① 姜明安：《新时代中国行政法学的转型与使命》，载于《中国法学会行政法学研究会2018年年会论文集》，第51页。
② 新中国成立初期，我国行政法的研究仿效苏联。当时的行政法教材多直接或者间接转译于苏联。如徐步衡译：《苏联行政法纲要》，大众法学出版社1950年版，[苏]科托克著，萨大为译：《苏联行政法概论》，人民出版社1951年版；[苏]司徒节尼金：《苏维埃行政法》，中国人民大学出版社1953年版；《国家法 行政法》，王庶译，法律出版社1954年版；[苏]СС. 司徒节尼金著，中国人民大学国家法教研室译：《苏维埃行政法 总则》，中国人民大学出版社1954年版；[苏]符拉索夫著，中国人民大学国家法教研室译：《苏维埃行政法提纲》，中国人民大学出版社1954年版；[苏]克拉夫楚克著，王庶译：《国家法 行政法》，法律出版社1955年版；[苏]司徒节尼金著，袁振民等译：《苏维埃行政法 分则》，中国人民大学出版社1955年版；中国人民大学国家法教研室编译：《苏维埃行政法论文选译 第1辑》，中国人民大学出版社1957年版；中国人民大学国家法教研室编译：《苏维埃行政法论文选译 第2辑》，中国人民大学出版社1956年版。
③ 王庶译：《国家法行政法》，法律出版社1954年版，第10页。
④ 何海波：《中国行政法学的外国法渊源》，载于《比较法研究》2007年第6期。
⑤⑥ 钱宝谨：《对人民公安机关的性质、任务等几个问题的认识》，载于《法学》1958年第6期。

机关决定的，也即形成了公安机关的裁量权。而这一裁量权的形成是因为，"要维护公共秩序和社会治安，它在执行任务重，就必须拥有一定的权限，必须采取某些强制手段"。① 又如1957年10月22日发布并实施的《中华人民共和国治安管理处罚条例》（以下简称《治安管理处罚条例》）第五条至第十五条均规定了拘留、罚款或者警告中的两种或者三种处罚种类以及不同的处罚幅度，处罚种类的选择和处罚幅度的确定也均是警察裁量权的体现。这一裁量权的设置是"为了积极的警诫、教育违反治安管理的人不再重犯，并进一步教育广大群众遵守国家纪律。"② 此外，1958年1月9日发布并实施的《中华人民共和国户口登记条例》第十七条第二款规定户口登记机关可以裁量是否向申请人索取有关变更或者更正户口登记内容的证明。

对于以上公安机关的裁量权，当时有学者认为"为了防止某些公安人员滥用职权，和保证这些规定的准确执行，在人民公安机关的日常工作中，严格遵守法律和依照法律办事"。③但是当时的法律只是赋权，而未规定任何的约束手段，对于警察权也缺少必要的内部监督和司法审查，可见，当时的警察裁量权是不受任何限制的。直至1983年出版的第一本行政法统编教材《行政法概要》中也认为"凡法律没有详细规定，行政机关在处理具体事件时，可以依照自己的判断采取适当方法的，是自由裁量的行政措施"。④

从1957年反右倾斗争扩大化到1976年"文化大革命"结束，由于民主和法治被漠视、人治思想的抬头，我国的法制建设跌入低谷。直到1978年底召开的中共十一届三中全会，鉴于历史的经验教训，把发扬社会主义民主、加强社会主义法制提上日程。⑤ 改革开放初期，有学者将之称为"压制—缓和型"行政模式，这一模式下，"由于个人自由获得一定的空间，由此产生了控制行政权的社会需求或者压力，镌着'行政管理法'印痕的现代行政法（学）渐渐生成"。⑥这一时期警察裁量权进一步扩大，但仍未受到控制。⑦

---

① ③ 钱宝谨：《对人民公安机关的性质、任务等几个问题的认识》，载于《法学》1958年第6期。
② 廖公宣：《"治安管理处罚条例"讲话》，辽宁人民出版社1958年版，第23~24页。
④ 转引自余凌云：《行政法讲义（第二版）》，清华大学出版社2014年版，第157页。
⑤ 周旺生：《中国立法五十年（上）——1949-1999年中国立法检视》，第7~10页。
⑥ 章剑生：《我国行政模式与现代行政法的变迁》，载于《当代法学》2013年第4期。
⑦ 如1984年5月13日发布、1984年10月1日实施的《中华人民共和国消防条例》第二十二条规定公安消防机关可以决定是否使用一般不准通行的道路、空地和水域；1987年3月16日发布并实施的《中华人民共和国消防条例实施细则》第四十条规定治安管理人员可以决定是否实行交通管制；1989年10月31日发布并实施的《中华人民共和国集会游行示威法》第二十七条第二款规定了人民警察采取必要手段强行驱散的裁量权。

二、"控权"时期警察裁量权外部约束的展开

1986年11月4日,最高人民法院发布《人民法院审理治安行政案件具体应用法律的若干问题的暂行规定》是新中国成立以来行政诉讼的起点。该规定意味着在治安管理领域,行政行为受人民法院的审查。这标志着警察权开始受到司法权的限制。遗憾的是,该规定第四条仅规定"人民法院只就公安机关的后一次裁决是否符合事实以及是否合法进行审查,依法分别作出维持或者撤销的裁定"。可见,警察裁量权仍然不受审查。直到1989年4月4日发布、1990年10月1日实施的《中华人民共和国行政诉讼法》(以下简称《行政诉讼法》),该法第五十四条第(四)项规定"行政处罚显失公正,可以判决变更"。该条款意味着通过司法权限制包括警察权在内的行政处罚裁量权的开始,[①] 也是"控权论"思想的集中体现。1989年《行政诉讼法》颁布之后,尽管警察裁量权仍不断扩张,[②] 但是其约束路径也在不断扩展和健全。警察裁量权的约束路径可以通过两种方式进行描述:一种是警察裁量权约束的场景;另一种是警察裁量权约束规范的具体表现形式。

从约束场景来看,在"控权模式"下,警察裁量权的约束场景包括立法、内部执法监督、行政复议和行政诉讼。[③] 立法对于警察裁量权的逐渐限缩表现为笼

[①] 胡康生主编:《中华人民共和国行政诉讼法〈中华人民共和国行政诉讼法〉讲话》,中国民主法制出版社1989年版,第184页。

[②] 1992年6月16日发布并实施的《中华人民共和国集会游行示威法实施条例》第十七条第二款规定公安机关必要时临时变通执行交通规则的裁量权;第二十条规定了公安机关是否设置障碍物的裁量权。1995年1月12日发布并实施的《强制戒毒办法》第十二条规定强制戒毒所戒毒人员采取必要措施的裁量权。1995年2月28日发布并实施的《中华人民共和国人民警察法》第十三条第一款规定了公安机关有选择是否优先乘坐公共交通工具的裁量权;第十三条第二款规定了公安机关有选择是否优先使用机关、团体、企业事业组织和个人的交通工具、通信工具、场地和建筑物的裁量权。1998年5月14日公布并实施的《公安机关办理刑事案件程序规定》第一百八十二条第一款规定了公安机关选择未成年人讯问地点的裁量权。2003年8月26日发布2004年1月1日实施的《公安机关办理行政案件程序规定》第九条赋予公安机关确定管辖的裁量权。等等。

[③] 有学者将行政裁量的控制路径分为立法控制、行政控制和司法控制,是早期对于裁量"约束场景"的梳理的典型。在此,笔者仅是做进一步的细化。参见余凌云:《行政法讲义(第二版)》,清华大学出版社2014年版,第161~164页。

统规定原则①、明确裁量目的②、进一步细化实体和程序规定③。内部执法监督则直接将"适当""公正"等用于约束警察裁量权。④ 行政复议程序也将"明显不当"作为撤销、变更或确认包括违法警察裁量行为在内的行政裁量行为的标准。⑤ 而在行政诉讼中,"显失公正""明显不当"⑥"滥用职权"⑦ 是审查包括警

---

① 如《中华人民共和国治安管理处罚法》(2005 年)第五条第一款规定了过罚相当原则用以限制治安管理处罚裁量权。

② 如 1995 年 2 月 28 日发布并实施的《中华人民共和国人民警察法》(以下简称《人民警察法》)第十三条第一款通过规定"因履行职责的紧急需要"这一目的来限制公安机关优先乘坐公共交通工具的裁量权;第十三条第二款通过规定"因侦查犯罪的需要"这一目的来限制公安机关优先使用机关、团体、企业事业组织和个人的交通工具、通信工具、场地和建筑物的裁量权。以上两个条款在目前的《人民警察法》中仍然沿用。

③ 通过进一步细化规则逐渐限缩裁量权。这又表现为多种形式:一种形式是通过细化实体规则限制裁量权的行使范围,如 1995 年 1 月 12 日发布并实施的《强制戒毒办法》第十二条第一款规定:"强制戒毒所对戒毒人员应当采取必要的保护措施,防止戒毒人员伤亡事故。"这意味着为了防止戒毒人员伤亡事故,戒毒所具有采取相应必要保护措施的裁量权。该办法被《戒毒条例》(2011 年)所取代。以上条款修改为《戒毒条例》第三十条和第三十一条。这两条通过对不同戒毒人员在不同情况的分别管理做出规定,从而在一定情况下通过规则限缩了戒毒所的裁量权。又如,《公安机关办理行政案件程序规定》(2006 年)第九条对 2003 年规定的管辖裁量权增设了"涉及卖淫、嫖娼,引诱、容留、介绍卖淫,赌博的案件除外"这一限制。另一种形式是通过细化程序规则限制裁量权的行使方式。如 1998 年 5 月 14 日发布并实施的《公安机关办理刑事案件程序规定》第一百八十二条第一款规定了公安机关对未成年犯罪嫌疑人讯问场所的裁量权;2012 年修改后的规定第七十四条将讯问地点限制在指定地点,但是同时专门规定"未成年人刑事案件诉讼程序"一节,其中第三百一十二条至第三百一十四条用以对讯问方式进行更为细致的规定,以保证未成年犯罪嫌疑人的权利。

④ 《公安机关内部执法监督工作规定》(1996 年)将"适当"作为公安机关执法监督的标准之一,具体包括"刑事立案、销案,实施侦查措施、刑事强制措施和执行刑罚等刑事执法活动"是否适当、"适用和执行行政拘留、罚款、没收非法财物、吊销许可证、查封、扣押、冻结财物、劳动教养、收容教育、强制戒毒等行政处罚和行政强制措施"是否适当、"处理意见"是否适当,等等。参见 1999 年 6 月 11 日发布并实施的《公安机关内部执法监督工作规定》第六条、第九条、第十三条、第十五条、第十九条。在保留原条款的基础上,《公安机关内部执法监督工作规定》(2014 年)第 5 条第(五)项更是将"量处适当"作为公安机关办理各类案件的基本要求。《公安机关执法质量考核评议规定》(2001 年)第二十三条将已办结的案件或执法活动是否适当作为考核评议的标准之一。该规定在 2016 年修改之后,其六条第(六)项将"量处适当"作为公安机关办理案件的标准之一。《公安机关办理行政案件程序规定》(2003 年)第一百三十五条将"拟作出的处理决定是否适当"作为对行政案件进行审核、审批应当审查的内容。

⑤ 《中华人民共和国行政复议法》(以下简称《行政复议法》)(1994 年)第二十八条第(三)项将"具体行政行为明显不当"作为行政复议案件撤销、变更或者确认具体行政行为违法的标准之一。《公安机关办理行政复议案件程序规定》(2002 年)第七十一条规定"被申请人在法定职权范围内故意作出不适当的具体行政行为,侵犯申请人合法权益的,可以认定该具体行政行为为滥用职权。"

⑥ "显失公正"是《行政诉讼法》(1989 年)规定的对行政处罚裁量进行审查的标准。"明显不当"则是《行政诉讼法》(2014 年)规定的对行政裁量进行审查的标准。何海波教授认为"2014 年行政诉讼法修改增加了'明显不当'这一审查根据,法院对行政裁量合理性的审查由此得以立法确认。"何海波:《论行政行为"明显不当"》,载于《法学研究》2016 年第 3 期。

⑦ "滥用职权"是两版《行政诉讼法》均有规定的对行政裁量进行审查的标准。施立栋博士认为"按照学界通说,'滥用职权'审查标准针对的是行政权限范围内的裁量问题的评价,因而'滥用职权'的含义即为滥用裁量权。"施立栋:《被滥用的"滥用职权"——行政判决中滥用职权审查标准的语义扩张及其成因》,载于《政治与法律》2015 年第 1 期。

察裁量行为的标准,如图 7-1 所示。

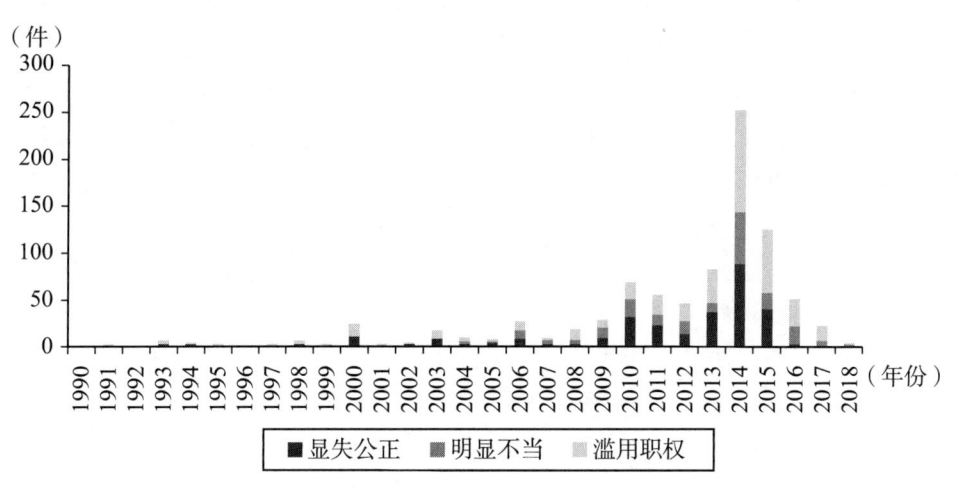

图 7-1 "显失公正""明显不当"和"滥用职权"在公安行政诉讼案件中的适用

注:数据截至 2018 年 10 月 9 日。

资料来源:以"显失公正"为全文关键词,以"公安"为案由,北大法宝共收录 313 件行政案件;以"明显不当"为全文关键词,以"公安"为案由,北大法宝共收录 189 件行政案件;以"滥用职权"为全文关键词,以"公安"为案由,北大法宝共收录 418 件行政案件。

尽管 2014 年后运用"明显不当"和"显失公正"进行裁判的公安行政案件逐年降低,但相较于《行政诉讼法》(1989 年)制定之初的消极不审查,法院对警察裁量权的积极监督已经有了质的飞跃。

从约束规范的具体表现形式来看,警察裁量权的约束规是多样的。前面已经提及,立法中已然规定了原则、目的、实体规则和程序规则等规范用以约束警察裁量权。除此之外,内部执法监督、行政复议和行政诉讼中也包含着丰富的警察裁量权约束规范。但是鉴于资料查找的便利性和可靠性,本书仅梳理了行政诉讼中相关案件。通过对适用"明显不当""显失公正""滥用职权"的公安行政案件的梳理,可以总结出以下裁量约束规范形式:一是根据合理性原则中是否考虑有关因素进行判断。例如,在司开伟不服上海市公安局虹口分局治安管理处罚案中,一审法院认为"被告上海市公安局虹口分局在处理这一事件时,未全面考虑纠纷的全过程和当事人的双方各自的过错责任,对廖蓉蓉仅给予批评教育,而对原告却作出了治安拘留 10 天的处罚,这一处罚裁决显失公正,依法应予变更",二审法院认为"上诉人在作出具体行政行为时,未充分考虑被上诉人与廖蓉蓉纠纷中,双方各自应承担的责任,对廖蓉蓉给予批评教育,而对被上诉人作出治安拘留10天处罚，显失公正"。① 二是在考虑相关因素的同时，是否将处罚与教育相结合进行判断。例如，在赵永平不服乌鲁木齐市公安局天山分局治安拘留处罚案中，一审法院认为"考虑到事端是由于第三人出言不逊而引起及伤害后果轻微、情节尚不严重等，本院认为对原告作出行政拘留15日的处罚显系过重。为了达到教育原告的目的及保障和监督行政机关依法行政，对于显失公正的具体行政行为应予变更"，二审法院予以肯认。② 三是以是否符合过罚相当原则进行判断。如在王永全不服上海市公安局闵行分局行政处罚决定案中，法院认为"《中华人民共和国行政处罚法》第四条第二款规定：'设定和实施行政处罚必须以事实以依据，与违法行为的事实、性质、情节以及社会危害程度相当。'本案中，虽系原告上门造成冲突，但第三人采取过激行为，用菜刀将原告砍伤，违法行为的性质较为严重，社会危害程度较大，被告选择治安管理处罚中较轻的处罚种类予以处罚，属责罚不当，显失公正"。③ 四是以平等原则进行判断。如在王某诉某公安局行政处罚纠纷案中，二审法院认为"被告在对两人违法行为性质、处罚理由和法律依据适用均相同的情况下，却分别处以该法规定的最轻处罚种类的处罚和最重处罚种类中最上限的处罚，构成对该案所作出的处罚显失公正，即对戈某予以警告处罚显然畸轻，应予纠正。"④ 五是以是否符合比例原则进行判断。如在刘云务诉山西省太原市公安局交通警察支队晋源一大队道路交通管理行政强制案中，最高人民法院认为"建设服务型政府，要求行政机关既要严格执法以维护社会管理秩序，也要兼顾相对人实际情况，对虽有过错但已作出合理说明的相对人可以采用多种方式实现行政目的时，在足以实现目的的前提下，应尽量减少对相对人的损害。实施行政管理不能仅考虑行政机关单方管理需要，而应以既有利于查明实施，又不额外加重相对人负担为原则"。⑤

---

① 上海市中级人民法院（1992）沪中行上字第136号行政判决书。类似的案件还有"龚春生不服上海市公安局外国人管理、出入境管理处出入境管理处罚裁决案"，上海市中级人民法院（1994）沪中行终字第27号行政判决书；"石少六不服泸州市公安局纳溪分局治安行政拘留决定案"，四川省泸州市纳溪区人民法院行政判决书；"姜玉英诉涡阳县公安局治安管理处罚显失公正案"，安徽省涡阳县人民法院（2003）涡行初字第90号行政判决书。

② 新疆维吾尔自治区乌鲁木齐中级人民法院（1993）行终字第9号行政判决书。

③ 上海市闵行区人民法院（2000）闵行初字第6号行政判决书。类似的案件还有"林忠卫不服上海市公安局闵行分局对其作出行政处罚决定案"，上海市闵行区人民法院（2002）闵行初字第3号行政判决书。

④ 《王某诉某公安分局行政处罚纠纷案》，北大法宝，http://www.pkulaw.com/pfnl/a25051f3312b07f35128956d0e27e6a15cdf8436aa92574abdfb.html? keyword = % E6% 98% BE% E5% A4% B1% E5% 85% AC% E6% AD% A3% 20，2018年10月9日。

⑤ 最高人民法院（2016）最高法行再5号行政判决书；《最高人民法院公报》2017年第2期。

三、"治理"时期警察裁量权自我约束的补强

由图 7-1 可以发现一个有趣的趋势：即自 1990 年《行政诉讼法》实施直到 2014 年，人民法院适用"明显不当""显失公正""滥用职权"审查公安机关行政案件数量总体呈上升趋势；但是自 2014 年以来，适用以上三个标准审查公安机关行政案件的数量逐年下降。究其原因可能有两个因素：一是人民法院对行政行为的审查力度下降；二是公安机关行政裁量的质量逐年提高，以致争议减少。然而从现实来看，第一个因素是不成立的。根据北大法宝的统计数据，自 2014 年《行政诉讼法》修改，公安行政诉讼案件呈井喷式增长（见图 7-2），说明了法院对公安行政行为审查范围的扩大而非缩小。此外，由《行政诉讼法》（1989 年）规定的"行政处罚显失公正"到《行政诉讼法》（2014 年）规定的行政行为"明显不当"，意味着对于行政裁量审查范围的扩大。因此，适用"明显不当""显失公正"和"滥用职权"审查公安行政案件的数量逐年下降的原因更可能是因为公安机关行政裁量质量的提高。

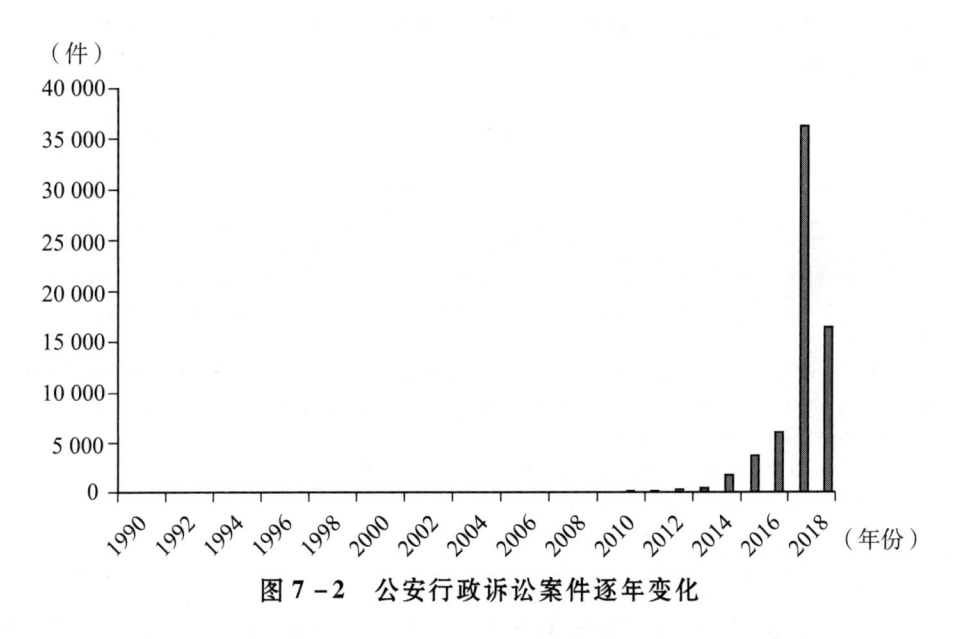

图 7-2 公安行政诉讼案件逐年变化

公安机关行政裁量质量的提高，很大程度上归因于各级公安机关行政裁量基准或者执法指南、量罚意见的制定。2004 年 2 月，浙江省金华市公安局率先在全国推出了《关于推行行政处罚自由裁量基准制度的意见》。自此之后，各地各行

各业纷纷建立裁量基准,① 公安系统对于裁量基准的制定尤为积极。② 对行政裁量基准有着深入研究的周佑勇教授认为,行政裁量权基准"根植于中国的本土实践,是一种'自下而上'来自中国基层社会治理中的典型经验和实践创造。"③ 笔者认为,行政裁量基准的制定与普及,体现了一种自我约束、自我追求良好社会治理效果的行政理念,可以简称为"良好行政"理念。对此,肯尼斯教授也认为"通过规则制定程序可以实现优良的警察政策。"④ 而"规则制定程序"也即行政裁量基准的制定。

因此,在"良好行政"理念下,警察裁量权的控制除了来源于法院的司法审查,还得益于行政裁量基准的自我约束。

四、小结

我国警察裁量权的产生与约束存在以下特点:一方面,由于社会管理的需要,警察裁量权的行使范围不断扩张;另一方面,由于法治理念的产生与发展,警察裁量权逐渐受到约束,并且经历了从以外部约束为主导到以内部约束和外部约束并重的转变。而原则、规则、程序以及近年来日益重要的裁量基准构成了我国警察裁量权的规范体系。

---

① 周佑勇总结认为"自 2004 年金华市公安局率先实践以来,裁量基准在全国范围内已呈现出多种类、多领域和多层次的发展态势"。周佑勇:《行政裁量基准研究》,中国人民大学出版社 2015 年版,第 26 页。

② 以重庆市为例,北大法宝收录的重庆市公安局制定的裁量基准就包括《重庆市公安机关治安管理行政处罚裁量基准》(2011 年)、《重庆市公安机关网络监管行政处罚裁量基准》(2011 年)、《重庆市公安机关消防行政处罚裁量基准》(2011 年)。

③ 周佑勇:《建立健全行政裁量权基准制度论纲——以制定〈行政裁量权基准制定程序暂行条例〉为中心》,载于《法学论坛》2015 年第 6 期。

④ 肯尼斯认为通过规则制定程序可以实现优良的警察政策。优良政策的目标包括十项:"第一,以警察机关制定关键性的政策这一现实教育公众;第二,促使立法机关重新界定犯罪从而使制定法可以获得有效的执行;第三,重新制定法律以澄清赋予警察机关什么权力而什么权力没有赋予,然后防止警察机关超越被赋予权力的范围;第四,缩小警察手册的宣告和警察行为现实之间的差距;第五,将大部分决策权从巡警转向更适合的、根据合格专家的建议行事的部门首长手中;第六,除了保密的特殊需要,将决策过程向所有人开放;第七,通过获取利害关系人的建议和批评改善警察政策的质量;第八,调和政策决定程序与民主原则,而非让二者背道而驰;第九,以适格人员进行的适当调查和研究为基础的政策取代当前以猜测为基础的警察政策;第十,从由个别警员在具体案件中做出特别政策决定的制度走向由中央做出政策决定的制度,而且将个别警员的主观判断仅限于适用由中央决定之政策的制度,从而促进公平正义。"参见〔美〕肯尼斯·卡尔普·戴维斯著,毕洪海译:《裁量正义》,商务印书馆 2009 年版,第 100 页。

第六节　比例原则不受重视的原因分析

尽管比例原则在涉及警察裁量权的行政案件中有所适用，但就其适用的广度和频率远远不及德国。而在德国，比例原则是一个常识性的、通用于行政裁量的原则，警察法更是其创始之地，也是适用最广泛之地。例如，在培训法学生和初级法官的案例书中，都会将比例原则列入一般的案件分析框架。① 前面已经述及，目前，原则、规则、程序以及近年来日益重要的裁量基准构成了我国警察裁量权的规范体系。然而在具体案件办理过程中，相较于对规则、程序和裁量基准的重视，行政法学倡导的原则往往被遗忘或漠视。例如，《重庆市公安机关网络监管行政处罚裁量基准》《重庆市公安机关毒品违法案件行政处罚裁量基准》《重庆市公安机关治安管理行政处罚裁量基准》《湖南省公安行政处罚裁量权基准》《黑龙江省消防行政处罚裁量标准》《浙江省公安机关行政处罚裁量基准》等关于约束警察行政裁量权的地方性文件中，虽然均有写入若干原则，但是写入的原则局限于《中华人民共和国行政处罚法》和《中华人民共和国治安管理处罚法》规定的过罚相当原则、处罚与教育相结合。这种不受重视，是由于比例原则本身水土不服，还是因为缺乏对于比例原则功能的认识呢？

一、并非水土不服

1988 年，比例原则通过青柳幸一的文章《基本人权的侵犯与比例原则》引入我国。② 30 多年来，比例原则在我国法学界进行了热烈的讨论。直至 2017 年 3 月 4 日，中央财经大学法学院举办的"比例原则适用的跨学科对话"将比例原则的学术发展带上了迄今为止的最高潮。③ 比例原则成了法理学界、宪法学界以及行政法、刑法、民法等实体部门法和行政诉讼法、刑事诉讼法、民事诉讼法等程序部门法均有涉猎的一项耳熟能详的原则。因此，比例原则对于学界来说，是相当熟悉的，对其的研究也日益成熟。

学术的激烈讨论，促进了比例原则在立法与司法实践中的大量运用。一方

---

① Franz-Joseph Peine, Klausurenkurs im Verwaltungsrecht, 6. Auflage, C. F. Mueller 2016: 48-49.
② [日] 青柳幸一著，华夏译：《基本人权的侵犯与比例原则》，载于《比较法研究》1988 年第 1 期。
③ 《"比例原则适用的跨学科对话"学术研讨会在中央财经大学举行》，载于《财经法学》2017 年第 5 期。

面,比例原则的教义越来越多地被中央立法与地方立法所采纳。最典型的莫过于多个省市制定的行政程序总则将比例原则作为基本原则之一。如《湖南省行政程序规定》(2008)第四条第二款;《汕头市行政程序规定》(2011)第四条第二款;《山东省行政程序规定》(2012)第五条第一款;《西安市行政程序规定》(2013)第九条;《海口市行政程序规定》(2013)第四条第二款;《兰州市行政程序规定》(2015)第四条第二款和《江苏省行政程序规定》(2015)第五条第二款都明确规定了比例原则。另一方面,比例原则的教义在司法裁判中得到了广泛的应用。其中2000年黑龙江省哈尔滨市规划局诉黑龙江汇丰实业发展有限公司行政处罚纠纷案是最高人民法院适用比例原则进行审判的典型案件;[①] 2002年陈宁诉辽宁省庄河市公安局不予行政赔偿决定案被纳入最高人民法院行政庭编的《中国行政审判指导案例》(第1卷)中。其官方评析对比例原则的含义和三个子原则做了明确的列举。[②] 可见,比例原则在立法实践和司法实践中已经受到了较为广泛的接纳。

除此之外,现有的警察法规范中也存在着比例原则的引介规范,如过罚相当原则。《中华人民共和国治安管理处罚法》第五条第一款规定"治安管理处罚必须以事实为依据,与违反治安管理行为的性质、情节以及社会危害程度相对。"笔者曾与杨登峰教授具文认为,"过罚相当原则为比例原则在行政处罚中的适用提供了成文法依据"。[③]

综上所述,比例原则引入我国在理论上、理念上和立法技术上并不存过多的障碍。现有的实践也证明,比例原则的引入并不会水土不服。

二、理论认识的缺乏

目前,我国已出版若干警察法专著、教材。通过对相关专著、教材目录的整理,形成了警察法学界对原则和比例原则的以下若干认识:若干警察法专著并未论述原则。如余凌云主编的《警察法讲义》[④]、李元起和师维主编的《警察法通论》[⑤]、徐武生和高文英主编的《警察法学理论研究综述》[⑥]、刘邦胜主编的《人民警察法

---

① 参见中华人民共和国最高人民法院(1999)行终字第20号。
② 中华人民共和国最高人民法院行政审判庭编:《中国行政审判指导案例》(第1卷),中国法制出版社2010年版,第96~97页。
③ 杨登峰、李晴:《行政处罚中比例原则与过罚相当原则的关系之辨》,载于《交大法学》2017年第4期,第21页。
④ 余凌云:《警察法讲义》,法律出版社2015年版,目录。
⑤ 李元起、师维主编:《警察法通论》,中国人民大学出版社2013年版,目录。
⑥ 徐武生、高文英主编:《警察法学理论研究综述》,中国人民公安大学出版社2013年版,目录。

教程》①、毛志斌主编的《警察法》②和隋美娜主编的《警察法理学》③。即使若干警察法专著规定了原则，但未将比例原则作为其中之一。如公安部人事训练局编的《警察法教程》规定了依法行使职权的原则、公正原则和不受非法干涉的原则；④惠胜武著的《警察法论纲》规定了目的原则、相适应原则和社会效应原则；⑤霍亚兵主编的《警察法教程》仅规定了依法执行职务、坚持执法为民、严格公正执法、不受非法干涉四项原则；⑥徐发科著的《中国警察法论》则规定了坚持党的领导的原则、专门工作与群众路线相结合、独立行使警察权、服务人民。⑦即使一些文献将比例原则规定为原则之一，但缺乏对比例原则功能的具体认识。如师维教授认为"比例原则对警察权运作的控权功能主要体现在其对警察权运作的基本要求上"⑧；而许韬教授认为"警察比例原则，是指警察行政对相对人权益造成的不利影响应止于最低限度，以兼顾行政目标的实现和人权之保障，使二者出于适度的比例"。⑨以上两位学者均仅规定比例原则的控权功能，但并未细化。因此，学界对比例原则内涵和功能的认识是相当缺乏的。

第七节 我国警察法上比例原则深入的必要

一、原则对于规制警察裁量权是必要的

从现有的讨论中来看，原则、规则、程序、基准共同构成了裁量的规范体系。对于原则，有学者认为"通过原则的指导控制模式试图在承认自由裁量存在的现实及其合理性基础上，通过基本原则的指导性功能，一方面为自由裁量权行使划定基本框架，另一方面又使执法者保留一定的判断、斟酌和选择空间，从而

---

① 刘邦胜主编：《人民警察法教程》，河南人民出版社2006年版，目录。
② 毛志斌主编：《警察法》，河南人民出版社2005年版，目录。
③ 隋美娜主编：《警察法理学》，中国人民公安大学出版社2014年版，目录。
④ 公安部人事训练局编：《警察法教程》，群众出版社2001年版，第45~50页。
⑤ 惠生武：《警察法论纲》，中国政法大学出版社2000年，第141~143页。
⑥ 霍亚兵编：《警察法教程》，云南科学技术出版社2006年版，第40~42页。
⑦ 徐发科：《中国警察法论》，湖南出版社1997年版，第42~48页。
⑧ 师维：《警察法若干问题研究》，中国人民公安大学出版社2012年版，第82页。
⑨ 许韬：《比较法视野下的现代警察法基本理论》，中国检察出版社2012年版，第59页。

在法治基本价值与行政现实需求之间追求一种平衡"。① 对于法律规则，有学者认为"通过尽可能的细化、明确规则，为行政裁量的行使设定各种'刻度'，能够最大限度地压缩执法者的行政裁量空间。"② 对于程序，有学者认为"程序控制模式则是一种过程中的控制技术，是从程序上对行政主体行使裁量权的行为进行控制。这种控制技术的要旨是，在自由裁量过程中的所有行动者（而非只是执法者），在程序规则导引下进行知识交流和理性讨论，构成一种竞争和制约机制，从而防止行政裁量权非理性的行使，实现行政裁量权行使的理性化。"③ 对于裁量基准，有学者认为"指南、手册和裁量基准是以规范行政裁量的行使为内容的建章立制，一般以规范性文件为载体，是较为程式化的、结构化的、相对统一的思量要求，而不是执法人员颇具个性化的、经验的。甚至是随机的算计。它是沟通抽象的法律与具体的事实之间的一种媒介和桥梁，更像是为了贯彻执行法律而实施的'二次立法'，其效力范围或许仅及于一个微观的行政执行领域，只限定在特定行政区域与特点行政部门之内。"④ 可见，原则、规则、程序、基准均对裁量权的规范具有一定的意义。但是以上四种规范形式中任意一种形式的功能是否是其他三种规范形式不可替代的呢？由于本书的讨论主要集中在比例原则，因此下面将对原则在规制裁量权，尤其是警察裁量权的独特功能予以详细的论述。本书认为，原则对于规制裁量权的价值和功能是独特的，对于规制警察裁量权更是必要的。

（一）法律原则具有自身的特征

哈特总结了原则的广泛性、可欲性和非决断性三个特征。其中，广泛性是指"相对于规则而言，原则较为广泛、一般或不具体，这个特性展示在一个现象上，那就是许多被当作个别存在的规则可以被视为同一个原则的体现或例证。"⑤ 广泛性意味着"放诸四海而皆准"。如比例原则既可用于公法又可用于私法，既可用于行政实体裁量，又可用于行政程序裁量。可欲性是指"原则乃是被视为一种

---

① 王锡锌：《行政自由裁量权控制的四个模型——兼论中国行政自由裁量权控制模式的选择》，载于《北大法律评论》2009年第2期，第316页。
② 王锡锌：《行政自由裁量权控制的四个模型——兼论中国行政自由裁量权控制模式的选择》，载于《北大法律评论》2009年第2期，第315页。
③ 王锡锌：《行政自由裁量权控制的四个模型——兼论中国行政自由裁量权控制模式的选择》，载于《北大法律评论》2009年第2期，第318页。
④ 余凌云：《行政法讲义（第二版）》，清华大学出版社2014年版，第163页。
⑤ [英] H. L. A 哈特著，许家馨、李冠宜译：《法律的概念（第二版）》，法律出版社2006年版，第241页。

值得去追求、去坚持的事物"①。值得被追求、去坚持的事物往往是多种多样的，这意味着原则价值的多样性。非决断性是指"原则并不'确保'一个决定，而仅只是指向或有利于某种决定，或者是道出某种可以被凌驾的理由"②。非决断性，意味着选择的不确定性，但同时也可以作为平衡的工具。

（二）原则是规则、程序、基准的审查标准

规则仍然存在着判断性裁量无法消除、规则细化过程本身正当性的质疑、自主性的缺失以及规则细化"过"与"不及"的两难。③ 程序并非价值本身，而是追求价值的路径和工具，因此程序具有天然的局限。基准也存在着"消灭自由裁量权"的可能。规则重于精细，但易僵硬；程序重在理性，却仅为工具；基准接近实践，却难免偏颇。对于僵硬的规则、工具性的程序以及偏颇的基准，从实质法治的角度来讲，需要予以矫正。而更为抽象的共同法律理念——更为广泛、更具可欲性的法律原则是对偏重于形式的规则、程序和基准最为有效的矫正方式。

（三）原则是弥补规则、程序、基准缺失必不可少的规范

随着我国社会主义法律体系的不断健全，警察裁量权受到越来越多地限制，但这不意味着所有的警察裁量权同时具有了规则、程序和基准的明确约束。若干场景下，警察裁量权仍不受明文限制。但是任何裁量权都伴有裁量的危险——"只有当正确运用的时候，裁量方才是工具，就像一把斧子，裁量也可能成为伤害或谋杀的凶器"。④ 对于此类裁量权，固然可以进一步明确规则、规定程序、制定裁量基准。但是规则的明确、程序的规定、裁量基准的制定都是或大或小的立法工程，而难以解燃眉之急。唯有原则，通过对公安执法人员的理念的指导，能够让其尽量做出正义的个案判断。

综上所述，通过原则实现对警察裁量权的约束是必要的。

二、比例原则相较于其他原则的独特性

从原则的功能来讲，任何行为包括裁量行为均应受原则的约束。而各国用于

---

①② ［英］H. L. A 哈特著，许家馨、李冠宜译：《法律的概念（第二版）》，法律出版社 2006 年版，第 241 页。

③ 王锡锌：《行政自由裁量权控制的四个模型——兼论中国行政自由裁量权控制模式的选择》，载于《北大法律评论》2009 年第 2 期，第 315～316 页。

④ ［美］肯尼斯·卡尔普·戴维斯著，毕洪海译：《裁量正义》，商务印书馆 2009 年版，第 27 页。

约束裁量的原则不同。如英国的韦德教授主张通过合理原则约束行政自由裁量权。① 另一位英国学者贝利（S. H. Bailey）则将比例原则作为自由裁量权的限制。② 德国学者往往将基本权利和行政法基本原则作为自由裁量权的客观限制。如派纳（Franz Joseph Peine）教授认为"基本权利和行政法基本原则是自由裁量权的客观限制，特别是适当性、必要性和狭义比例原则。"③ 毛雷尔教授有着相似观点，但同时认为"基本法第3条第1款规定的平等原则，禁止行政机关同等情况不同等对待，从而导致行政的自我约束性。"④ 日本的田村悦一教授认为应当将比例原则作为裁量界限的标准之一。⑤ 可见比例原则和合理原则、平等原则是目前学界认可较多的用于约束行政裁量权的原则。作为相对晚近的法治国家，对于行政裁量的约束原则，我国学者更多的是对比例原则与合理性原则孰优孰劣的思考和讨论。⑥ 对此，笔者认为，相对于合理性原则和平等原则，比例原则对于警察裁量权的约束均具有独特的功能。

一方面，平等原则与比例原则适用的场景不同。尽管有学者将平等原则的教义解释为"同等情况同等对待""不同情况区别对待""比例对待"。从具体操作来讲，通过对裁量要件和效果的比对，完全相同的裁量事件得到相同的对待，是可以实现的，但是区别对待、比例对待如何合理实现，仍然需要一定的判断标准，平等原则本身无法自圆其说。因此，"区别对待"和"比例对待"已经并非平等原则最为基本的教义。相较而言，比例原则可以为"区别对待""比例对待"提供较为明确的标准，如所谓"区别"可以理解为对相对人侵害最小的区别，所谓"比例"可以理解为公共利益和个人利益的平衡。因此，正如有学者认为"平等原则只能适用于本质相同的两个案件之间，必须以本质相同的先例为前提和参照。如果是对新型案件的第一次审查，或者要对不同案件作不同的处理，则只能适用比例原则"。⑦

另一方面，相较于合理性原则，比例原则更具有优势。对此周佑勇教授认为比例原则"可以通过数和量的比较进行判断，包含着评价行政裁量行为适当性的

---

① ［英］威廉·韦德著，徐炳等译：《行政法》，中国大百科全书出版社1997年版，第64页。
② See S. H. Bailey, Cases, Materials & Commentary on Administrative Law, London Sweet & Maxwell, 2005：621.
③ Franz‑Joseph Peine, Allgemeines Verwaltungsrecht, 10. Auflage, C. F. Mueller, 2011：52, Rn223.
④ ［德］哈特穆特·毛雷尔著，高家伟译：《行政法学总论》，法律出版社2000年版，第131页。
⑤ ［日］田村悦一著，李哲范译：《自由裁量及其界限》，中国政法大学出版社2016年版，第185~186页。
⑥ 余凌云：《行政自由裁量论》，中国人民公安大学出版社2013年版，第36~69页；杨登峰：《从合理原则走向统一的比例原则》，载于《中国法学》2016年第3期；周佑勇：《行政法基本原则》，武汉大学出版社2008年版，第211~213页。
⑦ 杨登峰：《从合理原则走向统一的比例原则》，载于《中国法学》2016年第3期，第105页。

可操作的具体标准,从而在根本上解决了行政合理性原则这一主观性原则的适用性和可操作性问题"。① 杨登峰教授认为"比之于合理原则,比例原则的功能优势主要体现在所考量的因素或证成方法上"。② 以上两种观点具有相似之处,即由于比例原则的三个子原则,使其能够更为客观、可操作地进行论证。笔者认为,除了比例原则的三个子原则使得行政裁量合理性的论证更为严谨,比例原则的优势还表现为审查强度的建构和公共利益与个人利益的平衡。比例原则可根据所干预的权利、干预手段的强度以及情况的紧急与否而分别适用低、中、高度不同的审查强度,这样可以促使行政裁量分轻重缓急。这对于警察裁量权的行使尤其重要,因为警察权的核心功能之一是防止急迫的社会危害。因此其在行使裁量权时应当考虑当时的场景。而对裁量权的审查强度也应当随着场景予以适当的调整,方能有助于警察职权的发挥。另外,比例原则强调公共利益与个人利益的权衡中存在着追求"良好治理"的可能性,而不同于纯粹控权理论下发展的合理性原则。

综上所述,比例原则相较于与之相近的平等原则,适用场景不同;相较于合理性原则,更具有客观性、可操作性,有助于调整不同场景下警察裁量权的约束限度,也有助于达成"良好治理"。

---

① 周佑勇:《行政法基本原则》,武汉大学出版社 2008 年版,第 213 页。
② 杨登峰:《从合理原则走向统一的比例原则》,载于《中国法学》2016 年第 3 期,第 101~102 页。

第八章

警察权的内在边际（Ⅲ）：法治原则[*]

第一节 序　言

"把权力关进制度的笼子里"，这是警察权法治化的最强声音。如何在警察权关进法治笼子里的同时，还能实现警察权威并保障警察自身安全？在警察权法治化进程中，不仅需要找到行之有效的具体措施，而且从理论层面分析出所蕴含的关联性，将会更清晰看到在法治原则视阈下的警察行使警察权的过程。如何在法治原则指导下善用警察权实现公平、正义和自由成为本章讨论的重点。

警察被法授予权力来实现国家目的，除了维护社会安全稳定和公共秩序的安宁外，更应该促进社会福祉，警察作为拥有特殊权职的人，如何善用权力，前提是如何成为一个有法治思维的人。"国家的形成除了具有权力演变的客观规律——从神权、私权再到国权的历史进化，还有人类自我意识中自在自为的生命保全的诉求。"[①] 国家被人类赋予掌握公共权力用来更好的保护人类的生命意识，警察就是连接国家与人们之间的桥梁，是能够体现国家意识来维护社会安

---

[*] 本章部分内容以《法治原则下的警察权解析》为名发表于《中国人民公安大学学报（社会科学版）》2019年第5期。

[①] 孙杰远：《个体、文化、教育与国家认同：少数民族学生国家认同和文化融合研究》，商务印书馆2019年版，第135页。

全稳定的实体形式。那么，拥有警察特殊职权的人与其他行业的人们最大的不同，就是警察应当具有这样的意识：稳定社会安宁、保障每一天和谐、树立执法权威和消除危害社会的隐患等。意识的形成离不开潜移默化的渗透，渗透的过程需要有计划、有理论、有逻辑地进行，警察对这些意识的构建过程是以法律为指引，以职业规划为蓝图，以个人意愿为初衷。而法律是构建的基础，对警察执法有直接关系，法律是警察执法过程中最有力的武器，依法才能执法，否则就是滥用职权，依法治理社会中的不和谐因素，才是警察执法始终贯穿的目标。

理论界对于法治原则、警察与警察权的论述尚未达成一致意见，大致概括有以下几种观点：从公安管理角度的"必然说"[1]、从公民权与公权力角度的"公民说"[2]、从先有法还是先有权的"顺序说"[3]、从国家大法所赋予的"宪法说"[4]、从以民主为前提的动态进程的"民主说"[5]、从法律和实践之间互动关系的"警务实践说"[6]、从约束公权力须为重点的"规范说"[7]、从对国家法治建设有极大效果的"贡献说"[8]、从警察法治原则角度出发的"核心说"[9]。博登海默

---

[1] 李龙认为，公安管理中法治原则的确立最终将是必然的，清除和克服人治思想。参见李龙：《法治原则应成为公安管理的基本原则》，载于《公安大学学报》1993年第3期，第29页。

[2] 王鹰认为，法律是公民权利保障法，是警察权力控制法。参见王鹰：《法治公安：社会主义法治原则在公安工作中的新发展》，载于《政法学刊》2009年第6期，第89页。

[3] 张强认为，法治国家的警察权，必须以法治授权为依据，必先有警察法而后有警察权，先有警察权而后才有警察行为。参见张强：《法治视野下的警察权》，吉林大学博士学位论文，2005年，第16页。

[4] 裴东波认为，在中国警察机关的权力由国家根本大法宪法所赋予。参见裴东波：《法治脚步声中的中国警察权——中国警察权的失范与规制问题研究》，吉林大学博士学位论文，2006年，第42页。

[5] 吕绍忠认为，警察法治就是以民主为前提和目标的依法办事的警政工作理念、运行机制、活动方式和秩序状态。参见吕绍忠：《论警察法治》，载于《山东警察学院学报》2007年第4期，第103页；张超认为，警察法治是以民主为前提、以警察权制衡为红线、以权利义务一致为原则，建立健全警察法律体系。参见张超：《对警察法治基本范畴概念的解读》，载于《河南公安高等专科学校学报》2008年第3期，第30页。

[6] 惠生武认为，警察法治必须从警务实践出发，为警务实践服务，并接受警务实践的检验。参见惠生武：《警察法学的研究对象与学科体系构建》，载于《山东警察学院学报》2011年第6期，第106页。大卫·迪克逊认为，对警察权力的正确认识需要关注法律和实践之间的互动关系，必须抛弃夸张的概括，以便获得对某些问题具体而有根据的分析。参见[澳]大卫·迪克逊著，薛向君、罗瑞林、倪瑾译：《警务中的法则——法律法规与警察实践》，南京出版社2013年版，第77页。

[7] 季卫东认为，依法治国必须以规范和约束公权力为重点。参见季卫东：《法治原则与行政裁量》，载于《行政管理改革》2014年第11期，第9页。

[8] 曹英认为，警察权力作为执行法律的专门力量，其自身依照法定权限、法定程序公正执法，对法治建设的效果贡献极大。参见曹英：《公安学：基本理论与中国视角》，中国人民公安大学出版社2015年版，第125页。

[9] 程华、程悦认为，警察法治原则是警察行政执法和刑事执法等原则中的核心原则，一切执法活动必须在法律授权的范围内进行。参见程华、程悦：《试论警察法治原则》，载于《净月学刊》2016年第1期，第79页。

曾表述到:"在社会生活的现实中,权力与法律都极少以纯粹的形式出现。"① 那么以探究法治原则是非物的纯粹的存在为起始,再以警察作为人是最本质的存在,是在国家产生的同时被创立②,进而解析警察权存在的真谛和本质,通过法治原则的指导警察能够合理行使警察权,从而善用警察权,保障社会稳定,民众安居乐业。

第二节 法治原则是能够被警察所感知的非物的存在

伯特兰·罗素认为:"常识认为——尽管不是非常明显地——知觉直接向我们展现了一些外在的对象:当我们'看见太阳'时,我们所看见的就是太阳"③ 法之所以存在于人的思维中,是因为法以思维为载体,而思维以人为载体。思想、思维和思考相互转换,感知随之不同,巴门尼德曾说:"当你思想的时候,就必须要有某种可以被思维并且可以被表述的事物存在;只有存在的事物,才可能引起思维,而不存在的东西是不可能引起思维的"。④ 法引起了思维的注意,并且使思维进行了思考,经过不断演变之后,还从抽象的存在转变为真实的存在。法最初展现出来的介质是在罗马法的官方文件,用的是拉丁文"jus"一词,既指法律,又指权利。"jus"是指普遍适用的一切法律规范;还有一个词"lex"(复数形式 leges)也是法的意思,但意义比较狭窄专指由立法机关制定的法律,如贵族大会、军伍大会和地区大会所通过的法律。⑤ 中国的法,古字是灋,说文解字为刑也。平之如水。从水,廌所以触不直者去之,从去,会意。从"水",表示法律、法度公平如水;从"廌",即解廌,神话传说中的一种神兽,据说,它能辨别曲直,在审理案件时,它能用角去触理曲的人。此时罗马的法已经将法以文件的形式创制出来,成为制度性实体。⑥ 中国的法以神兽的形式出现,成为可以直接判断在该案件中胜利者是争论的哪一方。不论是罗马法还是中国神兽,法最终经历了从无到有的发展变化过程,似乎都可以看出法已经通过某种介质的形式

---

① [美]博登海默著,邓正来译:《法理学:法律哲学与法律方法》,中国政法大学出版社 2004 年版,第 372 页。
② 恩格斯在《家庭、私有制和国家起源》中提到警察同国家一样古老,国家在产生的同时警察也被创立,参见李坤生:《论警察的概念》,载于《公安大学学报》1995 年第 3 期,第 11 页。
③ [英]伯特兰·罗素著,贾可春译:《物的分析》,商务印书馆 2016 年版,第 197 页。
④ [英]伯特兰·罗素著,贾可春译:《物的分析》,商务印书馆 2016 年版,第 28 页。
⑤ 周枏:《罗马法原论(上册)》,商务印书馆 2014 年版,第 95 页。
⑥ 舒国滢:《法哲学沉思录》,北京大学出版社 2010 年版,第 71 页。

真实出现在人们的视野中。

"原则"一词来自拉丁语（principium），其语义是"开始、起源、基础"。在法学中，法律原则（principle of law 或者 legal principle）是指可以作为规则的基础或本源的综合性、稳定性原理和准则。《布莱克法律辞典》中对原则下的定义是基础性规则、法律或原理，尤其指一个制度或体系基础性的原则。① 如果说把"principle"理解为两个意思：一是原则，二是原理，那么原则与法之间的关系可以理解为当原则成为一个社会人们普遍认可的政治理想和道德观念的话，那么它就是法律的精神所在，是制定和执行法律的指导思想；虽然其形式是主观的但内容是客观的，可以呈现出客观事物的本质和规律。那么原则即可以被看成是法律的一个方面或一个构成要素。② 英文"principle"有很多翻译，如行为准则、规范、原则、原理、观念、理由、定律等。法律原则体现的是行为应该是什么的要件，而法律规则才具体规定行为应该做什么的要件，法律原则是从本质出发概括和全面地进行指引，在英文的世界里对法律原则有个比喻，就好像是雨后的彩虹，一般情况下都不会出现，一旦像密集雨点的法律规则找不到可以适用的位置时，法律原则就会显现出独有的魅力，笼罩在更高的层次为繁杂的具体规则升华出具有普遍性规范的适用条件，从实际情况出发推导出概括性和权威性的源头和初衷。

一、法治原则是非物的存在

法是一种存在，但并非一种物理的存在，它作为存在实体也不表现为自然界中的"物"。……法不具有自然物的物理属性，……不在物理空间中存在。在物理空间中存在的是法的质料，而不是法本身。③ 当法的意识逐渐入驻很多人的思维中，并能指导人们的行为时，法就会自我提升至下一阶段，这种提升是量变到质变的转换，使法不再只是法自身，还从法的外延进行转换，转换的过程需要经过对物质世界逐渐认识的演变，当变化被人们所意识，形成法治的理念，并影响大多数人的意识，成为指导的准则时，法治就变成了法治原则，"法治所要求和禁止的行为应该是人们合理地被期望去做或不做的行为"。④ 法治原则是人类指

---

① Bryan A. Garner, Black's Law Dictionary (Tenth Edition), Editor in Chief, USA: Thomson Reuters, 1891: 1386.
② 严存生：《西方法哲学问题史研究》，中国法制出版社 2013 年版，第 18 页。
③ 舒国滢：《法哲学沉思录》，北京大学出版社 2010 年版，第 71 页。
④ [美] 约翰·罗尔斯著，何怀宏、何包钢、廖申白译：《正义论》，中国社会科学出版社 2009 年版，第 235 页。

导自身进步、习惯积淀和行为规范的准线，或者说是人们行为的标准化。法治原则不光是借助文字的表述和纸张作为载体，更是借助人们的思维意识，以人为载体，使法治原则抽象的存在于人们的思维中，再以人们的行为方式体现实体化。对于警察来说，法治原则被大多数警察所熟知和认可，借助语言的表达，以文字为形式载体，逐渐在其大脑中形成隐性知识思维，从而成为指导警察实践的标准，法治原则通过语言和文字将这种思维表述出来，不同的案件会遇到不一样的想法，不同的想法会促使法治原则不断更新，就像卡多佐大法官所说的："怀疑和迷惑，希望和恐惧，都是思维的一部分，在生与死的剧痛中，旧的原则消灭，新的原则出生。"[1] 每个人都有不一样的思维，这是与自身所经历过的事情相联系的，当想法与经历重新结合后，就会产生思维再造的过程，而人们所历经的生活是不断前进的，不会因为自身的停滞而终止，因此思维也会随之变化，同时对于法治原则的理解也会随着历史的长河而不断充盈。

自然界和人类在不断进化，相继出现的各种规制人类的中介形式也在发生演变，如习惯—规则—原则，从习惯到原则是在人的习惯基础上进行常态化的限制与准则。原则是不断进化而得到的，但也是人们把规则进行了归纳总结后形成的。如法—法制—法治，从这个举例可以看出从法到法治的过程是制度化的演变过程。法治原则也是随着社会的变化不断的演进发展而来，由族群习俗、习惯、族群治、族群长治、赋权他人、人治、习俗习惯治、道德治、公理治、法律治到法治原则。事实上法治原则的形成过程中都避免不了在人们头脑中进行凝结提炼再造，利用思维这个中介人们将自身所经历的习惯进一步运转后得到，其实法治原则并不是纯粹的存在，是经过进一步的规定而得到的东西，其形成过程可以理解为习惯—规避（坏习惯）—法治规则—延续（好的规则）—法治原则，法治原则是按照规则运转的时间进行总结归纳，法治原则就是在警察执法习惯—规则—法律—法治的过程中从意识、思维到行为的经验总结中提炼出来的。

二、法治原则成为警察知觉指导警务实践

法治原则能成为警察行使职权的指导性原则，存在的根本是因为法治原则已经成了警察能够认识和感知的存在。罗素在《物的分析》中曾提道："一定不要期待去发现一种证明，即证明知觉拥有一些外在的原因，并且这些原因可以同时

---

[1] ［美］本杰明·N.卡多佐著，李红勃、李璐怡译：《法律的成长》，北京大学出版社2014年版，第4页。

在许多人身上产生知觉。……可期盼的是接受一种科学理论，通常根据就是把许多已知事实联系到了一起，并且没有明显错误的推论。"① 法治原则既是非物的存在，却可以被认识和感知，这种认识和感知是因为它是知识的一种来源，而非因为它是心理学家所能认识到的一种现象。法治原则本身是非物的，却以文字的形式记录下它所蕴含的定义，通过各种法律法规的文本化而归纳提炼总结出它的来源，将人们日常的习惯加以限定，虽然看不见摸不着，却能时刻感知到它的存在，使社会得以和谐稳定持续地发展。

罗素认为："知觉的客观性是一个程度问题，我们由一个知觉对象而做出的关于同一个组中其它事件，该事件不论是否是知觉对象，只要对其推论越正确，知觉越是客观的"。② 如执法办案中的警察在案发现场发现一摊血迹，光凭血迹无法判断属于被害人还是施害者，警察知觉能判断出的仅是血迹的客观存在，具体分辨需要专家对血迹做进一步化验，化验结果是对知觉的肯定，并会成为下一步分析案情的线索。知觉的客观性需要借助其他辅助技术用来证明客观性的程度，辅助性技术越能具体呈现出知觉，就越能为知觉证明，影响知觉客观存在的是主观臆断，在分析案情的整个过程中，警察和专家鉴定人员都是严格依照法律法规，一旦过程存在瑕疵就会影响整个案件的研判结果。

知觉是经由感官而非通过推论获得的，只要人们能够感知到与法治原则相关知识的存在：如警察在执法办案中身着警服，携带警官证，例行检查前会告知嫌疑人触犯了何种法律现需协助调查，对于嫌疑人来说他/她会感知到自己触犯了法律，对于警察来说他们会感知到自己依法行政有理有据，这种知觉是相对人双方都可以获取到的，整个过程中并不用推论或是逻辑分析便可以感知到法治原则的存在。从警务实践中总结提炼理论；从理论中凝练原则；在法律条文中明确规定为原则；再以法治原则指导警务实践；从而提高执法效率、效益、质量和水平。③ 这是警察认识的五个必经阶段，是原则指导实践的明确规定，进而可以得到适用的普遍性。警察认识活动的五个必经阶段中的第四个阶段是以法治原则再指导警务实践，警察经过了一系列的实践活动、认识和反思，在头脑中存储了警察执法必须坚持法律原则的隐性知识、思维及建议，这种知觉意识是通过掌握概念、执法实践、学习培训和自我提升而建立。如刚颁布出台的法律，都会由权威机构进行解读，将法条"表面"呈现出的知识点进行司法解释，之后从这些解释中我们了解推论出法条所要表达出的"真实"内涵就是"法无授权不可为"，卢

---

① ［英］伯特兰·罗素著，贾可春译：《物的分析》，商务印书馆2016年版，第206页。
② ［英］伯特兰·罗素著，贾可春译：《物的分析》，商务印书馆2016年版，第230页。
③ 程悦：《警察法适时有效原则的确立的若干思考》，载于《山东警察学院学报》2017年第2期，第155页。

梭在《社会契约论》中提道："法律是政治体的唯一动力，政治体只能是由于法律而行动并为人所感受到，没有法律，已经形成的国家就只不过是一个没有灵魂的躯壳，它虽然存在但不能行动。因为每个人都顺从公意，这还不够；为了遵循公意，就必须认识公意。于是就出现了法律的必要性。"① 警察作为执法者更是要依法行使权力，将权力放到法授权的范围内执行。警察权因法授予才具有执行的合理性、合法性和可靠性，公众因警察具有这样的权力而信服，警察因被赋予这样的权力而有威信。

第三节 法治原则体现在警察法中的无二性

历史的洪流使社会在进程中寻找和塑造一个理性政府作为载体来管理人们的非理性一面，那么什么样的政府才能更加公平地管理秩序，得出的答案是法治。法律是人类最本质的理性。柏拉图在《法律篇》中阐述到：一个国家存在的基础是把精神财富放在首位，其中法律制度的唯一目标是为了美德，并且要像一个弓箭手那样始终瞄准这唯一的目标，才能制定成好的法律，研究一个国家其实就是研究社会和政治制度的性质，而一个国家的兴亡取决于统治者，并且统治者必须是最善于服从已制定的法律并获得胜利的人，如果仅是法律服从于某种权威，而法律本身一无所有时，那么这个国家的崩溃已为时不远，但如果法律成为政府的主人，并且政府是它的奴仆时，那么人们就能享受到众神赐予城市的一切好处。②之后亚里士多德在《政治学》中写道："已成立的法律获得普遍的服从，而大家所服从的法律又应该本身是制定得良好的法律。"③ 从柏拉图和亚里士多德的论述中可以看到法律需要被服从，而良好的法律才能获得人们普遍的遵守，这也是法治所要达到的目标和完善的基础。

法治原则在警察法立法中处于统率和指导性的地位，对警察法及其相关的法律法规制度起到指引和回归本源的作用，是实质理论和基础理论的表现形式，可以填补警察法及其相关规定的空缺，实现依法授权、依法行权、依法督权、依法保权的理念。不管是从对警察法的修订还是对警务实践工作的影响上，法治原则是不直接针对人们的行为进行裁判，不具有决定性理由或确定性理由，但是它可以成为建立警察法治思维进而指导警务实践的依据，如当办理案件过程中没有明

---

① ［法］卢梭著，何兆武译：《社会契约论》，人民出版社2003年版，第44~45页。
② ［古希腊］柏拉图，张智仁、何勤华译：《法律篇（第二版）》，商务印书馆2016年版，第101页。
③ ［古希腊］亚里士多德著，吴寿彭译：《政治学》，商务印书馆1983年版，第199页。

确规定的情况下，警察可以适用法治原则规制裁量权，在尊重法律的前提下时刻做到心中有法，以此来填补法律规则的漏洞。

一、警察法的特征决定了法治原则的统领性

警察法的特征当然是其本质的外在表现形式，① 从客观上来说，准确科学地归纳出警察法的特征，能够使我们更为清晰地认识法治原则对警察法的影响和所处的地位。法治原则之所以对警察法具有更重要的价值，正是由于警察法具有其特殊属性的本质精神，行政法或其他公法不同的独特性质。一是法律性。警察的存在即是法律所赋予的维护国家安全与社会秩序的强制力，而法律的实现也需要警察职责的积淀。在规范警察法律关系内容上，或是实现警察法律关系上的权利义务都需要回归到一个最根本的问题上，什么是法律？法律理论说到底都是实然法与应然法的关系问题。亚里士多德认为："法律只是人们互不侵犯对方权利的（临时）保证而已，法律的实际意义却应该是促成全邦人民都能近于正义和永久善德的制度。""法律不应该被看作和自由相对的奴役，法律毋宁是拯救。"② 警察法通过国家立法程序创制、维护和强制执行，警察法也是国家意志的体现。二是强制性。警察即是保障法律实施的重要后盾力量，是国家政治权威的代表，体现着一种重要的政治法律强制力量，那警察法即具有双重的强制性，为了维护国家权威性，和谐稳定，社会秩序的有机协调，通过警察法的有效执行来保障法律规范的实效。警察法的强制性不仅表现为对于违法犯罪者进行一种外在的强制，更重要的是一种心理干预。企图违法犯罪的人，在做出违反社会秩序的事情之前，因看到了违反的强制后果，而产生出一种畏惧，是一种预期犯罪的提前终止的心态，不是事后再进行的纠偏。警察法本身只是文字上的规定，需要具有职责的行为人加以推行，推行时还需要与实际案情相结合，把条条框框更加的鲜活化、具体化。三是规范性。警察法的规范性是对警察职责、权限及其义务的行为模式达到对社会关系和秩序的调整，包括对警察队伍的严格要求、对警察素质的提高、对公民合法权益的保护。只有社会中的人民（包括官员和普通公民）的实际行为符合一部宪法的、法规的或是判例的规范指引或权威性质的尺度，这样的规范才能在一定的社会程度上发挥其实际效果。③ 实效问题涉及规范性是否可以

---

① 法的特征是法本身所固有、所确定的东西，从一定意义上来讲，是法的本质的外化，是法区别于其他社会现象的重要标志。参见李龙：《法理学》，武汉大学出版社1996年版，第24页。
② ［古希腊］亚里士多德著，吴寿彭译：《政治学》，商务印书馆1983年版，第276页。
③ H. kelsen, The General Theory of Law and State, Revised Edition, Harvard University Press, 1949: 212－213.

实际地被人们所遵守，而效力问题涉及规范性是否有资格或值得人民去遵守。只有在规范性的保障下，国家层面的法治行为才具有实现良法之治的前提条件。正如亚里士多德所指出的，法律既然已经制定理应获得普遍的遵从，而这种被人们所遵从的法律本身应建立在良好法律的基础上，这两个标准应成为法治的两重含义。

  法治原则作为警察法基本原则，所具有的是特殊属性的本质精神，其在价值上反映出与其他法原则所不一样的重要性，在功能上的调整范畴具有比其他法原则更广的法律原则；而警察法特别原则是以基本原则为基础，并在基本原则指导下适用于某一特定社会关系领域的法律原则。也就是说法治原则在警察法众多原则中起到统领的作用，是特别原则的上位原则，法治原则决定警察法的本质属性、特征和基本价值取向，对警察相关法律规范内部起到协调统一的保障效果。据现有的相关警察法原则的文献，学者们提出了确定警察法基本原则的两条标准。一是从警察法的分类上，警察法不仅包括警察行政法，还包括警察刑事法，其基本原则是调整警察法的全部领域和整个过程。二是从警察法的上位概念上，法治原则与宪法基本原则理念保持一致性。"一个原则是否是这一意义上的社会原则是一个讨论的问题，而不是报告，因为成为问题的是原则的重要性，而不是它的地位"。[①] 法治原则就是警察在行政执法和刑事执法等执法过程中应以依法办事为核心、以依法打击违法犯罪行为为目标、以依法维护社会公平正义和社会稳定为目的，并以法律作为手段来保护自身安全的一种原则体现。

二、法治原则在警察法中的适用

  相关部门出台的各类法律法规根据业务不同设计不同条款，并要求不同的人员参考执行。2016年对现行的《人民警察法》进行修订，并形成《中华人民共和国人民警察法》（修订草案稿），修改人民警察法已列入十三届全国人大常委会立法规划。修订草案稿中的第一章第五、六、七、八条中可归纳出"四项原则"，第五条修订后可提炼出的原则为"人民警察队伍建设基本原则"；第六条可归纳为"专群结合原则"；第七条所遵循的是"法治原则"；第八条所体现的是"权力行使适度原则"。在这"四项原则"下的内容表述中分别出现了"应当坚持"和"必须忠于""必须坚持"和"必须保持""必须以"和"应当与"，这些关键词是对公安机关、人民警察行为的约束，同时应是对警务工作所需要遵

---

  ① ［美］罗纳德·德沃金著，信春鹰、吴玉章译：《认真对待权利》，上海三联书店2008年版，第116页。

循的条件,从这些规则要求中凝练出原则,"法"由"法的原则"所支撑,"警察法"自然也由"警察法原则"所奠基。警察法的基本原则应是警察法的灵魂,是警察法制度构建和运行的基本原理,是警察法实践的基本准则,体现的是警察法的基本价值观念。

关于法治原则的适用,其中的"适用"表示符合客观条件的要求,适合应用。① 在《布莱克法律辞典》中,"Application(适用)"有四种解释:一是应用、适用、申请、诉求、请愿等;二是动机、请示;三是破产;四是通过决策者把在审议中的法律事实进行归类,并因此确定法律的规则进而去管理它们。② 法律原则是法律的公理,具有完全性。公理之为公理,只在于从它能够推演出该门科学的全部定理或命题。③ 对于法律原则的形成过程一种解释是"当主流原则可适用的社会命题发生变化而丧失社会一致性时,反常的先例就有可能出现。之后,法院就开始根据当前的社会命题得出判决。但是,因为这些命题还未反映在法院可以作为解释的原则之中,法律是沿着一条参差的途径发展的。结果产生了一种暗示的法律体系,在这个体系中间接表达了可适用的社会命题。最终,这种暗示的法律体系会变为一种明示的法律原则,而且是以一项新原则的形式诞生的,可适用的社会命题得以直接表达"。④

贺麟曾阐述道:"真正的法治,必以法律的客观性与有效性为根本条件。所谓客观性,指法律作为维持公众秩序和公平的客观准则而言。所谓有效性,指立法者与执法者以人格为法律之后盾,认真施行法律、爱护法律、尊重法律,使其有效准而言。"⑤ 就警察法的法治原则而言,其价值目标首先是保障公民生命财产安全的屏障。安全是人类社会恒久不变的价值追求。不安全的因素主要来自两个方面:一是社会平等主体实施的侵害;二是国家权力的侵害。警察本身的职责义务就是保护公民财产安全不受侵害,2016 年修订的我国《人民警察法》(修订草案稿)中明确了公安机关的任务是维护国家安全和公共安全,维护社会治安的稳定和谐,保障公民、法人及其他组织的权益的合法性,保护公共财产,预防、

---

① 中国社会科学院语言研究所词典编辑室:《现代汉语词典》,商务印书馆 1988 年版,第 1054 页。
② Bryan A. Garner, Black's Law Dictionary (Tenth Edition), Editor in Chief, USA: Thomson Reuters, 1891:120.
③ 胡建淼主编:《法律适用学》,浙江大学出版社 2010 年版,第 350 页。
④ [美]迈尔文·艾隆·艾森伯格:《普通法的本质》,法律出版社 2004 年版,第 52 页。转引自葛治华、罗小平:《论法律原则的适用》,载于《浙江工业大学学报》2007 年第 3 期。还有一种说法是,"总先有某些学者提出对法律原则的观点、理论或学说,这些观点、理论或学说在历史上被普遍接受而变成法律原理,进而成为法律惯例。在实行成文法的国家,将这些被普遍接受的原理、惯例规定为法律条文,形成成文的法律原则,最后人们又将这些原则再运用于法律的实践过程"。参见舒国滢:《法哲学沉思录》,北京大学出版社 2010 年版,第 143 页。
⑤ 贺麟:《文化与人生》,商务印书馆 2015 年版,第 48 页。

制止、查处和惩治违法犯罪活动。

其次，法治原则为的是规制和保护警察权力的行使。赋予警察一定的自由裁量权，在合理范围内参照手段和目的的方法进行执行，不仅是对公民权利的保护，也是对警察权的限制和保护，警察权是警察拥有的权力和权利，只有保障警察自身安全的情况下才能更好地执行权力。博登海默认为"虽然美国宪法的核心在于承认个人权利，但是美国联邦最高法院却同时也承认政府具有一种被称之为'警察权力'的固有权力。最高法院把这一权力定义为用以维护公共秩序、安全、道德规范和公共福利而对私人权利施以限制的权力"。①

最后，法治原则是保障公民自由的护栏。自由是人类本能的一种追求和渴望，古往至今，呼吁自由的声音从未停止过，但在法治的社会中起码保住了人们的自我实现的自由。"无怀氏、葛天氏的乌托邦的思想家，认为法律是桎梏人性，侵剥自由的枷锁。他们以为法令愈多，则狡黠作伪，犯法干禁的人，亦必随之愈多……殊不知从正确的文化发展的眼光看来，法律乃正是发展人性、保障公民自由的一种具体机构，且是维持公共生活和社会秩序的客观规律。"②自由可以受到限制，但必须通过合理的证成，有强而有力的依据。在自由受到限制过程中，平等可以作为自由的依托，体现在两个原则上，一是所有公民都需要当作平等的人来对待，给予平等的关切和尊重，实现路径是尊重每个公民的独特的美好生活观，要相信这种生活观就是会给独特个体幸福；二是平等地对待所有的公民，尤其是分配某些机会资源时，实现路径是要站在公民的角度以其所盼望的方式给予此人，或此人认为善的或真正智慧的方式对待每一个独特的个体。③ 法治原则利用自身以法为手段去实现治理为目标，对公民自由的保护形成天然空间。

第四节　警察权的产生根据与设置目的

警察权来源于国家为维护建设与稳定发展的选择。恩格斯在《家庭、私有制和国家的起源》中曾论述到"国家的本质，是和人民大众分离的公共权力……对于公民，这种公共权力起初只不过当作警察来使用，警察是和国家一样古老

---

① ［美］博登海默著，邓正来译：《法理学：法律哲学与法律方法》，中国政法大学出版社2004年版，第9页。
② 贺麟：《文化与人生》，商务印书馆2015年版，第47页。
③ ［美］德沃金著，张国清译：《原则问题》，江苏人民出版社2012年版，第237～240页。

的……这样雅典人在创立他们的国家的同时，也创立了警察。"① 警察映现在自身和他物上的是警察权，权是连接社会各种关系的主要节点，权可以分为权力和权利，权利是人类保护自身的权，而权力却是构成人类社会的内在要素，也是人类社会存在与发展的必要条件。② 警察权是国家所赋予的公共权力，警察利用权力来维护国家，警察权将国家和民众联系到一起，民众因警察权变得更为自律，警察权因国家的存在而存在，会因国家的消亡而消亡。

警察权包含广义和狭义之分，狭义的警察权，就指警察权力、权威；广义的警察权还应增加警察权利。法是权的根据，警察权是法所授予的；权是警察的根据，警察是在法的授权下履行权责，依法行政，保证着社会的和谐稳定。警察权来自法之授予，警察作为实体存在而承载着这种权力的执行，警察权的存在且未来需要继续存在的现实，体现出一种必然的趋势，单纯来看这属于警察权自身所存在的状态，实则是为了辅助国家行动，也是为了实现公共意志、利益和社会福祉。然而这种必然趋势的阐发过程，是实体之间相互作用的产生。警察自身并不是天然设立的，是国家的需要，为维护社会安全稳定，破坏社会和谐的因素需要由警察这个实体进行维持和威慑。警察权力不是孤立或仅是意识的存在，而是映现的存在，黑格尔在《逻辑学》中提道："现实存在着的东西在他物中的映现并没有与在自身中的映现分离开，根据自身的与他物中这两方面映现的统一，才产生了实存。"③ 例如，"警察"是人冠之予身份的职业，实存之东西都是实在之物，作为执法者的警察，国家法律法规赋予警察权力，警务实践活动始终受到民众监督，因此民众就成为警察最根本的映现，同时公众也受到警察对其的威慑、制约和协助。当破坏一种安全、稳定或是有序状态的人、财、物、精神财富、地域以及现实或虚拟的社会现象出现时，④ 警察就会用职权来保障公共安全和维护社会秩序稳定。国家需要良好的秩序和持续的安稳，而执行和实现的状态需由人来完成，黑格尔曾描述道："行政事务和个人之间没有任何直接的天然的联系，所以个人担任公职并不由本身的自然人格和出生来决定，而是知识和本身才能的证明。"⑤ 国家赋予具有知识和才能的警察一定的职能，这个职能是通过法授予的权力，这就在实在人的基础上派生出了抽象的警察权。两者互为现实存在着的，也是相互的映现。警察权是警察的权力，同时也是职责所在，这种存在是为了实现大多数公众的利益，对有害的行为或是有损于大多数公众利

---

① ［德］恩格斯：《家庭、私有制和国家起源》，引自《马克思恩格斯选集》（第四卷），人民出版社1972年版，第114页。
② 程琳主编：《警察法学通论》，中国人民公安大学出版社、群众出版社2018年版，第49页。
③ ［德］黑格尔著，梁志学译：《逻辑学》，人民出版社2002年版，第238页。
④ 程琳主编：《警察法学通论》，中国人民公安大学出版社、群众出版社2018年版，第52页。
⑤ ［德］黑格尔著，范扬、张企泰译：《法哲学原理》，商务印书馆1961年版，第311页。

益的行为就会用权力相制衡。马克斯·韦伯曾写道:"目的理性行动的成立,是行动者将其行动指向目的手段和附带结果,同时他会去理性地衡量手段之于目的、目的之于附带结果,最后也会考量各种可能目的之间的各种关系。"① 警察的职责与警察权的行使其目的都是为了大多数公众的利益、公共安全甚至公众的安全感,公众与警察间相互的信任,应是警察履行职责的实存基础,公众对警察权的认知,是建立在警察自身之上的抽象映现,警察权的依法履行,是通过警察权力自身而实在映现出法的抽象存在。可以说警察权力就是抽象内在的东西,权力是非物的存在,但警察权力却拥有国家政治统治职能的作用,这种作用也是国家所赋予警察的,赋予了警察可以依法行政,在执法过程中警察的特殊性就会从权力当中映现出,而在执法过程中也会映现权力,同时也映现出警察存在的作用和意义。这种相对性、相容性和统一性是警察权的根据和设置目的。

鲍桑葵描述道:"法律意味着有某种值得加以维护的东西,而且这种东西是得到公认的;违犯这一点不仅不得人心,而且是违背公共利益和毁约的罪恶行为。"② 国家的存在是为了实现公共利益和意志,法律具有不断探讨正义、公正、平等的职责,法律的存在是为了实现国家目的,依法来治理国家是国家用法律的手段实现最终目的的过程。卢梭曾论证出的国家公式——主权就是行使公共意志。公共意志就是大多数存在的人们的意志所在,这种意志是能满足大多数人们追求美好生活愿望的福祉。鲍桑葵曾提道:"到目前为止,我们所用的国家和社会这两个词几乎是可以互换的。……国家指的是作为一个单位的社会,它被公认为有权使用绝对的物质力量去支配它的成员。……国家的目的就是社会的目的和个人的目的——由意志的基本逻辑所决定的最美好的生活。"③ 美好生活由意志的基本逻辑所影响着,基本逻辑是客观、科学并能持续发展的,如果只是暂时的、主观的并随性而发的就不是逻辑的表述。警察权的存在是为了辅助国家行动,那么警察权也是为了实现公共意志、利益和社会福祉。这同时意味着警察权的调整和控制都是根据国家目的所进行的,那么警察权也应是为了保护社会目的和个人目的的实现。

---

① [德] 马克斯·韦伯著,顾忠华译:《韦伯作品集Ⅶ·社会学德基本概念》,广西师范大学出版社,2005年版,第34页。
② [英] 鲍桑葵著,汪淑钧译:《关于国家的哲学理论》,商务印书馆1995年版,第73页。
③ [英] 鲍桑葵著,汪淑钧译:《关于国家的哲学理论》,商务印书馆1995年版,第190~191页。

第五节　警察裁量权对特殊事实的科学法则

　　警察权中的裁量权部分，从 20 世纪初至今一直受到争辩从未停歇，这里没有用自由裁量权是因为如果将自由加入进去将出现两层意思，一是警察自由的裁量，没有限制没有约束；二是裁量权是自由的，如果裁量权本身是自由的，但没有执行者也无法发挥其作用。[①] 警察产生的本质并不是为了让警察拥有自由，而是限制造成破坏社会福祉那些人的自由，人天生所追逐的价值是自由、公平和正义，如果限制了人的自由那等于扼杀了人的精神自由甚至于肉体自由。但警察拥有的这种裁量权能与自由相联系，并不是由于警察职责本身具有操纵自由的意识，而是警察作为人的利己欲望作祟，"当裁量权使用的适时，它就是一种工具；不适宜它也可能像一把斧头，可做伤害和谋杀之用"。[②] 合理范围内的警察裁量权的自由会赋予警察有合理理由认为（reasonable cause），或者有相当理由相信（probable cause），就可以实施盘问、拍身搜查直至拘捕的措施。[③] 而赋予警察这些权力，正是为了让警察适时而有效地解决危机、平息事态、遏止危险。实际上对于警察权的规制是比较严格的，即使像目前这样面临恐怖袭击巨大压力的时代，社会整体上仍然对警察滥权抱有高度的警惕。但是在特定的危险情形下，应当赋予警察一定的自由裁量权，以应对只有执勤警察才能发现的违法和犯罪。警察的产生是为了公共安全和社会秩序的良好运转，警察权是其中的连接符，而法治原则是一张无形的网，是警察利用权力执法和裁量时的依据和底线，那么裁量权所关联的自由可以被描述为"一种条件，亦即建构一个目的、借助有组织的文化手段使该目转变为行之有效的行动并对这种行动的结果充满所必要的和充分的条件。"[④] 因而裁量权是可以检验警察实存本质的最好映现，良好的警察将利用裁量权实现公平、正义，维护善良的自由；恶的警察将利用裁量权损害相对人的合法利益，妨碍公共利益的获得。让裁量权简单回归其目的在于获得警察实存的原初价值，去伪存真，将在复杂的人性面前寻求法治原则与裁量权的简单统一性。

---

　　① 程悦：《适时有效原则在警察法中的理论与实践证成》，中国人民公安大学博士论文，2017 年，第 96 页。
　　② Kenneth Culp Davis, Discretionary Justic: A Preliminary Inquiry, Louisiana State University Press, 1969: 25.
　　③ Terry v. State of Ohio, 392 U.S. 1 (1968).
　　④ ［美］博登海默著，邓正来译：《法理学：法律哲学与法律方法》，中国政法大学出版社 2004 年版，第 305 页。

一、警察权运用的经验科学

警察权运用的经验科学并不是彻底的经验主义者认为的仅通过归纳而获得经验,也不是彻底的理性主义者认为的通过观察或是通过逻辑原理中推论出来的。这里的经验科学是通过认识—事实—知识—知觉—经验—逻辑—科学。警察处理执行的绝大多数事件都是人为造成,而非自然之力,由于自然之力而引起的结果,是一个一般的事实,对这种事实的认识过程是不用被反复论证的,被论证的自然事实是为什么有这样结果的原因,但事实如此无须被怀疑,这时将得到一种知觉。自然界传授给人们的是知识,是可直接去认识经过和结果,人们却总是要指出为什么会有这样的情况发生,亚里士多德在《物理学》中提道:"为什么的四个内涵,一是这个结果必然是那个原因引起的,或者说是绝对地,抑或是通常是由它引起的;二是如果这个是这样,必然先有那个是那样,例如有结论必有前提;三是这就是某事物的本质;四是因为这样比较善,这个不是绝对的善,而是对每一事物的本质来说的善。"[①] 这是由自然带给人们找寻目的原因的途径,而人们自身会利用自然界带来的知识加以改造,变成破坏人类社会安全稳定的手段,也许中间环节会制造偶然假意为自然的运动,用偶然遮挡必然,使自身的行为得到合理的善的理由,用以掩瞒真相。而警察实存的根本目的是揭开所掩盖的偶然,找到偶然中的必然因素,认识—事实—知识都可能带给人们偶然,但上升为知觉时就是寻找必然的开始。

罗素曾描述道:"当无需经验事实作为前提就能被获得时,知识被说成是先天的;相反,它就被说成是经验的。……存在一种我们由之在极接近于过去事件的时间中获得关于这些事件的知识的过程;依据所涉及的事件的特征,这种过程被称作'知觉'。"[②] 警察利用所掌握的知识执行、处置和研判某个案件,这些知识是存在大脑中的隐性知识,是提前就已经掌握的,是具有客观、自然和规律性可寻的,当开始分析案件时就用现有的知识和线索追踪关于该案件所发生的由来,还原整个事件的起因—经过—结果,这些都是靠着警察的知觉,这种知觉是建立在经验隐性知识的基础上,因为有此经验隐性知识才能不断发散思维,沿着正确的方向寻找犯罪嫌疑人和该案件的有关线索。人为的必然和自然界的必然迥然不同,自然界的必然成为知识,而人为的必然是人所成长的环境、思维方式、心理性格和原生家庭等多方面的因素造成一种结果,从而影响了知觉的产生,但

---

① [古希腊]亚里士多德著,张竹明译:《物理学》,商务印书馆1982年版,第61页。
② 伯特兰·罗素著,贾可春译:《物的分析》,商务印书馆2016年版,第179页。

不管是何种方式的必然,"这些东西都是在质料之中……一定的事物必然先有一定的质料"。① 将事实知觉转化为经验的环节就是确定质料的过程,而这种过程的认定是通过逻辑推论而来,就如罗素所说:"经验定律不仅依赖于一些特殊事实,而且也是通过一种缺少逻辑证明的过程从这些事实中推论出来的"。② 而这种经验命题正是一门科学所应具有的类型。之所以反复论证警察权运用的经验科学是为了说明警察裁量权存在的必要性。

二、警察裁量权对特殊事实的科学判断

警察裁量权的存在虽然争议不断,但不可或缺,其根本应先忽略因警察个人品德、能力、素质、欲望或是贪婪等一些人性非善的部分,应看警察裁量权设置的最主要目的,是为了解决安全、正义、公平、效率和美好实现的障碍,这种目的的实现需要经验科学做支撑,有了经验科学才能更适时有效地完成案件侦破,保障人们对安全最根本的需求。其实警察裁量权的本质就是警察经验科学,法律不可能事无巨细的将警察的职责全部描述清楚,很多时候如果描述得太过于详细反而会对案件的侦破不利,影响办案效率,毕竟案件是人为的,但法律是文字的,灵活性较弱,就像是洛克在《政府论》中论述道:"有许多事情非法律所能规定,这些事情必须交由握有执行权的人自由裁量,由他根据公众福利和利益的要求来处理。……因为世间常能发生许多偶然的事情,遇到这些场合,严格和呆板地执行法律反会有害"。③ 因此,裁量权被设置的本意和初衷并非为警察徇私枉法而定义,应是为了个案符合社会公众利益并且不违背法律原则而运行。法律原则是从本质出发概括和全面地进行指引,警察裁量权以法律原则做支撑、依据和来源,但对法律原则的掌握程度与警察自身的学识、认识和知觉有关,这也与对警察的培训、教育和实践息息相关。当警察想要发挥裁量权时首先必须满足于一种通常的但并非始终不变的相互连接,案件的发生(犯罪嫌疑人造成的客观事实+嫌疑人的主观认知)——现场侦查(警察介入采集可视物)——案件分析(警察可见证据+经验认知)——继续搜集人证+物证(更多的证言增加警察裁量的合理推论+更多证物帮助警察确定犯罪嫌疑人身份)——明确目标进行抓捕(已将特殊事件与经验科学建立连接)——审问犯罪嫌疑人(继续对经验科学引导警察建立的这种连接保持怀疑,并通过直接面对嫌疑人的主观认知,最终与嫌

---

① [古希腊] 亚里士多德著,张竹明译:《物理学》,商务印书馆1982年版,第66~67页。
② [英] 伯特兰·罗素著,贾可春译:《物的分析》,商务印书馆2016年版,第182页。
③ [英] 洛克著,叶启芳、瞿菊农译:《政府论(下篇)》,商务印书馆1964年版,第102页。

疑人造成的客观事实相吻合)。整个过程警察裁量权贯穿始终,程序合法遵循法律规则,推论的过程离不开法律原则的指引,以及警察合理怀疑、分析和判断的科学法则,均离不开法治原则的引导监督。

  警察应该具备基本知觉用于对特殊事实进行初步识别,之后随着经验的不断累积可以进一步对各类案件情况加以分析,再通过对知识的学习理解才可以做出更为科学的判断。罗素曾说:"常识所做出的初级归纳首先是习惯,通过日积月累的经验,逐渐将这种存在的习惯理性化,成为一种信念"。[①] 合理的怀疑和裁量正是建立在这种理性化的基础上,裁量是将事实真相还原,给受害者公正的结果,将罪犯以惩罚,平息社会不安定因素。将法治变为一种信念,警察在处理案件时才能更为合理运用裁量权进行科学判断。将法治原则—习惯—理性化—特殊事实—知觉—经验科学—合理判断,让这一过程像应激反应一样映射到行为上,而不是通过知道或是认识"对象"或"事物"那样成为常识,常识容易犯错误,造成记忆的混淆,我们可以把这些作为真正被知道的东西接受下来。让警察裁量权发挥真正有效的作用,可以对各类案件进行科学判断进而裁量。

第六节 暴力袭警时依法维护警察权

  警察即是保障法律实施的重要后盾力量,是国家政治权威的代表,体现着一种重要的政治法律强制力量,哈德罗·K.贝克尔曾给警察下的定义:是所有主权国家阶级统治的重要工具,是作为政治社会的执行机构,是维持国家安宁与和平、维护公共秩序与利益的不可忽视的力量。警察受到暴力袭击后,不仅权威受到挑衅,自身权利还会受到伤害。暴力袭警案件发生前,作为生活在社会中的人们,不管是警察还是公民都有一个共同意志就是保障、维护和遵守社会秩序与安全;但发生暴力袭警时,这种行为不仅是对公权力的对抗,而且是对警察人身权利的侵害,同时引发对警察权威的挑战。当警察权威受到威胁和伤害的情况发生时,警察可以维权,这里的维权既是对国家法律尊严、警察执法权威的维护,也是对警察作为公民自身权利的保护,此时的权力与权利源自警察一个人身上。

  警察按法律法规要求进行执法活动,执法过程中会产生其意志,这种意志体现在预防、制止和惩治违法犯罪活动中保障社会的治安秩序和国家安全,此意志是警察出于职责要求同时也是警察个人知觉的对象,正如费希特在《自然法权基

[①] 伯特兰·罗素著,贾可春译:《物的分析》,商务印书馆2016年版,第191页。

础》中提道:"强制权力的个人意志与共同意志肯定是同一个东西;对这种权力而言,共同意志必定是个人意志,在这种意志中个人意志和共同意志得到了综合统一。……只有一切人的意志都相互一致,才能希求一切人的法权的保障。"①当警察按法规履行职责时,警察个人遭受到人身伤害,那么此时警察可以希求法权的保障,就正如《公安机关维护民警执法权威工作规定》所明确的,可以积极维护民警执法权威,同时也应该维护民警人身免受伤害。② 与此同时,警察作为个人的意志、作为公职人员的意志与社会大众的共同意志都是惩戒犯罪,恢复和平状态,个人意志、职责意志与共同意志的目的相同,希望实现的最终结果也相同,在这种都相同的情况下可以确定警察的权力与权利将归于一体。

  法治原则是警察行使职权的依据,那么法治原则的变化发展会直接影响到警察权的界限。如 2016 年《中华人民共和国人民警察法》(修订草案稿)第三十一条第五款规定"人民警察遇到以暴力、危险方法抗拒、阻碍人民警察依法履行职责或者暴力袭击人民警察,危及人民警察生命安全的,经警告无效的,可以使用武器"。该条款中赋予了警察在特定的时间和情况下可以使用武器。2019 年 2 月起实施的《公安机关维护民警执法权威工作规定》中第八条规定:"民警在依法履行职责、行使职权过程中或者因依法履行职责、行使职权遇到受到暴力袭击的情形下,公安机关应当积极维护民警执法权威"。《中华人民共和国反恐怖主义法》第六十二条规定:"人民警察、人民武装警察以及其他依法配备、携带武器的应对处置人员,对在现场持枪支、刀具等凶器或者使用其他危险方法,正在或者准备实施暴力行为的人员,经警告无效的,可以使用武器;紧急情况下或者警告后可能导致更为严重危害后果的,可以直接使用武器"。将这三款结合起来可以看出,在暴力行为情况下,经警告无效,可以使用武器。这就是在特定时间情况下,扩大了警察权的界限,警察日常执法不允许使用武器,但一旦发生上述情况就有权使用武器,以最大限度地维护社会稳定,人民生命、财产安全及治安秩序的和谐。

  移动是随着事件的发展变化而运动,事件进展到不同的阶段,警察知觉也会随之变化,如当暴力袭警案件发生时,警察有权使用武器;或是有权维护执法权威,这种知觉是在法治原则视野下的警察对其行为的合理、合法和必要性所授予的。此时警察作为个体在知觉中会产生出行为点,当知觉引发出行为时,这种映

---

  ① [德]费希特著,谢地坤、程志民译:《自然法权基础》,商务印书馆 2004 年版,第 154~155 页。
  ② 《公安机关维护民警执法权威工作规定》第八条:"民警在依法履行职责、行使职权过程中,或者因依法履行职责、行使职权遇到以下情形的,公安机关应当积极维护民警执法权威:(一)受到暴力袭击的;……(十)执法权威受到侵犯的其他情形"。第九条:"……民警由于行为人的行为遭受人身或者财产损失的,公安机关应当支持民警通过提起刑事附带民事诉讼或者民事诉讼等法律途径,维护自身合法权益……"

现会对外体现出,而知觉的行为点将进行传递,此时警察采取强制措施,是法治原则在警察知觉中的促使和必然反映。海德格尔描述到:"跳跃使那种归属于存有的状态一跃而入作为本有的存有之全幅本现中。"[1] 跳跃的是知觉上的转变,这两者被意识到的知觉对象不一定是共存的,此时它们共存于我们的意识中,它们之间只是存在一个共同的点或线,是这个点或线将它们之间联系在一起。当暴力袭警案件发生时,存有状态下的执法权力此时发生跳跃,跳入到本有状态的权利维护中,是知觉和行为的跳跃,当执法办案过程中,随着案件态势不断变化发展,暴力袭警行为的情形,将促成警察执法权力与个人权利走向一致性,在法治原则影响下的警察权力与权利看似重合统一,并应受到法律的维护和保护。

第七节 善用警察权实现公平、正义和自由

警察常被比喻为实现公平、正义和自由的行使者,惩奸除恶体现公平,手握权力伸张正义,阻止违法行为追求自由,始终把人的生命、财产、安全、平等和自由等价值的状况放在首位。罗尔斯在《正义论》中提到了正义的两个原则:"一个原则是每一个个人与其他所有的人都应获得一种平等的权利,而这种平等的权利是建立在最广泛平等和自由,和与这种自由相容的其他自由的范畴之上。另一原则是如果社会地位和经济水平不相一致且不平等的情况下,应尽量找到与正义的蕴含原则相一致的情形,虽然仅能受惠于一小部分人,但却可以实现人们最大利益;而且当社会中的机会是在公平和平等的情况下时,可以提供给所有人信息让人们寻找到适合自己的职务和位置。"[2] 安全指的是在不同阶段、不同时期或不一样时间内感受其他价值真正的或被认为可伸展的一种大概或一种可能。只有在人们感到恐惧受到压迫时才会想念或追求对正义、公平、自由的强烈渴望,如果说要让人们有充足的时间可以放心大胆去享受其他价值体验,那么安全是不可或缺的。霍布斯(Hobbes)曾言:"人民的安全,乃是至高无上的法律"。[3] 这也正是警察的职责所在,为人们带来精神上的放松,消除恐惧和忧虑,警察实现这一切的前提需要保持社会的秩序感,无论法律如何保障人们的安全

---

[1] [德]马丁·海德格尔著,孙周兴译:《哲学论稿》,商务印书馆2016年版,第267页。

[2] [美]约翰·罗尔斯著,何怀宏、何包钢、廖申白译:《正义论》,中国社会科学出版社2009年版,第237页。

[3] [美]博登海默著,邓正来译:《法理学:法律哲学与法律方法》,中国政法大学出版社2004年版,第318页。

感,但还是需要能有实质性的执行力。佛洛伊表明,人们之所以对有秩序的社会生活有着天然的向往,这与人类自身神经系统的构造有着莫大的关系,是因人类需要神经系统进行释放紧张和保存能量的需求。① 执行力被法律所授予,如果警察在其执法过程中始终坚持着法治原则,逐渐可以将法律法规形成自身的习惯,由习惯上升为德行,再由德行凝练出法治理念,那么警察执法中的"法"才能充分实现法治的精神,在这种不断持续的状态下,人们才能感受到安全的存在,情感是脆弱而敏感的,而维持秩序不是每个人都可以力所能及的,人们都会对未知的事情充满不安定感,如果警察的执法行为能使得人们相信并依赖于这种权力会给未来带去安全,那么人们也更愿意表现出服从的姿态。马斯洛在《动机与人格》中写道:"社会中的绝大多数成年人从内在的潜意识里会倾向于安宁的、秩序的、正义合法的、整齐有序的和有规律的世界;这样的世界是成年人可以依赖的,并且在人们所渴望的这种世界中,意想不到的场面、难以管控的场合和混杂不堪的类似危机重重的情形都不会发生。"②

一、警察是警察权被赋予外在的介质

警察执法权会因警察对法治原则存在于自身意识当中的映现,有善用权力善治,有权力滥用,有不作为等不同状态。这种状态需要警察履行职责才能被体现出来,否则就很难看出警察权的状态,权力被赋予不去执行,就看不到结果,结果需要被判断确定,是作为抑或是不作为,一旦开始执法,权力的最终状态不再模糊,警察权的状态是遵循法律还是钻法律的漏洞将可被确定。警察权的行使,可以体现出警察意志的走向,警察意志所代表的不仅仅是个人意志,更多地代表了公权力机关的意志,黑格尔曾描述道:"单个的人(个人)通过他的特殊性(各种物质的和精神的需要,它们本身进一步得到发展,就产生市民社会)而与普遍东西(社会、权利、法律、政府)结合起来。"③ 警察对执法权和裁量权的尺度将会随着对法治原则的认知不断推进而得到把控:法治原则—认识—事实—警务实践—反思—经验—知觉—意识—警察权控制。就像黑格尔所说:"个人的意志、活动是起中介作用的,它的运行对于社会、权利等是一个充实和实现的环节"。④ 警察意志将会影响警察权的控制尺度,警察权的行使会使警察成为实现社会公平、正义和自由的践行者。警务实践中警察会直面民众,当民众间发生纠

---

① Freud, Civilization and Its Discontents, W. W. Norton & Company, 1989: 55-56.
② Maslow, Motivation and personality, Pearson, 1970: 41.
③④ [德]黑格尔著,梁志学译:《逻辑学》,人民出版社2002年版,第341页。

纷时，警察会为良善的民众排忧解难，充当实现民众之间公平的决策者；当民众发生被抢、被盗、被挟持等突发情况时，警察有效的执法行为，使之成为正义的化身；当民众做出违法犯罪的行为时，为了维护大多数人民的利益，警察将对违法者进行惩处，限制其自由，以实现社会的稳定、和谐。

当警察行使权力时，权力的反作用力直接体现到民众身上，能最真实地反映出法治原则的落实情况，是否已经成为指导警察反射意志的标准。社会由不同阶层的人组成，在人与人交流时就会产生权力与权利的碰撞，这种碰撞带来的是丰盈的社会生活，生活不断地运转才能持续为社会的存在贡献力量。"但普遍东西（国家、政府、权利）是实体性的中介，个人及其满足在这个中介里享有并获得它们的得到实现的实在性、中介过程和持续存在。"[1] 警察是物质形式的介质，而国家、社会、权利或是权力成为实体性中介，在这个中介里个人被赋予了警察的责任和权力，将自身与职业完美的有效结合，个人作为介质也可以在实体性中介当中得到真实的满足，而这种满足感又推动着国家、社会、权利或是权力的持续存在、创新和延伸。法治原则作为实体性中介与介质的上层建筑，对介质和实体性中介不仅起到保护作用，而且制约着它们相互之间的关系，博弈状态下的自然体最稳定，相互制约也就相互依存，这样才能持续更好地发展。

二、警察和警察权的交互作用

当人们让步出自己部分私有权利成立国家，通过国家行使公权力能更好地服务于人们。国家作为一个实体性的中介，警察成为实在的介质来执行国家所赋予的权力，国家和警察的存在成为影响社会进步发展的一个里程碑式阶段，那么此时国家与警察都处于人类发展进程这一阶段内的结果，随着国家授予警察相应的职权，从而影响了警察权也发生了改变，这种改变不是形式上的或外在指导性的变化，而是对警察权存在及发展变化必然性的展现。警察和警察权都有各自的产生历史，都有物质作为承载的介质，警察承载的介质是人；警察权的承载介质是违法犯罪的行为体。两者的承载介质虽然不同，但可以将警察和警察权看作在同一个时空里。警察因为法治原则而对警察权的行使有所约束，警察自身和权力行使都将受到法治原则的影响。当警察行使权力时，执法行为会刺激着警察的知觉和意志，警察权会受到警察知觉和意志的影响，结果是由警察的意志反射到自身执行的权力上，使得警察权的行使方式将会有所不同，这是警察与警察权的交互作用。如果将结果设定为原始性，使得原始性得到扬弃，原因的作用变成反作

---

[1] ［德］黑格尔著，梁志学译：《逻辑学》，人民出版社2002年版，第342页。

用，在充分发展的因果性关系中就可以得到交互作用，"原因就在其为原因的同一个关系中同时也是结果，而结果在其为结果的同一个关系中同时也是原因。"①交互作用是因果关系的延展和深入，此时的交互作用是警察执法行为作用到警察权而产生，再通过警察权的运用合理与否影响到警察自身知觉意志的提升上。"这种联系的发展或交互作用，本身就是差别的交替，但不是原因的交替，而是两个环节的交替，……即按照原因与结果的这种不可分离性，给每一个独立的环节同样也设定起另一个环节。"② 环环相扣，起点的不同导致的结果也不尽相同。这种交互作用体现出警察和警察权之间的必然性，而必然性是这两者自身内在和隐藏的同一性引发的，然而这些现实事物的独立性恰恰应该是必然性，彼此独立又相互联系产生出的无限自相联系，从而得出必然性的真理是自由，但必然性本身并不是自由，但自由需以必然性为前提。警察和警察权的存在是历史的产物是必然性存在，两者相互独立又相互影响，警察权的运用得当与否会导致警察进行职权的自我扬弃，从而对执法权和裁量权进行完善，警察权的补充和完善会直接体现到公平、正义和自由当中，受益的是社会民众，因此只有当警察与警察权在警务实践中不断地交互作用，才能更好地实现社会和谐稳定。

第八节　结　语

　　人类的存在是随着物种起源经过上亿年的繁衍生息而逐步从原始社会走向了文明社会，文明的标志是人们能够感知到规则进而可以自我约束，这种规则逐渐发展成为法治原则，并能被人们所知觉，成为知觉的对象作为非物的客观存在。但随着年代更迭，人类知觉又衍生出更多的实体性中介，逐渐成为带有不同身份人们的反射意志，指导着社会进步和国家变革。在国家与社会的变革中人们的知觉、思维、意志也不断地变化、发展、上升进步，法治原则是由人的意识出发，逐渐形成人们知觉的对象并始终存在于人们的头脑中。在法治原则作用下，警察意识是认识—知觉—反思—映现—习惯—意识的过程。法治原则是社会发展变化的产物，不是个人变化就会随之改变的。法治原则指导警察执法并对警察权加以限制，这会受到国家政策法律导向的影响，"把权力关进笼子里"——依法行政、依法治国，此时的法治原则成为可以看得见摸得着的知觉，需要成为每个独立个

---

① ［德］黑格尔著，梁志学译：《逻辑学》，人民出版社 2002 年版，第 286 页。
② ［德］黑格尔著，梁志学译：《逻辑学》，人民出版社 2002 年版，第 285 页。

人的反射性知觉，法治原则不仅在警察执法时才出现，而是在不同阶段，法治原则都会根据所展现出的不同情况而发挥相应的作用。法治原则虽然看似无形无影，但通过警察这一介质就会显现出来。英国的政治社会学家沃尔特·白芝浩说："我们称为物质的东西对我们称为精神的东西是有影响的，我们称为精神的东西对我们称为物质的东西也有影响。"[①] 物质影响人们的意识，意识反过来影响物质。警察执法离不开警察权，那么警察权就会相应而生，警察权由人赋、人治、习惯、公理、法律，再到法治的演变、进化、发展过程，虽然警察权无形是非物的存在，但却可以借助警察执法的对象而映现出，法治原则作为影响警察意识的上层建筑，对警察权也起到一定的约束作用，警察权必须在法治原则下行使。

在依法治国建设社会主义法治国家的今天，坚持法治原则，依法进行规范和监督，是对警察执法能力、执法水平和执法素质提出的更高要求；坚持警察权运用依法授权、依法行权、依法督权、依法保权，是维护警察执法权威，捍卫法律尊严的根本路径；坚持政治建警、改革强警、科技兴警、从严治警，是实现依法治警、依法治国的新阶段新高度，使之成为国家稳定、社会和谐不可或缺的存在，成为人类走向文明，不断进步的标志。

---

① ［英］沃尔特·白芝浩著，金自宁译：《物理与政治：或"自然选择"与"遗传"原理应用于政治社会之思考》，上海三联书店2008年版，第6~7页。

第九章

警察行政程序

第一节　问题的提出

自季卫东教授在1993年发表有关法律程序的开拓性研究论文以来,[①] 历经20余年的讨论,程序法治之于中国法制建设的重要作用在理论界和实务界已渐趋凝聚为一种普遍共识。传统上"重实体、轻程序"的思维得到很大程度的纠正,诸如权利依赖于程序[②]、程序具有独立价值[③]、程序法是实体法之母[④]等看法,也开始获得越来越多人的认同。

[①]　季卫东:《法律程序的意义——对中国法制建设的另一种思考》,载于《中国社会科学》1993年第1期。

[②]　美国法学家昂格尔指出:"权利不是社会的一套特殊安排而是一系列解决冲突的程序,这个认识后来成为许多西方政治法律思想的核心观念。"[美]昂格尔:《现代社会中的法律》,吴玉章、周汉华译,中国政法大学出版社1994年版,第76页。

[③]　美国最高法院大法官杰克逊指出:"程序的公平性和稳定性是自由的不可或缺的要求。主要程序适用公平,不偏不倚,严厉的实体法也可以忍受,事实上,如果可以选择的话,人们宁愿生活在忠实适用我们英美法程序的苏联实体法制度下,而不是由苏联程序所实施的我们的实体法制度下"。[日]谷口安平:《程序公正》,董鹤莉译,载宋冰编:《程序、正义与现代化——外国法学家在华演讲录》,中国政法大学出版社1998年版,第375页。

[④]　[日]谷口安平:《程序的正义与诉讼》,王亚新、刘荣军译,中国政法大学出版社1996年版,第8页。

就行政法这一部门法而言，程序的重要功能同样获得了高度重视。在立法层面，1989年颁布的《中华人民共和国行政诉讼法》第五十四条破天荒地将"符合法定程序"确立为行政行为的合法要件；随后，《中华人民共和国行政处罚法》（1996）、《中华人民共和国行政复议法》（1999）、《中华人民共和国行政许可法》（2003）、《中华人民共和国行政强制法》（2011）等相继出台的行政立法中涉及了大量行政程序规定；晚近，湖南、山东、西安、海口等地又掀起了制定地方层面的行政程序规定的浪潮。回顾这一整体立法历程可以发现，程序在整个行政法治建设中的占比和地位在逐渐增强，这在一定程度上印证了美国学者施瓦茨教授早年所提出的"行政法更多的是关于程序和补救的法，而不是实体法"的论断①。在法律对行政的各项控制机制中，程序控权这一进路的地位得到了认可。②甚至有学者断言，对行政权施加程序机制约束，应成为未来中国政府法治建设转向的"重心"所在。③

即便对于作为行政法分论的警察行政法而言，警察权的运作同样受到了现代程序观念与制度的洗礼。这方面的一个例证是，1957年、1986年和1994年的《中华人民共和国治安管理处罚条例》，其条文设计十分偏重于实体法规则，有关处罚程序制度的规定屈指可数；而当全国人大于2005年重新制定《中华人民共和国治安管理处罚法》之后，新法单独设置了"处罚程序"一章，有关处罚程序的规定得到了大幅度的扩容，并植入了听取意见、说明理由等正当程序规则。此外，公安部还相继出台了《公安机关办理行政复议案件程序规定》（2002年）、《公安机关办理行政案件程序规定》（2003年制定，并经2006年、2010年、2012年和2018年修订）等专门规范程序事项的规章，进一步推进了警察行政程序方面的规范化建设。

不过，立法的颁布并不是警察行政法治的终点。在行政程序立法出台之后，一个需要关注的问题是，这些现行的警察行政程序立法的成效如何？是否起到了对行政权力的约束和规范作用？它们在实施过程中是否产生了争议问题？主要的行政程序争议问题有哪些？是否还存在着进一步完善的空间？要回答这些问题，司法案例提供了一个较好的观察窗口。通过梳理一定数量的警察行政诉讼判决，可以评估现有警察行政程序运作的基本状况及其存在的问题。此外，诚如英国的

---

① ［美］伯纳德·施瓦茨著，徐炳译：《行政法》，群众出版社1986年版，第3页。
② 孙笑侠：《法律对行政的控制》（修订2版），光明日报出版社2018年版，第36~37页、第111~114页。
③ 王万华：《法治政府建设的程序主义进路》，载于《法学研究》2013年第4期。

丹宁勋爵所指出的，判决能够熨平法律织物的褶皱[①]，法官在个案中提出的关于解决行政程序立法问题的方案，对于完善当前警察行政程序制度乃至未来出台统一的行政程序法典具有一定的启示。退一步而言，即便在个案中并未解决这些问题，但从中暴露出来的问题，也能为立法者未来完善这些制度提供聚焦点。因此，本章中，笔者将对涉及警察行政程序的行政案件进行系统的梳理，归纳其中存在的共同性问题，以便为未来完善警察行政程序的具体制度提供参考。

第二节 分析样本的说明及其总体状况

一、分析样本的说明

自 1982 年《中华人民共和国民事诉讼法（试行）》第三条第二款建立行政诉讼制度以来，[②] 历经 30 多年的实践，司法实践中已经积累了海量的警察行政诉讼案件，其中，涉及行政程序问题的案例也已十分可观。笔者以"北大法宝"数据库中收录的案例为检索对象，发现涉及警察行政程序的案件数量已超过了 10 万件。[③] 由于案件数量十分巨大，笔者难以对其做全面的研究。对此，在本章中，笔者选取的是以《人民法院案例选》中收录的警察行政案件作为分析对象。之所以以此作为分析的样本，主要基于如下三点考虑：

第一，《人民法院案例选》从 1992 年开始编辑，迄今已有 20 多年的时间，其间未曾中断过，具有较长的历时性。相比于其他出版物载体，所收录的案例数

[①] 丹宁指出："我想作个简单的比喻，就是，法官应该向自己提出这么个问题：如果立法者自己偶然遇到法律织物上的这种皱折，他们会怎样把它弄平呢？很简单，法官必须像立法者们那样去做。一个法官绝不可以改变法律织物的编织材料，但是他可以，也应该把皱折熨平。"[英] 丹宁勋爵著，杨百揆、刘庸安、丁健译：《法律的训诫》，法律出版社 2011 年版，第 16 页。

[②] 该条款规定："法律规定由人民法院审理的行政案件，适用本法规定"。1986 年的《中华人民共和国治安管理处罚条例》第三十九条规定："被裁决受治安管理处罚的人或者被侵害人不服公安机关或者乡（镇）人民政府裁决的，在接到通知后五日内，可以向上一级公安机关提出申诉，由上一级公安机关在接到申诉后五日内作出裁决；不服上一级公安机关裁决的，可以在接到通知后五日内向当地人民法院提起诉讼。"该条文的颁布使得在 1989 年《中华人民共和国行政诉讼法》颁布之前，实践中已经出现了为数不少的警察行政诉讼案件。

[③] 具体检索方法是，以"北大法宝"数据库中的"司法案例"子数据库为检索对象，以标题中出现"公安"以及全文出现"程序"为组合关键词，并限定案件类型为行政案件，获得的初步检索结果为 100 087 件。最后检索日期为 2018 年 9 月 21 日。

量更为可观,适宜作为分析对象。①

第二,该案例选是由最高人民法院中国应用法学研究所开展编辑的,该机构虽非严格意义上的司法机关,但具有一定的官方背景,在某种程度上代表着最高法院的案件裁判立场,因而所收录的案例具有一定的权威性,对下级法院也具有一定的指导意义。②

第三,与《最高人民法院公报》上刊登的案例以及最高人民法院发布的指导案例不同,从《人民法院案例选》所收录的案例来看,除了包含案情概要、争讼过程以及裁判意见等基本内容外,还特别设置了案件"评析"部分,该部分通常是由案件承办法院的法官撰写,是对裁判理由的进一步阐释,这有助于研究者深入了解法官的判断思路,这是对判决书中法官缺乏说理或说理过于简略(尤其是做出时间较早的判决)的状况的一种补足。同时,案件"评析"部分在阐述中,有不少援引了学理上的见解,使该案例本身具有一定的学术性,借此,研究者也可以管窥判决与学说之间的互动关系。

作为本章分析对象的《人民法院案例选》案例,具体出自最高人民法院中国应用法学研究所于 2015 年重新整理出版的案例合订本——《人民法院案例选(分类重排本)·行政与国家赔偿卷》。③ 该合订本收录了从 1992 ~ 2015 年连续出版的 96 辑《人民法院案例选》(含民事、经济专辑)上的案例,并按照不同的管理领域做了分类重排。其中,第一章就是公安领域的行政诉讼案例,共计有 123 个。

二、警察行政程序司法案例的总体状况

经过逐一阅读《人民法院案例选(分类重排本)·行政与国家赔偿卷》中收录的 123 件警察行政诉讼案例,发现共有 33 件案件涉及行政程序问题,占全部警察行政诉讼案例的 26.8%,超过了 1/4。这显示,在警察行政诉讼中,程序问题已经成为一种重要的争辩话题。本章的分析就基于这 33 件案例。详细情况,如表 9 - 1 所示。

---

① 按照最高人民法院中国应用法学研究所自己的描述,《人民法院案例选》是"改革开放以来出版时间最长、出版册数最多、影响最为广泛的案例作品"。最高人民法院中国应用法学研究所编:《人民法院案例选(分类重排本)·行政与国家赔偿卷》,人民法院出版社 2017 年版,"编辑出版说明",第 1 页。

② 按照最高人民法院中国应用法学研究所自己的描述,《人民法院案例选》是"一部全面反映我国各级人民法院审判活动的资料性、学术性和指导性丛书"。最高人民法院中国应用法学研究所编:《人民法院案例选(分类重排本)·行政与国家赔偿卷》,人民法院出版社 2017 年版,"编辑出版说明",第 1 页。

③ 最高人民法院中国应用法学研究所编:《人民法院案例选(分类重排本)·行政与国家赔偿卷》,人民法院出版社 2017 年版。

表9-1 《人民法院案例选》中收录的警察行政程序案件情况

案例名	终审日期	涉及的程序问题	裁判结果	否定性裁判的说理顺序
庄业奇、刘以安不服伊犁地区公安处行政裁决案	1995.03.08	违反"先取证，后裁决"规则	撤销	主要证据不足、适用法律错误
陈宝强等不服拓荣县公安局非法限制人身自由及罚款决定案	1995.12.23	未制作和送达罚款决定文书	撤销	违反法定程序、适法错误
王丽英不服信丰县公安局消防科行政处罚决定案	1996.09.20	处罚前未进行告知	撤销	违反法定程序
李金胜诉偃师市公安局非法限制其人身自由案	1997.05.26	传唤时未出示证件表明身份	准予撤诉	——
上官建伟不服河南省渑池县公安局治安管理处罚裁决案	1997.05.29	超过讯问查证的期限	撤销	主要证据不足、违反法定程序
徐杰不服沈阳市公安局交警支队皇姑区大队吊销驾驶证行政处罚决定案	1997.08.18	撤销驾驶证前未依法举行听证	撤销	违反法定程序
周兴高不服上海市公安局长宁分局交通警察支队交通管理处罚决定案	1997.11.17	错误适用当场处罚程序、处罚决定超期、内部行政程序问题	撤销	违反法定程序
达西不服长沙市开福区公安分局行政处罚决定案	1998.03.20	扣留证件未出示扣留证明	撤销	违反法定程序
杨小清不服新晃县公安局治安处罚裁决案	1998.07.20	违反"先取证，后裁决"规则	撤销	违反法定程序、事实不清
何福林等不服南宁地区公安局没收其轿车案	1999.04.29	没收较大数额财物前未举行听证	维持	——
桂林市桂全信息咨询有限责任公司不服桂林市公安局以违法经营股票、期货对其予以行政处罚决定案	1999.11.12	较重处罚前未告知听证权利	撤销	超越职权、违反法定程序

续表

案例名	终审日期	涉及的程序问题	裁判结果	否定性裁判的说理顺序
何廷恺不服泸州市公安局江阳区分局治安处罚决定案	2000.01.20	未告知处罚的种类和幅度、未复核申辩意见	撤销	违反法定程序、主要证据不足、适法错误
倪文革不服上海市公安局静安分局交通警察支队行政处罚案	2000.10.12	处罚前未告知	撤销	违反法定程序
李章国不服兴山县公安局行政处罚处定案	2000年	复议期限告知错误、文书说明理由不充分	撤销	违反法定程序
王选林不服泸州市公安局江阳区公安分局治安拘留处罚决定案	2001.04.29	未告知处罚决定的具体内容	撤销	违反法定程序、事实不清、适法错误（实际是援引法条未到项）
杨和平不服郑州市公安局交警支队二大队行政处罚决定案	2001.05.11	内部行政程序问题、处罚前未告知	确认违法	主要证据不足，适用法律法规错误，程序违法
罗满秀不服上杭县公安局治安管理处罚裁决案	2003.02.26	处罚前未告知听证权利	撤销	主要证据不足、违反法定程序
邵宏升不服厦门市公安局集美分局治安管理处罚决定案	2003.06.20	重大处罚未经集体讨论决定	撤销	主要证据不足、违反法定程序、滥用职权
蔡铁栓诉三门峡市公安局治安行政处罚案	2004.04.08	超过复议期限	撤销	违反法定程序
何川江诉成都市公安局华分局行政不作为案	2004.04.16	未告知查处结果	判决履行法定职责	不履行法定职责
陈兆玉不服闽清县公安局以其殴打他人给予治安拘留处罚决定案	2004.05.25	重大处罚未经集体讨论决定	撤销	违反法定程序

续表

案例名	终审日期	涉及的程序问题	裁判结果	否定性裁判的说理顺序
甄井中诉三河市公安局行政处罚案	2005.04.26	处罚前未告知	撤销	事实不清、违反法定程序
薛道华、白大兰诉四川省泸县公安局治安行政检查案	2005.11.25	进入住所检查未出示检查证	确认违法	违反法定程序
刘庆、吕维峰诉四川省古蔺县公安局行政处罚案	2005.11.29	未告知处罚决定的内容	撤销	违反法定程序
白理成诉西安市公安局交通管理支队高速公路大队行政处罚及要求行政赔偿案	2006.05.22	将交通违法监控公布于互联网上是否属于告知方式、出示图片是否属于告知陈述和申辩	维持	—
艾满义诉北京市公安局门头沟分局治安处罚案	2006.12.13	办案人员同一时间向两名证人调查取证	撤销	主要证据不足
周艳丽诉厦门市公安局同安分局治安行政处罚案	2009.11.05	延长办案期限的内部审批	维持	—
张晖不服上海市闵行区城市交通行政执法大队交通行政处罚案	2009.11.19	钓鱼执法	确认违法	主要证据不足
郑寿云诉蒙城县公安局治安管理处罚案	2009.12.14	超期作出行政处罚决定	维持	—
吕炳贵诉高新公安分局西区派出所治安行政处罚案	2010.01.19	处罚文书未编号且没有处罚的决定内容	确认无效	违反法定程序
苏志义诉厦门市公安局集美分局不服行政处罚案	2010.12.07	未告知处罚的内容	维持	—
司付立诉东明县公安局治安行政处罚案	2014.04.21	重大行政处罚未经集体讨论	撤销	主要证据不足、违反法定程序

续表

案例名	终审日期	涉及的程序问题	裁判结果	否定性裁判的说理顺序
司贤锋不服宜昌市公安局夷陵区分局治安拘留行政处罚及请求行政赔偿案	2014.12.18	原告居住地公安机关能否管辖治安案件	维持	—

从表9-1中，可以得出有关警察行政程序总体状况的如下基本结论：

（一）从时间跨度上看

《人民法院案例选》所收录的33个涉及警察行政程序的案例，最早的是1995年3月8日终审的"庄业奇、刘以安不服伊犁地区公安处行政裁决案"，最晚的是2014年12月18日终审的"司贤锋不服宜昌市公安局夷陵区分局治安拘留行政处罚及请求行政赔偿案"。在这期间，除2002年、2007年、2008年以及2011年、2012年、2013年这几个例外年份外，其余年份均有涉及程序问题的警察行政诉讼案例收录。收录案件数量最多的年份是1997年，达到了4件；2000年、2004年和2009年这3个年份收录的案例也达到了3件。

（二）从裁判结果上看

法院撤销被诉行政行为的判决有21份，维持判决6份，确认违法判决3份，确认无效判决1份，另有判决履行法定职责判决1份、准许撤诉裁定1份（但裁定中指出了案件中的程序违法问题）。如果将法官基于程序问题对行政行为的合法性做出了否定性评价的裁判界定为否定性判决，相反情况的为肯定性判决的话，那么可以发现，在这33份判决中，否定性裁判的数量高达27份（维持判决21份，确认违法判决3份，确认无效判决1份，判决履行法定职责1份，准许撤诉裁定1份），远高于肯定性裁判，后者仅为6份。这意味着，当被诉的警察行政行为涉及程序合法性问题时，法院敢于对其做出否定性评价。

通过对法院做出的27份否定性裁判的理由做进一步阅读后，可以发现，除"李金胜诉偃师市公安局非法限制其人身自由案"（1997年）这一案件因法院准予撤诉无从知晓裁判理由外，在其余的26份判决中，法院均对裁判做出了说理。其说理的基本状况是：以"违反法定程序"作为唯一的裁判理由的判决高达11份；在涉及多项裁判理由的判决中，将"违反法定程序"作为首位的裁判理由的判决为4份，将"违反法定程序"这一裁判理由排列于其他违法理由之后的判决为 7 份。此外，另有 4 份判决，法院在裁判中虽然指出了公安机关存在程序违法的问题，但在裁判理由中没有选择"违反法定程序"这一标准，而是选取了主要证据不足、不履行法定职责等其他违法理由。这一数据显示：当被诉的警察行政行为存在着包括程序违法在内的多项违法情形时，法院更乐意于优先"祭出"其他的审查标准，甚至以其他审查标准加以替代，回避适用违反法定程序标准。① 从中可以推断出，在法官心目中，在论证被诉行政行为的违法性方面，违反法定程序这一司法审查标准的说理分量不及其他实体性的审查标准（尤其是不及主要证据不足标准）。不过，以上数据也显示，当被诉的警察行政行为仅存在违反法定程序这一单独问题时，法院还是敢于直接据此对行政行为的合法性做出否定性评价，该标准并未如"滥用职权"标准那样，存在法院在适用时因对其有顾虑而不敢用的问题。

（三）从案件的分布领域来看

治安管理案件最多，共有 19 件，占全部警察行政程序案件的 57.6%。交通管理领域的案件次之，为 6 件，占 18.2%。其余案件涉及的领域较为分散，包括消防、出入境、行政复议等领域。

（四）从所收集的 33 件案例所涉及的程序问题来看

行政行为的告知程序是最为聚集的争议领域，共有 11 件，占全部警察行政诉讼案例的 1/3。涉及警察内部行政程序问题的案件有 8 件，占 24.2%。另有 5 件涉及警察行政调查的程序规则问题、4 件涉及做出警察行政行为的期限问题、3 件涉及未依法举行听证、2 件涉及警察决定文书的制作问题。在后面，笔者就对从这些案例中反映出来的主要程序问题展开分析。

---

① 之所以会存在"违反法定程序"的标准被其他标准替代的情况，根源在于，《中华人民共和国行政诉讼法》上设置的各项审查标准之间存在着内涵上相互交叉的情况，行政机关的同一个违法行为，有可能被评价为多种违法情形。例如，在"庄业奇、刘以安不服伊犁地区公安处行政裁决案"（1995 年）中，被告伊犁地区公安处未遵循"先取证、后裁决"的程序规则，对原告做出的复议决定，其证据是在做出处罚决定后收集的。在该案中，被告伊犁地区公安处的取证行为构成程序违法。同时，由于该证据不能被作为认定行政行为合法性的证据，导致复议决定主要证据不足。此外，由于没有证据支持，伊犁地区公安处做出的复议决定也就丧失了合法依据，存在着适法错误的情况。可见，行政机关的同一个违法行为，可以同时被评价为违反法定程序、主要证据不足以及适法错误这三种违法情形。在该案中，法院认定被告的行为构成主要证据不足和适法错误，但回避适用了违反法定程序这一标准。最高人民法院中国应用法学研究所编：《人民法院案例选（分类重排本）·行政与国家赔偿卷》，人民法院出版社 2017 年版，第 357～359 页。有关行政诉讼各项司法审查标准之间内涵相互交叉的详细阐释，可参见施立栋：《被滥用的"滥用职权"——行政判决中滥用职权审查标准的语义扩张及其成因》，载于《政治与法律》2015 年第 1 期。

第三节　行政处罚前的告知程序是案件频发之处

如前所述，在《人民法院案例选》中收录的33件涉及警察行政程序的案例中，共有11件是围绕行政行为的告知程序产生了争议，是产生争议最为聚集的领域。从实践来看，这些案例主要围绕行政处罚前告知的内容、告知的形式以及诉讼中告知义务履行状况的证明责任分配等问题发生了争议。

一、应否告知拟做出的行政处罚的种类和幅度

关于行政处罚前的告知，《中华人民共和国行政处罚法》（以下简称《行政处罚法》）（2017年修订）第三十一条做出了明确规定："行政机关在作出行政处罚决定之前，应当告知当事人作出行政处罚决定的事实、理由及依据，并告知当事人依法享有的权利。"从该条明文规定的告知内容来看，行政机关在做出行政处罚前，仅限于告知拟做出的行政处罚的事实、理由及依据，至于拟做出的行政处罚决定的内容（包含处罚的种类及其幅度），并不在告知范围之列。受此立法的影响，警察领域的立法，无论是《中华人民共和国治安管理处罚法》（以下简称《治安管理处罚法》）（2012年修订）还是《公安机关办理行政案件程序规定》（2018年修订），都将拟做出的处罚决定的内容排除在了应当告知的范围之外。[1] 2012年发布的《公安部关于印发〈公安行政法律文书式样〉的通知》，在其附件"式样十三"——《行政处罚告知笔录》这一格式范本中，也明确指出行政处罚前的告知只需要包含"拟作出行政处罚决定的事实、理由、依据"，未将拟做出行政处罚的种类和幅度列入告知范围。[2] 但是，从笔者所收集的警察行政诉讼案例来看，行政相对人在个案中普遍提出主张，认为行政机关在处罚前的告知中，应当将拟做出的处罚的种类和幅度一并进行告知。对此诉求，法院存在着否定与肯定两种完全不同的见解。

---

[1] 《中华人民共和国治安管理处罚法》（2012年修订）第九十四条第一款；《公安机关办理行政案件程序规定》（2018年修订）第三十八、一百六十七条。

[2] 值得注意的是，在同一份格式范本中，除了"处罚前告知"这一选项外，还包含了"听证告知"的选项。对于后者，公安部在填写具体要求的说明中明确指出，应填写属于听证范围的行政处罚的种类和幅度。

（一）否定观点

在"苏志义诉厦门市公安局集美分局不服行政处罚案"（2010年）中，原告苏志义因土地使用问题与其邻居发生纠纷，在相互争吵和拉扯中，原告苏志义将邻居头部打成轻微伤。被告厦门市公安局集美分局据此对其做出了行政拘留10日、罚款200元的治安处罚决定。苏志义不服该处罚决定，提起行政诉讼。在一审败诉后，苏志义在上诉意见中提出，被告厦门市公安局集美分局在做出处罚前，只是告知其将要给予一个处罚，但没有具体告知其拟做出的处罚决定的内容，这属于程序违法。对此，厦门市公安局集美分局辩称："9月11日告知的材料，是对当事人权利的一种告知，告知时还在民警侦办过程中，民警对案情有个判断，所以被上诉人告知的时候只能告知对相对人即将给予一个行政处罚，告知的时候还不能告知具体是何种处罚。因此，上诉人已经履行了告知的义务，是根据公安部相关的告知格式进行的，[①] 合乎法律和程序。"二审厦门市中级人民法院也支持了公安机关一方的答辩意见，其指出："告知的内容只能表明相对人的权利以及即将实施的处罚，具体处罚的幅度必须得到审核部门的审批。上诉人对此上诉提出的相关主张，缺乏依据，本院不予支持。"[②] 从该案被告以及法院的意见来看，他们否定原告一方要求告知处罚内容主张的核心理由，归纳起来主要有两点：一是认为在案件承办人员向行政相对人一方进行处罚前的告知时，处罚决定的内容尚未最终确定，此时还仅仅是案件承办人员提出的初步意见，最终的处罚决定内容为何，仍有待于本部门主管领导的审批，而因为在审批过程中存在着变动处罚决定内容的可能性，故不宜将案件承办人员提出的初步意见告知给相对人一方。二是在公安部制作的格式文书中，没有将告知处罚内容作为应予告知的事项，而正如前所述，实际在这一点上，《行政处罚法》第三十一条、《治安管理处罚法》第九十四条第一款等立法也未做出明确的要求。

（二）肯定观点

不过，从《人民法院案例选》所收录的案例来看，认为在做出处罚决定前，公安机关应当一并告知处罚的种类和幅度的观点，还是占据了主流地位。

在"何廷恺不服泸州市公安局江阳区分局治安处罚决定案"（2000年）中，

[①] 当时生效的格式文书，出自2006年《公安部关于印发〈公安行政法律文书（式样）〉（试行）的通知》，里面公布的《公安行政处罚告知笔录》这一格式文书中，同样没有要求告知处罚种类和幅度的规定。之后，该文件在2012年被新发布的《公安部关于印发〈公安行政法律文书式样〉的通知》取代。

[②] 最高人民法院中国应用法学研究所编：《人民法院案例选（分类重排本）·行政与国家赔偿卷》，人民法院出版社2017年版，第165~167页。

原告何廷恺因工作纠纷将所在单位领导抓伤，被告泸州市公安局江阳区分局对其处以行政拘留 5 日的处罚，但泸州市公安局江阳区分局在对何廷恺做出治安拘留处罚决定前，仅告知何廷恺要给其处罚，并未告知拟给予何种、何幅度的治安处罚。对此，一审泸州市江阳区人民法院认为被告的泸州市公安局江阳区分局的处罚程序合法。但二审四川省泸州市中级人民法院认为，泸州市公安局江阳区分局在处罚前未告知何廷恺将受何种、何幅度范围内的行政处罚，其行政处罚程序违法。[1] 在该案的评析部分，泸州市中级人民法院的白联州和姜学东法官指出，将《行政处罚法》第三十一条的规定理解为仅要求告知做出行政处罚决定的事实、理由及依据，不包括告知处罚决定内容的观点是片面的，"违背了该法的立法目的和精神原则"，因为"唯有公开告知行政处罚决定的种类、幅度、实施、理由及依据，当事人的陈述权、申辩权、听证权才不至于虚设。……如果行政主体在作出行政处罚决定前，不向当事人告知行政处罚的种类和幅度，当事人难以行使法定权利。如当事人误认为自己的违法行为只能受到较轻的行政处罚……而放弃申辩、陈述、听证的权利……但实际上受到较重的处罚……〔当事人再〕要求行使陈述、申辩、听证权利时，〔此时已经〕丧失申辩、听证的权利。行政机关及其执法人员不向当事人告知行政处罚决定的内容，即行政处罚的种类和幅度，无异于剥夺当事人的法定权利"。[2] 从这一段长长的论述中可以看出，二审法官是从赋予当事人陈述和申辩权利的立法目的出发，借助目的解释的方法，认为《行政处罚法》第三十一条应当包括告知处罚的种类和幅度。

在另一个被告同样为泸州市公安局江阳区分局的治安处罚案件——"王选林不服泸州市公安局江阳区公安分局治安拘留处罚决定案"（2001 年）中，二审泸州市中级人民法院依然坚持了此前判决的要旨，认为应当将处罚的种类告知给行政相对人，其在判决中指出："根据《中华人民共和国行政处罚法》第三十一条规定：'行政机关在作出行政处罚决定之前，应当告知当事人作出处罚决定的事实、理由及依据，并告知当事人依法享有的权利。'本案被上诉人对上诉人作出行政处罚前，从形式上看，已履行了告知义务，但从内容上看，并未告知上诉人准备给其何种处罚的具体内容。该告知程序的证据，不能证明告知程序合法。"[3] 从上述判词中的说理中可以看出，法院径直从《行政处罚法》第三十一条的规定推导出了要求一并告知处罚内容之结论，并将仅告知行政处罚的事实、理由及依

---

[1] 最高人民法院中国应用法学研究所编：《人民法院案例选（分类重排本）·行政与国家赔偿卷》，人民法院出版社 2017 年版，第 42~44 页。

[2] 最高人民法院中国应用法学研究所编：《人民法院案例选（分类重排本）·行政与国家赔偿卷》，人民法院出版社 2017 年版，第 45 页。

[3] 最高人民法院中国应用法学研究所编：《人民法院案例选（分类重排本）·行政与国家赔偿卷》，人民法院出版社 2017 年版，第 53 页。

据而不告知处罚内容的行为,定性为形式作为而实质不作为的行为。

而在"刘庆、吕维峰诉四川省古蔺县公安局行政处罚案"(2005 年)中,法院同样认为,处罚前的告知应当包含拟做出的处罚决定内容。但在论证理由上,该案的一审法院——四川省古蔺县人民法院,除了秉承前述案例中的目的解释方法外,还从体系解释的角度来论证上述观点。古蔺县人民法院在裁判理由中指出:"如果告知当事人拟定行政处罚决定的内容不具体,当事人就……无法依照《行政处罚法》第三十二条第二款的规定'行政机关不得因当事人申辩而加重处罚'来判断自己是否被加重了处罚。"① 从这一句判词可以看出,一审法院注意到了《行政处罚法》第三十一条的告知条款与第三十二条第二款的申辩不利禁止条款之间的关联性,并从要能让相对人判断申辩前后行政机关是否加重了对其的处罚之客观要求出发,推导出了《行政处罚法》第三十一条要求预先告知处罚决定内容之结论,这较之于此前案例中使用的目的解释方法,说服力更高。值得注意的是,在由最高人民法院中国应用法学研究所彭杨编辑撰写的该案"编后补评",又从体系解释的另一角度阐发了为何处罚前的告知应包含处罚决定内容本身。其认为,《行政处罚法》第四十二条规定,行政机关在做出较大数额的罚款前,应当告知当事人有要求举行听证的权利,从这一条款可以推断出,在适用听证程序的案件中,行政机关应当事先告知拟做出的罚款决定的数额,否则无从判断是否属于"较大数额"的罚款。② 而同为告知程序,在适用听证程序的案件中需要告知罚款数额,而非听证的案件中不予告知,是不合理的。③

(三)笔者赞同肯定观点

笔者同意上述主流判决中提出的要求在处罚前一并告知拟做出的处罚决定的种类和幅度的观点,并对在这些判决中法官或者案例编写者为论证该观点所采取的目的解释和体系解释的论证方法深表认同。除此之外,笔者认为,还可以进一步从以下两个方面论证为何在处罚前的告知中应当包含拟做出的处罚的内容:

第一,从文义解释的角度,具有将处罚内容列为告知内容的语义空间。《行政处罚法》(2017 年修订)第三十一条的具体表述是:"行政机关在作出行政处罚决定之前,应当告知当事人作出行政处罚决定的事实、理由及依据,并告知当

---

① 最高人民法院中国应用法学研究所编:《人民法院案例选(分类重排本)·行政与国家赔偿卷》,人民法院出版社 2017 年版,第 115 页。

② 这一点并非单纯的推测。如前所述,在 2012 年发布的《公安部关于印发〈公安行政法律文书式样〉的通知》中已经明确规定,在听证告知中,公安机关应填写属于听证范围的行政处罚的种类和幅度。

③ 最高人民法院中国应用法学研究所编:《人民法院案例选(分类重排本)·行政与国家赔偿卷》,人民法院出版社 2017 年版,第 117 页。

事人依法享有的权利。"从该条的规定来看，告知的事实、理由及依据，均指向的是行政处罚决定本身，是为支撑行政处罚决定的合法性而服务的。正所谓"皮之不存、毛将焉附"，如果撇开拟做出的行政处罚决定的内容，而仅告知处罚的事实、理由与依据，那么这些所告知的事实、理由与依据是无所指向、漫无目的的，难以真正保护当事人的防卫权。

第二，从比较法上看，也有将拟做出的行政决定内容作为处罚前告知事项的做法。日本警察法学者田村正博指出，将要实施的行政行为的内容和依据一并通知给行政相对人，这是警察行政程序之公平正当性的基本要求之一。① 事实上，在日本，这一要求也早已经被该国的《行政程序法》所吸收，该法第三十条明确规定，行政机关在做出不利益处分决定时，应当将下列事项，以书面的方式通知行政相对人：（1）预定的不利益处分的内容以及作为根据的法令条款；（2）构成不利益处分原因的事实；（3）辨明书的提交地点以及提交期限。② 从中可以看出，将拟做出的不利行政决定的内容告知行政相对人系一项法定的程序要求。反观我国，虽然《行政处罚法》（2017 年修订）、《治安管理处罚法》（2012 年修订）、《公安机关办理行政案件程序规定》（2018 修订）等立法并未明文做出规定，但实定法领域亦不乏对拟作出的行政决定内容进行告知做出明文规定的立法例。例如，《道路交通安全违法行为处理程序规定》（2008 年修订）第四十二条第一款规定："适用简易程序处罚的，可以由一名交通警察作出，并应当按照下列程序实施：（一）口头告知违法行为人违法行为的基本事实、拟作出的行政处罚、依据及其依法享有的权利……"该条款即明文将"拟作出的行政处罚"列为交通警察在进行处罚时应告知的事项范围。该规定还在对公安交通管理领域行政强制措施实施程序的规定中，将拟作出的行政强制措施的种类明文规定为交通警察应当告知的事项范围。③

至于在"苏志义诉厦门市公安局集美分局不服行政处罚案"（2010 年）中公安机关所提出的拟作出的处罚决定内容仅为初步意见，后期在机关内部审批过程中仍存在变动可能性，进而以此为由拒绝公开处罚决定内容的观点，笔者认为也是难以成立的。不能因为存在后期变动的可能性而"因噎废食"，置当事人的防卫权保障于不顾。如果在办案民警拟做出初步处罚意见并告知行政相对人后，该

---

① ［日］田村正博著，侯洪宽译：《警察行政法解说》，中国人民公安大学出版社 2016 年版，第 74 页。
② ［日］室井力、芝池义一、浜川清主编：《日本行政程序法逐条释义》，上海三联书店 2014 年版，第 208 页。
③ 《道路交通安全违法行为处理程序规定》（2008 年修订）第二十三条第一款规定："采取本规定第二十二条第（一）、（二）、（四）、（五）项行政强制措施，应当按照下列程序实施：（一）口头告知违法行为人或者机动车所有人、管理人违法行为的基本事实、拟作出行政强制措施的种类、依据及其依法享有的权利……"。

初步意见因在机关内部审批过程中被法制部门或分管领导改变的，此时，为充分保障当事人的陈述和申辩权利，公安机关应当再次进行告知，并重新听取当事人的意见。① 当然，为减少重复告知和听取意见的可能性，办案民警在拟做出初步意见前，应尽可能全面地收集证据和适用法律，在此基础上形成初步处罚意见，并将拟作出的处罚决定的内容及其事实、理由和依据全面准确地反映在处罚告知书中，尽可能避免告知内容与最终作出的处罚决定内容之间的随意变动。②

二、告知的形式

《行政处罚法》第三十一条并未对行政机关在处罚前进行告知的形式作出明确的规定。但在《公安机关办理行政案件程序规定》（2018 年修订）中，按照处罚程序是简易程序、快速办理程序还是一般程序，分别规定了不同的告知形式：对于简易程序以口头告知的形式进行、快速办理程序采取口头告知并在案卷材料中注明的形式、一般程序则采取书面告知或笔录告知的形式。③ 上述告知形式总体上可归纳为口头告知和书面告知两种形式。不过，从个案来看，公安机关并未拘泥于上述两种告知形式。

在"白理成诉西安市公安局交通管理支队高速公路大队行政处罚及要求行政赔偿案"（2006 年）中，原告白理成超速驾驶机动车，被公安交管部门设置的交通技术监控系统拍摄到。之后，被告西安市公安局交通管理支队高速公路大队根据监控记录资料显示的结果，通过互联网、报纸等媒体公布了原告的交通违法行为，原告经自己在网上查询，得知自己的车辆被拍照，并到被告处接受处理，被告据此对其作出罚款 100 元并扣 3 分的处理决定。事后，原告白理成不服该处理决定，提起行政诉讼。案件审理过程中的一个争点是，被告西安市公安局交通管

---

① 余凌云：《公安机关办理行政案件程序规定若干问题研究》（第 2 版），中国人民公安大学出版社 2007 年版，第 84 页。

② 在实践中，存在公安机关办案民警因疏忽，未尽全面调查职责，导致处罚告知书与最终的处罚决定书存在出入的情况，继而受到了法院的否定性评价的案例发生。例如，在"李娜等诉洛阳市公安局长春路分局治安行政处罚案"（2017 年）中，一审洛阳铁路运输法院在判决中指出："行政机关在作出行政处罚前，必须告知当事人即将作出行政处罚的事实、法定依据和处罚决定，当事人有异议的，可以进行申辩。处罚告知书一经作出，处罚决定内容应与其一致，行政机关不能随意变更，否则处罚告知书作为行政处罚事先告知程序将失去意义。本案中，长春路分局作出的 0224 号处罚决定书与行政处罚告知笔录在认定事实上少了'你对魏亚洲进行殴打，将魏亚洲抓伤'的描述，是对其查明事实的变更，虽未影响主要事实的认定，但影响违法程度的裁量，属于程序瑕疵。"二审郑州铁路运输中级法院也维持了一审法院的判决。郑州铁路运输中级法院（2017）豫 71 行终 288 号行政判决书。

③ 《公安机关办理行政案件程序规定》（2018 年修订）第三十八条、第四十六条第二款、第一百六十七条。

理支队高速公路大队在作出处罚决定前，仅在互联网、报纸等媒介上公示原告的违法行为，没有将其具体通知到原告白理成的做法，是否构成程序违法？原告白理成认为，被告没有告知原告违法事实和享有的权利，直接开具处罚决定书，违反了法定程序；而被告西安市公安局交通管理支队高速公路大队则辩称，"电子警察"查询结果本身就是公安交管部门进行告知的其中一种方式，不存在程序违法的问题。对此，本案一审西安市雁塔区人民法院在判决中认为："按照《道路交通安全法》第一百一十四条的规定，公安机关交通管理部门根据交通技术监控记录资料，可以对违法的机动车所有人、管理人及驾驶人予以处罚。行政管理机关可以根据法律授权，采取各种正当有效的方式履行职责，随着科学技术的发展，管理部门利用科技成果，对道路上的车辆行驶状态进行监控，不仅是一种管理措施，也是执法取证的一种方式，这种方式是公开透明的，也是法律认可的。……就电子监控交通管理方式而言，长期以来，公安交管部门与相对人之间已经形成了互相接受的方式，即公安交管部门将监控设备录制下来的违法行为以上网等形式予以公布，驾驶人员等通过上网等方式予以查询，这种双方均能接受并实际履行的方法已在社会实践中得到公认，而且原告也正是通过这种方式得知自己车辆被抓拍的事实，因此，可以认定被告履行了告知义务。"二审西安市中级人民法院也维持了一审法院的判决意见。① 从以上判词中可以看出，法院从行政惯例出发，论证了为何以网上公布供当事人查询的方式属于处罚前的告知形式。在惯例作为行政法的一种非正式法源的地位日益获得认同的背景下，② 法院上述判决的论证结论是较为可信的。

其实，从域外行政程序法的实践来看，行政行为的形式早已突破了书面与口头这两种形式。例如，随着现代电子技术的普及应用，在很多时候，行政机关会借助现代电子数据处理技术实施电子化行政，这一变化被德国学者视为是一场行政领域的"量子飞跃"。③ 相应地，行政机关借助电子方式来做出行政行为的现象也变得日益普遍，由此，在传统的书面和口头形式之外，诞生出了一种新型的行政行为的形式——电子方式。④ 从比较法上，已有国家明确将电子形式明确规

---

① 最高人民法院中国应用法学研究所编：《人民法院案例选（分类重排本）·行政与国家赔偿卷》，人民法院出版社 2017 年版，第 248~249 页。

② 何海波：《行政法渊源》，引自应松年主编：《当代中国行政法》（第 1 卷），人民出版社 2018 年版，第 76~77 页；章剑生：《论"行政惯例"在现代行政法法源中的地位》，载于《政治与法律》2010 年第 6 期；柳砚涛：《构建我国行政审判参照惯例制度》，载于《中国法学》2017 年第 3 期。

③ ［德］迪尔克·埃勒斯著，展鹏贺译：《德国行政程序法法典化的发展》，载于《行政法学研究》2016 年第 5 期。

④ 谢硕骏：《论行政机关以电子方式作成行政处罚：以作成程序之法律问题为中心》，载于《台大法学论丛》2016 年第 4 期。

定为行政行为的一种形式。例如，德国《联邦行政程序法》第 37 条第 2 款规定，行政处分得以书面、电子、言词或其他方式做成。在此背景下，我国公安机关在进行处罚前的告知时，就应该借鉴这些域外行政程序制度最新发展的成果。《公安机关办理行政案件程序规定》（2018 年修订）仅限于书面和口头这两种告知形式的规定需要做出相应的修改。

三、行政机关是否履行告知义务的举证责任分配

按照行政诉讼由被告对行政行为的合法性进行举证的规则，对于行政机关在处罚程序中是否履行了告知义务这一事实，应当由行政机关一方进行举证。如果不能举出相关证据材料的，则应当视为没有履行告知义务。从个案裁判来看，法院也遵循了这一规则。在"甄井中诉三河市公安局行政处罚案"（2005 年）中，河北省三河市人民法院在判决中指出："三河市公安局辩称先向甄井中进行处罚告知，而后才经审批对其作出处罚决定并送达给甄井中，因甄井中不予认可，三河市公安局亦不能提供相关证据予以证实，故其对甄井中所作的处罚，程序违反法律规定"，并撤销了被诉的行政拘留处罚决定。① 在"倪文革不服上海市公安局静安分局交通警察支队行政处罚案"（2000 年）中，上海市第二中级人民法院也持相同的观点。②

如果公安机关是以书面的形式进行告知的，在诉讼过程中，可以通过出具在行政程序中制作的书面告知书，完成对其已履行告知义务的事实的证明。有争议的是，如果公安机关按照前述《公安机关办理行政案件程序规定》（2018 年修订）第三十八条的规定，在简易程序中以口头方式做了告知，但在诉讼过程中行政相对人又不认账的，如何处理？对此，2012 年发布的《公安部关于印发〈公安行政法律文书式样〉的通知》所附的格式文书（式样十九）——《当场处罚决定书》中，已经在文书末尾处注明了以下一句话："处罚前已口头告知违法行为人拟作出处罚的事实、理由和依据，并告知违法行为人依法享有陈述权和申辩权"，并要求相对人签字。只要相对人签字认可的，该处罚决定书本身就具有证明公安机关已经履行了告知义务的功效。此外，如果公安机关是以电子化的方式进行告知的，可以通过固定电子证据并在法庭上出示的方式完成证明。

---

① 最高人民法院中国应用法学研究所编：《人民法院案例选（分类重排本）·行政与国家赔偿卷》，人民法院出版社 2017 年版，第 104 页。
② 最高人民法院中国应用法学研究所编：《人民法院案例选（分类重排本）·行政与国家赔偿卷》，人民法院出版社 2017 年版，第 216 页。

第四节　内部行政程序成为法庭上的重要争辩话题

外部行政与内部行政是行政法学上的一对基本范畴，其在行政程序领域，又具体衍生出外部行政程序与内部行政程序这一对下位范畴。在未来制定的统一的行政程序法典中，在调整外部行政程序的同时，对内部行政程序问题一并做出适当的规定，这已成为学术界的一种基本共识。① 但是，在传统的行政法学研究中，较之于外部行政程序而言，对于内部行政程序的研究显得十分匮乏。② 实际上，在我国现行的行政行为法中，已有不少涉及内部行政程序的规定。在司法实践中，法院也已依据《行政诉讼法》上规定的"违反法定程序"标准，对行政机关是否遵循内部程序展开了司法审查。从《人民法院案例选》刊载的警察行政诉讼案例来看，具体是围绕重大行政处罚的集体讨论、延长办案期限的内部审批、行政机关的内部管理等问题产生了争议。可见，内部行政程序问题开始成为警察行政诉讼中争辩的话题。未来在统一的行政程序法典的制定过程中，需要吸收司法审查中有关内部行政行为司法审查的基本经验。

一、关于重大行政处罚的集体讨论程序

《行政处罚法》（2017 年修订）第三十八条第二款规定："对情节复杂或者重大违法行为给予较重的行政处罚，行政机关的负责人应当集体讨论决定。"该条款针对重大行政处罚引入了集体讨论制度。但是，如果行政机关在做出重大行政处罚前，没有按照上述条款的规定履行集体讨论程序的，会对所做出的行政处罚决定的效力产生何种影响，是一个值得讨论的问题。

从《人民法院案例选》中收录的 3 件涉及公安机关未经集体讨论程序做出行政处罚的案例来看，法院无一例外地将此类行为认定为违反法定程序的行为，进而撤销了被诉的处罚决定。在"邵宏升不服厦门市公安局集美分局治安管理处罚决定案"（2003 年）和"司付立诉东明县公安局治安行政处罚案"（2014 年）

---

① 应松年：《行政程序法立法展望》，载于《中国法学》2010 年第 2 期；杨海坤：《中国行政程序法典化构想》，载于《法学评论》2003 年第 1 期；姜明安：《制定行政程序法应正确处理的几对关系》，载于《政法论坛》2004 年第 5 期。

② 一项较为全面的研究，可参见何海波：《内部行政程序的法律规制》，载于《交大法学》2012 年第 1、第 2 期。

中，法院在判决书中论证为何被诉处罚决定需要撤销时，均将未经集体讨论这一违法情形排在了主要证据不足这一理由之后，① 这意味着未经集体讨论决定这一程序违法理由仅仅是论证行政行为可撤销的一项附带性理由。与之不同，在"陈兆玉不服闽清县公安局以其殴打他人给予治安拘留处罚决定案"（2004 年）中，福州市中级人民法院以被诉治安管理处罚决定未经集体讨论决定，其违反法定程序为唯一理由，判决撤销了被告作出的处罚决定。② 换言之，在只存在上述单一的违反法定程序的情况下，法院还是直接将被诉行政行为撤销，从中可以看出，法院将重大行政处罚的集体讨论制度看作一项十分重要的程序要求，若违反，可以径直撤销该行政行为。

不过，法院所持的未经集体讨论的处罚决定一概加以撤销的观点是否恰当，需要做一番省思。在行政机关首长负责制下，重大行政处罚的集体讨论意见，实际上仅能为行政机关负责人最终做出行政决定提供一个参考意见，并无约束后者做出最终决定的效力。在这种行政管理体制下，正如有学者所指出的，集体讨论决定更多是一个走过场的形式，其对相对人权利的保障作用并不是很突出。③ 因此，该项程序步骤对于行政处罚决定内容的实际影响效果，其实并没有立法者和法官想象的那么大。违反该项程序要求的，不应像上述"司付立诉东明县公安局治安行政处罚案"（2014 年）中法官所指出的那样属于"程序严重违法"④，而应当被界定为"程序轻微违法"，在 2014 年《行政诉讼法》修订之后，适用该法第七十四条第一款第二项的规定，以确认违法的方式对其合法性作出否定性评价足矣。⑤ 不必适用更为严厉的撤销判决。否则，在撤销之后，行政机关进行再次开启处罚程序，重新上会走个过场进行所谓的"集体讨论"，这对于保障相对人的权利并无实益。

关于集体讨论，还有一个值得注意的问题是：在诉讼过程中，行政机关应以

---

① 最高人民法院中国应用法学研究所编：《人民法院案例选（分类重排本）·行政与国家赔偿卷》，人民法院出版社 2017 年版，第 76~77 页、第 183~185 页。

② 最高人民法院中国应用法学研究所编：《人民法院案例选（分类重排本）·行政与国家赔偿卷》，人民法院出版社 2017 年版，第 63~68 页。

③ 余凌云：《公安机关办理行政案件程序规定若干问题研究》（第 2 版），中国人民公安大学出版社 2007 年版，第 224 页。有学者还详细论证了集体讨论决定制度会引发的降低行政效率、纵容行政懒惰、淡化行政程序、制约行政问责等方面的弊害。关保英：《行政决策集体讨论决定质疑》，载于《求是学刊》2017 年第 6 期。

④ 最高人民法院中国应用法学研究所编：《人民法院案例选（分类重排本）·行政与国家赔偿卷》，人民法院出版社 2017 年版，第 185 页。在学术界，也有学者认为，未经集体讨论决定作出的行政处罚，构成行政决定程序方面的"严重瑕疵"。何海波：《内部行政程序的法律规制（上）》，载于《交大法学》2012 年第 1 期。

⑤ 《行政诉讼法》（2017 年修订）第七十四条规定："行政行为有下列情形之一的，人民法院判决确认违法，但不撤销行政为：……（二）行政行为程序轻微违法，但对原告权利不产生实际影响的……"

何种方式完成对其已经履行了"集体讨论决定"程序这一事实的证明？对此，在实践中，在部分公安机关间存在着一种看法，认为处罚决定即便未专门举行会议进行讨论，但该决定在作出的过程中实际上是在机关内部经过层层审批的，这种层层审批也是一种集体讨论决定的形式，因此，通过出示行政处罚审批表，也可以证明案件经过了集体讨论。在前述"司付立诉东明县公安局治安行政处罚案"（2014年）的"案例注解"部分，法官对上述主张做了驳斥："倘若将层层审批等同于集体讨论，就几乎不会存在未经集体讨论之案件，集体讨论的程序价值和意义也会荡然无存。……司法实践中，单纯提交行政处罚审批表以代替集体讨论记录的，人民法院应不予认可。"[1] 笔者赞同上述驳斥观点，认为不能将行政机关内部的审批表作为证明履行了集体讨论决定的证据，而应以处罚机关举行会议的会议纪要、会议记录等材料加以证明。

二、关于延长办案期限的审批及其效力

《治安管理处罚法》（2012年修订）第九十九条第一款规定："公安机关办理治安案件的期限，自受理之日起不得超过三十日；案情重大、复杂的，经上一级公安机关批准，可以延长三十日。"该条款确立了公安机关办理治安案件延长办理期限的内部审批程序。但从警察行政诉讼来看，在实践中，对于该内部审批程序能否约束外部的行政相对人存有争议。

在"周艳丽诉厦门市公安局同安分局治安行政处罚案"（2009年）中，原告周艳丽因涉嫌诽谤他人，被告厦门市公安局同安分局五显派出所于2009年1月24日受理该行政案件，并开展调查取证工作，因案情较为复杂、取证困难等原因，五显派出所未能在1个月内办结案件，遂于2009年2月23日向厦门市公安局同安分局申请延长办案期限30日并在同日获批。2009年3月20日，厦门市公安局同安分局对原告周艳丽做出行政拘留5日的治安处罚决定。周艳丽不服，提起行政诉讼，她提出的其中一项诉讼主张是认为五显派出所的《延长办案期限审批表》不能作为本案的定案根据，被告厦门市公安局同安分局作出的处罚决定超期，构成程序违法。但最终一审和二审法院均认为，系争的治安处罚决定在办案期限上符合法定程序。[2] 从法院的判词中，可以提炼的判决要旨是：公安机关在办理治安案件中申请延长办案期限的内部审批材料，可以作为支撑行政行为合法

---

[1] 最高人民法院中国应用法学研究所编：《人民法院案例选（分类重排本）·行政与国家赔偿卷》，人民法院出版社2017年版，第188页。

[2] 最高人民法院中国应用法学研究所编：《人民法院案例选（分类重排本）·行政与国家赔偿卷》，人民法院出版社2017年版，第148~152页。

性（即案件未超期）的材料，这也就意味着，该内部审批材料能够约束外部的相对人，作为阻却其提出的办案超期主张的材料。另外，在该案中，虽然原告的主张最终并未获得法院的支持，但它提示我们，公安机关在向上一级机关申请延长办案期限的同时，应同时将延期的情况告知行政相对人一方，这既是正当程序的基本要求，① 同时也可以避免日后相对人以案件办理超期为由对行政行为的效力提出质疑和挑战。

三、公安机关的内部管理问题能否作为抗辩理由

有的时候，公安机关内部因管理混乱，会导致最终作出的行政行为存在程序违法问题。在诉讼过程中，公安机关能否以内部管理问题作为抗辩事由，也是一个值得讨论的问题。从《人民法院案例选》中收录的 2 件相关警察行政诉讼案件来看，法院对此都给予了否定的回答。

在"周兴高不服上海市公安局长宁分局交通警察支队交通管理处罚决定案"（1997 年）中，被告上海市公安局长宁分局交通警察支队在向原告周兴高作出交通违章抄告单后，原告以寄送挂号信的方式提出了申辩意见，但被告因内部管理问题未收到该意见，导致其误认为原告对拟作出的处罚没有异议，进而直接按照简易程序对原告作出了处罚决定。对此，上海市长宁区人民法院指出："庭审中，被告对原告提供的证据无异议，但认为该挂号信由无关人员唐有富代收后，未转交给被告，不知原告提出异议，对此，原告根据《上海市交通违章抄告暂行规定》第七条，以适当方式表达了自己的意见，被告因内部管理问题而未获知，应承担由此造成处罚程序错误的后果"，并最终以被告错误适用简易程序构成违反法定程序为由，判决撤销被诉的行政处罚决定。②

类似地，在"杨和平不服郑州市公安局交警支队二大队行政处罚决定案"（2001 年）中，原告杨和平因违法抢道行驶，被被告郑州市公安局交警支队二大队执勤民警查获，并暂扣了其驾驶证，同时出具了公安交通管理行政强制措施凭证，凭证上注明"持本凭证在三日内到二大队接受处理"。但随后，原告持该凭证到当地的中国工商银行网点缴纳了 200 元罚款，罚款收据中载明的处罚机关为

---

① 在"李永恒诉五峰土家族自治县公安局渔洋关派出所不履行保护人身权法定职责案"（2017 年）中，湖北省宜昌市中级人民法院在判决中指出："按照正当程序的要求，渔洋关派出所在因客观原因造成案件在法定期限内无法作出行政处理决定的情况下，应及时向上诉人说明情况，对其未及时向上诉人说明办案情况的行为，本院予以指正"。湖北省宜昌市中级人民法院（2017）鄂 05 行终 215 号行政判决书。

② 最高人民法院中国应用法学研究所编：《人民法院案例选（分类重排本）·行政与国家赔偿卷》，人民法院出版社 2017 年版，第 196~197 页。

郑州市公安局交警支队二大队。之后,杨和平持强制措施凭证和罚款代收据,到郑州市公安局交警支队二大队处取回了被扣的本人驾驶证。因杨和平不服扣证行为,向法院提起行政诉讼。郑州市中原区人民法院经审理认为:"被告暂扣原告驾驶证正证后告知其到二大队接受处理,原告持暂扣凭证直接到罚款代收机关缴纳了罚款,之后凭暂扣凭证和代收罚款收据领回了自己的驾驶证正证,应视为被告认可原告可以持《公安交通管理行政强制措施凭证》直接缴纳罚款。《郑州市公安局交通警察支队致中国工商银行河南省分行营业部的函》中要求处五十元以上罚款时,驾驶员持《公安交通管理行政强制措施凭证》和《公安行政管理处罚决定书》到银行缴纳罚款,手续不全者,银行操作人员应拒收罚款。此规定属公安交通管理机关与罚款代收机构的内部关系问题,银行工作人员未按规定要求收取罚款的行为后果应由公安交通管理机关承担",进而认定被告在作出处罚前没有履行调查和告知陈述、申辩权利的义务,确认处罚决定违法。[①]

第五节 行政调查中的程序问题备受关注

"行政活动本质上依赖于对信息的加工处理"。[②] 公安机关做出行政决定前,一项需要完成的基础性工作是搜集证据,查明案件事实,这就离不开行政调查活动。在《人民法院案例选》中收录的警察行政诉讼案例中,有不少涉及行政调查的程序问题。

一、先取证、后裁决

行政机关在做出行政决定前,必须先全面地搜集证据,之后再做出行政决定。这便是"先取证、后裁决"规则。但在实践中,有的公安机关在做出行政决定之后,仍在补充收集证据,这就违反了上述行政程序的基本步骤。

在"庄业奇、刘以安不服伊犁地区公安处行政裁决案"(1994年)中,原告庄业奇、刘以安因于1994年5月在所经营的旅店中不按规定要求旅客登记以及容留他人卖淫嫖娼,被巩留县公安局分别处以罚款。二人不服,向被告伊犁地区

---

① 最高人民法院中国应用法学研究所编:《人民法院案例选(分类重排本)·行政与国家赔偿卷》,人民法院出版社2017年版,第223~224页。
② [德]迪尔克·埃勒斯著,展鹏贺译:《德国行政程序法法典化的发展》,载于《行政法学研究》2016年第5期。

公安处申请行政复议,后者改变了原处罚决定的数额。二人仍不服,提起行政诉讼。在诉讼中,一审巩留县法院认为,本案庄业奇、刘以安容留他人卖淫嫖娼的事实清楚,但用以证明该事实的证据均是巩留县公安局于处罚决定做出后取得的,该证据不能证明业已做出的行政行为的合法性,据此撤销了被告的复议决定书。二审伊犁地区中级法院最终也维持了一审法院的这一认定。①

同样地,在"杨小清不服新晃县公安局治安处罚裁决案"(1998年)中,原告杨小清因将一盒名为《惊天龙虎豹》的录像带以及另一盒无名录像带交给邻居等人观赏,被告新晃县公安局认定其构成传播淫秽录像,于1997年5月12日对原告杨小清做出治安管理处罚决定。但在此之后的5月13日、16日、17日、19日,被告新晃县公安局又向有关证人进行调查取证,另外,怀化地区公安处于6月12日才做出对两盒录像带属于淫秽物品的鉴定结论。新晃县人民法院认为,被告做出的治安管理处罚决定是在调查尚未终结的情况下作出的,违反了法定程序,据此撤销了被诉的治安管理处罚决定。②

需要指出的是,以上两个案例均发生于20世纪90年代。在此之后,《人民法院案例选》就没有再收录违反"先取证、后裁决"规则的案例。可以看出,这一基本的行政调查程序规则在此后得到了公安机关较好的遵循。

二、"钓鱼执法"应否一概视为违法

在"张晖不服上海市闵行区城市交通行政执法大队交通行政处罚案"(2009年)中,2009年9月14日,在原告张晖开车去单位的路上,在等候红灯时,被告上海市闵行区城市交通行政执法大队的工作人员假扮乘客,恳求开车带其一段路。原告张晖出于同情让其搭车,在被告工作人员主动提出向其付费后,原告张晖两次予以拒绝。当车开到某一路段转弯处后,被告工作人员要求原告张晖停车,并抢下车钥匙,强行搜去车辆行驶证,并于2009年9月14日做出行政处罚决定,认定张晖存在无营运证擅自从事出租汽车经营行为,给予行政处罚。张晖不服,提起行政诉讼。在诉讼过程中,被告上海市闵行区城市交通行政执法大队主动撤销了此前的处罚决定,但张晖坚持不撤诉,最终上海市闵行区人民法院判

---

① 最高人民法院中国应用法学研究所编:《人民法院案例选(分类重排本)·行政与国家赔偿卷》,人民法院出版社2017年版,第357~359页。

② 最高人民法院中国应用法学研究所编:《人民法院案例选(分类重排本)·行政与国家赔偿卷》,人民法院出版社2017年版,第46~47页。

决确认被告上海市闵行区城市交通行政执法大队做出的处罚决定违法。[1]

本案与1个月后发生在上海浦东新区的"孙中界被钓鱼执法案"[2]，引发整个社会对于行政机关"钓鱼执法"问题的关注。这些案件均涉及的是诱惑调查手段的合法性问题。2002年发布的《最高人民法院关于行政诉讼证据若干问题的规定》第五十七条规定，以利诱、欺诈、胁迫、暴力等不正当手段获取的证据材料，不能成为定案证据。[3] 但从警察行政调查的理论来看，对诱惑式调查及其所取得证据的合法性，其实不能一概予以否定。以行政机关实施行为前相对人有无犯意为标准，可将诱惑调查分为机会提供型和犯意诱发型两种类型：前者是指相对人本身即有从事违法活动的意图，行政机关的诱惑行为系将其犯意显露出来；后者则是相对人本身并无犯意，行政机关的诱惑行为不当地引诱其从事了违法行为，如果行政机关不进行引诱，相对人是不会从事违法行为的。在行政调查理论上，犯意诱发型诱惑调查由于是行政机关出于追逐自身不当利益驱使下实施的行为，且有引诱民众实施违法行为的道德风险，被公认为是一种违法的调查措施；而对于机会提供型诱惑调查是否合法，则存在着一定的分歧，但通说认为，该种手段尽管有一定的违反程序之虞，但在打击违法行为的目标指引下，当其他常规调查方式无法获得调查结果时，机会提供型手段可被认定为合法。[4]

反观"张晖不服上海市闵行区城市交通行政执法大队交通行政处罚案"（2009年），原告张晖两次拒绝被告上海市闵行区城市交通行政执法大队工作人员提出的付款要求，这足以证明张晖并无"营运"机动车之犯意，其愿意搭载"乘客"，只是出于同情和好意。因此，被告上海市闵行区城市交通行政执法大队工作人员的诱惑调查行为应被视为犯意诱发型行为，上海市闵行区人民法院确认该行为违法无疑是正确的。

三、表明身份的时点

表明身份是行政机关向相对人展示所行使的职权合法性的一种手段，构成了

---

[1] 最高人民法院中国应用法学研究所编：《人民法院案例选（分类重排本）·行政与国家赔偿卷》，人民法院出版社2017年版，第267~268页。

[2] 对该案的报道，详见刘建："'钓鱼'打'黑车'取证手段不正当，上海浦东通报'孙中界事件'调查处理情况并公开道歉"，载于《法制日报》2009年10月27日，第1版。

[3] 这一规定被后续的司法解释所沿承。2018年发布的《最高人民法院关于适用〈中华人民共和国行政诉讼法〉的解释》第四十三条也规定，以利诱、欺诈、胁迫、暴力等手段获取的证据材料，属于《行政诉讼法》第四十三条第三款规定的"以非法手段取得的证据"。

[4] 高刘阳：《警察行政执法中诱惑式调查的法律规制研究》，引自姜明安主编：《行政法论丛》（第20卷），法律出版社2017年版，第219~221页。

后续开展行政调查及行使其他职权活动的正当性基础。在《人民法院案例选》收录的警察行政诉讼案件中，有 2 件案件涉及行政调查中的表明身份问题。

在"李金胜诉偃师市公安局非法限制其人身自由案"（1997 年）中，被告偃师市公安局下属的李村派出所民警在到原告李金胜家中强制传唤李金胜时，没有出示任何证件，并对其采取限制人身自由的行政强制措施。李金胜不服，提起行政诉讼。在诉讼过程中，被告偃师市公安局主动纠正了下属民警的违法行为，原告李金胜提出撤诉，偃师市人民法院在所做出的准予撤诉的裁定书中，对上述未出示证件进行强制传唤的行为的违法性做了指正。[①]

而在前述涉及"钓鱼执法"问题的案例——"张晖不服上海市闵行区城市交通行政执法大队交通行政处罚案"（2009 年）中，闵行区交通执法大队工作人员在查处张晖的违法行为时，并未在执法开始的第一时间（上车时）就表明身份，而是在事后向相对人出示证件。审理该案的张秋萍法官在所撰写的案例评析中指出：本案"执法人员不是首先出示证件而是事后且只有一人出示证件，"认为这是"明显的程序瑕疵"。[②] 该案涉及的是表明身份的时点问题。从理论上看，表明身份由于是展示职权合法性、取得相对人配合的重要手段，其应在执法程序开始的第一时间向相对人做出。但是，在诸如查处卖淫嫖娼、赌博等一些特殊的案件中，如果在第一时间进行表明身份，又会与行政机关顺利取得证据的目标之间产生冲突。此时应当将表明身份的时间推后。本案也属于后一种情形，在查处非法营运行为时，如果第一时间表明身份，会阻碍行政机关顺利获取非法营运的证据，因此，本案执法人员在事后而非上车后的第一时间向相对人出示身份证件，应当被认为是合法的。前述法官的判决评析意见似有值得进一步商榷的余地。

第六节 超期办理案件的相关问题

"时限"是行政程序的一个基本构成要素。遵循法定程序的要求之一，是遵循相关的时限规定。在《人民法院案例选》收录的警察行政诉讼案件中，有 4 件案件涉及公安机关超过办案时限的问题。从这 4 件案件来看，涉及超期办案对行政行为效力的影响以及法律对办案时限未做明文规定时的司法应对两个问题。

---

① 最高人民法院中国应用法学研究所编：《人民法院案例选（分类重排本）·行政与国家赔偿卷》，人民法院出版社 2017 年版，第 373～374 页。

② 最高人民法院中国应用法学研究所编：《人民法院案例选（分类重排本）·行政与国家赔偿卷》，人民法院出版社 2017 年版，第 269 页。

一、超期办案对行政行为效力的影响

行政机关超过法律规定的办案期限做出了处理决定,此时将其认定为违反了法定程序应无异议。有疑问的是,此种程序违法行为会对所做出的行政行为的效力产生何种影响?从《人民法院案例选》收录的警察行政诉讼案例来看,不同的法院对这一问题存在着不同的认识。

有的法院认为,超期办案这一程序违法行为属于严重的程序违法行为,应适用撤销判决加以撤销。在"上官建伟不服河南省渑池县公安局治安管理处罚裁决案"(1997 年)中,被告渑池县公安局在讯问违法行为时,违反了当时的《中华人民共和国治安管理处罚条例》(以下简称《治安管理处罚条例》)第三十四条第二款第五项要求不得超过 24 小时的规定,实际询问查证时间为 48 小时。渑池县人民法院认为,这"显然违反了法定程序",并据此撤销了被诉的治安处罚决定。[①] 同样地,在"蔡铁栓诉三门峡市公安局治安行政处罚案"(2004 年)中,三门峡市公安局在 2003 年 11 月 30 日受理当事人复议申请后,没有遵循当时生效的《治安管理处罚条例》第三十九条规定的五日复议期限[②],而是迟至 2004 年 1 月 12 日才做出复议决定。卢氏县人民法院认为上述超期做出复议决定的行为系"明显违反法定程序",并据此撤销了被诉的治安处罚决定。[③]

但是,在"郑寿云诉蒙城县公安局治安管理处罚案"(2009 年)中,法院却持与上述两个案件截然不同的立场。在该案中,原告郑寿云因扰乱机关工作秩序,被告蒙城县公安局做出行政拘留的 10 日的处罚,但被告蒙城县公安局从立案调查到最终做出处罚决定超过了 6 个月,远超过了《治安管理处罚法》(2005 年)第九十九条规定的最长 60 日的治安处罚决定期限。一审蒙城县人民法院认为处罚决定事实清楚、程序合法、适用法律正确,维持了被诉的行政处罚决定。郑寿云不服,提出上诉,主张蒙城县公安局做出的处罚严重超越办理期限,属于"程序严重违法"。对此,二审亳州市中级人民法院认为:"蒙城县公安局未在规定的期限内作出处罚决定,超期限办案,属程序上瑕疵,不影响处罚决定结果的

---

① 最高人民法院中国应用法学研究所编:《人民法院案例选(分类重排本)·行政与国家赔偿卷》,人民法院出版社 2017 年版,第 28~29 页。

② 《治安管理处罚条例》(1994 年修订)第三十九条规定:"被裁决受治安管理处罚的人或者被侵害人不服公安机关或者乡(镇)人民政府裁决的,在接到通知后五日内,可以向上一级公安机关提出申诉,由上一级公安机关在接到申诉后五日内作出裁决;不服上一级公安机关裁决的,可以在接到通知后五日内向当地人民法院提起诉讼。"上述规定被 2006 年实施的《治安管理处罚法》废止。

③ 最高人民法院中国应用法学研究所编:《人民法院案例选(分类重排本)·行政与国家赔偿卷》,人民法院出版社 2017 年版,第 100~101 页。

正确性。因此，一审判决维持蒙城县公安局作出的决定并无不当，依法应予支持。上诉人郑寿云提出蒙城县公安局程序严重违法，要求撤销该处罚决定的上诉理由不能成立，依法不予支持"，据此判决驳回了郑寿云的上诉。①

关于超期办案对于行政行为效力的影响这一问题，笔者的看法是，应视期限适用对象的不同性质，做出区分处理。在前述第一个案例——"上官建伟不服河南省渑池县公安局治安管理处罚裁决案"（1997年）中，涉及的是限制相对人人身自由的强制措施的实施超期，由于该超期行为干涉了相对人的基本权利，此时应当适用撤销判决这一对行政行为的效力否定尺度较深的方式加以评判。而对于第二个案例——"蔡铁栓诉三门峡市公安局治安行政处罚案"（2004年），以及第三个案例——"郑寿云诉蒙城县公安局治安管理处罚案"（2009年），它们均涉及的是行政决定的超期，此类程序违法行为只要实体处理正确，并不涉及侵害当事人的重要权利，宜认定为程序的轻微违法，此时法院可以通过适用确认违法判决来对其做出评判，即一方面否定其合法性，另一方面又维持其有效性。② 因此，前述第二个案例对被诉行政行为适用撤销判决实无必要；而第三个案例中法院所做出的维持判决，固然维持了被诉行政行为的有效性，但没有对被诉行为的合法性做出否定性评价，这一做法完全没有体现出法定办案期限这一程序的价值。因此，前述第二个案例和第三个案例中法院的处理都是值得商榷的。

二、法律对办案时限未做明文规定时的司法应对

遵循法定程序，顾名思义，其在办案期限方面的具体要求，就是遵循法律明确规定的办案时限要求。遗憾的是，在不少行政程序立法中，并未明确设定行政机关做出行政行为的具体期限。例如，《行政处罚法》（2017年修订）通篇并没有明确规定行政机关做出行政处罚决定的期限。在具体的行政管理领域，有的立法对处罚期限做出了明文的规定③，有的则没有做出明确的规定④。从个案来看，

---

① 最高人民法院中国应用法学研究所编：《人民法院案例选（分类重排本）·行政与国家赔偿卷》，人民法院出版社2017年版，第154~156页。

② 2014年修订后的《行政诉讼法》已经对此做出了规定。《行政诉讼法》（2017年修订）第七十四条第一款第二项规定，行政行为程序轻微违法，但对原告权利不产生实际影响的，人民法院判决确认违法，但不撤销行政为。这是对1989年《行政诉讼法》第五十四条第二项规定违反法定程序一律适用撤销判决之规定的一种矫正。

③ 例如，《治安管理处罚法》（2012年修订）第九十九条规定："公安机关办理治安案件的期限，自受理之日起不得超过三十日；案情重大、复杂的，经上一级公安机关批准，可以延长三十日。为了查明案情进行鉴定的期间，不计入办理治安案件的期限。"

④ 例如，在《中华人民共和国道路交通安全法》（2011年修订）以及公安部发布的《道路交通安全违法行为处理程序规定》（2012年修订）中，均没有对道路交通安全领域的处罚期限做出明文的规定。

当法律对办案时限未做明文规定时，法院并未因此就束手无策，当行政机关做出行政处罚的期限过于拖沓时，法院仍需介入。

在"周兴高不服上海市公安局长宁分局交通警察支队交通管理处罚决定案"（1997 年）中，被告上海市公安局长宁分局交通警察支队在 1996 年 10 月 24 日对原告周兴高开出交通违章抄告单并向其送达，原告周兴高随后以寄送挂号信的方式提出了申辩意见。但被告上海市公安局长宁分局交通警察支队因内部收发制度不完善未收到该申辩意见，导致其误认为原告没有异议，于 1997 年 8 月 11 日直接按当场处罚程序对原告做出了行政处罚。周兴高不服，提起行政诉讼。上海市长宁区人民法院在判决中认为，被告上海市公安局长宁分局交通警察支队因内部管理问题没有收到原告周兴高提出的申辩意见，导致错误地适用当场处罚程序做出处罚决定，[1] 据此以违反法定程序为由，撤销了上海市公安局长宁分局交通警察支队做出的当场处罚决定。在本案的案例评析部分，审理本案的上海市长宁区人民法院的法官在详细论述本案主要涉及的误用当场处罚程序这一问题外，还附带性地指出了如下程序违法问题："本案事实发生在 1996 年 10 月 24 日，而当场处罚决定却是在 1997 年 8 月 11 日作出的，也违反了《中华人民共和国行政处罚法》的规定。"[2] 从法官的上述评析意见中可以看出，公安交管部门在案件事实发生将近 10 个月后才对周兴高做出处罚，在法官看来，这办案期限上显得过于拖沓，也是有悖于法定程序要求的。颇堪吟味的是，在论证为什么说本案的处罚期限违反了法定程序之时，该法官只是笼统地说"违反了《中华人民共和国行政处罚法》的规定"。但如前所述，《行政处罚法》事实上并没有对行政机关做出行政处罚的期限做出明文的规定。根据笔者的理解，法官此处所说的"违反了《中华人民共和国行政处罚法》的规定"，实际上应该是指违反了《行政处罚法》的基本精神或者正当程序原则。可见，对于久拖不决的行政处罚案件，法官还是做出了否定性评价，略显遗憾的是，该否定性评价仅出现在了法官的案例评析部分而非判决正文之中，且法官试图借助较为模糊的制定法规定来增强自身观点的说服力。

---

[1] 公安部 1988 年发布的《交通管理处罚程序规定》（1999 年失效）第三条第一款规定："对违反交通管理的人处警告、五十元以下罚款，或者罚款数额超过五十元，被处罚人没有异议的，可以由交通警察当场处罚。"本案发生于 1996 年，根据这一条款的规定，在本案原告周兴高提出异议的情况下，被告上海市公安局长宁分局交通警察支队不得适用当场处罚程序。

[2] 最高人民法院中国应用法学研究所编：《人民法院案例选（分类重排本）·行政与国家赔偿卷》，人民法院出版社 2017 年版，第 198 页。

第七节 结　语

对《人民法院案例选》上刊载的警察行政诉讼案例的研究，对于未来完善警察行政程序制度具有一定的启发意义。从前面的分析中，可以提炼出以下几点有关完善现行警察程序法制的结论：

（1）为切实保障相对人行使陈述和申辩权，应在《行政处罚法》（2017年修订）第三十一条、《治安管理处罚法》（2012年修订）第九十四条第一款以及《公安机关办理行政案件程序规定》（2018年修订）第三十八条和第一百六十七条中，将处罚前告知拟做出的处罚决定的种类和幅度增列为告知的内容。同时应规定，如果在向行政相对人告知拟做出的初步处罚意见后，该初步意见后期又发生改变的，公安机关应当再次进行告知，并重新听取当事人的意见。

（2）在行政机关首长负责制这一领导制度未做改变的背景下，《行政处罚法》（2017年修订）第三十八条第二款规定的重大行政处罚决定集体讨论制度并不能发挥出太大的实益，建议将其废除。如果在短时间无法废除的话，行政机关未依法履行重大处罚的集体讨论制度的，人民法院应以确认违法判决对其做出评判，不必适用撤销判决。

（3）从正当程序的基本要求出发，《治安管理处罚法》（2012年修订）第九十九条第一款规定的延长办理期限制度，除了在行政系统内进行审批外，还应当将延长的结果一并告知相对人。

（4）对诱惑调查行为及其所取得的证据不宜一概否定。对于机会提供型诱惑调查，当采取常规调查手段无法获得调查结果，可认可其合法性。未来的《行政程序法》或者《行政调查法》应对诱惑调查的这一例外情形做出规定。在上述立法无法出台的情况下，可通过修改2018年发布的《最高人民法院关于适用〈中华人民共和国行政诉讼法〉的解释》第四十三条的规定，将借助机会提供型诱惑调查取得的证据，排除在《行政诉讼法》第四十三条第二款规定的"以非法手段取得的证据"之外。

（5）超期办案会对行政行为效力产生何种影响，取决于期限适用对象的性质。如果超期行为限制了相对人的基本权利，属于严重的程序违法行为，应以撤销判决对最终的行政行为做出评判。反之，则应被界定为轻微的程序违法行为，以确认违法判决的方式加以评判。为防止处罚的久拖不决，《行政处罚法》

应对行政机关处罚的期限做出规定，同时，为照顾各个部门行政法领域的差异性，可以授权单行的法律、法规对办案期限做出特别规定。在法律尚未规定办案期限的情况下，法院可借助正当程序原则对行政行为是否遵循了合理的办案期限进行审查。

第十章

警务公开[*]

——以侦查信息公开为例

第一节 从警务公开到侦查信息公开

警务公开是指公安机关依法将其履行职责过程中制作或者获取的，以一定形式记录、保存的信息向社会公众或特定对象公开的制度。我国警务公开制度的建立是对传统警务方式的突破，成为公安警务改革的标志性成果，并正在从根本上改变我国的警务战略和社会治安战略。

从1999年公安部要求全国公安机关全面实施警务公开至今已有20年，警务公开已经为公安工作和人民群众带来了一些实实在在的积极效果。但是，警务公开作为一个重要的警务战略，牵一发而动全身，[①] 从理论研究到实践运作，艰巨复杂的程度和工作的难度也许只有身临其境、躬耕其中才能真正体会和了解。截至目前，警务公开的理论研究进步不够明显，有些理不直气不壮，导致警务公开

---

[*] 本章部分内容以《从"朱令案"看侦查信息公开》为名发表于《中国案例法评论》2017年第3卷第1辑；部分内容以《警务公开警察满意度调查报告》为名发表于《学习论坛》2013年第8期；部分内容以《警务公开社会民众满意度调查报告》为名发表于《学习论坛》2014年第11期；部分内容以《警察·秩序·治理》为名发表于《青少年犯罪问题》2015年第5期。

[①] 师维：《警务公开——中国警务工作的战略变革》，载于《河南公安高等专科学校学报》2003年第2期，第44~45页。

工作出现徘徊难进的状况;法律依据、制度建设依然没有打好基础,相关的制度设计与新时代的现实需求、广大人民群众的期待还有比较大的差距;警务公开的效果还相当有限,公民权利显得相当脆弱,难以得到有效的法律救济。①

那么,我国警务公开究竟做得怎么样?实践中遇到了什么"瓶颈"?制度又该如何完善?为回答这些问题,本书首先对警务公开的规范和实践现状做出描述及评价;而为了让警务公开这一宏大命题不漂浮,本章以侦查信息公开为视角,在公安机关二元角色的背景下辨析侦查信息的属性,进而考察侦查信息的可公开性和公开路径,并提出一些制度完善方案。同时,通过解决侦查信息公开领域的问题,我们也可以从一个侧面更进一步观察警务公开的困境,继而为制度的优化提供可参考的建议。

一、警务公开：制度与现状

(一) 法治化历程及制度评价

我国的警务公开肇端于 1987 年辽宁省本溪市石桥子派出所推出的"立牌服务"。公安部自 1990 年始开展新闻发言人工作,成立了新闻发言人办公室。经过多年的尝试和试点,1999 年 6 月,公安部下发了《公安部关于在全国公安机关普遍实行警务公开制度的通知》(以下简称《通知》),要求从 1999 年 10 月 1 日正式实行警务公开制度。《通知》首次以规范性文件的形式明确了警务公开的主要内容和公开形式,并提出建立新闻发言人制度和警务公开工作群众评议制度。《通知》下发后,全国各级公安机关积极响应,成立相关的组织领导机构,结合实际研究制定警务公开的实施方案和具体措施。各级公安机关在确定警务公开内容的基础上,从便于群众知情、便于群众监督出发,采取多渠道、多形式实施警务公开,积极宣传警务公开的内容。警务公开取得了阶段性成果。

2008 年《中华人民共和国政府信息公开条例》(以下简称《条例》)的颁布实施有力推动政务公开出现了一个小高潮。鉴于公安机关具有行政机关的属性,《条例》的施行让警务公开搭上了政府信息公开的"快车",在一定程度上为警务公开提供了法规依据。

2012 年 10 月,公安部印发《公安机关执法公开规定》②(以下简称《规定》)。

---

① 高一飞：《警务公开的现状评估与完善建议》,载于《贵州民族大学学报》(哲学社会科学版) 2016 年第 5 期,第 145~146 页。

② 《公安部关于印发〈公安机关执法公开规定〉的通知》。

《规定》分为总则、向社会公开、向特定对象公开、网上公开办事、监督和保障、附则 6 章 36 条,自 2013 年 1 月 1 日起施行,并在总结实践经验的基础上,于 2018 年进行了修订。作为第一部全面规范公安机关执法公开工作的规范性文件,该《规定》在吸收《通知》等文件的基础上,更详细地规定了执法信息公开的原则、对象、方式、程序和权利救济渠道,推动了警务公开的法治化。

以《规定》为主的几部法规范使警务公开有了制度依据,走上法治轨道。但也应看到,这些规范在系统性、内容完备性和可操作性方面还不能满足实践需求。

首先,警务公开尚缺乏权威、系统的法律依据。目前,我国公安机关警务公开的最直接最主要的依据就是《公安机关执法公开规定》,此外在《中华人民共和国人民警察法》《中华人民共和国刑事诉讼法》《中华人民共和国政府信息公开条例》《公安机关办理刑事案件程序规定》《公安机关办理行政案件程序规定》等法律法规中散见一些颗粒度不一的规定——可以说目前还没有一部有关警务公开足够权威的规范,而已有的规定也比较松散,规则之间还存在相矛盾之处。[①]

其次,已有规范在公开程序和救济渠道等方面的规定比较笼统。哪些信息可以公开、可以通过哪些形式公开、依申请公开是否完全按照《中华人民共和国政府信息公开条例》处理[②]……与《中华人民共和国政府信息公开条例》相比,现有警务公开制度在公开方式和程序上的规定明显不够完备;同时,《规定》中的权利救济方式仅止于公安机关内部层级监督,至于能否提起诉讼尚无明确规范,相对人难以得到有效的法律救济。

最后,相关规范的表述时有模糊地带。例如《规定》中,关于什么是"需要社会知晓/需要特定对象知悉的执法信息",如何理解"涉及公共利益、社会高度关注的重大案事件",哪些情形属于"妨害正常执法活动",相对人认为公安机关未依法履行公开义务时有哪些投诉渠道、投诉案件的办理程序如何等,文本中均语焉不详,这无疑为实际操作带来很大难度,也增加了规范执行的不确定性。由此可见,警务公开领域还缺乏一套科学合理、行之有效、行之有力的规范

---

① 例如,依据《规定》,公安机关应当向特定对象公开办案单位名称、地址和联系方式,刑事立案、移送审查起诉、终止侦查、撤销案件等情况,对犯罪嫌疑人采取刑事强制措施的种类等。而《刑事诉讼法》和《公安机关办理刑事案件程序规定》要求向特定对象公开的非格式信息主要是是否立案。参见高一飞:《警务公开的现状评估与完善建议》,载于《贵州民族大学学报》(哲学社会科学版)2016 年第 5 期,第 146 页。

② 新修订的《规定》在第二条第二款增加:"公民、法人或者其他组织申请获取执法信息的,公安机关应当依照《中华人民共和国政府信息公开条例》的规定办理"。此处显然将执法信息视为政府信息的下位概念。鉴于公安机关查办刑事案件的特殊性,公众申请的相关信息能否完全"依照"《条例》予以公开,存在讨论的空间。后文也将涉及这一点。

体系，建立和健全相关制度已经迫在眉睫。①

（二）现状评估：警务公开满意度调查

近年来，各地公安机关紧紧围绕执法规范化建设，稳步推进执法公开，积极探索扩大公开范围、创新公开方式，推行了执法回告、立案公开、执法信息网上查询、网上公开办事、"最多跑一次"等措施，积累了一定的制度经验，取得了良好效果。但是，至于实施状况到底如何、得到的评价结果怎样、给各方带来的公平和正义有什么异同，缺少更为明晰的和更具说服力的回答。为此，笔者面向警民开展了警务公开满意度调查，以期了解警务一线工作者和作为公开对象的社会公众对于警务公开情况的主观评价。

调查对象分为两类：社会民众和公安民警，相应地设计了两套问卷，各有针对。② 问题设置上，问卷从警务工作类别和部门层级两方面展开，分别调查了满意度。具体而言，警务工作类别方面，测评了调查对象对 11 类工作的信息公开是否满意；③ 部门层级方面，则调查了对派出所、市县级公安机关、省级以上公安机关这 3 层部门的警务公开满意度。调查地点基本限于河南省。共发放问卷 2 200 份（"民众卷"和"警察卷"各 1 100 份），对公安民警的调查收回有效问卷 1 044 份，涵盖了各层级公安机关及其设置的各主要警种；对社会民众的调查收回有效问卷 1 029 份，基本涵盖了主要行业及各种文化程度。总有效回收率 92.2%（"民众卷"和"警察卷"分别是 93.5% 和 94.8%）。

调查总体情况如表 10-1 和表 10-2 所示。

表 10-1　　　　　各类警务工作的公开满意度情况　　　　　单位：%

项目	满意度
总满意率*	68.0
公众	67.0
民警	69.0

---

① 需要说明的是，笔者并不是在一味地强调警务公开的重要和警务公开法律依据的不足，更不是要"单独立灶"搞一个单列的警务公开法律依据体系，而是在于强调警务公开法律依据的不能缺位，是否单独为警务公开的法律依据在立法上"单独立灶"，主要是一个立法的技术性问题，相关问题已经超出本节内容的讨论范围。

② 不过两套问卷中大部分问题和选项相似、部分完全一致，以此可有更清晰的比较和对照。同时考虑到警察对警务公开应当有更专业的了解和更切身的体会，设计时有意识地加大了警察卷的"难度"和"深度"。

③ 具体包括：社区警务、户政管理、交通管理、消防管理、查办治安案件、侦查办案、监所管理、网络安全监察管理、出入境管理、法制和执法监督工作、110 报警服务台警务等。

续表

项目	满意度
"很满意"+"满意"率	24.5
公众	25.6
民警	23.4

注：*总满意率包括"很满意""满意""基本满意"3个档次。下表同。

表 10 – 2　　各层级公安机关的警务公开满意度情况　　单位：%

项目	总体平均	派出所	市县级	省级以上
总满意率	64.0	68.2	66.9	57.1
公众	59.0	62.0	61.1	54.0
民警	69.0	74.3	72.6	60.1
"很满意"+"满意"率	26.3	26.2	25.2	27.5
公众	27.6	23.0	27.4	32.4
民警	25.0	29.4	22.9	22.6

调查发现，无论是对各类警务工作，还是对各层级公安机关，公众和民警对警务公开的总满意率均在2/3左右，认可度总体较高。但也应当注意到，调查对象的评价多数集中在"基本满意"一档；而选择"很满意"或"满意"的仅有1/4左右。可见警务公开实施现状距离公众和民警的期待还有一定距离。分析调查结果，可以得出这样的认知：

第一，对公安机关各警种警务公开实施状况褒贬不一，民警与民众有不同程度的区别。调查结果显示，大多数受访民警对各警种警务公开实施状况基本满意或者满意，但是，对各警种警务公开实施状况的具体评价褒贬度不一，而且，与受访民众有不同程度的区别。其中，在社区警务、户政管理、查办案件、出入境管理、信访控申、110报警服务台信息等方面，民众对信息公开的满意度低于公安民警。值得注意的是，相比于监所管理、网络安全监察等工作，前述几方面警务工作与民众打交道的概率更多，更贴近民众生活。因此从这个层面上看，可以说，民众对警务公开的满意程度与一线民警的主观评价还存在差距。

第二，对各级公安机关警务公开实施状况满意度有别，民警与民众有较大"错位"。调查结果显示，无论是民众还是民警，对层级越低的机关，警务公开的总满意率越高。同时，对于派出所、市县级、省级以上三个层级公安机关警务公开实施状况，民众的总满意率均未超过2/3，且普遍低于民警，差距分别为12.3%，11.5%和6.1%。似乎可以说明，在民众与公安机关接触较多的基层，警务公开的实际操作与民众的需求或预期还有一定距离。

二、侦查信息公开：问题的提出

侦查信息一般是指侦查机关（主要是公安机关）在对刑事案件依法进行收集证据、查明案情的工作和有关的强制性措施中制作或获取的信息。这一类信息往往涉及个人隐私和调查技术，也与司法审判的公正性紧密相关，因此世界范围内曾一度奉行"侦查秘密原则"。而第二次世界大战以来，随着观念的转变，侦查信息公开已成为刑事诉讼制度改革发展的主流和趋势。

作为警务信息的有机组成部分，随着我国警务公开制度的确立，侦查信息公开也有了规范依据。然而前述警务公开制度中的问题也同样存在于侦查信息公开领域；实践中，公众对侦查信息公开的评价也并不理想。在警务公开满意度调查里，问卷设置了"您认为公安侦查办案公开吗"一项，调查结果如表10-3所示。

表10-3   公安侦查办案公开满意度情况

	选项	民众卷 回答人次	民众卷 百分率（%）	民众卷 有效百分率（%）	民警卷 回答人次	民警卷 百分率（%）	民警卷 有效百分率（%）
有效回答	（1）很满意	49	4.8	4.8	67	6.4	6.8
	（2）满意	209	20.3	20.4	232	22.2	23.6
	（3）基本满意	405	39.4	39.4	509	48.8	51.7
	（4）不满意	139	13.5	13.5	97	9.3	9.9
	（5）很不满意	27	2.6	2.6	24	2.3	2.4
	（6）没想过	198	19.2	19.3	56	5.4	5.7
	总计	1 027	99.8	100	985	94.3	100
缺失		12	1.1	—	59	5.7	—
总计		1 029	100	—	1 044	100	—

调查结果显示，在16小类警务信息中，侦查办案公开的民众满意率排在倒数第6位，而且民警满意率与民众满意率的差值在各类警务信息中最大，反映民众在日常接触中对侦查信息公开的感受不佳，与一线民警的评价存在明显"错位"。换言之，在实践中，侦查信息公开制度还远不能满足公众的期待。那么，为什么会出现这种情况呢？侦查信息公开有什么特殊之处呢？这或许要从我国侦查信息公开制度的缘起说起。

在长期奉行侦查神秘主义的我国，侦查信息公开制度起步较晚，且很大程度上受到政务公开浪潮的影响。20世纪90年代"村务公开"的尝试之后，我国以税收领域为突破口，逐步推行政务公开制度。而此时的"政务公开"更像个"筐"——近乎所有带有国家公权力色彩的信息公开都被纳入"政务公开"的制度内，其中就包括"警务公开"。

这一情况为侦查信息公开制度的顺畅运行埋下"隐患"。事实上，我国公安机关兼具行政机关和刑事司法机关的二元属性，这一特殊背景使得公安机关执法信息公开与政府信息公开的关系难以厘清，即使在立法中也未见明确的制度分野。由此导致申请人普遍会面临"依据什么申请"和"如何申请"的难题。同时，政府信息公开制度更为成熟健全，也更为公众所熟知。因而实践中存在不少依据《中华人民共和国政府信息公开条例》提出侦查信息公开申请的案例。[①] 综上所述，对于侦查信息而言，无论是在信息属性还是在公开渠道上，都可能陷入与政府信息公开相纠缠的境地。这一情况增加了法的不确定性，也给了公安机关较大的裁量和解释空间，导致"公开无门"的窘境。

那么，侦查信息究竟是否属于政府信息，又是否可以公开呢？为探寻答案，有必要先辨析侦查信息的属性，进而考察侦查信息公开的依据和路径，并对现有规范提出一些思考。而这些讨论，或许也能为其他类别警务信息公开制度的分析与完善提供参考。

第二节　侦查信息是否属于政府信息

对于公安机关在侦查活动中制作或获取的信息，是否属于《中华人民共和国政府信息公开条例》（以下简称《条例》）规定的政府信息，学界尚有争议，存在两种观点：其一，"主体说"，认为公安机关既属于政府组成部门，就必然是《条例》下的信息公开主体，故不论其履行何种职责都应依《条例》公开信息；其二，"职责说"，主张须依据所行使的是否行政管理职责而决定信息公开与否。前者，强调公安机关属于政府组成部门这一"主体要素"；后者，强调行使行政管理职责这一"职责要素"。

[①] 如"朱令案"中的朱令一方，自2008年5月起即依据《条例》向北京市公安局申请公开案件侦查过程和结果的相关信息。

一、主体说及其理由

主体说认为，公安机关属于政府组成部门，其行为理应受到行政法规范的调整。① 该主张主要理由如下：

第一，在《条例》出台前，一些地方率先出台的信息公开规范普遍强调"履行行政管理职责"，而将行政机关的刑事执法信息排除出适用范围。② 但是，2007 年出台的《条例》，第二条表述以"履行职责"取代了"履行行政管理职责"。③ 故周汉华教授主张，这一措辞体现了《条例》背后完整的知情权理念，"目的是实现政府信息公开制度的整体跃升"。④

第二，《条例》规定，"法律、法规授权的具有管理公共事务职能的组织"，其信息公开活动也适用《条例》，这说明公开的范围与公开的主体远远超过"履行行政管理职责"的范畴。⑤ 换言之，此种观点主张，既然《条例》有关适用范围的规定存在超越"履行行政管理职能"主体的扩张趋势，就应当将该趋势一同适用于行使侦查职能的公安机关。

第三，"履行行政管理职责"曾是确定行政诉讼受案范围的一个条件，而行政诉讼受案范围与公民的知情权制度是两个不同范畴的问题，不应当以前者来限制公民的知情权范围。⑥

第四，当前存在着公私法边界模糊、职能交叉之趋势，行政机关担任行政立法、刑事执法、行政协议等诸多职能已是常见现象。⑦ 此时更应注意，不能因为其承担着其他职能（如在刑事诉讼中承担侦查职能），便否认其行政机关的属性。故不应当将行政机关履行侦查职能（也即刑事司法职能）所制作或获取的信息排

---

① 林战：《一桩投毒案，民众不信任　陈年疑案：公开和监督如何破题》，载于《南方周末》2013 年 5 月 16 日第 1526 期。转引自凤凰网，http：//news.ifeng.com/shendu/nfzm/detail_2013_05/16/25372198_0.shtml，2020 年 2 月 16 日。

②④ 周汉华：《误读与被误读——从公安机关刑事执法信息看〈政府信息公开条例〉修改》，载于《北方法学》2016 年第 6 期，第 8 页。

③ 2019 年新修订的《条例》第二条已将政府信息的定义修改为"行政机关在履行行政管理职能过程中制作或者获取"的信息，而文中所列观点提出于《条例》修订前。为展示观点，也为了更充分地论证侦查信息属性，这里仍保留《条例》修订前的讨论。

⑤⑥ 周汉华：《误读与被误读——从公安机关刑事执法信息看〈政府信息公开条例〉修改》，载于《北方法学》2016 年第 6 期，第 9 页。

⑦ 周汉华：《误读与被误读——从公安机关刑事执法信息看〈政府信息公开条例〉修改》，载于《北方法学》2016 年第 6 期，第 10 页。

除在《条例》适用范围之外。①

第五，比较法上其他国家均不否认行政机关履行刑事司法职能时的信息公开义务。例如，德国的《联邦政府信息获取法》规定，"对于正在进行的行政或者刑事执法信息，只有公开后会对执法活动产生有害影响的才豁免公开"。②

观察以上理由可以发现："主体说"主张全面建立知情权，故在解释《条例》所规定的"政府信息"时，将重心放在"行政机关"上，即不论公权力主体在履行何种职责，只要具备行政机关的属性，就应当将其履职中制作或获取的信息依据《条例》进行公开。而各级公安部门无疑是国务院及各级人民政府的职能机构。正如周汉华教授所说，这一学说建立在知情权理论之上，认为公民为实现对公权力的监督，就应当知道行使公权力的主体在做什么。③ 因此，对于涉及公民、法人或其他组织切身利益、需要社会公众广泛知晓或参与的信息，但凡行政机关，不管其履行何种职责，都应当公开。

二、职责说及其理由

职责说认为，《条例》规制的政府信息包含了职责要素，即限于行政机关在履行行政管理职责过程中制作或获取的信息。④ 因此公安机关在侦查活动中收集的信息不属于《条例》规定的政府信息。本书赞同该观点，主要理由如下。

第一，从《条例》的内在体系中可以解释出职责要素。《条例》第一条规定了立法目的，根据其中"提高政府的工作透明度""建设法治政府""充分发挥政府信息对人民群众生产、生活和经济社会活动的服务作用"等表述，可以推定《条例》所规定的政府信息应限于履行"行政管理职责"所获信息。⑤ 作为佐证，《条例》规定适用范围时采用了"具有管理公共事务职能的组织"和"提供社会公共服务过程"的表述，由此可推知，"行政机关"这一概念的外延也是在公共行政范畴内，以履行行政管理或公共服务为核心，因此此处的"政府信息"并不能涵摄公安机关的侦查信息。⑥ 尽管正式出台的《条例》并没有明确把刑事执法

---

① 周强：《〈政府信息公开条例〉视角下的刑事犯罪记录》，载于《宁夏社会科学》2011年第1期，第25页。

②③ 周汉华：《误读与被误读——从公安机关刑事执法信息看〈政府信息公开条例〉修改》，载于《北方法学》2016年第6期，第10页。

④ 这一观点也在2019年新修订的《条例》中得到肯定。此处的论证将更多展示《条例》之外的印证。

⑤ 余凌云：《行政法讲义》，清华大学出版社2014年版，第340页。

⑥ 张微：《政府信息的范围辨析——由朱令案引发的思考》，载于《政法学刊》2014年第5期，第115页。

信息列为公开的例外，但也不能直接认定这类信息属于公开范围。① 值得关注的是，公安部出台的《公安机关办理政府信息公开行政复议案件若干问题的规定》（2016年印发，2019年修订）也沿用了职责说，② 以部门规范性文件的形式将"履行职责"的概念限缩解释为"履行行政职责"。在全国法院政府信息公开十大案例之一的"奚明强诉中华人民共和国公安部案"中，法院也采取了同样的观点，认为公安部作为刑事司法机关履行侦查犯罪职责时制作的信息，不属于《条例》第二条所规定的政府信息。该案从司法实践层面认可了"职责说"的观点，具有典型意义。③

第二，《中华人民共和国立法法》第八条对涉及"犯罪和刑罚"以及"诉讼和仲裁制度"的事项规定了法律保留。相应地，《中华人民共和国刑事诉讼法》在"侦查"一章中规定了公安机关的侦查行为。因此作为行政法规，《条例》受立法权限制，只能对属于行政管理职权的事项做出规定，而无权规制刑事司法活动——即使履行相关职责的主体具有行政机关的性质。作为比较，外国法上有关履行刑事司法职责的行政机关负有公开义务之规范，均系具有广泛效力的法律、法案，对一切国家公权力机关都有拘束作用。所以，从法律位阶层面考量，《条例》中政府信息的制作、获取机关仅指行政机关（包括法律、法规授权的组织和依法参照适用的公共企事业单位），不包括以刑事侦查机关身份履行刑事侦查职责的公安机关。

第三，行政诉讼受案范围与知情权的边界不可混为一谈。一方面，行政诉讼制度的原理是实现司法权对行政权的监督，"任何人不能做自己的法官"之原则必然要求这两种权力边界分明。该理论之下，行政诉讼法司法解释将公安、国家安全等机关依照刑事诉讼法的明确授权实施的行为规定为不属于人民法院行政诉讼的受案范围④，就是基于这种机关和行为的性质而考虑的⑤。而要区分权力属

---

① 江必新、李广宇：《政府信息公开行政诉讼若干问题探讨》，载于《政治与法律》2009年第3期，第24页。

② 参见《公安部关于印发修订后的〈公安机关办理政府信息公开行政复议案件若干问题的规定〉的通知》。其中第七条规定：申请公开的信息是否属于政府信息，重点审查该信息是否在履行行政管理职能过程中制作或者获取……司法信息、党务信息不属于政府信息。司法信息包括公安机关在履行刑事诉讼职能，以及参与行政诉讼、民事诉讼过程中制作或者获取的信息……

③ 高文英、姚永贤：《法治视野下的警务公开范围研究》，载于《中国人民公安大学学报》（社会科学版）2017年第4期，第135页。

④ 《最高人民法院关于适用〈中华人民共和国行政诉讼法〉的解释》第一条第二款规定：下列行为不属于人民法院行政诉讼的受案范围：（一）公安、国家安全等机关依照刑事诉讼法的明确授权实施的行为。

⑤ 江必新、李广宇《政府信息公开行政诉讼若干问题探讨》，载于《政治与法律》2009年第3期，第24页。

性，应当考察公权力机关履行某一特定职责的实质。职责性质可以从程序和实体两方面来判断。就公安机关的侦查行为而言，该行为由《中华人民共和国刑事诉讼法》授权，依《中华人民共和国刑事诉讼法》规定的程序展开。因此，侦查行为在程序和实体上都符合履行刑事司法职能的特点，而不属于行政行为。[①]

另一方面，全面建立知情权制度的功能实为《条例》所不能承受之重。一是《条例》本身在立法目的中没有关于保障知情权的明确表述。实际上，我国政府信息公开制度建立原初以改善政府治理为目标，因此制度设计采取的也不是"知情权模式"而是"善治模式"。虽然政府信息公开实质上发挥了保障公民知情权的作用，但这种权利实为政府改善治理的过程中所获，而非《条例》直接明确赋予。二是法律位阶层面，囿于《条例》的行政法规属性，它也无法"全面"建立知情权制度；在刑事司法信息领域，公民的知情权不通过《条例》保障。综上所述，正如周汉华教授所言，知情权制度与行政诉讼受案范围是两个层面完全不同的制度。[②] 刑事司法信息与政府信息的界分并非重新"定义"或限制知情权范围，而是《条例》运行的基础和必然要求。将侦查信息排除在政府信息之外，不会降低知情权的制度意义。

第四，实践中，人民政府对公安机关的领导也止步于刑事侦查领域。以国务院为例，本书选取国务院对公安部发文和国务院政府工作报告两类材料，观察国务院对公安部"领导"权力之范围。首先，现可检索到的国务院向公安部之发文多集中在公安机关组织管理、户籍管理、表彰等事项，从不涉及刑事侦查工作的实质问题。[③] 其次，国务院历年的国务院政府工作报告也均未论及公安机关侦查职能的行使。由此可推论，国务院颁布的《条例》也无法涵盖公安机关刑事侦查事项，侦查信息不属于《条例》规定的政府信息。

综合上述理由，本书认为，判断侦查信息之属性宜采取职责说，将该类信息排除于《条例》的规制范围。这类信息即使依据《条例》公开，也是在其属于行政机关履行行政职责时所获取信息的条件下，如司法局在工作中所获取的公安机关执法信息。[④] 也就是说，唯有通过"履行行政职责"这一转化途径，侦查信

[①] 马怀德、解志勇：《公安侦查行为行政可诉性研究》，载于《求是学刊》2000年第3期，第72页。

[②] 周汉华：《误读与被误读——从公安机关刑事执法信息看〈政府信息公开条例〉修改》，载于《北方法学》2016年第6期，第9页。

[③] 笔者在"北大法宝"法律法规数据库中以"公安"为标题关键词进行检索，限缩"发布部门"为国务院。得到的42个有效结果中，提及"刑事"的，除"刑事责任"和"刑事案件"（列举工作内容时使用）外，其他发文还有《公安机关组织管理条例》（2006年）和《公安机关督察条例》（2011年）。这两部文件涉及内容分别是对公安机关的定义（《公安机关组织管理条例》第二条）和督察机构对公安机关及其人民警察履行职责的现场督察事项（《公安机关督察条例》第四条第（四）项）。

[④] 当然，实际公开与否，还应依据《条例》判断是否属于国家秘密等不予公开的信息。

息才能与《条例》中的政府信息概念相契合。[1] 然而离开《条例》，侦查信息并非公开无门。下面主要从现行的其他警务公开规范入手，讨论侦查信息的可公开性和公开路径。

第三节 侦查信息的可公开性

一、理论和制度依据

传统的侦查保密原则旨在保障实现国家刑事追诉权（如防止被追诉人掌握侦查动向、防止证人受教唆或干扰、确保法官公正审判等）和保护公民基本权利（如被追诉人的隐私权和名誉权）。[2] 而侦查信息公开，则是指侦查机关应当就侦查有关案件的一些情况向当事人及其律师或向社会公开。[3] 这一原则乃是在与前者进行利益衡量后的制度选择。

随着全面知情权保障理念的发展，侦查信息公开成为各国刑事诉讼制度改革的主流和趋势。原因主要有以下几点：（1）对案件当事人，信息公开利于被告人及其辩护人充分准备辩护，同时也能有效保障被害人及时有效地参与诉讼，体现了对被害人的尊重；[4]（2）侦查机关对被追诉人所为之行为，有较大可能危及人权，而知情权是公民监督国家机关活动的基础，向社会公开侦查信息可通过公众监督的方式保护被追诉人的权利[5]，防止侦查权的滥用，实现诉讼程序的正当化[6]；（3）侦查公开是刑事诉讼程序正义的基本要素；（4）公开增加侦查权运行的透明度，促使侦查机关忠实履行客观义务并积极履行追诉义务，利于实现实质正义；（5）公开有利于加强司法公信力。

上述两种原则追求的价值不同，但后者更为重要——适度的公开可以限制侦

---

[1] 侯丹华：《政府信息公开行政诉讼有关问题研究》，载于《行政法学研究》2010年第4期，第57页。
[2] 孙长永：《侦查程序与人权：比较法考察》，中国方正出版社2000年版，第34~37页；以及陈巧燕：《侦查不公开原则与公民知情权关系研究》，华东政法大学硕士学位论文，2016年，第9~10页。
[3] 李明：《秘密侦查与侦查公开的冲突及解决——兼论侦查公开与侦查秘密原则》，载于《河北法学》2012年第5期，第59页。
[4] 杨正鸣、倪铁：《侦查公开的程序效益衡平论纲》，载于《中国人民公安大学学报》2004年第3期，第90~91页。
[5] 陈永生：《侦查程序原理论》，中国政法大学博士学位论文，2002年，第98~101页。
[6] 陈永生：《论侦查公开》，载于《法学论坛》2000年第2期，第91页。

查权滥用,促使侦查机关尽力查明事实真相。正如德国学者所指出:"而'公开性原则'及'透明性原则',有些人恐会误解,认为这些原则对真实发现构成妨碍或限制。其实,这些法治国家的刑事诉讼原则并没有妨碍或限制真实发现,反而应当看作是真实发现的指针、原则。"① 可见,侦查信息公开也是民主法治价值的体现。②

侦查信息公开制度在我国也有规范依据。(1)《中华人民共和国刑事诉讼法》规定侦查机关对被害人、犯罪嫌疑人及其辩护律师负有公开案件侦查情况的义务;(2)《人民警察法》第四十四条规定:"人民警察执行职务,必须自觉地接受社会和公民的监督";(3)《公安部关于在全国公安机关普遍实行警务公开制度的通知》和《公安机关执法公开规定》以规范性文件的形式专门规定了执法公开。其中,《通知》开篇在警务公开的主要内容里明示:"公安机关的执法办案和行政管理工作,除法律法规规定不能公开的事项外,都要予以公开"。该条的表述可以被理解为警务公开"以公开为原则,不公开为例外"。《规定》则进一步明确了侦查公开的主体、对象、内容、程序、方式和监督等内容,成为侦查信息公开的主要法依据。

综上所述,侦查公开在理论和制度层面已被承认。但正如前文所述,侦查公开并不意味着所有信息一律公开——保密还是公开,保障刑事追诉还是保护知情权,侦查信息公开的范围与特定制度的价值判断和法益衡量结果息息相关。因此,公开什么、不公开什么,公开的"度"在哪儿,学界存在争论,各国标准不一,公开的范围还应具体到特定国现行法中去探寻。而目前我国法律上对侦查信息公开范围的界定并不明晰,缺少判断可否公开的明确标准。与之相对的是,实践中,诸如"奚明强案""朱令一方申请信息公开案"等一系列案例,反映出公众对于侦查信息公开范围的高度关注,讨论这一话题也显得尤为必要。下面将以"朱令案"为例,根据朱令一方向北京市公安局申请信息公开的相关事实,简要分析所申请信息能否依《规定》予以公开,从而为具体案件中侦查信息可公开性的判断提供一种法解释方案。借此,或许也可以管窥侦查秘密传统与公开原则之间、实现国家刑事追诉权与保障知情权之间的张力,以及我国法律上的价值权衡。

---

① 陈志龙:《法治国检察官之侦查与检察制度》,载于《台大法学论丛》1998年第27卷第3期,第101页。

② 值得关注的是,无论主张侦查秘密抑或侦查公开,两种观点对侦查信息公开与否的要求都不是绝对的,有所区别的只是以何者为原则,何者为例外。参见李明:《秘密侦查与侦查公开的冲突及解决——兼论侦查公开与侦查秘密原则》,载于《河北法学》2012年第5期,第57页。

二、可公开性的分析——以"朱令案"为例

"朱令案"的案情梳理如下：在发生朱令被投毒事件后，北京警方进行了刑事案件立案侦查。2008 年 5 月 12 日，朱令家人得知该案已"结办"，于是向北京市公安局提交了信息公开申请，要求公开该案"立案侦查、侦破案件的过程和结果"，并在北京市公安局以"法律、法规及相关规定不予公开的其他情形"为由发出《政府信息不予公开告知书》后，向市政府提出行政复议。2009 年 3 月，市政府认定，北京市公安局的《政府信息不予公开告知书》未说明不公开理由，决定将其撤销。2013 年 5 月，朱令一方再次申请信息公开，内容包括北京市公安局"结办""朱令案"的相关程序文书资料等信息。此后媒体上未出现后续报道。

那么朱令一方所申请的"立案侦查、侦破案件的过程和结果"和"结办案件的相关程序文书资料"能否予以公开呢？如果不考虑溯及力的问题，解释现行《规定》可以看到，朱令一方申请的信息明显有适用《规定》公开的空间。

（一）涉案信息属于规定"应当公开"的情形

关于刑事执法信息，《规定》明确表示公安机关应当予以公开的情形如下。其一，应当向社会公开的：第十条规定涉及公共利益、社会高度关注的重大案事件调查进展和处理结果，以及打击违法犯罪活动的重大决策和行动，应当向社会公开。其二，第二十二条规定，公安机关应当向报案或者控告的被害人、被侵害人或者其监护人、家属等特定对象公开下列执法信息：（一）办案单位名称、地址和联系方式；（二）刑事立案、移送审查起诉、终止侦查、撤销案件等情况，对犯罪嫌疑人采取刑事强制措施的种类。

"朱令案"中，当事人前后两次分别申请的"立案侦查、侦破案件的过程和结果"和"结办案件的相关程序文书资料"应当属于上述第二十二条所规定的"刑事立案、移送审查起诉、终止侦查、撤销案件等情况"。[①] 须讨论的是，涉案信息是否属于《规定》中不得公开的情形。

[①] 考虑事实发生时间，朱令一方第二次申请时，《公安机关执法公开规定》（2012 年）已生效。从文义上判断，其申请信息应当属于当时《规定》第十六条所规定应向被害人、被侵害人或者其家属公开的"立案、破案、移送起诉等情况"。

（二）涉案信息不属于"不得公开"的情形

根据《规定》第六条，公安机关不得公开的情形有三：其一，涉及国家秘密或者警务工作秘密；其二，可能影响国家安全、公共安全、经济安全和社会稳定或者妨害执法活动的执法信息；其三，涉及商业秘密或个人隐私的信息不得向权利人以外的其他人公开，除非权利人同意。下面具体展开讨论。

第一，涉案信息不属于国家秘密或者警务工作秘密。首先，根据《中华人民共和国保守国家秘密法》第九条的规定，追查刑事犯罪中的秘密事项，泄露后可能损害国家在政治、经济、国防、外交等领域的安全和利益的，应当确定为国家秘密。① 尽管秘密事项的认定存在裁量空间，但根据上述规定，国家秘密须以相关信息泄漏后可能损害国家安全和利益为前提条件。反观本案，一方面，投毒致害事件属于《中华人民共和国刑法》第四章所规定的侵害公民人身权利与民主权利法益的犯罪行为，犯罪行为本身不涉及国家秘密；另一方面，该案在1998年之前便已办结，且北京市公安局声称"碍于证据灭失等客观因素，最终无法侦破"②，因此本案有关侦查过程和结果的程序性信息难以影响国家侦查、控诉和打击犯罪行为。基于上述理由，公开涉案信息不会轻易损害国家安全和利益，故其不构成国家秘密。

其次，关于是否构成"警务工作秘密"，本书在"北大法宝"上检索了"警务工作秘密"的规范定义，发现在法律层面只有《人民警察法》提及该概念③；除此之外，也只有公安部于2007年颁布的《公安派出所正规化建设规范》④ 有较为详细的列举。该文件第一百零五条规定，派出所民警应严格保守下列警务工作秘密："……（五）正在侦查的一般刑事案件的具体工作方案、案情、工作进展情况，将对犯罪嫌疑人采取刑事强制措施的情况……"。该表述包括了两个关键概念："一般案件"和"正在侦查的案件"。本书认为，针对第一个概念，经

---

① 《中华人民共和国保守国家秘密法》第九条：下列涉及国家安全和利益的事项，泄露后可能损害国家在政治、经济、国防、外交等领域的安全和利益的，应当确定为国家秘密：……（六）维护国家安全活动和追查刑事犯罪中的秘密事项。

② 《"朱令案"证据灭失，最终无法侦破》，http://news.xinhuanet.com/legal/2013-05/08/c_115691072.htm，凤凰网，2020年2月16日。

③ 《人民警察法》第二十二条：人民警察不得有下列行为：……（二）泄露国家秘密、警务工作秘密……

④ 此外，2001年《公安机关警务工作秘密具体范围的规定》对"警务工作秘密"也做了界定：公安机关在警务活动中产生的，在一定时间内只限一定范围内的人员知悉，泄露会给警务工作造成被动或损害的事项。但该文件并未公开，此处转引自蔡艺生：《信息公开背景下警务工作秘密管理制度的完善》，载于《中国刑警学院学报》2019年第5期，第14页。该表述可视为一般性规定，与《公安派出所正规化建设规范》的列举并不矛盾。

笔者法律检索，与"一般案件"相对的是"重大案件"。① 而依据《规定》第十条，如认为"朱令案"属于重大案件，则其调查进展和处理结果应予主动公开（除非可能影响国家安全、公共安全、经济安全和社会稳定或者妨害正常执法活动，下文将逐一分析）。② 反之，如认为"朱令案"为一般案件，则相关侦查信息仅在案件"正在侦查"时才构成警务工作秘密；然而"朱令案"早已"结办"。故而可知，朱令方所申请信息一般不构成警务工作秘密；即便认定所涉案件系重大案件，该信息也应予以公开。

第二，涉案信息不会妨碍正常执法活动或影响国家安全、公共安全、经济安全和社会稳定。如前所述，因本案已办结，即便公开相关信息也不会妨碍正常执法活动，且案件本身和所申请信息几乎无关于国家安全、公共安全或经济安全。至于公开是否会影响社会稳定，本书认为答案是否定的，原因是：（1）司法实践中存在较多故意杀人案件③，其中也不乏投毒案件，倘若认为投毒杀人犯罪行为将影响社会稳定，似乎过分了低估我国社会秩序；（2）犯罪嫌疑人与被害人"清华大学"的身份标签可能引起广泛关注，但似乎没有证据证明这一身份蕴含着其他更复杂的利益冲突。况且，实践中涉及更多方面利益群体的"吴英案""邓玉娇案"等在侦查阶段均有更为广泛的公开，以举重以明轻之理，本书认为朱令案不存在影响社会稳定的情节。

第三，涉案信息不会侵犯隐私权或者商业秘密。对于当事人所申请的信息，一方面，如确实涉及个人隐私，公安机关可在征询权利人意见后决定是否公开并告知申请人；另一方面，公安机关可以参照或者类推适用《条例》第三十七条的规定，隐去涉及隐私的信息，公开其他部分。因此，难以认定涉案信息属于侵犯隐私权的信息。④

综上所述，本书认为朱令一方所申请的信息属于《公安机关执法公开规定》所列应公开的信息，且不存在不得公开的情形，因此应当根据《规定》予以公开。而对侦查信息可公开性的判断，可依据《规定》，结合具体信息内容和所涉案件情况，从构成可公开信息的积极要件和消极要件两方面进行分析；相比之

---

① 《公安机关办理刑事案件程序规定》（1987 年）第十九条第三款规定：机关、团体、企业、事业单位内部发生的一般刑事案件，其立案、破案、销案，由所在单位保卫处、科负责人决定是否向公安机关主管部门报告，对被告人、犯罪嫌疑人需要采取强制措施的，由公安机关审查和执行；重大和特别重大案件的立案、破案、销案，由公安机关主管负责人批准。从中可知，与一般案件相对的概念是重大和特别重大案件。

② 虽然根据举轻以明重原则，重大案件侦查信息也可能构成警务工作秘密，但由于新法优于旧法，依据 2018 年修订的《公安机关执法公开规定》，涉案信息还是应当公开。

③ 截至 2020 年 2 月 12 日，北大法宝数据库上以故意杀人罪为案由的案件有 230 875 件。

④ 仅就这一点来说，公开与不公开，很难说谁能更好地保护隐私——严格保密滋生了"民间探案热"，各类媒体上的"爆料"和猜测正持续损害着朱令一家及其他当事人的隐私权和名誉权。

下,从消极要件入手更易于得到准确结论。同时也可以看到,包括《规定》在内的法规范对可公开的侦查信息定义较为笼统,尚存在诸多不确定的法律概念。

三、小结

综合以上论述,我们可以对侦查信息公开做出以下归纳:侦查信息不属于政府信息,它的公开也不应依据《中华人民共和国政府信息公开条例》。而在刑事司法领域,随着理念的变迁,侦查公开正在成为主流趋势,我国法律上也初步建立了相应的制度规范,为具体案件中侦查信息可公开性的判断提供了依据。

事实上,通过上面的分析可以发现,侦查信息公开抑或不公开,立法者对此进行了一系列的法益权衡——一方面,出于保障社会公众和案件当事人的知情权、监督公安机关执法以及维护公共利益的考虑,确立了原则性的公开规定;[①]另一方面,为了维护国家安全和国家利益、公共安全和社会秩序,保障国家实现刑事追诉权,保护被追诉人的隐私权、名誉权和商业秘密,又为公开增加了诸多限制。这样的价值博弈本身就非常复杂[②],而在长期奉行的侦查秘密传统与理论界及公众的呼吁、诉求之间,立法者的价值选择显得比较纠结、并不明朗,导致规范中,公开的核心标准不甚清晰,公开的程序也相对模糊。导致实践中,给信息需求方带来了诸多不便。为更好观察具体信息的公开路径,以及警民双方的互动,接下来本书聚焦依申请公开制度,还是从"朱令案"说起,探究申请人获取侦查信息所遇到的阻碍,继而对制度的完善提出思考。

第四节 侦查信息公开的演进出路

一、基于修改前《规定》的分析

在"朱令案"中,如果说朱令一方第二次申请信息公开的时间是 2013 年 5

[①] 1999 年出台的《公安部关于在全国公安机关普遍实行警务公开制度的通知》规定:公安机关的执法办案和行政管理工作,除法律法规规定不能公开的事项外,都要予以公开。可以说,该表述体现了我国警务信息以公开为原则、不公开为例外的取向。

[②] 特别是在天平两端都存在公共利益的情况下。参见王敬波:《政府信息公开中的公共利益衡量》,载于《中国社会科学》2014 年第 9 期,第 105~124 页;崔凯:《论新时代公安机关侦查信息公开的立法策略》,载于《法商研究》2018 年第 6 期,第 16~26 页。

月,而此时《公安机关执法公开规定》已然开始实施。那么,既然《规定》提供了侦查信息公开的渠道,在《规定》施行后,朱令的律师为何还要依据《中华人民共和国政府信息公开条例》申请信息公开呢?①

2012年出台的《规定》,在第三十二条中确认了公民、法人或其他组织可以向公安机关申请执法信息公开。而2018年修订后,则直接将申请获取执法信息的规则全部"导流"到《条例》,改为"依照"《条例》办理。② 需要说明的是,修改后的版本并未对申请程序做出任何新的、独立于《条例》的规定,在救济方式上也没有实质变化。为了还原朱令一方提出申请时可能的考虑,本部分还是首先基于2012年版本的《规定》加以讨论,后面再简要评述2018年修订的合理性。这也可以视为对既存两种依申请公开模式的评价。

时间回到2013年,针对朱令方当时的选择,通过表10-4对比《条例》③和《规定》的依申请公开制度,或许可以得到答案。

表10-4 《条例》(2007年)与《规定》(2012年)依申请公开制度对比

项目	《中华人民共和国政府信息公开条例》	《公安机关执法公开规定》
申请信息的范围	除主动公开的信息外,私主体可向行政机关申请获取相关政府信息	未区分主动公开和依申请公开信息范围。私主体认为公安机关未按规定履行公开义务的,均可提出公开申请
申请形式	书面或口头	—
申请应包括的内容	申请人姓名或者名称、联系方式、申请信息内容描述、公开形式要求	—

---

① 关于《条例》与《规定》的关系,需明确,二者并非毫无交集。从2012年版的《规定》看,依据第一和第二条,《规定》是"根据有关法律法规"制定;其所规制的执法公开活动,也是以"法律、法规、规章和其他规范性文件"作为公开依据。这里"法规"显然包括《条例》,即《规定》中的行政执法信息可援引适用《条例》公开。而由于《规定》是目前有关侦查信息公开最详细的规范,所以本书将其作为侦查信息公开的主要法依据,下面的对比也可被视为两种信息依申请公开制度的比较。

② 《规定》(2018年修订)第二条:本规定适用于公安机关主动公开执法信息,以及开展网上公开办事。公民、法人或者其他组织申请获取执法信息的,公安机关应当依照《中华人民共和国政府信息公开条例》的规定办理。

③ 同样地,为还原朱令一方提出申请时可能的考虑,此处的《条例》也选用了2007年的版本。2019年新修订后,政府信息依申请公开制度更加细化,因此并不影响今天的讨论。

续表

项目	《中华人民共和国政府信息公开条例》	《公安机关执法公开规定》
受理机关对申请的处理	区分四种情形：属于公开范围、属于不予公开范围、信息不存在或不属于本机关公开、申请内容不明确，分别予以答复	履行执法公开义务①
答复期限	当场，或收到申请之日起15日，最多延长15日，需告知申请人	—
权利保障	方式1：举报 条件：认为行政机关不依法履行政府信息公开义务； 对象：上级行政机关、监察机关或者政府信息公开工作主管部门	方式：举报 条件：经申请该公安机关仍拒绝履行执法公开义务 对象：上一级公安机关
	方式2：行政复议，行政诉讼 条件：认为侵犯其合法权益	—

  可以看到，在当时，《规定》的完备程度显然不及《条例》。首先，《条例》在申请信息范围、申请形式和程序等方面均有详细规定，而《规范》对可申请信息的范围语焉不详，也没有规定申请的程序，未提供申请范式，申请人不知道依据《规定》在什么情形下、可以对哪些信息提出申请，也不知如何提出申请；公安机关也可能难以识别申请的规范依据。

  其次，对申请的处理方面，依据《条例》受理机关一旦收到申请就负有在一定期限内答复之义务，且答复至少能让申请人了解信息是否存在、信息的属性、可公开性和获取渠道（尽管这只是受理机关的判断）。反观《规定》，虽然要求公安机关依申请履行公开义务，但规定粗疏，公安机关是否决定履行、什么期限内如何履行、拒绝履行的理由，等等，申请人都可能无从知晓。

  最后，在权利保障方面，根据《条例》，只要提出申请，即使公安机关认定所申请信息不属于政府信息，申请人也能通过复议和诉讼多次寻求救济，并将最终得到司法机关对信息属性和可公开性的终局判断。相比之下，《规定》仅有"向上一级公安机关举报"一种渠道，意味着无论何种信息，问题都只能在两级

---

① 这是从《规定》（2012年）第三十二条"经申请，该公安机关仍拒绝履行执法公开义务的，可以向上一级公安机关举报"的表述中推断出的。

公安机关内部解决。且《规定》中的举报情形是"公安机关经申请仍拒绝履行公开义务",如果公安机关未明示拒绝、长期未答复或仅公开部分内容,申请人可能面临救济无门的窘境。

由此可见,一方面,《规定》的表述比较粗略,存在着申请信息范围不明、申请程序和方式不详、难以得到明确答复、救济不充分等诸多问题,不好用;另一方面,北京市公安局的行政机关属性可能给《条例》的适用打个"擦边球",从而有以此保障权利的可能。因此,朱令一方依《条例》申请公开侦查信息也实属无奈之举。

二、修订后:是否可以"依照"《条例》

此后,关于依申请公开,2018年的《规定》修改了表述:第二条申明,《规定》适用于主动公开及网上公开办事;公民、法人或者其他组织申请获取执法信息的,公安机关应"依照"《条例》的规定办理,也即,直接适用政府信息依申请公开规则。这样的修改或许是出于完善程序的考虑,因为政府信息依申请公开制度相对成熟,且直接援引也使《规定》文本更加简洁。然而本书认为,此处修改看似明确了执法信息依申请公开的路径,实际上依然没能解决问题。

修改中的关键词是"依照"。什么是"依照"呢?按全国人大常委会法制工作委员会发布的《立法技术规范(试行)(一)》,"依照"的意思是规定以法律法规作为依据,同"依据"。[①] 可正如前面所论述,鉴于公安机关的二元属性,《规定》中的执法信息与政府信息并非包含关系——侦查信息就不属于政府信息,它的公开不在《条例》的调整范围内。可见,按"依据"解释,将会造成法律体系内部的不协调,使该条款近乎落空。那么,如果稍做扩张,解释为"参照"呢?依据《立法技术规范(试行)(一)》,"参照"一般用于没有直接纳入法律调整范围,却又属于该范围逻辑内涵自然延伸的事项。[②] 这种解释虽然从逻辑上说得通,但解决侦查信息依申请公开的问题,效果依然不佳,原因还是在于两种信息的本质区别。

前面已论述过,侦查信息的公开之所以谨慎,是由于要严格保护诸多法益,如确保侦查活动顺利进行、实现国家刑事追诉权,保护案件相关人员安全和个人隐私、名誉,保障公正审判,维护公共安全和社会秩序。因此,侦查信息与政府

---

① 参见《全国人民代表大会常务委员会法制工作委员会关于印送〈立法技术规范(试行)(一)〉的函》。

② 参见《立法技术规范(试行)(一)》。

信息的公开，在程序倾向上有所区别——与普遍公开的政府信息相比，前者在对象、内容、时间等方面都应当有更多的限制，① 对申请的审查也相对更加严格，需要根据个案情况做较为复杂的判断，例如，要求申请人说明身份以及与案件或涉案人员的关系，某些情况下可能还要说明申请目的。因此，直接援用《条例》显然不妥。另外，在救济方式上，无论是《条例》等规范还是司法实践②，都将侦查信息公开排除出了行政诉讼受案范围，申请人也因而无法获得实质的司法救济。对公安机关而言，外部监督的阙如，可能导致恣意裁量信息可公开性等一系列问题，申请人的权益难以得到有效保障。

综上所述，侦查信息的依申请公开不能完全参照《条例》执行。至于公开的进路，由于出台统一的"信息公开法"还不太现实，本书认为，在当下，更可行的办法是从侦查信息的特点出发，在适当借鉴《条例》的基础上做一些特殊规定，完善现有规范。具体有以下几点建议。

第一，明确公开的标准，细化公开或不予公开的情形。就侦查信息公开而言，它与政府信息公开背后的服务行政和给付行政理念不同，公安机关履行侦查职责代表国家刑事追诉权的行使，打击犯罪是其根本目的。而侦查信息适度公开是价值权衡的结果，公开不应影响国家的侦查和控诉行为，不应有损于刑事追诉权的实现。因此公开范围必须有严格界线。为把握好公开的"度"，可考虑在现有《规定》较原则性的条款下建立信息公开正面清单和负面清单，增强申请结果的可预期性，同时限制公安机关的自由裁量空间。具体做法上，一方面，需要在公开范围的表述中厘清核心标准，如目前规定向社会公开的信息应是"涉及公共利益、社会高度关注、需要社会知晓"的，这些概念有较大的解释空间，且含义有所重叠；可以考虑统一为"社会广泛关注"的案件，明确向社会公开以回应社会公众诉求为主要目的③，这样能统一可公开性判断的原则，限缩解释弹性；另一方面，可以根据法益衡量原理，着手梳理不同信息背后蕴含的价值，按照比例原则，将信息分为应主动公开、可依职权或依申请公开、绝对不公开三类，在个案中具体判断，以期让知情权和刑事追诉权等法益达到动态的、个案的有机平衡。④

第二，建立申请人主体资格审查机制。除了应当主动向社会公开的案件信息

---

① 李明：《秘密侦查与侦查公开的冲突及解决——兼论侦查公开与侦查秘密原则》，载于《河北法学》2012年第5期，第7～8页。
② 其中最有力的还是2014年最高人民法院公布的"全国法院政府信息公开十大案例之二：奚明强诉中华人民共和国公安部案"。
③ 崔凯：《论新时代公安机关侦查信息公开的立法策略》，载于《法商研究》2018年第6期，第25～26页。
④ 郑翔宇：《论侦查不公开原则》，山东大学硕士学位论文，2015年，第25～28页。

外,其他侦查信息,其公开对象仅限于特定的程序参与主体,例如,《规定》第二十二条列出的"报案或者控告的被害人、被侵害人或者其监护人、家属";有时"即便是对程序以内的程序主体来讲,公开也是十分谨慎的"。[①] 因此,在申请人提出的申请中,应当要求其说明身份,以及与案件或涉案人员的关系;必要的情况下,对于某些信息,还可以请申请人说明申请目的。相比于《条例》规定的"申请人姓名或者名称、身份证明和联系方式",上述要求无疑是更严格的,公安机关受理后也要对申请人资格进行实质审查。[②]

第三,建立严格的内部审核机制。侦查信息的可公开性和发布应当经过公安机关内部的严格审核。为了平衡信息安全和公开效益,可以区分信息的敏感度,规定办案机关将可能涉及保密事项或可能引发社会广泛关注的信息交由上级公安机关研判是否公开。对于敏感度高的侦查信息,这样的执行和审批机关分离制度有助于保证公开的准确性和合理性,也能在一定程度上降低办案机关的公开惰性。[③] 当然,也要确保上下级公安机关权利义务的大体平衡,防止上级机关权利多义务少、下级机关义务多权利少。

第四,根据需要设置公安机关的答复时限。如上所述,公安机关要对申请人的资格和信息的可公开性做出细致的研判,所需时间可能较长;有些情况下,根据案情或当事人的特殊需求,公安机关可能又要尽快答复。而当前《条例》规定的"20+20"个工作日不一定完全满足需要。因此,可总结实践经验,视情况另行规定侦查信息依申请公开的答复时限。

第五节 余论:完善警务公开制度的建议

对上述命题的讨论,目的绝不仅仅在于解决侦查信息公开的问题——在其他警务信息领域,公开的标准和范围、对公开对象的分类和限制、公开的程序、公安机关内部权利义务分配……这些问题都具有共性,同样值得认真对待。而除此之外,对于警务公开本身,结合对侦查信息公开的分析,笔者还想

[①] 徐鹤喃、刘林呐:《刑事程序公开论》,法律出版社2002年版,第57页。转引自杨正鸣、倪铁:《侦查公开的程序效益衡平论纲》,载于《中国人民公安大学学报》2004年第3期,第90页。

[②] 当然,严格的审查必须以明确的公开范围为前提,并且审查中也要坚持比例原则,不同的信息,审查的松紧度应该有所区别。否则这种审查可能沦为不合理的申请限制,正如修改前的《政府信息公开条例》"三需要"规定,使公开陷入新的困局。

[③] 崔凯:《论新时代公安机关侦查信息公开的立法策略》,载于《法商研究》2018年第6期,第26页。

提出以下建议。

第一,在"警务"这一宽泛的概念下,有必要区分政府信息和刑事司法信息,明确规定不同的公开路径。在目前的《规定》中,刑事案件和行政案件两个概念并没有分立公开程序上的意义,且对《条例》的直接援引适用,似乎说明立法者也没有下意识地区分两种信息。如前所述,两种信息背后是公安机关履行的刑事司法和行政管理两类职责,相应地,这两种信息的公开范围、公开方式和救济途径也不尽相同。本书认为,为明确程序倾向、方便公众获取信息,警务公开规范应当尽量划清两种信息的界线,并从体例和用语表述上对二者的公开范围、公开程序、救济渠道[①]和规范依据做出区别。

第二,为便于公众获取信息,应建立不同种类警务信息申请的衔接制度。公众对于警务信息的需求与日俱增。而实践中,所申请信息究竟是政府信息还是刑事司法信息,申请者通常无法准确判断,外加两种信息在公开申请形式上的相似性,申请可能会"走错入口",导致信息公开无门,甚至得不到有效救济。本书认为,申请人不应也无法负担区分两种信息的义务;从保障权利的角度出发,受理申请的公安机关应根据申请人所描述的实质内容,确定公开路径。由此,在收到"走错入口"的申请后,公安机关负有告知、释明的义务,告知申请人其所申请信息的正确属性及相应的公开制度,尤其是救济制度,并询问申请人是否通过相应渠道继续申请公开。否则属性和程序的区分只会变成阻碍公开的又一道障碍,给公众带来不必要的麻烦,背离了警务公开的初衷。

第三,区分警务工作性质,细化规定不同警务信息的公开时间(时机)。警务工作类型众多,不同工作中产生的信息,在时效上可能大相径庭;而有时错过了公开时机,公开也就丧失了意义。目前的《规定》只确定了及时准确的公开原则,以及"自该信息形成或者变更之日起5个工作日内"的标准(向特定对象公开和网上办事)。对公开时间的规定,可行的办法是确立一个指导原则,区别警务工作性质、划分警务工作阶段予以明确。本书认为,可以把警务工作分为六类:(1)治安管理处罚,具体可分为治安管理和治安处罚两个阶段。治安管理阶段应把所有管理信息及早予以公开,不能迟延至相对人违反治安管理以后,对其予以处罚之时;而在治安处罚阶段,处罚的事实根据、法律依据和相对人的权利应当在做出处罚决定前告知,送达处罚裁决书时应当告知获得救济的权利。(2)治安事件、治安灾害事故查处,可分为调查和处理两个阶段。调查阶段应告知调查相对人的权利义务;在处理阶段,处理之前应告知处理的事实根

---

① 可以肯定的是,刑事司法信息公开的纠纷不属于行政诉讼受案范围。但在公安机关内部监督之外,是否还有其他的救济制度,能否诉诸司法救济,这种"信息利益"应如何补救……这些问题学界莫衷一是,还有待进一步探讨。

据、法律依据和相对人的权利，送达处理决定书之时，要告知相对人的救济权。（3）刑事执法，可分为受理、立案、侦查三个阶段，应当按照刑事诉讼相关法规范的要求公开有关的法律制度、警务信息和相对人的权利。（4）抽象警务行为，应当自做出之日起迅速正式公布。（5）重大案件事件，应当实行定期通报制度。（6）其他警务信息，其公开时间应以不对权利人行使权利或维护合法权益产生消极影响为最低标准。

  第四，从便民利民的原则出发，可以根据各类警务工作的特点，鼓励基层灵活运用多种公开方式。不同警务工作面向的群体不同，信息的特点也不尽相同，因此，在合法的前提下，公开无定法。是定期公开还是不定期公开，是"窗口"式公开还是非"窗口"式公开，是大众传媒公开、网上公开还是普通传媒公开……在警务公开规范中，应当对公开方式保持适当开放的态度。各级公安机关可以按照警种、部门、岗位，本着方便民众、服务民众、便于落实、保障落实的原则，在广泛征求民众和民警的意见和建议的基础上，对本级公安机关警务公开的方式做出具体规定或提出指导意见，并及时总结基层的创新经验。同时也应当在工作中建立有效的信息反馈、监督机制，不断地查漏补缺，提高程序的可操作性、实用性、服务性和高效性。

  上述建议或许为警务公开制度的完善提供了一种视角。警务公开制度建设是个长期的、系统性工程，随着实践的发展，还有很多问题等待我们回应。而这些问题的解决，不仅直接关系到公民、法人和其他组织的知情权的保障，也关系到公安机关执法的公开透明和执法规范化建设。

  执法质量是公安工作生命线，质量的提高离不开阳光警务。可以说，警务公开是深化执法规范化建设、全面建设法治公安的必然要求。警务公开也是传统警务的"升级版"，是公安改革的标志性成果之一，正在从根本上改变我国的警务战略和社会治理战略。同时，警务公开也是"法治公安"和"全面深化公安改革"两个时代命题和警务战略举措的默契结合点。以人民为中心，以法治公安建设为引领，在全面公安改革中系统布局，在理论和实践的互动中完善警务公开制度，相信警务公开可以发挥出"警力有限、民力无穷"的警务正能量，让人民群众在权力运行公开透明的法治社会中，不断提升安全感、获得感和幸福感。

第十一章

警务督察

第一节 问题的提出

警务督察是公安机关实行的一种内部监督制度,最早在1995年的《中华人民共和国人民警察法》(以下简称《人民警察法》)中有所规定。该制度的诞生源于20世纪90年代我国警务实践的变化,当时公安机关根据行政管理的需要,陆续设立了交警、巡警等一批新警种,在民警综合执法和分散、流动执勤日趋普遍的情况下,如何加强执法执勤活动的事前、事中监督,确保公安机关和民警依法履行职责、正确行使职权,就是警务督察制度需要解决的重要问题。[1]

在建立警务督察制度时,公安机关和其他行政机关一样,已经内设了党的纪律检查委员会和行政监察等监督部门,这些部门发挥了一定的监督作用,但是还不能完全适应新形势下公安机关执法活动的需要。因此,为了强化公安机关内部监督机制,1997年,国务院颁布了《公安机关督察条例》(以下简称《督察条例》),这是新中国成立以来,第一部规定公安机关内部监督制度的专门行政法规,也标志着公安监督体系中警务督察制度的建立。

虽然警务督察制度的实施取得了一定成效,但出于多种原因,这套内部监督

---

[1] 《规范民警执法活动的重要举措 公安部负责同志就〈公安机关督察条例〉公布实施答记者问》,载于《人民公安报》1997年7月3日。

制度并没有完全体现其应有的价值,甚至在实践中,还出现了一些较为严重的问题,其中最直接的体现就是监督作用的弱化。由于理论研究的不足,以及公安工作较强的政策导向性,这些问题未能够通过完善立法的方式得以解决。事实上,自 2011 年《督察条例》修订后,警务督察制度一直没有大的变动,只在各地实践中略有差异,有些地方在警务信息化和组织架构等方面,进行了一些探索和尝试,但总体来看,警务督察制度设立的依据——《督察条例》及《公安机关督察条例实施办法》,存在着一些滞后性的问题,并未对制度运行中的不协调部分做出有效的回应。

第一,公安机关内部存在多个监督部门,包括警务督察、信访、法制、审计等,根据现有规定,这些部门的职责权限事实上存在着交叉部分,在警务实践中也出现了一些问题。在这种情况下,督察部门如何明确自身定位,与其他内部监督部门进行分工合作,是实务部门和学界一直以来研究的重要问题之一。如果要在充分体现各个部门监督价值的同时,又避免出现监督空白和重复性劳动,就需要在组织结构和功能上,理顺督察部门与其他部门的关系。显然,这一点的重要性是毋庸置疑的,如果不能证明督察部门具有区别于其他内部监督部门的独特价值,那么警务督察制度存在的必要性就将大打折扣。

例如,在创设之初,警务督察部门的重心是现场督察[1],旨在对警察的执法活动进行随警监督,力图在事前、事中消解警察执法的不规范因素,在个案中保障公民的合法权益。但是,在涉及警察执法规范的热点案件中,根据媒体报道,警务督察部门也很少出现在当时的执法现场,或者是后续处理的过程中。虽然督察决定及建议似乎确有不对外公布的理由,即督察行为是一种"加强公安队伍建设的内部管理行为"[2],但无论是信息不公开,抑或是现场督察工作的缺失,最终的结果都是督察工作的低可见度和较低的公众认知度,从而进一步削弱警务督察制度的重要意义与存在价值。

第二,根据监督启动方式的差异,西方行政内部监督机制可分为行政诉愿与行政监察制度,前者以公民请求为前提,复查公民认为行政机关及人员存在的违法行为,后者则重点针对行政机关的日常活动,行使监督权。[3] 我国警务督察部门兼任受理投诉和日常监督的职责,因此具有诉愿和监察的双重属性。但这就产生了两个问题:

一是内部监督固然有其优势,但这种"以权力监督权力"的模式,也具有非常明显的缺陷,在某些地方,警务督察人员就存在着"三怕"现象——对上级督

---

[1] 马玉生:《现场督察——警务督察的重心》,载于《人民公安》1997 年第 14 期。
[2] 王恩培诉公安部案,北京市高级人民法院行政判决书,(2017) 京行终 2436 号。
[3] 章剑生:《行政监督研究》,人民出版社 2001 年版,第 13~14 页。

察怕得罪领导；对同级督察怕不能更好合作；对下级督察怕产生抵触情绪，致使督察工作流于表面①，严重影响督察队伍纪律严明、执法严格的整体形象。

二是警务督察制度包含行政诉愿和行政监察的内容，从实践层面上看，督察部门需要从保护公民合法权益的角度出发，通过主动监督、受理投诉等方式对警务活动进行全面督察。但与此同时，警务督察部门还下设了"维护公安民警正当执法权益办公室"，即"维权办"，专门负责人民警察的维权工作。换言之，目前督察部门既需保护公民权利，又要同时负责保障警察的合法权益，可想而知，在实现这两个目标的过程中，警务督察部门及人员的身份冲突是非常明显的。

上述诸多问题，都显示出警务督察制度目前存在的困境，但它们只是深层次问题浮在水面上的种种表象。从创设原因上看，由于警察权与一般的行政权相比存在诸多差异，仅仅依靠普遍设立的内部监督机构，不足以对警察权进行全面、有效的控制，因此公安机关设立了督察部门，以期警务督察作为更加有效、强力的监督制度对警察权进行规范和约束。但是，现行的警务督察制度是否能充分发挥其优势，对警察权进行有效的监督，只有在深入研究警务督察制度功能的基础上，对问题的本源进行追溯，警务督察制度所面临的困境才能够迎刃而解。

第二节 制度的功能

警察权作为公民权的让渡，为避免权力的失范和滥用，就需要内部和外部的监督来保障权力的依法行使。警务督察部门无疑是其中一类监督者，但是，在理论和实践中，警务督察的制度功能是否明确？事实上，对该问题的解答是研究警务督察制度的重心之一，因为如果警务督察没有自己的特质，与其他监督方式之间存在可被替代的关系，那么从发展的角度来看，在国家监察体制改革与行政组织频繁改革重组的大背景下，警务督察制度就将面临被替代或废止的危险，其存在的意义与价值也会被极大削弱。因此，警务督察应该找准自身的功能定位，以协调自身与其他内部监督制度的关系，不断完善制度架构，形成一种互补、分工合作的良性关系，共同为公安机关依法履行职权、保护公民合法权益形成合力。

---

① 陈晓旭：《关于我国警务督察工作的几点思考》，载于《森林公安》2005 年第 3 期。

一、功能的变迁

在开始梳理功能变迁之前，有一个问题是非常明显和急迫的，那就是按照立法者的本来意图，警务督察的原始功能究竟是什么？事实上，根据当时文献材料的内容，对于警务督察的原始功能并没有唯一、确定的表述，但大概可以归纳为两个主要方向："监督"与"保障"，而其中"监督"显然是其中的主导功能。学界对于警务督察早期功能的观点，也主要围绕这两部分展开：第一种观点是警察权力的监督与约束功能[1]；第二种观点是保障公安机关依法行使职权的功能[2]；而第三种观点则是对于上述观点的整合[3]。由于"监督警察权"功能无法容纳督察部门密切警民关系以及保护民警权益的职能[4]，而"保障公安机关及警察履行职责"，更缺乏对于督察工作监督内核的涵盖，因此笔者更为认同第三种观点，认为警务督察制度具有以监督警察权为主、保障公安机关及其人民警察依法履行职责为辅的原始功能。在此之后，警务督察制度的功能发生过两次转变：

（一）增加对公民权利的保护功能

首先，警务督察制度在其原始功能的基础上，增加了对公民权利的保护功能。《督察条例》（2011年）第九条规定，督察机构对群众投诉的、正在发生的公安机关及其人民警察违法违纪行为，应当及时出警，按照规定给予现场处置，并将处理结果及时反馈投诉人。这一新增条款，事实上明确了现场督察对于公民的即时性救济作用[5]，虽然公安部认为，此条规定的主要目的是完善督察工作程序，提高督察工作效率[6]，但在客观上，的确产生了对于私权利的保护功能，凸显了人权思想对于权力监督制度的影响。

这种功能上的转变，为督察工作提出了新的要求，即对于监督警察权、保障公权力行使与保护私权利三种功能的平衡处理。虽然三者在促进公安机关依法履职、密切警民关系的目标上并不矛盾，但是监督警察权的功能，要求督察部门与

---

[1] 黄涛：《警务督察——公安机关内部监督方式的重大转变》，载于《公安研究》1998年第1期。
[2] 袁国遐：《加强警务督察工作的思考》，载于《江苏公安专科学校学报》2001年第6期。
[3] 刘正强：《关于公安督察制度的前瞻性思考》，载于《法学杂志》2003年第1期。
[4] 有学者认为，早在警务督察制度设立的初期，督察工作就产生了保护民警合法权益的作用，详见黄涛：《警务督察——公安机关内部监督方式的重大转变》，载于《公安研究》1998年第1期。
[5] 谢生华：《论警察权的监督机制》，载于《甘肃政法学院学报》2004年第76期，第108页。
[6] 参见《国务院法制办、公安部负责人就〈公安机关督察条例〉修订答记者问》，新华网，http://www.law-lib.com/fzdt/newshtml/21/20120104105243.htm，2017年9月9日。

信访、审计等内部监督部门通力配合，严格执法，从加强公安队伍建设的角度对警务活动进行全方位、全过程的监督；而权利保护功能又同时要求，督察部门和人员在个案中保持中立客观的立场，通过现场督察的方式，依照法律、法规和内部的规章制度对公民的投诉进行公平、公正的处理，所以督察部门及人员为完成督察任务，既要与公安各部门密切配合，又要保持一定的独立性。

与此同时，警务督察保障人民警察依法履职的功能，进一步提高了对实践部门的要求。由于袭警案件的不断发生①，为切实保护民警合法权益，公安部要求督察部门同时承担维护警察合法权益的职责②，并且"维护公安民警正当执法权益委员会"的办事机构"维权办"事实上设在警务督察部门之下，作为督察部门的一个组成部分。③ 因此，事实上，督察部门同时承担着救济警察和公民权利的任务，警务督察制度功能的复合性也进一步发展。

细究这种转变的原因，可以发现，由于警务督察具有全面的法定监督范围与现场督察的主动监督方式，实际上存在解决行政纠纷，保障双方当事人权利的现实便利。这种便利被立法者有意放大和利用，督察部门及人员也由此以一种第三者的身份介入纠纷之中，理想状态下，督察民警的加入，一方面，可以通过执法监督者的身份，弥补双方当事人在力量上的差距；另一方面，其中立的地位也可以促进双方达成合意，积极推动或加速纠纷的解决。

换言之，通过受理投诉，警务督察制度就可以转化为一种警民纠纷解决机制。解决警民纠纷，需要以法律、法规以及内部纪律准则为依据，对案件进行公平公正的处理，因此在不同的个案中，督察工作会体现为对某一方当事人的权益保护，同时也可以实现警务督察监督警察权、保障公安机关及人民警察履行职责的原始功能。因此，警务督察部门进一步成为解决警民纠纷的一线部门，并且经一方当事人请求就可以介入这种纠纷④，作为公权力的代表及时定纷止争，避免事态的发酵与恶化，从而达到保障公安机关依法履行职责，密切警

---

① 在2011年《公安机关督察条例》修订之前，全国各地公安民警在打击犯罪和维护社会稳定工作中遭受暴力袭击伤亡的人数一直居高不下，1995年全国民警因公牺牲395人，暴力袭击牺牲78人，2005年全国民警因公牺牲414人，其中上半年因暴力袭击牺牲23人，负伤1 803人，详见《人大代表再呼吁设立袭警罪保护民警执法权威》，新华网，http://news.qq.com/a/20060320/001009.htm，2016年7月13日。即使在修订之后，公安民警因公牺牲仍处高位状态，暴力袭警、暴力抗法问题突出，2010~2014年，公安民警遭受暴力袭击负伤8 880人，占负伤民警总数的42.8%，连续5年总体上升。详见袁国礼：《统计称5年来公安民警因公牺牲2 129人逾半系猝死》，载于《京华时报》2015年4月6日。
② 《公安机关督察条例》（2011年）第十五条规定，督察机构及其督察人员对于公安机关及其人民警察依法履行职责、行使职权的行为应当予以维护。
③ 王月英：《试论以公安执法监督保护警察执法权益》，载于《北京人民警察学院学报》2008年第6期。
④ 蔡仕鹏：《法社会学视野下的行政纠纷解决机制》，载于《中国法学》2006年第3期。

民关系的目的。

功能的复合几乎必然会增加实践部门的工作难度,但是为了达成制度目标,督察角色的复合,被视为是可以负担的制度成本。在 2011 年《督察条例》的修订说明中,立法者认为,修订后的法规是人民群众对于公安工作和队伍建设新要求的集中体现,因此在政治意义上,督察工作必须以提高效率、加强人员培训等方式保障《督察条例》的贯彻实施①,这种制度成本,也就转化为督察部门在落实工作中需要克服的困难之一。

(二) 监督警察权成为主导功能

随着公安督察部门开始以规范民警执法行为,深化执法规范化建设作为工作重点②,督察功能也开始在执法规范化的层面,进一步强化对警察权的监督功能。因此,为了配合中央对于公安执法规范化建设的总体规划,警务督察制度弱化了保障公权力行使与保护私权利的作用,开始转向以监督警察权为主导的制度功能。

总体来看,警务督察的原始功能以监督警察权为主、保障公安机关及人民警察履行职责为辅,随后,其功能发生了两次转变,一是加入了对于公民权利的保护功能,二是由于执法规范化建设的要求,而重新以监督警察权的功能为绝对主导,从而削弱了其他辅助功能。

二、学界对功能的不同认识

在当前法治中国的语境下,学界对于警务督察的制度功能,主要存在两种不同的观点:

第一种是将督察部门定位为公安队伍警容风纪的监督者③,实际上将督察功能的侧重,放在监督警察权上,通过强化警务督察对人民警察纪律监督的功能,将其与其他部门区分开来。这种观点是有一定合理性的:

首先,根据不同部门的职责对比可以发现,在公安督察部门和其他部门职责

---

① 《保障公安机关和人民警察依法履行职责——国务院法制办、公安部负责人就〈公安机关督察条例〉修订答记者问》,新华网,http://news.21cn.com/caiji/roll1/2011/09/08/9102250_1.shtml,2016 年 9 月 8 日。

② 《公安部督察组来分局督察指导执法规范化建设工作》,http://www.tianxin.gov.cn/tianxin/yaowendongtai/bmdt/828820/index.html,长沙市天心区公安分局网站,2017 年 8 月 25 日。

③ 陈叶飞:《警务督察行为的规制》,载于《江苏警官学院学报》2017 年第 2 期;邓泽顺:《新形势下加强公安法制建设的基本思路》,载于《长江论坛》2001 年第 2 期。

的对比中，督察部门对于警容风纪的检查，不属于执法监督的范围，也不是对于《公安机关人民警察纪律条令》（以下简称《纪律条令》）中行政纪律的监督，而是一种对《公安机关人民警察内务条令》（以下简称《内务条令》）、《公安机关人民警察着装管理规定》（以下简称《着装管理规定》）等队伍管理规定上的督察与落实。在这一点上，督察机关的分工较为明确，与其他部门不存在职能交叉的可能性。

其次，对于实务部门来说，警容风纪的检查工作，不仅执行难度较小，其督察后的效果也非常明显，相对于《督察条例》（2011年）中的其他工作，更容易在公安系统内部凸显督察工作的成果，因此这一定位也被大多数实践部门所采纳，在笔者调研的几个市局中，对警容风纪的检查都是督察工作的重要组成部分。

第二种是将督察部门保障公安机关及民警依法履行职责的功能，放在较为重要的位置。[①] 这种观点的产生，与民警权益保障机制的不完善有着重要联系。近年来，公安民警在执法中遭受不法侵害的事件日益频繁，并呈现出从个人突发性抗法，向有组织的集体性抗法发展，同时暴力程度也不断升级。[②] 在此背景下，警务督察部门由于下设维权办，警察维权工作逐渐形成以警务督察制度为核心的内部保护机制，保障公安机关及民警依法履职功能的重要性也不断增加。

三、以目标确定制度功能

为确保公安监督体制的有序运行，亟须从制度层面对督察功能加以合理的定位。警务督察制度的功能集中在监督警察权、保障公安机关依法履职和保护公民权三个方面。但是，这三者之间的主次关系并不清晰，从而导致警务督察在内部监督制度中的定位不明。可以想见，一旦法律制度发生了功能定位的偏差，那么其具体制度设计，以及在实践中的运行效果不尽如人意，就是自然而然的结果。[③]

法律制度的目标，抑或基本功能，是该制度内在的灵魂，"目的是全部法律的创造者，每条法律规则的产生都源于一种目的，即一种事实上的动机。"[④] 因此，笔者认为，对于警务督察制度的最高价值目标，应当是我们认知警务督察功

[①] 何国强：《我国警察执法权益保护机制探析——运行实效与制度完善》，载于《政法学刊》2014年第1期。

[②] 任素玲、林龙：《公安民警维权法律规定的缺陷及完善》，载于《河北法学》2008年第9期。

[③] 孟鸿志：《我国行政复议制度的功能定位与重构——基于法律文本的分析》，载于《法学论坛》2008年第3期。

[④] ［美］博登海默著，邓正来译：《法理学：法律哲学与法律方法》，中国政法大学出版社2009年版，第109页；E. A. Burtt, The English Philosophers from Bacon to Mill, The Modern Library, 1939: Ⅳ.

能的基本出发点，换言之，督察制度的定位，不应简单地根据部门间职责分工，或者警务实践的需求来决定，而应该从制度预设的目标入手，通过制度目标决定制度功能的定位，以进一步指导制度的具体设计，和与其他制度之间的功能界分。

（一）明确制度目标

从警务督察的产生原因可以发现，督察制度产生的最初动机，是为了解决公安民警在综合执法、流动执勤等动态执法中，发生的一系列权力失范问题，这些问题不仅影响了公安队伍的形象，更重要的是损害了警民关系。从目的论的视角分析，公安机关的内部监督，最终想要达到的目的，并非只是在行政主体的立场，追求一种孤立的依法行政，或者执法规范的状态，而是希望通过自我监督与自我拘束的内在机制，消除影响警民关系的不利因素，在提高群众对公安工作的满意程度的同时，促进公安队伍的建设与社会的稳定和发展。①

"多重的立法目的如不可避免，则应当依照某种价值指引作一个次序安排，以便在个案中可以获得权衡的准则。"② 在警务督察制度监督警察权、保障公安机关依法履职和保护私权利三个方面的功能中，笔者认为，三者的价值位阶，可以通过制度目的来衡量。警务督察作为一种权力监督制度，其目的就是以公权力约束公权力，通过规范和惩罚机制，限缩权力失范的空间，以权力制衡的方式保障公民的权益。

作为监督者，督察部门及人员更应该以公意为中心，而公意的表达是通过法律实现的，因此，公众对于某一事物判断的表达，就需要监督者的力量把法律，即公意应用于个别的事件。③ 从本质上讲，监督者就是人民意见的表达者，一旦背离了公意，那么监督者的决定，就是没有根据、无效的。④ 对于警务督察制度来说，无论是监督警察权，还是保障公安机关依法履职的功能，其最终目的都是为了更好的保护公民的合法权益，让人民主权思想在公安工作中真正得到体现。

（二）以保护私权利作为主导功能

但是，如果要从制度目标出发，将保护公民的合法权益作为警务督察的核心功能，还必须首先回答一个问题：目前，公安内部监督制度均负有规范警察权运

---

① 阎国安：《论新时期的新型警民关系》，载于《公安研究》2002年第10期。
② 章剑生：《行政复议立法目的之重述——基于行政复议立法史所作的考察》，载于《法学论坛》2011年第5期。
③④ 卢梭：《社会契约论》，商务印书馆2016年版，第29～31、141～142页。

行的责任，因此事实上都有保护私权利的潜在作用，那么在诸多内部监督制度之中，为什么警务督察制度需要特别强调对私权利的重视，并且以保护私权利作为其主导功能呢？

笔者认为，这与警务督察建构的原因之间存在紧密联系，作为一种权力监督制度，警务督察独特的价值在于督察权对警察权控制的即时性。具体来说，警察权的行使必须以公共利益作为根本出发点，这也是警察行为伦理的基本要求。[①] 但是，由于公共利益与个人利益之间可能存在矛盾，因此警察权在保护公共利益的过程中，就不免需要通过法律规定的程序和手段，对特定相对人的权利进行限制，而且，只要这种限制维持在法律框架划定的范围之内，这种行政行为就具备形式上的合法性，从而使警察获得民事责任与刑事责任的豁免。

但是，在这个过程中，如果警察权行使的强度和范围超过了必要的边界，就有对公民基本权利的侵夺之虞。此时，由于警察权具有暴力性和强制性特征，公民权也就面临着紧迫的侵害危险，因此对于私权利的救济也具有一种时间上的急迫性。试想，如果缺少一种即时性的救济，仅仅依靠事后的司法救济、信访举报或者行政复议等方式来规范警察的权力，虽然可以迫使警察权的行使主体承担相应的法律责任，并给予相对人一定的行政赔偿，但在此时，警察的不当行为对公民人身或财产的侵害后果已经造成，因此，这种事后救济的方式对于保障公民权虽然是必要的，但也难免会受到保护不够充分的质疑。

在公民权与警察权的博弈过程中，警务督察的出现就填补了即时性救济制度的空白。根据《督察条例》（2011年）的规定，督察主体有当场纠正、制止警察行为，将警察带离现场与扣留武器警械的权力，这些措施就代表着督察主体具有对警察权的即时控制和校准能力。在理想状态下，公民可以在自身权利有遭受警察权侵害的可能时，要求督察主体介入双方的纠纷，以督察权制约警察权，从而获得及时的救济，达到保护私权利的目的。

因此，以这种即时救济能力作为标准，就潜在的将警务督察与公安机关其他内部监督制度区别开来。换言之，相比对警察行为的监督，警务督察制度因其即时性救济的优势，更应注重对于公民权利的救济，并将其作为制度的主导功能和最终目标。在现代价值观的角度，通过确定保护私权利为主导功能，警务督察可以在督促公安机关善良执法的过程中，引导执法部门及人员将相对人视为有独立人格的个体，将相对人的权利置于超越效率、经济和效能之上的位置，从而推动行政文明的稳步增长。[②]

[①] 陈晓济：《警察权与公民权的平衡》，载于《天府新论》2008年第1期。
[②] 崔卓兰、刘福元：《论行政自制之功能——公权规范的内部运作》，载于《长白学刊》2011年第1期。

具体在功能的层面上,警务督察的职责决定了督察工作具有监督警察行为、保障公安机关及人民警察依法履职,以及保护私权利的现实功能,在大多数情况下,这三者也并不矛盾,可以通过督察行为同时达成三者的实际效果。但是,一旦遇到了可能存在冲突的情况,就需要督察主体以保护私权利为先,这也是由主导功能的位阶优势所决定的。

(三) 主导功能的唯一性

此外,用制度目的来作为检验制度功能的标尺,也可以发现"警容风纪监督说"与"保障履职说"的内在缺陷:

首先,"警容风纪监督说"虽然贴合了当下以监督警察权为主导的功能转变,但是约束公权力只是手段,保障公民合法权利才是督察制度的最终目的。"在现代社会,对人权的保护,是依法治国的基本准则和要求,也是法治的一个核心价值目标。"[1] 在法治公安建设的过程中,也同样强调遵循以人民为中心的执法理念,要求行政主体依法行政、规范执法,严格依照法定权限和程序履行职责、行使权力,确保执法权力在法治轨道内规范运行,通过对于公共利益的维护,努力实现法律效果和社会效果的有机统一。[2]

因此,保护公民权利作为警务督察制度的主导功能是合理的,也和《人民警察法》(2012年)的立法目的与公安机关的工作原则相契合。警务督察制度应以制度目的为导向,不断提升对公民权利保护的层次与水平,而非单纯将工作重心放在监督权力运行的部分。

其次,"保障履职说"主要强调警务督察对于民警权益的保障作用,但同样欠缺对于督察制度设立目标的深层次思考。虽然在执法过程中,警察同样具有公民身份,其享有的权利与执法对象的权利,都应得到法律平等的保护,但是,督察部门仍然应该以保障公民权作为其核心功能。

一方面,在行政执法过程中,作为行政相对人,公民事实上处于弱势地位。[3] 由于警察在特定情形下,具有合法使用武器警械的权力,而且基于公职人员身份上的便利,还可以获得公安信息资源上的优势,因此与警察作为公民的权利相比,行政相对人的权利显然更容易受到侵害;

另一方面,即使警察的合法权益被袭警、妨害公务等行为所侵害,但是这类

---

[1] 甘藏春、柳泽华:《行政复议主导功能辨析》,载于《行政法学研究》2017年第5期。
[2] 《公安部负责人就深化公安执法规范化建设答记者问》,载于《中国应急管理》2016年第9期。
[3] 警察权在治安管理中的主导地位毋庸置疑,但是在暴力犯罪活动中,也会存在一些特殊情况,例如,出警时并不知道犯罪活动的发生,警察未携带武器而嫌疑人携带武器的情形,则也存在警察在暴力资源上处于弱势地位的可能性。

行为一旦做出，公安机关的相应部门会立即开展调查和维权工作，依法处理涉案人员，维护警察的执法权威。而易位处之，对于警察侵害公民权的违法违纪行为，并没有公权力机关必然作为公民维权的代表，主动依职权对警察行为进行调查和处理。因此，虽然民警维权工作的重要性和必要性毋庸置疑，但无论从当事人地位，还是维权难度来考虑，公民权的保护都应成为督察部门的工作重心。

第三节 存在的问题

笔者认为，警务督察有保护公民权、监督警察权与保障公安机关及人民警察依法履职三项制度功能，而其中尤以保护公民权为核心。以制度功能作为评价标准，就可以发现在督察工作实践问题的表象下，还隐藏着诸多深层次的制度困境。概括起来，主要表现在以下几个方面：

一、督察机构独立性不足

根据《公安机关督察条例》（2011年）和《公安机关警务督察队工作规定》（1997年），督察机构的职能也包括保障公安机关有序执法、维护民警合法权益等，换言之，警务督察部门既要保护公民合法权益，同时又要维护人民警察的合法权益。这两个角色看似并不矛盾，但实际上，在警察执法过程中，如果督察人员需要同时维护当事人和民警的合法权益，就不免让人对督察机构的立场产生质疑。督察机构在涉警投诉的处理中，是否真的能兼顾双方利益，如果裁定的天平有所倾斜，又将产生什么样的后果，值得进一步研究与衡量。诚然，目前科技的发展，让公民和警察都有对于案件进行记录的能力，但是，督察机构处理本级公安机关警务人员的案件，等同于"自己做自己的法官"，仍然有违背自然正义之嫌，让人难以完全否定督察机构处理偏颇的可能性。此时在本就尴尬的立场上，近期高发的袭警问题，又迫使公安机关强调督察机构维护民警权益的职责，那么公众对于警务督察的信任程度有所降低也是在情理之中，甚至对督察部门的案件处理结果，也可能产生不满，造成督察保护私权利功能的失灵。

从更深层次的角度分析，督察部门监督功能受到制约，实际上表现出警务督察制度的独立性有限，导致督察部门在监督本机关内部存在的问题时，存在明显的身份冲突。质言之，警务督察部门是否能在当地公安机关的领导下，对地方的警务实践中的纠纷，做到中立、客观的监督和处理，这个答案还是存疑的。从行政层级的角度，督察部门作为内部监督机构，处理案件需要超脱公安机关内部机构的桎梏，对警察权力进行公平、客观的监督。但是，现实中督察部门作为公安系统的一部分，督察活动很难不受行政系统同源的影响，彻底的排除人情干预，对同为警务人员的当事人进行公正、客观的处理。因此，为了真正增进监督实效，还需进一步对督察部门的独立程度进行剖析与研究。

二、与其他内部监督机构分工不明

目前，警务督察在实践中呈现碎片化、浅层化的趋势，而这种问题的成因，与公安内部监督制度的分工不无关系。虽然警务督察与纪检监察、信访、法制等部门，都属于对内的监督机构，均有上位法规定的具体部门职责和工作程序等内容，也各自有常设的组织机构与工作人员，但是，在警务实践中，由于缺乏统一的警察组织法，警察内部监督机构职责交叉、机构臃肿、权责脱节、多头执法等问题时有发生。

此外，一个无法回避的重要问题就是在 2018 年《中华人民共和国监察法》（以下简称《监察法》）实施之后，未来公安系统中，警务督察与纪检监察部门之间是何种关系。这个问题无疑会涉及在深化纪检监察体制改革的背景下，派驻机构改革对公安纪检监察部门的影响。目前，根据中共中央办公厅印发《关于深化中央纪委国家监委派驻机构改革的意见》，有关中央一级党和国家机关派驻机构的机构设置及职能定位已经非常明晰，"中央纪委国家监委和派驻纪检监察组是领导与被领导的关系，后者对前者负责，受派出机关直接领导。"[①] 驻公安部纪检监察组作为中央纪委国家监委的派驻机构，受中央纪委国家监委直接领导，人员工资、警衔津贴等由驻在部门负责。

然而，由于尚未出台关于地方派驻机构的全国性监察法规，地方对公安纪检监察部门的改革方法不一。省一级公安厅的派驻机构改革基本落实到位，但在市的层面，有的地方仍保留了原有的公安纪委及纪检监察局（室），转而把派驻力量集中在其他重要的党政机关。目前，纪委监委派驻机构改革在地方的实践探索仍在进行之中，对于转型期间公安内设纪委等非派驻机构行使权力的性质及边界，因各地改革方案的差异难以做定性的结论。但可以想见，为加强党对反腐败工作的集中统一领导，未来纪检监察力量还将进一步整合，因此在法律意义上，

[①]《实现监察全覆盖的重要一步》，中央纪委国家监委网站，http://www.ccdi.gov.cn/yaowen/201806/t20180622_174252.html，2019 年 7 月 12 日。

以公安机关行使公权力的公职人员作为监察对象的纪检监察机关，行使的权力为监察权无疑。那么，督察权与监察权的关系是什么？

首先，不可否认，纪检监察机关行使的监察权与督察权具有相似的部分，都有监督的功能，监督范围有重叠，反腐倡廉方面也有协作。但是督察权与监察权实际上互不相容，督察权作为警察行政权的一部分，也属于监察权的监督对象。从本质上，督察权以内部监督为目的，是行政内部分权的产物，而监察权属于国家权力的一部分，事实上独立于被监督的权力。这一点无论从监察权的属性，还是监察委员会的宪法地位，抑或是监察权的行使方式，都可得到证实。[①]

其次，从监督目标上看，随着《监察法》的出台，国家监察委员会的目标也最终尘埃落定，即"加强对所有行使公权力的公职人员的监督，实现国家监察全面覆盖，深入开展反腐败工作，推进国家治理体系和治理能力现代化。"具体来说，目前国家监察委员会的监督重点，是对公职人员的廉洁从政从业、道德操守情况、职务违法和职务犯罪进行监督检查。[②] 所以，监察委员会的监督重点是公职人员的廉洁情况，其主要目标和任务是反腐败。[③] 但是反腐败显然只是权力滥用的形式之一，并不包含权力异化的所有内容，因此有学者担忧监察权对于不作为、慢作为的无能为力。[④]

从这个角度出发，目前在公安系统内部，警务督察制度的存在仍有必要性，因为公安纪检监察部门在整体上，更侧重对公职人员个人的监督和惩戒。但是，警察权与一般行政权不同，其执法需要强制和暴力手段的支持，而权力一旦失范，会给公民的人身权和财产权造成严重侵害，甚至可能因执法动作的不规范，造成相对人的重伤甚至死亡。因此，对于警察权力的控制，仅通过对违法个人的事后惩戒是不够的，还应当在事中对公民提供必要的救济。

因此，在《监察法》实施之后，公安纪检监察和警务督察部门互为补充，在涉警案件处理中存在工作上的衔接，公安纪检监察部门主要负责对人监察，调查、处理公安机关公职人员涉及政务处分，以及职务违法犯罪的相关案件，而督察部门则主要侧重对事监督，负责投诉案件的初步筛查、移交，以及对于正在发生案件的现场督察和处理工作。

[①] 夏金莱：《论监察体制改革背景下的监察权与检察权》，载于《政治与法律》2017年第8期。
[②] 根据《中华人民共和国监察法》第十一条规定。
[③] 姜明安：《国家监察法立法的若干问题探讨》，载于《法学杂志》2017年第3期。
[④] 魏昌东：《国家监察委员会改革方案之辩正：属性、职能与职责定位》，载于《法学》2017年第3期。

三、程序规定的模糊与粗疏

在警务督察制度的实际运行中,督察工作的程序困境也逐渐凸显。总体来看,目前,警务督察对公民权利的程序性保障严重不足,不仅程序规定中有互相矛盾之处,在实践中,对于正当程序的理解也存在较大差异。

以 2016 年的张某炎与南通市公安局、江苏省公安厅不履行法定职责案为例①,原告因迟迟未收到督察机构对于投诉案件的回复,而向上级公安机关申请行政复议,但是又被复议机关以不符合行政复议受理条件的理由驳回,因此,原告请求法院确认公安机关的行为违法,并撤销其上级做出的复议决定。最终,法院未支持当事人的请求,其理由有二:一是督察行为属于内部监督,不属于对外履行职责,并且不对当事人的权利义务产生直接影响;二是法院不能干涉行政机关的内部管理,因此也无法对公安机关是否履行层级监督职责而进行司法监督。

与此类似的情况还发生在 2017 年的王某培诉公安部一案中②,当事人王某培向公安部提交督察投诉材料,要求公安部督察机构履行督察职责,在没有得到答复后,遂向公安部申请行政复议。其后,公安部对其行政复议申请,以不属于行政复议范围为由,对其复议申请不予受理,王某培在收到不予受理书后,向法院提起行政诉讼。一审法院经审理认为,原告申请公安部的复议事项,是公安部督察机构的警务督察不作为,但是警务督察属于公安机关内部管理事项,不具有外部行政行为的特征,不直接对相对人设定权利义务,也不对其合法权益产生影响,因此不属于行政复议范围。

原告不服继续上诉,二审法院认为,警务督察是强化内部监督,加强公安队伍建设的内部管理行为,不对公民、法人或其他组织的合法权益产生直接影响,因此决定维持一审判决。

从这两个案件中可以发现,现行警务督察制度在程序上存在严重漏洞。从公安机关对《公安机关警务督察部门办理举报投诉事项工作规范》(2016 年)(以下简称《投诉事项工作规范》)第二十四条的理解来看,公民向督察部门提出的投诉不能必然得到答复。这一规定不仅有违反《督察条例》(2011 年)第九条的

---

① 张某炎与南通市公安局、江苏省公安厅不履行法定职责案,法宝引证码 CLI.C.9195672。
② 王某培诉公安部案,北京市高级人民法院行政判决书,(2017)京行终 2436 号。

嫌疑，并且也严重制约了督察制度的监督作用。[①]

首先，《督察条例》（2011 年）的效力要高于《投诉事项工作规范》（2016 年），不论做何解释，"举报投诉事项的办理情况"都应当包括需要现场督察的案件类型，所以《投诉事项工作规范》（2016 年）悄然把强制的告知义务，变成选择性的工作要求，其合法性是值得商榷的；其次，公民投诉是对公安机关及民警履行职责进行外部监督的重要方式，每一个投诉都意味着警察权在个案中的潜在失范可能，如果公民的投诉在进入督察部门后被"束之高阁""杳无音信"，那么公民对行政机关的监督权利就无法得到保障，因此对投诉案件的处理以及对公民的告知义务都关系到法律的权威性，督察机构应当高度重视对投诉案件的处理，以及对双方当事人的告知及反馈义务。

在公民的合法权益受到侵害时，警务督察应当及时、准确地将案件调查情况、处理结果和法规范依据，告知双方当事人。虽然督察决定只包含对于警察的处理结果，但是作为受侵害的一方，公民应当有对公安机关处理决定的知情权，这种知情权并不是对于公安机关内部管理的干涉，而是对于公安机关是否根据警察做出的不当行为，进行妥善处理的一种监督。因此，督察机关对于公民投诉案件的处理结果，应当对双方当事人均有告知义务。

四、督察行为不可被行政复议或行政诉讼

在笔者的搜索范围内，有关警务督察的数个案例都表明[②]，无论是行政机关或司法机关，都认为督察行为不可被行政复议或行政诉讼。与此同时，对于督察决定，警察也同样无法通过司法途径获得救济。

首先，从公民的角度分析，根据法院判决中对警务督察工作的意见，可以发现公民通过行政诉讼、行政复议获得救济的途径是不畅通的。法院观点认为，警务督察事项系公安机关的内部行政管理事项，并不具有行政行为的外部性特征，不直接对行政相对人设定权利义务，亦不能对相对人的合法权益产生直接影响，因此不属于《中华人民共和国行政复议法》（2009 年）规定的可复议的行政行

---

① 《督察条例》（2011 年）第九条规定，督察机构对群众投诉的正在发生的公安机关及其人民警察违法违纪行为，应当及时出警，按照规定给予现场处置，并将处理结果及时反馈投诉人。而《投诉事项工作规范》（2016 年）第二十四条规定，公安机关警务督察部门对于举报投诉的办理情况，可以酌情向举报投诉人反馈或答复。

② 以"公安督察""警务督察"为关键词，笔者在北大法宝共找出 3 个案例，分别是张金炎与南通市公安局、江苏省公安厅不履行法定职责案，法宝引证码 CLI.C.9195672；王恩培诉公安部案，北京市高级人民法院行政判决书，（2017）京行终 2436 号；任梅娇诉公安部案，北京市高级人民法院行政判决书，（2017）京行终 467 号。

为。因此，当事人以行政复议机关不履行法定职责为由，提起行政诉讼，也自然是败诉的结果。

而公民对于督察部门的问题，虽然可以向纪检、信访部门举报，但是这两种渠道的问题也是很明显的，由于信访、纪检等部门一直承担着较大的案件办理压力，其中多数案件是社会矛盾的集中体现，处理难度大，维稳压力一直处于高位水平，在这种情况下，很难再及时地对投诉警察的案件做出处理。虽然现在相关法律法规对纪检和信访部门的办案期限做出了规定，但在实践中，很多案件因为举报人信息不明、案件证据不足等原因，真正在法定期限内能够得到妥善处理的案件是有限的。

其次，从警察的角度分析，以往的研究多针对公民权益受侵害时的救济途径，而将督察部门对于警察的处理，视为内部行政行为或者内部管理行为，不对其做深入研究。[①] 事实上，警务督察部门可以对警察采取禁闭、停止执行职务等措施，一旦使用，警察作为公民和作为公务员的权利都将受到极大侵害。根据"无救济则无权利"的原则，警察应当能够分别以公民和公务员的身份，获得相应的救济权利，因此对警察救济权的研究，在理论和实践中都是非常有必要的。

第四节 影响运行效果的可能因素

作为一种行政自治制度，警务督察无疑有其先天优势与内在不足。笔者认为，从扬长避短的角度，机构的独立性、行政效率以及对权力监督者的制约对于警务督察的监督效能有重要影响。

一、机构的独立性

在我国，为了确保监督目标的实现，要求监督主体保持一定的独立性是非常必要的。在内部监督中，监督主体与被监督主体存在依附关系，这一问题的症结，在于行政机关集决策权、执行权与监督权为一体，导致权力的自我监督类似于个人的"慎独"，这种仅靠自我约束的监督方式，显然难以保证监督目标的实现。因此，警务督察机构的独立性是影响监督效能的重要因素之一。

国外对于机构独立性与行政目的之间的关系，有比较详细的研究。从英国经

---

① 湛中乐、朱秀梅：《论对公务员行政惩戒的法律救济》，载于《法制与社会发展》1999 年第 5 期。

验看,英国警察投诉体制的总体目标是独立、公正、透明、易操作。[1] 其中独立的价值是其他三者的重要保障。英国早期对于警察权的监督方式,是完全的警察内部自我调查,而公众对于这种制度显然缺乏信心,而赋予警察局长对投诉案件的绝对调查权,也未能改变警队贪腐和执法暴力的种种问题,因此,英国开始尝试新的改革方向——引入独立因素。

　　从制度演变的角度观察,独立因素在英国警察投诉制度中的重要性与日俱增,投诉制度在组织机构上迈出了独立的第一步。[2]《1976 年警察法》设立了警察投诉委员会(Police Complaints Board),此后它开始作为投诉案件的复审机关,并且现任或退休警察不能担任委员会成员,因此有一定的独立性。但是,此时案件调查权仍为警察机构独有。之后,《1984 年警察和刑事证据法》以警察投诉机构(Police Complaints Authority)取代警察投诉委员会,在原有职责的基础上增加了监督、调查投诉案件的权限。该机构的成立,标志着英国警察投诉机构开始向功能性独立的方向发展,因为组织机构的独立性,并不能保证运行中功能的独立,分立的机构如果仍对原机构存在依附性,那么这种独立就是毫无意义的。[3] 目前,英国的警察行为独立办公室不仅可以直接对投诉案件进行调查,而且还具有重启案件调查以及对案件做出决定的权力。

　　美国同样重视行政裁决机构的独立性,职能分离就是其中比较有代表性的一种理论。根据《美国联邦行政程序法》,为保证行政裁决的公正,从事裁决和审判型听证的机构或者人员,不能从事与裁决和听证行为不相容的活动,以保证裁决的公平。[4] 美国在行政机关内部设置这种职能分离的制度,是因为法律往往授予行政机关执行某种任务的同时,又授予同一机关对有关该任务的违法行为,进行调查、追诉、听证和裁决的权力。这就导致行政机关所裁决的问题,往往与其法定职责相关,因此,行政机关既是当事人又是裁决者,几种性质不相容的行为集中于一个机构。[5] 为了体现公平正义的原则,更好地解决职能合并的问题,美国实际上采用了内部分权的方式,要求行政法官被隔离于除听证与裁决的职能以外[6],只允许调查和追诉人员,在利害关系方能够知晓并检视其观点和证据的正

---

[1] 译自 "Independent、Impartial、Transparent、Accessible",详见夏菲:《论英国警察权的变迁》,法律出版社 2011 年版,第 141 页。
[2] 夏菲:《论英国警察权的变迁》,法律出版社 2011 年版,第 131~145 页。
[3] See Graham Smith, Why Don't More People Complain Against the Police? European Journal of Criminology, 2009, 6: 256 – 258.
[4] 5 U.S.C. §554 (d).
[5] 王名扬:《美国行政法》,中国法制出版社 2005 年版,第 434~440 页。
[6] 行政法官即为行政裁决中代替机关长官主持听证的官员,有听证权力和做出初步决定、建议性决定的权力。王名扬:《美国行政法》,中国法制出版社 2005 年版,第 446 页、506~509 页。

式听证中，出示证据和表达观点。[1]

表面上，行政裁决可能与警察内部监督没有直接关系，但是联邦行政程序法中规定的裁决，是指行政机关做出的，能够影响当事人的权利和义务的一切具体决定的行为[2]，这其中自然包括警察内部监督机构做出的警察处分决定。目前，美国很多警局都设立了类似审判委员会的裁决机构，这是一种带有司法性质的行政主体，按照基本的公平原则审理案件，但不必严格遵照诉讼的程序。该委员会通常受理警局领导指定的案件，或者情节严重的涉警案件，不具有任何调查权力，但有认定事实和提出处理建议的权力。[3] 从这种调查、追诉和决定三种职能分开的结构，可以看出美国警局对于警察部分指控的处理，也属于行政裁决的范围，同样需要遵循职能分离的原则。

与英美等国家现行制度相比，我国对于警务督察部门在内部监督制度，乃至整个公安系统中的独立地位重视性不足。[4] 根据我国和域外经验，警察内部监督部门的独立，可以分为组织机构上的形式独立，和机构功能上的实质独立。形式独立是指投诉制度中，不同机关具有不同职责，在组织结构和职责上相对独立，并且监督主体不受被监督主体的直接支配；而实质独立意味着监督行为不受政治、经济和行政机关内部文化等因素的干扰，只以法律、纪律准则等规定作为判断的唯一标准，从而可以在案件处理中体现最大程度的公平原则。显然，形式独立不能必然带来实质独立，因此为了寻求真正意义上的独立，应当以多种方式确保机构的独立性。

根据这种分类，我国警务督察制度实际上满足了组织机构上的形式独立要求。但是，只有形式独立是不够的，还必须在功能上保障督察制度的实质独立。警务督察制度的有效性，是影响公安机关执法公信力的重要因素，由于它是一种"警察调查警察"的制度，只有让公民确信，监督主体在处理投诉案件时，调查程序及结果不会因为被监督者的行政干预，而存在不公正的偏差，公民才能对调查结果表示认可，质言之，监督者对于个案完全遵从公意的判断才是有效的。

同时，内部监督的独立不意味着完全意义上的独立，因为内部监督的前提，就是监督主体在组织结构上仍属于行政系统的一部分，完全独立的监督制度事实上就已经失去了内部监督的意义，而是转变为外部监督的一种形态了。

此外，在我国，人民警察上岗前需要经过严苛的培训与考核，这也从侧面说

---

[1] 吴赫男：《美国行政裁决中的职能分离制度研究》，南开大学硕士论文，2011年，第16页。
[2] 王名扬：《美国行政法》，中国法制出版社2005年版，第531页。
[3] Harry W. More, Larry S. Miller, Effective Police Supervision, 7th Edition, Routledge, 2005: 345 - 347.
[4] 刘佩锋：《中国公安督察的路径选择和制度设计的价值预设》，载于《公安研究》2006年第6期。

明警察执法的专业化水平和门槛的高度,不同于一般意义上的行政执法。警察执法的领域涉及公民生活和社会管理的方方面面,这也造成公安机关在行政系统中是制定最多相关执法规范的行政机关。由于公安机关客观上存在庞大的执法量和广泛的执法范围,外部监督显然无法有效地对警察权进行全盘的监控。因此,相对独立的内部监督制度是有其存在必要性的。

当然,要求监督机构的相对独立只是一种手段,保障公民的合法权益才是根本目的。通过对督察制度的不断完善,督察机构的独立性也将不断增加。如支持、协助公民进行投诉,甚至将来还可以代表公民对警察的行为提出异议等[1],只要有利于督察机构独立公正处理案件的措施,都将对提升督察制度的公平和效率产生积极作用。

二、行政效率

"迟来的正义非正义",这句法律谚语通常被用于强调司法实体正义的时效性,但笔者认为,它同样可以用在公安执法层面,体现执法效率对于实现公平正义的重要性。作为以现场督察为主要工作方式的内部监督制度,警务督察的工作重心,应当放在对于警察违法违纪行为的快速反应和动态校准能力上,因此,督察工作的效率也将对监督的成效产生重要影响。

相比人大监督、司法监督等外部监督方式,警察权的内部监督更应充分发挥其高效的优势,以快速反应、及时处理为核心工作能力,对权力的运行起到预防性的作用,让警察权的运行时刻处于受监督的状态,防止权力滥用现象的发生。为了论证行政效率的重要性,笔者将分别从警务督察的制度优势与保障私权利的角度进行分析。

(一)行政效率对于发挥警务督察制度优势的意义

从行政自制理论来说,相比外部监督,行政自制有内发性、专业性和同步性的优势。[2] 笔者认为,警务督察的制度优势也可以通过这三点进行阐释:

首先,内发性主要体现在公安机关主动要求控制、规范行政权的愿望,而这种主动的意愿,显然优于被动接受来自其他机关和社会公众的监督,更有利于促

---

[1] Graham Smith, Why Don't More People Complain Against the Police? European Journal of Criminology, 2009, 6: 262-263.

[2] 刘福元:《行政自制——探索政府自我控制的理论与实践》,吉林大学博士论文,2010年,第122页。

使公安机关主动消除行政诟病、不断完善自身，促进行政目的的实现；

其次，专业性这一优势在督察领域尤其突出，一是对警察执法的方式、权限、人员及资源配置情况不够了解，就难以对其进行准确有效的监督。对警察执法情况最为了解的就是公安机关自身，而督察人员的法定要求也包括专业知识水平和公安工作年限，因此可以突破职业壁垒，对警察的执法行为做出合理性的预估和判断。在此基础上，督察机构还会主动拓展监督工作所需的知识与技能，如督察信息化水平的不断提升，就是其主动拓展的一个表现。因此，督察机构通常能够清楚的了解本领域执法中的专业性问题，从而能够更加科学合理的，对执法中的问题予以监督和处理。[①]

最后，警务督察作为公安机关的内部监督制度，不仅可以同步对警察行为进行监督，实现对警察权合法性的动态校准，也能够在违法违纪行为发生的同时，通过现场督察对警察权进行约束，从而相比其他监督方式，更突出即时性的保障相对人的权益。[②]

在上述优势中，可以发现与公安系统其他内部监督部门相比，督察部门真正的优势就是具有同步性的监督手段。因此，督察制度应当高度重视效率原则，通过以现场督察为主的工作方式，真正成为在中国语境下，有效解决警察权滥用问题的本土措施。

在警务科技水平和执法规范化要求不断提高的社会环境下，督察制度更应当加强效率的提升，找准自身定位，一方面强调对警察执法规范化的监督，通过对公民投诉的受理，以及舆情监控和警务监督平台等方式，及时发现相关案件，对警察不当行为进行处理，把警察权对公民权造成的侵害控制在最小范围；另一方面及时收集证据，判断案情，做好后期违纪违法处理的过渡桥梁。

（二）行政效率对于保障私权利的意义

我国宪法第二十七条明确规定，"一切国家行政机关实行精简的原则……不断提高工作质量和工作效率……"这是宪法对于行政机关工作效率的原则性规定，也体现了效率价值的重要性。行政法上的效率，与行政管理中的效率意义不同，行政管理的效率仅指行政主体进行行政活动的效率，而行政法上的效率，除了行政主体的效率以外，还包括行政相对人的效率。因为行政活动的最终目的是保护和促进相对人权益的实现，所以行政效率最终体现为行政相对人权益的实现

[①][②] 刘福元：《行政自制——探索政府自我控制的理论与实践》，吉林大学博士论文，2010年，第124~126页。

程度，也就是行政相对人行为的效率①，因此行政法上的效率，应当追求行政主体的行政效率与行政相对人行为效率的统一。

督察机构的监督目的是保护公民合法权益免受警察权的侵害，而警察权的侵害又会随着时间不断扩大，因此督察制度更应强调行政法上的效率原则，以自身行政效率的提高，来更好的保障行政相对人的权益。对督察制度效率原则的要求，不仅包括现场督察和案件处理的时效性，同时也包括制度功能实现的整体效率。督察制度的效率提升，事实上也会促进相对人效率的提高。

此外，警务督察制度对效率原则的要求，也可以从侧面阻断警察执法遭受的妨害，维护警察依法执行职务。之所以再次强调警察执法受到阻碍的处理方式，是因为侵犯警察人身权益、妨碍警察执行公务的行为，实际上也是损害了报警人、当事人甚至全体公民的权利。② 作为公民合法权益和社会正常秩序的重要保障，如果警察权不能有效运行，那么警察权保障公民生命、自由与财产安全权利不受侵犯的目的就更加难以实现。因此，督察机构在通过现场督察、调取证据等方式，公平公正处理投诉案件时，也能够通过对案件结果的认定，间接维护警察执法的权威，最终达到保障公民合法权益的目的。在此过程中，效率原则的重要性是毋庸置疑的。

当然，政府应当以公平和持久的办法，做出有利于社会和一般人民的行为，③警务督察制度也不可能是一成不变的，它应当吸收最适宜完成监督目标的新程序与技术，及时转变工作方式，回应公众诉求，以保障公民合法权益为目标、提高行政效率为方向不断发展完善。

三、对权力监督者的制约

警务督察权作为一种行政权力，如果它自身缺乏监督，失去外部和内部的有效制约，督察权本身就可能转化为一种失范公权力，损害公民和警察的合法权益。因此，对督察权力的监督制约力度，须足以防止权力滥用和"消极行政"现象的发生，否则必然会影响督察权力预设目标的实现。具体来说，笔者认为，对于权力监督者本身的监督主要体现在两方面，一是通过行政程序规范权力行使，二是通过外部监督加强制约。

---

① 王成栋：《论行政法的效率原则》，载于《行政法学研究》2006年第2期。
② 桑坪：《警察权受妨害则公民权无保障》，载于《成都商报》2013年9月18日。
③ 洛克：《政府论（下）》，商务印书馆2016年版，第101页。

(一) 正当程序的控权作用

正当程序原则起源于英国法中的"自然正义"(nature justice),发扬于美国法继承的"正当法律程序"(due process of law)。[①] 法律程序在行政法中的地位毋庸置疑,一方面正当程序对个人权利和自由具有保障作用,体现了对个人尊严的尊重[②];另一方面正当程序可以有效限制政府在行使权力过程中的专断和恣意[③]。

对于正当法律程序中"正当"的界定,存在两种分析方法:程序工具主义和程序本位主义,前者认为程序不是作为自主的实体存在,程序法的唯一正当目的是"最大限度地实现实体法""程序法的最终有效性要取决于实体法的有效性"。[④] 而后者根植于古罗马时代的"自然正义"论,认为法律程序的根本价值在于程序本身的正义,而非结果的有效性。虽然程序本位主义已经逐渐式微[⑤],但这并不影响正当程序本身的重要性,"用程序控权取代实体控权,从注重行政行为的合乎实体法规则向注重行政行为的合乎程序性转变,或者说以正当程序模式的行政法来弥补严格规则模式之不足,已成为当代行政法发展的主流"。[⑥]

关于程序正义在法律程序中的具体要求,也即行政权力的运行应当遵循的最低限度程序公正标准,有学者根据英美研究成果,将其总结为程序中立性、程序参与性和程序公开性,并具体表述为避免偏私、行政参与和行政公开三项内容。[⑦] 也有学者从价值判断的角度入手,补充了说明理由和案卷排他的内容。[⑧] 还有学者认为正当程序的基本要求,包括告知事实及权利、提供听证、主持程序的决定者独立。[⑨]

虽然上述各类标准都有其正当性,但在警务督察的视角,笔者认为,在目前法定程序的基础上,为了满足程序正义的要求,警务督察应当主要强调听证程序和行政公开作为程序控权方式的作用。

首先,在几乎所有对于正当程序内容的研究中,听证程序都是其中不可或缺的核心内容。不论听证是何种形式,相对一方的听证权都被认为是正当程序的最

---

①⑤⑥⑦ 周佑勇:《行政法的正当程序原则》,载于《中国社会科学》2004年第4期。

② 美国学者马修将正当程序的基本价值认定为对人的尊重,详见 Jerry Marshaw, Due Process in Administrative State, Yale University Press, 1986.

③⑨ 王锡锌:《正当法律程序与"最低限度的公正"——基于行政程序角度之考察》,载于《法学评论》2002年第2期。

④ 周佑勇:《行政法的正当程序原则》,载于《中国社会科学》2004年第4期,第119页;Cerald J. Postema, The Principle of Utility and the Law of Procedure: BentHam's Theory of Adjudication, Georgia Law Review, 1977, 11: 1393.

⑧ 吕新建:《行政法视域下的正当程序原则探析》,载于《河北法学》2011年第11期。

基本要求。① 而在警务督察中，对于听证这一程序的重视还远远不够，无论是对于公民投诉的处理，还是对警务人员的采取的措施，都没有在程序上，对相对人在行政决定形成过程中的参与作用，给予切实可行的保障。虽然有观点认为，并非在所有情况下，行政机关都必须为相对一方设定严苛的听证程序②，但是，探讨听证程序的必要性界限，显然也必须在适用听证程序的前提下，因此，就现阶段来看，听证程序仍然是控制我国督察权力、保障相对人权利的重要环节。

其次，行政公开在警务督察制度中也有重要的控权价值。美国将行政公开纳入正当程序原则的原因，主要在于公众观念的转变③，以往通过司法审查和行政程序来限制行政权，只能保障个人的权利，而不能保证行政权的行使符合整体的公共利益，或者为公众提供更多的福利。因此，行政必须公开，以此扩大公众对行政程序的参与，监督行政机关为公众提供更多的福利与服务，以补充程序限制和司法审查的不足。④ 目前，警务督察的信息公开工作还存在可以完善的空间，因此，在督察制度内强调行政公开的作用，不仅是在公安机关警务公开相关规定的框架下，改进公安工作的要求，而且也是满足公民知情权，实现公民对行政的参与及监督的应有之义。

（二）司法监督的制约作用

如果将督察行为纳入司法监督的范围，将会产生两方面的积极意义，一是以外部监督的方式制约督察权力，强化督察部门及人员依法履职的意识；二是增加对投诉人和相对人的救济渠道，进一步保障公民及民警的合法权益。但是，要达成这一目标，还需要破除两个理论上的障碍，即"内部行政行为"与"特别权力关系"理论，前者因其行为的类型而不具有可诉性，而后者从行政关系上排除了特别权力关系中相对人寻求司法救济的可能。

（1）在传统的行政诉讼理论与司法实践中，"内部行政行为不可诉"似乎已经成为我国行政法上的一种共识⑤，在《中华人民共和国行政诉讼法》（2017 年）与《最高人民法院关于适用〈中华人民共和国行政诉讼法〉的解释》（2018 年）中

---

① 王锡锌：《正当法律程序与"最低限度的公正"——基于行政程序角度之考察》，载于《法学评论》2002 年第 2 期。

② 王锡锌：《正当法律程序与"最低限度的公正"——基于行政程序角度之考察》，载于《法学评论》2002 年第 2 期；Henry J. Friendly, Some Kind of Hearing, University of Pennsylvania Law Review, 1975, 123：1275.

③ 王名扬：《美国行政法》，中国法制出版社 2005 年版，第 497~498 页。

④ 王名扬：《美国行政法》，中国法制出版社 2005 年版，第 56~58 页。

⑤ 李永超：《揭穿内部行政行为之面纱——基于司法实践中"外化"之表达的一种解释框架》，载于《行政法学研究》2012 年第 4 期。

对于行政诉讼的受案范围做了大幅调整,但最终仍选择规避对于行政机关内部行为的司法审查。

笔者认为,这种回避虽然限制了行政相对人获取司法救济的权利,但并非基于"内部行政行为不可诉"的理念,而是对"内部行政行为"这一用法的摒弃。具体来说,行政行为是行政复议及行政诉讼的逻辑起点,对行政行为内涵和分类的讨论,影响着我国行政法学发展的进程。"行政行为"一词起源于法国,后经德国学者奥托·迈耶(Otto Mayer)引入行政法学,最终被日本学者翻译为行政行为。[1] 在我国,行政行为这一概念也随着公法研究和法治发展的不断深入,成为特定的法律术语。作为行政法的核心概念之一,学者对于行政行为的研究表现出极大的热情,对于行政行为的分类也各抒己见,内部行政行为与外部行政行为之分也由此开始。

但是,"内部行政行为"的概念本身存在缺陷。单独从"内部行政行为"的内涵来看,这一概念的范围就有极大的不确定性,目前大致出现了以作用对象为标准、以效力范围为标准和行为阶段为标准三种学说。[2] 而随着对行政行为的概念被不断限定,目前,我国行政行为概念的通说逐渐与德国、日本的主流观点趋同,认为行政行为是行政机关通过公权力的行使,对行政相对人做出的具有直接外部效力的行为。[3] 事实上,我国立法机关也应用了这一成果,在2018年发布实施的《最高人民法院关于适用〈中华人民共和国行政诉讼法〉的解释》中,将行政行为视为与行政指导同一位阶的法律概念,承认了行政行为以具有外部效力为特征的观点。

基于这个逻辑,"内部行政行为"的语义就缺乏了自洽性,既为内部行为,又何来外部效果之说?因此,目前学者普遍规避了"内部行政行为"的说法,改称之为"内部管理行为""内部行为"[4],"内部行政行为不可诉"也因为行政行为概念的发展,而存在理论主体不明的问题。

然而,如果抛去概念的不周延因素,将"内部行政行为"改称为"内部行为",其可诉性依然是值得讨论的问题,一方面,如果行政机关对公务员的"内

---

[1] 杨建顺:《关于行政行为理论与问题的研究》,载于《行政法学研究》1995年第3期。
[2] 以作用对象为标准,对公民、法人和其他组织做出的行为是外部行政行为,对行政机关工作人员做出的行为是内部行政行为,参见应松年主编:《行政法与行政诉讼法词典》,中国政法大学出版社1992年版,第92页;以效力范围为标准,法律效果在行政系统内部的为内部行政行为,反之则属于外部行政行为,参见张焕光、胡建淼主编:《行政法学原理》,劳动人事出版社1989年版,第221页;以行为阶段为标准,在多阶段行政行为中,行政机关做出行政行为之前的内部阶段是内部行为,最终做出的行为是外部行为,参见刘飞:《内部行为的外部化及其判断标准》,载于《行政法学研究》2017年第2期。
[3] 章志远:《行政行为概念之科学界定》,载于《浙江社会科学》2003年第1期。
[4] 刘飞:《内部行为的外部化及其判断标准》,载于《行政法学研究》2017年第2期。

部管理行为""内部行为"完全没有外部化的面貌,那么这些行为的可诉性就将被放入"特别权力关系"的范围内进行讨论;另一方面,如果内部行为存在外部化的问题,那么在司法实践中,就可以将内部行为外化为行政行为,从而进入行政诉讼的受案范围之内。

(2)督察行为的可诉性还受到"特别权力关系"理论的影响。该理论的主要思想是"经由行政权之单方措施,国家即可合法的要求负担特别之义务","为有利行政上特定目的之达成,使加入特别关系之个人,处于更加附庸之地位"。① 其理论基础是"法人格密闭理论"②,认为法律关系中的国家是个单一、封闭而不可分割的主体,而在国家主体内部,国家机关与公务员之间不存在法律关系,因为法律仅及于国家主体外部而已。国家对公务员的指示、命令及一切规范不发生外在的法律效力,不属于法律规范的范畴,也不适用法律保留原则,因此对于公务员和国家机关之间的特别权力关系事务,也当然排除司法审查的可能性。③

按照这种思路,特别权力关系的结论,就是排除公务员和国家机关的人事关系适用法律保留原则,并且剥夺公务员司法救济的权利。产生这种特权的主要目的,是为了保证行政权的有效运作,避免行政权以外的其他权力介入,以保证行政权的完整性。④ 但是,行政机关内部的人事处理和管理行为,不应成为内部监督的"黑匣子",随着依法行政和人权保障理念的普及,"昔日对属于特别权力关系下的公民的基本权利采取的漠视态度是不可取的",特别权力关系中的相对人也应当享有司法救济的权利。⑤ 其原因主要有以下三点:

第一,特别权力关系的理论基础具有内在缺陷。目前,我国的现行法律实际上认为公务员与行政机关之间并不存在劳动关系,但这不应影响公务员劳动者的身份。⑥ 虽然因为公务员职务的"公共福祉"特征,不具有完全意义的劳动者身

---

① 赵政大主编:《公务员法》,大华传真出版社2002年版,第53~56页。
② 罗豪才主编:《行政法论丛》(第6卷),法律出版社2003年版,第107页。
③ 程武龙:《公务员劳动基本权研究》,吉林大学博士论文,2008年。
④ 杨解君:《特别法律关系论——特别权力关系论的扬弃》,载于《南京社会科学》2006年第7期。
⑤ 董鑫:《我国公务员人事权利诉讼救济的可行性探究》,载于《政法论丛》2004年第4期。
⑥ 对于公务员的劳动者身份,学界现有肯定说与否定说,否定说认为基于特别权力关系理论,公务员和国家之间没有劳资关系的存在,为了公共利益限制公务员的劳动基本权利并不违反宪法规定。同时,基本人权保障人民对于国家的权利,而非与国家机关属于同一主体的公务员。
而肯定说认为公务员的任用也是具有契约性质的行为,虽然公务员的雇主是国家机关,地位特殊,但是工作的本质也是以劳动换取工资以维持自身的生计。此外,《中华人民共和国宪法》也规定公民具有劳动的基本权益,公务员属于公民群体,自然也应享有同样的权益。而公务员从事工作的公共性质,其实也同样体现在有公共服务性质的企业和机构中,因此其劳动者的身份应该得到承认。笔者更倾向于肯定说的观点。详见程武龙:《公务员劳动基本权研究》,吉林大学博士论文,2008年。

份,其劳动权利也相应受到限制,如罢工、组建工会等,但是公务员最基本的社会经济权利也应获得法律保障。基于这个前提,"主体封闭说"具有内在的瑕疵,因为公务员虽然人事上从属于国家机关,但是就个人的劳动权益而言,公务员和机关在关于人事处理的决定中,处于不同的立场,不能以主体封闭的理由,剥夺公务员的救济权利。

第二,特别权力关系中相对人权利的重要性,在实质意义上,并不亚于行政法律关系中相对人所享有的权利,因此,随着现代人权理念的发展,"特别权力关系"理论在世界范围内呈现紧缩的趋势。[①] 目前,即使是同样奉行"特别权力关系理论"的大陆法系国家,也已经对公务员的人事权利救济,进行了个人本位的法治探索。

例如,日本以是否直接影响国民生活作为检验标准,认为行政行为的实际效力如果不仅限于行政组织内部,而是对国民的生活也产生了巨大影响,那么就可以向法院提起诉讼。如公务员的开除处分、工资及损失补偿请求等就属于可诉范围,因其直接影响了公务员作为国民的权利义务;德国也在行政申诉的方式之外,设置了联邦纪律法院,对申诉决定及纪律处分决定进行裁决。[②] 从域外经验看,在涉及公务员基本权利的案件中,司法最终原则作为一项法治基本原则,正在逐渐适用于特别权力关系的领域。

第三,特别权力关系在行政法的规制范围之内,也应该纳入法治的轨道之下。"在宪法无明确规定的情况下,将一定的生活领域当然看作公权力的支配领域,从而排除法的支配,是违背现代法治精神的"。[③] 在公务员人事管理方面,我国的特别权力关系也开始出现了法律保留的部分,如《中华人民共和国公务员法》(2006年)中,对于公务员处分的情形做了详细的规定,体现了对于涉及公务员基本权利的事项的重视。

但是,这些法律保留的部分,还不足以让公务员的合法权益得到完整的保障。以警务督察为例,督察部门有对涉案警察做出停止执行职务、禁闭的督察决定,但这种行政措施无疑直接侵害了公务员在宪法上受到保护的个人基本权利,因此从应然的角度,警察应当有根据法定程序寻求司法救济的权利,而不受其公务员身份的影响。

综合对制度运行效果的评价,笔者认为,影响警务督察运行效果的因素主要包括机构独立性、行政效果和对权力监督者的制约。从这三个因素的角度出发,一个富有新内核的警务督察制度构想也就呼之欲出了。总体而论,应当强化对督

[①][②] 董鑫:《我国公务员人事权利诉讼救济的可行性探究》,载于《政法论丛》2004年第4期。
[③] 杨解君:《特别法律关系论——特别权力关系论的扬弃》,载于《南京社会科学》2006年第7期。

察权力本身的控制，使警务督察真正实现其保护私权利的主导功能，成为注重行政效率，并且具有一定独立性的权力内部监督制度。

第五节 结　语

警务督察是公安机关内部负有督察责任的机构和人员，在法定职责范围内，对公安机关、人民警察以及警务辅助人员的警务活动，进行监督与检查的制度。它与公安机关纪检监察、信访、法制、审计等其他监督制度一道，构成了控制警察权、保障公民权的行政自制防线。警务督察是公安机关特有的权力内部监督制度，但是与纪检监察、信访等制度相比，对于警务督察的相关研究还比较薄弱。本书试图以制度功能作为研究主线，得出以下几点基本结论：

首先，通过对文献和立法材料的梳理，笔者认为，我国警务督察制度是一种本土的监督制度，并非其他国家或地区警察内部监督制度的简单移植。警务督察通过自上而下的方式确立，创设了一个以监督为主要职责的督察警种，以此在公安机关形成一种内部分权的状态，从而监督警察行为，促进公安机关和警察依法履职、规范执法。

其次，警务督察制度的功能集中在监督警察权、保障公安机关依法履职和保护私权利三个方面。但是，这三者之间的主次关系并不明确，公安机关以政策为导向，转变警务督察制度的功能重心，导致警务督察在内部监督制度中的定位不明。如果用制度目的来作为检验制度功能的标尺，可以发现，警务督察是以保护公民权为主导功能的内部监督制度，而监督警察权与保障公安机关和人民警察履行职责是实现其主导功能的手段和方式。

最后，机构独立性、行政效率和对权力监督者的制约三个要素，对于警务督察制度的监督效能有重要影响。在此基础上，从组织架构、行政程序、规制手段三个方面，可以对警务督察实现功能的方式进行优化。未来，警务督察可以转变为一种警民纠纷的即时解决机制，按照案件类型的不同，对公民投诉的案件分别适用正式程序与非正式程序，同时强化对公民和警察的双向救济，以此作为警民沟通的窗口与桥梁，帮助公安机关改进执法方式，提高整体执法规范化水平。

人民的福利是最高的法律（salus populi suprema lex）。[①] 权力内部监督制度在现代法治社会必不可少，它对预防、惩治公职人员的违法违纪行为，具有不可替

[①] 洛克：《政府论（下）》，商务印书馆 2016 年版，第 100 页。

代的作用。在实践中，警务督察制度的改革应当以制度中出现的问题为导向，从制度的核心功能出发，不断提高督察工作的监督质量和监督水平。对警务督察制度的完善，不仅是促使公权力规范运行、保证警察公正执法的重要手段，还有助于建设"透明政府"，提高民众监督公权力运行的积极性，培养民众和公安机关互信、互助的良性关系。警务督察的最终目的，绝不是要僵化警察权的行使，而是要达到全社会共同维护法治权威的和谐状态。

第十二章

警察协助义务[*]

第一节 引 言

警察机关作为拥有特别强制力的国家行政机关,其精良的装备、先进的技术、训练有素的人员,在诸多行政机关中一直居于重要地位。因此,当其他行政机关在执法过程中遇到事实或法律上的难题时[①],往往第一时间寻求警察机关协助。

从我国警察协助的产生与发展史考察,早期警察掌控几乎一切内政的制度设计,使得警察协助更多地表现为不同警种之间的协助,这就是一般警察协助的最早萌芽。而随着行政权的进一步分化,警察权的触角逐渐收缩,在有些领域(如卫生、建筑)就交给专业的行政机关负责,警察协助才在真正意义上体现出来。按照历史的演进,越来越多专业的行政机关得以建立与履责,警察权所涵摄的范

---

[*] 本章部分内容以《我国警察协助模式的选取——一种比较法上的检讨与反思》为名发表于《行政法学研究》2019年第6期;部分内容以《警察协助活动的分类改革与完善路径》为名发表于《苏州大学学报(法学版)》2020年第1期;部分内容以《警察协助的产生与发展考》为名发表于《公安学刊(浙江警察学院学报)》2019年第6期;部分内容以《论警察协助执行义务》为名发表于《中国刑警学院学报》2018年第1期。

① 余湘青:《对公安机关参与行政联合执法的理性思考——兼论警察行政协助法律制度的构建》,载于《中国行政管理》2008年第9期。

围理应越来越小，而更多的是体现为一种配合和协助。然而，基于"行政权"与"警察权"在最初意义上的混沌一体①，这样的分化与演进又是不彻底的，特别是警察机关保留的强制力，是其他行政机关所不具备的。因此，权力分化后的新的行政机关特别是在执法过程中寻求母体警察权的庇护，在现实的实践中就又成了必然，这就是特殊意义上的警察协助。与此同时，在一般意义上的警察协助与特殊意义上的警察协助之间，还存在第三种情形，就是属于"非警务活动"的异化协助。

"共同上级协调型"为主的杂糅并存模式所导致的警察协助存在的权力滥用和不作为等问题，需要进行法治化构造走向"规则程序型"模式。分类改革是前提，具体路径则是在程序方面，从请求条件的反思与完善、警察机关的审核与决定、协助实施过程中入手，确保警察协助符合正当程序。在责任机制方面，为确保警察敢于履行协助义务，消除警察对可能因协助产生的责任最终都由警察机关承担的不必要担忧，通过区分警察协助行为的性质，结合具体的协助情形，建立责任划分机制是不可或缺的。

第二节　警察协助的产生与发展

一、从晚清到民国

（一）晚清：警察协助未见雏形

警察自诞生之初，作为国家强制力的行使，与国家行政就存在着不可分割的关系。凡是国家行政所涉及的领域，必然可见警察权的身影，尤其是在动荡、颠沛的岁月，为了维护国家政权的稳定，警察必然肩负着国家行政命令的执行和保障。因此，在晚清，警政司下设行政科，掌凡关于警卫、保安、风俗、交通及一切行政警察事项。此后，清朝政府设立民政部，部下设警政司，掌管行政警察、高等警察等事项。行政警察勤务包括"风俗警察""消防""营业稽核""对待外国人之警察"等事项；高等警察勤务更是包括"非常保安""新闻杂志及各种图

---

① 在专制时代，"警察行为"被官方当作"行政行为"，行政目的以"追求治安目的"为满足。参见陈新民：《公法学札记》，法律出版社 2010 年版，第 85 页。

书出版检查""集会结社""凶器及其余危险物品检查"等事项。[①]

与当今的警察事权相比,晚清时期的警察权的触角延伸的领域要更为广泛,有管控、必有警察,风俗、营业等现在由民政、工商等部门承担的行政职权,在晚清时期都由警察机关行使。警察机关承担了诸多现在看来本由其他行政部门承担的事权,主要原因还是晚清政府在向西方学习建立现代政府的过程中,行政部门的建立与运转并不是很成熟,但作为国家强制力的警察机关出于管控国家行政的需要必然"逾界",这就导致了警察权的广泛覆盖,警察行政更多的是大包大揽,一竿子管到底,协助其他行政机关行使职权还不具备条件,警察协助还未见雏形。

(二) 北洋政府时期:一般警察协助崭露头角

一般警察协助,最早发生于"矿业警察"与"普通警察"之间。为了共同对付矿工,维护矿区"治安",《矿业警察组织条例》规定,"矿业警察官署与普通警察官署平时应互相联络"。普通警察在矿区执行任务或进行调查时,矿业警察应当尽力协助,提供情况。如果矿工或矿业公司在矿区外发生了问题,矿业警察所应通知普通警察官署处理;如遇特殊情况,普通警察官署单独处理"力有未逮",可以请求矿业警察官署协助,这时矿业警察官署"应即援应";"若事机紧迫",普通官署应"进行处理",同时迅速通知矿业警察官署。[②]

从北洋政府时期的《矿业警察组织条例》可以看出,矿业警察机关与普通警察机关之间的协助配合已经比较成熟,对属地管辖、异地协助、特殊情况和紧急情况下的协助方式都予以了规定,对当今警察机关之间的协助立法仍有借鉴意义。可以说,在北洋政府时期,虽然警察机关协助其他行政机关行使职权还未真正意义上确立,但是警察机关之间的一般协助义务已经颇示示范意义。

(三) 民国政府时期

民国政府时期,警察除了专政职能这一核心职能外,还承担了全面的社会管理职能。[③]

特殊警察协助曲折绽放。民国时期,特殊警察协助主要发生在警察机关与卫生机关之间。虽然这一时期,各地的卫生局相继成立,法规也曾一度废除警察掌

[①] 韩延龙、苏亦工等:《中国近代警察史》,社会科学文献出版社 2000 年版,第 222 页。
[②] 韩延龙、苏亦工等:《中国近代警察史》,社会科学文献出版社 2000 年版,第 495~496 页。
[③] 民国政府时期的警察种类几乎涵盖了近代所有的警种。安政:《中国警察制度研究》,中国检察出版社 2009 年版,第 83 页。

理卫生事务的职责，但由于市、县卫生局的实施条件不具备，有关公共卫生及食品安全方面的巡查与取缔等事项亦常需警察机关协助，因此警政与卫生并未能完全分离。由于警察协助卫生事务仍有客观需要，之后法规还明确规定，各级警察机关行政科有兼管卫生事务之责。直到抗战结束后，亦是如此。因此，事实上卫生事务已经由警察来管理。不过，作为一个警种的专职卫生警察已不复存在，警察服装中也不再有卫生警察的警种标识。

从废除到重新赋予，再到兼管，走向最终意义上的警察协助卫生之责，从"卫生警察"的演变即可窥探出警察的特殊协助义务正是一个从完全掌控到逐渐退居幕后协助的过程，当然这样的过程有反复，并非一帆风顺的。有学者称之为"脱警化"，但笔者从行政法上解读认为，这更加是一个内务行政不断分工、行政不断分权的过程。不过，无论警察权如何行使，协助的形态和方式怎么变化，目的都在于保障人民的利益、生活的安定，促进国家的安全福利。①

一般警察协助茁壮成长。如1932年颁布的《国有铁路警察与沿线驻军及地方警团联络互助办法》第一条就规定："凡国有铁路警察与沿线驻军及地方警察团应不分畛域，切实联络，互相协助。"② 但是具体而言，一般警察的目的在保持公共安全，防止一般危害，而特殊警察的目的在于充实特殊行政之作用，充分的发挥各种助长行政之作用的效力，附随于各种积极的特殊行政。③ 这里的特殊警察所从事的活动，即是我们所研究的警察协助最初的模型。④ 由此可以看出，警察权基本涵盖国家行政的方方面面。但与晚清、北洋政府时期不同的是，此时警察机关之外的其他内务行政部门已经相对独立且能运转，警察机关并非早期的完全掌控、亲力亲为模式。警察机关之间的一般协助义务色彩已经愈发明显。如1931年工务局颁布的《规定取缔建筑办法》就要求警察协助办理建筑事项。理由是虽然工务局是取缔建筑事项的主管机关，但是建筑事项与治安消防事项联系密切，所以警察应当协助取缔。⑤

异化警察协助浮出水面。在民国时期，警察工作压力就已经很大，承担了许多职责之外的工作，警力常常不够分配。⑥ 省市政府以及其他驻省机关的诸多事务都要警察局协助，大至派警弹压，小至散发传单，事无巨细，警察局成了许多

---

① 赵琛：《行政法各论》，会文堂新记书局1937年版，第8页。
② 丁光昌编：《警察法规》，大东书局1947年版，第120页。
③ 郑宗楷：《警察法总论》，商务印书馆1946年版，第31页。
④ 还有学者对于各种特殊警种进行细分，参见范扬：《警察行政法》，商务印书馆1940年版，第132~242页。
⑤ 工务消息：《规定取缔建筑办法由警察厅协助办理》，载于《首都市政公报》1931年第84期，第11页。
⑥ 坤：《时事述评：协助市政的行政警察队》，载于《旁观》1933年第13期，第4~5页。

机关办理繁杂琐事的跟班。① 此外，首都警察厅协助南京市政府财政局押追房捐事件，还引发了行政诉讼。② 由此可见，警察协助被滥用，特别是从事非警务活动，成为基层政府和其他行政机关的工具，在民国时期已经显现。

二、新中国成立至改革开放前

（一）协助"政治化"：保卫高于一切

新中国成立后，百废待兴，警察机关概莫能外。根据第一届全国政治协商会议的决定和《中国人民政治协商会议共同纲领》的规定，中央人民政府开始在军委公安部的基础上组建政府公安机构。③ 由此可以看出，我国的公安机关脱胎于军事机关，新中国成立初期，更多的是承担保卫党的政权的功能。

通过中央公安部的设置亦可窥见一斑，公安部首先设置一厅六局，即办公厅和政治保卫局、经济保卫局、边防保卫局、武装保卫局、治安行政局、人事局，不久又设立警卫局。④ 在其他行政机关，铁道系统先设立公安机构，交通、民航系统先建立保卫组织，之后交通、林业、民航的公安机构也建立了起来。⑤ 从公安部的"政治保卫""经济保卫""文化保卫"再到铁路、交通、林业、民航的公安机构建立，通过醒目的"保卫"字眼和重要行政部门公安机构的设置，我们就可以看出，新中国成立初期的警察机关对于其他行政机关保卫职能要高于协助职能。毕竟在特殊的历史时期，新生政权还未完全稳定的境况下，国家行政的安全稳定运行，必须要依赖警察机关的保卫。正如学者所言，这一时期警察已经"泛政治化"，警察的目的已经扩展至管理国家以及维持统治的方方面面。⑥

（二）协助法律义务凤毛麟角

在法规制度方面，新中国并没有沿袭中华民国的法律传统，而是探索建设新

---

① 王鹰：《自从有了警察》，法律出版社2016年版，第168页。
② 行政法院裁判：《马锡侯因首都警察厅协助南京市政府财政局押追房捐事件行政诉讼案（判字第六号）》，载于《司法公报》1935年第70期卷，第40~42页。
③ 罗瑞卿：《论人民公安工作》，群众出版社1993年版，第14页。
④ 王虹铈：《建国初期人民公安机构的建立与构成》，载于《江苏公安专科学校学报》2002年第2期，第124页。
⑤ 魏永忠：《改革开放以来安机关机构改革及其启示》，载于《中国人民公安大学学报（社会科学版）》2008年第6期，第9页。
⑥ 陈鹏：《公法上警察概念的变迁》，载于《法学研究》2017年第2期，第34页。

的法律体系。这个时期涉及警察机关职权的立法，如《中华人民共和国治安管理处罚条例（1957）》（失效），《中华人民共和国劳动改造条例（1954）》（失效），《中华人民共和国户口登记条例（1958）》等都未规定警察的协助义务。笔者唯一检索到的是1957年颁布的《消防监督条例》（失效），其中第二条规定：消防监督工作，由各级公安机关实施。国防部及其所属单位，林业部门的森林，交通运输部门的火车、飞机、船舶以及矿井地下的消防监督工作，由各该主管部门负责，公安机关予以协助。由此可见，立法规定了警察机关在消防监督工作领域有协助义务。当然在那个特殊的时期，立法本身就很稀少，涉及警察的立法本身就屈指可数，有关警察协助义务的更是凤毛麟角了。即便如此，笔者仍然认为，在保卫义务更为突出的年代，警察机关的协助义务也增添了保卫色彩，因为国防、林业、交通运输和矿井都是事关国家安全稳定的重要部门领域。

三、社会转型时期

（一）改革开放前期（1978～1999年）

两类警察协助比翼齐飞。20世纪80～90年代，出现了立法的一波小高峰时期，在那个时代诸多法规制度中都可以寻觅到两类警察协助义务的踪迹。

在一般警察协助方面，法律层面的《中华人民共和国消防法》规定了警察机关协助主管单位消防工作和有关单位消防宣传教育的义务；《中华人民共和国审计法》规定了警察机关协助审计机关履行审计监督职责的义务；《中华人民共和国行政监察法》规定了警察机关协助行政监察机关办理行政违纪案件的义务。行政法规层面的《旅馆业治安管理办法》规定了警察机关协助工商部门处理旅馆业未经登记、私自开业的义务；《中华人民共和国治安管理处罚条例》（失效）规定了警察机关之间协助执行裁决义务。

在特殊警察协助方面，在法律层面的《中华人民共和国文物保护法》规定了警察协助文物部门保护文物现场的义务；《中华人民共和国海关法》规定了警察机关协助海关执法的义务；《中华人民共和国军事设施保护法》规定了警察机关协助军事机关维护军事禁区、管理区治安秩序的义务；《中华人民共和国传染病防治法》规定了警察机关协助医疗机构采取强制隔离治疗措施的义务；行政法规层面的《中华人民共和国税收征收管理暂行条例》（失效）规定了警察机关协助税务机关执行税收稽查义务；《道路交通事故处理办法》（失效）规定了警察机关协助医疗单位、殡葬服务单位收回抢救治疗费用和尸体存放费用的义务。

通过对上述时期法律法规层面对两类警察协助义务的简单梳理可以看出，警察机关的协助义务涵盖海关、税务、工商、文物、军事、消防、医疗、监察、交通、治安等方面，警察机关的协助义务可谓是争奇斗艳。

警察机关内部变革，两类协助义务动态变化。在组织结构层面，20 世纪 80 年代警察机关承担的职能有增有减，一方面接受了人民解放军担负内卫执勤任务的部队，加上公安机关实行兵役制的武装、边防、消防民警，组建武警总部归公安部领导；另一方面是在 1986 年，成建制地接受了交通监理职能。减少的职能也有两项，一是将国家安全方面的职能在 1983 年移交给国家安全部门；二是于 1983 年将劳动改造、劳动教养职能移交给司法行政部门。① 随着职能的增减，警察机关的协助义务也在发生着动态的变化，如成建制地接受交通监理职能，这意味由原来单一的协助交通行政部门义务向更高水平的合作、协助义务转变。而将国家安全方面的职能移交给国家安全部门，警察机关在国家安全领域的工作也由领导负责更多的是转化为协助国家安全部的工作。同样是 1983 年，在内设机构方面，公安部还设立了计算机管理和监察局，以应对计算机对社会生活带来的巨大影响。② 这意味着公安机关在信息、数据方面必然将会为其他行政机关带来更多的技术协助。

20 世纪 90 年代，警察机关建立了巡逻体制、指挥中心。③ 巡逻体制的建立，其实是警察协助义务由规范迈向实践最淋漓尽致的体现。如各地出台的人民警察巡察规定，反映了警务协助在巡逻过程中的必要性。④ 此外，110 指挥中心的建立，应当说建立了统一的协助平台，尤其是对于不同地域、不同警种之间的协助，更是发挥了极其重要的作用。值得注意的是在 1998 年，公安部成立了禁毒局⑤，针对教育行政部门、学校之间的禁毒宣传等服务性协助也应运而生。

协助异化涌现，非警务活动协助突出。改革开放前期，在许多地区，尤其是财政能力欠缺的基层县域，地方政府为从农村收取农业税、汲取经济资源，不得不动员执法机关参与，为了推动执行某些国家政策，执法机关也是首当其冲，冲在执法一线。当时中国公安警察参与乡镇政府征收公粮、提留以及执行计划生育政策的现象非常普遍。背后的动因除了政治责任外，也在于警察机构需要通过参

---

① 赵炜：《公安改革的历史回顾与前景展望》，载于《中国人民公安大学学报》2005 年第 6 期。
② 程小白、钟琳：《公安机关大部门、大警种制改革述评》，载于《江西警察学院学报》2017 年第 3 期。
③ 赵炜：《公安改革的历史回顾与前景展望》，载于《中国人民公安大学学报》2005 年第 6 期，第 34 页。
④ 参见《徐州市人民警察巡察规定》（徐州市人民政府第 13 号令）。
⑤ 程小白、钟琳：《公安机关大部门、大警种制改革述评》，载于《江西警察学院学报》2017 年第 3 期，第 13 页。

与地方执法活动从而获得必要的经济开支。① 一方面是分税制国家政策的贯彻实施,另一方面是专业独立公安队伍建设的经济保障,在此双重压力逼迫下,基层警察机关通过协助乡政府夏季征收粮食,秋天征收各种税费的现象频发,甚至在参与执行乡镇计划生育政策时,因法外执法造成的基层警民冲突事件,也是层出不穷。② 警察协助脱离法治化轨道,成为政府执行经济政策的工具,警察机关谋取经济利益的手段,或许最早可以追溯到这个时期。当然造成这样的原因是多方面的,分税制国家政策与职业化警察队伍的建设毫无问题是正确的,只是在由上至下贯彻实施过程中,缺乏与之相配套的机制保障,基层政府与警察机关正好各取所需,造成了在实践过程中非警务协助泛滥,由此引发的警民冲突等次生灾害也颇为严峻。

但从 20 世纪 90 年代末开始,或许正是意识到乡镇政府和区政府动用警察权来执行各项基层政策的问题,地方公安管理体制(财政关系、领导关系)开始逐步"上收",由上级公安机关对基层派出所实现业务领导与财政监管的统一。③

(二) 改革开放的中期 (2000~2010 年)

两类协助义务在部门行政领域深化。一般警察协助领域,法律层面的《中华人民共和国禁毒法》规定了警察机关协助教育行政部门、学校禁毒宣传教育的义务。行政规章层面的《火灾事故调查规定》规定了警察机关对火灾事故调查部门的协助义务;《药品类易制毒化学品管理办法》规定了警察机关协助食品药品监督管理部门核查的义务;《放射事故管理规定》规定了警察机关对卫生行政部门协助调查义务等。特殊警察协助领域,法律层面的《中华人民共和国引渡法》规定了过境地的警察机关执行协助义务。行政法规层面的《重大动物疫情应急条例》规定了警察机关对重大动物疫情应急指挥部的协助执行义务;《突发公共卫生事件应急条例》规定了警察机关对卫生行政部门的强制执行协助义务。行政规章层面的《铁路计算机信息系统安全保护办法》规定了协助信息网络安全监察机构的义务;《传染性非典型肺炎防治管理办法》规定了警察机关对医疗机构的协助义务。

通过对这个时期的警察协助规范可以看出,法律、行政法规立法减少,部门规章增多,部门行政之间协助的内容更加具体细化。以卫生行政为例,从改革开

---

① 樊鹏:《社会转型与国家强制——改革时期中国公安警察制度研究》,中国社会科学出版社 2017 年版,第 65 页。

② 樊鹏:《社会转型与国家强制——改革时期中国公安警察制度研究》,中国社会科学出版社 2017 年版,第 322 页。

③ 高文英:《我国社会转型期的警察权配置问题研究》,群众出版社 2012 年版,第 253 页。

放初期法律层面的传染病防治，再到行政法规层面的重大动物疫情、突发公共卫生事件，对于警察协助卫生行政都予以了规定，而且更为具体细化。甚至在规章层面，具体到药品类易制毒化学品核查、放射事故调查、传染性非典型肺炎防治等领域，也有警察协助义务的身影。此外，消防警察领域的火灾事故调查协助、铁路警察领域的信息网络监察协助也反映出警察协助的分工进一步加深。

协助异化现象加剧。进入 2000 年后，随着我国城市化进程的不断加快，因征地拆迁而引发的流血冲突事件屡屡发生，而其中由于警察机关的加入，导致的暴力升级、继而引发为群体性事件，更是让警察机关成为众矢之的。甚至在地方政府的"威逼利诱"之下，警察机关不得不参与到征地拆迁中，扮演者"枪杆子""刀把子"的角色，在有些地方人民警察几乎同拆迁工作人员履行一样的职责，直接参与到拆迁工作中，应当说这样的警察协助已经远远脱离法治化轨道。

与此同时，随着相对集中处罚权由试点向全国推广，[①]"城管统一执法"成了新时期特有的名词。然而城管人员在整治流动摊贩、拆除违章建筑等执法过程中，往往可能会遭遇到小商小贩、户主的暴力抵抗，由于城管执法人员缺乏特殊的人身强制权，因此警察协助城管人员一起执法成了工作的常态，这本无可厚非，然而在实践层面却出现了所谓的"城管警察"，导致警察职能与城管职能界限模糊，难以产生良好的执法效果，甚至会加剧公民与政府之间的不信任和对立情绪，弱化警察权力，造成警察信任度和美誉度的下降，警察的权威性和法律的严肃性也将大打折扣。[②] 警察协助城管执法在实践层面逃逸法治，可以说是改革开放中期，警察协助领域最突出的问题，当然这个问题现在还未得到有效解决。[③]

（三）改革开放后期（2011 年至今）

在警察协助的法律规范层面，随治理形式的需要而变化发展。在一般协助领域，《中华人民共和国反家庭暴力法》规定了警察机关应当协助民政部门做好受家暴侵害人员的安置工作；《中华人民共和国国家情报法》规定了警察机关应当协助国家情报机构做好情报人员的安置工作。行政法规层面的《中华人民共和国保守国家秘密法实施条例》规定了警察机关协助保密行政管理部门收缴非法获

[①] 具体可参见：江凌、张水海：《相对集中行政处罚权制度：发展历程、实施情况与基本经验——城管执法体制改革12年回顾》，载于《行政法学研究》2008年第4期。

[②] 郑新：《"城管"警察的审视与反思》，载于《行政法学研究》2017年第4期；李鹏飞：《以城管警察为视角谈警察权力泛化与越位行法》，载于《甘肃警察职业学院学报》2012年第3期。

[③] 《该不该设立"城管警察"？》，载于《人民公安报》2012年9月24日。

取、持有的国家秘密载体。经修订的《中华人民共和国个人所得税法》增加了警察机关应当协助提供给税务机关纳税人的身份等信息的规定。行政规章层面的《国土资源行政处罚办法》规定了警察协助国土部门调查取证。在特殊协助领域，法律层面的《中华人民共和国精神卫生法》规定了警察机关可以协助医疗机构采取措施对患者实施住院治疗。最具有代表性的就是《中华人民共和国监察法》的出台，规定了监察机关在进行搜查或采取留置措施时，可以根据工作需要提请警察机关配合，警察机关应当依法予以协助。

从法律规范层面关于警察协助的规定可以看出，当前主要就是服务于国家治理体系与现代化的需要，比较有代表性的就是在国家安全、监察领域的规定。此外，随着信息技术的发展，警察机关的信息协助也显得尤为重要，为税务机关提供纳税人身份信息就成了警察机关的法定协助义务。除此之外，随着给付行政的进一步发展，警察机关也更多地承担安置等服务性职能。

组织机构职能有增有减，处于动态变化之中。2012年中共十八大召开，公安改革进入了新的阶段。2013年公安部废除了劳动教养制度，2014年中央决定把"境外在华非政府组织管理"职能由民政部划归公安部，以加强对境外在华非政府组织的管理。① 2015年《关于全面深化公安改革若干重大问题的框架意见》及相关改革方案的出台，标志着公安改革迎来了新的浪潮。特别是2018年《深化党和国家机构改革方案》的出台，公安机构出现了较大的变动。公安承担防范和处理邪教工作职责；公安部的消防管理职责划给了应急管理部；组建国家移民管理局，由公安部管理；公安的消防、边防、警卫部队全部进行改制。2019年，大部制改革继续推进，多部门整合做强办案部门②，还新成立食品药品犯罪侦查局。

从公安部组织机构职能的动态增减可以看出，一方面，承接的境外在华非政府组织的管理职能、承担的防范和处理邪教工作的职能、国家移民管理的职能以及强化的食品药品犯罪侦查的职能，主要都是应对新形势下，境外犯罪、邪教犯罪、食药犯罪等突出的新型犯罪问题，警察职能确实有扩张的趋势；另一方面，废除的劳动教养职能，剥离的消防职能，以及脱部队化的建制，则是为了依法行政，适应机构改革的需要。但不管是新承担的职能，还是划拨出去的职能，警察机关与原职能机关过渡期更应当发挥好协助、配合的机制，以保障有效地开展执

---

① 赵炜：《公安改革40年：历程、经验、趋势》，载于《中国人民公安大学学报（社会科学版）》2018年第2期，第4页。

② 整合此前的宣传局、办公厅新闻中心，设立新闻宣传局；科技信息化局则整合了此前的科技局和信息通信局；公安部督察审计局，则由此前的警务督察、审计部门合并整合而来；设立情报指挥中心，公安部建设"智慧大脑"。

法工作。

协助异化时有发生。一方面,体现在新的领域,存在警察权被滥用的情形,如某些地区开展的平坟抢棺运动中,就有警察卷入其中,成为当地政府推进地方政策的工具;另一方面,警察协助城管执法的问题仍然很多。① 还有在高压的问责态势下,警察机关懒政、不作为的现象较为明显。特别是 2011 年公安部发布《公安机关党风廉政建设和反腐败工作意见》,要求"严禁公安民警参与'征地拆迁'等非警务活动"。在遇到征地拆迁可能发生暴力纠纷时,一些地方的警察机关往往过于谨慎而拒绝出警,生怕承担责任。

(四) 新时代特色:公安协助监察机关工作

公安协助监察机关工作,是新时代监察体制改革过程中的重要议题。监察机关由于手段、权限的相对缺失以及执法力量的匮乏,在监察过程中必然要寻求公安机关的协助与配合。公安机关协助监察机关履行监察职责,既是法律的明确要求,② 也是实践中开展监察工作的必要保障。③ 公安协助监察机关,既不能完全等同于行政协助,也不能以刑事司法协助以偏概全。因为公安协助监察机关往往发生在职务履行的过程中,根据公安协助监察委的双重属性,应当认为公安协助监察委是兼具行政与刑事司法性质的职务协助行为。④

(1) 双方权力构造的复合性。

监察权并不能简单地等同于行政权或是刑事司法权,其应当属于一种"复合性权力"。⑤ 即使属于监察权重要组成部分的调查权,也是一种"复合性权力",兼具行政与刑事司法的性质。⑥ 此外,在公安协助监察机关工作过程中,与监察权对应的警察权,同样具有行政权与刑事司法权二元构造的特征。⑦ 正如学者所

---

① 主要表现为警察协助城管实践中的捆绑执法制度化、城管领导背景警察化、执法协助范围宽泛化等问题。参见郑琳:《警察协助城管执法的变革之路——以北京为例》,载于《西部法学评论》2019 年第 5 期。

② 《中华人民共和国监察法》第四条的概括式规定以及其他条款在搜查、通缉、限制出境、案件移送、留置、技术调查、技术鉴定等方面协助配合事项的具体规定。

③ 实践中还包括留置场所设置和被留置人员看护、阻止暴力抗法、收集调取证据、查封扣押、查阅调取信息等协助配合事项。

④ 实践中,党纪处分一般附着于行政违法,违纪违法一般具有同一属性。因此在本书中,笔者所探讨公安协助监察机关工作的行政属性,包括党纪的维度。

⑤ 徐汉明:《国家监察权的属性探究》,载于《法学评论》2018 年第 1 期。

⑥ 陈越峰:《监察措施的合法性研究》,载于《环球法律评论》2017 年第 2 期;华小鹏:《监察权运行中的若干重大问题探讨》,载于《法学杂志》2019 年第 1 期。

⑦ 参见陈兴良:《限权与分权:刑事法治视野中的警察权》,载于《法律科学》2002 年第 1 期;余凌云:《警察权的"脱警察化"规律分析》,载于《中外法学》2018 年第 2 期。

言,在职权结构上监察机关类似于公安机关,都是集行政执法权与犯罪调查权于一身。① 监察机关以及公安机关权力构造的复合性,决定了公安协助监察工作的行为性质同样具有双重属性。这就意味着,从权力行使的角度出发,权力之间的协助与配合应当对等,否则极其容易造成权力的滥用。以监察机关工作行使调查权中的查封、扣押为例,如果发生在职务犯罪案件中,需要公安机关进行刑事司法协助。公安机关为了取证的方便,以行政强制措施协助的方式介入,规避了高规格的刑事启动要件以及刑事监督标准,就属于权力行使的恣意。

(2) 机关定性的名与实之争。

尽管监察机关经新华社定性为国家政治机关,在《宪法修正案》文本中表述为"国家的监察机关",也有学者认为是监督机关。② 但在监察机关的实际工作运转过程中,其扮演的角色却经常流转于行政机关与司法机关之间,履行职务违法和犯罪查处的双重职能。公安机关也是如此。虽然公安机关是政府的组成部门,理应属于行政机关,但是公安机关所履行的刑事司法职能,决定了其司法辅助机关的地位。监察机关与公安机关定性的名与实之争决定了公安协助监察机关工作也必然是兼具行政与刑事司法的双重属性。这就充分表明,在实际办案过程中,必须要准确定性监察机关与公安机关实际承担的角色,避免角色的混淆和借用。例如,当监察机关决定通缉时,公安机关就必须要以刑事机关的身份执行,充分调用网上追逃、通缉令、协查通报、悬赏通知和边控通知等通缉手段,③ 高效完成这一项协助配合的刑事性强制性措施。④ 而不能只是从行政协助的程序去出警履责,否则极有可能造成职务犯罪嫌疑人的逃脱,贻误办案时机。

(3) 办理案件类型的多样性。

监察机关办理的案件,既包括职务违法的案件,也包括职务犯罪的案件。职务违法与职务犯罪案件之间往往还存在着交叉和关联,这就决定了公安协助监察机关办理的案件类型具有多样性的特征。如果公安协助监察机关工作只适用单一的行政协助程序或是刑事司法协助程序,显然不能够应对错综复杂的案件类型的需要。更何况,程序适用的错位或者越位,不仅妨碍监察权的合法有效行使,也不利于监察对象权益的保护。因此,应当根据办理案件的不同类型,具有针对性地适用不同的协助程序。以监察机关请求公安机关查询信息数据为例,如果仅仅是发生在职务违法案件中,按照正常的行政协助的程序流程即可,可由交警部门

---

① 洪浩:《刑事诉讼视域下的国家监察机关:定位、性质及其权力配置》,载于《法学论坛》2019年第1期。
② 马怀德:《再论国家监察立法的主要问题》,载于《行政法学研究》2018年第1期。
③ 秦前红主编:《监察法学教程》,法律出版社2019年版,第272页。
④ 王秋杰:《困境与完善:论我国通缉制度》,载于《法学杂志》2012年第11期。

或是户籍部门提供数据文件、视频资料。但是如果发生在职务犯罪的案件中,需要公安机关的刑事技术部门进行大数据侦查①,就需要更为严格的刑事程序的审查,由网侦部门或经侦部门提供数据资料。

综上所述,正是因为监察机关与公安机关双方权力构造的复合性、机关定性的名与实之争以及办理案件类型的多样性等因素,决定了公安协助监察机关工作是兼具行政与刑事司法性质的职务协助行为。

第三节 警察协助的现状、问题及成因

一、"共同上级协调型"为主的杂糅并存

警察协助,通过"共同上级协调"是我国实践中最为主要的协助模式。该模式具体是指,当行政机关执法人员在执法过程中,遇到事实或法律上的难题,需要向警察机关请求协助时,其往往会先向直接负责的领导请示,由领导出面与警察机关对口的领导沟通协调,达成协助方案,最后再由具体负责执法的人员实施。有时候,如果直接领导出面不行,还会邀请政法委领导或政府领导出面沟通协调,这已成为警察协助的常态。

除了"共同上级协调型"模式之外,在实践中也有"规则程序型"模式的体现,该模式对警察协助的规则程序有所详细规定。虽然我国关于警察协助还缺乏统一的程序法和强制法规定,警察法中目前也没有涉及,但这不妨碍各地已经在实施的地方程序规定或行政协助管理办法中②,以规章或规范性文件的形式就行政协助条款加以规定,而这同样可以成为警察协助的执法参照和依据。此外,在一些特定领域,如警察协助城管执法,已经建立了长期的协助机制。笔者在珠海调研时发现,警察协助城管执法的规则精细化程度已经很高,珠海市警令部下达的《珠海市公安机关配合和保障珠海市城市管理行政执法部门执法工作指引》对于警察协助城管执法的出警情形、出警程序、现场处置、案件办理都做了明确的规定。

---

① 程雷:《大数据侦查的法律控制》,载于《中国社会科学》2018年第11期。
② 如《湖南省行政程序规定》(2008年);《杭州市政府工作行政协助管理规范》;《上海市行政协助管理办法(试行)》;《厦门市行政协助管理办法(试行)》等。

我国的警察协助模式中，同样有"执法结构完善型"的身影，即行政机关自身具备完善的执法能力。以海关为例，其执法人员较一般行政机关执法人员而言，权限更大。因为可以配枪①以及采取限制人身自由的强制措施，在执法过程中，海关执法人员对于一般的拒绝、阻挠执法乃至暴力抗法，都能够予以制止，而无须向警察寻求协助。此外，在行政机关内部成立专门的警察机构同样是"执法结构完善型"的体现。如森林警察、铁路警察、民航警察、水上警察、缉私警察、交通警察，其都是实行公安机关和其他行政机关双重领导的专门警察。另外，就是在对应的行政执法领域成立新的警种，如网络警察、食药环警察、环境警察、旅游警察、城管警察等，可以精准提供协助。

甚至，"职责内生型"同样可以在我国"警察协助"中寻觅到踪迹，明确警察协助是警察机关的一项法定职责。我国虽然没有关于警察协助的统一规定，但是关于"警察协助"的规定，散见在各部门法律规范中。在中央层面，就涉及文物、铁路、海关、工商、医疗、军事、审计、卫生、医疗、教育、食药、国土、保密、民政等诸多行政管理机关，在地方层面涵盖面更为广泛。② 上述法规范中，不乏将"警察协助"表述为一种"法定职责"。

我国警察协助类型如此纷繁复杂，为何强调是"共同上级协调型"为主的杂糅并存模式？笔者认为，这主要还是与我国整个权力运行机制与社会文化背景有关。总体来说，在我国，人情关系、领导关系等非正式制度往往决定着部门之间的亲疏远近。③ 因此，权力运行的法治化水平并不是很高。笔者在江苏、广东等法治相对发达地区，就警察协助问题调研时发现，"共同上级协调"仍然是主要模式，警察协助问题往往通过领导之间的电话就沟通解决了，很少就协助的事项、法律依据等形成书面的协助函，因此"规则程序型"并没有有效地建立与推广。作为"执法结构完善型"只局限于部分行政执法领域，特别是对行政执法人员的配枪与限制人身自由等处罚和措施的赋予，显然不具备普遍适用性。而就在行政机关成立专业的警察机构来看，在实践中，其执法的权威和能力并没有如预期一样。据笔者访谈了解，森林警察、铁路警察在执法过程中找地方警察协助，防止可能发生的暴力抗法的情形，并不是一件稀奇的事情。反而上述警察在行政机关内部由于与主流业务并不一致，而置身于一种尴尬的境地。此外，新成立的警种，特别是城管警察在合法性和正当性上面临诸多问题。至于"职责内生型"，

---

① 《海关工作人员使用武器和警械的规定》（2011年）。
② 以江苏省为例，笔者通过梳理省级层面以及地市级层面的地方性法规和规章发现，警察协助还包括邮政、水文、公证、地质环境、气象、矿产、市容、物业、水生、殡葬等诸多领域。
③ 笔者在珠海市调研时发现，特别是从公安部门领导岗位调任到城管、安监部门去担任领导职务的，更容易就警察协助事项达成一致意见。

尽管诸多部门法规范中对"警察协助"有所规定，但是"规范中的法"与"实践中的法"并不吻合，有些行政执法领域的"警察协助"规定只是睡眠条款，而实践中普遍存在的警察协助城管执法等在中央层面就缺乏统一立法规定，地方的立法规定也是零零散散。①

综上所述，在我国当前诸多"警察协助"模式中，由于人情社会的背景，法治化水平不高，多元分散的警察权配置问题种种，②再加上"规范中的法"与"实践中的法"相脱节，最终形成了"共同上级协调型"为主的杂糅并存模式。而这也衍生了警察权被滥用，协助不作为等问题。

二、实践中两种悖反倾向

（一）警察权被滥用

警察机关实施警察协助，要求以其他行政机关请求为要件，以个案为限，且仅就请求机关无法自力执法的部分介入为辅助性的协助，这既避免警察机关恣意进入其他机关的管辖权范围，滥用并扩张本身职权，也避免协助事件成为长期例行工作，违反管辖恒定原则。③然而在实践中，具有强制力的警察机关常常成为权力滥用的工具，一些行政机关完全具备自身达成行政任务的条件，但为了给行政相对人造成威慑力，也请求警察机关予以协助，以便提供强制力保障的"后盾"。最为突出的就是，在实践中其他机关经常以"联合执法"的名义，让警察机关协助执法，其实这些各种明目的"联合执法"与警察执法并无太大关联。除了利用警察机关的强制力作为执法的保障，警察机关的场所检查权、留置盘问权等权力，还可以为其他行政机关提供取证上的便利。同时，警察机关还有对"扰乱秩序"与"妨碍公务"违法行为的处置权，这对关联执法对象也有一定的威慑效应。④所以造成的最终结果就是以"联合执法"名义行使非法治化的警察协助。此外，一些为推行地方政府政策的"非警务活动"，也占用了很多警力，从20世纪90年代的催粮催款、计划生育，到21世纪初的征地拆迁，再到当前殡葬改革中的"抢棺平坟"，警察协助似乎成了基层政府推行政策的工具。

上述警察协助行为不仅加重了警察的负荷，使警察疲于奔命，还影响警察治

---

① 《上海市城市管理行政执法条例》（2012 年）；《深圳经济特区城市管理综合执法条例》（2013 年）。
② 余凌云：《警察权的"脱警化"规律分析》，载于《中外法学》2018 年第 2 期，第 393 页。
③ 李震山：《警察行政法论——自由与秩序之折冲》，元照出版社 2014 年版，第 67~69 页。
④ 蒋勇：《警察权"强""弱"之辨：结构失衡与有效治理》，载于《法制与社会发展》2017 年第 3 期。

安与交通等主要任务的开展。更有甚者，在警察机关协助无法达致目的时，会造成警民关系恶化，影响警察形象。特别是让警察机关协助处理非专业领域的事项，会让警察机关陷入手足无措的窘境。① 总而言之，无论是以"联合执法"的名义滥用请求协助的权力，还是以推行地方政府政策之名行非警务活动之实的权力滥用，都背离了警察协助义务的初衷，警察机关只是成为任务、目标、政策推进的工具，成为其他机关扫除障碍、降低风险的执法强制力保障，然而这一切所建立的合法性以及合理性前提都是值得怀疑的。

（二）协助不作为

近几年来，由于对行政机关依法行政水平要求的不断提高，公民的权利意识与法治意识越来越强，再加上反腐高压态势的叠加，有些行政机关负责人忧虑办事不力而引发问责，对于不属于自己具体职权范围内之事，能推则推，警察机关也不例外。例如，公安部在2011年发布了《公安机关党风廉政建设和反腐败工作意见》，其中规定"严禁公安民警参与'征地拆迁'等非警务活动"。该意见颁布以后，导致在征地拆迁事件中，有些公安机关对此产生了误解，认为应一律不介入此类活动，这实质是与公安部规定的精神背道而驰的。因为公安部禁止的仅是作为"非警务活动"的随意用警行为，即滥用职权行为，而非一概禁止所有协助行为。② 然而到地方上，这项规定就被一些公安机关错误理解，尤其是在东南沿海经济发达地区，警察机关无须通过经常性参与执法进行"创收"，因此在遇到拆迁、拆违等事件，其他行政机关请求协助执法时，警察机关往往过于谨慎而拒绝出警，生怕承担责任。此外，实践中存在的协助看人情关系、协助看请求机关级别等现象，也导致警察机关拒绝协助衍生为行政不作为，背离法治化轨道。

警察机关不积极协助导致不作为，除了直接拒绝协助，还有一种表现形式就是警察机关不完全协助。③ 如行政机关在拆迁、拆违的过程中，遇到暴力抗法的情形，请求警察机关予以协助，如果警察机关接到报警后赶往现场，但只是维护秩序，并未有效制止危险行为的发生，最终造成请求机关执法人员受伤，很显然

---

① 章光明：《行政机关强制力行使之研究：行政机关与警察机关合作模式》，载于《台湾大学政治学系研究报告》2014年，第94页。

② 郑琳：《论警察协助执行义务》，载于《中国刑警学院学报》2018年第1期。

③ 不完全协助是指警察机关虽然在程序、内容上有协助的形式，但实质上并没有履行完整协助的义务。这种不完全的协助，也可称之为形式作为但实质不作为，或者称之为不完全作为。相关讨论，参见黄学贤：《形式作为而实质不作为行政行为探讨——行政不作为的新视角》，载于《中国法学》2009年第5期；王兰玉：《"不完全作为"行政行为的法律性质及分类归属》，载于《政治与法律》2009年第2期。这种形式作为但实质不作为或者不完全作为，在司法实践中一般都被认定为不作为。

此时警察机关的行为就属于行政不作为。此外，警察机关对于行政机关的请求拖延履行（未在法定期限内答复）、转交给其他行政机关履行、违规调解等，这些警察机关的行为都属于不完全协助，本质上都应当被认定为行政不作为。

三、警察协助实践误区的成因

（一）行政分权不彻底，实质警察权仍然普遍存在

"警察，初与军队混同，次与司法混同，最后始隶属于内务省，其沿革各国皆同。"[1] 然而此后，属于内务行政的警察权在各国的演变却不尽相同。但大体一致的是，原本由警察行使的卫生、出版、风俗、宗教、建筑等管理事项，已基本剥离出来交由专门的行政机关行使，虽然"脱警化"的程度不完全相同，但由于历史原因以及现实管理的需要，实践中它们之间还存在着千丝万缕的联系，这也为警察协助留有空间。

警察权亦有形式警察权与实质警察权之分，实质警察权等同于政府秩序行政，欧美国家的警察权多沿袭此概念。[2] 而形式警察权则是我国组织法意义上的警察机关在国家宪法、法律框架下，执行警察法规范、实施警务活动的权力。[3] 虽然我国目前把警察权定性为警察机关所拥有的权力，但不可否认，其他行政机关也拥有不同程度的警察权。从维护国家安全和社会治安的实际需要出发，一般会在交通、税务、林业、民航、海关等一些关系国计民生的重要部门配置相应的警察权。[4] 正因为这些行政机关拥有警察权的基础，所以就具备一定的国家强制力，然而这样的强制力又不如警察机关，无论是其装备、专业技术还是人员素质，都与警察机关存在一定的差距，在遭遇执法困境或信息技术服务"瓶颈"时，也就必然要寻求警察机关的协助。

此外，在卫生、环保、食药、工商、税务、国土、水利等领域，虽然已经基本实现"脱警化"，但是在其执法人员行使处罚权和强制权时，本质上仍然属于"实质警察权"，然而这样的"实质警察权"又是不充分的，特别是缺乏对行政相对人的强制力，也不具备立案侦查以及采取刑事措施的能力，这些职能仍然都由警察机关保留。因此，实质警察权在我国当前政府秩序行政中的存在以及凸显

---

[1] ［日］松井茂著，吴石译：《警察学纲要》，中国政法大学出版社2005年版，第38页。

[2] Santiago Legarre, The Historical Background of the Policepower, University of Pennsylvania Journal of Constitutional Law, 2007, 9: 745, 745-796.

[3] 徐武生、高文英主编：《警察法学理论研究综述》，中国人民公安大学出版社2013年版，第29页。

[4] 刘琳璘：《宪法学视野下警察权问题研究》，法律出版社2017年版，第158页。

的执法能力短板问题,决定了其他行政机关在行使相应的警察职权时,必然有寻求警察机关协助的可能。

(二) 警察机关在双重领导体制下受地方政府干预

我国警察机关实行的是"统一领导、分级管理、条块结合、以块为主"的管理体制,也即地方警察机关须受上级警察机关和地方政府的双重领导。一般而言,上级警察机关负责工作业务上的指导,地方政府负责人事与财物的管理,但"以块为主"的模式导致地方警察权在行使过程中极易受到地方政府、地方党委的干涉。正如有学者所分析指出的,一方面,地方政府在自主利益的驱动下,经常通过要求警察机关协助其他行政机关的工作,为地方经济"保驾护航";另一方面,警察机关也可通过提供此种协助,在地方事务中发挥更大的影响力,为攫取更多的部门利益服务。[①]

尽管《公安机关组织管理条例》第三条规定:"公安部在国务院领导下,主管全国的公安工作,是全国公安工作的领导、指挥机关。县级以上地方人民政府公安机关在本级人民政府领导下,负责本行政区域的公安工作,是本行政区域公安工作的领导、指挥机关。"但无论是《公安机关组织管理条例》还是《人民警察法》,都未有对地方警察权做出清晰的规定,以至于在当前"以块为主"的警察管理体制下,地方警察机关更多地受制于地方政府和党委,而缺乏独立自主性。即使警察机关想要拒绝协助或者要正确行使协助权力,由于缺乏明确的法律支撑,往往心有余而力不足。所以,在实践中存在地方警察权被滥用的情形,特别是被地方政府、党委以各种明目的"联合执法"要挟,成为其推行地方政策的工具,导致警察协助完全偏离法治化轨道。

(三) 警察机关自身的特质

警察机关所拥有的特别的强制力是其他行政机关所不具备的。尤其是对违法当事人使用警械或强制措施,以及限制当事人人身自由,都具有很强的震慑力和很好的规制效果。因此,当行政机关执法人员遇到执法障碍时,请求警察机关予以协助就成了必然选择。

警察的执法素养和职业形象使得执法有保障。警察机关的执法人员,代表着公安执法的权威,普遍接受过较好的教育与训练,执法的水平和素质一般都要高于其他行政机关执法人员,因此执法更有效率,也更有公信力。良好的警察职业形象,使得老百姓对于警察在场的协助执法一般不敢贸然反抗,这由此也使警察

[①] 余湘青:《警察行政协助的困境与出路》,载于《行政法学研究》2008年第2期。

协助被滥用成了可能。

警察机关具有政治性。"所有的带有权力因素的关系都是政治,警务是天生的、不可避免的政治"。① 警察的政治属性在大陆法系国家普遍更为浓厚。② 在我国,警察机关更是各种"政治任务"得以完成的坚强后盾。在地方争创各种"政绩"的过程中,同样是作为一种"政治任务"下放给各个行政机关,而作为拥有高度强制力的警察机关,更是承担了其中的大量工作。还有在群体性上访事件中,警察机关同样是冲锋在最前面,积极承担协助信访部门处理纠纷的义务,这在很大程度上也是源于上级对地方信访事项的政治考核所转嫁给警察机关的压力。

警察机关"服从性"的特征,同样使得警察机关身陷协助活动之中而不能自拔。警察机关是典型的官僚制,故其成员往往以服从为天职,只要行政首长施压或是警察机关负责人答应,任何工作都可以变成警察本务。③ 如在重大安保活动中,行政首长一声令下,为了确保万无一失,警察机关经常抽调大量警力,协助主办单位做好安全秩序维护工作,尤其是涉及当地经济发展的活动项目,在"压力型体制下",更是不敢有丝毫懈怠。

第四节 警察协助的分类改革与法治完善

值得注意的是,警察协助活动在实践中具有多种形态,其中有行政机关之间具有共性的信息协助、技术协助、服务协助等一般职务协助,也有警察机关具有特色的执法协助。但警察协助在实践过程中产生问题最多的还是执法协助,因为此类协助要运用警察机关的强制力,容易侵犯当事人的权益。如果将执法协助的条件、程序以及责任与一般职务协助等同视之,显然不利于警察协助的法治化构造。因此,将执法协助与一般职务协助进行区分,提出不同的改革方向,就显得尤为必要。④

---

① [英] 罗伯特·雷纳著,易继苍、朱俊瑞译:《警察与政治》,知识产权出版社2008年版,第9页。
② 洪文玲、蔡震荣、郑善印:《警察法规》(修订再版),"国立"空中大学2009年版,第5页。
③ 章光明:《行政机关强制力行使之研究:行政机关与警察机关合作模式》,载于《台湾大学政治学系研究报告》2014年,第92~93页。
④ 我国台湾地区就根据警察协助的性质,将警察协助分为一般职务协助与执行协助。考虑到我国大陆地区的法律语境,由执法协助代替执行协助更为合适。执行偏重于直接强制执行的意味,且强调的是公安机关有自力强制执行权。实务中,行政机关协助执法,未必完全是动用直接强制执行权,而主要是维护秩序,使用行政拘留处罚、行政强制措施,这些无法为执行协助这一概念涵盖。

一、一般职务协助事项的民营化及其界限

警察机关具有丰富的人力、物力资源,尤其胜任于从事高体力、高智力的警察活动;民间力量则具有技术优势、人力优势,尤其适合从事服务性、技术性、辅助性警察事务。[1] 笔者认为,将一般职务警察协助的事务民营化,通过建立公私伙伴关系,由私人部门来承担部门或传统上由政府承担的公共活动[2],是未来的一种发展趋势。

在信息协助领域,警务数据的开放与共享是必然趋势。[3] 在许多地区,警察机关和第三方都正在共建警务信息平台,进行警务数据的采集利用与分享挖掘。当请求机关需要警察机关提供户籍信息、交通视频等信息协助时,完全可以通过警务信息平台获取。不过,警务数据的协助应当注重保护当事人的隐私,对于涉密性较强的、关乎社会治安稳定的警务数据,目前还不宜直接在第三方平台上共享。即使直接向警察机关请求获取,也要符合特定的治安目的。[4]

在技术协助领域,我国目前已经开放司法鉴定、车辆检测的市场,行政机关在执法过程中如果遇到与上述有关的技术障碍,并非只能向警察机关寻求协助,可以向第三方中介机构付费获得技术支持。当然不同的技术类事项,民营化的程度是不同的,如司法鉴定领域,对于人身伤害的鉴定,有些情形是只能由公安机关做出伤情鉴定的[5],因此行政机关工作人员在执法过程中遭遇暴力抗法而受伤,如果符合上述情形,就必须要向警察机关寻求司法鉴定协助,其他民营的医疗机构目前是无法涉足的。

在服务领域,警察机关所协助的消防、禁毒等宣传教育工作可以通过行政委托或行政助手[6]的方式,由专业警察带领若干辅警,到行政机关、学校、社区等单位进行宣传教育,是值得推广的方式。如果全部由正式编制的警察进行服务协

---

[1] 章志远:《部门行政法专论》,法律出版社2017年版,第84页。

[2] [美] E. S. 萨瓦斯著,周志忍译:《民营化与公私部门的伙伴关系》,中国人民大学出版社2017年版,第83页。

[3] 高文英:《警务数据的应用与执法方式改革探究——以贵州、四川泸州警务数据的应用为例》,载于《警学研究》2019年第1期。

[4] 蔡庭榕等:《警察职权行使法逐条释论》,五南图书出版公司2005年版,第349页。

[5] 《公安机关办理行政案件程序规定》(2018年修订)第九十条规定:"人身伤害案件具有下列情形之一的,公安机关应当进行伤情鉴定:(一)受伤程度较重,可能构成轻伤以上伤害程度的;(二)被侵害人要求作伤情鉴定的;(三)违法嫌疑人、被侵害人对伤害程度有争议的。"

[6] 章志远教授认为,私人参与执行警察任务的法律身份主要有四种,分别是以被授权者的身份、以被委托者的身份、以行政助手的身份以及以私法主体的身份。辅警目前的法律身份主要是行政委托或行政助手。参见章志远:《私人参与执行警察任务的行政法规制》,载于《法商研究》2013年第1期。

助，势必会造成警力资源的紧张，影响警察机关的全部运行。反之，如果全部由辅警进行服务协助，消防、禁毒宣传教育工作的效果可能会受到影响，毕竟专业化的警察到场进行言传身教更具有说服力。

二、执法协助仍保留给警察机关

笔者认为，对于执法协助仍应保留给警察机关行使。这主要是考虑到，一方面，执法协助的内容往往包含直接强制、剥夺人身自由等，是警察的法定职责所在；另一方面，针对执法过程中的危险处置或者防止可能发生的暴力侵害行为，都是警察机关的专业所长。因此，不管是对于行政强制执行中的协助需要法律授权，还是对于执行过程中危险的防止需要专门的装备和人员，非警察机关的其他行政机关作为公权力主体都很难做到，更不要说其他一般的私主体了。可见，执法协助活动宜仍由警察机关进行保留。不过，为了避免警察执法协助泛滥，有必要加强具有强制执行力的行政机关执法人员法律知识和执法能力的训练，为其配备一定专业的工具、器械，以便培养其专业化的执法能力。

三、法治化构造的具体路径

之所以对警察协助要进行类型区分以及改革方向的分析，目的是为对其进行法治化的改造奠定基础。在此基础上，分析警察协助执法的请求条件、正当程序以及法律责任，才更具有针对性以及可操作性。

（一）请求条件的优化

请求条件是警察协助执法的核心问题。当前法规范层面规定的行政协助启动要件，主要聚焦于以下五个方面：一是因法律或事实上原因，行政机关无法独自实现行政目的；二是所需的材料和证据，由其他行政机关掌握或自身难以调查获得；三是由其他行政机关行使更高效便利（行政效率原则）；四是需其他行政机关出具专业意见；五是紧急情况下需要其他行政机关协助。[1]

显然，上述行政协助的请求条件，并不能应对警察协助领域错综复杂的情形。就执法协助而言，启动条件一般以当事人拒绝协助为前提。但实际上，拒绝执行包含三种具体情形：消极的不配合、积极阻碍执行、暴力抗拒执行，但前两

---

[1] 相关内容参见《湖南省行政程序规定》（2008年）第十七条；《联邦德国行政程序法》（1976年）第5条等。

种情形作为请求警察机关协助执行的启动要件,明显门槛过低,容易对当事人造成侵害,且易对警察机关形成执行依赖,对警察机关也是一种特别的消耗。因此,警察执法协助义务应是以当事人暴力抗拒执行为前提。①

而就一般职务协助而言,在信息协助方面,只有在请求机关符合特定目的情形下,警察机关才能予以提供。在技术协助类型中,笔者认为应当考虑到技术型协助"过渡性义务"的特点,如果警察机关认为该项技术协助可以交由市场或其他行政机关行使,警察机关此时就有不予直接协助的自由,但应附具理由。在服务协助领域,警察机关一般应积极提供协助,但考虑到警力资源的紧张,可以考虑由警察带领辅警进行宣传教育。

(二) 正当程序的遵循

当前警察协助最大的空白就是正当程序的缺失。实践中运行的协助事项,基本无正当程序可言。缺少正当程序的协助行为,如脱缰的野马,无法得到有效的控制。对此,可以从以下几个方面对程序问题做出相应的完善:

(1) 行政机关提出协助请求的程序。

笔者认为,应由行政机关根据面临的具体问题,一般应在公务执行过程中②,向最方便的警察机关书面提出协助请求,载明请求协助事项及理由,所欲达成的目的与法律依据,协助请求答复时限和协助费用的承担等事项。③ 上述协助请求的事项,适用于所有警察协助类型。此外,针对执法协助而言,还应包括警察机关参加部门及人数、装备,协助起止时间④,责任和义务的分配等事项。最后都由相关负责人签字并加盖公章。除非是在执法协助请求中的紧急情况下可采用电话通知的方式,否则一律应当以书面方式启动而且要形成协议。⑤

(2) 警察机关的审查以及决定程序。

对于一般职务协助而言,由警察机关的对口部门进行形式审查并做出决定即可。

而针对执法协助,需要通过在警察机关法制部门建立审查机构,制定并颁布审查基准,进行把关。基准可以包括出警的情形、程序、现场的处置和立案

---

① 郑琳:《论警察协助执行义务》,载于《中国刑警学院学报》2018年第1期。
② 周春华:《行政协助制度的学理评析》,引自胡建淼主编:《公法研究》第6辑,浙江大学出版社2008年版,第232页。
③ 唐震:《行政协助行为研究》,中国法制出版社2017年版,第159页。
④ 余湘青:《对公安机关参与行政联合执法的理性思考——兼论警察行政协助法律制度的构建》,载于《中国行政管理》2008年第9期。
⑤ John T. O'Brien, Marvin Marcus, Crime and Justice in America: Critical Issues for the Future, Pergamon Press, 1979: 38.

的规定①,从而避免恣意。警察机关应当根据裁量基准,在请求主体要求回复的期限内就是否具有法律依据、是否超越职权、是否适用协助情形、是否具备法定形式等内容进行初步审查。②

对于所有警察协助类型,警察机关如果同意协助,应当在要求的期限内通知请求机关,注明给予协助的依据、方式、时间;如果拒绝协助,应当说明不予协助的理由、依据和决定不予协助的负责人,一旦产生纠纷,应当由其共同上级机关决定。此外,对于疑难执法协助案件的审查,可考虑适用集体讨论、专家论证等程序。

(3) 警察协助的实施。

对于信息协助的实施,警察机关通过书面、电子的信息传递即可完成,即使是技术型协助与服务型协助需要警察到场,一般对于程序要求也不苛刻,准时、高效完成即可。

而对于执法协助而言,警察机关必须要遵循一定的步骤与方式,协助请求机关展开执法,但同时也要听取当事人的异议请求,做出合理判断。具体而言,警察机关应先宣传教育、口头训诫;若难以奏效,再强制传唤、强行带离现场。遇到暴力抗法要及时制止,并调查取证,通过全过程录音、录像方式固定保全证据,当执法活动遇到群体对抗时,及时请求支援,避免事态扩大。对现场出现打砸等行为要及时制止,对挑头人员立即予以控制,对围观群众及时疏导、疏散,防止事态扩大升级,国保、治安等相关警种部门要及时介入调查,并根据掌握的情况对事件发展进行预判和处置。

(三) 法律责任的明晰

(1) 一般职务协助的法律责任。

在警察协助领域,一般的职务协助警察机关不太会承担法律责任。因为警察机关如果只是出具技术鉴定文书,或是按照要求提供有关信息数据和资料,参与法治宣传教育等,这些行为并未对请求主体的原行政行为产生实际影响,被请求主体也未直接参与行政行为的做出与执行,只是一种程序性、内部性行政协助,被请求主体与请求主体仅限于发生内部法律关系。③ 例外情形是,如果因警察机关的技术型协助或者信息协助的数据有误,导致实质影响当事人的权利,就会出

---

① 笔者在珠海市调研时发现,珠海市公安局警令部颁布的《珠海市公安机关配合和保障珠海市城市管理行政执法部门执法工作指引》,其本质就是裁量基准,对警察协助城管执法就做了很好的规定。
② 唐震:《行政协助行为研究》,中国法制出版社2017年版,第159~160页。
③ 孙群:《论行政协助行为的可诉性》,载于《河北法学》2014年第9期。

现内部行为外化的情况①，此时警察机关应当承担法律责任。

（2）执法协助的法律责任。

警察协助产生法律责任的情形，以执法协助为主，需要区别情形对待。

如果请求机关的基础行为违法，警察机关协助执法行为只是局限于现场维护秩序，并未实质直接参与执行（如直接参与强拆），警察机关应不承担法律责任。如在"李焕成、王厚岭与辽中县公安局行政强制行为纠纷案"中，辽中县城市管理行政执法局等拆除行为被确认违法，而警察机关将当事人带离至警戒带外并阻止其冲回警戒带内的行为是为了维护拆除现场秩序，据此，法院判决警察机关的协助执法行为并不违法。②

相反，如果请求机关的基础行为合法，警察机关的协助执法行为违反比例原则或者超越职权，给当事人造成损害后果的，警察机关应当对自身的违法性行为负责。在"张某某诉德令哈市公安局等行政赔偿案"中，作为公安干警的杨某某在协助执渔政公务过程中超越职权，没收陈某某捕捞渔具，使用暴力殴打受害人，致其死亡，属违法行政和犯罪行为。而德令哈市渔政管理站工作人员是在法律、法规授权的范围内依法行使职权，并未实施侵犯他人人身权的违法行为，因此不承担赔偿责任。③

而如果请求机关与警察机关的行为都违法，应当共同承担法律责任。在"任同岳等与辉县市公安局等行政赔偿案"中，法院认为，辉县市公安局等在拆房时没有任何认定任同岳所建房屋为违法建筑应予拆除的拆房依据，在诉讼中也未提供任何证据证明任同岳所建房屋必须予以拆除，且其拆除行为已被法院生效行政判决确认为共同完成的违法行为。对于任同岳因其违法拆除行为而受到的损害，应共同承担赔偿责任。④ 在共同赔偿责任的具体承担上，可以根据过错程度以及造成损害的因果关系大小来加以分配。⑤

此外，如果警察机关拒绝履行协助执法义务，是否需要承担法律责任？就目前的规定来看，如果警察机关的拒绝履行不符合法定要件，更多是以行政问责的方式加以处理的。⑥ 但如果警察拒绝协助执法，妨碍请求机关行政目的的实现或

---

① 李永超：《揭穿内部行政行为之面纱——基于司法实践中"外化"之表达的一种解释框架》，载于《行政法学研究》2012年第4期；刘飞、谭达宗：《内部行为的外部化及其判断标准》，载于《行政法学研究》2017年第2期。
② 辽宁省沈阳市中级人民法院（2016）辽01行终284号行政判决书。
③ 青海省高级人民法院（2000）青行终字第10号行政判决书。
④ 河南省新乡市中级人民法院（2014）新中行终字第138号行政赔偿判决书。
⑤ 郑琳：《论警察协助执行义务》，载于《中国刑警学院学报》2018年第1期。
⑥ 参见杭州市制定的地方标准《政府工作行政协助管理规范》第8.4.1条规定："违反本规定有下列行为之一的，由有关部门按管理权限和程序对责任单位和直接责任人进行问责或提出问责的建议：（一）行政协助的执法部门及人员对应协助的事项无故不予协助，给工作增加难度的；（二）行政协助的执法部门及人员对协助的事项不积极协助，造成不良后果的"。

者给当事人的合法权益造成损害,警察机关应当承担法律责任。[1]

需要补充说明的是,由于受地方政府干预而产生的异化执法协助行为并非完全是法治方面的原因,还与经济等因素有关,因此要深层次地解决这一问题,可以进一步参考珠海市改革的经验,采取公安市局直管财政的方式。珠海市的改革实践表明,此举大大减少了地方政府的干预,地方分局、派出所对于基层政府不合理的协助请求能够直接拒绝。

第五节 结 语

警察协助,在当前的中国语境下,进行一般、特殊与异化法的划分,是基于历史与现实的选择,与警察权的性质,警察的属性密切关联。除将作为执行政策工具异化的"警察协助",作为非警务活动予以剥离外,剩下的出于行政一体化与合作治理需要的一般警察协助,以及行政分权不彻底下,需要警察权辅助与担保的特殊警察协助,还是应当发挥警察协助的义务作用。但为滥用警察协助、将警察协助的启动条件、内部程序、责任机制予以明确规定,使得这两类警察协助义务在实践中于法有据,是时下亟待解决的问题。

警察协助,有一套成熟的法治运行机制,这也是防止警察协助义务变成基层警察机关负担的有效举措,因为格式化文本的对接,专业机关的审核,内部对疑难问题的讨论与决定程序,都一定程度上限制了行政领导的个人干预,也杜绝了所谓的人情协助,更避免了应当协助而拒绝协助的"踢皮球"、不作为情形。在具体实施过程中,警察机关协助执法人员在职权范围内的规范性执法,是得到保障的,但逾越职权或是不作为显然是要承担责任的。当然,具体的程序设计与责任机制也是在不同的警察协助类型的基础上所建立的,所对应的义务强度与协助门槛要求也是不一的,这同样是要区别对待的。

让警察协助真正发挥作用,对其"前世今生"的探寻,理解这项制度设立的初衷是起点,在此基础上,笔者对一般、特殊与异化警察协助的厘清,只是为具体警察协助义务的制度建设提供了一种视角,无论是程序的设计,还是责任的规定,都是让这项制度落地的关键。反之,如果只是片面强调"脱警化",减少协助,不仅与当前我国的实践不符,也无须在程序和责任上费过多笔墨了。

笔者希冀,警察协助义务作为一项制度,在实践中能真正规范警察协助执

---

[1] 孙群:《论行政协助行为的可诉性》,载于《河北法学》2014年第9期。

法，发挥治理作用。不过，这同样也是一个互动的过程，也期盼实践的检验，促进理论的反思与更新。更为重要的是，警察协助在理论、分类、程序、责任层面所结出的果实，如果能够反哺和发展行政协助基础理论，或者说是检验和修正行政协助基础理论，[①] 也算是一大进步。

---

① 章志远：《部门行政法学研究之三重进路》，载于《江苏行政学院学报》2017 年第 4 期。

第十三章

警察权行使与警务辅助人

第一节 辅警制度概述

一、辅警的产生与发展

(一) 我国辅警概况

世界范围内,各国和地区警察事务不都全部由警察执行。除了在编的正式警察之外,还有很多兼职警察和警务辅助人员,行使或辅助行使警察权力,如英国的特别警察和社区辅警。

我国也不例外,为维护国家安全和社会稳定提供有效的人力资源保障,[①] 大量的警务辅助人员在警察岗位的一线工作。我国辅警人员用量大,基本遍及各类警察岗位。通过调研走访得知的数据是[②],珠海市现有辅警 4 000 人左右,市局

[①] 参见《公安部、中央机构编制委员会办公室、民政部、财政部、人力资源和社会保障部关于规范公安机关警务辅助人员管理工作的通知》。

[②] 数据统计截止日期为 2018 年 6 月。

直属部门管理使用占全局辅警的43.09%，其中，特警支队、交警支队、消防局、案审监管支队使用辅警数量均上百人；各分局管理使用占全局辅警的56.91%，老城区和口岸分局使用数量最大。从工作岗位而言，尤以治安、交通、户籍三个岗位用量最大：治安巡防员近千人，与交通协管员、户管员人数合计占辅警总数的一半以上。仅从数量上看，珠海市民警与辅警数量比为1∶0.8。深圳市民警和辅警数量比已经达1∶1.8，辅警在数量上远超在编警察。他们的制服上有着"辅警""特保""特勤""执勤"等标识，如果不加仔细辨别，我们根本分不清他们和警察的区别。鉴于其所处的岗位、所作的行为、所着的制服与警察高度一致，民众会直观地认为他们就是警察。而实际上，他们只是警务辅助人员（简称"辅警"）。

警务辅助人员是没有警察身份的警务辅助力量，是用人单位（公安机关或人民政府）通过购买服务或者签订劳动合同的方式辅助在编警察履行日常职务、处理事务的劳动者。警务辅助人员现在已经成为一支逐渐壮大的执勤力量，相关问题也日渐突出。实践部门关于警务辅助人员的规范管理都在摸索中进行，他们一方面很希望把这批人有效地用起来，另一方面也担心使用过度、超过权限、违反依法行政的基本原则。

2016年，国务院办公厅印发了《关于规范公安机关警务辅助人员管理工作的意见》（以下简称《意见》），从创新社会治理的角度推动警务辅助人员的制度化、规范化、法治化建设。《意见》不惜笔墨地逐个罗列了警务辅助人员可以辅助的事项、不得参与的事项以及所须遵守的纪律，但是罗列的事项既有法律行为、又有事实行为，对警务辅助人员的权限没有统摄性的概括，也无法从中把握何为警务辅助人员的辅助性。这也表明我国学界缺乏对警务辅助人员权限的研究，也是本章试图探索的核心问题。因此，需要在考察国外制度实践并结合本土实际的基础上，加强对警务辅助人员权限的系统研究，以回应现实需求。

（二）现有研究及不足

以中文文献梳理结果来看，我国学界和实务界对警务辅助人员的讨论已经形成一定的规模和定式，对辅警身份定位、功能价值、组织架构、权限职责、待遇保障等都已经有相当数量的讨论。我国学界对警务辅助人员的探讨主要放在现代行政和私人参与行政的背景之下，借助德国公法上的行政辅助人员、行政助手的概念，讨论警务辅助人员的身份定位和权限问题。

第一，辅警身份并未对行政主体理论产生挑战。研究警务辅助人员的身份定位问题时，学者绕不过要先阐释警务辅助人员是不是行政主体。我国学界对行政主体的定义已经达成了共识，认为行政主体是享有行政职权，以自己的名义进行行政活动并独立承担法律责任的组织。① 王名扬先生认为，行政主体是使行政组织和行政活动具有统一性和继续性的一种法律技术，使公务员由于执行行政职务而产生的权利、义务和责任不归属与自己，而归属于一个法律上的中心，② 主要用于行政分权。

行政主体从初始的功能上看，诚如王名扬先生所言，是采取法律拟制的工具性手段，创设了只要满足独立名义、承担责任、行使权力等标准和要素的组织就具有公法上的主体地位和资格的研究方法。但是在我国并没有行政分权和自治的实践，行政主体理论主要用于解决行政机关法律身份不确定的问题，运用到确定行政诉讼被告上去。③ 随着社会结构的变迁，主体外延也在不断扩展，衍生出授权主体和委托主体的类型。那么，是否能够再不断地扩展，将辅警队伍（或者扩大到整个行政辅助人队伍）也纳入行政主体的范畴？

辅警是政府通过购买社会服务或自行招募、交由公安机关管理和使用的警力资源，是公安机关内部的工作人员，并不影响涉及行政主体范畴的变化。质言之，辅警只是公安机关警力资源改革的产物，并不是说组建辅警队伍就是组建了一支与人民警察平行且独立的治安组织。

第二，行政辅助人理论未能有效解释我国实践困惑。有学者认为，包括辅警和私人行政在内的行政辅助人是"行政机关延长之手足"，仅能在行政机关的指示下从事辅助性质的行政活动，本身不具有行政裁量的空间，不能像行政授权中的被授权人一样以自己的名义独立行使行政权。④ 但是，这样的解释力仍然有限。"手足论"解释中的辅警欠缺主观能动性，沦为机械的替代品。作为警察助手的辅警仅能在警察的指示（而非"指导"）下从事警务活动。辅警本身不具备在执行警务中承担法律责任的资格，难以对具体的辅警个人追责⑤。

第三，尚未出现对辅警职权界限及其标准的有力解释。辅警职责权限在国内也引起了较多的关注，研究结论大多都归为"在警察的指示、带领下从事辅助性的非执法警务工作"。具体的判定标准总结为两项。一是辅警职权仅限于非高权

---

① 这一观点可从一些具有代表性的教材得到印证，而且出版时间显示，这一定义一经出现就沿用至今。参见王连昌主编：《行政法学》，中国政法大学出版社1994年版，第60页；张树义主编：《行政法学》，中国政法大学出版社1995年版，第70页；罗豪才主编：《行政法学》，北京大学出版社1996年版，第48页；胡建淼：《行政法学》，法律出版社1998年版，第134页。

② 王名扬：《王名扬全集：英国行政法、比较行政法》，北京大学出版社2016年版，第299~300页。

③ 石佑启：《论公共行政之发展与行政主体多元化》，载于《法学评论》2003年第4期。

④ 李洪雷：《德国行政法学中行政主体概念的探讨》，载于《行政法学研究》2000年第1期；李震山：《私人参与警察任务执行之法律观》，载于《警政学报》1990年第1期；程明修：《行政法之行为与法律关系理论》，新学林出版股份有限公司2005年版，第423~435页。

⑤ 目前，我国对绝大多数引起争议的辅警最多只是被解除劳动合同，没有进一步的行政责任、民事责任的承担。

性警察权。非高权性是不确定法律概念,一般理解为事务性、辅助性的行政活动,如治安巡逻、执勤、协助检查等活动。二是依据行政过程论的原理,辅警权力限于执行对行政相对人权利义务不产生影响的事实行为①。含糊的描述性的词语并不能解释"辅助性""非高权性"等不确定概念。国内文献几乎全部在重复着私人可以执行"服务性、程序性、辅助性"等一部分次要的警察任务,具体指称哪些内容并不明确。用不确定性类似的不确定法律概念去解释另一个不确定概念,基本上只能让读者先验地体会到一种感性的明确性,让人似乎感觉摸清了"辅助性"的外观,但是却依然说不清楚内核。而这个内核,正是本章主要探讨的部分。

二、辅警制度的产生

辅警始于公安自筹经费组建的治安员。不同于群防群治治安队伍,是一支专业警务力量。公安机关自行出资招募的治安员不再是群防群治的民间保卫力量②,而是与公安机关有人身依附关系的特定的警务力量。改革开放后,面对人口流动和社会矛盾复杂化,国家短时间内难以在人力和财力上大量的增加警力,因此号召组建"自防体系",号召有关单位在人、财、物方面已予支持,③ 自己出资自己受益。各地治安联防队员中程度不同地存在着素质不高、纪律作风松弛、越权执法等问题,社会上连续发生治安联防人员违法违纪事件。2000年公安部在贯彻落实国务院全面推进依法行政任务中,要求停止非警察从事执法任务。④ 中央从性质和职权方面全面限制治安联防队,从制度层面上限制压缩了治安联防队的生存空间。

辅警弥补市场经济暴露的警力不足。我国市场经济带来经济大发展的同时,也在社会上产生了连锁反应。首先,市场经济打破了联防队群防群治的基础⑤。联防队是群防群治的基层群众组织,其成立和发展主要靠政治动员的因素,其消亡主要是经济因素。市场经济要求企业改制,政企分开,城市里的企事业单位不再专门供养联防队充当警力,警力出现数量级缺失。其次,市场经济使得城市大

---

① 刘东辉:《论行政辅助人的行政法规制》,载于《江汉论坛》2015年第7期。
② 群防群治工作并没有因此停止,国务院和公安部在理念报告中均强调群防群治工作的重要意义。"要积极发动和组织群众参与社会治安工作,不断发展壮大群防群治力量,推进社会治安防控体系建设。"参见《中共中央关于进一步加强和改进公安工作的决定》。我国目前主要的群防群治的形式是治安志愿者、社区联络员、各企事业单位保安等,与基层派出所民警之间建立密切的联络关系。
③ 参见《公安部关于继续加强群众性治安联防工作的请示》(1988年):"在短时间内,由国家大量增加警力和用于公安工作的财力是不可能的。继续加强群众性治安联防工作,有助于缓解这方面的矛盾。为了搞好治安,城市建立一些治安联防队、治保会等,形成群众性自防体系,有关单位要在财力、物力、人力方面给予必要的支持。群众自己出资自己受益,取之于民用之于民也,利于自己也利于社会。"
④ 参见《公安部关于贯彻落实〈国务院关于全面推进依法行政的决定〉的通知》(2000年)。
⑤ 政工言:《建设正规化辅警队伍若干问题探讨》,载于《公安研究》2008年第9期。

发展，大量农村青壮年劳动力涌向城市，不仅造成农村警力缺失，也增加了城市警察压力。最后，市场经济引发企业改制的浪潮，大量城市劳动力闲置（下岗），正值公安机关不得不自己想办法出资雇人充当联防队员的角色，因企业改制而闲置的城市劳动力正好填充警力，也帮助政府完成了下岗职工再就业的任务。

三、制度发展的四个维度

（一）从严禁执法到不得单独执法

以 2006 年《公安部关于加强基层所队正规化建设的意见》为标志，公安机关开展了新一轮的正规化建设。国务院要求进一步整顿行政执法队伍，对被聘用履行行政执法职责的合同工、临时工，要坚决调离行政执法岗位。① 警察应当坚守岗位时"严禁使用不具有人民警察身份的人员代替民警值班"②。

此后，公安机关针对人民群众反映强烈的执法问题，于 2008 年开始执法规范化建设。对执法辅助人员而言，相对于正规化建设期对辅助人员"一刀切"式的完全禁止其从事执法行为，规范化建设时期的规定有所松动。③ 规范化建设不再一律禁止辅助人员一概不得从事执法活动，改为"严禁单独从事执法工作"，要求各地公安机关要抓紧对各类辅助人员单独从事执法工作的问题进行彻底整顿，2009 年底前整改完毕。④

（二）从合同工到区分文职/勤务辅警

正规化建设时期的明显进步是，开始从执法主体的角度，将公安机关聘用的警务雇员统一地确定为"协勤辅助人员"⑤，从组织意义上统一辅助人员。我国已明显意识到警务辅助人员之中包括两种价值追求不完全一致的类型。因此，对公安机关辅助人员的管理采取"分而治之"的手段进行，将其分为"文职人员"

---

① "加强行政执法队伍建设。实行行政执法主体资格合法性审查制度。健全行政执法人员资格制度，对拟上岗行政执法的人员要进行相关法律知识考试，经考试合格的才能授予其行政执法资格、上岗行政执法。进一步整顿行政执法队伍，严格禁止无行政执法资格的人员履行行政执法职责，对被聘用履行行政执法职责的合同工、临时工，要坚决调离行政执法岗位。健全纪律约束机制，加强行政执法人员思想建设、作风建设，确保严格执法、公正执法、文明执法。"参见《国务院关于加强市县政府依法行政的决定》第（十九）条。
② 参见《公安派出所正规化建设规范》第六十五条。
③ 参见《关于加强交通协管员队伍建设的指导意见》（2008 年）。
④ 参见《全国公安机关执法规范化建设总体安排》（2009 年）。
⑤ 该术语规定在《公安机关组织管理条例》（2002 年）。

和"执法辅助人员",以分类试点的方式规范警务辅助人员的管理,并逐渐聚焦二者权限问题。

由于不涉及复杂敏感的执法任务,公安机关对文职人员的规范进展较快且最早完成。2009 年,公安部以规范性文件的形式,确定在有条件的城市公安机关试行文职人员制度。[①] 文职人员不具有警察和公务员身份,是面向社会公开聘用的,为公安机关提供技术保障、辅助管理、行政事务等方面服务的专门人员。文职人员不得从事涉及绝密级、维护国家政治稳定、国内安全保卫、行动技术、反邪教、反恐怖、禁毒、打黑除恶等事项,不得从事执法活动。公安机关要严格按照"聘用多少、置换多少"的原则将警察置换到一线执法岗。

(三)逐渐为辅警制度留有立法空间

2015 年我国开始全面深化公安改革,首次提出"警务辅助人员"的概念。辅警开始以一个完整的制度被中央层面单独讨论和规划。在公安改革的各个领域,都已经开始为警务辅助人制度的接入留有余地。例如,我国现行《中华人民共和国人民警察法》(以下简称《人民警察法》)条文的主语均为"公安机关及其人民警察"或"公安机关的人民警察",意味着《人民警察法》规定的警务工作只能由公安机关警察完成。其目的虽然是区别国家安全机关、监狱、劳动教养管理机关的人民警察和人民法院、人民检察院的司法警察,但是同时也没有意识到、没有留给警务人员中除警察之外人员参与的机会。这一情况已有所改变,2016 年公布的《人民警察法》(修订草案稿)中,条文主语已经改为"公安机关",为公安机关的辅助人员参与警务工作留有余地。

(四)不断提高对辅警权限的关注

随着公民权利意识的觉醒以及媒体的宣传,越来越重视执行公权力的合法性。我国通过几十年的管理辅警经验,也逐渐意识到辅警权限问题才是警务辅助人制度发展的最为根本性的问题。文职辅警是警务辅助人发展的第一个阶段,更多地涉及经济和效率的考虑,基本不对公民权益产生影响、不对外部产生效力。而对外产生效力、与群众权益密切相关的勤务辅警,更多地涉及权限问题。勤务辅警在 20 世纪 90 年代违法违纪现象频发,引起公众不满后,公安部要求警察

[①] 参见《关于在城市公安机关试行文职人员制度的意见》(2009 年)。有文献显示我国最早由上海公安局浦东分局在 2004 年以政府购买服务的方式招聘文职雇员,是上海市公安人员在前赴欧洲、新加坡、我国香港特别行政区等国家和地区调研的基础上借鉴境外经验的结果。参见季建新:《公安机关文职雇员制度初探》,载于《公安学刊》2007 年第 4 期。

"带领"辅警执法,本质上是监督辅警不要违法违纪,还没意识到他们权限问题。随后,公安部不断发文解决了辅警身份、经费、行为规范等问题后,类似的问题依旧频发,权限问题才显露出来;民众的质疑也逐渐集中,究问到更深层次的辅警权力来源上来。

四、辅警制度的意义

(一)破解编制不足的难题

辅警灵活的用工方式打破行政编制的限制。我国警察招录不仅受《中华人民共和国公务员法》关于招录条件和程序的限制,也受到各地人民政府和公务员局核定的人民警察数量,行政编制数量直接决定了政府财政支出。短时间内大量增加人民警察的数量是不现实的。

辅警是吸纳专业型人才的有效途径。基于我国行政编制内公务员"逢进必考"的原则,要想成为人民警察,除了满足多项报考条件之外,还要经过笔试、面试等考试环节。烦琐的用工方式、通识型的报考人员,不能有效适应日益专业化、技术化的用工环境和灵活的用工要求。警务辅助人制度是吸引人才,尤其是有专业技能、身体素质过硬人员的有效途径。有很多具备警务专业或身体素质的人,鉴于人民警察严格的招募条件而无法通过招警考试,但是他们完全可以胜任警察工作。如退役军官在片区执勤,其日常训练和身体素质比一般警察都好,吸纳进来就是治安骨干[1]。

(二)兼顾行政效率与合法行政

合法行政和行政效率二者都是行政法原则[2],也是我国依法行政、建设法治

---

[1] 金晓琼:《不能做民警,我也要做最好的协警——追记杭州市公安局西湖分局三墩派出所协警金晓军》,载于《人民公安报》2009年4月4日第002版。

[2] 合法行政是依法行政原则的子原则,是源于德国近代形式法治的合法行政的要求,具体包括法律优先和法律保留。我国目前合法行政原则一般指形式合法,即要求行政机关职权法定、行为法定、依据法定和程序法定。学者不断对我国行政法原则进行反思和重构,并以"有效率的行政权"为逻辑起点重构我国现代行政法基本原则。也有学者认为,效率是法律的价值之一,因此也是行政法的价值,并认为我国现行宪法第二十七条是行政效率原则的宪法基础。参见姜明安:《行政法》,北京大学出版社2017年版,第117页注释1;余凌云:《行政法讲义》,清华大学出版社2014年版,第75~79页;章剑生:《现代行政法基本理论》(上册),法律出版社2014年版,第92~93页。有关行政效率原则的具体论述,参见王成栋:《论行政法的效率原则》,载于《行政法学研究》2006年第2期。

国家的内在要求①。合法行政和行政效率之间可能存在冲突。例如，合法行政要求制定详尽的执法程序限制单一警察执法权限，可能会对行政效率有所减损，并牵制大量警力，这也是法治的必要代价②。优先适用行政合法原则并不代表排斥行政效率原则，兼顾二者才是依法行政的应有之意。

警务辅助人制度是部门行政法学（警察法学）兼顾行政合法原则和行政效率原则的具体体现。警务辅助人制度中，价值追求不同的文职辅警和勤务辅警兼顾各有侧重：追求效率和效益的文职辅警可以将行政效率原则发挥到极致，注重权限和辅助职能的勤务辅警化解行政合法原则对警力资源刚性需求的困境。将每一个警察的力量限制在一定范围之内，是现代法治控制权力的技术。所以只能通过增加人数来保证警务需求必备的力量，这是法治的必要代价。我国有关法律、法规和案件办理程序规定对执法人数有明确的规定，就是法治限制单个警察权力的例证。虽然绝大多数执法和案件调查程序仅要求两名警察即可进行，表面看上去并没有要求过多的警察参与。但是，如果我们将这"两人以上"的要求放在实践中审视，就会看到基层警力捉襟见肘。③ 如果没有辅警在警力资源上有所补充，日常警务工作开展将陷入被动。

我国法规范中规定两名以上警察履职的情况包括两大类。一类是案件调查，另一类是日常执勤。

案件调查要求两名以上警察进行，背后的价值取向是公正性。调查结果直接决定和反映法律真实。要求两名警察从事案件调查，形成二者之前的相互监督关系，保证公正性。在此情形下，要求本来是被监督对象的辅警去监督警察，不具有现实可能性，也不符合逻辑。当然，案件调查中，辅警不能置换警察，并不代表辅警不能参与案件调查。辅警仍然可以从事案件调查中不具有决定性、行政事实行为。例如，对道路交通事故进行调查时，划定警戒区域、放置警告标志、确定专人负责现场交通指挥和疏导、组织分流绕行、组织抢救伤员、查找道路交通

---

① 全面推进依法行政要求既要保护公民的合法权益，又要提高行政效率，保证政府工作在法治轨道上高效率地运行。要大力加强基层所队的规范化建设，不断提高工作效率。参见《国务院关于全面推进依法行政的决定》《中共中央关于进一步加强和改进公安工作的决定》。

② P. Van Reenen, The "unpayable" police, Policing Int. J. Police Strat & Mgmt, 1999, 22: 133.

③ 例如，县级公安机关交通管理部门的交通事故处理机构每次出警需2名民警以上。某省会城市某区公安分局交警支队内，就至少配备6名有事故认定资格的民警：事故处理要求24小时备勤，以每2名警察为一组计算，加上每天3班轮换，至少6人。然而，这样的计算仅满足该辖区内处理一起交通事故，实践中至少同时准备2组、4名警察、每天至少12名警察备勤。但是在实践中，一个交警支队事故认定科之内，有资格的警察编制达不到这么多人（该辖区经济发达，也仅有3名可以从事交通事故认定的警察）。同样的例证，刑警队每一个案件至少需要2名警察跟进，一个刑侦支队同时办理的案件数量绝不只是几个而已。如果没有由一名警察带领辅警进行交通事故勘察的，再由2组民警互换文书并签字，可以想象该辖区交通事故认定工作开展会很艰难。

事故当事人和证人并制作询问笔录、控制肇事嫌疑人、查明天气情况、保全现场证据。① 这些程序性事项可以由辅警完成，只是整个事故处理过程应当有两名警察在场，在警察之间形成现场监督关系。

日常执勤要求两名以上警察进行，是出于安全性和工作便利性的考虑。要求两名警察执勤的情况，均为高速公路执勤执法、盘查、查缉违法犯罪嫌疑人的情形。这些情况具有高度的危险性，一名警察难以有效控制局面，两名警察要根据分工确保执勤安全、嫌疑人不至于逃脱。② 除安全性之外，日常执法还要考虑便利和迅速。警务工作具有紧急性，辅警参与其中扩充了工作人数，使警务工作更加顺利和迅速完成。③ 辅警在此情形下置换警察，符合法律规定的精神和目的，也辅助警察更好地完成日常执法任务。

（三）实现警力下沉

招募辅警参与警务工作的另一个重要原因是，将警察从机关工作置换到基层一线执法实战岗位，缓解基层警力需求压力。④ "聘用多少置换多少"。治安综合治理是我国维护基层治安的基本手段，统合社会力量参与警务工作。20 世纪提出的综合治理中的 "各单位内部的安全保卫工作和基层治保组织" 这类的群防群治队伍已经在市场经济的作用下式微，我国政府要主动填补这一部分警力缺口。在无法快速、大量增加警察编制的前提下，辅警制度是履行国家安保责任的选择之一。因此，应当说，我国强调社会治安的综合治理，强调联合多元主体共同治理社会治安，坚持政府最终对社会安全责任负起全部责任，社区辅警起到填补鸿沟，缓冲矛盾，实现交流的作用。

---

① 参见《道路交通事故处理程序规定》（2008 年）第十九至二十三条。
② 参见《公路巡逻民警队警务工作规范》（2011 年）第十五、二十、三十三条。
③ "要大力提高事故现场快速处置能力。这是当前事故处理部门迫切需要解决的首要问题。目前在一些地方事故处理部门出现场不及时、现场勘查时间长和由此造成交通堵塞等问题都不同程度地存在，对此，群众意见很大。各地公安交通管理部门的领导要切实重视这些问题，采取措施尽快提高快速反应能力。济南交通警察支队提出的'五快'（出现场快、现场勘查处理快、调查取证快、责任认定快、调解结案快），规定事故处理人员到达现场的时间，压缩交通事故责任认定的期限，以实际行动体现出了全心全意为人民服务的优良作风。"参见《公安部交通管理局关于印发〈学习济南交警改革事故处理工作座谈会纪要〉的通知》第一点。
④ 各地要通过在非执法、非涉密岗位使用警务辅助人员，进一步置换民警充实到基层一线执法实战岗位，优化内部警力资源配置，缓解基层警力需求压力，增强队伍整体战斗力，夯实公安工作的根基。公安机关要严格按照"聘用多少、置换多少"的原则，统一组织置换工作。要科学确定转岗职位，尊重民警合理的转岗意愿，做好深入细致的思想政治工作。参见《关于在城市公安机关试行文职人员制度的意见》（2009 年），《公安部、中央机构编制委员会办公室、民政部、财政部、人力资源和社会保障部关于规范公安机关警务辅助人员管理工作的通知》（2016 年）。

第二节　身份定位及其组织法回应

一、基于行政委托的身份定位

行政委托是行政体制内的权力组织方式。行政委托是"行政主体将其职权的一部分，依法委托给其他组织或个人来行使的法律行为"[1]。有学者从行政委托性质的角度，论证辅警本质上是行政受托人。由于行政委托具有委托内容的行政性、委托方式的契约性、受托人的独立性以及委托效果由委托机关承担的性质[2]。从现有研究成果来看，目前对行政委托内涵的统一认识是：委托他人行使公权力，但行为责任仍归属于委托方。[3] 行政委托并不发生行政主体资格的转移，受托方实施行为的一切法律后果都由委托方承担。行政委托的这一特点与警辅的表象可以同等对接。[4]

辅警是否基于行政委托获得权力来源，需具体考虑是否满足通行的行政委托主体、受托主体、委托事项、委托依据等构成要件。[5]

第一，行政委托方是否为行政主体，这一点没有争议，人民政府或公安机关均为典型的行政主体。

第二，行政委托事项是否有法规范依据。对此，最高人民法院司法解释曾将符合条件的行政机关的内设机构和派出机构行使行政职权的行为也视为行政委托。[6] 从历史解释的角度分析，行政委托是"无法律、法规、规章授权"的权宜之计：无法律、法规、规章授权的事实，不想赋予某一主体职权或尚未来得及赋予其职权，却又同时需要或继续需要其承担行政任务。对于这一状况，最高人民法院司法解释进行了制度安排。行政委托的"权宜之计"的功能，对执法力量下

---

[1] 罗豪才主编：《行政法学》，北京大学出版社2001年版，第53页。
[2] 邹焕聪：《辅警理论研究的悖论——从我国首部辅警地方政府规章切入》，载于《中国人民公安大学》（社会科学版）2012年第6期。
[3] 黄娟：《行政委托制度研究》，北京大学出版社2017年版，第21页。
[4] 章志远：《私人参与执行警察任务的行政法规制》，载于《法商研究》2013年第1期。
[5] 有关行政委托事项及其限制，在本章后续论述辅警职权限制及其划分标准部分加以论述。
[6] 参见《最高人民法院关于执行〈中华人民共和国行政诉讼法〉若干问题的解释》第二十一条："行政机关在没有法律、法规或者规章规定的情况下，授权其内设机构、派出机构或者其他组织行使职权的，应当视为委托。当事人不服提起诉讼的，应当以该行政机关为被告。"

沉的政策要求导致的基层执法资源需求的激增的现状具有很强的解释力。随着我国法律规范体系逐步健全，行政委托"权宜之计"的功能具有了独立内涵，成为一种权力组织方式和行政任务配置方式。① 扩张和重构后的行政委托理论，有效地解释了执法力量下沉的政策导致的基层执法力量的法律依据问题。

第三，辅警是否属于行政受托人的范畴。从我国行政委托制度的历史沿革角度而言，行政受托人的范围一致随着委托事项的变化而改变。我国最早出现行政委托的权威依据是 1989 年《中华人民共和国行政诉讼法》第二十五条第四款，明确行政委托不发生责任的转移。② 之后的立法根据不同的委托事项规定了不同的受托主体。1994 年《中华人民共和国国家赔偿法》中扩大受托方范围，将"个人"纳入受托人范围，但是这里的个人有着特定内涵，即符合行政执法要求，具有法定执法证照甚至在编的人员。这些人员实际上属于行政机关或者代表行政组织，而非一般意义上作为私人主体的个人。1996 年《中华人民共和国行政处罚法》明确行政处罚职能委托给组织，且对组织规定了明确的条件③。2003 年《中华人民共和国行政许可法》规定行政许可委托的受托方只能是行政机关。2011 年《中华人民共和国行政强制法》则直接规定行政强制措施权不得委托。当前部分立法对受托主体的范围限制正逐步为行政执法现实所突破。现实中行政委托的受托主体的范围已经被放宽，未来立法对受托主体的规范应更着力于其资质条件。对行政受托主体的放宽偏向的是一种提升行政效率的考量。④

二、公务理论对辅警身份性质的佐证

基于行政委托原理，辅警是基于人民政府或公安机关的委托，辅助人民警察行使警察权的工作人员，履行的是公务。这一观点也有司法实务中的公务理论佐证。公务理论主要通过两类案例的论证，以对抗传统的"身份说"。

第一类案例是区别辅警泄露巡逻信息的行为是受贿罪还是滥用职权罪⑤。受

---

① 黄娟：《行政委托内涵之重述》，载于《政治与法律》2016 年第 10 期。
② 该规定在新修改的《中华人民共和国行政诉讼法》中为二十五条第五款，内容有改变，即为"由法律、法规授权的组织所作的具体行政行为，该组织是被告。由行政机关委托的组织所作的具体行政行为，委托的行政机关是被告。"
③ 《中华人民共和国行政处罚法》（1996 年）（2009 年）第十九条："受委托组织必须符合以下条件：（一）依法成立的管理公共事务的事业组织；（二）具有熟悉有关法律、法规、规章和业务的工作人员；（三）对违法行为需要进行技术检查或者技术鉴定的，应当有条件组织进行相应的技术检查或者技术鉴定。"
④ 黄娟：《行政委托制度研究》，北京大学出版社 2017 年版，第 108 页。
⑤ 相关案例及分析，参见魏玉民、胡树新：《"协警"为盗油人提供巡查信息该如何认定》，载于《人民检察》2007 年第 24 期。

贿罪作为一种特殊主体犯罪，犯罪主体必须为国家工作人员是认定受贿罪的一个重要构成要件。对此，我国刑法关于国家机关工作人员的规定[①]："国家机关、国有公司、企业、事业单位委派到非国有公司、企业、事业单位、社会团体中从事公务的人员，以及其他依照法律从事公务的人员，以国家工作人员论。"扩大解释刑法上的"委派"的理解，辅警就是受公安机关派出所委派执行巡逻任务的、国家工作人员以外从事公务的人员，因此符合受贿罪的主体要件。本章认为，此处的委派与委托同义，在秩序行政行为中解释外部法律关系的语境下，是行政委托；而在行政体制内部具体到"人"的语境，则使用委派来表述此种的"委托—代理"关系。

第二类案例是行政相对人反抗辅警是否构成妨害公务罪。妨碍公务罪的重点是妨害公务，而非妨害主体。人民法院裁判文书中体现的观点是，妨害公务罪关注的重点在于公务是否受到妨害，而非公务主体是否受到妨害。辅警虽然不具有国家机关工作人员的身份，但其协助警察执法的行为属于公务行为。首先，从被妨害的客体来看，妨害公务罪关注的重点应当在于公务是否受到妨害，而非公务执行主体是否受到了妨害。其次，从公务的执行主体来看，协助警察执行公务的辅警与警察具有"一体性"，不能将二者割裂开来和区别看待。[②]

公务理论的基本观点是，辅警的任务和公务员身份是两回事。公务员身份是一个政治概念，而从事公务的人员是一种人力资源的表述。"公务说"成功地破除了履行警察职责需要公务身份的论断。但是，公务说遗留了两个问题并未说明。第一，公务说的论证结果是辅警只有职责而没有职权。辅警只存在利用职务之便利，而不存在滥用职权的可能。例如，"巡逻辅警的职责就是听从派出所的安排，与巡逻队的其他成员一起执行巡查、执勤等任务。至于安排谁去巡查、按什么路线巡查、去什么地方巡查等职权应当由派出所的相关负责人享有。"[③] 将巡查路线泄露的行为，被滥用的职权是向特定群体透露巡查信息的权力，此方面的权力只有派出所的相关负责人享有，而非辅警。辅警负有巡查等职责，仅能获取派出所巡查任务的时间及行动次数等信息。第二，公务说仅确定了辅警履行职责的内容性质上是公共事务，但是没有明确辅警履行公务的行为性质。

---

① 参见《中华人民共和国刑法》（1997年）第九十三条。
② 参见"上海松江法院判决王文海、单华梅妨害公务案"（2014年）沪松刑初字第1154号；李永杰：《辅警在何种情况下可成为妨害公务罪侵害的对象》，载于《人民公安报》2017年5月15日第005版。
③ 李永杰：《辅警在何种情况下可成为妨害公务罪侵害的对象》，载于《人民公安报》2017年5月15日第005版。

三、执法理论确定辅警身份的表征

行政执法理论将（勤务）辅警身份定位为执法人员。目前，我国无论官方文件、还是学界观点、甚至是辅警自己都认为辅警"不是执法主体，不具有执法资格，没有执法权"。[①] 但是，在具体论述辅警行为性质时，虽然刻意避免使用刺眼的"执法"一词，却不可避免地使用了"辅助/协助执行职务"的绕口的表述，意图淡化辅警行为性质。

从概念分析的角度而言，辅警当然不是行政执法主体。有关行政执法主体的概念，学界基本上是按照行政主体的概念加以简单复述，即行政执法主体是适格的行政组织，包括政府、政府机构以及授权委托的组织。[②] 行政组织中的成员个人只能按其职务要求充当行政组织意志的具体表达者和传递者，成员本身不是行政执法主体。行政执法主体中的个人，是行政执法人员，执法人员的编制和配备是行政执法主体履行执法职责的组织基础和要素。[③] 公安行政执法的主体是指县级以上公安机关和经法律、法规、规章授权的公安机关的内设机构或派出机构。[④] 有学者认为，辅警不是执法主体是因为辅警没有授权和委托。"从规范意义上说，不具有明确法律授权和委托的主体是无法以警察的名义执行法律的，警察辅助力量不是独立的执法主体。但是警察辅助力量即便没有行政主体地位，也不能彻底剥离其主体性的特征，也会参照警械等警用装备使用的规定来执法"。[⑤]

上述观点混淆了执法主体和执法人员的概念。在警务工作领域，警察权归属于公安机关，公安机关是行政执法主体。辅警是公安机关聘用的工作人员，应当讨论的是辅警是否为执法人员。

行政执法的内涵和外延在不同的场合，针对不同的事物，有完全不同的界定。关于辅警是否为行政执法人员的讨论，行政执法是作为行政行为的一种特定方式。姜明安教授认为，在行政实务界，人们一般习惯将监督检查、实施行政处

---

① 参见全国人大内司委关于辅警立法提案的审议报告，http://www.npc.gov.cn/npc/xinwen/dbgz/yajy/2011-12/31/content_1684965.htm，2017年10月26日；以及《警察带领下，辅警或可实施抓捕》，新京报，http://epaper.bjnews.com.cn/html/2016-09/08/content_651476.htm?div=-1，2017年10月26日。

② 法理学中法的执法主体在我国可以分为三类：第一类是中央和地方人民政府，人民政府依法从事行政管理就是执行法律的过程。第二类是政府中的行政职能部门，它们依法在某方面进行行政管理就是在该领域执行相应法律的过程。第三类是法律法规授权而具有某些公共事务职能的组织和委托管理公共事务的组织，如各类协会。参见沈宗灵主编：《法理学》，北京大学出版社2014年版，第63~64页。

③ 姜明安主编：《行政执法研究》，北京大学出版社2004年版，第48~51页。

④ 孟昭阳、陆冬华：《论法律保留对行政执法的规制——以公安行政执法实例为切入点》，载于《中国人民公安大学学报》（社会科学版）2013年第6期。

⑤ 张洪波：《警辅的主体定位及规范》，载于《法学》2011年第9期。

罚、采取行政强制措施一类的行为统称为"行政执法"。某种行政行为方式被确定为行政执法的标准大致依据是：（1）法律法规或规章对这类行为的条件、标准、程序，以及对行政相对人权利、义务和违法责任通常有比较明确的规定，便于理解和适用。实施这一类行为一般比较便捷，许多情况下是当场发现问题、当场处理，区别于行政许可、审批、征收、给付等需要较多时间。（2）这类行为的目的通常是直接维持某一行政管理领域的秩序，区别于征收、给付等行为的目的并不直接与秩序相关，更多的是保障公正或协调国家、社会利益和私人利益的关系。（3）这类行为通常由相应行政机关中一个相对独立、相对专门的机构（如执法局、执法大队）行使，而行政审批、许可等行为通常由一般业务主管机构办理。（4）这类行为通常在行政机关办公室之外进行，执行公务的地点往往是流动和不固定的，实施此类公务的人员一般统一着装和佩戴专门标志。（5）这类行政行为与行政相对人关系最为密切，最经常、最广泛地涉及相对人权益，也最容易侵害相对人权益。归入"行政执法"的行政行为方式大致包括：检查、巡查、检验、勘验、行政处分、即时强制、查封、扣押及采取其他强制执行措施等。[①] 而根据辅警参与执法活动的深入程度，执法说又分为独立执法说和辅助执法说。

（一）独立执法说

独立执法说的提出，主要是驳斥辅警完全没有执法权的观点。学界通说认为，"执法权是宪法和法律赋予行政机关的职权。在我国，只有行政机关及其公职人员、法律或法规授权的组织及其工作人员、行政机关委托的组织或个人才能作为执法主体"。[②] 在日常执法办案中，辅警在公安民警在场的情况下，虽然代表公安机关执行着一些非公安执法性工作，但辅警无行政和刑事执法权。[③]

独立执法说重新定义执法权，认为执法权具有双重含义：表示权限的含义时，执法权就是管辖权，只有法律授权才有执法权；表示活动的含义，执法权就是执法资格，只要具备相应的素质和能力就可以拥有执法资格。[④] 执法权是宪法或组织法整体授予组织体，组织根据内部的人事管理权再指派给个人。即使是

[①] 关于行政执法的四重含义及其使用的三种情形，参见姜明安：《行政法》，北京大学出版社2017年版，第281~284页。

[②] 张文显主编：《法理学》，高等教育出版社、北京大学出版社2007年版，第246~247页。

[③] 李永杰：《辅警在何种情况下可成为妨害公务罪侵害的对象》，载于《人民公安报》2017年5月15日第005版。

[④] 廖建春：《协警执法问题研究》，载于《广西政法管理干部学院学报》2010年第2期。

《警察法》规定的权限也不是授予警察个人的,不是所有的警察都有执法权。辅警的执法权就是公安机关通过行政领导负责制将执法权具体委派而来的,使符合素质条件的辅警因此具有执法资格,或者将不需要过硬素质的简单任务交给辅警执行。辅警执法是执法规范化建设下的"次优选择"。《公安机关组织管理条例》中规定的执法岗位不得实行聘任制,其中"执法"是权限含义之执法,狭义解释成行政处罚、行政强制。即辅警不具有行政处罚权和行政强制权,因为二者对行政相对人权益侵害性大、对执法人员素质要求高。

(二)"协助执法说"

"协助执法说"认为辅警只是协助警察执法,不享有执法权,不具有执法资格,不能单独执法。"受聘于公安机关的辅警人员,负有协助人民警察执行警务、维护社会治安的职责。在执行公务中,抓获犯罪嫌疑人是受派出所指派、作为抓捕小组成员履行特定的职责。"① 因为是辅助执法,所以避开了辅警的身份、权限的争议,辅警仅依照警察的指令和指挥作为警察"延长的手脚"存在。因此,"协助执法说"基本绕过了有关辅警所有的争议问题,辅警可以"协助"警察从事、执行任何警务,丧失了解释力。

在法治国家建设过程中,我国一直严格审查执法人员资格问题。为此,《国务院关于加强市县政府依法行政的决定》(以下简称《决定》)创设了行政执法主体资格合法性审查制度,对拟上岗行政执法的人员要进行相关法律知识考试,经考试合格才能授予其行政执法资格、上岗行政执法。禁止无行政执法资格的人员履行行政执法职责,对被聘用履行行政执法职责的合同工、临时工,要坚决调离行政执法岗位。② 从《决定》的用语来看,其中的"资格"实质是一种通过考试考核后取得的上岗资质,与身份无涉。

综上所述,辅警是公安机关内部缓解人力资源紧张关系而聘用的工作人员,不具有高度政治性的公务员身份。辅警是参与执法活动的工作人员,但不行使执法权。第一,从辅警工作内容而言,其从事的是公务无疑。第二,从辅警行为性质而言,执法活动与执法权的行使不能画等号,权力的行使是整个活动的核心,

---

① "辅警抓获犯罪嫌疑人因此不得领取悬赏金"。基本案情:内蒙古喀喇沁旗公安局在刑事案件发生后,向社会发出"悬赏通告",承诺"凡能提供线索或者直接抓获者,悬赏人民币 3 万元"。辅警丛庆忠发现犯罪嫌疑人并将其抓获。破案后,丛庆忠要求喀喇沁旗公安局按照通告的承诺向其支付悬赏奖金 3 万元,要求被拒后,丛庆忠将喀喇沁旗公安局告上了法庭。在一审中,喀喇沁旗人民法院认为原告参与抓获犯罪嫌疑人的行为系职务行为,故原告起诉要求被告按照悬赏通告的承诺支付奖金,主体资格不适合。参见李富、黄文超:《协警抓获杀人嫌犯无权获悬赏金》,载于《内蒙古日报(汉)》2008 年 3 月 20 日第 007 版。

② 参见《国务院关于加强市县政府依法行政的决定》第十九条。

但不代表整个执法活动。权力行使的核心是有法律效果的、直接给公民合法权利产生影响的处分性行为。第三，从辅警工作的方式而言，其具体工作由公安机关行政负责人予以委派、安排，有具体的警察予以指挥、指示。因此，辅警是参与警察执法活动、提供公共警务服务的公安机关工作人员。

四、辅警身份的法律构建

从功能上讲，行政组织法首先要解决的是国家设立一个行政机关确定它的性质和法律地位，以及它与其他行政机关的关系。[①] 组织包括三项基本的要素：人的法律地位或职位、权力或职责以及相互间的关系。有关组织的法律规则，就是组织法。行政组织法的规制对象，包括行政体系的内部构成、单个行政机关或机构的设立依据、领导体制、职权、授权和委托等事项。[②] 组织体在内部构成上还包括其内部的机构和人员，依法行政要求行政法律规范不仅要对行政机关本身予以规范，实际行为的工作人员个体同样也必须纳入行政法律规范的调控范围。[③] 目前我国组织法规范的调整主体均为行政机关，学界也照此简称并研究。[④] 如果说，规定行政主体的设置和权限的法规范是组织法，那么具体规范行政公务人员的内部队伍设置和具体权限的是何种规范？行政组织法领导权和组织权的运作中产生出来的客观规则将成为组织中"人"的职务义务来源，而实践的发展使公务人员出现多样化的趋势。[⑤] 行政辅助人员也因此与行政组织法产生关联。

我国行政组织法的功能主要是通过行为法承担的。叶必丰教授认为，我国行政法学发展除了初期对行政组织法的研究比较缺乏，而重视行为法和裁判法的研究。实践中通过行为法机制来弥补组织法缺陷，承担组织法功能。其中，行为法机制是由单行法律、法规、规章和行政规范性文件规定。对此，狄骥从组织法与

[①] 例如，《中华人民共和国地方各级人民代表大会和地方各级人民政府组织法》明确了地方各级人民政府的性质是地方各级人民代表大会的执行机关，明确了它和本级人大、本级人大常委会的关系（对它们负责并报告），也明确了它与上下级国家行政机关是负责和报告工作、接受统一领导的关系。我国行政组织法有广义和狭义之分，广义的行政组织法包括行政机关组织法、行政编制法和公务员法，狭义的行政组织法仅指行政机关组织法。姜明安：《行政法与行政诉讼法》，高等教育出版社，北京大学出版社2011年版，第88～89页。
[②] 关保英：《行政法学》（上册），法律出版社2013年版，第235页。
[③] 杨解君：《行政主体及其类型的理论界定与探索》，载于《法学评论》1999年第5期。
[④] 应松年，薛刚凌：《行政组织与依法行政》，载于《行政法学研究》1998年第1期。
[⑤] ［德］汉斯·J. 沃尔夫、奥托·巴霍夫、罗尔夫·施托贝尔著，高家伟译：《行政法》（第三卷），商务印书馆2007年版，第14～15页。

行为法关系上解释了具有组织法功能的行为法机制的成因：组织法的内容会"被转移到形式法律中"，国家机构的职责会转化为行为法中的措施或手段，从而影响到公民权利。①

狄骥论述的上述转化路径是不可逆的。也就是说，行政组织法功能转化为行为法机制的前提是存在组织法的规定，组织体的职能才能转化为形式法律中的措施手段；但是，在没有组织法规定的前提下，行为法机制中较新出现的措施和手段的实施者（辅助者）将面临于法无据的境遇。辅警面临的"无法律依据"的拷问就出于此。因此，回归行政组织法内容和功能的本源，探讨辅警在行政组织法制中的身份定位，是解决辅警于法无据的前提。

学界目前对辅警的论证，之所以在其身份界定和职责权限方面无法进展，主要是没有关注辅警组织意义上的身份定位问题。质言之，辅警需要一部组织意义上的行政立法，与我国现行法制进行衔接，而后才涉及招募、权利、职责、权限等方面的探讨。我国权力机关（全国人民代表大会及其常务委员会）通过《中华人民共和国宪法》②《中华人民共和国人民警察法》以及各部单行法赋予公安机关行政主体地位和警察权；然后国务院又通过《公安机关组织管理条例》③对公安机关内部进行分岗分工、确定领导机制；通过编制管理，内设机构领导被赋予领导权、管理权和命令权；警察通过这一组织管理条例获得了《中华人民共和国人民警察法》中规定的具体的执法权力。警察因为获得组织法制中的地位而非其身份，获得单行法、警察法中的权力。我国的基本政治制度建立之时，就已经完成了权力的分工任务，警察权已经赋予公安机关（和检察机关），辅警不可能、也没有必要再通过获得行政主体地位（要求全国人大设立"辅警队"为执法主体）而确定身份定位和职责权限。辅警需要的是，上述过程中一个类似《公安机关组织管理条例》的"组织管理立法"，以明确其身份定位，与现行法制衔接。

---

① 调整行政机关设置、地位和职责及相互关系的法属于行政组织法，规范法律主体行为的法律规范属于行为法，规范司法和仲裁程序的法属于裁判法。叶必丰：《行政组织法功能的行为法机制》，载于《中国社会科学》2017 年第 7 期。

② 参见《中华人民共和国宪法》（2004 年）第三十七、四十、八十九、一百零七、一百三十五条的规定。

③ 《公安机关组织管理条例》，于 2006 年 11 月 1 日国务院第 154 次常务会议通过，自 2017 年 1 月 1 日起施行。

第三节 辅警的职责与职权

一、职责与职权不匹配

（一）职责业已明确

辅警职责就是辅警应当做到的分内的事，是任务的具体化[①]。我国目前有关辅警管理的规范性文件中，通常以"协助+警察职责"的形式对辅警职责加以规定。目前我国辅警职责业已明确。辅警并没有超过警察的职责，只有辅警不得履行的职责。辅警职责完全按照《中华人民共和国人民警察法》中人民警察职责的规定，加以或肯定、或排除的规定。具体包括枪支刀具危险物品药品管理、警用航空运输管理、国际执法合作、联合国警察维和、特定人员和场所的警卫、行政强制措施、行政拘留、刑事案件侦查、刑罚执行、国边境秩序维护、反恐、反邪教等职责。

一国警察组织是除军队之外享有国家强制力、可以合法使用暴力的机关。这种暴力会对国家政权和公民权产生颠覆性、摧毁性的影响，因此受到严格的控制。这也是公安机关区别于其他行政机关、警察区别于一般公务员的根本所在。辅警并不具有公务员身份，因此不具有公务员独有的政治性的身份和法律明文规定的特定执法身份，因此不得履行上述职责。这一点，文献梳理和法规范梳理的结果显示，不论是学界还是实务部门，对此均无异议。

（二）职权规定差异明显

直观地看，辅警和警察职责大体上没有区别，但是辅警的职权却比警察职权少了很多。仅从辅警职责、职权与警察职责、职权的对比上看，就会发现辅警现有职权难以有效履行其职责。在仅有的辅警职权规定中，也没有明确其具体权限，而只是描述了辅警参与警务工作的情形和行为方式。换言之，辅警并没有类似于逮捕、拘留等已经概念化、抽象化、类型化的职权，而仅有诸如协助、告

[①] 张文显：《法哲学范畴研究》（修订版），中国政法大学出版社2001年版，第118~121页。

知、劝导等程序性的、事实描述性的行为。不论从数量、还是从内容上看，都会质疑辅警有没有权限？那么，辅警制度就会存在有职责、但无职权的解释困境。甚至会出现应不应当赋予辅警职权的问题。

从法理上讲，职权和职责分别是国家机关作为国家代表行使的权利和履行的义务①。法律在规定各种行政权力的时候，行政职权与职责往往体现在同一规则中，行政职责是行政主体在行使国家行政权力、管理行政事务、履行法定职责时应遵守的法律规范要求。它是行政权力的伴生物。任何行政主体在行使行政权力的同时，必须履行行政职责；履行行政职责的同时，也应当享有行政职权。没有无职责相伴的职权，也没有无职权相伴的职责。行政职责是随着行政职权的产生、变更和消灭而相应地产生、变更和消灭的。不同的行政权力拥有不同的行政职责。一个行政机关有多大的行政职权就应该承担多大的行政职责，反之亦然。在行政管理工作方面的地方立法中，最基本的矛盾是行政权力中职权和职责的矛盾，这应当是行政法律规范的重要内容。②那么，辅警职责职权的立法现状显然不符合法理学一般规律。

二、现有化解方式及不足

英国警务雇员的发展历史早于我国。我国辅警制度的创建和发展都很大程度上借鉴了英国警务雇员制度。英国警务雇员制度也是起源于文职类警务助手，逐渐发展为参与一线勤务工作的警务雇员。其间，也经历了我国上述面临的问题。因此，英国在解决"辅警能从事什么警务工作、能有哪些职权"方面，对我国有借鉴意义。

（一）从辅助警务到警察权的分化

在英国，包括警察权在内的公权力都被视为特权。在没有立法特别规定（specific legislation）授权给特定的主体（empowers specialized staff）为了去完成特定的任务和特殊事项（undertake certain tasks）的情况下，法律不会承认某些主体有异于一般公民的特权。③英国警务雇员产生初期，侧重研究"特定事项"，即警务雇员可以从事的警务工作有哪些。从20世纪60年代警务雇员数量井喷式

---

① 张文显：《法哲学范畴研究》（修订版），中国政法大学出版社2001年版，第104页。
② 李步云、刘士平：《论行政权力与公民权利关系》，载于《中国法学》2004年第1期。
③ Rick Sarre, The Legal Powers of Private Security Personnel: Some Policy Considerations and Legislative Options, Queensland U. Tech. L. & Just. Journal, 2008, 8: 301-313.

增长开始,直到 80~90 年代,英国一直围绕警务雇员的具体任务展开讨论。这场讨论在 80 年代关于"什么是核心警务、什么是辅助警务"的争论中达到高潮,最终以 1993 年内政部出具的专题报告落下帷幕。[①] 这一趋势也转变了学界讨论的焦点,从之前讨论什么是警务雇员可以从事的辅助性警务,发展为讨论什么是必须由警察从事的核心性警务。因为,英国官方和学界都发现,想要列举日益膨胀的辅助性警务是不现实的,因此他们转而研究警务雇员一定不能从事的警察核心职责。将列举改为排除,实属无奈之举。

警务雇员从事的警务工作有从辅助性向专业性发展的趋势。越来越多的警务雇员被雇用处理执法类的警务。警务雇员任务的发展的进程,已经完成了"辅助"职能的阶段,近年来招募的警务雇员中,除社区辅警之外,几乎全部是充当技术类专业人员,其中尤以犯罪分析、现场调查类居多。[②] 虽然,英国警务监督署(HMIC)强调核心警务必须由警察执行,但是迄今为止,没有警局或相关组织能说清楚什么是核心警务。事实上,警务雇员越来越多地进入所谓的核心警务,警局高层也没有解决这个极具挑战性的问题,只是从立法的形式规定了由警察保留的权力,创建警察保留的权力清单。

警察权力清单是在区分核心警务和辅助警务的基础上,分割警察权的成果。英国鉴于不断增加的警务工作以及警务雇员的出色表现,他们想进一步扩大这种优势,所以把之前的"罗列警务雇员权力"的方法,变成"罗列核心警察权"。核心警察权之外的权力全部由警务雇员行使,具体受警察局长的调配和委任。[③] 根据英国内政部专项报告,目前为英国警察所保留的权力体现了侵入性(intrusted)、暴力性(force)的特点[④],具体如下:

(1) 逮捕权(《警察和刑事证据法》第 24 条)。

(2) 制止、截停和搜查权《警察和刑事证据法》第 1 条、《禁止滥用药物法》(*Misuse of Drugs Act* 1971)第 23 条、《刑事司法与公共秩序法》(*Criminal Justice and Public Order Act* 1994)第 60 条。

(3) 羁押权(custody)(《警察和刑事证据法》第 36-4 条)。

(4) 强行进入他人处所权,包括有合理怀疑但无搜查证的情况。(《警察和刑事证据法》第 17~18 条,《禁止滥用药物法》第 23-1, 23-3A 条)。

(5) 由一定职级的警察保留的任命权、管理权、秘密调查权、使用监听监视

---

① Home Office, Review of Police Core and Ancillary Tasks, HMSO, 1995.

② Robert C. Davis, Mary E. Lombardo, Daniel J. Woods, Christopher Koper, Carl Hawkins, Civilian Staff in Policing: An Assessment of The 2009 Byrne Civilian Hiring Program, 2014: 70-71. http://www.ncjrs.gov/pdffiles1/nij/grants/246952.pdf, 2017 年 9 月 7 日。

③ Home Office: reforming the powers of police staff and volunteers, Home Office, 2015: 7.

④ 上引 Home Office, Reforming the Powers of Police staff and Volunteers, 2015.

设备权。

（6）五部反恐法①规定的所有的权力。

（7）拦截通信的搜查令请求权、提供隐蔽性人类情报资源权（卧底）。这两项权力是《调查权规则法》（2000）（Regulation of Investigatory Powers Act）中最具侵入性的。

（8）携带和使用枪支或致命武器权。

确定核心警察权的根本方法是依靠立法确定警察保留的权力清单，这一点和大陆法系的法律保留原则在功能上趋同。警察权力清单制度的推行，需要英国议会对警察的专业性有相当大的信心，以及对警察能够合理运用警察权有足够的信任。警察核心权力列表是一个动态的列表，可能有其他立法确定了新的核心警察权，也可能公众认为其他权力也应由警察保留。但是一个基本观点是，核心警察权只能由法律规定，地方立法不能随意减损核心警察权列表内容。我国法规范中的表述是通过身份限制，来确定警察权的绝对保留。通过法律表述中诸如"侦查人员"等对执法主体身份性有明确限制的规定逐一排除。此外，根据辅警人员不具备的政治性的公务员身份属性也能从职责方面确定辅警一定不能涉及的政治性、秘密性事务。

（二）多元主体分别赋权匹配职责

英国警务主体多元化的特点，对不同类型的警务雇员分别赋予特定的职责以及与之相匹配的职权，为我国辅警职责权限不匹配的问题带来有益的启示。

立法方面，英国主导警务工作者的多元化，以 2002 年《警察改革法》为最终成果，肯定并创设了多元警务主体，力推"警察大家庭"的理念。在实务中，英国警监协会（Police Superintendents' Association）建议创设"核心角色"的概念，与"核心警务"概念勾连。意味着警务雇员也可以从事核心警务，只是在核心警务中，正式警察是核心角色。例如，预防和侦查犯罪和失序行为是较为公认的核心警务，但是这项职责并不必须由正式警察垄断，而应由"警务大家庭"共同承担，进而开启警务工作者多元化的时代。②

"核心角色"概念的引入，意味着警务雇员可以以"辅助角色"的身份从事

---

① 《恐怖主义法》（2002）、《恐怖主义法》（2006）（Terrorism Act）、《反恐法》（2008）（Counter-Terrorism Act）、《恐怖主义预防和调查措施法》（2011）（Terrorism Prevention and Investigation Measures Act）、《反恐安保法》（2015）（Counter-Terrorism and Security Act）。

② Her Majesty's Inspector of Constabularies（HMIC）：Modernising The Police Service：A Thematic Inspection of Workforce Modernisation – The Role, Management and Deployment of Police Staff in the Police Service of England and Wales, HMIC, 2004：42.

绝大多数警务工作。这一过程是英国 21 世纪警务改革的重点，并最终以立法的行形式确定下来。21 世纪警务改革的核心目的是应对警力不足的现实，将警务主体多元化扩大到极致。① 在新机制下，警务多元主体采用了决策掌舵型管理模式，警察处于金字塔的顶端，承担整个警务工作系统的领导和监督职责，对其他警务工作主体指导命令、委派任务、委任授权、审查资格。其他警务工作者听从警察指挥和命令，完成交办任务。每一类警务雇员都被赋予特定的、被切割的十分细致的职权，与特定职责一一对应。

警务主体方面，除警察和特别警察（志愿警察）之外，英国还创设了社区巡查员、督导员、拘留官（detention officers）、交通督导员（traffic wardens）、案件调查员、社区辅警等工作岗位，与既有的文职雇员（civilian staff）和警务志愿者②共同组建成扩大的"警务大家庭"的多元警务主体结构。多元的警务主体内部存在功能的互补。例如，在社区安全领域，已经创设了社区辅警。但是社区辅警的职权十分有限，只能暂时拘留嫌疑人 30 分钟而不能有其他进一步的固定证据的手段。为此，警察局长可以委任专门的拘留官，赋予其采集指纹、拍照、搜查、提取嫌疑人非体内检测样本的权力。拘留官的工作有一定的专业性。

警务雇员没有固有的权力（inherent powers），他们的权力来源主要有两种形式。一是法定的权力（statutory powers），《警察改革法》中明确规定、罗列的权力。二是酌定的权力，警察局长根据相关法律③的授权赋予警务雇员特定的权力。如果说警察保留的权力清单是警务雇员不可触碰的底线，那么《警察改革法》就是警务雇员职权的基础、也是权力的最大值。它规定四类警务雇员可以在委任的情况下行使法律列表中的职权。这四类警务雇员分别是社区辅警、调查员、拘留员、押送员。根据内政部报告，目前，社区辅警有 18 项法定权力、44 项酌定权力；调查员、拘留员分别有 12 项酌定权力；押送员有 2 项酌定权力。虽然是四

---

① Home Office, Police reform-a police service for the twenty first century, HMSO 1993: 9 - 10.
② 警务志愿者（Police Support Volunteer, PSV），不同于志愿警察，警务志愿者在英国还是一个较新的警务服务形式，也不是所有的地方都有，它完全是地方政府计划并实施的项目。它基本上没有任何限制，谁都可以报名参加，不管是群众还是官员，年轻还是年老。鼓励年轻人成为警务志愿者，增强年轻人的社会公共安全意识，培养作为合格公民的能力。对于长大后励志成为警察的年轻人也是一种很好的体验，提前体验警察工作，帮助警察处理社区事务。没有警察权，没有制服，一般负责在问讯处提供简单的咨询，或者在监控室帮助操作机器。
③ 包括《警察改革法》（2002）、《反社会行为、犯罪和警察法》（2014）（Anti - Social Behaviour, Crime and Policing Act）、《皇家公园（经营）法》（2000）（Royal Parks (Trading) Act）以及前述五部反恐类法律。

个不同的角色,但是警察局长①可以充分考虑到适当性、效率以及足够的训练三个要素后②,委任任何一类警务雇员同时兼顾多类角色。例如,拘留员兼有看护的权力,这样他们在执行拘留任务的时候手段就更加灵活多样。鉴于此,英国现在正在考虑把除了社区辅警之外的其他三类警务雇员整合在一起,成为辅助调查员(investigation support officer),行使调查权、拘留权、看护权为一体的辅助力量。甚至于,将四类警务雇员全部成和为警务雇员(police support officer),体现整合的趋势。

(三) 类比公民权探究职权合法性

英国社区辅警的上述职权中,争议最大的是"拘留(detain)权"。根据1984年《警察和刑事证据法》(PACE)的规定,只能由警察限制公民自由,这一规定被奉为圭臬。但是《警察改革法》却规定社区辅警可以在警察到来前暂时性地拘留公民30分钟。针对上述质疑,学者梅里特(Merritt)认为社区辅警拘留权是一种介于警察权和公民权之间的、公民逮捕权的变种。他认为,这些争议都是由社区辅警的角色冲突造成的。学界历来对社区辅警是初级警察还是社区执法人员、是社区与公共治理的桥梁还是警察权的执行人、是巡警的替代者还是专门的社区队伍存在争议。梅里特的核心观点是,社区辅警是社区执法人员,不是警察;拘留不是警察权,只是公民逮捕权的变种。如果这样解释,上述质疑就都解释得通。法官在审判中也认为,法庭严格按照文义解释了逮捕,社区辅警做出的拘留行为不是逮捕。因此,社区辅警采集的证据可以被用于法庭。梅里特不反对设立社区辅警,但是要限制其权力;不需要重新建立专门的限制规则,因为这样做将增加社区辅警的训练成本,与社区辅警设立的初衷不符;应当利用现有的法秩序,套用公民逮捕权的限制条款,对社区辅警权力进行限制。③

以公民权为基底,结合执法实践,合理规定警务雇员权力行使条件的方法,本质上视警务雇员权力为公民权,借鉴法律规定的公民权的构成要件、行使条件和适用情形,同样以立法的形式对警务雇员的权力予以规定,并尽可能客观化、明确化,减少警务雇员的裁量空间(同时也是容易引发争议的焦点)。例如,公民逮捕权的实施前提是,被逮捕的人正在实施重罪而非轻罪、也非一般的风化行

---

① 警察局长(Chief officer of police),包括大都会警察局局长、大都会警察局警察总监、伦敦城市警察局局长、伦敦城市警察局警察总监以及英格兰和威尔士的其他警察局局长。参见 Home Office, Reforming the Powers of Police Staff and Volunteers, Home Office, 2015: 5, note 3.
② 参见英国《警察改革法》(2002)第38条第4项。
③ Jonathan Merritt, Pluralist Models of Policing: Legislating for Police Powers, a Cautionary Note from England and Wales, Policing: Int'l J. Police Strat. & Mgmt, 2009, 32: 377 – 394.

为，正在实施可被提起公诉的而非适用简易程序的罪行。然而，一般公民根本分不清这些区别[①]。社区辅警拘留权在借鉴公民逮捕权时，将适用情形规定为：对不提供姓名和住址、对其回答的信息合理怀疑不真实不准确的、对不遵守疏散指挥的、对拒不交出其所占有或控制的物品的四种客观化描述，并结合实际需要赋予其30分钟的暂时拘留、必要时使用武力的权力，构成了社区辅警拘留权的立法表述。

（四）正面解释遗留的问题

首先，核心警务和辅助警务无法绝对区分。辅助性警务仅在明确辅警制度的过渡功能。英国辅助性警务是非暴力性、非决定性、非打击犯罪类事项，绝大多数可以通过民营、外包等私有化的方式进行。但是民营和外包需要一个发展过程，辅警就是在这一过程中起到过渡作用的制度，承担可以外包或民营的辅助性警务工作，具有过渡作用。当然，这一点并不是辅警制度的本质功能。问题的关键是，区分核心或辅助，无法解释我国辅警普遍参与行政处罚、行政强制、行政调查等事项。行政处罚权、行政强制权、行政调查权是典型的核心警察权，辅警不得享有这些职权。但是，这并不意味着禁止辅警参与行政处罚、行政强制、行政调查工作，而且，从实践上看，辅警恰恰是上述事项中不可或缺的人力资源。在这方面，权力角度只能从静态探讨辅警享有哪些职权，但是不能解释辅警参与警察事项履行公务职责中能有哪些动态的权能。

其次，实现辅警具体职权主要依靠警察局长酌定委派，会造成地区之间的执法差异。辅警职责职权需要在实践中不断总结、扩充或限缩适用情形。英国警务雇员职权在整合法律渊源、分层加以规定之后，完成了类型化和概念化的进程。而面对实践中纷繁的实务工作，以及社会日益增长的对警务服务的需要，辅警职责职权虽然在类型上难以在短期内增加，但是具体职权的适用情形将不断明晰。同时，英国警务雇员的酌定职权虽然有灵活性和实效性，但是酌定职权很大程度上依赖各个地方的警察局长的委任和自由裁量，这在实践中也造成不同警局之间的警务雇员职权的差异性，与法的平等性要求相悖。

最后，从长远来看，辅警职权类型化之后，需要根据经验理性逐步扩充适用情形。这是一个动态的行为过程，研究行为的特点，归纳辅警在何种情形下可以做出何种行为。由于社区辅警本身没有特定的职责，不像调查员、拘留员等具有特定的任务，所以社区辅警常常被警察局长委任实施绝大多数的出勤类警务工

[①] Rick Sarre, The Legal Powers of Private Security Personnel: Some Policy Considerations and Legislative Options, Queensland U. Tech. L. & Just. Journal, 2008, 8: 301-313.

作，也因此社区辅警的酌定权力远多于其他警务雇员。但是，社区辅警没有逮捕权，酌定的临时拘留权使用的情形也十分有限，所以在实践中，根据经验，又逐渐从警察权中衍生出（drive from Powers of constable）更多的社区辅警拘留权适用情形。① 这些适用情形没有创设新的权力，只是在经验理性的基础上，为了使社区辅警更好地执行现有权力，而适当扩大了适用情形。例如，社区辅警法定权限中，社区辅警询问违反交通信号灯指示的人的姓名和住址；扩充后的适用情形是，社区辅警可以对违反社区辅警合法的指挥行为的人，询问其姓名和住址。合法的指挥行为的范畴大于交通信号灯指示，前者还包括社区辅警现场交通指挥、指挥疏散等情况。因此，扩充的内容是根据经验而来的，先一条一条列明，再根据经验总结集合而成，描述大于定义。这是一个动态的行为过程，辅警职权类型化定型后解释力会受到限制。下一步要做的是在理论上探讨如何防止惩罚性机制伴生在行政指导制度的难题。

三、辅警权限的排除式标准

（一）职权的非决定性

行政权的行使要遵守严格的定程序，这是法治文明的表现。警察权因具有暴力性和公安机关的强制力保证，更应严格遵守法定程序行使警察权，这也是我国建设法治国家、不断推进公安执法改革的重点。警察权的暴力性是其外在表征，从程序的角度而言，其核心是决定性。警察权行使严格依照法定程序、分步骤、分阶段进行。辅警作为公安机关工作人员，遵守警察权行使程序、遵照带队民警的指挥指示参与警察权行使过程原本只是公安机关内部工作分工、人力布置的事项。辅警作为公安机关工作人员，深度参与警察权的行使。同样，公安机关对辅警履职行为的监督和介入程度也远远大于法院对行政机关的审查程度。因此，人民法院在审判实践中总结的行政过程行为的确定性和成熟性，以及吸收原则均可运用到辅警履行行为的分析中。同时，鉴于辅警作为公安机关工作人员的身份，其履职行为的解释范围比确定性和成熟性更广——凡是不涉及决定内容的过程，都可以由辅警参与和履行。

---

① Home Office, Reforming the Powers of Police Staff and Volunteers, Home Office, 2015: 5.

以学界争议最大的行政强制行为为例。我国《中华人民共和国行政强制法》[①]规定行政机关实施行政强制措施的一般程序包括：向负责人报告、批准；两名以上行政执法人员实施；出示执法身份证件；通知当事人到场；当场告知理由、依据、权利、救济途径；听取陈述和申辩；制作现场笔录；签名或者盖章；邀请见证人等。在此程序中，通知到场、制作笔录、邀请见证人不涉及行政权中的决定事项，在警察的安排和指挥下，辅警负责通知当事人到场、负责记录并制作现场笔录、负责寻找并邀请见证人到场见证。当然，辅警可以记录和制作笔录，但是最终确认、签字的必须是警察（执法人员）。因为，签字是代表国家机关和公权力确认记录的真实性，并成为下一阶段行政处理的有法律效力的法律文书。

例如，警察指挥与辅警独立性。

辅警必须接受警察的指挥指示、布置安排，无独立性、无决定权、受支配性。[②] 警察的指挥指示、布置安排，旨在表明辅警自身没有执法的公权力。辅警只有在接受公安机关的指挥指示、布置安排的时候，他们的行为效果才能归属于公安机关。

理论上，辅警不经指示指挥而执行的任何勤务，公安机关均可予以否认，行政相对人都不需将其视为应当遵守的公权力行为。这是由辅警参与辅助的警务工作的性质决定的。公安机关使用辅警，而不是将相关警务外包、私营化，是因为这类警务工作不适合由私人独立完成，而必须受警察严密的指挥和命令，所以才否定辅警"独立性"。因此，警察的指挥指示、布置安排，更有监督禁止辅警不得自行执法的职责。否则除了有纵容辅警冒用职权的嫌疑之外，也有损害公众对辅警合法辅助执行职务时的服从和信赖。

实践中，公众判断辅警的行为是否具有公权力的法律效力，依据是辅警是否是受警察指挥和命令。因此，公众判断辅警是否具有"执法依据"，最直观的就是看周围是否有警察在场。在此意义上，警察在场的作用，就不仅仅是我国辅警制度初建时对辅警的监督，更加具有补强辅警行为效力的功能。警察不在场，公众就会先验地认为辅警"没权力"要求听其指挥。

辅警接受警察的指挥指示、无独立性，并不意味着辅警不得单独工作。无独

---

① 参见《中华人民共和国行政强制法》（2011 年）第十八条：行政机关实施行政强制措施应当遵守下列规定：（一）实施前须向行政机关负责人报告并经批准；（二）由两名以上行政执法人员实施；（三）出示执法身份证件；（四）通知当事人到场；（五）当场告知当事人采取行政强制措施的理由、依据以及当事人依法享有的权利、救济途径；（六）听取当事人的陈述和申辩；（七）制作现场笔录；（八）现场笔录由当事人和行政执法人员签名或者盖章，当事人拒绝的，在笔录中予以注明；（九）当事人不到场的，邀请见证人到场，由见证人和行政执法人员在现场笔录上签名或者盖章；（十）法律、法规规定的其他程序。

② 张文郁：《行政辅助人》，引自《月旦法学教室》第 2 期，元照出版公司 2002 年版，第 18～19 页。

立性的意思是，辅警不能单独做出法律上的意思表示。辅警不具有独立性和辅警不具有主观能动性是两回事。将独立性理解为辅警必须在警察的陪同下工作，是不理解法律术语、僵化机械解释法律概念的结果。

（二）职权行使不具有法效果

法律效果不同于法律效力或行政行为效力。法律效力是对法规范本身的研究，是一个立法范畴的概念，法律有效力意味着法律具有被遵守的资格。① 行政行为效力是行政行为对行政法主体具有的约束力，包括公定力、确定力、拘束力和执行力。② 法律效果是法律行为外在方面的表征，③ 引起法律关系产生、变更或消灭的不改变法律关系。辅警履职行为不具有法律效果，不对行政相对人的权益产生影响（产生、变更或消灭），是行政事实行为。

行政事实行为的内容与辅警功能高度一致。行政事实行为包括补充性、即时性、建议性、服务性、协商性、告知性六类。④ 第一，补充性行政事实行为是指行政机关为了实现一个已经做出的行政行为的内容而实施的行为，不具独立的法律地位，是辅助执行一个已经成立的行政行为的行为。例如，销毁假冒伪劣产品，本质上它及时体现行政行为法律约束力，是落实行政行为约束力的手段，而不是行政行为本身。第二，即时性行政事实行为是为了确保正常的社会秩序或者公务活动的顺利实现而采取的行为。例如，拖车、清障，具有临时性、紧急性的特征。所以它的行为要求行政机关根据实际情况裁量决定，有较大的裁量空间。第三，建议性行政行为是行政机关为了避免行政相对人的合法权益受到不必要的损失，根据自己所掌握的信息资料做出的判断，而向行政相对人提出的可以实施或不要实施某种行为的忠告、建议和劝阻。第四，服务性行政事实行为是基于服务行政的法律精神，基于行政职权为社会或者特定的行政相对人提供服务的行为。例如，为了交通安全在岔路口安装交通标志。其结果是为行政相对人提供便利。在服务型政府形成过程中，这类行政事实行为的重要性会日益显著。第五，

---

① 法律效力本质是法对其所指向的人们的强制力或约束力，法有效力意味着它所设定的义务有资格得到它指向的人们去服从和遵守，它授予的权利或权力就必须和应当受到尊重，并在遭受侵害时得到司法机关的保护或恢复。法理学者认为法律一旦符合超实在的法，或者符合民族习惯、客观法、另一个较高的规范、或不与自然法抵触，就有效力。参见张文显：《二十世纪西方法哲学思潮研究》，法律出版社2006年版，第365～376页。

② 姜明安：《行政法》，北京大学出版社2017年版，第247页；叶必丰：《行政行为的效力研究》，中国人民大学出版社2002年版。

③ 张文显：《法哲学范畴研究》（修订版），中国政法大学出版社2001年版，第82～83页。

④ 关于行政事实行为的构成要件的种类，参见姜明安主编：《行政法与行政诉讼法》，高等教育出版社、北京大学出版社2011年版，第329～332页；章剑生：《现代行政法基本理论》（上册），法律出版社2014年版，第345～354页。

协商性行政事实行为是在做出行政决定之前,与受不利影响的行政相对人达成合意。第六,告知性行政事实行为是一种程序性行为,是在行政程序中告知行政相对人有关事项。

例如,辅警能否贴罚单。

以同一法律关系为前提。不产生法律效果意味着不产生、变更或消灭行政相对人的权利和义务,都是法律关系的主要内容。① 因此,判断辅警是否具有某项职权、是否可以从事某项警务工作、实施某个行政活动的前提,是要分析其行为是否产生、变更或消灭行政相对人的权利和义务。而判断这一切内容的大前提是在同一个法律关系之中,否则将无解。这一点,在辅警能否贴罚单的争议中,表现最为显著。

北京市在实施道路交通安全法相关规定中,曾经规定辅警(当时称为交通协管员)可以对车辆违章停放的行为张贴《违法停车告知单》(有的地方称之为《违章停车行政处罚通知单》,以下简称"罚单")。但是,2006 年出现了"钟渭平诉西城交警支队西单队案"。交管局认为贴违法告知单不具有强制性,只是告知和取证,去警队确认后才出具正式的行政处罚决定书。但是,当事人认为贴罚单是行政处罚,辅警无权贴罚单。这并不只是民众的认识,也有学者认同这一观点,认为辅警贴的违法行为告知单本身不是行政处罚决定,但是不接受不处理这个通知单,直接决定了不能年检,所以通知单有了强制力。在学界和民众的声讨中,北京市于 2008 年取消了辅警贴罚单的权限,对违章停车的情况只能劝阻或上报,由交警队派出交警进行处理。公众和学者因此认为取消辅警贴罚单的规定是侧面印证了辅警贴罚单的非法性。②

贴罚单并不是一个法律行为,可以理解为前述的过程性行为或告知性行政事实行为。本质上不具有法律效力,不对行政相对人权益产生实质影响。产生争议的是对"实质影响"的不同理解。绝大多数学者和公众认为,贴罚单已经不仅仅是告知过程了,不处理罚单不能年检、不能年检就不能上路、就剥夺了路上通行权、甚至侵犯了行政相对人的财产权(买了车但不让上路,车辆失去了使用价值)。这样的逻辑不仅有犯了"滑坡论证"的典型错误,前后之间不具有法律上和逻辑中的因果关系。更重要的是,没有在同一个法律关系中讨论罚单对当事人的合法权益是否造成实质影响。第一,贴罚单的前提是当事人的确违章停车,贴罚单行为并无不当,该行为是行政处罚的过程行为。第二,导致其无法正常年

---

① 法律关系的具体内容,参见张文显:《法哲学范畴研究》(修订版),中国政法大学出版社 2001 年版,第 96~115 页;童之伟:《法律关系的内容重估和概念重整》,载于《中国法学》1999 年第 6 期。

② 参见"钟渭平诉西城交警支队西单队案"。杨雪:《辅警执法权问题研究》,载于《湖南警察学院学报》2011 年第 3 期。

检，并因此影响了财产权的，是另一个法律关系。①

具有实质影响和对实质影响的可能性是不同的。将不处理违法记录与年检挂钩是一种后续的督促行为，与违法行为的行政处罚无关。法律上的实质影响和口语、实际生活中的实际影响是不同的。辅警对违法停车的拍照是固定证据的手段和程序，肯定会对行政处罚的做出带来实际的后果，因为证据的固定可以导致处罚的做出。但是，这不具有决定性。上传照片后，辅警没有后续的职责和职权，后续的行政处罚的做出要在审核后人员结合当时的环境、照片和具体情况综合判断，不仅仅是审核照片的真实性，更要结合环境做出处罚与否的决定。这才是对行政相对人权益做出实质性的影响。

（三）极其有限的暴力性

但凡权力都含有强制性的色彩，强制性的最典型的外在表现即暴力。"权力关系总是意味着服从权力的人们做某些本来不愿意做的事，但是这不需要是或看起来是违反他们意愿或利益的事"。② 其中，"对个人发生的第一种影响，就是对一个人的肉体直接行使有形的力"③。职权、权力与国家的强制力密切联系。国家机关行使职权在多数情况下，直接或间接伴随着国家机关的强制力。④ 军队或警察执行人身强制的权力是最重要的体现，而文明社会的特征就在于：直接的人身强制（也受到某些限制）是国家的特权，而法律则是国家对公民行使这项特权时所依据的一套规定。⑤ 这是警察权具有暴力性的制度根源。

（勤务）辅警在完成任务、履行职责过程中，难免与公众产生肢体冲突，体现出一定程度的暴力性。如前面所述，其正当性源于类比公民权产生的职权合法性。英国在采用公民权论证社区辅警拘留权时，有学者质疑其不具有现实性。因为根据英国诉讼制度，社区辅警要行使对公民人身权带有显著危害的、暴力性的拘留权，在诉讼中会受到严苛举证责任。为此，社区为了进一步平衡辅警正常履职和公民权利的基本保障，进而创设出"拘留权"。区别于逮捕权，拘留权在时限上仅具有暂时性（30分钟），在暴力程度上仅限于当场拦截——除非当事人有明显反抗和逃跑迹象时，可使用警绳类约束性警械，除此之外的其他暴力性手段禁止使用。

---

① 对此，已有生效的法院裁判有相同观点。参见"王滋松与兴安县公安局交通警察大队网上违章信息记录纠纷案"的一审判决和二审裁定：（2016）桂0325行初12号、（2017）桂03行终8号。
② ［美］丹尼斯·朗著，陆振纶，郑明哲译：《权力论》，中国社会科学出版社2001年版，第6页。
③ ［英］伯特兰·罗素著，吴友三译：《权力论——新社会分析》，商务印书馆2012年版，第26页。
④ 沈宗灵：《法理学》，北京大学出版社2000年版，第107页。
⑤ ［英］伯特兰·罗素著，吴友三译：《权力论——新社会分析》，商务印书馆2012年版，第28页。

例如，辅警能否使用武器警械。

武器和警械是法律意义上的狭义定义，即只有《中华人民共和国人民警察使用警械和武器条例》①列举的，才是武器和警械。具体包括警棍、催泪弹、高压水枪、特种防爆手枪、手铐、脚镣、警绳、枪支、弹药。而实际情况中警察在没有携带武器警械、随手得到并使用的制服违法犯罪嫌疑人的，性质上是"现场工具"，而不是武器警械。②因此，辅警在参与抓捕或日常执勤时，遇到暴力抗法或人身威胁时随手找到的工具不是武器警械，不受武器警械相关规定的限制。

武器作为一种致命性的暴力工具，对行政相对人人身和财产会带来致命性、毁灭性的打击。因此，实践中对辅警不得使用武器规定不存在争议。争议的焦点是辅警能否使用警械。由于《中华人民共和国人民警察使用警械和武器条例》规定只有人民警察可以使用警械，各地制定的辅警管理办法不能违反上位法，所以都规定辅警不得使用警械。这样的做法与现实需求不符。一方面，辅警不使用警械将无法正常开展日常工作。另一方面，倘若国家层面出台统一的辅警管理规定，也面临着是否赋权辅警使用警械的问题。

使用警械不仅是一个权限问题，更重要的是，它涉及辅警劳动安全的保障。由于警务工作的流动性和危险性，勤务辅警在日常工作中配备和使用警械的必要性，是《中华人民共和国劳动法》规定的对劳动者的职业保护。警务工作不能保障辅警有安全的劳动环境，所以更具要对辅警提供安全的保障工具③。因此，辅警能否使用警械、在哪些情况下使用警械、使用哪些警械，就是保障辅警工作安全和保障行政相对人合法权益之间的平衡。

根据警械的暴力程度和功能的不同，公安部公布的《中华人民共和国人民警察法（草案）》将警械分为驱逐性、制服性、约束性三类。根据紧急程度和对行政相对人权益的侵害程度，可以分为三种情况。

第一，底线是辅警不得保管或使用武器。文职辅警不得使用武器和警械。

第二，勤务辅警在执勤中可以佩戴手铐、警绳、警叉等约束性警械。但是只

---

① 参见《中华人民共和国人民警察使用警械和武器条例》（1996年）；《中华人民共和国枪支管理法》（2015年）；余凌云：《警察法讲义》，法律出版社2015年版，第29~46页。

② 参见《中华人民共和国人民警察法（草案）》（2016年）第三十四条现场工具使用的规定：人民警察遇有可以使用警械、武器的情形，但未携带或者无法有效使用警械、武器的，可以使用现场足以制止违法犯罪的物品。

③ 这类保障工具具体可以分为装备和警械。例如，多功能反光腰带、反光背心、发光指挥棒、警用文书包、对讲机或者移动通信工具、警务通、录音录像装备、反光锥筒、警示灯、停车示意牌、警戒带、照相机（或者摄像机）、灭火器、急救箱、牵引绳、防弹衣、防弹头盔、简易破拆工具、防化服、拦车破胎器、酒精检测仪、测速仪等装备。参见《交通警察道路执勤执法工作规范》，第二十六、二十七条。

有在遇到特定情况下才可以使用。一方面，辅警在没有警察在场的情况下，遇有危害社会秩序、公共安全，以及公民人身、财产安全的情况，可以径行使用约束性警械。这是从《中华人民共和国警察法》中警察的救助义务，以及《中华人民共和国刑法》中公民正当防卫的规定中推导而出的。另一方面，如果在民警带领执勤时，遇到紧急情况，需要协助民警制服嫌疑人的，辅警也可以使用约束性警械。

第三，除手铐、警绳、警叉等约束性警械之外，勤务辅警在执勤中不得佩戴驱逐性和制服性警械。但是在民警客观上无法使用警械的危急情况下，辅警可以使用民警的警棍。例如，民警带领执勤突遇群体性事件，警力一时不足的（附近民警尚未赶到，或者调度中心调度的警力尚未赶到的）；再如，民警带领执勤遇到暴力抗法，民警受伤无法使用警械。区分辅警佩戴和使用警械的不同情形，在保护行政相对人合法权益与实务需要之间平衡，约束性警械和警棍的有条件使用是目前通行做法。[①]

第四节　辅警的纪律责任

一、直接辞退辅警的弊端

（一）引发公众猜忌

公安机关承担法律责任后，绝大多数情况对涉事辅警一辞了之。这种做法对行政相对人和辅警都不甚公平。一方面，在当前公民权利意识高涨的背景下，公众在很多情况下要的不是赔偿，而是要一个说法。即那个侵害公民权益的辅警得到了哪些处分或处理。简单的开除（解除劳动关系）有公安机关撇清责任之嫌[②]。另一方面，简单的开除了之，对辅警也不甚公平。

[①] 陈正根：《从基本人权之保障探讨警械之使用》，载于《警察法学》2010 年第 9 期。

[②] 目前，我国处理辅警违法事件的流程通常是对辅警先行开除，而对行政相对人的赔偿或公安机关承担的其他责任的方式需由行政复议或行政诉讼的程序进行，进展缓慢。因此，公安机关处理辅警和承担法律责任之间，有一个时间差。这个时间差给公众一种开除了涉事辅警，公安机关就不再承担责任的感觉。

（二）与不法行为后果不匹配

辅警引发争议的行为，根据性质的不同可以分为违法行为、违纪行为和履职行为。常见的辅警违法行为有刑讯逼供、制造假案、私拿罚款、通风报信、徇私枉法、渎职受贿、敲诈勒索。违纪行为如公车私用①、饮酒工作、饮酒驾驶等。不应忽视的是，实践的常态中，绝大多数的辅警确实在尽职尽责地完成自己的工作任务。然而由于工作中情绪失控、手段失当，造成行政相对人权益超过必要限度的实质损害，使履职行为酿成执法事故。② 在这些尚不构成刑事责任，但是又不至于直接辞退的情况中，直接辞退辅警不仅不能得到行政相对人的谅解，还会影响辅警队伍的稳定。

二、纪律责任的补充作用

包括警察在内的公务员违法后，除了可能承担刑事责任之外，还要承担单独的行政责任。如果其行为上不构成犯罪的，也需要承担因违反公务员行政责任而要承担的行政处分。区别于一般公务员，"警察的责任并不仅仅与不法行为相关，同时也要求警察对政治属性和军事属性的坚守"③。政治属性例如，禁止散布有损国家声誉的言论，参加非法组织，参加旨在反对国家的集会、游行、示威等活动，参加罢工、泄露国家秘密。此外，入警宣誓词也体现警察对国家的绝对忠诚和政治立场绝对坚定。军事属性首先表现为警察的暴力性，体现在使用武器、警械。其次警察的军事属性还体现在其内部实施的准军事化管理，强调令行禁止的行为作风。从规范性质来看，因为现代法治国家不断制定和完善警察相关立法，警察的政治属性和军事属性已经被改造成权利义务分明的法律责任，都属于警察的纪律责任并由《公安机关人民警察纪律条令》具体规定。

---

① 子甫：《比"协警裸泳"更严重的是警车滥用》，载于《上海法治报》2013年8月27日第B06版。
② 例如，2013年5月，海南省三亚市2名警辅人员追击一辆超员摩托车致其发生交通事故，车上3名学生死亡；2012年10月，B市公安局两名협警辅警在进行交通疏堵时，与一名货车司机发生语言和肢体冲突候，司机死亡，结果引发了大规模的群体性事件；广州市番禺区光明北路银都大厦门口，2名辅警巡逻期间查扣一辆无牌摩托车，在车主要求警辅出示证件时，双方就开始发生了口角，在双方互相推搡期间，女车主打了其中一名辅警，该辅警随即反手打了女司机一巴掌。分别参见李贵荣：《论新形势下的上海辅警队伍建设》，载于《上海公安高等专科学校学报》2013年第6期；孔劲：《创新社会治理背景下完善辅警管理的对策思考——以A省B市公安局为例》，西南政法大学硕士论文，2012年，第21页；《辅警查车起争执掌掴女车主被拍下》，新浪网，http://news.sina.com.cn/s/p/2010-07-13/050720663918.shtml，2017年7月25日。
③ 尹者刚、张洪波：《论警察责任的类型与归责》，载于《江苏警官学院学报》2013年第6期。

辅警作为公安机关工作人员,具备承担纪律责任的身份条件。行政责任的承担还有稳定队伍管理、有效回应公众质疑的作用。辅警的违法行为以及虽尚未违法但是引发争议的行为,由于侵害了辅警队伍的内部管理纪律,所以要在法律上做出额外的评价,以稳定队伍管理并及时向公众做出公安机关内部处理决定,平息舆论纷争。

辅警在完全听从警察的指示指挥的工作行为造成损害的情况下,应承担纪律责任。该观点只能说明辅警适用警察违纪情形的规定,辅警在特定情况下至承违纪责任而不是违法责任。但是,辅警在完全听从警察的指示指挥的工作行为造成损害的情况下,是否也应该受到和警察一样的处分力度?

笔者认为答案是肯定的。第一,对警察违纪行为加大处分力度的情形,是组织纪律、涉外事项以及治安治理重点领域,这些情形都是典型的由公安机关负责的工作领域。违反警务工作中的重点内容,无疑是监守自盗,因此要受到更为严格的处分。第二,辅警听从指挥和命令的可供裁量的从轻、减轻处分的因素,已经在承担法律责任还是纪律责任考量中评价过了,在此也不得重复评价。

需要说明的是,对辅警违纪行为的处分力度不等于处分手段。针对辅警的处分方式不局限于警察的处分种类。辅警行为绝大多数是事实行为,是基于纷繁多变的工作情形而做出的应对。因此,对辅警违纪行为的处理方式也应当具有多样性,才能与其行为的损害后果相一致。目前,有关警察违纪责任的承担方式在不断增加。例如,可以单独或者合并作诫勉谈话、责令做出书面检查、取消评选先进的资格、通报批评等。①

综上所述,直接开除辅警不具有公平性和合理性。增设辅警违纪责任是公安机关内部追究具体责任的方式,并不影响行政相对人追究公安机关的外部责任。增设辅警违纪责任也是行为—后果—责任相一致的要求。辅警在警察的安排、指挥、指示下完成工作任务,因此要考虑其具体的过错程度,全面评价其行为致损的过错程度和环境因素,而不应直接确定辅警要承担刑事责任。辅警履职多为事实行为,事实行为的多样性和不确定性也要求相对灵活的责任追究方式。当然,追究辅警的行政责任,至少需要建立辅警警衔管理体系、内部责任追究队伍。虽然具体规定和适用可以很大程度上参照人民警察纪律责任的规定,但是基于辅警庞大的数量和广泛的领域,辅警违纪责任的增加无疑会给公安机关督查部门和法制部门带来空前的压力。笔者认为,这是使用辅警的必要投入,也是使用辅警带来的隐性成本。

---

① 参见《公安机关人民警察执法过错责任追究规定》第十四条。

第五节 结 语

  法治中国建设背景下，关于辅警的争议不在数量上的多和少，而是权责上的有和无。辅警一开始只是公安机关内部人力资源方面的革新和改良，但其与公众直接接触，内部化的人事管理逐步显露出外部化的权责要求。在此期间，我国对辅警的管理经历了从禁到限的发展，完成了根源性权限研究的深刻转变。当前的辅警制度是法治国家建设进程中，被权利意识觉醒的公民推动和公安机关主动改革的产物。法治国家建设的进程要求不断推进、诘问、完善警务辅助人制度。

  行政机关内部管理的视角，为辅警权限这一根本性问题的研究带来全新的认识。辅警是公安机关内部人员，是参与警察执法活动、提供公共警务服务的公安机关工作人员。因此，组织意义上辅警的身份，并不是对行政主体理论和整个行政法的颠覆，应当以类似于人民警察组织管理立法的方式，明确辅警身份定位，并与现行法制衔接。此外，我国辅警用人模式、招募方式和招募条件从重使用轻管理、到警辅一体化模式的变化，应当从源头上对辅警进行管理，为论述辅警职权的正当性做必要铺垫。辅警职权的研究，容易混淆任务、职责、职权。我国辅警职责业已明确，辅警并没有超过警察的职责。我国法规范中的表述是通过身份限制，来确定警察权的绝对保留。第一，警察权的暴力性是其外在表征，从程序的角度而言，其核心是决定性。公安机关工作人员的履职行为大多直接影响行政相对人的实体权益，因此，才对辅警这种较为特别的工作人员的职权做出额外规定，禁止其实行具有决定性的行为。第二，行政事实行为的内容与辅警功能高度一致，辅警履职行为属于行政事实行为，但是要严格限制协商性、裁量性、即时性行政事实行为。判断辅警行为是否产生、变更或消灭行政相对人的权利和义务，大前提是在同一个法律关系之中，区分具有实质影响和对实质影响的可能性的不同。辅警从事的事实性行为只是整个执法过程的一个单一的动作，后续处理则需警察通过具体情况综合判断。第三，由于辅警行为的事实性和辅警制度的后发性，在公安机关办案执法等日常工作的程序性规定日臻完善的背景下，行政事实行为本身又面临着法规范制定不及时、无法对多样化的行政事实行为一一规定的问题。因此需要对法律保留原则扩充解释，辅警职权符合程序规定、具有合法目的，也能获得合法性，而不仅限于服务事项。

  值得强调的是，不能忽视辅警灵活的用工方式和警务工作的临时性。兼职辅警和警务志愿者的作用将日益凸显。有学者认为，"我们现在规范的辅警（行政执法辅助人员）和通过社会购买服务使用的协管员是不同的，前者可以参与辅助执法，后者被严格限制不得参与执法活动"①。这一表述背后体现的对现实的深度关注值得本书借鉴和反思。笔者认为，这一轮由国家推进的对辅警的全国性的统一管理，并不能将"临时工"完全清除。地方、街道、社区的公安机关派出所临时雇用的保安，以及通过社会购买服务而临时使用的协管员还将在一定时间内存在。因为，第一，警务工作不同于一般的行政管理工作，具有很大的流动性和时间性。节假日、景区、大型活动的举办等都会临时的、紧急的需要大量治安维持人员到场。由于警务工作的临时性，决定了必不可少地需要临时的、便捷的、灵活的用工形式，对传统的稳定的、编制化管理的队伍提出新的适应性要求。第二，用最低的行政成本提供最优质的社会服务也是公安机关追求的目标之一。由于公安机关具有高效地执行力和民众高度的信赖，越来越多的属于服务行政范畴的工作任务也需要公安机关负责完成。而这些大量存在的不涉及法效性、暴力性和强制性等核心性警察权力的事项，以及完全靠人工、人力的劝导性的事项，完全可以由免费的志愿者和低价的社会购买的人力去完成。而在志愿者模式还没有在全国普及和完善的前提下，由公安机关暂时负责组织人力（社会购买服务、雇用保安等方式）去劝导、宣传、提供服务也并没有太大的争议。基于警务工作中附带有临时性和暂时性的工作内容，保安、兼职辅警、志愿者②会成为辅警制度的有效补充。当然，他们的薪酬、补助和待遇保障应明显区别于全职辅警。这也是我国群防群治工作的延伸，以及世界范围内警务主体多元化的发展。

---

① 刘平：《行政执法原理与技巧》，上海人民出版社2015年版，第54~56页。
② 值得欣喜的是，我国一些地方已经开始探索和发展有组织的警务志愿活动。例如，上海市最新修订的《上海市道路交通管理条例》最新增设了学生志愿者参与交通治理。学生志愿者可以整理不规范停放的自行车、在路口维持交通秩序。参见《上海：志愿行动助力新交规实施》，新华网，http://news.xinhuanet.com/photo/2017-03/25/c_1120694123.htm，2017年5月3日。

第二编

警察权的具体形态

第十四章

警察盘查权（Ⅰ）：相对可容忍性视阈下的盘查规范化探析[*]

第一节 盘查的法律性质

盘查作为我国警察行使公权力的重要手段，对公民权利有重大影响，而公民权利与警察盘查权力在外形上呈现出此消彼长的关系。要探讨盘查规范化不可回避的前置性问题就是界定盘查的法律性质。就盘查的法律性质，有以下两种代表学说：

一、行政行为说

行政行为说是指将盘查视为是一种单纯侵益的行政行为的学说。当代的日本学者主要赞同该学说。土本武司教授认为："警察的盘查在《警察官职务执行法》第 2 条中有所规定，相应地，该法对警察的盘查是作为单独的警察官的权限而不是作为刑事诉讼法上司法警察官的权限予以规定的。因此，警察的盘查不是

---

[*] 本章内容以《相对可容忍性视域下的盘查规范化探析》为题发表于《黑龙江省政法管理干部学院学报》2017 年第 5 期。

《刑事诉讼法》中的侦查行为,而是一种单纯的行政行为"。① 田口守一教授认为:"由于侦查开始于行政警察,而盘查就属于一种侦查开始行为。因此,警察的盘查行为属于行政警察行为"。②

二、双重性质说

双重性质说是指将盘查视为一种既具有行政执法又具有刑事司法的行为的理论学说。余凌云教授认为:"盘查是指在宪法框架下的一种具有普遍性的警察应对措施。就盘查内涵而言,它包括当场盘问、检查和留置。就盘查用途而言,它不仅可以适用于行政执法,还可以适用于刑事司法。就盘查目的而言,它既打击行政违法又打击刑事犯罪。因此,盘查是一种具有双重属性的权力"。③ 万毅教授认为:"盘查是一种介于行政警察和司法警察职能之间的,介于行政调查程序与刑事侦查程序之间的,也介于警察法与刑事诉讼法之间的具有双重属性的警察行为"。④

就盘查的法律性质,第一,笔者赞同双重性质说。旋即盘查是公民为了打击违法犯罪而主动让渡出来的权利的外在表现形式。但盘查的事前启动、事中运行和事后救济必须严格限定在宪法的文本和价值的框架之下。我国法律文本对盘查的法律性质有着定义。根据《中华人民共和国人民警察法》(2012 修正)(以下简称《人民警察法》)第九条规定⑤和《公安机关人民警察盘查规范》第二条规定⑥可以得知我国的盘查具有双重属性:它既打击行政违法行为,又打击刑事犯罪行为。第二,笔者不予赞同行政行为说。从打击犯罪角度出发,倘若将盘查仅定性为一种行政行为,那么社会犯罪率可能会因为盘查缺少刑事司法的性质而上升。如此情形下,国家、社会和公民的合法权益将可能得不到有力保障。从维持秩序角度出发,盘查也不仅仅是打击违法行为的途径和手段,它还应当肩负着打击犯罪的重要任务。

---

① [日] 土本武司著,董瑶兴、宋英辉译:《日本刑事诉讼法要义》,五南图书出版公司1994版,第118页。
② [日] 田口守一著,刘迪等译:《刑事诉讼法》,法律出版社2000版,第40~41页。
③ 余凌云:《盘查程序与公民的协助义务》,载于《北方法学》2011年第5期。
④ 万毅:《论盘查》,载于《法学研究》2006年第2期。
⑤ 具体条款为:"为维护社会治安秩序,公安机关的人民警察对有违法犯罪嫌疑的人员,经出示相应证件,可以当场盘问、检查;经盘问、检查,有下列情形之一的……"
⑥ 具体条款为:"本规范所称盘查,是指公安机关人民警察在执行勤务过程中,为维护公共安全,预防、发现、控制违法犯罪活动而依法采取的盘问、检查等行为。"

第二节 相对可容忍性之合理性探析

相对可容忍性是指公民在盘查中基于警察侵犯自己合法权益的法律上的容忍义务。[①] 盘查一旦超越了相对可容忍性,则公民有权拒绝针对自己的盘查。倘若相对可容忍性较高,则意味着会增加公民容忍盘查的义务;倘若相对可容忍性较低,则意味着会减少公民容忍盘查的义务。盘查规范化应当在相对可容忍性的框架下进行,相对可容忍性如果被超越,那么盘查可能会面临自始无效的不利后果,也会滋长公民的抵触和厌恶情绪,进而不利于构建和谐社会。

一、公共利益与私人安宁平衡

公共利益与私人安宁平衡是盘查相对可容忍性的实质根据,相对可容忍性是公共利益与私人安宁平衡之间的契合点。其中,流动人口问题是基于公共秩序目的盘查需要。私人安宁是与流动人口问题相对的,流动人口增多可能会影响私人安宁。理论上必须得在私人安宁与流动人口问题之间找到一个平衡点。

(一) 基于流动人口问题的公共利益

人口不断流动对国家利益、社会公共利益和公民个人利益都有一定影响。随着我国社会逐步从封闭、半封闭向半开放、全面开放的转变,为了满足经济和社会发展的客观需求,人口自由流动便成了一种社会必需。同时,流动人口违法犯罪、异地作案、逃避缉拿等一连串问题也接踵而至。而后,上述问题成了影响社会治安系数和公民安全感的核心因素之一。为了提高社会治安系数和公民安全感,从而为公民营造一个安定生活环境,在基于上述理由和目的而盘查的情形下,公民在权衡利弊后其实是相对愿意或者默认盘查的。

(二) 基于安宁的私人利益

在美国经典的特里诉俄亥俄州(Terry v. Ohio)一案[②]中,法院在权衡利弊之

[①] 余凌云:《警察法讲义》,法律出版社2015年版,第171~179页。
[②] Cf. Kimberly A. Lincoln, Stop and Fisk: Search and Seizure on Less Than Probable Cause, Howard Law Journal, 1989 (32): 230-231.

后做出的判决是为了维护公共利益,在正当情况下允许对私人安宁进行必要轻微的侵害。"在该案中,法院经过审理认为警察盘查时所允许的调查性留置的时间必须是暂时性的,持续的期间不得超过警察为实现对公民进行阻拦之目的如澄清嫌疑、核查身份所需要的具体范围。在盘查过程中,警察所行使的调查方法必须是对公民侵害程度最小的方式,也就是说,警察必须在尽可能短的时间内,合理有效地证实或者排除公民的犯罪嫌疑"。[1] 另外,对无辜者拦阻的这种风险是可接受的,其合理性是对无辜者的拦阻并不构成逮捕。"拦阻只是非常细小的侵犯,是让警察做进一步的短暂调查而已。倘若警察没有发现更多的事实,也没有相当的理由,那么就得让这个人离开"。[2] 换言之,就是当事人受损的利益,比起上述社会利益要小得多。警察在打击违法犯罪的同时不能过度牺牲公民合法权益。在存在多种途径和手段打击违法犯罪时,应当做出对公民合法权益造成最小损害的判断。否则就极有可能构成行政不合理或者不合法行为。在肯定美国将比例原则落实到盘查中之际,更多需要借鉴这些颇有成效的做法,在借鉴时要把握好相对可容忍性这一关键点。

二、规范术语语义开放与模糊理解

规范术语语义开放与模糊理解是盘查相对可容忍性的形式根据。"概念边界甚至概念核心上或大或小的模糊领域,使语言的多义性成为不确定法律概念的共同特征"。[3] 基于语言具有开放性与模糊性的特征,警察对规范术语的理解有所不同,于是在盘查中也会呈现出千差万别的样貌。在盘查中,对公民"有犯罪嫌疑""形迹可疑"以及"举止反常"等的理解是建立在规范术语语义开放与模糊理解的基础之上的。[4] 最典型的便是不同警察对同一公民的盘查会得出不同结论。一旦盘查具有正当理由,则即使没有发现公民存有违法犯罪的行为,在一般情形下,也不会因盘查给公民带来负面情绪而产生警察的法律责任等问题。此时的盘查是公民在法律上必须容忍的一种义务。[5] 而相对可容忍性始终伴随着误差,而该误差与制度是须臾不可分离的,也是无法永久根除的。因为制度是由人设计和付诸实施的而不可能没有瑕疵。

---

[1] Florida v. Boyer, 460 U.S. 491 (1983).

[2] E. Martin Estrada, Criminalizing Silence: Libel and the Continuing Expansion of the Terry Doctrine, Saint Louis University Law Journal, 2004 - 2005 (49): 283.

[3] 郑春燕:《取决于行政任务的不确定法律概念定性——再问行政裁量概念的界定》,载于《浙江大学学报(人文社会科学版)》2007年第3期。

[4][5] 余凌云:《对不确定的法律概念予以确定化之途径——以警察盘查权的启动条件为例》,载于《法商研究》2009年第2期。

第三节　基于相对可容忍性的盘查规范化建设

基于相对可容忍性的探析有助于盘查规范化建设。尊重和保障人权是相对可容忍性的出发点和最后归宿。相对可容忍性的目的和归宿之一就是保障公民的权利免于盘查的不当侵害。相对可容忍性的客观要求是依法加强对盘查的监督以保障人权。相对可容忍性的内在需要是提高警察的执法水平以防止公权力非法侵入私权利领域。① 目前应当从依法保障公民的权利、依法加强对盘查的监督、提高警察的执法水平三大方面着手。申言之如下：

一、依法保障公民的权利

现代法律的一个作用就是有力保障公民的私权利，盘查也不能逾越保障公民的私权利这一底线。盘查的启动和开展就语义学而言是离不开警察和公民这两大主体的。盘查作为公权力的代表和延伸往往极易限缩甚至侵犯公民的人身权和财产权等权利。盘查虽然是警察在街头巷尾巡逻时和打击违法、犯罪的主要手段和途径之一。但是，在启动盘查之前，倘若公民正处于状态，警察一般会令其停止该状态以准备接受盘查。面对此时此景，警察除非经过正当程序，否则即构成对公民人身自由的限缩甚至是侵犯。盘查是一把"双刃剑"，一方面，它极力发挥着维护治安秩序的积极作用；另一方面，它又极易对公民的诸多权利造成或可能造成一定的侵害。维护秩序与保障人权之间乍一看似乎具有不可调解的某种阻碍因素，两者甚至会形成对立、冲突的局面。为此，警察无论何时何地都要兼顾治安的维护和人权的保障，身体力行，积极地在它们两者之间找到一个平衡点。

盘查会和公民的权利发生冲突。② 故而在保障盘查正常进行的同时也必须保障公民权利。③ 例如，在盘查中，一旦出现公民伤残、死亡的，则无论是公民由于自己行为导致的或者亲自实施的，还是其他人行为导致的或者实施的，公安机关都应当承担相应责任。其合理性是公民是因为国家强制力而非自愿地被迫停留在公安机关指定的特定场所。此时此刻，他的人身自由已经受到不同程度的限缩

---

① 王兆鹏：《路检、盘查与人权》，元照出版有限公司2003年版，第100、108页。
② 郑曦：《论警察的盘查权》，载于《行政法学研究》2012年第4期。
③ 宣凯、高文英：《警察盘查救济制度研究》，载于《国家行政学院学报》2016年第4期。

或者拘束，那么公安机关在这个特定场所和时间内出现的或者发生的损害都应当承担国家赔偿责任。

二、依法加强对盘查的监督

盘查作为我国公权力的代表之一应当受到监督。[①] 在盘查监督体系庞杂[②]背景下，由于监督主体之间经常相互推诿、搪塞和敷衍以及普遍存在的部门保护主义的弊病，于是，为了保障公民的相对可容忍性不被盘查肆意地突破、蹂躏和践踏，理应依法加强对盘查的监督。申言之，如下所述：

首先，依法加强公安机关的内部监督。其中，要坚持贯彻落实督察备案制度，公安机关决定采取盘查措施必须在实施之后的一小时内采用电话、书面、网络等多元化渠道向同级公安机关督察部门备案。公安机关督察部门可采取随机抽查、通告警示和明察暗访等形式来实施督查。而对没有及时向公安机关督察部门备案的警察要予以处分，例如，采取警告、记过等行政处分的具体方式。

其次，依法加强人民检察院的外部监督。囿于我国公安机关同时拥有盘查决定权和执行权，实践中仍可能存在权力滥用的可能。当下，盘查在实务界被潜移默化地作为刑事羁押之前的一种"准强制措施"，由此极易滋生刑讯逼供等滥用职权的违法、犯罪行为。检察院作为国家法律监督机关对这种盘查理应予以依法监督。同时，也有必要在我国《人民警察法》中增加检察院有权监督盘查的条款。

最后，依法加强公民的外部监督。"在现代社会中，只要人与人之间、人与社会之间存在矛盾与纠纷，就必然存在冲突，只不过冲突的性质、所涉及的领域以及暴烈性程度不同而已"。[③] 一方面，有必要赋予公民在盘查中享有知情权、陈述申辩权和物质帮助权等以加强对盘查源头上的监督；另一方面，有必要拓宽和畅通公民和第三人对盘查的监督渠道。兹举一例，公民和第三人可以当场拨打110报警以积极控诉警察滥用盘查权，而110报警中心应当立即指示督察部门派员到场，一旦发现存在上述行为的应在当场纠正。此外，公民也要依法充分利用各种渠道来对盘查进行监督，如有效利用公安机关官网、官微、宣传栏等平台。

---

① 高文英：《我国警察盘查权运行及其理论研究现状》，载于《中国人民公安大学学报》（社会科学版）2006年第4期。
② 当下，我国盘查的监督体系包括国家权力机关的监督、行政监察部门的监督、人民检察院的监督、纪律检查委员会的监督、公安机关的内部监督等。
③ 邓国良：《解读警察执法行为艺术》，载于《净月学刊》2011年第5期。

三、提高警察的执法水平

相对可容忍性的内在需要是提高警察的执法水平。警察执法水平的高低直接影响着盘查开展的效果和公民权利的保护。警察是行使公权力的代表,他们的一言一行都无时无刻地代表着政府的形象。在盘查这种极易出现肢体对抗的活动中更应提高警察的执法水平。当下,由于警察在盘查中不遵循盘查语言表达的客观规律,不注意盘查语言技巧的运用,语气生硬和冷漠,对公民讥讽、嘲笑和蔑视,极易引发公民的反感和厌恶,甚至会导致警民冲突。故而亟须提升警察的执法水平以规范盘查。具体而言如下:

首先,履行程序性义务。警察在对公民实施盘查时应当主动出示证件表明自己的身份。当警察既不着制服又不出示证件表明执法身份时,公民有权当场拒绝盘查。在盘查时应告知公民盘查的目的和理由,并应告知公民在此过程中应享有的陈述权、申辩权等权利。此外,还应当及时有效地履行法律文书手续,注重盘查程序价值以保障人权和节约执法成本。

其次,履行实体性义务。严禁警察随意扩大盘查的范围以导致盲目盘查,发生不当执法行为。[①] 也应严禁随意缩小盘查范围,防止不履行或者消极履行盘查职责,造成该问的不问、该查的不查,使违法犯罪人员逍遥法外。总之,必须严格依法盘查,杜绝因片面理解法律性文本而出现人为地"只盘不查"的法律乱象。

最后,注重语言艺术。作为规范性技能和科学方法的执法语言艺术在盘查中的运用,旨在增强其盘查的正当性与合法性。即使发生了冲突,也能够通过有效的刚性或柔性措施来处置和化解,以达到和谐执法目的。[②] 盘查时在客观上既要使用法言法语,又要使用直白话语。让公民容易认同与接受,营造与公民的亲近感和认同感。其中,盘查语言技巧的运用应做到语调、语音、语速适度,态度诚恳,说话得体,用词准确,把握分寸,唯有如此才能得到公民的尊重、理解与认同。警察在盘查时应端正其角色定位,进行换位思考,将自己放在公民境遇中去体验与感受,或许就能体会或理解公民对自己行为的陈述或申辩,因势利导,耐心加以引导与说服,使其心悦诚服地接受盘查。

---

① 孟璞:《警察的当场盘查》,载于《行政法论丛》2008 年,第 235~271 页。
② 高峰:《比较法视野下的盘查措施》,载于《现代法学》2006 年第 3 期。

第十五章

警察盘查权（Ⅱ）：继续盘问的主要困境与解决出路[*]

第一节 我国继续盘问的内涵分析

在我国当下，有关继续盘问的法律规范主要是《人民警察法》和《公安机关适用继续盘问规定》。就继续盘问的内涵而言，依据《公安机关适用继续盘问规定》的第二条，继续盘问是指人民警察为了维护社会治安秩序，对有违法犯罪嫌疑的人员当场盘问、检查后，发现具有法定情形而将其带至公安机关继续进行盘问的措施。就目前而言，对我国继续盘问起到最重要规范作用的是《公安机关适用继续盘问规定》。[①] 申言之，首先，《公安机关适用继续盘问规定》在一定程度上提供了规范依据。它为公安机关开展继续盘问提供了规范依据，并在一定程度上解决了以往在办理治安违法案件和刑事犯罪案件中缺乏前置性措施等系列问题。其次，《公安机关适用继续盘问规定》在一定程度上保障了人权。由于该规章明晰了继续盘问的适用对象及有关操作程序，进而防止人民警察在执法时夹杂各种人为操控的主客观因素，这样既避免了人为扩大和缩小继续盘问的适用对象

---

[*] 本章以《作为警察行使职权的继续盘问》为题发表于《河北公安警察职业学院学报》2019年第1期。

[①] 李铭：《试论盘查权的性质》，载于《山西警察学院学报》2017年第2期。

继而不法侵犯被盘问人的人权①，又可以保障人民警察执法公信力的提升和人民警察职业群体自我形象的改善。最后，《公安机关适用继续盘问规定》在一定程度上控制了公权。公安机关作为职权极其宽泛并可以直接采取暴力的国家机关，它不仅跟广大公民的日常生产生活息息相关，我国任何一位公民从摇篮到坟墓均不同程度地与公安机关发生着紧密关系。例如，从出生时的户籍办理到死亡时的户籍注销，等等。在此意义上，《公安机关适用继续盘问规定》通过严格控制公安机关适用继续盘问的审批权限、加强内部监督制约和责任倒追力度，在某种程度上有助于减轻公安机关打击治安违法和刑事犯罪的工作压力，进而可以将公安机关所享有的优质警力资源运用到更为紧迫需要的地方。②

以《公安机关适用继续盘问规定》的具体条文为着眼点，首先，继续盘问以维持社会治安秩序为第一任务和主要目的。易言之，就是旨在消除某种威胁或者可能威胁社会治安秩序的行为或者状态。其次，人民警察有权进行继续盘问的法定情形有四种：（1）被指控有犯罪行为的；（2）有现场作案嫌疑的；（3）有作案嫌疑身份不明的；（4）携带的物品有可能是赃物的。最后，继续盘问的最终结果只有两种：一是依法对被盘问人采取拘留或者其他强制措施；二是立即释放被盘问人。然而，当某一公民面对继续盘问时，常常会感到自己的渺小与无助。此时，该公民的心理活动甚至是语言活动往往是："为什么偏偏选择我来进行继续盘问？凭什么不选择其他公民？难道是因为我长得像或者是行为像一个违法犯罪分子？"……倘若人民警察在开展继续盘问时的态度不够端正和客气，没有让被盘问人真切感受到执法为民的话，那么便极有可能招致被盘问人的埋怨和愤懑甚至是造成一定场域内的警民冲突。"任何一种不受监控的权力最终都可能成为社会的毒瘤，形成权力的异化，进而危及整个社会"。③ 故而，如果对继续盘问不加以及时、有效的规制，那么继续盘问的滥用将与其他公权力一样给公民带来侵害。而继续盘问的运行仍旧逃不出"绝对的权力导致绝对的腐败、不受限制的权力要走向滥用和腐败"这一经典断言。④ 那么，如何及时、有效规制继续盘问也成为将警察权纳入法治化轨道的应有之义，只有这样才有助于让广大公民真切感受到全面建设社会主义法治国家的成果。

---

① 蒋连舟、李新钰：《试论警察盘查权与人权保障》，载于《河北法学》2006年第4期。
② 乔萍：《论我国警察继续盘问制度之完善》，四川大学硕士论文，2005年，第26页。
③ 王良钧：《加强权力的控制是依法行政的宗旨与归宿》，载于《政法论坛》2000年第1期。
④ 翁里、胡人斌：《论现代法治框架下的警察行政权》，载于《行政与法》2004年第9期。

第二节　我国继续盘问的主要困境——缺失正当程序观念

迄今为止，我国的部分人民警察仍然或多或少存在"重实体，轻程序""重管理，轻服务""重权力，轻权利"等执法观念。① 而在实践中，警察权和公民权其实仍然还处于某种"失衡状态"——警察权趋于强大，公民权趋于弱小。② "警察权力与公民权利在一定条件下成反比例关系，即警察权的扩大意味着公民权的缩小，警察权的滥用往往使公民权化为乌有"。③ 其实，对警察权的"过度使用"极有可能会对法律的程序正义（procedural justice）带来一定的威胁。而程序正义既是社会法律秩序的最后一道防线，也是国家法治建设最低的一条底线。④ 程序正义的重要体现之一即是正当程序观念的全方位贯彻与落实。否则，一旦达到某种临界点则会出现警察权侵损、吞噬公民权的异化现象。在我国当下，继续盘问作为行使警察权的一种重要表现，其在观念层面的积极转变需要一个系统的过程。而这一系统过程至少应当确保顶层设计的科学性、合理性和执法活动的权威性、可接受性。⑤ 然而，我国继续盘问由于缺失正当程序观念，故而继续盘问在实践中的运用也没有达到预期的效果。

正当程序观念在西方国家的法学理论中十分重要且相对独立。⑥ 正当程序观念的理解可以从美国萨莫斯教授的《对法律程序的评价与改进——关于"程序价值"的陈辩》一文着手。即正当程序观念至少应当符合10项标准："1. 参与性统治（participatory governance）；2. 程序正统性（process legitimacy）；3. 程序和平性（process peacefulness）；4. 人道性及尊重个人的尊严（humaneness and respect for individual dignity）；5. 个人隐私（personal privacy）；6. 协议性（consensualism）；7. 程序公平性（process dural fairness）；8. 程序法治（the procedural rule of law）；9. 程序理性（procedural rationality）；10. 及时性和终结性（timeli-

---

① 蒋勇：《警察权"强""弱"之辩：结构失衡与有效治理》，载于《法制与社会发展》2017年第3期。
② 黎慈：《继续盘问制度的实施困境与变革》，载于《江西警察学院学报》2014年第2期。
③ 陈兴良：《限权与分权：刑事法治视野中的警察权》，载于《法律科学》2002年第1期。
④ 王学辉：《行政法与行政诉讼法学》，法律出版社2015年版，第14、66页。
⑤ 薛荣、马晓青：《论我国的继续盘问制度》，载于《忻州师范学院学报》2014年第6期。
⑥ 陈瑞华：《程序正义理论》，中国法制出版社2010年版，第76页。

ness and finality)"。①

在中共十九大提出"坚持全面深化改革"以及"坚持全面依法治国"的背景之下，为了对继续盘问进行及时、有效的规制，应当在继续盘问中引入正当程序观念。究其原因，主要有两个：一是有助于全方位地保障公民权；二是有利于加强对继续盘问的控制与规范。在继续盘问中如果没有正当程序观念的积极介入，则可能会导致警察权和公民权之间的关系趋于失衡和紧张。由于"正当程序是法治的权力约束之维，没有正当程序制度的法治根本就不能称之为法治"。②故而，本书认为，在继续盘问中引入正当程序观念至少应当包含三个方面的内容：（1）人民警察合法地实现正义；（2）人民警察尊重被盘问人所享有的陈述权、申辩权以及申请回避权等程序性权利；（3）人民警察与被盘问人之间的争议应当交由中立的裁判者予以裁判。在此基础上，就我国继续盘问引入正当程序观念而言，一方面，正当程序观念在根本上要求继续盘问必须严格遵照合法性原则。需要不间断深入贯彻"法有规定必须为，法无规定不可为"的精神；另一方面，正当程序观念则要求继续盘问必须切实遵循比例原则。人民警察采取继续盘问时应当全面权衡所追求的公共利益和个人利益，对行政手段和行政目的进行权衡，采取对被盘问人权益造成限制或者损害尽可能小的行政措施，并且使行政措施造成的损害与所追求的行政目的相适应。③ 例如，人民警察合法、正当地开展继续盘问时，一个小时便能达到目的，就不能也不应该将继续盘问增加至两个小时。这样可以有效控制继续盘问以防止其非法侵损被盘问人的合法权益。而人民警察在继续盘问时一旦失去比例原则的束缚和限制，则极其容易导致警察权的滥用。④ 这不仅会导致公民权严重受损，还会导致人民警察的执法公信力以及人民警察的自身形象受损。

第三节 我国继续盘问的解决出路

在我国，继续盘问作为人民警察一种明文规定的职权，尽管它对维护社会秩序和保护公民合法权益等诸多方面起到了不可轻视的作用。但是，由于我国继续盘问面临着缺失正当程序观念的主要困境，因此需要法律人积极主动地找寻解决

---

① R. S. Summers, Evaluating and Improving Legal Process – A Plea for "Process Values", in Cornell Law Review, 1974, 60 (11).
② 马忠泉：《论警察执法中的正当程序》，载于《净月学刊》2015 年第 1 期。
③ 王学辉：《行政法与行政诉讼法学》，法律出版社 2015 年版，第 14、66 页。
④ 彭凯：《相对可容忍性视域下的盘查规范化探析》，载于《黑龙江省政法管理干部学院学报》2017 年第 5 期。

上述主要困境的出路。本书认为，以下三个方面是我国继续盘问主要困境的解决出路：

一、在《中华人民共和国刑事诉讼法》中规定继续盘问

当下，就我国现行的法律规范而言，继续盘问仅见于《人民警察法》和《公安机关适用继续盘问规定》之中。而作为动态宪法的《中华人民共和国刑事诉讼法》（以下简称《刑事诉讼法》）却对继续盘问只字未提。然而，在我国法律实践中，继续盘问对依法打击治安违法和刑事犯罪来讲具有重要的现实意义和高级价值。从《人民警察法》和《刑事诉讼法》的任务出发，一方面，根据《人民警察法》第二条的规定："维护国家安全，维护社会治安秩序，保护公民的人身安全、人身自由和合法财产，保护公共财产，预防、制止和惩治违法犯罪活动。"另一方面，根据《刑事诉讼法》第二条的规定："保证准确、及时地查明犯罪事实，正确应用法律，惩罚犯罪分子，保障无罪的人不受刑事追究，教育公民自觉遵守法律，积极同犯罪行为作斗争，维护社会主义法制，尊重和保障人权，保护公民的人身权利、财产权利、民主权利和其他权利，保障社会主义建设事业的顺利进行。"从二者预防、制止和惩治的任务维度出发，《人民警察法》既包括治安违法活动，又包括刑事犯罪活动；而《刑事诉讼法》仅仅针对刑事犯罪活动。所以，我国可以积极探索在《刑事诉讼法》中规定继续盘问以贯彻正当程序观念，进而强化继续盘问在预防、制止和惩治刑事犯罪方面的功能。就在《刑事诉讼法》中规定继续盘问本身而言，至少应当完整落实以下两个方面的内容：一方面，在《刑事诉讼法》立案一章中对继续盘问做出详细规定，以确立继续盘问在《刑事诉讼法》的地位；另一方面，《刑事诉讼法》适用继续盘问的具体规定可以参照《人民警察法》的有关规定，如参照《人民警察法》第九条第二款的规定："对被盘问人的留置时间自带至公安机关之时起不超过二十四小时，在特殊情况下，经县级以上公安机关批准，可以延长至四十八小时，并应当留有盘问记录。对于批准继续盘问的，应当立即通知其家属或者其所在单位。对于不批准继续盘问的，应当立即释放被盘问人"，等等。[①]

二、完善启动当场盘查和继续盘问的标准

目前，当场盘查作为继续盘问启动的前提仍然缺乏明晰之标准。根据我国现

---

① 万毅：《论盘查》，载于《法学研究》2006年第2期。

行法律规范，人民警察仅仅需要认为某个公民具有一定的违法犯罪嫌疑便可以对其开展当场盘查。但是，纯粹的以"违法犯罪嫌疑"作为人民警察启动当场盘查的标准其实过于宽泛。一旦被缺乏外部法律约束和内部道德戒律约束的人民警察所适用，则极其容易被人为扩大当场盘查的对象。在此，可以有益借鉴西方国家的通行规定及实践经验——运用"合理原则"（rational principle）和"公共原则"（public principle）作为当场盘查启动的标准。① 一方面，依照"合理原则"，人民警察必须依据现场具体情形和个人执法经验，只能对具有相当合理理由怀疑某个公民才能够对其进行当场盘查，继而才能够保留对该公民进行继续盘问的可能性，即符合法定情形方可对该公民进行继续盘问；另一方面，依照"公共原则"，继续盘问实为一种典型意义上的公权力，它的启动应当以维持公共秩序、保护公共安全为出发点和最终归宿。在此基础上，人民警察必须在公共场所才能启动当场盘查和继续盘问，如在火车站、地铁站、长途汽车站、大型购物场所和广场等特定场域。而人民警察不能将当场盘查和继续盘问的"触手"延展至公民的私人领域，例如，个人住宅等非常私密的空间。因为如果在个人住宅等地启动当场盘查和继续盘问极有可能会侵犯到被盘问人的人身自由、住宅安宁和隐私权。

三、规范继续盘问的文书制作

人民警察在启动当场盘查时，必须自觉履行表明其身份的义务即出示有关证件，否则则不能为被盘问人所信赖和顺服，被盘问人继而有权拒绝此次盘查。在开展当场盘查时，原则上应当有两名人民警察在场并制作有关的法律文书即《当场盘问、检查笔录》。其中，一名人民警察负责记录，另一名人民警察则负责盘问。并应当严厉禁止只由一名警察自问自记的情形。在启动继续盘问之前，人民警察应当主动告知被盘问人此次盘问的主要目的和法律依据，而被盘问人则享有陈述权、申辩权以及申请回避权等程序性权利。人民警察还应当主动告知被盘问人倘若对此次继续盘问不服，可以选择何种救济途径，等等。当出现需要继续盘问的情形时，第一，由人民警察将被盘问人依法带回公安机关并应当立即办理相应登记手续即填写《继续盘问登记表》，写明留置被盘问人的准确时间和具体理由，由被盘问人和人民警察分别确认并签名，以确保事后出现纠纷之时有法律依据可以查证。第二，由人民警察填写《继续盘问审批表》并立即上报公安机关负责人审批，公安机关负责人应当认真审查此次留置是否符合法定情形，随后做出

---

① 赵新立：《公安机关继续盘问的适用若干问题探讨》，载于《理论导刊》2009年第4期。

批准或者是不批准的决定。当做出批准决定时，人民警察应当填写《继续盘问通知书》并送达至被盘问人，此外还应当及时通知被盘问人的家属和所在单位。而当出现因被盘问人身份不明或者没有家属和所在单位而致使无法及时通知的，人民警察应当在《继续盘问通知书》上及时、准确注明情况，并由被盘问人确认后签名或捺印。而当做出不批准决定时，应当立即释放被盘问人。第三，就继续盘问的法定情形应当制作《继续盘问笔录》，准确写明被盘问人被带到公安机关的具体时间，由被盘问人确认后签名或捺印。当出现被盘问人拒绝签名或捺印时，人民警察应当在《继续盘问笔录》上及时、详细地予以注明。第四，对符合法定情形而确有必要延长继续盘问时限的，应当填写《延长继续盘问时限审批表》并立即报公安机关负责人审批。在延长时限的继续盘问结束之后，如果有足够证据证明被盘问人有违法犯罪嫌疑的，可以对其进行治安处罚或申请采用刑事强制措施。如果没有发现被盘问人有违法犯罪嫌疑的，应当将其立即释放。[1]

近些年以来，我国警察权研究之所以不断涌现出成果，主要是因为警察权自身就是一个动态发展和完善的过程，并得力于学界前辈和同仁们的不断付出和奉献。一方面，学界及时、有效地发现了警察权在运行中存在的不同问题；另一方面，学界也及时、有效地提出了应对之策或者可行方案，并逐渐得到了顶层设计者的支持与认可。[2] 今天对继续盘问的研习主要是为了服务于实践，使警察权得以健康茁壮地成长，进而有利于推动国家的稳定发展与持续繁荣，最终则有利于又快又好的全面建设社会主义法治国家。而作为一名公法学研习者，深感我国公法学理论的博大精深。在研习警察法学的同时，诚然需要更多地关注和研究继续盘问的现实问题。而理论界只有充分重视继续盘问并予以系统研究，才能找准"病因"并及时、有效地"开出药方"。

---

[1] 马康：《我国盘查措施若干问题研究》，载于《铁道警察学院学报》2017年第1期。
[2] 曹耀文：《警察盘查行为法律问题研究》，北方工业大学硕士论文，2017年，第19页。

第十六章

警察行政检查[*]

第一节 引 言

"情报是燃料,没有它行政机器就无法发动",[①] 为履行行政管理职能,公安机关采用各种调查手段获取信息,行政检查即为其一。在违法犯罪日趋高科技化、隐蔽化、智能化之当下,警察行政检查更因独有的社会规训功能而颇受重视、逐渐膨胀。福柯将社会规训概括为"警察监视给监狱提供罪犯,监狱把罪犯变成过失犯,后者成为警察监视的目标和助手,这种监视则有规律地把其中一些人送回监狱。"[②] 作为警察监视的主要手段之一,行政检查通过发现、震慑潜藏的违法活动,在维系个体自由和将个体纳入整体规训间寻得了一定平衡。[③]

随着恐怖活动阴影蔓延,公共安全价值日益凸显,公民将部分自由让渡给国家,警察行政检查权逐渐膨胀。警察行政检查在为执法提供便利的同时,也给公民人身权、财产权、居住自由等宪法性权利蒙上了阴影,对于如何避免公权力过

---

[*] 本章部分内容以《行政检查启动的规范化路径——以警察行政检查为例证》为名发表于《行政法学研究》2020 年第 2 期。
[①] [美] 伯纳德·施瓦茨著,徐炳译:《行政法》,群众出版社 1986 年版,第 82 页。
[②] [法] 福柯著,刘北成、杨远婴译:《规训与惩罚》,生活·读书·新知三联书店 2012 年版,第 318 页。
[③] 刘茂林:《警察权的现代功能与宪法构造难题》,载于《法学评论》2017 年第 1 期。

度侵入私域之问题,有必要给予足够的理论关怀。正当程序是法治国家行政权力必须遵循的程序底线,对于直接干预公民基本权利的行政检查措施,国际通行的做法是通过程序性控制方式限制滥用。其中,又以事前对行政检查启动程序的规范最为关键,唯有如此,方能最大限度减轻对公民权益的影响。因此,笔者通过对警察行政检查启动程序的分析,厘清其决定主体、形式要件和实体要件,以期探索出相应的规范化路径。

就警察行政检查的决定主体而言,英美等国家采行司法令状这一宪法原则[①]。而我国法律仅要求机关内部审批决定,学界改革呼声颇高。至于启动的形式和实体要件,不仅规范上有失完善,[②] 给予公安机关过大裁量空间,理论研究也欠奉,难以满足实践需求。由于警察行政检查形态复杂多样,社会价值、对公民权利的干预程度有所差异,笼统地研究未必合适。因而,考察警察行政检查的内涵、类型,检查决定模式转换的正当与否,以及区分不同检查样态下启动形式与实体要求,是本书的要旨所在。

第二节　警察行政检查的内涵

一、现行立法考察

欲展开类型化研究,前提是在学理上框定警察行政检查的内涵,确定研究对象。由于我国警察种类复杂,职务序列、组织结构差异也较大,为确保学术讨论在同一层面上展开,本书将范围进一步限于较为典型、体量最大的公安机关人民警察实施的行政检查。

梳理相关立法,可以给予我们启示。笔者在北大法宝的"法律法规"栏目中,全文检索在"同句"中出现"公安""检查"字样的结果,排除主体非为公安机关人民警察、将"检查"作为名词性质使用、用于刑事侦查目的以及重复、

[①] 司法令状原则又称为法官保留原则,即某些警察干预措施的实施须于事前获得法官的令状。参见蒋勇:《基本权利干预视角下我国警察强制措施的立法完善》,载于《环球法律评论》2017年第4期。

[②] 经法规范梳理得出,我国目前仅在《中华人民共和国治安管理处罚法》《公安机关办理行政案件程序规定》等法律中规定,公安机关对存在违法嫌疑的场所、人身、物品进行检查,需要申请检查证。但是,对于警察日常对体机关、团体、企业、事业单位或者特种行业等进行日常监督检查,则全无检查证要求,出示警察证即可。

被修改的规范，共得到法律 12 部、行政法规 17 部、公安部发布的部门规章 48 部。第十三届全国人民代表大会第一次会议批准了《深化党和国家机构改革方案》，警察行政检查范畴有所变更：一是消防任务走向职业化，消防部队整体移交应急管理部；二是公安边防部队退出武警部队序列，成建制划归地方公安机关。因此，消防检查应排除于警察行政检查范畴外，而将原本由边检站实施的出入境边防检查纳入警察行政检查范畴。

梳理规范文本可知，警察行政检查称谓较多，年度检查、监督检查、盘问检查、抽样检查等概念迭出，间或涉及"检验""检测""查验""勘验""核查"等语词。① 因此，不妨从性质、主体、对象、行为方式和后果等特征入手，进一步明晰研究对象。

二、警察行政检查的特征

（一）具有行政性质

警察行政检查仅适用于行政领域，而非刑事领域。由于我国公安机关身兼行政管理和刑事司法双重职能，区分时容易发生混淆，应根据以下三个要素予以判断：首先是依据，警察依《中华人民共和国刑事诉讼法》等刑事法律进行的搜查或检查，属于刑事侦查；根据《中华人民共和国行政处罚法》《中华人民共和国治安管理处罚法》等行政法律授权的检查，则属警察行政检查范畴。其次是程序，刑事立案后采取的行为，依刑事诉讼程序实施，为刑事侦查；若发生于立案前，则属于行政执法。最后是目的，警察行政检查旨在追究违法行为，或预防危害，直接达成社会公益；② 刑事侦查目的则是查明犯罪事实和查获犯罪嫌疑人。

（二）主体的特定性

我国法律规定由公安机关人民警察实施检查，检查妇女身体，由女性工作人员进行。③ 警察行政检查一般无须专门技能，但若检查对象是电子数据，由于其易删除或修改之特性，则需具有计算机知识的人员参与，如公安机关实施互联网

---

① 刘铮：《论行政检查的概念：学理研究与法律规定》，载于《宁波大学学报》（人文科学版）2012 年第 3 期，第 94 页。
② 沈军：《中国行政检查研究》，载于《行政法论丛》2005 年第 1 期。
③ 《中华人民共和国治安管理处罚法》第八十七条。

安全监督检查时，可委托网络安全服务机构提供技术支持，① 但主持工作仍由人民警察承担。

（三）对象的外部性

警察行政检查的对象是公民、法人或其他组织。因此，警察法律法规中，警务督察、纪检监察等部门对公安机关人民警察履职情况进行的监督和检查活动②，上级公安机关对下级工作的监督检查，对警车的管理和使用情况的监督检查③，对驾驶证考试场地、车辆、设备、考场管理情况的监督检查④，均不属于本书的研究范畴。

（四）行为方式：通过"直接感知"与"搜索"获取信息

行政检查是行政调查的方法之一，美国行政法也将其与要求报告、传票等调查方式并列讨论。⑤ 为收集资讯，检查能采取何种手段？从字面分析，检查含义为"为发现问题而用心查看"⑥，搜查的解释为"搜索检查"。由此，搜查允许翻找、搜索；而检查限于查看、复制表面之目标物。实践中，法院也倾向该观点。⑦ 不过，狭隘的语义解释可能曲解立法者意思，不恰当限缩检查的行为方式。爬梳有关法律，警察行政检查手段多样，既可以通过直接感知获取信息，如触摸老朽的单位治安防范设施⑧；也具有搜索特性，目的在于发现隐藏物，如对公民人身进行拍搜。⑨《人民警察法》（修正草案）第二十二条将"检查搜查"并置，也反映了检查内蕴的"搜索"性质。比较法视野下，可得出相同结论。我国台湾地区李震山教授认为，不具备搜索手段难以实现发现、打击违法的目的，检查的主要手段为搜索，只是应采令状原则，并由法律明确授权。⑩ 美国司法实践中，更是混用行政检查（administrative inspection）与行政搜查（administrative search）。⑪

---

① 《公安机关互联网安全监督检查规定》第十七条第一款。
② 郑百岗：《公安警务督察教程》，中国人民公安大学出版社2004年版，第16页。
③ 《警车管理规定》第二十一条。
④ 《机动车驾驶证申领和使用规定》第四十八条。
⑤ 美国联邦行政程序法第555条（C）。
⑥ 《"检查"的解释》，汉语词典，http://cidian.xpcha.com/d74678xdfvu.html，2019年5月10日。
⑦ 《烟草稽查员非法搜查被判刑》，新浪新闻中心，http://news.sina.com.cn/o/2005-12-02/07107597905s.shtml，2019年5月20日。
⑧ 《公安机关监督检查企业事业单位内部治安保卫工作规定》第四条第五项。
⑨ 《公安机关人民警察盘查规范》第十一条。
⑩ 陈文贵：《行政检查与令状原则之界限探讨》，载于《中原财经法学》2017年第39期。
⑪ See Blackie'r, 659 F.2d at 1218（investigation of specific regulatory violation resembles criminal searches）.

传统对行政检查的理解与侵权法关联密切①,警察须现场对场所、人身、物品实施物理入侵。然而,随着科技迅猛发展,检查的物理侵入性逐渐减弱。一方面,"直接感知"和"搜索"并非一定由警察亲自完成,先进设备可进行辅助,以避免物理强制,如警察使用金属探测仪和 X 光机检查。前者通过电磁感应原理,感知公民是否带有枪支等危险物品,后者通过 X 射线感知并成像,均符合检查的作用方式。另一方面,检查对象扩展至电子数据。大数据时代使得企事业单位的经营资料、活动记录主要以数据方式呈现,且体量爆炸性增长;加之违法行为逐渐科技化、隐蔽化,信息呈电子形态留存于互联网,因而 2015 年《中华人民共和国行政诉讼法》修改将电子数据作为证据种类之一。此时,检查人员进入虚拟空间且可远程实施,如警察实施互联网安全监督检查时采取远程监测方式,即不具有物理侵入性。②

(五) 影响公民基本权利

警察行政检查干预公民人身自由、营业自由、隐私等基本权利③,因而需要法制化构造。警察在开放地区,观察任何人目所能及的事物,不属于行政检查,这在美国法上被称为"公开视野"(open view),意指相对人未设置防止他人获取信息的"界碑",观察可为大众所共见的事项,不涉及合理隐私权期待。④ "公开视野"最初适用于刑事领域,1974 年联邦最高法院类推适用于行政领域,认为乘飞机在空中观察任何人目所能及的事物,并非第四修正案规制的行政检查。⑤在我国,警察治安巡逻、卡口值守并未涉及公民基本权利;虚拟网络空间同理,公安部建立的网上公开巡查机制⑥,对象为论坛、QQ 群等开放领域,非属行政检查。商事企业具有特殊性,虽然餐厅、百货公司等在我国被定性为公共场所⑦,但店家可以拒绝不符营业目的的人群进入(如乞丐),不同于完全开放的公园或公共道路。⑧ 因此,行政机关如公众一般进出,在商业建筑的公共部分观察,不构成行政检查;但当其行为超越普通公众地位时,无论查看账簿、存货,或进入

---

① Bloom and Brodin, supra note 10, at 34.
② 《互联网安全监督检查规定》第十三条。
③ 陈文贵:《行政检查与令状原则之界限探讨》,载于《中原财经学》2017 年第 39 期。
④ William F Fox, Understanding Administrative Law 4th ed, Lexis Publishing companies 2000:108.
⑤ Air Pollution Variance Bd. v. Western Alfalfa, 416 U. S. 861, 1974:864 - 865.
⑥ 《公安部:建立网警常态化公开巡查执法机制》,新华网, http://www.xinhuanet.com/legal/2015 - 05/31/c_1115463908.htm, 2019 年 2 月 12 日。
⑦ 《公共场所卫生管理条例》第二条。
⑧ 李震山:《从公共场所或公众得出入场所普设监视录音器论个人资料之保护》,载于《东吴大学法律学报》2004 年第 2 期。

库房、办公室,均影响营业自由,属于行政检查。①

综上所述,本书将警察行政检查界定为,公安机关人民警察依行政法律法规授权,通过直接感知和搜索获取信息,以实现吓阻、纠正或追究行政违法等目的,影响公民基本权利的行为。

三、相关概念辨析

前述已提及,涉及警察行政检查的法条中,还会出现"检验""检测""勘验"等语词。有观点指出,以上只是行政检查不同实施方式的表现,例如,涉及产品品质的采用检验、抽样检验;② 我国台湾学者陈文贵也表示,行政法规上检验、勘查、查证或鉴定、采取样品或索取资料、抽查或抽样、勘验等,均为与行政检查相当的概念。③ 笔者以为,虽然以上行为均有助于警察收集信息,但在目的及行为方法上,仍存在诸多差异,不妨将行政调查视为动态发展的过程,对各种调查手段予以区分。④

(一) 勘验

有学者将勘验定义为,"行政机关在行政调查程序中,对违法行为现场、事故现场、违法物品所在地现场等,实施勘察、检验的行为。"⑤ 爬梳警察行政法律法规得知,"勘验"仅在两处出现:一为公安机关办理行政案件中的现场勘验⑥,二为公安机关对火灾、交通等事故现场的勘验。就行为方式而言,勘验强调感知物证的存在、位置或形状等特征,⑦ 以勘验笔录的形式加以固定,进而起到证明作用。而如前所述,警察行政检查的行为方式为"直接感知"与"搜索",在"感知"层面上与勘验重叠,混淆也就不足为奇了。

实际上,勘验与检查是彼此独立的行为。就发生阶段而言,行政检查手段在

---

① 洪文玲:《行政调查中进入处所查证程序之研究》,提交台湾第六届公法研讨会"社会基本权与行政调查制度"之论文。转引自余凌云:《行政调查三题》,载于《浙江学刊》2011年第2期。
② 黄学贤:《行政检查的性质及其功能》,载于《行政法(学)的发展趋势探寻》2002年版,第114~124页。
③ 陈文贵:《行政调查与行政检查及行政搜索之法律关系》,载于《法令月刊》2009年第3期,第67~87页。
④ 莫于川教授认为行政机关常采用以下步骤展开调查,即询问、调取证据材料、检查、勘验、指定或委托鉴定、言词审理。参见莫于川:《中国行政调查制度的若干问题与完善路向》,载于《学习论坛》2011年第4期,第72~73页。
⑤ 宋华琳:《行政调查程序的法治建构》,载于《吉林大学社会科学学报》2019年第3期,第145页。
⑥ 根据《行政案件程序规定》(2018年)第八十一条第一款。
⑦ 袁志:《勘验、检查笔录研究》,四川大学博士学位论文,2005年,第19页。

事前、事后均有适用空间，例如，警察对大型群众性活动安全工作落实情况的检查即为事前①，此时并无违法嫌疑，仅为监督活动举办者是否遵守法律法规；而办理行政案件过程中的检查手段②，则显然在事后。然而，"勘验"的发生阶段则为事后，即违法案件或事故发生后。

即便将警察行政检查的范围限定于"事后检查"，与勘验仍存在诸多差异。就目的而言，勘验旨在为破案提供线索，判断案件性质、确定调查方向和范围；③而检查目的则是发现、收集证据，并证明违法，较勘验更进一步。就对象而言，我国大多数学者认为现场勘验仅及于现场的物品，但不包括人身；行政检查的对象则包括"与违法行为有关"的场所、物品、人身，较勘验为广。由于人身同时是权利义务的主客体，人身检查可能侵犯人身自由权及衍生而出的人格尊严、人体健康、住宅不受侵犯等其他宪法性权利，因此，在程序设置和实施方法上，立法者必须给予行政检查更多的限制，方符合法治国本意。

（二）检验、检测

在北大法宝的法律法规"同句"一栏中，键入"警察、检测""警察、检验"之关键词，在中央法律法规层面，除犯罪侦查外，主要得到以下结果：一是《公安机关行政许可工作规定》第二十六条，将抽样检验、检测作为监督检查之方式；二是依据《公安机关办理行政案件程序规定》（以下简称《行政案件程序规定》）第一百零九条第四款，对已抽取样品的检验，目的在于验证是否可作为证据使用；三是对人身的检验、检测，即《行政案件程序规定》第九十五条规定的酒精呼气测试、血液酒精含量检测，以及《行政案件程序规定》第九十四条、《吸毒检测程序规定》第二条规定的吸毒检测和精神药品、麻醉药品检验；四是《全国人民代表大会常务委员会关于严禁卖淫嫖娼的决定》第四条第三款规定的强制性病检查。

分析规范可知，对于物品检验、检测而言，立法者倾向将其作为行政检查的手段。部分学者也持相同意见，认为检验、检测即行政机构利用现代科技手段对行政相对人的物品进行质量、安全等方面的查验、测试，是常见的事后监督检查方式。④ 但令人费解的是，在人身检验、检测方面，法律上却产生了分歧。2012年《行政案件程序规定》将吸毒、酒精检测整体性地归于"鉴定"一节；吊诡的是，2018年修法后却将吸毒、酒精检测分为两部分，第八十三条将"提取、

---

① 《大型群众性活动安全管理条例》（2007年）第十条。
② 《治安管理处罚法》（2012年）第八十七条第一款。
③ 《行政案件程序规定》（2018年）第八十一条第一款。
④ 章剑生：《现代行政法专题》，清华大学出版社2014年版，第95页。

采集生物样本"规定于第四节"勘验、检查"范畴,第九十四、九十五条却又将人身检验、检测整体性地规定在第五节"鉴定"中。

实际上,"检验、检测"只是术语上对"行政鉴定"的替代①,含义为在行政程序中,具有专业知识、技能、经验的人,对专门性问题加以鉴别或判断。如此,检验、检测与检查的区别就清晰可见了,前者具有分析、判断的主观成分,且涉及对事物内部属性的判断;后者纯粹为客观行为,欲发掘的仅仅是事物的表面信息,包括物品、文件,或是其外部特征、形态、位置等信息。这一结论也可以从检查笔录与检验报告、鉴定结论的区别中得出,"勘验、检查笔录是运用自己的感官或器材直接观察和测量时所做的如实记录,不具有分析、判断的因素。而检验报告、鉴定结论则是鉴定人运用其专门的知识对某种特定事物进行检验、分析后所做的一种判断。"② 因此,《公安机关行政许可工作规定》第二十六条规定的,将抽样检验、检测作为监督检查的方式,是对"检验、检测"性质的错误认识。

此外,对于强制性病检查,最初规定于1991年《全国人民代表大会常务委员会关于严禁卖淫嫖娼的决定》第四条第三款:"对卖淫、嫖娼的,一律强制进行性病检查。对患有性病的,进行强制治疗"。卫生部、公安部联合发布的《关于对卖淫嫖娼人员强制进行性病检查治疗有关问题的通知》,也要求卫生和公安部门共同做好强制性病检查、治疗工作。由于携带性病本身并非违法行为,强制性病检查目的在于强制治疗,或为是否构成"传播性病罪"收集证据③,与警察行政检查旨在吓阻、惩处行政违法行为的目的不同,且有滥用行政手段进行刑事侦查之嫌,应当予以废止,不在笔者讨论范围内。

(三) 电子产品数据检查

电子数据的定义为"通过数字化方式储存、处理或传输之数据"④,表现形式有电子邮件、手机短信、微博客,等等。在现行立法上,电子数据的诉讼证据价值已经得到承认,《中华人民共和国行政诉讼法》2014年修订时即将电子数据纳入证据范畴,⑤ 司法机关还就具体适用问题出台了专门的司法解释。⑥ 但是,

---

① 宋华琳:《行政调查程序的法治建构》,载于《吉林大学社会科学学报》2019年第3期,第145页。
② 樊崇义:《证据法学学》,法律出版社2001年版,第118页。
③ 《中华人民共和国刑法》(2017)第三百六十条第一款,传播性病罪是指明知自己患有梅毒、淋病等严重性病而进行卖淫、嫖娼的行为。
④ 最高人民法院、最高人民检察院、公安部《关于办理刑事案件收集提取和审查判断电子数据若干问题的规定》(2016年)第一条。
⑤ 《中华人民共和国行政诉讼法》(2014年)第三十三条。
⑥ 《最高人民法院关于行政诉讼证据若干问题的规定》(2002年)第十二、第六十四条。

在行政权领域,由于我国不存在统一行政程序法,《中华人民共和国行政处罚法》中也并未详细列举证据种类,因此电子数据的行政证据地位并未在法律层面得以统一承认。具体到公安行政执法领域,《中华人民共和国道路交通安全法》这一单行法律中有交通技术监控记录资料可作为证据的规定,但适用范围限于道路交通执法领域。① 目前,我国主要在部门规章、地方政府规章、地方政府规范性文件方面,肯定了电子数据在公安行政执法中的证据作用。其中,部门规章主要指《行政案件程序规定》,其2013年修订时即将电子数据视作公安机关办理行政案件能够使用的法定证据。② 此外,笔者将地方政府规章、地方政府规范性文件归纳如表16-1所示。

表16-1　将电子数据认定为证据的地方政府规章、地方规范性文件

规范类型	序号	规范名称	发文字号	公布日期	条文表述
规章	1	蚌埠市行政程序规定	蚌埠市人民政府令(第41号)	2017年12月6日	第四十七条　行政机关作出行政执法决定所依据的证据类型包括:当事人陈述、书证、物证、视听资料、电子数据、证人证言、鉴定意见、勘验笔录、现场笔录以及法律、法规规定的其他证据
	2	江苏省行政程序规定	江苏省人民政府令(第100号)	2015年1月6日	第五十六条　行政执法证据包括……(六)电子数据……
	3	凉山州行政程序规定	凉山彝族自治州人民政府令(第30号)	2013年10月28日	第七十六条第一款　行政执法证据包括……(八)电子数据
	4	宁夏回族自治区行政程序规定	宁夏回族自治区人民政府令(第73号)	2015年1月10日	第四十二条　行政执法证据包括……(四)电子数据……
	5	西安市行政程序规定	西安市人民政府令(第101号)	2013年3月25日	第四十四条　行政机关可以依法采取下列方法实施调查……(二)向有关单位和个人调取书证、物证、视听资料或者电子数据……

---

① 《中华人民共和国道路交通安全法》(2011年)第一百一十四条。
② 《行政案件程序规定》(2012年)第二十三条。

续表

规范类型	序号	规范名称	发文字号	公布日期	条文表述
规章	6	邢台市行政程序规定	邢台市人民政府令（［2013］第7号）	2013年10月18日	第七十八条　行政执法证据包括……（五）电子数据……
	7	浙江省行政程序办法	浙江省人民政府令（第348号）	2016年10月1日	第五十四条　行政机关作出行政执法决定所依据的证据类型包括：当事人陈述、书证、物证、视听资料、电子数据、证人证言、鉴定意见、勘验笔录、现场笔录以及法律、法规规定的其他证据
规范性文件	1	酒泉市行政程序规定（试行）	酒政发（2012）182号	2012年11月16日	第七十五条　（证据种类）行政执法证据有下列几种……（六）电子数据……

电子数据法定证据的地位虽然得到承认，但行政法律法规上对电子数据的获取方式和程序并无规定；部分地方政府规章和规范性文件虽然明确了可以"向有关单位和个人调取电子数据"①，具体调取程序亦付之阙如。目前，仅《行政案件程序规定》于2018年修改时增加一条，规定获取电子数据的过程为：（1）扣押电子数据存储介质——电脑鉴识；（2）无法扣押的，现场提取电子数据；（3）无法扣押亦无法现场提取的，通过打印、拍照或录像之方式固定电子数据。② 其中，第一种方式属于既扣押了原始存储介质，其后于复制件上离线分析，可以与原件对比印证真实性，因此最能为执法人员与技术专家所接受。后两种方式只是在无法扣押原件的情形下，"退而求其次"的选择。

因此，公安机关在办案检查层面仍然遵循传统模式，规制对象为电子数据的原始存储介质该种有体物，唯警察进入物理性场所扣押存储介质属检查范畴，而获取其中的电子数据（无体物）在行政法律上则被定性为"鉴定"。③ 立法者对于电子数据获取的手段定性，与实务部门形成一致。以2016年中国十大传媒法

---

① 《西安市行政程序规定》（2013年）第四十四条。
② 《行政案件程序规定》（2018年）第三十二条。
③ 《公安机关电子数据鉴定规则》（2005年）第二条规定，电子数据鉴定是指公安机关电子数据鉴定机构的鉴定人按照技术规程，运用专业知识、仪器设备和技术方法，对受理委托鉴定的检材进行检查、验证、鉴别、判定，并出具鉴定结论的过程。

治事例之一的"快播公司及王欣等传播淫秽物品牟利案"为例,①该案虽然属于刑事案件,但前期经过行政调查获取相应证据,发现具有犯罪嫌疑后,方转移至刑事部门进行侦查,具体过程为:2013年11月,北京市海淀区文化委员会前往查获快播公司托管的服务器;再由公安机关从中提取视频文件加以鉴定。本案中,实务部门提取电子数据的操作过程同样被定性为"检查物理性场所并扣押电子数据存储介质—鉴定"。

需要注意的是,公安机关获取电子数据将干预公民个人信息权,必须符合法律保留原则。若警察现场扣押电子数据存储介质并嗣后鉴识的,扣押所需的时间较长,对行政相对人的财产权亦将造成侵害。此外,不论是"扣押—鉴定""在线提取"抑或"对电子数据进行打印、拍照或录像",均将对公民个人信息权构成影响,虽然电子数据存储介质(如计算机硬盘)这一虚拟空间时常被比拟为物理性空间,均属于封闭场所。然而,二者包含的信息量却天差地别,对物理性场所的检查一般仅涉及有限的信息;电子数据存储介质包含的信息却是海量的,甚至很大部分属于违法嫌疑人所不知情或无法控制的,获取电子数据极有可能涉及与违法活动不相关的嫌疑人个人信息或第三人信息,对公民个人信息权干预甚深。因此,法定性是获取电子数据正当性的前提,以部门规章、规范性文件的形式将获取电子数据定性为鉴定或在线提取,在法理上欠缺正当性。

实际上,根据本书对警察行政检查的定义,以及与鉴定的区别可得出:公安机关办理行政案件时,扣押电子数据存储介质后提取其中电子数据,属于行政检查范畴。虽然从存储介质中读取电子数据和鉴定,均需要具有专门知识和技术方得完成,但区别也很明晰:一方面,电脑数据鉴识符合"一次性感知"和"搜索"的行为方式,因为面对计算机系统内海量的数据信息,警察必须经过搜索才能得出哪些电子数据与违法行为相关,只是如前所述,该搜索不具有物理侵入性。另一方面,鉴定具有"分析、判断"的主观要素,需要对事物内部属性进行深入判断,检查则以发现信息为目的。由于电子数据需要依附于原始存储介质,利用技术性手段于存储介质中查找电子数据,目的在于发现而非对信息的内部属性予以解读,应当属于检查范畴。

(四) 高科技监控

警察在行政调查中,可以通过无人机、视频监控等科技工具持续、实时地

---

① 《2016年度中国十大传媒法治事例发布 已连续6年公布》,中国社会科学网,http://www.cssn.cn/xwcbx/xwcbx_xsqy/201701/t20170109_3376431.shtml,2019年8月9日。

观察，在我国法律法规上一贯被称为"监控"[1]，而非行政检查。其中，监控又分为两种情形：若监控是普遍性的、针对不特定相对人，则属于行政领域的安全技术防范手段，如交警在公共道路上设置交通技术监控设备[2]，获取的信息具有"被动性、客观性和全景性"[3]。若监控运用于特定相对人，该措施一般秘密实施，如通过 GPS、无人机等设备对具体公民进行追踪。由于符合技术侦查"技术性、秘密性、同步即时性"[4]的特征，该种对象特定的监控实施范围应限于"严重危害社会之犯罪案件"[5]，且须采取严格的审批程序，不得作为行政手段。

四、主要类型划分

实践中，警察行政检查的形态复杂多样，在手段和强度方面存在差异，对行政相对人基本权利影响不同。相应地，警察行政检查的启动形式和实体要件自然应予区别，是以，必须首先对其加以类型化。

（一）理论上的不同认识

依据不同标准，警察行政检查可划分为不同类型。如依检查对象的特定性，可分为一般检查与特定检查[6]；依检查对象的类型，可分为对人、对物品和对处所的检查；依检查的实效确保手段，也有任意检查和强制检查之分。然而，按照检查所处阶段，引发争议却相当大。谢川豫教授认为，警察行政检查包括：（1）针对公共领域、特种行业、危险物品的日常监督检查；（2）盘查中对人身和携带物品的检查；（3）办案过程中，对与违法行为有关的场所、物品、人身的检查。[7] 王中华博士主张，警察行政检查主要有日常治安检查；现场勘查、检验、鉴定和盘查三类。[8] 余凌云教授的观点则是，可分为办案检查、安全检查

---

[1] 如在环境行政领域，环境保护主管部门即通过监控设备，长期、实时监测重点排污企业排出的污染物。根据《中华人民共和国环境行政处罚办法》（2009 年）第三十六条。
[2] 《道路交通安全违法行为处理程序规定》（2008 年）第十六条。
[3] 上海市行政法制研究所：《公共场所监控图像采集利用与隐私权保护研究报告》，载于《政府法制研究》2009 年第 8 期，第 20 页。
[4] 程雷：《大数据侦查的法律控制》，载于《中国社会科学》2018 年第 11 期，第 168 页。
[5] 《中华人民共和国刑事诉讼法》（2018 年）第五条。
[6] 应松年：《当代中国行政法》，中国方正出版社 2005 年版，第 817~820 页。
[7] 谢川豫：《治安检查的立法比较与分析》，载于《江西公安专科学校学报》2005 年第 5 期。
[8] 王中华：《我国警察行政检查法律规范研究》，中国政法大学硕士学位论文，2007 年。

和日常执法检查,郑红梅教授和侯凯中博士的态度亦同。[1]

阶段标准,实则也是目的标准。日常监督检查实施于无违法嫌疑时[2],旨在预防、发现、制止违法;办案检查于发现违法后开展,是为了收集违法证据;盘查则介于二者之间,在有合理怀疑时开展,目的在于确认违法嫌疑是否确实存在,是警察对违法犯罪洞察先机并展开的主动出击。[3] 相较而言,阶段/目的标准更贴合行政过程论视角,符合特定行政任务和实际运作状态。其中,办案检查、日常监督检查之分基本为学者公认;至于现场勘验、检验、鉴定,则不属于检查手段。

(二) 实定法上的规定

《行政案件程序规定》第八十二条第二款规定:"对机关、团体、企业、事业单位或者公共场所进行日常执法监督检查,依照有关法律、法规和规章执行,不适用前款规定"。分析文书可知,警察行政检查至少可分为日常监督检查和办案检查两类,符合前述学界认知。然而,就理论上的划分方式看,还有安全检查和盘查如何定位的问题。

安全检查概念具有特殊性,学界基于《行政案件程序规定》第五十三条第一款加以概括,一方面,为保护作用,防止嫌疑人利用危险品自伤、自残,乃至暴力袭警或脱逃;另一方面,亦有利于顺利询问嫌疑人及调查取证。安全检查在发现违法后实施,具有调查取证功能,应属于办案检查的下位概念。至于盘查,有学者认为其同时适用于刑事侦查与治安预防,[4] 不同于行政检查。笔者以为,《中华人民共和国刑事诉讼法》中并未规定盘查,且不宜以盘查具有刑事属性为由,否认其在行政调查中的作用。[5] 盘查针对外部、以直接感知和搜索取得信息、影响公民基本权益,符合警察行政检查的特征。[6]

(三) 他山之石:美国法上的经验

美国法上也存在类似日常监督检查与办案检查的分类,有学者称其为非例行

---

[1] 余凌云:《公安机关办理行政案件程序规定若干问题研究》,中国人民公安大学出版社2007年版,第118页;郑红梅:《浅谈治安检查权》,载于《江西公安专科学校学报》2007年第2期;侯凯中,孟昭阳:《论警察行政检查权及行使程序》,载于《中国人民公安大学学报》(社会科学版)2010年版第1期。
[2] 胡建刚:《对我国警察治安检查若干问题的思考》,载于《福建警察学院学报》2008年第2期。
[3] 万毅:《警察盘查制度若干法律问题研究》,载于《南京师大学报》(社会科学版)2009年第5期。
[4] 余凌云:《盘查程序与相对人的协助义务》,载于《北方法学》2011年第5期。
[5] 杨解君:《行政法学》,中国方正出版社2002年版,第320页。
[6] 蔡秀卿:《行政检查》,载于《东吴法律学报》1995年第2期。

检查与例行检查。联邦最高法院和下级法院的多数判决涉及例行检查，其依照立法或行政计划展开，例如，杜威（Dewey）案①中，联邦检查员对矿区的检查。反之，非例行检查是由政府通过自身调查或投诉得到信息后，针对涉嫌违法的特定事件进行的检查。总体而言，非例行检查更接近刑事搜查，需要更多程序性监督。② 此外，美国法上的行政检查不包括盘查，后者属于刑事司法手段，③ 这与英美法系"司法一元化"之品格，将治安不法也纳入刑事不法，设置微罪、轻罪、违警罪的做法直接相关。④ 然而，盘查的干预性远非刑事搜查可及，在采取二元体系的我国，将明显带有治安预防目的的盘查亦认定为犯罪侦查的前阶段行为，⑤ 显然水土不服。

（四）排除不定点盘查

梳理学理、实定法和域外经验可知，将警察行政检查分为办案检查、日常监督检查和盘查三类，较为妥当。本书的研究主旨是规制警察行政检查的启动程序，包括决定主体、形式要素和实体要件，盘查属于行政强制措施，其临场遭遇性使得只能由警察现场决定启动，无暇经过形式审批，满足"合理怀疑"这一实体要件即可，由于理论界已有相当讨论，⑥ 笔者在此不欲赘述。实则，上述属于行政强制措施的盘查是指警察巡逻中的不定点盘查，即公安机关为应对流动人口高犯罪率而采取的动态执法手段。⑦ 如今，盘查使用场域早已从最初的巡逻范畴拓宽至定点盘查⑧，在"执行追捕逃犯、侦查案件、巡逻执勤、维护公共场所治安秩序、现场调查等职务活动中"均有适用⑨，规范上又称设卡盘查⑩。

与不定点盘查不同，警察设卡前有充分时间经过审批。然而，我国有关设卡盘查的规范层级较低，如《公安机关人民警察盘查规范》《交通警察道路执勤执

---

① 452 U. S. 594（1981）.

② Fern Phillips O'Brian, Administrative Agency Searches Since Marshall v. Barlow's Inc.：Probable Cause Requirements for Nonroutine Administrative Searches, 70 The Georgetown Law Journal, 1982：1198 – 1220.

③ 朱金池、洪文玲等：《各国警察临检制度比较》，五南图书出版股份有限公司2002年版，第90页。

④ 刘洋、张斌：《行政执法证据与刑事证据衔接的理论基础》，载于《东北大学学报》（社会科学版）2017年第19期。

⑤ 艾明：《论我国盘查措施的特征与法律性质》，载于《行政法学研究》2010年第2期。

⑥ 余凌云：《对不确定的法律概念予以确定化之途径——以警察盘查权的启动条件为例》，载于《法商研究》2009年第2期；万毅：《论盘查》，载于《法学研究》2006年第2期；高峰：《比较法视野下的盘查措施》，载于《现代法学》2006年第3期。

⑦ 余凌云：《盘查程序与相对人的协助义务》，载于《北方法学》2011年第5期。

⑧ 公安部《关于组建城市治安巡逻网的意见》（1986年7月1日）、《城市人民警察巡逻规定》（1994年2月24日公安部发布）。

⑨ 《公安部关于公安机关执行〈人民警察法〉有关问题的解释》第一条。

⑩ 《公安机关人民警察盘查规范》第十五条。

法工作规范》等，事先制订方案即允许启动。法律的粗放规定，导致实施也较随意。笔者在珠海市公安局交警支队调研得知，设卡方式有二：一是上级主管部门制订行动方案，交警支队制定细则，由大队领导部署工作；二是县（区）级公安局交警大队的日常工作，大队领导自行决定并带队，确定设卡位置后报告大队总台。如此背景下，公安机关可以随意设卡盘查，于公民基本权利保障不利，亟须理论界加以回应。因此，本书将主要着墨于办案检查、日常监督检查和设卡盘查，分别规范其启动程序。

第三节 检查的决定主体：行政审批模式

基于行政效率考量，我国规范上并未要求警察行政检查由法官签发令状，至多由机关内部审批足矣。学界倾向于认为，法官令状方能有效规制警察行政裁量权，因而否定现行的内部控制模式，究竟是否应将决定检查的权力移交法官？下面将从我国本土制度情境与法官令状功能的可替代性视角出发，回答该问题。

一、特定国情下的制度差异

（一）域外的做法

令状主义最初来源于英国，本意为未经法院审查，不得对公民进行刑事搜查、逮捕或其他侵犯自由权和财产权的强制行为，并为1215年英国《大宪章》所法典化："任何自由人，如未经其同级贵族之依法裁判，或经国法判，皆不得被逮捕，监禁，没收财产，剥夺法律保护权，流放，或加以任何其他损害"。对于刑事搜查的决定主体，世界上绝大多数国家均效仿英国，建立了法官令状模式。

但是，行政检查为行政公益目的所必须，在目的、强制性与基本权利干预程度等方面，与刑事搜查存在巨大差异，是以，诸多国家和地区对其决定主体做了差异化规定。在行政领域，严格强调法官令状主义的国家，主要有美国[①]、日

---

① 洪文玲：《论美国行政调查制度》，载于《中央警察大学学报》2006年第43期。

本①、德国②等，即便是对营业场所进行检查，也必须取得法官令状。部分国家规定则较为灵活，如荷兰《行政法通则》第 5 章第 12 条仅要求检查员出示行政机关签发的身份证明，唯部分特别法规定，检查住宅等非营业场所时，若相对人不同意，则需申请法官令状。③ 比利时④，乃至法官令状起源的英国⑤，也允许由政府授权行政检查，只是对象限于营业场所。

（二）政治传统与法制环境之映射

法官令状抑或行政审批，反映的是各国不同的历史和法制传统。美国历史上对殖民者肆意搜查公民住宅等行为深恶痛绝，因此颁布宪法第四修正案，要求经过法官授权，方得搜查房屋。联邦最高法院强调，不能仅仅因为行为性质不同，适用于行政领域，即削弱对公民之保护力度。⑥ 德国和日本采取法官令状主义，认为考量强制处分的适当性是法官的任务，则折射出立法者对纳粹时期政府忽视人权之反思。至于荷兰、比利时等国家则属大陆法系，认为营业场所往往涉及重大公益，更加强调执法利益和检查效率。需要注意的是，即便是灵活规定的国家和地区，大多也承认基于居住自由的重要性，对住宅等非营业场所赋予法官令状的保护。其根源在于西方国家对司法权一贯的信赖和尊重，而这种态度来自法院的独立地位，文艺复兴以来，欧洲引入罗马法中的形式合理性理念，通过法官任期终身、严格的法官遴选、与世俗世界隔离等制度手段，确保司法的独立性和公正性。司法具有能动性，因而在决定是否启动行政检查时，能够依据法律和理性做出判断。

反之，我国历史上对违法行政的防范，向来重视行政自行监督、群众监督等方式，而非求助司法。远至自秦朝开始设立的御史制度，近至当下引起热议的国家监察委员会，均是行政监督之典范；而民众热衷的信访制度，则源于古代的直诉制度⑦，公民惯于向上级行政机关"击鼓鸣冤"，解决自身诉求。

---

① 日本最高法院在"川琦民商事件"中指出：法官令状亦得保障非刑事程序之检查行为。参见刘宗德：《日本行政调查制度之研究》，载于《政大法学评论》1994 年第 52 期。
② ［德］Heinrich Scholler：《西德警察与秩序法原理》，转引自余凌云著：《警察行政强制的理论与实践》，中国人民公安大学出版社 2007 年版，第 220 页。
③ Dutch Competition Act Competition Act 1997, Article 89d.
④ ECN Working Group Cooperation Issues and Due Process Decision-Making Powers Report, 31 October 2012, available at http://ec.europa.eu/competition/ecn/decision_making_powers_report_en.pdf, 2019 年 6 月 10 日。
⑤ United Kingdom, Competition Act 1998, section 27, 28.
⑥ 387 U.S. 523 (1967).
⑦ 巩富文：《唐代的直诉制度》，载于《法学杂志》1993 年第 5 期。

二、功能的可替代性

(一) 理性判断

有意见认为,对是否下发检查令状,警察难以理性判断,应将该权力交给法官。但学者自身也承认,由于警察常处一线违法现场或直接与违法嫌疑人接触,对具体案情、行业状况等较为了解,相较于司法人员,更有丰富的专业技术和经验知识,容易做出正确判断。问题只在于,当社会秩序与基本人权发生冲突时,具有执法热情的警察可能轻易发动检查。[①]

但是,笔者持不同看法。警察行政检查的决定主体为县级以上公安机关负责人[②],由于检查工作大多由基层民警承担,此时县级以上公安机关等同上级公安机关,其负责人并非直接执法者,执法热情毕竟有限;加之有错案追究制度的保障,办案责任溯及检查的决定主体,如此考量下亦将慎重行事。[③] 实际上,法官所起的作用也与想象的愿景全然不同,"在美国,对令状的申请,法官平均花2分48秒时间审核资料,其中10%的申请以不及一分钟的时间审核完毕,提出令状的申请几乎全被核准,不准的比例尚不及10%。"[④] 因此,行政审批模式同样能起到理性判断作用。

(二) 书面记录

在法官令状情境下,警察应书面申请令状,并详细记载检查理由、时间、地点与范围,有助于便利事先审查,抑制警察行政检查权之肆意。同时,书面令状还有助于通知被检查者,检查是合法的、存在的法律限制,以及检查人员是被授权的官员。然则,行政审批模式在书面记录方面的作用,其实与法官令状有致一同。警察欲启动行政检查,需在网上填写呈批表,注明理由、时间、地点、范围等要素,县级以上公安机关同样能审查上述资料,进而做出决定。需要注意的是,检查证的书面内容欠缺时间、地点及范围,难以担负告知公民检查存在的法

[①] 陈珊珊:《论令状搜查》,载于《刑事法判解》2005年第2期。
[②] 《中华人民共和国治安管理处罚法》第八十七条规定:"公安机关对与违反治安管理行为有关的场所、物品、人身可以进行检查时,应当出示县级以上人民政府公安机关开具的检查证明文件"。
[③] 《公安机关人民警察执法过错责任追究规定》第五条规定:"执法办案人、鉴定人、审核人、审批人都有故意或者过失造成执法过错的,应当根据各自对执法过错所起的作用,分别承担责任"。
[④] Joshua Dressier, Understanding Criminal Procedure 167 (Matthew Bender, 1997), 转引自王兆鹏:《搜索扣押与刑事被告的宪法权利》,翰庐图书出版有限公司2000年版,第48页。

律限制之责。但该问题并非否定行政审批模式的关键,可通过补足检查证内容,抑或借鉴其他行政领域的"检查通知书"①加以解决。我国公安机关检查证的形式如图 16-1 所示。

```
                        ××公安机关
                          检查证
                    ×公（  ）检查字〔  〕号
根据
□《中华人民共和国行政处罚法》第三十六条和第三十七条第一款
□《中华人民共和国治安管理处罚法》第八十七条第一款
之规定,兹派我局民警_____对_____依法进行检查。
                                        公安机关（印）
                                          年  月  日
被检查人或见证人
年  月  日  时  分
检查完毕后附卷
```

图 16-1　公安机关检查证

（三）审慎考量

向法官申请令状的程序本身耗力,能够使警察启动检查时较为谨慎,"以申请程序筛选必要的强制处分"②。然而,笔者在对珠海市公安局的民警访谈后得知,检查启动经行政逐级审批,并不比法官令状容易许多。若基层派出所或县级公安机关（区公安分局）治安大队的民警试图申请检查证件,首先由其所在大队的副大队长和大队长审批,部分地方放松限制,二者存其一即可;其次再由县级公安机关（区公安分局）领导审核并最终签发,唯正副局长方符合要求。假使市局治安支队民警欲得到检查证,程序则更为烦琐,需要经过"副大队长和大队长/副大队长或大队长（科级）—支队领导（处级）—市局局长或副局长"三个层级。综上所述,法官令状限制检查权的功能,在行政审批模式下同样能实现。

笔者以为,警察行政检查经内部审批签发检查证,配合执法人员考评和错案追究制度,在我国应能发挥良好效果。唯将检查的决定主体设定为某一级别以上

---

① 如税务行政领域,税务机关在检查实施前,应当出具检查通知书,参见《中华人民共和国税收征收管理法》第五十九条。实践中,检查通知书内容一般包括：(1) 通知书年、号；(2) 被检查单位；(3) 检查所依据的规范；(4) 检查时间；(5) 检查内容；(6) 检查人员组成；(7) 告知权利和如实提供资料的义务。

② 王兆鹏：《美国行使诉讼法》,北京大学出版社 2005 年版,第 89~97 页。

的公安机关负责人，容易违反"不能做自己的法官"的正当程序原则，如县级以上公安机关启动检查时，同时身兼审批者和执行者之责，不妨将行政检查的决定主体限定为上一级公安机关负责人，理论上有称该模式为"准令状主义"。①

第四节　检查的形式要件：检查证的适用与豁免

一、不谋而合：办案检查以持证为原则

《行政案件程序规定》第八十二条规定，警察对与违法行为有关的场所、物品、人身检查时，应表明身份和出具县级以上人民政府公安机关开具的检查证；若情况紧急，经出示工作证件，可当场检查。显然，办案检查形式上以持证为原则，许多域外国家也采相同做法。美国哥伦比亚特区联邦地方法院在一则案件中指出，当行政官员为了健康、卫生、消防等原因例行检查住宅时，无须受第四修正案之拘束；但若执法是基于寻找武器、偷来的货物或赌博设备等惩罚性目的时，则必须由法院审查下发令状后，方可进行。此判决后来虽被哥伦比亚特区上诉法院以"危险不足以达到证明没有搜查令的正当性"为由推翻②，但争议主要围绕例行检查是否需要令状展开，对于意在追责的非例行检查而言，则一贯要求令状之适用。

日本最高法院在昭和 47 年的"川崎民商事件"中指出：虽然宪法第 35 条主要目的在于将刑事程序纳入司法的事前控制中，但不得因此将非刑事调查措施，全然排除于宪法保障范围外。唯满足以下要件，方可豁免令状：（1）非旨在追究刑事责任；（2）取得资料不得用于刑事程序；（3）不得行使实力，以间接强制为限；（4）有实现行政目的之高度必要。就办案检查而言，违法严重涉嫌犯罪的，证据可能用于刑事审判，应有法官令状保障。各种单行法也印证了这点，《中华人民共和国金融期货交易法》和《中华人民共和国证券交易法》均规定，工作人员就违反此二法之行为进行检查时，应获得法官许可状。③需要注意的是，公安机关办案时，除进入实地物理性检查需要申领检查证外，后续对扣押电子产品的检查还需另行获取检查证。

---

①③ 汤俪瑾：《论行政调查正当程序中的令状主义原则》，载于《政法论坛》2012 年第 1 期。
② Cf., Volume 11, Inspections and the Fourth Amendment, 1949：256.

二、从无到有：日常监督检查应备具检查证

（一）国内分歧

梳理警察法律法规，笔者在北大法宝的"中央法规司法解释"栏目中，检索在"全文""同段"中同时出现"公安、检查"二词的公安部规章，得到 121 个结果。其中，日常监督检查的启动至多要求警察出示身份证件。这与曾任公安部法制局局长、杭州市公安局局长等职务，现中央防范办副主任柯良栋的看法一致，即日常监督检查没有开具检查证的必要，唯检查娱乐服务场所时，应在公安派出所或县级以上公安机关的统一安排下展开。① 学界则发生了分歧，部分学者认为日常监督检查无须检查证，持执法身份证件即可。② 但是，以余凌云教授为代表的学者则倾向"权益保障"视角，认为过于频繁的检查将侵害相对人的经营自由等权利，因此日常监督检查也应申领检查证。③ 显见的是，立法、实务、理论界对于日常监督检查形式上是否应备具检查证的问题，尚未达成一致。

（二）欧美司法的主流

欧美国家司法实践中，虽行政检查决定由法官令状或行政授权有所区别，但基本均认可日常监督检查应事先经过审批，并向行政相对人出示法官令状、授权决定或检查通知书。其中，美国联邦最高法院态度几经周折，法院早前认为日常监督检查无须令状，原因在于该种常规检查对社区卫生和健康的保护优先于隐私权，且历史上早有先例。然而，在 1967 年的卡马拉诉市政法院案（Cama rv. Municipal Court）中，法院态度转变，一位卫生检查官员未持令状检查了卡马拉（Camara）的出租房，被判定为违法。④ 同年的西伊诉西雅图市案（See v. City of Seattle）案中，法院将令状原则扩展至营业场所、办公室等地，消防部门需要搜查令才能对商店展开消防检查。⑤ 之后，联邦最高法院做出一定突破，允许对酒精、枪支等受高度规制的行业监督检查时不持令状，但整体基调仍以令状为原则。

---

① 柯良栋主编：《公安机关办理行政案件程序规定（修订）释义与行政法律文书制作指南》，中国人民公安大学出版社 2006 年版，第 231~232 页。
② 艾明：《论我国盘查措施的特征与法律性质》，载于《行政法学研究》2010 年第 2 期。
③ 余凌云：《公安机关办理行政案件程序规定若干问题研究》，中国人民公安大学出版社 2007 年版，第 118 页。
④ 387 U.S. 523 (1967).
⑤ 387 U.S. 541 (1967).

欧洲各国法律制度差异则颇大，前面已述，由于第二次世界大战后对人权保障的重视，德国对营业场所的日常监督检查也须申领法官令状。在比利时和英国，虽然对营业场所的日常监督检查并不要求法官令状，但必须将行政机关的授权决定提交有关企业，且英国法律还要求行政机关提前两日向商家发出书面通知。唯荷兰认为行政机关做出的检查决定是内部决定，因此不得向商家出示，但也应提供"调查目的和主题的书面描述"。① 实际上，不宜以文书名称判断其作用，无论检查决定、检查通知书，抑或"调查目的和主题的书面描述"，功能均是向相对人告知检查依据和法律限制，本质与本书所谓的检查证相同。笔者认为，在我国警察行政检查时常越轨之背景下，全然将日常监督检查排除于检查证适用范围外，不符合基本权利保障的宪法理论，宜对规范做相应修正，原则上备具检查证件。

在我国行政权时常越轨背景下，全然将日常监督检查排除于检查证适用范围外，不符合基本权利保障的宪法理论。实际上，国务院规范性文件已为检查证程序的构建铺陈了路径。国务院办公厅于2015年在推广"双随机一公开"制度，即在日常监督检查时随机抽取检查对象和人员，并将抽查情况与查处结果向社会公开。② 此后，国务院办公厅提出"行政执法公示制度"③，双随机抽查不仅事后需公开检查结果，事前、事中亦应加强公开。其中，事前应主动公开"执法主体、人员、职责、权限、依据、程序、救济渠道和随机抽查事项清单等信息"；事中应主动出示执法身份证件与执法文书。此时，检查证之"理性判断"功能完全委由大数据平台随机抽取实现，且事前与事中对公民已有一定程度告知，是否还有必要设置检查证程序？笔者以为，日常监督检查仍然应当事前申领检查证。一方面，检查证具有"审慎考量"功能，申领检查证的烦琐与耗时，有利于公安机关降低检查频率，减轻对公民基本权利侵害；另一方面，事前公开范围虽然包括"抽查事项清单""抽查人员名录"以及"监管对象名录"，但并不包括检查对象名单，行政相对人也无法借此得知检查的时间、地点与范围。事中出具的行政执法文书需注明执法事由、执法依据和权利义务等内容，在一定程度上类似检查证，能够告知行政相对人检查依据，但有两点缺陷需要加以弥补：一是执法文书还应注明检查时间、地点与范围，限制检查权滥用；二是在决定使用大数据平台随机抽取检查对象前，应将拟订的执法文书呈报上一级公安机关负责人审批，

---

① ECN Working Group Cooperation Issues and Due Process Decision – Making Powers Report, 31 October 2012, available at http：//ec. europa. eu/competition/ecn/investigative_powers_report_en. pdf, 2019年6月10日。
② 《国务院办公厅关于推广随机抽查规范事中事后监管的通知》（2015年）。
③ 《关于全面推行行政执法公示制度执法全过程记录制度重大执法决定法制审核制度的指导意见》（2018年）。

发挥检查证"审慎考量"功能。

三、设卡盘查：对集体盘查构建检查证程序

（一）集体盘查前应当审批

实务中，设卡盘查存在三种情形：逢疑必检、逢车必查和随机抽查。其中，随机抽查不仅缺失法律上的授权依据，还有歧视可能，无法保障宪法平等原则，应明确禁止。至于逢疑必检，本质与流动盘查无异，符合《人民警察法》第九条规定。此时，设卡只是基于拦车危险性，为保护警察安全而采取的手段，无关公民基本权益而无须审批；唯发现合理怀疑时拦停，才影响基本权益。当然，由于设卡影响交通秩序及存在冲卡可能，事先应制订方案，选择视野开阔、便于拦截检查的地点。逢车必查在法学上的术语是集体盘查，无须合理怀疑即可实施，不具有规范上的依据。在此情况下，是否应当允许集体盘查？

我国警察集体盘查的目标有交通纠违、预防特定犯罪[1]、追缉要犯、禁品搜剿及确保城市安全。[2] 追缉要犯属刑事司法活动，禁品搜剿一般不单独进行，而附随其他目的展开，因此，行政法意义上的集体盘查包括交通纠违型、预防特定犯罪型和确保城市安全型三类。结合学理和其他国家或地区经验，分别予以剖析：针对"交通纠违型集体盘查"，由于公民生命健康和交通安全的重大利益远高于对公民隐私、自由的轻微干预，诸多国家和地区允许拦截所有经过检查站的驾驶人、检查驾驶证/行驶证，或进行酒测。[3] 美国联邦最高法院判决打击酒驾的清醒检查站点（sobriety checkpoints），和打击无证驾驶的检查站点合宪。[4] 因此，我国大陆地区也应承认交通纠违型集体盘查，与域外不同的是，警察一般不专为检查无证驾驶而设卡，目的主要是打击酒驾或超员超载。

就"预防特定犯罪型集体盘查"而言，英美与大陆法系国家态度截然不同。美国最高法院在印第安纳波利斯等市诉詹姆斯·埃德蒙等人案（City of Indianapoils, et al. V. James Edmond et al.）中指出：仅为促进犯罪控制下的一般利

---

[1] "我国东海岛 32 名多警种开展'飓风 37 号'打击盗抢车辆联合行动，设卡对过往车辆逢车必查"，载于《【行动】东海岛 32 名多警种集结一起打击盗抢车辆收网行动，查获七名嫌疑驾驶人员》，搜狐网，http://www.sohu.com/a/167549714_700528，2019 年 5 月 22 日。

[2] 主要在大型会议或活动期间，典型为 G20 时期的入杭检查，保障首都安全的进京检查则已逐渐常态化。

[3] 496 U. S. 444（1990）.

[4] 王兆鹏：《路检、盘查与人权》，元照出版有限公司 2003 年版，第 142 页。

益，无法正当化集体盘查。① 相反，大陆法系国家注重警察执法效率和打击犯罪，允许为该类盘查。德国警察法也规定，为预防组织性犯罪等特定犯罪发生，可以设置管制站检查。② 笔者以为，大陆法系的做法，更适应我国违法犯罪多发、公安机关"压力型体制"③ 彰显、警员晋升与发案率挂钩的现状。

至于"确保城市安全型集体盘查"，其他国家并无类似规定。《中华人民共和国居民身份证法》第十五条第一款第四项规定"重大活动期间设区的市级人民政府规定的场所，需查明有关人员身份的"，警察可查证身份，似可作为"确保城市安全的集体盘查"的依据。因此，不妨暂时容许重大活动期间，为保护城市安全实施集体盘查，但地点须由设区的市级人民政府指定。

综上所述，实施集体盘查在我国存在正当性，但应结合《人民警察法》修改契机，完善法律规定。由于集体盘查设卡后必然实施检查，设卡直接关涉公民基本权利，需要正当程序保障，应有检查证之适用余地。

（二）检查证程序的构建

西方发达国家大多严格规定集体盘查启动的形式要件。德国法规定，集体盘查原则上应由法官事先审查，而非警察自行启动。④ 在英国，集体盘查需要位阶较高的警官批准，一般准许在一周内实施，必要时方可通过书面授权延长至14天。⑤ 至于美国，拦检计划一般由警察机构的首席执法人员或指定人员批准，虽决定主体并非法官，但依然较烦琐，"差不多要花一天填写申请文书"。⑥ 以密歇根州警察局的《酒精检查站点部门指导方针》为例，申请时必须明确：（1）设卡位置及选址标准；（2）负责官员和参与人员；（3）日期和起止时间；（4）将要使用的安全设备、警告装置、障碍物等；（5）拦停的方法；（6）指定警员任务和职责的操作简报；（7）使用的对话和教育材料；（8）需要进一步调查时，规定将车辆移至的区域。⑦ 我国也应明确集体盘查的审批程序，不妨仍由上一级公安机关负责人签发检查证，呈请审批表的内容可参照《酒精检查站点部门指导方针》，由于盘查对象、范围往往随现场情形变动，如后备厢只能在有进一步嫌

---

① 531 U. S. 32（2000）.
② 蔡震荣：《警察职权行使法概论》，中央警察大学出版社2004年版，第39页。
③ 压力型体制是指在中国政治体系中，地方党委、政府为了加快本地社会经济发展、完成上级下达的各项命令任务而构建的一套把行政命令与物质利益刺激结合起来的机制组合。"参见杨雪冬：《市场发育、社会成长和公共权力构建—以县为微观分析单位》，河南人民出版社第2002年版，第107页。
④ 陈大鹏：《警察盘查权之研究》，上海交通大学硕士学位论文，2008年。
⑤ Richard Card and Jack English, Police Law, Oxford University Press, 2015：48-50.
⑥ 邓子滨：《路检盘查的实施依据与程序监督》，载于《法学研究》2017年第6期。
⑦ David C. Crosby, The Constitutionality of Sobriety Checkpoints in Alaska, 8 Alaska L. Rev. 227（1991）.

疑时检查，应放低检查证的特定性要求。

四、检查证之豁免

办案检查原则上应当持有检查证，日常监督检查和集体盘查则需完成从无证向持证的过渡。但存在以下特殊情形，警察不必当场出示检查证，构成检查证这一形式要件之例外。

（一）紧急情况例外

就警察行政检查而言，若确有必要立即进行检查的，经出示工作证件，可以当场检查。① 何谓"确有必要"？在北大法宝和无讼案例的平台上，键入"公安机关"搜索，限定案由为行政检查，得到29个案例，允许当场检查的案件2则，均属毒品违法，法官认为"吸毒和贩毒严重危害社会稳定，不立即检查将造成严重社会后果"。② 笔者以为，社会危害性重大即豁免检查证要求，给予警察过大裁量空间。事实上，当场检查的基础行为与强制措施在时间上不分，本质为即时强制，因此，"确有必要"应等同于需即时强制的紧急情况：（1）违法行为正在发生；（2）证据有被隐匿、毁损的风险；（3）违法行为即将发生；（4）发生道路交通事故等危险时。观察域外经验可知，许多国家的令状豁免包括紧急情况，美国联邦最高法院指出，为防止证据泯灭，火灾现场紧急救难检查和灾后现场检查，无须令状。类似地，《韩国行政调查基本法》第16条也规定，由于行政调查急迫性而不及制订计划时，可径行实施。③

部分大陆法系国家和地区行政法中，将即时强制与行政调查截然区分。如日本传统曾混同行政检查与即时强制；但20世纪70年代后即划清界限，将前者作为行政法上的独立概念。④ 我国《行政强制法》第二条规定，行政强制措施目的包括防止证据损毁；加之若违法行为正在进行，执法者在制止的同时也需收集证据，目的一般为双重，是以，我国的行政强制措施与行政检查是交叉关系，不存在上述争议。

---

① 《行政案件程序规定》第八十二条第一款。
② 海南省第二中级人民法院［2016］琼97行终33号行政判决书。
③ 赵雪妃：《论韩国〈行政调查基本法〉及其对我国的立法启示》，延边大学硕士学位论文，2012年。
④ 沈军：《中国行政检查问题研究》，载于《行政法论丛》2005年第1期。

（二）严密监管行业例外 (the closely regulated business)

基于公共安全与秩序考量，公安机关对某些需要高度监管的行业日常监督检查时，也可排除检查证适用。我国有由公安机关许可和治安管理的特种行业，但检查法制并未对启动要件有所规制，遑论区分特种行业与其他行业的启动要件。2004年国务院决定将特种行业限缩于旅馆业、典当业、公章刻制业三项，[①] 但许多地方通过制定法规和规章使特种行业范围泛化，如《上海市特种行业和公共场所治安管理条例》第二条规定，舞厅、游戏（艺）机房、台球室、游乐场等营业性娱乐场所、电影院等音像制品放映场所、设置按摩项目的服务场所、咖啡馆、茶座等餐饮场所等均属特种行业。

商家对易生危害的行业隐私期待减弱，社会安全利益更为显著，应允许排除检查证适用。唯哪些行业由警察部门管理，基于各国家和地区情况有不同规定。对于如何判断易生危害，美国司法实践有较多论述，可做参鉴。联邦最高法院判例显示，"严密监管行业"经历了"狭隘—宽松—限缩"的过程。在柱廊餐饮公司诉美国案（Colonnade Catering Corp. v. United States）[②] 和美国诉比斯韦尔案（United States v. Biswell）[③] 中，法院支持对酒精贩卖店和枪店无令状检查，因为行业存在"监管的长期历史"。到多诺万诉杜威案（Donovan v. Dewey）[④] 和纽约州诉伯格案（New York v. Burger）[⑤]，严密监管行业范围扩张至矿业和废弃汽车厂，此二行业均未受长期监管，认定标准为"监管的普遍性"，即法规全面规定"许可要求、保存记录与允许检查义务，以及对违规的处罚"[⑥]。此时，确定严密监管行业的主动权为政府掌握，只要制定法规并设定诸多监管要求，即可无令状检查。下级法院对严密监管行业的判定也愈加宽松，包括对公共健康安全有潜在风险的行业、金融行业、动物相关行业、风俗娱乐业。[⑦]

2015年洛杉矶市诉帕特尔案（City of Los Angeles v. Patel）显示，联邦最高法院有意再次限缩严密监管行业范畴，将行业特征——"对公共福利造成明显而

---

① 2004年《国务院对确需保留的行政审批项目设定行政许可的决定》。
② 397 U.S. 72 (1970).
③ 406 U.S. 311 (1972).
④ 452 U.S 594 (1981).
⑤ 482 U.S. 691 (1987).
⑥ Dewey, 452 U.S. at 704.
⑦ Rethinking Closely Regulated Industries, 129 HARV. L. REV. 797, 818 (2016).

重大风险"作为判断标准。① "对公共福利有明显重大风险"标准相对稳定，一方面指明显可能危害公民身体健康的行业；另一方面指相当容易发生违法犯罪的行业。"对公共福利造成明显重大风险"比"易生危害"要求更严苛，这也是联邦最高法院不认可酒店为严密监管行业的原因，酒店不会相当程度上提高违法风险。② 笔者认为，针对我国违法犯罪多发的现状，对"严密监管行业"的解读可适当放宽，具体到公安机关主管的行业而言，包括：（1）可能危害公民健康和安全的行业，如枪支、危化品/烟花爆竹危险品等行业；（2）特种行业，可采地方层面的广义理解。上述行业大致与特别许可范围等同，特别许可是基于公共安全和秩序目的，由主管机关赋予人民的权利，即便申请条件齐备，仍能裁量决定是否许可，商家取得许可时已知负有容忍无令状检查的义务，特种行业许可即属典型的公安特别许可。③

第五节　检查的实体要件：双重要素标准

我国规范对警察行政检查的实体要件无甚规定，至多办案检查有"与违法行为有关"的要求，④ 但也过于抽象而难为实务提供指引。学界多数认为，公安机关只要有合理的执法需要即可检查，⑤ 但并未体察各种检查类型的区别。美国行政法围绕检查的实体理由进行了系列讨论，成果丰厚，可为我国镜鉴。

一、理论基础："双重要素"标准

美国学者 Fern Phillips O'Brian 梳理联邦最高法院有关行政检查的判例，归纳出"双重要素"标准：当官员选择检查目标的裁量权较小，且对相对人造成侵害较小时，多不要求事先审查，如对煤矿等严密监管行业的检查；反之，将施加严

---

① 本案中，法院不允许警察无令状检查酒店的宾客登记，原因为：一方面，酒店经营没有任何内在因素对公共福利造成明显而重大的风险；另一方面，法规对酒店的监管不具普遍性，许多其他行业也受到类似监管。
② 123. Patel, 135 S. Ct. at 2455 n. 5.
③ 与特别许可不同，一般许可是人民于宪法上保留固有权利的回复，只要申请条件齐备，行政机关就应给予许可，无裁量权。商业登记是典型的一般许可。参见陈文贵：《行政检查与令状原则之界限探讨》，载于《中原财经法学》2017年第39期。
④ 《行政案件程序规定》第八十二条第一款。
⑤ 王名扬：《美国行政法》，中国法制出版社1995年版，第333页。

格的第四修正案保护，如住宅检查。该学者发现，最高法院判决多针对例行检查，对非例行检查缺乏关注，因而借助"双重要素"标准，区分并讨论了二者启动的实体要求：

第一，非例行检查基于投诉、报案启动，官员具有高度裁量权。侵入性类似刑事搜查，物理侵入性强，如警察寻找犯罪证据一般，搜寻违规行为的证据（investigation of specific regulatory violation resembles criminal searches）；[1] 且心理入侵程度高，公民被认为是可疑违法者，可能因声誉受损而失去业务或产生敌意。此时，应要求刑事上的可能原因（probable cause），保护公民免遭不合理检查。非例行性检查，正是我国语境下的办案检查。第二，例行检查，即我国的日常监督检查。法律明确规定检查时间、地点、对象，政府裁量空间较小。此外，物理侵入性低，涉及有限的隐私侵犯；目的为督促相对人守法，心理入侵程度低。因此，不必苛求过高的审查标准，具有执法的合理需要足矣。[2]

笔者认为，"双重要素"标准也适用于集体盘查。集体盘查时，警察不具有选择检查对象的裁量空间，对公民的心理侵害较小；此外，一般仅允许证件查验、呼气测试和汽车设备检查，物理侵入性弱，启动的实体要件应低于办案检查，与日常监督检查相若。当然，集体盘查类型多样，仍需进一步剖析。

二、办案检查：刑事上的可能原因

我国法律规定，启动办案检查的实体理由为"与违法行为有关"，解释委由警察自由裁量。实务理解是，违法行为现场和现场周围，是当然可检查之地点；现场发现的物品，为当然可检查之物品；违法嫌疑人和被侵害人之人身，属当然可检查之人身。[3] 此种通过经验推理，事先确定检查对象的做法，有机械判断之嫌。检查违法嫌疑人人身可能无助于收集证据，以警察对举报的机动车回收企业收购赃车的核查为例，关键在于检查现场和账簿。有学者将"有关"解释为直接有关，[4] 实践意义亦有限。

笔者以为，办案检查旨在追究当事人的违法责任，具有高度裁量性和干预性，加之违法严重构成犯罪时，获取证据时常用于刑事追责。因此，不妨借鉴美

---

[1] See Blackie's, 659 F. 2d at 1218（investigation of specific regulatory violation resembles criminal searches）.

[2] Fern Phillips O'Brian, Administrative Agency Searches Since Marshall v. Barlow's Inc.：Probable Cause Requirements for Nonroutine Administrative Searches, The Georgetown Law Journal, 1982, 70：1198 – 1207.

[3] 孙茂利主编：《公安机关执法细则释义》，中国民主法治出版社2016年版，第627页。

[4] 郑红梅：《浅谈治安检查权》，载于《江西公安专科学校学报》2007年第2期。

国法上的"双重要素标准",采刑事的可能原因标准,即(1)执法者知道一些情况,支持举报的真实性;(2)若检查依赖于举报人提供的信息,必须有证实传闻证据的实质性基础;(3)一个谨慎的人相信违法已发生或正在发生。① 对于证实传闻证据的实质性基础,可采取"综合判断法则"判断,综合考虑信息、举报人是否可信。② 有学者运用实证方法,将刑事的可能原因量化为约46%。③

美国下级法院有判决指出,应以"行政上的可能原因"作为非例行检查的实体要件。在劳工部长马歇尔诉霍恩种子公司案(Marshall, Secretary of Labor v. Horn Seed Company, Inc.)(以下简称"Horn Seed 案")中,美国第十巡回上诉法院援引最高院在密歇根州诉泰勒案(Michigan v. Tyler)(以下简称"Tyler 案")的判决加以佐证,后者将"行政上的可能原因"适用于非例行火灾检查,具体含义为"具有相信可能发现违法的合理依据"。④ 笔者认为,事故型检查具有特殊性。火灾或交通事故一般为紧急情况,无须令状,但若超过合理时间,警察欲再次检查,必须先申领令状。⑤ 若不存在纵火或交通肇事罪等嫌疑,"行政上的可能原因"要求已足,因为国内外法律一般均规定,发生火灾或交通事故时,政府应对发生原因进行检查,没有任意选择检查对象、滥用裁量权的可能,Horn Seed 案对 Tyler 案之援引有失偏颇。具体到我国,消防事宜已转至应急管理部,唯交通事故检查仍属警察权范畴,只要具有一些相信可能发现行政违法的合理依据即可启动,但不宜将特殊情况类推适用于办案检查的整体。

三、日常监督检查:执法的合理需要

日常监督检查重点在于预防违法,在裁量空间和权利干预程度方面远不及办案检查,启动的实体要求应相对宽松。美国联邦最高法院在卡马拉(Camara)案中,对日常监督检查的实体要求,做了较为细致的表述,只要具有"行政上的可能原因"即可签发令状。具体而言,无须个别怀疑,就该地区整体判断,认为建筑物需要检查时,即具备执法合理性。法院进一步提出三个理由:(1)该种行政检查,在历史上皆为法院及公众所接受;(2)行政检查所欲防范的危险,除了借助此种检查方法外,别无其他方式可以防范;(3)行政检查性质上非针对个人,

---

① 闵春雷:《完善我国刑事搜查制度的思考》,载于《法商研究》2005 年第 4 期。
② 103 S. Ct. 2317(1983)。
③ Mc Cauliff, Burdens of Proof: Degree of Belief, Quanta of Evidence, or Constitutional Guarantee, Vand. L. Rev, 1983, 35: 1293, 1325.
④ Marshall, Secretary of Labor, Plaintiff-appellant, v. Horn Seed Company, Inc., Respondent-appellee, 647 F. 2d 96(10th Cir. 1981)。
⑤ 464 U. S 287(1984)。

也非以发现刑事证据为目的,对隐私侵犯轻微有限。有反对意见指出,判决不符合第四修正案的条文和长期历史,可能原因一贯意味着刑事上的严格要求,而判决将其解释为合理性。[1] 笔者以为,美国是判例法国家,法官本身具有造法功能;加之例行性检查毕竟不同于刑事搜查,行政管理的迫切程度超过对公民权益的侵害,存在合理的政府利益即可颁发令状。[2] 因此,我国不妨借鉴美国法上的合理性标准,作为启动日常监督检查的实体要件。

四、集体盘查:区分目的设置差异化标准

集体盘查应申请检查证,且呈请审批表必须注明设卡位置及选址标准,警察应做出相应的解释,该说明需要达到的程度,即启动的实体要件。集体盘查目的各异,对公民基本权利的侵害程度有所差异,因此,对于实体要件不能一以论之。

一是交通纠违型集体盘查。美国法上要求警察说明检查站的有效性,以清醒检查站点为例,在密歇根州警察局诉赛特案(Michigan Department of State Police v. Site)中,最高法院认定"缺乏经验数据"的设卡非法;而后列举统计数据,证明本案选址的正确性,"以百分比表示,大约1.6%的司机通过检查站因酒精受损而被捕"。[3] 笔者以为,这一要求也是启动交通纠违型集体盘查应达到的实体要件,低于个体盘查对"合理怀疑"的要求。周知的是,交通违法一般与地缘关系密切,如酒驾多发地一般是餐饮企业聚集地,超员超载则多发生在客货运车辆通行集中路段,设卡位置应依经验判断结合数据佐证。这将对个体的合理怀疑扩展至对某部分人的合理怀疑,一定程度为集体盘查提供了法理依据,只是怀疑程度较个体盘查时低。

二是预防特定犯罪的集体盘查。德国法上规定启动的实体要件是有"若干可能"发现犯罪之虞,低于刑事上的可能原因,高于个体盘查的合理怀疑。[4] 笔者以为,如若没有证据表明设卡地点可能发生特定犯罪行为,则检查有"散弹打鸟"之嫌,违反比例原则,还将使民众产生对政府的不信任感。但是,可能原因已达到允许刑事搜查的程度,集体盘查对公民隐私影响较搜查为轻,不必附加如此严格限制,不妨采用"若干可能"标准。预防特定犯罪的目的仅能从整体犯罪

---

[1] 387 U.S.523 (1967).

[2] [美]理查德·J.皮尔斯著,苏苗罕译:《行政法(第五版)》(第一卷),中国人民大学出版社2016年版,第228页。

[3] 496 U.S.444 (1990).

[4] 蔡震荣:《警察职权行使法概论》,中央警察大学出版社2004年版,第39页。

预防的层面判断，难以探究现场警员的主观意图，容易被用于违法进行犯罪侦查，其启动的实体要求高于交通纠违型集体盘查，也是理之必然。

三是保卫城市安全的集体盘查。此时，设卡地点均在进城必经路口，在地缘关系上也不存在与不特定违法犯罪有联系的地点。所以，保卫城市安全的集体盘查的启动，并不存在对应的实体要件，只能通过"市级人民政府指定地点"的方式，对警察裁量权予以一定限制。长远来看，应当明确废止该类集体盘查。

大数据时代，公安机关时常通过数据挖掘进行预测，作为判断"交通纠违型"或"预防特定犯罪型"集体盘查实体要件的依据，过程为"收集信息—构建算法模型—数据挖掘—得出预测结果"。公安机关有时需要借助第三方公司数据库，如武汉、南京等多地公安交警与滴滴公司合作，由后者向前者提供当地历史和实时的代驾热门起点、终点和路段热力图，帮助交警优化酒精检查站点的部署，提高打击酒驾的精准度。① 公安机关将获得大量个人信息，还可能干预第三方机构的经营自由和数据权，对公民基本权利的干预力度较大。实则，获取第三方公司数据本质属于调取证据，也应有启动要件限制，形式上应由公安机关办案部门负责人批准，开具调取证据通知书；② 实体要件则在规范上阙如，行政法学界也未加以讨论。考察刑事诉讼规范，《公安机关办理刑事案件程序规定》将调取证据与"询问、查询、勘验"并列，定性为不限制公民人身、财产权利的初查，可以在刑事立案前使用，只要接收案件或发现一定犯罪线索即可。笔者以为，行政性质的调取证据同样可以在受案前实施，实体要件应等同日常监督检查的"执法合理需要"。

第六节 结　语

我国警察行政检查的决定主体不宜苛求为法院，行政审批模式不仅能实现法官令状的功能，也较契合我国司法权与行政权的关系。为进一步规范警察行政检查的启动要件，应当以警务实践中检查的独特功能为基点，将警察行政检查分为办案检查、日常监督检查和盘查，注意不同类型检查对相对人的实际影响和社会价值，对启动的形式和实体要件展开类型化研究。就形式要件而言，办案检查、日常监督检查和集体盘查原则上应备具检查证，但紧急情况和对"严密监管行

---

① 《大数据如何赋能智能交通？滴滴推出"滴禹"平台》，搜狐网，http://www.sohu.com/a/207823823_776618，2019年8月27日。
② 《行政案件程序规定》第二十八条。

业"的日常监督检查可排除检查证适用。至于实体要件，办案检查应当采"刑事上的可能原因"标准，日常监督检查的实体要件为"执法的合理需要"，集体盘查则区分情况：第一，交通纠违型和预防特定犯罪型集体盘查的设卡地点必须有经验数据佐证，怀疑该地可能发生交通违法或特定犯罪，但怀疑程度有别，前者低于个体盘查的"合理怀疑"，后者需要达到"若干可能"。第二，保卫城市的集体盘查限于重大活动时进行，并不存在实体理由，唯设卡地点需由市级人民政府指定。通过数据挖掘判断集体盘查的实体要件时，为构建算法模型而收集外部机构信息，本质为调取证据而应受启动要件规范，形式上经公安机关办案部门负责人批准，实体上具有"执法的合理需要"。

第十七章

治安管理处罚

"违警与犯罪性质全异说"（以下简称"全异说"）和"违警与犯罪性质无异说"（以下简称"无异说"）是轻微治安违法行为制裁制度定位的两种主要学说。"全异说"主张轻微治安违法行为与犯罪存在本质区别，应当通过行政程序被处以行政处罚。"无异说"认为轻微治安违法行为属于犯罪，应当通过司法程序被处以刑罚。"全异说"贯穿于我国治安管理处罚制度始末，当前却遭遇正当性与有效性质疑。刑法谦抑性、治安治理效能及公民权益保障等多重因素要求治安管理处罚制度仍应坚持"全异说"，而非"无异说"。但行政拘留是对人身自由的短时间剥夺，应归入刑罚，适用更为严格的司法程序。在此基础上，为了实现治安治理效能和治安管理处罚规范化的双赢，应当对治安管理处罚制度进行综合性变革。

第一节 问题的提出

治安管理处罚是社会治安维护的重要手段之一，是"对治安违法者依法剥夺一定权益而采取的制裁措施"[①]。《中华人民共和国治安管理处罚法》（以下简称

[①] 李健和：《我国治安管理学研究的回顾与反思》，载于《山东公安专科学校学报》1999年第3期，第21页。

《治安管理处罚法》）是规范治安管理处罚的专门立法。自 2005 年《治安管理处罚法》颁布以来，治安管理处罚面临有效性和正当性双重困境。一方面，根据国家统计局 2006~2017 年公安机关受理治安案件和刑事案件立案的统计数据[1]，自《治安管理处罚法》（2005 年）颁布以来，治安案件受理数据并未持续降低，刑事案件立案数量也并未直接下降，这意味着，《治安管理处罚法》（2005 年）并未直接促进治安秩序状况好转。另一方面，通过河北、湖南、陕西等地阳光警务执法公开系统的分析，以河北省 B 市某派出所、湖南省 C 市某派出所和陕西省 A 市某派出所公示的治安管理处罚案件为样本，可以发现三地适用处罚种类频率不均，拘留适用频率最高、罚款次之、警告最少。[2] 行政拘留的广泛高频适用引发诸多正当性诘问。[3] 治安治理的有效性困境与违反治安管理行为的识别、治安管理处罚种类、幅度的设计以及程序的设定等主要制度均有关联。而行政拘留的正当性诘问直接指向治安管理处罚种类的设计。这意味着，我们应当从根本上反思治安管理处罚的制度定位。

从学理讨论来看，"无异说"和"全异说"是有关轻微治安违法行为制裁制度定位的两种主要观点。[4] "无异说"认为"违警与犯罪只有程度上的不同，而没有性质上的差异。违警也是犯罪，只是其危害性比普通犯罪要少，其可罚性也少而已。""全异说"主张违警与犯罪存在本质性的区别。[5] "无异说"和"全异说"的根本性区别在于轻微治安违法行为与犯罪是否存在本质上的区分，也即轻微治安违法行为是否纳入犯罪的范畴，通过司法程序还是行政程序予以制裁，予以的制裁属于行政处罚还是刑罚。"全异说"是我国当前治安管理处罚制度建构的基石。根据《治安管理处罚法》之规定，违反治安管理行为并未被归入犯罪，其适用作为行政处罚程序的治安管理处罚程序，被施以不同于刑罚的行政处罚。

当前学者对于治安管理处罚制度的定位观点不一。维持"全异说"的现状，既见诸刑法学者笔端，也被行政法学视为常识。采这一观点的刑法学者认为"面对众多的违法行为，不上升为刑法中的犯罪处理，而仍由公安机关作为行政违法

---

[1] 国家统计局官网：http://data.stats.gov.cn/easyquerty.htm? cn = C01，2019 年 4 月 12 日。
[2] （河北）阳光警务执法办案查询系统官网：http://110.249.218.78/laws/webhb/case_sear.aspx，2019 年 4 月 12 日；湖南阳光警务执法公开系统：http://222.247.57.110：8099/ygjw/portal，2019 年 4 月 12 日；陕西省阳光警务执法办案公开系统：http://222.247.57.110：8099/ygjw/portal，2019 年 4 月 12 日。
[3] 张永强：《论 ICCPR 语境下行政拘留制度的"司法化"改革》，载于《西南政法大学学报》2015 年第 5 期，第 72 页；李长城：《行政拘留：被法治遗忘的角落》，载于《行政法学研究》2006 年第 3 期，第 65~66 页；翟中东：《关于我国治安行政拘留"最后手段化"的思考》，载于《河南警察学院学报》2018 年第 4 期，第 109~110 页。
[4] 余凌云：《警察权的"脱警察化"规律分析》，载于《中外法学》2018 年第 2 期，第 410 页。
[5] 李秀清：《〈大清违警律〉移植外国法评析》，载于《犯罪研究》2002 年第 3 期，第 8~9 页。

对待予以治安处罚等行政制裁，在以往及当今甚至在今后相当长的时间内，都是一种客观存在的态势。"① 采这一观点的行政法学者主张"治安管理处罚作为一种行政处罚方式，主要是对一部分轻微违法行为进行惩处"。②

"全异说"并非完美无缺，越来越多的学者意识到了"全异说"的局限，而试图在坚持"全异说"的基础上进行有限的革新。司法化是其中一个方向。③ 在此方向下，内部司法化和外部司法化两种路径被主张。(1) 内部司法化，试图改革公安机关治安管理处罚机构和程序，实现处罚的相对公正。对此，有学者提出在修改《治安管理处罚法》时，在公安机关系统内仿效复议委员会模式，建立相对独立的治安裁判所，由其裁决处罚，从而实现调查与裁决职能的彻底分离。④ (2) 外部司法化，试图由法院参与部分治安管理处罚的裁决，实现处罚的公正。对此，谨慎的学者认为外部司法化应以"司法权威足够"为时机，需满足若干要件，且允许紧急情况下的例外。⑤ 而其他学者单刀直入地指出部分治安管理处罚种类应当由法院裁决。只是对于应当纳入法院裁决范围的种类认识不一。有的认为仅限于限制人身自由的行政拘留。⑥ 有的认为关涉公民人身自由和较大财产利益的行政处罚均应纳入。⑦

除了司法化，在坚持"全异说"的基础上，若干学者提出对治安管理处罚的限缩，将部分违反治安管理行为犯罪化，将部分治安管理处罚种类归入刑罚。只是，学者之间尚未对限缩的标准形成统一认识。或主张将人身自由罚作为标准，将人身自由罚纳入刑罚，应处以人身自由罚的违反治安管理行为犯罪化。⑧ 或主

---

① 刘艳红：《我国应该停止犯罪化的刑事立法》，载于《法学》2011年第11期，第113页。
② 王晶、张莉：《违法行为矫治法的制定及其与刑法的协调》，载于《政法论坛》2014年第2期，第152页。
③ 王刚：《我国劳动教养制度之废除与法律制裁体系之完善》，载于《政治与法律》2014年第1期，第85~86页。
④ 余凌云：《警察权的"脱警察化"规律分析》，载于《中外法学》2018年第2期，第411页。
⑤ 李长城：《行政拘留：被法治遗忘的角落》，载于《行政法学研究》2006年第3、68~69页。
⑥ 袁林、姚万勤：《用刑法替代劳动教养制度的合理性质疑》，载于《法商研究》2014年第6期，第96页。
⑦ 黄学贤、崔进文：《警察行政行为的司法控制探讨》，载于《法律科学（西北政法大学学报）》2011年第2期，第162页；欧爱民：《我国犯罪概念的宪法性透视》，载于《法商研究》2006年第4期，第68页；石化东：《我国治安管理处罚权规制路径研究》，载于《法学杂志》2017年第5期，第126~127页。
⑧ 张泽涛：《论公安侦查权与行政权的衔接》，载于《中国社会科学》2019年第10期，第181页；时延安：《犯罪化与惩罚体系的完善》，载于《中国社会科学》2018年第10期，第108~119页；魏晓娜：《走出劳动教养制度的困境：理念、制度与技术》，载于《法学》2013年第2期，第32页；陈实：《警察罚理论研究》，武汉大学法学院博士学位论文，2010年，第103页。

张以竞合为标准,将违反治安管理行为与犯罪行为竞合的部分纳入犯罪圈。[①] 此外,也有观点虽主张限缩,但并未提出明确的标准。[②]

由"全异说"转向"无异说",也是近来比较受关注的观点。该类观点主张违反治安管理行为全面犯罪化,治安管理处罚全部归入刑罚,适用司法程序。存在的分歧在于,制定《治安犯罪法》还是纳入《轻犯罪法》抑或直接归入刑法,由普通法院还是新设治安法庭或治安法院进行裁处,以及适用何种程序。[③]

从以上讨论来看,确立治安管理处罚的制度定位是明确治安管理处罚基本走向的关键。而制度定位的确立需要回答以下三个问题:一是坚持"全异说"还是转向"无异说"?二是若坚持"全异说",是维持现状,进行限缩,还是予以司法化?三是相关制度是否需要随之调整?本书将围绕以上三个问题一一回应之。

第二节　仍应坚持"全异说"

"全异说"抑或"无异说",实则是违反治安管理行为的犯罪化与非犯罪化、治安管理处罚的刑罚化与非刑罚化。犯罪化与非犯罪化、刑罚化与非刑罚化是截然不同的两种观点。主张非犯罪化、非刑罚化的理由是顺应国际非犯罪化潮流、符合刑法谦抑原则、符合自由主义思想[④]。主张犯罪化、刑罚化的理由是犯罪化符合国际发展趋势、符合中国的现实语境、有利于限制警察权、提升司法权、可以更有效保护公民权利和自由、可以更有效防控犯罪。[⑤] 两种观点的理由皆集中在国际趋势、国家权力配置、公民权利保障和社会治理效果。这为犯罪化与非犯罪化、刑罚化与非刑罚化的论证提供了方向。然而,当前国际趋势中同时包含了

---

① 梅传强:《论"后劳教时代"我国轻罪制度的建构》,载于《现代法学》2014 年第 2 期,第 37 页。
② 卢建平、刘传稿:《法治语境下犯罪化的未来趋势》,载于《政治与法律》2017 年第 4 期,第 43~53 页。
③ 陈兴良:《犯罪范围的合理定义》,载于《法学研究》2008 年第 3 期,第 142~143 页;陈兴良:《犯罪范围的扩张与刑罚结构的调整——〈刑法修正案(九)〉述评》,载于《法律科学(西北政法大学学报)》2016 年第 4 期,第 183 页;张明楷:《犯罪定义与犯罪化》,载于《法学研究》2008 年第 3 期,第 145 页;刘仁文:《关于调整我国刑法结构的思考》,载于《法商研究》2007 年第 5 期,第 40 页;刘仁文:《调整我国刑法结构的一点思考》,载于《法学研究》2008 年第 3 期,第 151~154 页。
④ 卢建平、刘传稿:《法治语境下犯罪化的未来趋势》,载于《政治与法律》2017 年第 4 期,第 37~38 页。
⑤ 卢建平、刘传稿:《法治语境下犯罪化的未来趋势》,载于《政治与法律》2017 年第 4 期,第 43~51 页。

犯罪化和非犯罪化两种截然相反的趋势。[①] 由此可见，国际趋势本身的复杂性，抑或说，不同国际趋势下各国自身情况之复杂。因此，犯罪化或非犯罪化、刑罚化或非刑罚化归根结底还是基于一国本土状况的选择。在我国当前二元惩罚体系，主张"无异说"，体现了犯罪化、刑罚化的取向；主张"全异说"，体现的是非犯罪化、非刑罚化的选择。治安管理处罚制度定位仍应坚持"全异说"，既符合刑法的谦抑性要求，也有助于治安治理效能的实现，同时未必不利于公民权益的保障。

一、符合刑法的谦抑性要求

刑法的谦抑性被认为是当代中国三大刑法理念之一。[②] 刑法的谦抑性是指"刑法应依据一定的规则控制处罚范围与处罚程度，即凡是适用其他法律足以抑止某种违法行为、足以保护合法权益时，就不要将其规定为犯罪；凡是适用较轻的制裁方法足以抑止某种犯罪行为、足以保护合法权益时，就不要规定较重的制裁方法。"[③] 根据该概念界定，刑法的谦抑性包括两个维度，一是犯罪圈或者说刑罚权适用范围的界定，二是刑罚轻重的适用。就第一维度而言，刑法谦抑性表现在，当非刑罚权手段足以实现一定目的时，无须适用刑罚权，相应惩罚对象也无须被认为是犯罪。也就是说，刑罚权是最后手段。

当前，治安秩序的维护是一个系统工程。从过程来看，包括了治安预防、治安控制、治安处置、治安重建四个阶段。其中治安预防阶段可采用治安动员、治安教育、治安指导、治安监督检查等多种手段；治安控制阶段可采用舆论压力、道德谴责等手段；治安处置阶段主要包括治安管理处罚和刑罚等法律制裁手段；治安重建则是一个多元参与、综合治理的阶段。[④] 可见，治安管理处罚和刑罚均是实现治安秩序维护的手段之一。相较于治安管理处罚等非刑罚手段，刑罚权对违法行为人的制裁强度最高。根据刑法的谦抑性理念，只有当治安管理处罚不足以实现治安秩序维护的目的时，才需要适用刑罚权，也即只有当认定违反治安管理行为不足以对其予以惩治时，才需要将其纳入犯罪圈。这也就意味着，就治安

[①] See Andrew Millie, Value Judgments and Criminalization, The British Journal of Criminology, 2011, 51 (2): 278; Laura J. Kerrigan, Caroline W. Berrettini, Melissa L. Callahan & James F. Entas, The Decriminalization of Administrative Law Penalties, Civil Remedies, Alternatives, Policy, and Constitutional Implications, Administrative Law Review, 1993, 45: 369.

[②] 陈兴良：《当代中国的刑法理念》，载于《国家检察官学院学报》2008 年第 3 期，第 140~144 页。

[③] 张明楷：《论刑法的谦抑性》，载于《法商研究（中南政法学院学报）》1995 年第 4 期，第 55 页。

[④] 林茜：《治安秩序维护的过程性分析》，载于《山东警察学院学报》2017 年第 1 期，第 126~130 页。

秩序维护而言，刑罚权是最后的手段，而没必要将治安管理处罚完全刑罚化。因此，"全异说"符合刑法的谦抑性要求。

二、有助于治安治理效能的实现

曾有学者总结道，目前我国治安面临的三重挑战。一是社会结构的转变。改革开放以来，由"政府—单位—个人"转化为"政府—市场—社会"的多元化社会，社会流动加快，社会分层加剧，一定程度上出现了纵向分层和横向碎片化，使得整个社会无论在体量上还是复杂程度上均有所增长。二是社会关系的转变。由"熟人"社会变成"陌生人"社会，贫富分化严重，城乡差距显著，出现了农村"空心化"，城市"碎片化"的现象。传统社会结构的组织支撑体系和信念支撑体系破裂，失去了传统道德力量的约束。三是社会信任的缺失。在匿名社会和虚拟空间的双重叠加下，失去了身份标识牵绊的人们更加肆无忌惮，社会信用急剧下滑，社会信任缺失。① 以上总结大致概括了治安面临的现状。但与此更为相关的是社会转型的特殊历史背景。

自改革开放以来，社会转型是我国社会的常态。与社会转型相伴生的是各种各样的社会问题。社会治安问题是直接关系到其他社会秩序安宁与稳定的基础性问题。正如有学者所认为的那样，"受国际、国内各种复杂因素的综合影响，特别是受转型期政治、经济、文化、社会、心理等各种制度环境变迁的影响，我国社会治安长期经受着严峻的考验。转型期我国社会治安的基本状况就是：各种刑事犯罪与治安案件发案数一路攀升、新型治安问题层出不穷、社会治安潜在风险隐患与日俱增，维护社会治安稳定的压力越来越大。"② 然细究社会治安问题的成因，主要是人口流动、社会分层和新型行业的发展。

（一）人口流动导致治安问题

人口流动是市场经济的常态。尤其是对于将人口严格束缚在土地和户籍上的中国，面临市场经济的大潮，流动成了谋求更好生活的必然手段。"改革开放之前的中国，是一个城乡二元分割的社会。当时的人口、土地、资金、生产资料都被按城乡性质严格划分并限制流转。改革开放后，随着经济发展的客观需求，人口作为生产的基本要素，其跨区域流动逐步得到解禁。受投资环境、国家政府、资源禀赋的影响，区域性经济发展不平衡的问题逐步显现，从而引发了大规模的

---

① 杨昌军：《新型治安治理体系建构路径探析》，载于《人民论坛》2017年第15期，第60页。
② 武胜伟：《转型期中国社会治安综合治理问题研究》，郑州大学博士论文，2016年，第63页。

人口流动"。① 人口流动既包括城乡流动,也包括城市间的流动。"1982 年人口普查数据显示,离开常住户口登记地 1 年以上的流动人口为 6 574 840 人,到 1990 年第四次全国人口普查时,外出 1 年以上的流动人口全国共有 21 353 623 人。"②

陈刚等基于中国 31 个省份 2000 年和 2005 年的数据分析发现,"大规模的人口流动是导致中国犯罪率急剧上升的一个重要原因,即便在考虑了人口的流动的内生性后,这个结论依然稳健;中国人口的流动性每增加 1% 大约将导致犯罪率上升 3.6%,就样本区间内而言,人口流动性的提高能够解释犯罪率增幅的 20%。"。该研究一方面指出,这种情况是由于流动人口面临着更恶劣的劳动力市场条件或者具有更加封闭和狭窄的社会联系网络,使其犯罪成本相对于本地居民而言往往更低;另一方面也指出,人口流动提高犯罪率的原因还有可能是由于流动人口增加了当地居民的犯罪倾向,因为当地居民对外来人口实施犯罪的成本可能往往相对更低。③

关于人口流动导致社会治安问题的成因,有学者认为"农村进城务工人员来到城市后,往往强烈感受到生活环境的变化带来的不安与困惑,倍感人际关系的冷漠与无助,产生巨大的心理落差。由于与陌生社会的联系纽带不紧密,使其对违法犯罪的道德愧疚感降低,自我约束程度降低。当无法通过合法渠道实现个人目标时,容易走上违法犯罪的道路。在农村,因大批年轻剩余劳动力跨区进城务工,导致'空心村''空巢老人''留守儿童'等问题突出,致使农村治安防范薄弱,成为违法犯罪行为高发地区。"④ 而有学者认为流动人口之所以成为犯罪大军具有诸多因素:"他们首先是缺乏组织性的群体;其次,他们也没有可以依托的组织;第三,他们没有专门知识和技能;第四,他们几乎得不到来自政府的社会保障;第五,城市的奢靡刺激着他们的感官,搅动着他们的内心,改变并型构着他们对生活的期望,而现实的残酷又无情地折磨着他们的神经;第六,他们在获得了流动的权力的同时,也失去了组织的屏障,他们塑造了新的生活理想,又遥遥不可企及,极易走向对既有社会秩序的破坏,也极易遭遇不法侵害,他们因此构成社会治安不稳定的重要根源;第七,当外在的产业条件、制度条件、社会条件和文化条件没有构成一种配置得当的就业环境时,当农民工自身的专门知识和技能、自组织性没有达到城市基本要求时,回归农村或走上犯罪的道路几乎是一个自然的过程"。⑤

---

① 武胜伟:《转型期中国社会治安综合治理问题研究》,郑州大学博士学位论文,2016 年,第 38 页。
② 转引自陈祥松等:《多维视野中的社会治安问题研究》,湖南大学出版社 2009 年版,第 148 页。
③ 转引自张真理、许传玺:《社会治安评价指标体系的两个基本问题》,载于《中国人民公安大学学报(社会科学版)》2014 年第 1 期,第 111 页。
④ 武胜伟:《转型期中国社会治安治理问题研究》,郑州大学博士学位论文,2016 年,第 39 页。
⑤ 程金生:《社会分层与治安善治》,载于《政法学刊》2009 年第 6 期,第 83 页。

（二）社会分层加剧治安问题

社会分层是指"社会成员、社会群体因社会资源占有不同而产生的层化或差异现象，尤其是指建立在法律、法规基础上的制度化的社会差异体系"。① 论及社会分层加剧治安问题的成因，有学者认为"在现代社会，随着个体的成长，社会阶层所形成的社会屏障对社会流动的限定，是社会内在张力的反映，是造成社会秩序失范的重要原因"。② 也有学者提出"当社会结构稳定的时候，整个社会的黏合度会逐渐增强，社会整体将处于持续的快速、和谐发展中。相反，当社会结构'裂变'的时候，社会功能将出现紊乱失序，导致大量的社会治安问题发生"。并进一步提出"改革开放之前的中国，是一个整体性社会，国家与社会合为一体，社会组织的类型简单划一，那个时期最明显的社会分化也就是城乡两大社会群体，以及干部与群众的划分。改革开放之后，随着社会主义市场经济体制的逐步确立，经济运行中资源配置机制的转换不断激活了社会领域的自主性，社会结构也开始由单一走向多元化"。③ "强势群体和弱势群体无论在生活方式、居住环境、行动方式等各个方面都存在明显的阶层差异，两大群体之间的社会流动很难实现，阶层壁垒和阶层固化开始形成。尤其是弱势群体，随着快速的现代化，他们被迅速边缘化，已经被甩到社会主体结构之外，他们几乎没有希望进入到社会上层。他们缺乏必要的政治资源，缺乏用制度化的手段保护自己权利的能力，他们往往选择用非常规、极端甚至非法的方式来解决问题。由此，对社会稳定造成了新的威胁与挑战"。④

（三）新型行业增加了治安问题

除了人口流动与社会分层，新行业的产生与发展也对社会治安带来一系列挑战。"当前，随着经济全球化的深入推进和信息化的快速发展，国际国内形势发生深刻变化，当今世界已进入风险社会，影响我国国内治安稳定的风险因素也日益增多。社会治安领域呈现出不少新变化、新动向。金融犯罪、典型诈骗、涉恐犯罪、互联网犯罪、危害食品药品安全犯罪等新型犯罪动态化、跨区域特征越来越突出，涉案地域经常跨越多省市乃至多个国家和地区，存在防范难、取证难、打击难等问题。此外，证券期货等经济犯罪专业性、隐蔽性强，

---

① 李强：《社会分层十讲》，社会科学文献出版社 2011 年版，第 1 页。
② 程金生：《社会分层与治安善治》，载于《政法学刊》2009 年第 6 期，第 82 页。
③ 武胜伟：《转型期中国社会治安综合治理问题研究》，郑州大学博士学位论文，2016 年，第 36~37 页。
④ 武胜伟：《转型期中国社会治安综合治理问题研究》，郑州大学博士学位论文，2016 年，第 38 页。

严重威胁金融安全和社会问题。总体来看,新型治安问题不断增多,维护治安工作面临严峻挑战"。①

人口流动、社会分层以及新行业的发展等多重成因为我国社会治安管理带来了巨大的挑战。例如,中国统计年鉴收集了1997年至今的治安案件查处数量。1997~2005年,我国治安案件处于持续高发阶段,2005年的治安案件查处数量(6 300 772件)较1997年(3 003 799件)增加了两倍多。

当前的治安状况及其成因要求治理主体的多元化、治理手段的多元化和治理过程的有效互动。若仍坚持"全异说",意味着治安管理处罚权仍然属于行政权。治安管理处罚权行政权的特质,是由其作为执法权的本质决定的。效能是作为执法权的基本追求。保留公安机关的部分治安管理处罚权,而不完全刑罚化,有助于轻微治安违法案件的及时处理,从而尽快"熨平"治安秩序的"褶皱"。治安违法案件起因于社会资本的减少、家庭破裂、少数群体的被忽视等诸多原因。②同时,随着科学技术的发展和信息的快速传播,治安违法行为的样式也在逐渐不断衍生。因此,治安违法案件是纷繁复杂的、变化多端的、层出不穷的。相较于司法权,行政权的应变性更强,面对新事物的专业性更强,整体应对能力更强。③与此同时,警察任务的核心特征在于"危害防止不迟延性"和"强制力经常使用之必要性"。④基于警察权的此种特征,由警察权行使治安管理处罚权,可以及时地、不迟延地制止违反治安管理行为的继续,从而尽快恢复治安秩序,维护社会安宁。若走向"无异说",将违反治安管理行为全然犯罪化,治安管理处罚全然归入刑罚,那么在治安处置阶段,参与主体、参与手段的多元性降低。相反,若坚持"全异说",仍然保留公安机关的惩罚权,治安治理的多元化更易于实现。

三、未必不利于公民权益的保障

走向"无异说",将违反治安管理行为全部犯罪化,治安管理处罚全部归入刑罚,其对公民权益的损害一定最小吗?答案是否定的。

一方面,若治安管理处罚全部纳入刑罚,那么国家刑罚权将大幅度扩展,从

---

① 武胜伟:《转型期中国社会治安综合治理问题研究》,郑州大学博士学位论文,2016年,第73页。
② [美]弗兰西斯·福山著,刘榜离、王胜利译:《大分裂 人类本性与社会秩序的重建》,中国社会科学出版社2002年版,第102页。
③ 孙笑侠:《司法权的本质是判断权——司法权与行政权的十大区别》,载于《法学》1998年第8期,第35页。
④ 余凌云:《警察权的"脱警察化"规律分析》,载于《中外法学》2018年第2期,第397页。

而威胁公民权利。从立法来看，刑罚权的扩大容易打破国家权力与公民权利的平衡。正如有学者认为的那样，"国家刑罚权一旦扩张，意味着国家分得'蛋糕'份额会相应扩大，在'蛋糕'总量不变情况下，公民的'蛋糕'份额就不得不减少。刑法过度化引起的是国家刑罚权的膨胀，必然形成对公民权利和自由的压缩。"① 从实践来看，刑罚的使用不当，将导致相较于行政处罚权更大侵犯人权的风险。② 因此，保留部分违反治安管理行为，而不全然将其犯罪化，有助于公民权利和自由的保障。

另一方面，行政违法与犯罪的定性意味着当事人完全不同的政治轨迹。2012 年，最高人民法院、最高人民检察院、公安部、国家安全部、司法部印发《关于建立犯罪人员犯罪记录制度的意见》，该意见将我国长期实行的犯罪记录制度化。这意味着所有被定性为刑事犯罪的人员都需要建立犯罪记录，从而留下"案底"。而"案底"对于涉案人员之后的生活和工作都可能产生重大的影响。此外，事实上监狱里的交叉感染，也使得服刑人员难以再社会化从而大大影响刑罚的改造效果。③

综上所述，坚持"全异说"，治安管理处罚不完全归入刑罚，而仍保留公安机关的治安管理处罚权，未必不利于对公民权益的保障。

第三节　行政拘留应予排除

第二次世界大战后，基于对纳粹时期的"行政罚"的批判和反思，德国《违反秩序法》虽然坚持了"全异说"，对秩序罚予以保留，但进行了全面限缩。④ 德国模式在一定程度上促进了规范化，但治理效能不足。本书主张坚持"全异说"下的综合改革模式，一方面以是否应当处以行政拘留为标准限缩治安管理处罚，另一方面全面改革治安管理处罚制度。本部分先讨论前者。

---

① 何荣功：《社会治理"过度刑法化"的法哲学批判》，载于《中外法学》2015 年第 2 期，第 534 页。
② 梁根林：《论犯罪化及其限制》，载于《中外法学》1998 年第 3 期，第 51~52 页。
③ 齐文远：《修订刑法应避免过度犯罪化倾向》，载于《法商研究》2016 年第 3 期，第 11 页。
④ Daniel Ohana, Administrative Penalties in the Rechtsstaat: On the Emergence of the Ordnungswidrigkeit Sanctioning System in Post - War Germany, The University of Toronto Law Journal, 2014, 64（2）: 253 - 262; 王世洲：《罪与非罪之间的理论与实践——关于德国违反秩序法的几点考察》，载于《比较法研究》2000 年第 2 期，第 187 页。

一、将行政拘留归入刑罚

作为人身自由罚的行政拘留在实践中得以广泛高频适用,理论和舆论却多有质疑。限缩治安管理处罚,作为人身自由罚的行政拘留应当首先进行讨论。

(一)人身自由具有较高的权利位阶

人身自由罚,也即对人身自由的剥夺。人身自由是指"公民的人身不受非法侵犯的自由"[①],亦即"公民的人身自由不受非法逮捕、拘禁、搜查亦即非法剥夺或者限制人身自由"[②]。对此,有学者提出"人身自由和安全是一项基本人权,并且是最重要的一项权利,是公民享有和行使其他权利和自由的前提"。[③] 该观点从抽象意义上强调了人身自由的重要性,但主观性较强。

权利位阶高低是衡量权利重要性更为确切的标准。所谓权利位阶是指"不同权利按照某种次序形成的阶梯。"[④] 针对位阶不同的权利,其保护力度不尽相同。有学者认为"权利体系中存在一定的权利位阶,为此各种权利的类型不可能均得到'平等'的保护。"[⑤]

针对权利位阶的高低,有学者提出从法律规定和现实条件出发进行评价,提出我国宪法中的基本权利可分为不受限定的权利、受法律限制的权利和附条件的权利,不受限定的权利位阶最高,受法律限制的权利位阶次之,附条件的权利位阶最低[⑥]。有学者从审查强度的宽严和公共利益的价值进行评价,提出部分权利需要经过严格的审查和为了保护重大的国家利益才能被侵犯,部分权利仅要求中等标准的审查,还有一部分权利可依据合法的政府目的被侵犯,经严格审查和重大国家利益才能被侵犯的权利位阶最高,中等标准审查的权利位阶次之,低标准

---

① 韩大元:《宪法学基础理论》,中国政法大学出版社2008年版,第276页。
② 吴杰、廉希圣、魏定仁编著:《中华人民共和国宪法释义》,法律出版社1984年版,第73页。
③ 周伟:《保护人身自由条款比较研究——兼论宪法第37条之修改》,载于《法学评论》2000年第4期,第18页。
④ 张平华:《权利位阶论——关于权利冲突化解机制的初步探讨》,载于《清华法学》2008年第1期,第50页。
⑤ 林来梵、张卓明:《论权利冲突中的权利位阶——规范法学视角下的透析》,载于《浙江大学学报》(人文社会科学版)2003年第6期,第5页。
⑥ 胡玉鸿:《我国宪法中基本权利的"级差"与"殊相"》,载于《法律科学(西北政法大学学报)》2017年第4期,第23~27页。

审查的权利位阶也最低①；此外，还有学者将法律保留的差异性处理，作为权利位阶的区分标准，认为"对法律保留的差异性处理，使得基本权利因为不同属性而获得了程度和效果都有区别的宪法保障"②；基于法律保留的差异性处理区分权利位阶的观点曾在警察法学讨论中得以体现，有警察法学者提出了"具有保留限制之基本权利"与"无保留限制之基本权利"和"绝对约束警察之基本权利"与"相对约束警察之基本权利"。③

法律规定和现实条件、审查强度的宽严、公共利益的价值要求、法律保留的差异性处理等标准，大体可分为三类。一是针对限制的条文要件，也即对限定条件的法律位阶要求越高，权利的位阶越高，法律规定和现实条件、法律保留的差异性处理属于此类；二是针对限制的内容要求，也即对公共利益的要求越高，权利的位阶越高；三是针对侵犯行为的程序要求，也即对侵犯行为的程序要求越严格，权利的位阶越高，审查强度的宽严属于此类。

"权利的位阶秩序并没有整体的确定性，不可能形成像'化学元素表'那样先在的图谱，因为权利位阶的确立本身往往涉及复杂的价值判断"。④ 权利位阶判断的复杂性意味着并不存在普适的权利位阶的认识。这在国别上的体现尤为明显。例如，在德国，"人的尊严"往往作为法秩序的"最高建构性原则"，也即最高位阶的权利⑤；在美国，言论自由往往被赋予一定的优越性。⑥ 因此，本书认为，只需要探讨人身自由在我国的权利位阶体系中大致处于怎样的位置。

从限制条件来看，在我国，人身自由能且只能通过法律进行限定。《中华人民共和国立法法》（以下简称《立法法》）（2015年）第八条第（五）项规定"对公民政治权利的剥夺、限制人身自由的强制措施和处罚"只能制定法律，也即属于法律保留的事项；第九条规定"对公民政治权利的剥夺和限制人身自由的强制措施和处罚"不能由全国人民代表大会及其常委会授权国务院先行制定行政法规。这意味着，人身自由、政治权利的限制和剥夺属于绝对保留的事项。相较而言，财产权、名誉权的限制形式则是相对宽松的，如对"非国有财产的征收、征用"虽然只能制定法律，但可由全国人民代表大会及其常委会授权国务院先行

---

① ［美］皮文瑞著，张明杰译：《论权利与利益及其中国权利之旨趣》，引自夏勇主编：《公法（第1卷）》，法律出版社1999年版，第106页。
② 赵宏：《限制的限制：德国基本权利限制模式》，载于《法学家》2011年第2期，第157页。
③ ［德］朔勒著，李震山译：《德国警察与秩序法原理》，登文书局1995年版，第242~244页。
④ 林来梵、张卓明：《论权利冲突中的权利位阶——规范法学视角下的透析》，载于《浙江大学学报》（人文社会科学版）2003年第6期，第5页。
⑤ 张翔：《基本权利的体系思维》，载于《清华法学》2012年第4期，第15页。
⑥ 林来梵、张卓明：《论权利冲突中的权利位阶——规范法学视角下的透析》，载于《浙江大学学报》（人文社会科学版）2003年第6期，第8页。

制定行政法规；又如对于名誉权的限制形式，《立法法》并没有明确的法律形式的要求。因此，从限制形式上来看，人身自由的要求较高，其权利位阶也较高。

从程序要求来看，《中华人民共和国宪法》（以下简称《宪法》）（2018年）规定了严格的程序要求。根据《宪法》（2018年）第三十七条第二款之规定"任何公民，非经人民检察院批准或者决定或者人民法院决定，并由公安机关执行，不受逮捕。"逮捕是针对人身自由的强制措施，其会使得公民的人身自由在短时间内被剥夺。对此，该条款规定了人民检察院批准或决定、人民法院决定，公安机关执行的程序要求，相较于其他权利类型，均无如此严格的程序要求。此外，《中华人民共和国刑事诉讼法》（以下简称《刑事诉讼法》）主要是针对人身自由限制或剥夺的程序规定，其内容之烦琐、条文之庞杂，也可见对于人身自由限制或者剥夺的严格。因此，从程序要求来看，人身自由的要求较高，其权利位阶也较高。

从内容要求来看，尽管《宪法》（2018年）、《立法法》（2015年）并未明确规定，但以人身自由罚为主的刑罚主要针对的是犯罪行为，也即《中华人民共和国刑法》（2017年）第十三条规定的"一切危害国家主权、领土完整和安全，分裂国家、颠覆人民民主专政的政权和推翻社会主义制度，破坏社会秩序和经济秩序，侵犯国有财产或者劳动群众集体所有的财产，侵犯公民私人所有的财产，侵犯公民的人身权利、民主权利和其他权利，以及其他危害社会的行为"。这些行为涉及重大国家利益、集体利益或个人利益。因此，从内容要求来看，人身自由的要求也较高，这同样论证了人身自由的权利位阶较高。

综上所述，人身自由在我国的权利体系中处于较高的位阶。

（二）人身自由罚应当归入刑罚

基本权利存在双重属性，一方面作为主观权利属性，另一方面具有客观价值秩序属性。① 基本权利的客观价值秩序属性要求"国家机关必须尽到保障人民基本权利之义务，使人民的权利免遭公权力或第三人的侵害"，同时"基本权利法价值秩序位阶越高，其国家所负的保障义务也就越重大。"② 人身自由具有较高的位阶，意味着剥夺或者限制人身自由应当具有较高位阶的法律规范，应当对应较重要的法益，遵守较严格的程序。

具体到治安管理处罚，从条文的位阶来看，《治安管理处罚法》（2012年）

---

① 陈征：《基本权利的国家保护义务功能》，载于《法学研究》2008年第1期，第54页。
② 杜承铭：《论基本权利之国家义务：理论基础、结构形式与中国实践》，载于《法学评论》2011年第2期，第32页。

由第十届全国人民代表大会常务委员会第十七次会议通过，第十一届全国人民代表大会常务委员会第二十九次会议修正。从法律位阶来看，属于法律，符合《立法法》（2015 年）第八条和第九条规定的法律绝对保留的要求。从对应法益的重要性来看，《治安管理处罚法》（2012 年）中行政拘留的适用对象包括扰乱公共秩序的行为、妨害公共安全的行为、侵犯人身权利和财产权利的行为以及妨害社会管理的行为等违反治安管理行为。相较于《刑法》（2017 年）中有期徒刑、无期徒刑、拘役等人身自由罚对应的犯罪行为，违反治安管理行为的情节更为轻微、社会危害性较弱。而从裁决程序来看，《治安管理处罚法》中行政拘留由公安机关根据一般处罚程序做出，且不适用听证。相较于《刑事诉讼法》（2018 年）中规定的详细的立案、侦查、提起公诉、审判程序来讲，行政拘留的裁决程序较为粗略。

尽管行政拘留恪守了法律绝对保留的要求，但相较于刑法中的人身自由罚，当前其对应的法益的重要性、裁决程序的严格性均不及。这是否影响行政拘留的正当性呢？答案是肯定的。

就对应的法益这一内容要件，曾有学者提出"人身自由权作为仅次于生命权的基本权利，要对其进行限制或者剥夺，被处罚人的行为必须至少侵犯了与人身自由权性质相当的权利，或者该行为的社会危害性与侵犯人身自由权的危害社会程度相当或更严重。因此，国家不能轻易对部分行为人施以人身罚，只有在该行为情节恶劣，具有严重的社会危害性，不限制人身自由权不足以实现惩治不法和预防再犯的效果时，才可以科处之。"① 该观点将内容要件进一步分解为侵犯权利的性质或违法行为的社会危害性。依循该观点，就当前行政拘留对应的违反治安管理行为侵犯的权益来看，其中大量违反治安管理行为侵犯的权利位阶低于人身自由权。例如，《治安管理处罚法》第二十六条第（二）项侵犯的是个人的行为自由、第二十六条第（三）项侵犯的是公私财产权、第四十一条第二款侵犯的是行为自由、第四十二条第（二）项侵犯的是个人名誉权、第四十二条第（五）项侵犯的是生活安宁、第四十二条第（六）项侵犯的是个人隐私权、第四十六条侵犯的是个人的购买自由、第四十八条侵犯的是个人的通信自由。而以上条款均以行政拘留作为处罚后果。这意味着，违法行为侵害的权利位阶低于违法行为人被剥夺的人身自由权。

就裁决的这一程序要件，包括裁决主体的确立，也包括具体程序的要求。这是因为组织与程序保障构成基本权利客观价值秩序功能的主要内容之一。组织与

---

① 张智辉、洪流：《论让人身自由罚回归刑事司法体系》，载于《湘潭大学学报》（哲学社会科学版）2018 年第 4 期，第 53 页。

程序保障功能是指"基本权利只有在一定的组织和程序的背景之下才能得到充分的实现，从而，基本权利作为客观价值秩序就要求国家提供这种组织和程序上的保障。"①

作为基本权利之一的人身自由，做出剥夺人身自由的裁决时，在组织与程序上均有一定的要求。对此，有学者认为，"人权保障的需要以及各国立法的经验均说明，人身自由罚必须经过严格的司法程序和法官的审理才能做出。"② 也有学者提出，剥夺人身自由，必须有法官的参与，且剥夺的时间和方式必须由法官决定。③ 有学者提出人身自由的基本权利"使国家立法机关有义务准确地界定剥夺自由的情况和应该适用的程序，并使独立的司法机关可能在行政机关或执行公务人员任意或非法剥夺自由时采取迅速的行动"。④ 另有学者进一步区分了法官加入审查限制人身自由的两种机制——"法官保留"和"提审"。"法官保留"是指能否剥夺人身自由，或者剥夺已达一定时间是否续行，需要先经法院决定，或者当行政机关因必要而暂时剥夺人身自由时，必须立即主动移送法院决定。"提审"是指人身自由被剥夺的相对人或其他利害关系人可请求法院迅速审查剥夺的合法性，并决定是否立即释放。⑤ 从以上学者的观点来看，由法官介入剥夺人身自由的裁决是具有共识的，存在差异的主要是法官何时以何种角色介入裁决。

而从当前国际公约和各国立法例来看，对于剥夺人身自由的裁决，组织与程序同样有要求，相关要求体现为两种形式。一种是明确要求法官介入剥夺人身自由的裁决。例如，联合国颁布的《公民权利和政治权利国际公约》（1966年）第九条第一项规定"除非依照法律所确定的根据和程序，任何人不得被剥夺自由"；第九条第四项规定"任何因逮捕或拘禁被剥夺自由的人，有资格向法庭提起诉讼，以便法庭能不拖延地决定拘禁他是否合法以及如果拘禁不合法时命令予以释放。"《欧洲人权公约》（1950年）（又称《保护人权与基本自由公约》）第五条第四项规定"因被逮捕或者拘留而被剥夺自由的任何人应当有权运用司法程序，法院应当依照司法程序对他被拘留的合法性作出决定，如果拘留是不合法的，则应当命令将其释放。"德国《德意志联邦共和国基本法》第一百零四条第二项规

---

① 张翔：《基本权利的双重性质》，载于《法学研究》2005年第3期，第27页。

② 张智辉、洪流：《论让人身自由罚回归刑事司法体系》，载于《湘潭大学学报》（哲学社会科学版）2018年第4期，第56页。

③ 李震山：《人性尊严与人权保障》，台湾元照出版有限公司2001年版，第229~231页。

④ ［奥］曼弗雷德·诺瓦克著，毕小青等译：《民权公约评注——联合国〈公民权利和政治权利国际公约〉》（上册），生活·读书·新知三联书店2003年版，第159~160页。

⑤ 林明昕：《论剥夺人身自由之正当程序：以"法官介入审查"机制为中心》，载于《台湾大学法学论丛》2017年第46卷第1期，第25页。

定"唯法官使得判决可否剥夺自由及剥夺之持续时间。此项剥夺如果非根据法官之命令,须实时请求法官判决。警察依其本身权力拘留任何人,不得超过逮捕次日终了。其细则由法律定之。"另一种形式是未明确规定法官介入人身自由剥夺的裁决,但可从相关法律规定推定之。例如,《美利坚合众国宪法第十四条修正案》(1868年)第一款规定"不经正当法律程序,不得剥夺任何人的生命、自由或财产。《日本国宪法》第三十一条规定"不经法律规定的手续,不得剥夺任何人的生命或自由,或课以其他刑罚。"而在美国和日本,剥夺人身自由的处罚均作为刑罚,而适用刑事诉讼程序。可见,法官介入剥夺人身自由的裁决已经成为当前国际上的通识。

我国《宪法》(2018年)第三十七条第二款将人身自由的程序和机构要求规定为"任何公民,非经人民检察院批准或者决定或者人民法院决定,并由公安机关执行,不受逮捕。"从字面来看,该条款针对的是逮捕;涉及的机关包括人民检察院、人民法院和公安机关;涉及的程序包括经人民检察院批准或决定由公安机关执行和经人民法院决定由公安机关执行。对此,1982年《宪法》对该条的立法释义具体阐释到,"只有人民检察院才有权决定是否批准公安机关逮捕人犯;人民检察院在自己侦查的案件中,如认为需要逮捕的,它自己也可以决定逮捕;人民法院在审理案件过程中或对于自诉案件,如认为有需要逮捕的人犯,也有权作出决定。逮捕人犯,只能由公安机关执行。"① 学理中也往往采纳字面和立法者的原意解释该条款。② 也有学者基于此种理解,意识到该条款存在缺陷,即没有对人身自由做出全面的保障,进而提出应当第三十七条第二款和第三款并为一款"任何公民,非经法定事由和程序,人身自由不被限制和剥夺"。③ 但有观点试图对该条款进行扩大解释,认为"国家权力在合法行使司法权的情形下,可以对特定的公民的人身自由进行正当的限制。"④ 也就是说,将司法主体和司法程序适用的对象从逮捕扩展至限制人身自由的所有公权力手段。

本书赞成对《宪法》(2018年)第三十七条第二款进行扩大解释的思路,允许司法权介入人身自由相关手段。一是外在因素。前面已经罗列了国际和多个发达国家的立法例以及多位学者的观点,法官介入人身自由的裁决已经成为国际和发达国家实践中的共识以及理念上的共识。对《宪法》(2018年)第三十七条第二款进行扩大解释,将人身自由罚全部纳入法官介入审查的范围,符合以上共

---

① 吴杰、廉希圣、魏定仁:《中华人民共和国宪法释义》,北京,法律出版社1984年版,第73页。
② 龙宗智:《检察制度教程》,北京,中国人民检察出版社2006年版,第187~188页;参见卞建林主编:《诉讼法学研究(第18卷)》,北京,中国检察出版社2013年版,第75页。
③ 刘和海主编:《宪政基本问题研究》,北京,中国人民公安大学出版社2008年版,第293~294页。
④ 林来梵:《从宪法规范到规范宪法:规范宪法学的一种前言》,北京,商务印书馆2017年版,第181页。

识。而行政拘留被认为是"羁绊 ICCPR 批准实施的制度藩篱"①。

二是内在因素。对《宪法》（2018 年）第三十七条第二款进行扩大解释，符合我国的法治发展潮流。早在 1999 年，"中华人民共和国实行依法治国，建设社会主义法治国家"写入《宪法》（1999 年）。在此大背景下，备受质疑的涉及人身自由的"劳动教养"通过《全国人民代表大会常务委员会关于废止有关劳动教养法律规定的决定》（2013 年）于 2013 年 12 月被废止，同样备受质疑的涉及人身自由的"收容教育"通过《全国人民代表大会常务委员会关于废止有关收容教育法律规定和制度的决定》（2019 年）于 2019 年 12 月被废止。"劳动教养""收容教育"实质上均是由行政机关做出的一定期间的人身自由罚。随着"劳动教养"和"收容教育"的废止，行政机关的人身自由罚逐渐大幅度限缩。在此背景下，将行政机关的人身自由罚限缩至零，而将人身自由罚完全归入刑罚，从而由法官进行裁决，便符合这一趋势。

三是《宪法》（2018 年）第三十七条第二款的可伸缩性。尽管从字面上理解，相关司法权的介入仅限于逮捕。逮捕是针对人身自由的限制措施，具有临时性。相较而言，行政拘留是对人身自由的剥夺。尽管有学者认为"人身自由之'剥夺'，仅以公权力强制人民'停留'在特定空间为概念中核"，从而将逮捕等强制措施纳入人身自由剥夺的范围。② 从属性上来看，行政拘留和逮捕均是对人身自由的强制约束，但行政拘留对于人身自由的约束具有固定期限，且在固定监所执行。因此，行政拘留对于人身自由的侵害不亚于甚至超过逮捕。根据举轻以明重之原则，逮捕已然适用司法权（包括检察院和法院）的介入，行政拘留也应当由司法权进行裁决。也就是说，《宪法》（2018 年）第三十七条第二款应当进一步扩大适用至与逮捕相当或者"有过之而无不及"的行政拘留。

除此之外，更为本质的缘由在于行政权与司法权的区别。行政权本质上是管理权；司法权本质上是裁判权。③ 基于此种功能定位，相对于行政权，"司法权在程序上具有其特性及独立性；在组织方面则体现为裁判者的职业化、公众的参与、合议制以及上下级司法机构的特殊关系等方面的特征"。④ 因此，通过司法

---

① ICCPR 即《公民权利和政治权利国际公约》的简称，是国际人权宪章的主要框架公约之一。张永强：《论 ICCPR 语境下行政拘留制度的"司法化"改革》，载于《西南政法大学学报》2015 年第 5 期，第 72 页。

② 林明昕：《论剥夺人身自由之正当法律程序：以"法官介入审查"机制为中心》，载于《台湾大学法学论丛》2017 年第 46 卷第 1 期，第 31 页。

③ 孙笑侠：《司法权的本质是判断权——司法权与行政权的十大区别》，载于《法学》1998 年第 8 期，第 34 页。

④ 卢建平、刘传稿：《法治语境下犯罪化的未来趋势》，载于《政治与法律》2017 年第 4 期，第 48 页。

权对人身自由的剥夺进行审查会更超然，相对人获得公正的可能性更高。

综上所述，作为行政拘留的人身自由罚应当归入刑罚，由司法权进行裁决。需要注意的是，行政拘留不仅是治安管理处罚的法定种类之一，也是行政处罚的法定种类之一。人身自由罚归入刑罚不仅意味着其被排除出治安管理处罚的范围之内，也意味着人身自由罚被排除出行政处罚的范围之内。

二、司法成本可控

将行政拘留从治安管理处罚中排除出去，而归入刑罚。这意味着相关程序应当遵循刑事诉讼和刑罚的相关要求。若将行政拘留纳入刑罚，即由司法权进行裁决，首先存在的质疑在于司法成本是否大幅度增加以及届时的司法成本能否接受？

从裁决组织来看，将行政拘留纳入刑罚，意味着必须由司法机关进行裁决。在我国，检察院是法律监督机关；法院是审理机关。针对违法行为对相对人进行惩罚，是对当事人的权利义务的确定性的减损，应当通过审判机关进行裁决。因此，行政拘留纳入刑法后，法院应当成为裁决主体。

从裁决程序来看，当法院进行裁决时，应当遵循刑事诉讼程序。根据《刑事诉讼法》（2018年）之规定，当前我国刑事诉讼中第一审程序包括两大类：公诉案件第一审程序和自诉案件第一审程序。在具体审理中，可适用一般程序、简易程序或速裁程序进行审判。由于当前行政拘留对应的违反治安管理行为比犯罪更为轻微，若将行政拘留纳入刑罚，相关案件适用简易程序、速裁程序的可能性极大。

就适用条件，根据《刑事诉讼法》（2018年）第二百一十四条的规定，简易程序的适用条件包括案件事实清楚、证据充分的；被告人承认自己所犯罪行，对指控的犯罪事实没有异议的和被告人对适用简易程序没有异议的。根据《刑事诉讼法》（2018年）第二百二十二条的规定，速裁程序适用条件包括基层法院管辖的可能判处三年有期徒刑以下刑罚的案件，案件事实清楚，证据确实、充分，被告人认罪认罚并同意适用的。就审判组成人员，根据《刑事诉讼法》（2018年）二百一十六条的规定，适用简易程序审理案件，对可能判处三年有期徒刑以下刑罚的，可以组成合议庭进行审判，也可以由审判员一人独任审判；对可能判处的有期徒刑超过三年的，应当组成合议庭进行审判。根据《刑事诉讼法》（2018年）第二百二十二条的规定，速裁程序由审判员一人独任审判。就审判过程来看，根据《刑事诉讼法》（2018年）第二百一十九条的规定，适用简易程序审理案件，不受该法第三编第二章第一节关于送达期限、讯问被告人、询问证人、鉴定人、出示证据、法庭辩论程序规定的限制,但在判决宣告前应当听取被告人的最后陈述意见。根据《刑事诉讼法》(2018年)第二百二十四条的规定,适用速裁程序审理案件,不受该法第三编第二章第一节规定的送达期限的限制,一般不进行法庭调查、法庭辩论,但在判决宣告前应当听取辩护人的意见和被告人的最后陈述意见,且应当当庭宣判。就审理期限而言,根据《刑事诉讼法》(2018年)第二百二十条的规定,适用简易程序审理案件,人民法院应当在受理后二十日以内审结;对可能判处的有期徒刑超过三年的,可以延长至一个半月。根据《刑事诉讼法》(2018年)第二百二十五条的规定,适用速裁程序审理案件,人民法院应当在受理后十日以内审结;对可能判处的有期徒刑超过一年的,可以延长至十五日。

有学者认为"在各方当事人权利得到充分保障的前提下,通过诉讼程序不同程度的简化来追求更高比例简单案件的分流,是当前司法推进案件繁简分流机制改革的基本经验,本质上是司法便宜主义的体现。这不仅成为公安机关建立行政案件繁简分流机制直接的经验来源,对其他行政机关下一步推出类似试点也具有积极的借鉴意义"。[①] 该观点意识到刑事诉讼程序与行政程序相互借鉴的可能性。而当前行政拘留程序与刑事诉讼程序中简易程序、速裁程序也具有一定的相似性(见表17-1)。从适用条件来看,三类程序均可适用短期内的人身自由罚;从审理组成人员来看,均可能由一人裁决;从审理过程来看,均包括说明理由、听取意见;从审理时限来看,一般状况和特殊状况下,行政拘留的做出时间不短于甚至长于刑事诉讼中的简易程序和速裁程序。

表17-1 刑事诉讼中简易程序、速裁程序与行政拘留程序对比

项目	简易程序	速裁程序	行政拘留程序
适用条件	案件事实清楚、证据充分的;被告人承认自己所犯罪行,对指控的犯罪事实没有异议的和被告人对适用简易程序没有异议的	基层法院管辖的可能判处三年有期徒刑以下刑罚的案件,案件事实清楚,证据确实、充分,被告人认罪认罚并同意适用的	一日至十五日行政拘留,合并执行的,最长不超过二十日

---

① 苏艺:《论行政案件快速办理程序的构建——以〈行政处罚法〉的修改为契机》,载于《行政法学研究》2019年第5期,第74~75页。

续表

项目	简易程序	速裁程序	行政拘留程序
审理组成人员	对可能判处三年有期徒刑以下刑罚的,可以组成合议庭进行审判,也可以由审判员一人独任审判;对可能判处的有期徒刑超过三年的,应当组成合议庭进行审判	由审判员一人独任审判	公安机关负责人;对情节复杂或者重大违法行为给予较重的行政处罚,行政机关的负责人应当集体讨论决定
审理过程	适用简易程序审理案件,不受该法第三编第二章第一节关于送达期限、讯问被告人、询问证人、鉴定人、出示证据、法庭辩论程序规定的限制,但在判决宣告前应当听取被告人的最后陈述意见	不受该法第三编第二章第一节规定的送达期限的限制,一般不进行法庭调查、法庭辩论,但在判决宣告前应当听取辩护人的意见和被告人的最后陈述意见,且应当当庭宣判	公安机关做出治安管理处罚决定前,应当告知违反治安管理行为人做出治安管理处罚的事实、理由及依据,并告知违反治安管理行为人依法享有的权利。违反治安管理行为人有权陈述和申辩。公安机关必须充分听取违反治安管理行为人的意见,对违反治安管理行为人提出的事实、理由和证据,应当进行复核;违反治安管理行为人提出的事实、理由或者证据成立的,公安机关应当采纳
审理期限	应当在受理后二十日以内审结;对可能判处的有期徒刑超过三年的,可以延长至一个半月	应当在受理后十日以内审结;对可能判处的有期徒刑超过一年的,可以延长至十五日	自受理之日不得超过三十日;案情重大、复杂的,经上一级公安机关批准,可以延长三十日

这意味着,即使行政拘留纳入刑罚,除裁决主体外,裁决程序的进行与行政拘留做出的程序并无差异,甚至相较于行政拘留,简易程序尤其是速裁程序的司法成本更低、效率更高。因此,即使将行政拘留纳入刑罚,可能增加的成

本只包括由公安机关调查后转送到法院的程序成本,其裁决成本并不会大幅度增加。

除此之外,将人身自由罚归入刑罚,并不意味着当前《治安管理处罚法》(2012年)中规定的适用行政拘留的违反治安管理行为全部纳入犯罪的约束范围之内,而是应当进行选择性纳入。这是因为当前规定的违反治安管理行为虽然被施以行政拘留,但相当一部分违反治安管理行为侵害的权利位阶低于人身自由权,而不应被处以剥夺人身自由权利的惩罚。这部分违反治安管理行为仍然应当保留在《治安管理处罚法》,而需要纳入犯罪而受刑罚的违反治安管理行为仅为一部分。这意味着,从司法成本来讲,增加的裁决案件体量并不会过于庞大,耗费的成本也就是可控的。

三、标签化的回应

除了司法成本的质疑,犯罪标签化同样是将人身自由罚纳入刑罚之后存在的担心。所谓标签化是指"某种行为之所以是犯罪行为,是由于社会给它贴上了犯罪'标签'。官方对犯罪行为的标定对犯罪人而言具有持续的负面影响。在这种负面影响下,他们极易由初级偏差行为者演变为更严重的次级偏差行为者,从而成为一名真正的越轨者。"[①] 标签化将会导致"犯罪人"在之后的生活、求职、求学等多方面受到消极社会评价的巨大影响。[②] 有学者认为包括被处以人身自由罚的违反治安管理行为纳入犯罪圈之后可能形成犯罪标签效应。[③] 然而,将人身自由罚纳入刑罚,是否意味着被惩戒人一定会被标签化?抑或,虽然会被标签化,但是否有可能被消灭或不对被惩罚人在生活、求学、求职等多方面产生巨大影响呢?

与犯罪标签化对应的是犯罪记录制度,犯罪记录是犯罪标签化最直接的制度体现。2012年最高人民法院、最高人民检察院、公安部、国家安全部、司法部《关于建立犯罪人员犯罪记录制度的意见》标志着我国"犯罪记录制度的探索建立正式拉开了序幕"。[④] 根据该意见的界定,"犯罪记录是国家专门机关对犯罪人员情况的客观记载"。《刑法》(2017年)第一百条规定"依法受过刑事处罚的

[①] 强音:《犯罪标签理论在我国刑事法视的价值体现》,载于《河南社会科学》2013年第7期,第101页。
[②] 高勇:《轻罪论》,黑龙江大学法学院博士学位论文,2018年,第43页。
[③] 王华伟:《轻微犯分流出罪的比较考察与制度选择》,载于《环球法律评论》2019年第1期,第177页。
[④] 于志刚:《犯罪记录制度的体系化重构》,载于《中国社会科学》2019年第3期,第62页。

人，在入伍、就业的时候，应当如实向有关单位报告自己曾受过刑事处罚，不得隐瞒。犯罪的时候不满十八周岁被判处五年有期徒刑以下刑罚的人，免除前款规定的报告义务。"《刑事诉讼法》（2018 年）第二百八十六条第一款规定"犯罪的时候不满十八周岁，被判处五年有期徒刑以下刑罚的，应当对其犯罪记录予以封存。"根据以上犯罪记录制度，一旦被宣布犯罪，即予以记录，只有符合特定条件（如年龄、刑期等）才被封存。也就是说，根据当前的犯罪记录制度，若将应予行政拘留的违反治安管理行为纳入犯罪，除非符合特定条件，一般情况下均会被记录为犯罪，进而入伍、就业等均会受到影响。

然而，以上仅是静态的观点，也即将犯罪记录制度认为是一成不变的。当前犯罪记录制度的局限已被意识到，多位学者对于犯罪记录制度的改进提出了新的改进方向。例如，有学者提出限缩犯罪记录制度的适用范围，认为适用刑事简化程序处理的案件"不宜进入刑事登记，以避免犯罪学中'标签理论'的负面效应"[1]。有学者提出前科消灭制度或复权制度[2]。也就是说，应当建立对犯罪记录的消灭制度或者相关权利恢复制度。前者是《俄罗斯联邦刑法典》第 86 条[3]的经验，后者是《法国刑法典》第 133 - 12 条[4]的经验。

无论是法国还是俄罗斯的经验为我们理解犯罪记录制度提供了一种更为开放的思维，也即无论是前科消灭制度或复权制度，都意味着犯罪记录并非终身的，且对犯罪人的影响存在有一定期限或者有变动可能。只是在犯罪记录制度并不完善的我国，尚无法体现这种期限性或者变动的可能。正因为如此，包括将行政拘留纳入刑罚的轻罪制度改革，能够为犯罪记录制度的完善提供良好的契机，同时也便解决了对轻微治安不法人予以犯罪标签化的顾虑。

四、交叉感染地避免

"罪犯聚于一处，互为习恶，徒增犯罪之事。"[5] 这是对罪犯处以自由刑最深的忧虑。若将行政拘留归入刑罚，这意味着更多的罪犯将被处以短期自由刑，多

---

[1] 李晓明：《"行政拘留"的扩张与行政刑法的转向》，载于《法学评论》2017 年第 3 期，第 51 页。
[2] 何荣功：《我国轻罪立法的体系思考》，载于《中外法学》2018 年第 5 期，第 1219～1220 页。
[3] 《俄罗斯联邦刑法典》第 86 条：在下列情况下前科消灭：（1）被判处缓刑的人，考验期届满；（2）被判处比剥夺自由更轻刑种的人，服刑期满后过 1 年……（5）因特别严重的犯罪被判处剥夺自由的人，服刑期满后 8 年。
[4] 《法国刑法典》第 133 - 12 条：受重罪、轻罪或者违警罪刑罚的任何人，得依本节之规定依法当然复权，或者按《刑事诉讼法典》规定的条件经法院裁判复权。
[5] 转引自周娅：《短期自由刑研究》，武汉大学法学院博士学位论文，2005 年，第 30 页。

位学者认为将增加"交叉感染"的可能。① 然而,将行政拘留归入刑罚,是否意味着"交叉感染"不可避免?

针对"交叉感染",曾有学者提出了多种改良建议,第一类是变换监禁地点,认为"根据罪犯刑期长短、犯罪性质、刑罚种类、犯人年龄、身体状况、性格等情况,分别在不同服刑机构进行关押"②;第二类是以社区服务或者管制刑替代短期自由刑,例如,有学者提出"社区已取代监狱成为犯罪人隔离的'监禁场所'。犯罪人在这样一个其所熟悉的场所中,受到的痛苦较入狱为低,而且也杜绝了入狱后交叉感染与监狱化的可能性。"③;第三类是以罚金刑替代短期自由罚,认为罚金刑是一种非监禁化的处罚方法,可以避免犯罪人入狱,能够防止在关押过程中犯罪人之间的交叉感染和犯罪恶习的养成。④

将行政拘留纳入刑罚,在当前制度框架下,"交叉感染"并不一定会由此增加。根据《治安管理处罚法》(2012年)第一百零三条之规定,"对被决定给予行政拘留处罚的人,由作出决定的公安机关送达拘留所执行。"这意味着为了配合行政拘留的需要设置拘留所。根据《拘留所条例》(2012年)第二条的规定,在拘留所执行的人员包括"被公安机关、国家安全机关依法给予拘留行政处罚的人"和"被人民法院依法决定拘留的人"。从当前行政拘留的执行场所来看,其人员构成均属于不法行为较为轻微的,而"交叉感染"危险性更高的犯罪嫌疑人或者罪犯并未与其一同关押。将行政拘留纳入刑罚之后,若仍然适用自由刑,从成本的角度考虑,仍应沿用拘留所的设施对被惩罚人执行相应的刑罚。因此,"交叉感染"并不会由此增加。此外,随着罚金刑、社区矫正等替代短期自由刑体制的健全,由行政拘留纳入刑罚引发的"交叉感染"的可能将大大减少。

第四节 限缩后的治安管理处罚制度应予全面重构

行政拘留从治安管理处罚制度中剥离,并未改变治安管理处罚用于解决社会

---

① 何显兵:《二元制裁体系视角下"卖淫"新解》,载于《法治研究》2019年第2期,第118页;高勇:《轻罪论》,黑龙江大学法学院博士学位论文,2018年,第38页;李春华、李文燕:《治安管理处罚与刑罚协调研究》,载于《中国人民公安大学学报》(社会科学版)2009年第2期,第16页。

② 蔡维力:《刑事程序多元化与刑罚相对个别化的契合——论刑事司法改革对现代刑法观的应然回应》,载于《法律科学(西北政法大学学报)》2012年第1期,第73页。

③ 周娅:《短期自由刑研究》,武汉大学法学院博士学位论文,2005年,第134~135页。

④ 陆岸:《轻罪法建构研究——兼论行政制裁与刑事制裁的衔接》,苏州大学法学院博士学位论文,2012年,第90页。

治安问题的功能。而治安问题的特点决定着治安管理处罚建构的方向。具体而言，第一，社会治安问题涉及范围的广泛要求治理主体的专业分工。治安问题涉及社会的方方面面、大事小情。国家机关尽管是相对庞大的，但是相对于各种各样、频发多发的社会治安问题，总显得力有不逮。对于发生的社会治安问题，如若不及时解决，将产生越来越多的社会隐患。因此，繁重的社会治安任务与较少的执法力量的对比，既要求通过专业分权、分工减少部门压力，通过央地权限划分合理协调央地关系，也要求国家机关汲取社会力量的帮助，从而方能更妥善地解决治安问题。

第二，社会治安问题源头的多元要求手段的多元与适宜。如上文所述，人口流动、社会分层以及新型行业等众多因素导致了社会治安问题的频发。这些都是深层次的社会问题，一味地通过自上而下管理、控制的手段，只能导致社会矛盾的激化，社会秩序的动荡。相反，通过沟通的、互动的、协调的多元手段，警方积极引导、协调各方力量，方能更彻底地解决治安问题。因此，在治安工作中警察的主要精力"在于解决必须由其解决的重大治安问题如刑事案件、治安行政违法等的同时搞好制度建设，使各主体间有一个良好的沟通和协调机制，从而在共同目标的指引下形成合力。"①

第三，社会治安涉及问题的普遍性和基层性要求治理过程的有效互动。社会治安问题的发生对社会公众尤其是公共舆论的"引燃"有着超强的影响力。社会治安问题的解决对于公众行为规范的塑造和引导同样意义重大。如何在治安问题发生后和解决中，与社会大众、相应团体的有效互动直接决定了治安秩序的稳定性和持续性。

基于以上分析，在排除行政拘留之后，原有的治安管理处罚制度将面临以下任务：一是违反治安管理行为的范围将有所限缩，从而体现治安管理处罚主体的专业化。二是随着行政拘留的排除，治安管理处罚种类应予改革，增加可选择性，从而保障"罚当其罪"。三是调适治安管理处罚程序，在保障程序效率的同时，在适宜的场合增强相关主体之间的沟通，从而促进治安治理过程的有效互动。由此可见，"全异说"下治安管理处罚制度的变革是全面的，除了行政拘留的排除，违反治安管理行为、治安管理处罚种类和治安管理处罚程序均需要改进。

---

① 焦俊峰：《论治安治理理念及其实现途径》，载于《中国人民公安大学学报》（社会科学版）2010年第1期，第21页。

第五节 结 语

安全治理是国家治理的重要组成部分。"防微杜渐"是安全治理的必然选择。在我国，治安管理处罚制度在安全治理中承担着"防微杜渐"的任务。随着法治化进程的不断推进，治安管理处罚制度的走向如何，是一个我们不得不认真思考的问题。

从近代违警罚到新中国成立至今的治安管理处罚，相关制度始终基于"全异说"进行建构和运行。当前，治安管理处罚面临着规范和效能双重困境。其中，行政拘留的适用争议最大。除此之外，处罚的效率、制裁的效果等均危机重重。就制度原因而言，可以归咎于违反治安管理行为的边界不确定、处罚种类与幅度的设计不合理、处罚程序设定的失衡。问题的关键在于治安管理处罚的制度定位。

刑罚的谦抑性、治安治理的效能和公民权益保障等多重因素的考虑要求我国仍应坚持"全异说"。但是为了更为周延地保障公民人身自由，应当将行政拘留从治安管理处罚中排除，纳入刑罚。在此基础上，对限缩后的治安管理处罚进行全面改进。限缩违反治安管理行为的范围，从而体现治安管理处罚主体的专业化；行政拘留排除之后，改革治安管理处罚种类，增加可选择性，从而保障"罚当其罪"；调适治安管理处罚程序，在保障程序效率的同时，在适宜的场合增强相关主体之间的沟通，从而促进治安治理过程的有效互动。

第十八章

警察刑事侦查权的规制[*]

第一节 我国警察刑事侦查权规制的必要性

目前,警察权(本章的警察权均是在公安机关的警察权)作为广大人民群众能够切身感知、体会的重要公权力类型[①],正处于公权力与私权利最为直接和敏感的对接地带。对警察权的规制状况常被认为是衡量一国法治文明程度的重要标准。根据《关于深化公安执法规范化建设的意见》的内容及精神,对我国警察权进行规制显得尤为迫切。而我国警察刑事侦查权作为警察权的重要子权力,也存在对其进行规制的必要性。规制警察刑事侦查权的最终目标和归宿则应当是以人为本。申言之,就是要努力让人民群众在每一项执法活动、每一起案件办理过程中都能感受到社会的公平正义。[②] 一方面,我国必须加快警察刑事侦查权的规范化建设;另一方面,我国必须保障警察刑事侦查的公正和效率。

在我国当下,警察(本章的警察均是指公安机关的人民警察)公信力提高的过程相对缓慢。而警察公信力的保持则既需要广大警察的辛勤付出,又需要广大人民群众的认可和支持。在大数据时代,一旦警察出现不当的刑事侦查且被公布

---

[*] 本章内容以《我国警察刑事侦查权的规制》为题发表于《西部公安论坛》2018 年第 2 期。
[①] 毛志斌:《警察法》,河南人民出版社 2005 年版,第 73 页。
[②] 乔宗楼:《程序性控制思维下侦查权之进路》,载于《甘肃警察职业学院学报》2015 年第 4 期。

到网络上，那么在极短时间内便会招致来自社会各界舆论的巨大压力。这不仅影响警察职业群体的整体形象，还会破坏来之不易的警民和谐关系。而正是由于警察刑事侦查权与广大人民群众的切身权益休戚相关，于是，警察刑事侦查权被滥用的可能性也就相对较高，尤其是在突发、紧急和对抗的情形之下。[①] 故而，在客观上有迫切建立警察刑事侦查权规范的必要性。

即便在今日，警察刑事侦查权规制完备的国家也都无一例外地经历了一个漫长的转变历程。但其中最值得借鉴的经验模式即是将"依法将警察刑事侦查权关进制度的牢笼"。换言之，则是要极力确保警察刑事侦查权在法治的轨道和人权的框架之下有条不紊地运行。而警察刑事侦查权规制需要把握的两个关键节点则是：第一，完善警察刑事侦查权运行的实操标准；第二，依法加强对警察刑事侦查权的监督制约。具体而言，从接警立案到刑事侦查的全过程都必须有法可依、有法必依、有章可循；要确保警察遵守宪法上的比例原则[②]而禁止滥用手中的自由裁量权；尽量减少警察因为主客观因素导致的客观失误或错误；坚决杜绝因警察个人主观原因而滥用刑事侦查权，等等。仅就加强警察刑事侦查权的监督而言，笔者认为关键是要落实责任追究制度。当下，法律的有效性一般取决于追责的不可避免性，而监督的最终归宿则是促使警察依法行使警察刑事侦查权。只有这样，才能够有效地将中央对警察"严格规范公正文明"的要求贯彻落实到警察刑事侦查活动的全过程中去。[③]

第二节 我国警察刑事侦查权运行时面临的现实问题

一、缺乏外部的有效监督制约

从人类的漫长"法治"历史经验来看，要想规范一种公共权力，制度的顶层设计和有效实施是不可或缺的。但是，唯有监督才能充分有效地激活制度的生命力和动力。根据法学理论，公权力应当受到一定的监督制约。纵观世界各国，对公权力的监督制约模式大致可以分为权力制约权力和权利制约权力两种。在我

[①] 胡曙东：《警察权内涵探析——兼谈刑事侦查之法律控制》，载于《兰州学刊》2013年第6期。
[②] 刘权：《目的正当性与比例原则的重构》，载于《中国法学》2014年第4期。
[③] 莫于川：《通过完善行政执法程序法制实现严格规范公正文明执法》，载于《行政法学研究》2014年第1期。

国，一般是由警察代表国家行使刑事侦查权这一不可或缺的公权力，而任何组织和个人的活动仅仅从内部做监督制约，其效果往往会不尽如人意。如果对刑事侦查权不严加监督制约，则可能出现公权力侵犯私权利的不法乱象，这也是在建设社会主义法治国家和完善社会主义法律体系实践中需要极力避免的难题。

就我国法律实践而言，警察行使刑事侦查权往往是由人民检察院依法进行监督制约。但现实情况则是——人民检察院对警察行使刑事侦查权的监督制约经常力不从心、效果欠佳。究其原因则是我国公检法三机关在法律上都拥有较大的自由裁量空间以及公检法三机关之间的关系十分复杂、密切。目前，我国公检法三机关关系主要表现为：第一，人民检察院一般都会批准公安机关的如逮捕等申请。第二，人民检察院与人民法院配合默契，对于人民检察院提交的公诉材料，人民法院一般也会照单全收，不加多问。第三，公检法三机关流水操作，于是有人评价道："公安机关是做饭的，检察院是送饭的，法院则是吃饭的。"[①] 之所以出现如是局面，笔者认为，主要因素是警察刑事侦查权缺乏外部的有效监督制约。警察刑事侦查权一旦被警察滥用，则后果不堪设想——比如会对犯罪嫌疑人、被害人、证人等有关主体的合法权益造成不法侵害。

二、刑讯逼供行为屡禁不止

在我国古代的相当长一段历史内，"法就是刑"的思想占据着重要地位。在"法不但是暴力，而且就直接完全等同于刑"的思想影响下，法其实过多地沦为一种统治工具——用来打击异己和维护既得利益的实用工具。上述的法律思想却极大影响了我国历代的统治集团。同时，由于古代社会森严的等级制度和根深蒂固的"官本位"思想，宽泛而又集中的权力常常被认为是整个政治、经济和社会运行的"中枢神经"和"动力来源"。而这种宽泛而又集中的权力往往导致一种腐败的典型现象——刑讯逼供。当下，在社会主义法治国家建设过程中，也隐隐约约可见一些警察的"傲慢面孔"。在其傲慢背后却或多或少存有从古至今难以根治的刑讯逼供。我国刑讯逼供屡禁不止的原因极其复杂，笔者认为导致刑讯逼供的原因主要有以下几个方面：

（一）思想层面有误区

部分警察不遵守《中华人民共和国刑事诉讼法》（以下简称《刑事诉讼法》）

[①] 徐清：《刑事诉讼中公检法三机关间的"共议格局"——一种组织社会学解读》，载于《山东大学学报》（哲学社会科学版）2017年第3期。

这一被称为"动态的宪法"的程序法和人权保障法,缺乏尊重和保障人权的意识往往是导致刑讯逼供的思想根源。此外,"有罪推定"的不合理思想也在不断作祟[1]。毫无例外,有罪推定即是极端不尊重和保障人权的集中体现。大部分公民下意识地认为被警察"强制带走"的人一定就是有违法和犯罪嫌疑的"坏人",而一般不会进一步思考是不是警察冤枉了"好人"。而可以肯定的是,部分警察人权意识的淡薄和有罪推定思想的泛滥为刑讯逼供提供了生长的沃土。

(二) 制度层面有缺失

刑讯逼供主要是警察为完成破案指标而出现的客观产物。为了完成本部门以及上级下达和分配的硬性破案指标,部分警察会铤而走险进而不同程度地实施刑讯逼供。就现行的法律文本来说,针对刑讯逼供的责任追究也仅有刑事责任的规定,却无行政责任之规定。这样一来便无法形成一股合力以依法打击和遏制刑讯逼供[2]。

(三) 技术层面较落后

在开展刑事侦查活动时,技术层面较落后集中体现在基层警察身上。基层警察刑事侦查技术的相对落后会直接导致他们过度倚重口供,而有意无意地忽略实物证据。而按照刑讯逼供所得的口供定案往往是造成冤假错案的重要诱因。警察实施刑讯逼供不仅会直接减损国家司法的权威性和公信力,更会严重侵犯到犯罪嫌疑人的合法权益。

三、超期羁押现象仍然存在

超期羁押是被我国学者们广为诟病的乱象。而笔者认为,造成超期羁押现象的主要原因是以下三个方面:

(一) 认识上存在偏差

"重实体,轻程序""重打击,轻保护""重权力,轻权利"是我国警察传统的刑事侦查理念[3]。直到现在,这种理念在警察意识深处仍旧根深蒂固。第一,

---

[1] 吴永生:《有罪推定:权力监督的理论基石》,载于《行政论坛》2016年第5期。
[2] 陈瑞华:《关于证据法基本概念的一些思考》,载于《中国刑事法杂志》2013年第3期。
[3] 邹立君:《"重实体,轻程序"命题的语境分析——兼论程序正义问题》,载于《法制与社会发展》2008年第4期。

"重实体、轻程序""重打击、轻保护""重权力、轻权利"是造成超期羁押现象的思想根源。警察从内心认为自己是在追求实体公平正义,并且没有夹杂半点私人因素,更无侵犯人权的主观目的。因此,他们认为自己站在"道德制高点",在内心戒律中并没有不安和愧疚。有一些警察甚至认为只要为了确保刑事侦查的实体结果准确无误,刑事诉讼活动过程就不用太过于计较。第二,上级公安机关给下级公安机关下达打击犯罪的指标,使得警察在刑事侦查中处于被动疲于应付的状态[1]。第三,有的警察入罪意识观念浓厚,而出罪意识则相对淡薄,甚至将犯罪嫌疑人同犯罪分子画等号。他们理所当然地认为只要所收集的证据足以追究犯罪嫌疑人的刑事责任,进而可以不受我国《刑事诉讼法》规定的程序约束,从而人为延长羁押期限。

(二) 专业能力亟待提升

有些警察对出现的超期羁押现象,往往以案件情况复杂、证据收集工作量大、解决难度大、需耗时间长等客观原因来"解释"。究其原因则是部分警察专业能力偏低,从而往往把羁押作为优先的法律手段来适用甚至是滥用。在此基础上,应当加大对警察专业能力培训的各项投入和保障。

(三) 羁押立法不完善

就目前而言,我国仍然缺乏对造成超期羁押负责的警察应承担行政法上和刑法上不利后果的规定。[2] 显然,立法的缺失会使部分警察"有令不执行""有令禁不止"。故此,完善羁押立法可以进一步消除超期羁押的现象。其中,至少应当对实施超期羁押的警察进行相应的行政处分或者限制晋升空间等。

第三节　我国警察刑事侦查权规制的路径选择

公权力一旦没有监督制约则会急剧膨胀,膨胀的结果是公权力难免会侵犯到私权利领域。只有对公权力进行监督制约才能保证公权力的正常运转,也才能保障私权利的安定享有。刑事侦查权作为一项重要的警察权力,理应遵循公权力运

---

[1] 洪奕宜:《东莞警方去年"3+2"刑事案破案率比增11.3%》,载于《南方日报》2016年1月18日,第A05版。
[2] 张明楷:《超期羁押的刑事责任探究》,载于《浙江社会科学》2002年第4期。

行的客观规律,应当要做到的是顺应而不是违背。① 在法律实践中,刑讯逼供和超期羁押是警察滥用刑事侦查权的突出表现。究其原因,则有以下几个方面:第一,部分警察法律素养不高、权利意识淡薄。他们忘记了国家和人民赋予其权力的初衷和归宿。第二,警察破案压力较大、长期超负荷工作,我国警察的晋升与否与刑事案件的侦破率关系密切。第三,权力配置不够科学、合理和规范:我国公安机关作为行政机关却拥有非常宽泛的刑事侦查权;人民检察院作为国家法律监督机关却难以实施有效的法律监督;人民法院作为国家审判机关却难以有效维护其独立自主的裁判者地位②。故而,对我国警察刑事侦查权进行规制显得尤为重要。一般而言,对警察刑事侦查权的规制应当包括内部规制和外部规制两大维度。综上所言,本章重点阐述对警察刑事侦查权进行外部规制。申言之,这种外部规制主要涵盖以下三个方面的内容:

一、建立法院签发搜查令制度

警察在行使刑事侦查权之时,除了依法受到人民检察院的监督制约之外,还应当依法受到人民法院的监督制约。在我国缺失人民法院合法性审查的背景下,刑事诉讼往往只是追诉者与被追诉者之间的刑事责任追究的关系。而广大公民的身体和住宅在遭到警察搜查时,甚至难以得到有效的法律救济。目前,根据《最高人民法院关于适用〈中华人民共和国行政诉讼法〉的解释》的规定:"下列行为不属于人民法院行政诉讼的受案范围:(一)公安、国家安全等机关依照刑事诉讼法的明确授权实施的行为。"故而,我国公民、法人或者其他组织不能就警察刑事侦查权提起行政诉讼。

而警察搜查作为警察刑事侦查权的组成部分,既不是由人民检察院加以约束,也不是由人民法院进行有效控制,而几乎完全取决于公安机关的内部规定以及警察的个人素养和职业道德。③ 显然,一旦搜查的权力掌握在某些个人素养以及职业道德低下的警察手中,那么,不仅是原有的刑事诉讼程序会被破坏殆尽,而且就连广大公民的合法权益也会受到不法侵犯。故而,笔者认为,一般情形下,警察应当在获得人民法院的搜查令之后才能对公民的身体和住宅进行搜查。

---

① 黄豹:《刑事诉讼中侦查权之滥用及其规制——以刑诉法第二修正案为切入点》,载于《学习与实践》2014年第6期。

② 刘炳君:《当代中国治腐兴廉的法治体系论纲》,载于《山东大学学报》(哲学社会科学版)2014年第2期。

③ 王弘宁:《我国搜查与扣押制度的完善——从中美搜查与扣押制度比较研究谈起》,载于《法学杂志》2016年第7期。

如果遇到紧急突发的搜查而不能够立即向人民法院申请搜查令时,可以在搜查后向人民法院书面做出解释并及时补申请搜查令。这样设计的目的是防止警察假借搜查之名非法侵犯广大公民的合法权益。同时,我国《宪法》也明确禁止非法搜查公民的身体和住宅,这在客观上为人民法院签发搜查令提供了最高法依据。此外,警察搜查公民的身体和住宅时除了必须及时出示人民法院的搜查令之外,还必须严格依照《刑事诉讼法》规定的程序。①

二、重构非法证据排除规则

非法证据排除规则的文本依据主要是《刑事诉讼法》第五十四条:"采用刑讯逼供等非法方法收集的犯罪嫌疑人、被告人供述和采用暴力、威胁等非法方法收集的证人证言、被害人陈述,应当予以排除。收集物证、书证不符合法定程序,可能严重影响司法公正的,应当予以补正或者作出合理解释;不能补正或者作出合理解释的,对该证据应当予以排除。在侦查、审查起诉、审判时发现有应当排除的证据的,应当依法予以排除,不得作为起诉意见、起诉决定和判决的依据。"然而,警察非法取证的现象在今天依然比较突出。故而,为了防止警察非法取证,笔者认为,可以通过重构非法证据排除规则、完善具有可操作性的刑事证明规范来重构非法证据排除规则。② 申言之,如下所言:

一方面,应当依法赋予辩护律师在讯问犯罪嫌疑人时的参与权。③ 目前,我国讯问制度的法律依据主要是《刑事诉讼法》第二章第二节。具体包括第一百一十六至一百二十一条。在警察的讯问活动中,毫无疑问,一直排斥辩护律师介入的做法有悖国际司法潮流与趋势。在警察讯问犯罪嫌疑人的活动中允许辩护律师参与,可以确保通过辩护律师的有效参与来监督警察的讯问活动,进而可以有效防止警察非法取证。④ 另一方面,应当完善具有可操作性的刑事证明规范。首先,本着一切从实际出发和与时俱进的精神,当下,应当对《刑事诉讼法》第五十三条第二款:"证据确实、充分,应当符合以下条件:(一)定罪量刑的事实都有证据证明;(二)据以定案的证据均经法定程序查证属实;(三)综合全案证据,对所认定事实已排除合理怀疑。"做出具有可操作性的细化规定。其次,也必须加快专项立法的步伐,可以综合考虑制定和实施《证据法》以明确界定刑事证明

---

① 于立强:《论我国侦查裁量权的规制》,载于《法学论坛》2014年第6期。
② 龙宗智:《两个证据规定的规范与执行若干问题研究》,载于《中国法学》2010年第6期。
③ 赵红星:《非法证据排除规则若干问题的思考》,载于《河北法学》2012年第9期。
④ Edward J. Imwinkelried、王进喜、刘孟尧:《中国证据法改革者面临的选择——从〈联邦证据规则〉与〈加州证据法典〉之对比中获得的启示》,载于《证据科学》2017年第5期。

责任和刑事证明标准。[①] 最后，还应当系统结合《刑事诉讼法》及其司法解释和司法实践，进而重构我国的非法证据排除规则。[②]

三、消除超期羁押现象

超期羁押从根本上讲是一个严重违反《刑事诉讼法》的棘手问题。当下，应当从以下两个方面采取措施进而消除超期羁押现象：

第一，积极转变思想观念。警察应当充分认识超期羁押现象的现实严峻性和社会危害性，必须进一步对超期羁押现象有清醒的法律认识。此外，警察还必须进一步提高依法开展刑事侦查活动的自觉性、自律性，不断强化社会主义法治理念，不断增强人权意识、程序意识和证据意识，争取自觉早日走出"重实体，轻程序""重打击，轻保护""重权力，轻权利"的思想误区。[③]

第二，加强制度层面建设。就完善制度层面而言，首先，应当实行羁押期限登记制度。要准确掌握每一个被羁押人员的诉讼阶段和诉讼期限，将被羁押人员不同诉讼阶段的法律手续和羁押期限进行及时、准确、详细的登记或者备案。其次，应当完善监督制约制度。一方面，应当加强人民检察院的法律监督，对超期羁押的案件发现一件及时纠正一件，并定期予以对外通报；另一方面，应当完善公检法三机关的相互配合与相互制约制度，[④] 进而形成合力机制和动力体系，不断确保警察刑事侦查权活动的顺利、有序开展，着力消除超期羁押现象，最终则有利于建设社会主义法治国家。

---

① 喻名峰：《刑事证据法的价值结构》，载于《法学评论》2015 年第 4 期。
② 吴洪淇：《刑事证据审查的基本制度结构》，载于《中国法学》2017 年第 6 期。
③ 赵志涛：《超期羁押责任追究探析》，载于《人民检察》2005 年第 21 期。
④ 王瑞娟：《论刑事侦查权滥用的法律规制》，华中师范大学硕士论文，2015 年，第 29 页。

参考文献

[1] [德] Bernhard Schlink 著, 张文郁译:《比例原则》, 载于《德国联邦宪法法院五十周年纪念论文集（下册）》2010 年。

[2] Edward J. Imwinkelried、王进喜、刘孟尧:《中国证据法改革者面临的选择——从〈联邦证据规则〉与〈加州证据法典〉之对比中获得的启示》, 载于《证据科学》2017 年第 5 期。

[3] [英] H. L. A, 哈特著, 许家馨、李冠宜译:《法律的概念（第二版）》, 法律出版社 2006 年版。

[4] [德] Peter Badura, Horst Dreier 主编, 苏永钦译注:《德国联邦宪法法院五十周年纪念论文集（下册）》, 联经出版事业股份有限公司 2010 年版。

[5] 艾明:《论我国盘查措施的特征与法律性质》, 载于《行政法学研究》2010 年第 2 期。

[6] [美] 昂格尔著, 吴玉章、周汉华译:《现代社会中的法律》, 中国政法大学出版社 1994 年版。

[7] 奥平康弘:《警察権の限界——条理上の限界について》, 田中二郎ほか編行政法講座第 6 卷行政作用, 有斐閣 1966 年 10 月。

[8] [德] 奥托·迈耶著, 刘飞译:《德国行政法》, 商务印书馆 2013 年版。

[9]《"霸座"频频上演谁给的底气? 专家: 违法成本低是关键》, 百度网, https://baijiahao.baidu.com/s? id = 1612543207275508296&wfr = spider&for = pc。

[10] [古希腊] 柏拉图著, 张智仁、何勤华译:《法律篇》（第二版）, 商务印书馆 2016 年版。

[11]《保障公安机关和人民警察依法履行职责——国务院法制办、公安部负责人就〈公安机关督察条例〉修订答记者问》, 新华网, http://news.21cn.com/caiji/roll1/2011/09/08/9102250_1.shtml。

[12] [英] 鲍桑葵著, 汪淑钧译:《关于国家的哲学理论》, 商务印书馆 1995 年版。

[13][意]贝卡利亚著,黄凤译:《论犯罪与刑罚》,中国法制出版社2002年版。

[14][美]本杰明·N.卡多佐著,李红勃、李璐怡译:《法律的成长》,北京大学出版社2014年版。

[15]日本警察制度研究会:《现代日本警察》,群众出版社1990年版。

[16]《"比例原则适用的跨学科对话"学术研讨会在中央财经大学举行》,载于《财经法学》2017年第5期。

[17][美]伯纳德·施瓦茨著,徐炳译:《行政法》,群众出版社1986年版。

[18][英]伯特兰·罗素著,贾可春译:《物的分析》,商务印书馆2016年版。

[19][英]伯特兰·罗素著,吴友三译:《权力论——新社会分析》,商务印书馆2012年版。

[20][德]伯阳著:《德国公法导论》,北京大学出版社2008年版。

[21][美]博登海默著,邓正来译:《法理学:法律哲学与法律方法》,中国政法大学出版社2004年、2009年版。

[22]蔡仕鹏:《法社会学视野下的行政纠纷解决机制》,载于《中国法学》2006年第3期。

[23]蔡秀卿:《行政检查》,载于《东吴法律学报》1995年第2期。

[24]蔡艺生:《信息公开背景下警务工作秘密管理制度的完善》,载于《中国刑警学院学报》2019年第5期。

[25]蔡震荣:《警察职权行使法概论》,中央警察大学出版社2004年版。

[26]蔡震荣主编:《警察法总论》,一品文化出版社2015年版。

[27]曹英:《公安学:基本理论与中国视角》,中国人民公安大学出版社2015年版。

[28]曹耀文:《警察盘查行为法律问题研究》,北方工业大学硕士论文,2017年。

[29]曹正汉、薛斌锋、周杰:《中国地方分权的政治约束——基于地铁项目审批制度的论证》,载于《社会学研究》2014年第3期。

[30]《曹志副委员长在全国人大常委会〈关于加强社会治安综合治理的决定〉执法检查组第一次全体会议上的讲话》,北大法宝网,http://www.pkulaw.com/workreport/675a7dce877966c4cc7660b2e2e4dca1bdfb.html?keyword=%E7%A4%BE%E4%BC%9A%E6%B2%BB%E5%AE%89%E7%BB%BC%E5%90%88%E6%B2%BB%E7%90%86%20。

[31]曹子丹、侯国云:《论将"反革命罪"易名为"危害国家安全罪"》,载于《中国法学》1991年第2期。

[32] 车浩：《刑事立法的法教义学反思——基于〈刑法修正案（九）〉的分析》，载于《法学》2015 年第 10 期。

[33] 陈淳：《论国家的义务》，载于《法学》2002 年第 8 期。

[34] 陈达元：《对公安机关事权划分及经费保障探讨》，载于《中国人民公安大学学报》（社会科学版）1996 年第 2 期。

[35] 陈大鹏：《警察盘查权之研究》，上海交通大学硕士论文，2008 年。

[36] 陈刚、李树、陈屹立：《人口流动对犯罪率的影响研究》，载于《中国人口科学》2009 年第 4 期。

[37] 陈光中、陈学权：《强制采样与人权保障之冲突与平衡》，载于《现代法学》2005 年第 5 期。

[38] 陈光中、崔洁：《司法、司法机关的中国式解读》，载于《中国法学》2008 年第 2 期。

[39] 陈光中等：《中国司法制度的基础理论问题研究》，经济科学出版社 2010 年版。

[40] 陈宏毅：《警察行政行为与侦查行为之研究》，收录于《最新警察实用法律解说》（1999 年），第 20 页；转引自陈柏年：《警察临检法制之研究》，中央警察大学行政警察研究所硕士论文，2001 年。

[41] 陈俊豪：《警察权的规制：自由与秩序的平衡——〈治安管理处罚法〉的理论判断与立法完善》，载于《西南民族大学学报（人文社科版）》2018 年第 2 期。

[42] 陈岚：《我国检警关系的反思与重构》，载于《中国法学》2009 年第 6 期。

[43] 陈鹏：《公法上警察概念的变迁》，载于《法学研究》2017 年第 2 期。

[44] 陈巧燕：《侦查不公开原则与公民知情权关系研究》，华东政法大学硕士论文，2016 年。

[45] 陈瑞华：《程序正义理论》，中国法制出版社 2010 年版。

[46] 陈瑞华：《公安职能的重新定位问题》，载于《苏州大学学报（哲学社会科学版）》2018 年第 4 期。

[47] 陈瑞华：《关于证据法基本概念的一些思考》，载于《中国刑事法杂志》2013 年第 3 期。

[48] 陈珊珊：《论令状搜查》，载于《刑事法判解》2005 年第 2 期。

[49] 陈实：《警察·警察权·警察法——警察法概念的逻辑分析》，载于《湖北公安高等专科学校学报》1998 年第 4 期。

[50] 陈水逸主编：《清末民初我国警察制度现代化的历程（1901 – 1928）》，

台湾商务印书馆 1984 年版。

[51] 陈太荣：《律师与交警交锋，深圳交通处罚是否合理》，http：//www.360che.com/law/151104/47349.html。

[52] 陈卫东：《程序正义之路》，法律出版社 2005 年版。

[53] 陈卫东、郝银钟：《实然与应然——关于侦检权是否属于司法权的随想》，载于《法学》1999 年第 6 期。

[54] 陈卫东、石献智：《警察权的配置原则及其控制——基于治安行政管理和刑事诉讼的视角》，载于《山东公安专科学院学报》2003 年第 5 期。

[55] 陈卫东：《刑事诉讼法再修改后刑事警察权与公民权的平衡》，载于《法学家》2012 年第 3 期。

[56] 陈文贵：《行政检查与令状原则之界限探讨》，载于《中原财经法学》2017 年第 39 期。

[57] 陈祥松等：《多维视野中的社会治安问题研究》，湖南大学出版社 2009 年版。

[58] 陈晓济：《警察权与公民权的平衡》，载于《天府新论》2008 年第 1 期。

[59] 陈晓旭：《关于我国警务督察工作的几点思考》，载于《森林公安》2005 年第 3 期。

[60] 陈新民：《公法学札记》，法律出版社 2010 年版。

[61] 陈新民：《德国公法学基础理论（增订新版·上卷）》，法律出版社 2010 年版。

[62] 陈兴良：《限权与分权：刑事法治视野中的警察权》，载于《法律科学》2002 年第 1 期。

[63] 陈兴良：《虚拟财产的刑法属性及其保护路径》，载于《中国法学》2017 年第 2 期。

[64] 陈兴良：《寻衅滋事罪的法教义学形象：以起哄闹事为中心展开》，载于《中国法学》2015 年第 3 期。

[65] 陈叶飞：《警务督察行为的规制》，载于《江苏警官学院学报》2017 年第 2 期。

[66] 陈永生：《论侦查公开》，载于《法学论坛》2000 年第 2 期。

[67] 陈永生：《侦查程序原理论》，中国政法大学博士论文，2002 年。

[68] 陈越峰：《监察措施的合法性研究》，载于《环球法律评论》2017 年第 2 期。

[69] 陈运财：《侦查与人权》，台湾与按照出版有限公司 2014 年版。

[70] 陈占旭：《关于深化公安管理体制的思考》，载于《公安研究》2003

年第 7 期。

[71] 陈征：《基本权利的国家保护义务功能》，载于《法学研究》2008 年第 1 期。

[72] 陈正根：《从基本人权之保障探讨警械之使用》，载于《警察法学》2010 年第 9 期。

[73] 陈志龙：《法治国检察官之侦查与检察制度》，载于《台大法学论丛》1998 年第 27 卷第 3 期。

[74] 程华、程悦：《试论警察法治原则》，载于《净月学刊》2016 年第 1 期。

[75] 程华：《警察权注疏：从古典到当代》，载于《中国人民公安大学学报》（社会科学版）2010 年第 6 期。

[76] 程金生：《社会分层与治安善治》，载于《政法学刊》2009 年第 6 期。

[77] 程雷：《大数据侦查的法律控制》，载于《中国社会科学》2018 年第 11 期。

[78] 程琳主编：《警察法学通论》，中国人民公安大学出版社、群众出版社 2018 年版。

[79] 程明修：《行政法之行为与法律关系理论》，新学林出版股份有限公司 2005 年版。

[80] 程武龙：《公务员劳动基本权研究》，吉林大学博士论文，2008 年。

[81] 程小白：《公安事权划分——全面深化公安改革的"扭结"》，载于《江西警察学院学报》2015 年第 2 期。

[82] 程小白、章剑：《事权划分——公安改革的关键点》，载于《中国人民公安大学学报（社会科学版）》2015 年第 5 期。

[83] 程小白、钟琳：《公安机关大部门、大警种制改革述评》，载于《江西警察学院学报》2017 年第 3 期。

[84] 程悦：《警察法适时有效原则的确立的若干思考》，载于《山东警察学院学报》2017 年第 2 期。

[85] 程悦：《适时有效原则在警察法中的理论与实践证成》，中国人民公安大学出版社 2017 年版。

[86] 出射义夫：《警察官職務執行法の基本概念》，載《警察學論集》12 卷 5 号，1959 年 5 月，15～32 页。

[87] 崔凯：《论新时代公安机关侦查信息公开的立法策略》，载于《法商研究》2018 年第 6 期。

[88] 崔向前：《〈治安管理处罚法〉修改之建议》，载于《新疆警察学院学报》2016 年第 4 期。

［89］崔卓兰、刘福元：《论行政自制之功能——公权规范的内部运作》，载于《长白学刊》2011 年第 1 期。

［90］大國仁：《行政警察》，《司法警察》法学教室 119 号，1990 年 8 月，第 12～13 页。

［91］［澳］大卫·迪克逊著，薛向君、罗瑞林、倪瑾译：《警务中的法则——法律法规与警察实践》，南京出版社 2013 年版。

［92］戴鸿映：《旧中国治安法规选编》，群众出版社 1985 年版

［93］戴文殿主编：《公安学基础理论研究》，中国人民公安大学出版社 1992 年版。

［94］［美］丹尼斯·朗著，陆振纶、郑明哲译：《权力论》，中国社会科学出版社 2001 年版。

［95］［英］丹宁勋爵著，杨百揆、刘庸安、丁健译：《法律的训诫》，法律出版社 2011 年版。

［96］邓国良：《解读警察执法行为艺术》，载于《净月学刊》2011 年第 5 期。

［97］邓泽顺：《新形势下加强公安法制建设的基本思路》，载于《长江论坛》2001 年第 2 期。

［98］邓子滨：《路检盘查的实施依据与程序监督》，载于《法学研究》2017 年第 6 期。

［99］邓子滨：《刑事诉讼原理》，北京大学出版社 2019 年版。

［100］［德］迪尔克·埃勒斯著，展鹏贺译：《德国行政程序法法典化的发展》，载于《行政法学研究》2016 年第 5 期。

［101］丁光昌编：《警察法规》，大东书局 1947 年版。

［102］董保城、湛中乐：《国家责任法——兼论大陆地区行政补偿与行政赔偿》，元照出版社 2008 年版。

［103］董坤、马建华：《论立案监督模式的转型》，载于《安徽大学学报》2014 年第 3 期。

［104］董鑫：《我国公务员人事权利诉讼救济的可行性探究》，载于《政法论丛》2004 年第 4 期。

［105］《对景区涂鸦者处罚要到位》，载于《法制日报》2015 年 9 月 14 日。

［106］［德］恩格斯著：《家庭、私有制和国家起源》，引自《马克思恩格斯选集》（第四卷），人民出版社 1972 年版。

［107］樊崇义：《看守所：处在十字路口的改革观察》，载于《中国法律评论》2017 年第 3 期。

［108］樊崇义：《证据法学学》，法律出版社 2001 年版。

[109] 樊鹏：《社会转型与国家强制——改革时期中国公安警察制度研究》，中国社会科学出版社2017年版。

[110] 范扬：《警察行政法》，商务印书馆1940年版。

[111] ［德］费希特著，谢地坤、程志民译：《自然法权基础》，商务印书馆2004年、2016版。

[112] 封丽霞：《中央与地方立法权限的划分标准："重要程度"还是"影响范围"?》，载于《法制与社会发展》2008年第5期。

[113] 冯军：《论〈刑法〉第133条之1的规范目的及其适用》，载于《中国法学》2011年第5期。

[114] 冯洋：《论地方立法权的范围——地方分权理论与比较分析的双重视角》，载于《行政法学研究》2017年第2期。

[115] ［苏］符拉索夫著，中国人民大学国家法教研室译：《苏维埃行政法提纲》，中国人民大学出版社1954年版。

[116] ［法］福柯著，刘北成、杨远婴译：《规训与惩罚》，生活·读书·新知三联书店2012年版。

[117] 《辅警查车起争执掌掴女车主被拍下》，新浪网，http://news.sina.com.cn/s/p/2010-07-13/050720663918.shtml。

[118] 《该不该设立"城管警察"?》，载于《人民公安报》2012年9月24日。

[119] 甘藏春、柳泽华：《行政复议主导功能辨析》，载于《行政法学研究》2017年第5期。

[120] 高峰：《比较法视野下的盘查措施》，载于《现代法学》2006年第3期。

[121] 高刘阳：《警察行政执法中诱惑式调查的法律规制研究》，载于《行政法论丛》（第20卷）2017年。

[122] 高誓男：《由法释义学到政策导向之行政法学》，元照出版有限公司2018年版。

[123] 高文英：《警察法学语境下的警察权研究》，载于《净月学刊》2017年第3期。

[124] 高文英：《社会转型期我国警察刑事职权配置若干问题探讨》，载于《河南警察学院学报》2012年第1期。

[125] 高文英：《我国警察盘查权运行及其理论研究现状》，载于《中国人民公安大学学报（社会科学版）》2006年第4期。

[126] 高文英：《我国社会转型期的警察权配置研究》，群众出版社2012年版。

[127] 高文英、姚永贤：《法治视野下的警务公开范围研究》，载于《中国人民公安大学学报（社会科学版）》2017 年第 4 期。

[128] 高一飞、陈琳：《我国看守所的中立化改革》，载于《中国刑事法杂志》2012 年第 9 期。

[129] 高一飞：《警务公开的现状评估与完善建议》，载于《贵州民族大学学报（哲学社会科学版）》2016 年第 5 期。

[130] 葛洪义：《关于我国地方立法的若干认识问题》，载于《地方立法研究》2017 年第 1 期。

[131] 葛治华、罗小平：《论法律原则的适用》，载于《浙江工业大学学报》2007 年第 3 期。

[132] 《公安部督察组来分局督察指导执法规范化建设工作》，长沙市天心区公安分局网站，http://www.tianxin.gov.cn/tianxin/yaowendongtai/bmdt/828820/index.html。

[133] 《公安部负责人就深化公安执法规范化建设答记者问》，载于《中国应急管理》2016 年第 9 期。

[134] 《公安部关于对发现受理和查处治安案件统计指标如何理解的批复》，找法网，http://china.findlaw.cn/info/xingzheng/zhianchufafa/cfcx/ajsl/96673.html。

[135] 《公安部关于〈中华人民共和国人民警察法〉（修订草案稿）公开征求意见的公告》，公安部网站，http://www.mps.gov.cn/n2254536/n4904355/c5561673/content.html。

[136] 《公安部：建立网警常态化公开巡查执法机制》，新华网，http://www.xinhuanet.com/legal/2015-05/31/c_1115463908.htm。

[137] 公安部人事训练局编：《警察法教程》，群众出版社 2001 年版。

[138] 《公安部人事、法制部门负责人解读〈公安机关组织管理条例〉》，公安部网站，http://www.mps.gov.cn/n2254314/n2254409/n2254456/c3932743/content.html。

[139] 宫晓冰：《社会治安综合治理浅论》，载于《法学》1986 年第 8 期。

[140] 宮崎清文：《警察官のための行政法講義》，立花書房 1994 年版。

[141] 宮田三郎：《警察法》，信山社 2002 年版。

[142] 龚海燕：《非警务活动现状梳理与探究》，载于《上海公安高等专科学校学报》2004 年第 3 期。

[143] 巩富文：《唐代的直诉制度》，载于《法学杂志》1993 年第 5 期。

[144] [日] 谷口安平著，董鹤莉译：《程序公正》，引自宋冰编：《程序、

正义与现代化——外国法学家在华演讲录》，中国政法大学出版社 1998 年版。

［145］［日］谷口安平著，王亚新、刘荣军译：《程序的正义与诉讼》，中国政法大学出版社 1996 年版。

［146］古谷洋一：《注释警察官职务执行法》，立花书房 2000 年版。

［147］顾湘明：《论我国治安行政管理的非警察化》，国防科学技术大学硕士论文，2004 年。

［148］关保英：《行政决策集体讨论决定质疑》，载于《求是学刊》2017 年第 6 期。

［149］关保英：《行政法学》（上册），法律出版社 2013 年版。

［150］《关于〈中华人民共和国国家安全法（草案）〉的说明》，中国人大网，http：//www.npc.gov.cn/wxzl/gongbao/2015 - 08/27/content_1945964.html。

［151］《关于〈中华人民共和国人民警察法（草案）〉的说明》，中国人大网，http：//www.npc.gov.cn/wxzl/gongbao/2000 - 12/07/content_5003300.htm。

［152］管欧：《地方自治新论》，五南出版社 1989 年版。

［153］《规范民警执法活动的重要举措 公安部负责同志就〈公安机关督察条例〉公布实施答记者问》，载于《人民公安报》1997 年 7 月 3 日。

［154］郭济：《中国公共行政学》，中国人民大学出版社 2003 年版。

［155］《国家数据》，国家统计局网站，http：//data.stats.gov.cn/easyquery.htm？cn = C01。

［156］《国务院关于监狱法实施和监狱工作情况的报告》，北大法宝，http：//www.pkulaw.cn/fulltext_form.aspx？Db = chl&Gid = 177358&keyword = 监狱&EncodingName = &Search_Mode = accurate。

［157］《国务院法制办、公安部负责人就〈公安机关督察条例〉修订答记者问》，新华网，http：//www.law - lib.com/fzdt/newshtml/21/20120104105243.htm。

［158］［德］哈特穆特·毛雷尔著，高家伟译：《行政法总论》，法律出版社 2000 年版。

［159］韩大元、于文豪：《法院、检察院和公安机关的宪法关系》，载于《法学研究》2011 年第 3 期。

［160］韩大元主编：《比较宪法学》，高等教育出版社 2008 年版。

［161］韩冬：《公安机关事权划分与警种设置初探》，载于《江西警察学院学报》2016 年第 5 期。

［162］韩德明：《侦查权的本性及其演化趋势》，载于《湖北警官学院学报》2006 年第 2 期。

［163］韩延龙、苏亦工：《中国近代警察史》，社会科学文献出版社 2000

年版。

[164] 韩延龙主编：《中国近代警察制度》，中国人民公安大学出版社1993年版。

[165] [德] 汉斯·J. 沃尔夫、奥托·巴霍夫、罗尔夫·施托贝尔著，高家伟译：《行政法》（第一卷），商务印书馆2007年版。

[166] [德] 汉斯·J. 沃尔夫、奥托·巴霍夫、罗尔夫·施托贝尔著，高家伟译：《行政法》（第一卷），商务印书馆2002年版。

[167] 何国强：《我国警察执法权益保护机制探析——运行实效与制度完善》，载于《政法学刊》2014年第1期。

[168] 何海波：《困顿的行政诉讼》，载于《华东政法大学学报》2012年第2期。

[169] 何海波：《论行政行为"明显不当"》，载于《法学研究》2016年第3期。

[170] 何海波：《内部行政程序的法律规制》，载于《交大法学》2012年第1、2期。

[171] 何海波：《行政法渊源》，载于《当代中国行政法》（第1卷）2018年。

[172] 何海波：《中国行政法学的外国法渊源》，载于《比较法研究》2007年第6期。

[173] 何洪涛：《清末警察制度研究（1894-1911）——以警察立法为视角》，西南政法大学博士论文，2011年。

[174] 何勤华等：《日本法律发达史》，上海人民出版社1999年版。

[175] 何勤华：《外国侦查制度试析》，载于《公安大学学报》1992年第2期。

[176] 何维道、谭传恺撰写的《警察学、警察实务》，长沙府正街集成书社1913年版。

[177] 贺麟：《文化与人生》，商务印书馆2015年版。

[178] [德] 黑格尔著，范扬、张企泰译：《法哲学原理》，商务印书馆1961年版。

[179] [德] 黑格尔著，梁志学译：《逻辑学》，人民出版社2002年版。

[180] 洪浩：《刑事诉讼视域下的国家监察机关：定位、性质及其权力配置》，载于《法学论坛》2019年第1期。

[181] 洪巨平：《关于公安事权划分的思考》，载于《浙江公安高等专科学校学报》2003年第8期。

[182] 洪文玲：《论美国行政调查制度》，载于《中央警察大学学报》2006

年第 43 期。

[183] 洪奕宜:《东莞警方去年"3+2"刑事案破案率比增 11.3%》,载于《南方日报》2016 年 1 月 18 日第 A05 版。

[184] 侯成林、倪斌:《非警务活动初探》,载于《江苏警官学院学报》2007 年第 3 期。

[185] 侯丹华:《政府信息公开行政诉讼有关问题研究》,载于《行政法学研究》2010 年第 4 期。

[186] 侯凯中、孟昭阳:《论警察行政检查权及行使程序》,载于《中国人民公安大学学报(社会科学版)》2010 年版第 1 期。

[187] 胡常龙:《论检察机关视角下的冤假错案防范》,载于《法学论坛》2014 年第 5 期。

[188] 胡承禄:《各国警察概要》,出版社不详,1931 年版。

[189] 胡建刚:《对我国警察治安检查若干问题的思考》,载于《福建警察学院学报》2008 年第 2 期。

[190] 胡建刚:《宪政之下我国警察权的合理构建》,载于《学术论坛》2008 年第 12 期。

[191] 胡建淼:《行政法学》,法律出版社 1998 年版。

[192] 胡建淼主编:《法律适用学》,浙江大学出版社 2010 年版。

[193] 胡锦光:《法治与和谐社会论纲》,载于《法学家》2006 年第 6 期。

[194] 胡康生主编:《中华人民共和国行政诉讼法〈中华人民共和国行政诉讼法〉讲话》,中国民主法制出版社 1989 年版。

[195] 胡立教:《坚持贯彻综合治理的方针 争取上海社会治安的进一步好转》,载于《法学》1983 年第 8 期。

[196] 胡立教:《综合治理是整顿社会治安的基本措施》,载于《法学》1982 年第 4 期。

[197] 胡曙东:《警察权内涵探析——兼谈刑事侦查之法律控制》,载于《兰州学刊》2013 年第 6 期。

[198] 华小鹏:《监察权运行中的若干重大问题探讨》,载于《法学杂志》2019 年第 1 期。

[199] 怀效锋主编:《清末法制变革史料》(上卷),中国政法大学出版社 2009 年版。

[200] 黄艾禾:《1980:取消反革命罪的第一声》,载于《中国新闻周刊》2012 年第 30 期。

[201] 黄豹:《刑事诉讼中侦查权之滥用及其规制——以刑诉法第二修正案

为切入点》，载于《学习与实践》2014 年第 6 期。

［202］黄慧芳：《程序性行政行为可诉性研究》，载于《东南大学学报》（哲学社会科学版）2017 年第 S2 期。

［203］黄娟：《行政委托内涵之重述》，载于《政治与法律》2016 年第 10 期。

［204］黄娟：《行政委托制度研究》，北京大学出版社 2017 年版。

［205］《"黄牛"为何屡禁不绝？违法成本低 处罚形同虚设》，中国新闻网，http：//www.chinanews.com/cul/2011/08－31/3296073.shtml。

［206］黄涛：《警务督察——公安机关内部监督方式的重大转变》，载于《公安研究》1998 年第 1 期。

［207］黄韬：《中央与地方事权分配机制——历史、现状及法治化路径》，格致出版社、上海人民出版社 2015 年版。

［208］黄文超：《协警抓获杀人嫌犯无权获悬赏金》，载于《内蒙古日报（汉）》2008 年 3 月 20 日第 7 版。

［209］黄学贤：《行政协助及其相关问题研究》，中国政法大学出版社 2010 年版。

［210］黄学贤：《行政法（学）的发展趋势探寻》，元照出版有限公司 2002 年版。

［211］黄学贤：《形式作为而实质不作为行政行为探讨——行政不作为的新视角》，载于《中国法学》2009 年第 5 期。

［212］黄源盛：《平政院裁决录存》，五南图书出版公司 2007 年版。

［213］黄遵宪：《人境庐诗草笺注》，上海古籍出版社 1981 年版。

［214］惠生武：《警察法论纲》，中国政法大学出版社 2000 年版。

［215］惠生武：《警察法学的研究对象与学科体系构建》，载于《山东警察学院学报》2011 年第 6 期。

［216］惠生武、马腾：《论警察权的性质与特点》，载于《河南公安高等专科学院学报》2010 年第 2 期。

［217］霍亚兵编：《警察法教程》，云南科学技术出版社 2006 年版。

［218］吉村博人编：《警察改革の道すじ》，立花书房 2002 年版。

［219］戢翼翚、章宗祥、马岛渡、宫地贯道著：《警察学》，《政法类典》，作新社 1903 年版；转引自王力、王大伟：《略论我国近代警察行政创立初期的警察分类》，载于《广西警官高等专科学院学报》2014 年第 4 期。

［220］季建新：《公安机关文职雇员制度初探》，载于《公安学刊》2007 年第 4 期。

［221］季卫东：《法律程序的意义——对中国法制建设的另一种思考》，载

于《中国社会科学》1993年第1期。

[222] 季卫东：《法治原则与行政裁量》，载于《行政管理改革》2014年第11期。

[223] 贾谦：《警察权与国家立法》，载于《现代法学》1989年第4期。

[224]《"检查"的解释》，汉语词典，http：//cidian.xpcha.com/d74678xdfvu.html。

[225] 江必新、李广宇：《政府信息公开行政诉讼若干问题探讨》，载于《政治与法律》2009年第3期。

[226] 江凌、张水海：《相对集中行政处罚权制度：发展历程、实施情况与基本经验——城管执法体制改革12年回顾》，载于《行政法学研究》2008年第4期。

[227] 江玉林：《近代时期的警察》，载于《月旦法学室》2005年第2期。

[228] 姜明安：《国家监察法立法的若干问题探讨》，载于《法学杂志》2017年第3期。

[229] 姜明安：《国家治理现代化过程中国家治理要素的转变》，载于《法制与社会发展》2014年第5期。

[230] 姜明安：《新时代中国行政法学的转型与使命》，《中国法学会行政法学研究会2018年年会论文集》，2018年。

[231] 姜明安：《行政法》，北京大学出版社2017年版。

[232] 姜明安：《行政国家与行政权的控制与转化》，载于《法制日报》2000年2月13日。

[233] 姜明安：《行政法与行政诉讼法》，高等教育出版社、北京大学出版社2011年版。

[234] 姜明安：《制定行政程序法应正确处理的几对关系》，载于《政法论坛》2004年第5期。

[235] 姜明安主编：《行政法论丛》（第20卷），法律出版社2017年版。

[236] 姜明安主编：《行政执法研究》，北京大学出版社2004年版。

[237] 蒋红珍：《论适当性原则——引入立法事实的类型化审查强度理论》，载于《中国法学》2010年第3期。

[238] 蒋连舟、李新钰：《试论警察盘查权与人权保障》，载于《河北法学》2006年第4期。

[239] 蒋勇、陈刚：《公安行政权与侦查权的错位现象研究——基于警察权控制的视角》，载于《法律科学（西北政法大学学报）》2014年第6期。

[240] 蒋勇：《基本权利干预视角下我国警察强制措施的立法完善》，载于

《环球法律评论》2017 年第 4 期。

[241] 蒋勇：《警察权"强""弱"之辨：结构失衡与有效治理》，载于《法制与社会发展》2017 年第 3 期。

[242] 金伯中：《进一步明晰公安机关中央事权和地方事权》，载于《人民公安》2013 年第 5 期。

[243] 金太军：《当代中国中央政府与地方政府关系现状及对策》，载于《中国行政管理》1999 年第 7 期。

[244] 金晓琼：《不能做民警，我也要做最好的协警——追记杭州市公安局西湖分局三墩派出所协警金晓军》，载于《人民公安报》2009 年 4 月 4 日第 002 版。

[245]《精日分子"司波达也太君"称"安倍是我亲爹"被刑拘》，杭州网，http：//news.hangzhou.com.cn/shxw/content/2018 - 08/17/content_7053751.htm。

[246]《警察带领下，辅警或可实施抓捕》，新京报，http：//epaper.bjnews.com.cn/html/2016 - 09/08/content_651476.htm？div = -1。

[247]［法］卡斯东·斯特法尼等著，罗结珍译：《法国刑事诉讼法精义》，中国政法大学出版社 1999 年版。

[248] 康大民：《中国警察——公安的百年回顾》，载于《辽宁警专学报》2001 年第 4 期。

[249]［德］康德著，沈叔平译：《法的形而上学原理——权利的科学》，商务印书馆 1991 年版。

[250] 柯良栋主编：《公安机关办理行政案件程序规定（修订）释义与行政法律文书制作指南》，中国人民公安大学出版 2006 年版。

[251]［苏］科托克，萨大为译：《苏联行政法概论》，人民出版社 1951 年版。

[252]［苏］克拉夫楚克著，王庶译：《国家法·行政法》，法律出版社 1955 年版。

[253]［美］肯尼斯·卡尔普·戴维斯著，毕洪海译：《裁量正义》，商务印书馆 2009 年版。

[254] 孔劲：《创新社会治理背景下完善辅警管理的对策思考——以 A 省 B 市公安局为例》，西南政法大学硕士论文，2012 年。

[255] 兰跃军：《审判中心视角下的刑事立案制度改革》，载于《学术界》2019 年第 9 期。

[256] 黎慈：《继续盘问制度的实施困境与变革》，载于《江西警察学院学报》2014 年第 2 期。

[257] 李英：《日本警察制度》，商务印书馆 1936 年版。

[258] 李步云、刘士平：《论行政权力与公民权利关系》，载于《中国法学》2004年第1期。

[259] 李贵荣：《论新形势下的上海辅警队伍建设》，载于《上海公安高等专科学校学报》2013年第6期。

[260] 李洪雷：《德国行政法学中行政主体概念的探讨》，载于《行政法学研究》2000年第1期。

[261] 李佳璋：《现行警察勤务手段行使"干预权"之检讨》，载于《警光杂志》1985年第484期。

[262] 李建和：《我国警察权力配置的现状、问题与原因》，载于《中国人民公安大学学报（社会科学版）》2007年第5期。

[263] 李建良：《公法实务见解》，载于《台湾法学杂志》2010年第145期。

[264] 李建良：《新闻采访自由与个人生活保护的冲突与调和——简评释字第689号解释》，载于《台湾法学杂志》2011年9月第184期。

[265] 李健和：《论我国警察权力的属性和类别》，载于《中国人民公安大学学报（社会科学版）》2007年第3期。

[266] 李军：《外在性理论与实践》，载于《天津社会科学》1990年第4期。

[267] 李坤生：《论警察的概念》，载于《公安大学学报》1995年第3期。

[268] 李龙：《法理学》，武汉大学出版社1996年版。

[269] 李龙：《法治原则应成为公安管理的基本原则》，载于《公安大学学报》1993年第3期。

[270] 李明：《秘密侦查与侦查公开的冲突及解决——兼论侦查公开与侦查秘密原则》，载于《河北法学》2012年第5期。

[271] 李铭：《试论盘查权的性质》，载于《山西警察学院学报》2017年第2期。

[272] 李鹏飞：《以城管警察为视角谈警察权力泛化和越位执法》，载于《甘肃警察职业学院学报》2012年第3期。

[273] 李强：《社会分层十讲》，社会科学文献出版社2011年版。

[274] 李清伟：《论公共治理理念及其法律范式的构建》，载于《法商研究》2009年第1期。

[275] 李荣坤：《警察学》，中国人民公安大学出版社1998年版。

[276] 李士珍：《警察行政之理论与实际》，中华警察学术研究社1948年版。

[277] 李淑华：《警务信息公开法律制度的冲突与完善》，载于《上海公安高等专科学校学报》2012年第3期。

[278] 李文姝：《警察枪支使用裁量权的治理》，载于《甘肃行政学院学报》

2016 年第 2 期。

[279] 李信臣：《日本警察法释义》，真中外印字行 1918 年版。

[280] 李秀清：《〈大清违警律〉移植外国法评析》，载于《犯罪研究》2002 年第 3 期。

[281] 李永超：《揭穿内部行政行为之面纱——基于司法实践中"外化"之表达的一种解释框架》，载于《行政法学研究》2012 年第 4 期。

[282] 李永杰：《辅警在何种情况下可成为妨害公务罪侵害的对象》，载于《人民公安报》2017 年 5 月 15 日第 005 版。

[283] 李永清主编：《警察法学》，中国民主法制出版社 2012 年版。

[284] 李元起、师维主编：《警察法通论》，中国人民大学出版社 2013 年版。

[285] 李震山：《从公共场所或公众得出入场所普设监视录音器论个人资料之保护》，载于《东吴大学法律学报》2004 年第 2 期。

[286] 李震山：《警察法论——警察任务编》，正典出版文化有限公司 2002 年版。

[287] 李震山：《警察行政法论——自由与秩序之折冲》，元照出版有限公司 2016 年版。

[288] 李震山：《论职务协助行为及其救济之相关问题》，载于《台湾本土法学杂志》2002 年第 30 期。

[289] 李震山：《私人参与警察任务执行之法律观》，载于《警政学报》1990 年第 1 期。

[290] 李芝兰著，刘承礼译：《当代中国的中央和地方关系：趋势、过程及其对政策执行的影响》，载于《国外理论动态》2013 年第 4 期。

[291] 李忠信：《人民警察法若干问题研究》，群众出版社 1998 年版。

[292] [美] 理查德·J. 皮尔斯著，苏苗罕译：《行政法》（第五版）第一卷，中国人民大学出版社 2016 年版。

[293] 苏力：《当代中国的中央与地方分权——重读毛泽东〈论十大关系〉第五节》，载于《中国社会科学》2004 年第 2 期。

[294] 梁华仁、周荣生：《论反革命类罪名的修改》，载于《政法论坛》1990 年第 4 期。

[295] 梁晶蕊、卢建军：《论法治社会中的警察权》，载于《甘肃政法学院学报》2003 年 2 月（总第 66 期）。

[296]《两男子通过网络发布极端言论寻衅滋事被南京警方刑拘》，人民网，http://society.people.com.cn/n1/2018/0311/c1008-29860998.html。

[297] 廖公宣：《"治安管理处罚条例"讲话》，辽宁人民出版社 1958 年版。

[298] 廖建春：《协警执法问题研究》，载于《广西政法管理干部学院学报》2010 年第 2 期。

[299] 林明锵：《警察法学研究》，新学林出版股份有限公司 2011 年版。

[300] 林明锵：《由防止危害到危险预防：由德国警察任务与权限之嬗变检讨我国之警察法制》，载于《台大法学论丛》2010 年第 39 卷第 4 期。

[301] 林战：《一桩投毒案，民众不信任　陈年疑案：公开和监督如何破题》，载于《南方周末》2013 年 5 月 16 日第 1526 期。

[302] 刘邦胜主编：《人民警察法教程》，河南人民出版社 2006 年版。

[303] 刘炳君：《当代中国治腐兴廉的法治体系论纲》，载于《山东大学学报（哲学社会科学版）》2014 年第 2 期。

[304] 刘东辉：《论行政辅助人的行政法规制》，载于《江汉论坛》2015 年第 7 期。

[305] 刘方权：《"两面一体"：公安行政权与侦查权关系研究——基于功能的分析》，载于《法学论坛》2008 年第 4 期；左卫民：《规避与替代——搜查运行机制的实证考察》，载于《中国法学》2007 年第 3 期；马静华：《侦查到案制度：从现实到理想——一个实证角度的研究》，载于《现代法学》2007 年第 2 期。

[306] 刘方权：《"两面一体"——公安行政权与侦查权关系研究》，载于《法学论坛》2008 年第 4 期。

[307] 刘飞：《内部行为的外部化及其判断标准》，载于《行政法学研究》2017 年第 2 期。

[308] 刘飞、谭达宗：《内部行为的外部化及其判断标准》，载于《行政法学研究》2017 年第 2 期。

[309] 刘福元：《行政自制——探索政府自我控制的理论与实践》，吉林大学博士论文，2010 年。

[310] 刘刚：《德国"法治国"的历史由来》，载于《交大法学》2014 年第 4 期。

[311] 刘贵峰：《我国警察权研究》，中国政法大学博士论文，2006 年。

[312] 刘鹤：《〈治安管理处罚法〉的亮点与缺憾》，载于《山东警察学院学报》2006 年第 2 期。

[313] 刘计划：《检警一体化模式再解读》，载于《法商研究》2013 年第 6 期。

[314] 刘建：《"钓鱼"打"黑车"取证手段不正当，上海浦东通报"孙中界事件"调查处理情况并公开道歉》，载于《法制日报》2009 年 10 月 27 日第 1 版。

[315] 刘杰:《我国警察权的宪法缺失》,载于《河南公安高等专科学校学报》2005年第4期。

[316] 刘琳璘:《宪法学视野下警察权问题研究》,法律出版社2017年版。

[317] 刘茂林:《警察权的合宪性控制》,载于《法学》2017年第3期。

[318] 刘茂林:《警察权的现代功能与宪法构造难题》,载于《法学评论》2017年第1期。

[319] 刘佩锋:《中国公安督察的路径选择和制度设计的价值预设》,载于《公安研究》2006年第6期。

[320] 刘平:《行政执法原理与技巧》,上海人民出版社2015年版。

[321] 刘权:《目的正当性与比例原则的重构》,载于《中国法学》2014年第4期。

[322] 刘晓山:《报应论与预防论的融合和分配——刑罚正当化根据新论》,载于《法学评论》2011年第1期。

[323] 刘燕玲、刘亚妮:《论警察权与警察执法权威——以暴力袭警为背景》,载于《中国人民公安大学学报(社会科学版)》2010年第3期。

[324] 刘洋、张斌:《行政执法证据与刑事证据衔接的理论基础》,载于《东北大学学报》(社会科学版)2017年第19期。

[325] [美]刘易斯·齐林著,查良鉴译:《犯罪学及刑罚学》,中国政法大学出版社2002年版。

[326] 刘铮:《论行政检查概念:学理研究与法律规定》,载于《宁波大学学报(人文科学版)》2012年第3期。

[327] 刘正强:《关于公安督察制度的前瞻性思考》,载于《法学杂志》2003年第1期。

[328] 柳砚涛:《构建我国行政审判参照惯例制度》,载于《中国法学》2017年第3期。

[329] 龙宗智:《进步及其局限——由证据制度调整的观察》,载于《政法论坛》2012年第5期。

[330] 龙宗智:《两个证据规定的规范与执行若干问题研究》,载于《中国法学》2010年第6期。

[331] 龙宗智:《评"检警一体化"简论我国的检警关系》,载于《法学研究》2002年第2期。

[332] 卢建平:《法国违警罪制度对我国劳动教养改革的借鉴意义》,载于《清华法学》2013年第3期。

[333] 卢建平:《警察相关词源考证》,载于《法治研究》2016年第6期。

[334] 卢建义、徐文：《公安机关管辖 381 种刑事案件的司法认定与立案、量刑标准（2016 年版）》，中国长安出版社 2016 年版。

[335] [法] 卢梭著，何兆武译：《社会契约论》，人民出版社 2003 年版。

[336] [法] 卢梭著，李平沤译：《社会契约论》，商务印书馆 2016 年版。

[337] 芦部信喜：《宪法学Ⅲ人权各论》，有斐阁 1998 年版。

[338] 吕萍：《刑事立案程序的独立性质疑》，载于《法学研究》2002 年第 3 期。

[339] 吕绍忠：《论警察法治》，载于《山东警察学院学报》2007 年第 4 期。

[340] 吕新建：《行政法视域下的正当程序原则探析》，载于《河北法学》2011 年第 11 期。

[341] 罗秉成：《"中央"与"地方"权限划分之探讨——兼论"宪法"第十章之修废问题》，载于《新竹律师会刊》1997 年第 2 卷第 1 期。

[342] [英] 罗伯特·雷纳著，易继苍、朱俊瑞译：《警察与政治》，知识产权出版社 2008 年版。

[343] 罗豪才、宋功德：《公域之治的转型——对公共治理与公法互动关系的一种透视》，载于《中国法学》2005 年第 5 期。

[344] 罗豪才主编：《行政法论丛》（第 6 卷），法律出版社 2003 年版。

[345] 罗豪才主编：《行政法学》，北京大学出版社 1996 年、2001 年版。

[346] [古罗马] 西塞罗著，王焕生译：《论共和国，论法律》，中国政法大学出版社 1997 年版。

[347] [美] 罗纳德·德沃金著，信春鹰、吴玉章译：《认真对待权利》，上海三联书店 2008 年版。

[348] 罗瑞卿：《论人民公安工作（1949－1959）》，群众出版社 1993 年版。

[349] [英] 洛克著，叶启芳、瞿菊农译：《政府论》（下篇），商务印书馆 1964 年版。

[350] [德] 马丁·海德格尔著，孙周兴译：《哲学论稿》，商务印书馆 2016 年版。

[351] 马怀德、解志勇：《公安侦查行为行政可诉性研究》，载于《求是学刊》2000 年第 3 期。

[352] 马怀德：《司法改革与行政诉讼制度的完善》，载于《法律适用》2005 年第 8 期。

[353] 马怀德：《再论国家监察立法的主要问题》，载于《行政法学研究》2018 年第 1 期。

[354] 马康：《我国盘查措施若干问题研究》，载于《铁道警察学院学报》

2017 年第 1 期。

[355] [德] 马克斯·韦伯著，顾忠华译：《韦伯作品集Ⅶ·社会学德基本概念》，广西师范大学出版社 2005 年版。

[356] 马岭：《军事权与警察权之区别》，载于《云南大学学报》2011 年第 5 期。

[357] 马亚雄：《消极非警务活动：形式、危害、原因及遏制》，载于《中国人民公安大学学报》2003 年第 3 期。

[358] 马玉生：《现场督察——警务督察的重心》，载于《人民公安》1997 年第 14 期。

[359] 马忠泉：《论警察执法中的正当程序》，载于《净月学刊》2015 年第 1 期。

[360] [英] 玛丽·富布卢克著，高旖嬉译：《剑桥德国史》，新星出版社 2017 年版。

[361] [美] 迈尔文·艾隆·艾森伯格著，张曙光译：《普通法的本质》，法律出版社 2004 年版。

[362] 毛志斌：《警察法》，河南人民出版社 2005 年版。

[363] 毛志斌主编：《警察法》，河南人民出版社 2005 年版。

[364] 《冒着大雨帮助迷路牧羊犬找回主人 民警被网友称赞有爱》，凤凰网资讯，http：//news.ifeng.com/a/20180702/58962473_0.shtml。

[365] 孟鸿志：《我国行政复议制度的功能定位与重构——基于法律文本的分析》，载于《法学论坛》2008 年第 3 期。

[366] 孟建柱：《扎实推进司法体制改革试点工作 努力提高新形势下政法工作能力和水平》，载于《检察日报》2014 年 10 月 10 日版。

[367] 孟璞：《警察的当场盘查》，载于《行政法论丛》2008 年。

[368] 孟庆超：《论近代中国警察权力行使的统一化》，载于《武警学院学报》2006 年第 2 期。

[369] 孟庆超：《中国警制近代化研究——以法文化为视角》，中国政法大学博士论文，2004 年。

[370] [法] 孟德斯鸠著，张雁深译：《论法的精神》（上册），商务印书馆 1961 年版。

[371] 孟昭阳、陆冬华：《论法律保留对行政执法的规制——以公安行政执法实例为切入点》，载于《中国人民公安大学学报》（社会科学版）2013 年第 6 期。

[372] 孟昭阳：《论公安行政行为与刑事侦查行为的界定》，载于《公安大学学报》2002 年第 3 期。

[373] [德] 米歇尔·施托莱斯著，王韵茹译：《德意志公法史》，元照出版有限公司 2012 年版。

[374] 闵春雷：《完善我国刑事搜查制度的思考》，载于《法商研究》2005 年第 4 期。

[375] 莫于川：《通过完善行政执法程序法制实现严格规范公正文明执法》，载于《行政法学研究》2014 年第 1 期。

[376] 莫于川：《行政民主化与行政指导制度发展（下）——以建设服务型政府背景下的行政指导实践作为故事线索》，载于《河南财经政法大学学报》2013 年第 4 期。

[377]《男子在南京大屠杀纪念馆寻衅滋事被拘留 8 日》，人民网，http://legal.people.com.cn/n1/2018/0308/c42510-29856572.html。

[378]《男子在微信群发"南京杀三十万太少"言论被行拘》，搜狐网，http://www.sohu.com/a/223687150_255783。

[379] 倪铁：《简论近代中国侦查权的制衡机制》，载于《中国人民公安大学学报》2009 年第 4 期。

[380] 倪铁：《中国传统侦查制度的现代转型——1906－1937 年侦查制度现代化的初步进展》，华东政法大学博士论文，2008 年。

[381] 倪星、郑崇明：《非正式官僚、不完全行政外包与地方治理的混合模式》，载于《行政论坛》2017 年第 2 期。

[382]《2017 年 1 月至 7 月全市社会治安形势分析报告》，宣城论坛，http://www.xuancheng.org/thread-4903187-1-1.html。

[383] 聂福茂、余凌云主编：《警察行政法学》，中国人民公安大学出版社 2012 年版。

[384] [日] 美浓部达吉著，程邻芳、陈思谦译：《行政法撮要》，商务印书馆 1934 年版。

[385] 潘小娟：《中央与地方关系的若干思考》，载于《政治学研究》1997 年第 3 期。

[386] 裴东波：《法治脚步声中的中国警察权——中国警察权的失范与规制问题研究》，吉林大学博士论文，2006 年。

[387] 彭勃：《日本刑事诉讼法通论》，中国政法大学出版社 2002 年版。

[388] 彭贵才：《论我国警察权行使的法律规制》，载于《当代法学》2009 年第 4 期。

[389] 彭贵才：《论法治视野下中国警察权的重构》，载于《社会科学战线》2009 年第 11 期。

[390] 彭凯：《相对可容忍性视域下的盘查规范化探析》，载于《黑龙江省政法管理干部学院学报》2017 年第 5 期。

[391] 钱宝谨：《对人民公安机关的性质、任务等几个问题的认识》，载于《法学》1958 年第 6 期。

[392] 钱定宇：《中国违警罚法总论》，正中书局 1947 年版。

[393] 乔萍：《论我国警察继续盘问制度之完善》，四川大学硕士论文，2005 年。

[394] 乔宗楼：《程序性控制思维下侦查权之进路》，载于《甘肃警察职业学院学报》2015 年第 4 期。

[395] 秦前红主编：《监察法学教程》，法律出版社 2019 年版。

[396] [日] 青柳幸一著，华夏译：《基本人权的侵犯与比例原则》，载于《比较法研究》1988 年第 1 期。

[397] 清华大学"社会治安问题"课题组：《"北京市社会治安和社会形势"专家评估报告》，载于《新视野》2004 年第 3 期。

[398] [日] 清水澄著，上海商务印书馆编译：《行政法各论》，上海商务印书馆版次未知。

[399] 邱兴隆：《刑罚报应论——刑罚理性辩论之一》，载于《刑事法评论》第 6 卷。

[400] 《全国人大内司委关于辅警立法提案的审议报告》，中国人大网站，http：//www.npc.gov.cn/npc/xinwen/dbgz/yajy/2011－12/31/content_1684965.htm。

[401] 《人大代表再呼吁设立袭警罪保护民警执法权威》，新华网，http：//news.qq.com/a/20060320/001009.htm。

[402] 任素玲、林龙：《公安民警维权法律规定的缺陷及完善》，载于《河北法学》2008 年第 9 期。

[403] 阮光铭、赵益谦编著：《现代各国警察制度》，青岛醒民印刷局 1934 年版。

[404] 桑坪：《警察权受妨害则公民权无保障》，载于《成都商报》2013 年 9 月 18 日。

[405] 山文岑：《政府信息公开视角下〈保密法〉的缺陷即其完善》，载于《青海社会科学》2011 年第 4 期。

[406] 商瀑：《论行政执法与刑事司法衔接领域的合宪性控制》，载于《河南师范大学学报》2018 年第 5 期。

[407] 《上海拍卖车牌是否合法再起争议》，民主与法制网，http：//www.

mzyfz. com/index. php/cms/item – view – id – 34961？verified = 1。

[408]《上海：志愿行动助力新交规实施》，新华网，http：//news. xinhuanet. com/photo/2017 – 03/25/c_1120694123. htm。

[409] 沈国琴：《正当法律程序与警察行政权的行使》，载于《中国人民公安大学学报（社会科学版）》2007 年第 3 期。

[410] 沈军：《中国行政检查问题研究》，载于《行政法论丛》2005 年第 1 期。

[411] 沈军：《中国行政检查研究》，载于《行政法论丛》2005 年第 1 期。

[412] 沈岚：《中国近代警察职权立法扩张的背景——以违警罚为视角》，载于《学术界》2011 年第 9 期。

[413] 沈岚：《中国近代治安处罚法规的演变——以违警罚法的去刑法化为视角》，载于《政法论坛》2011 年第 4 期。

[414] 沈益民、童乘珠：《中国人口迁移》，中国统计出版社 1992 年版。

[415] 沈宗灵主编：《法理学》，北京大学出版社 2000 年、2014 年版。

[416] 师维：《警察法若干问题研究》，中国人民公安大学出版社 2012 年版。

[417] 师维：《警务公开——中国警务工作的战略变革》，载于《河南公安高等专科学校学报》2003 年第 2 期。

[418] 师维：《我国实定法上的警察含义——兼议我国〈人民警察法〉的修改》，载于《河南公安高等专科学校学报》2008 年第 3 期。

[419] 施立栋：《被滥用的"滥用职权"——行政判决中滥用职权审查标准的语义扩张及其成因》，载于《政治与法律》2015 年第 1 期。

[420] 辻村みよ子：《憲法》，日本評論社 2016 年版。

[421] 石川才顯：《警察活動に対する法的規制》，ジュリスト 524 号，1973 年 1 月。

[422] 石启飞：《浅议公安机关中央事权与地方事权划分、警种、部门设置》，载于《政法学刊》2015 年第 6 期。

[423] 石文龙：《论公民行使权利和自由的限制与"限制"的规范》，载于《政治与法律》2013 年第 7 期。

[424] 石佑启：《论公共行政之发展与行政主体多元化》，载于《法学评论》2003 年第 4 期。

[425]《实现监察全覆盖的重要一步》，中央纪委国家监委网站，http：//www. ccdi. gov. cn/yaowen/201806/t20180622_174252. html。

[426]［日］室井力、芝池义一、浜川清主编，朱芒译：《日本行政程序法逐条释义》，上海三联书店 2014 年版。

[427]《首都巡警外围防线升级满周年　打击涉毒违法犯罪成效显著》，搜狐警法，http：//police.news.sohu.com/20160803/n462457892.shtml。

[428] 舒国滢：《法哲学沉思录》，北京大学出版社 2010 年版。

[429][德] 舒勒著，李震山译：《德国警察与秩序法原理》，登文书局 1995 年版。

[430][苏] 司徒节尼金著：《苏维埃行政法》，中国人民大学出版社 1953 年版。

[431][苏] 司徒节尼金著，袁振民等译：《苏维埃行政法·分则》，中国人民大学出版社 1955 年版。

[432][苏] 司徒节尼金著，中国人民大学国家法教研室译：《苏维埃行政法·总则》，中国人民大学出版社 1954 年版。

[433] 宋英辉、陈永生：《英美法系与大陆法系国家检察机关之比较》，载于《中央检察官管理学院学报》1998 年第 3 期。

[434] 宋智敏：《论行政拒绝履行行为的司法审查——以 42 份行政拒绝履行案件判决书为分析样本》，载于《法学评论》2017 年第 5 期。

[435] 隋美娜主编：《警察法理学》，中国人民公安大学出版社 2014 年版。

[436] 孙波：《论地方专属立法权》，载于《当代法学》2008 年第 2 期。

[437] 孙长永：《侦查程序与人权：比较法考察》，中国方正出版社 2000 年版。

[438] 孙国祥：《行政犯违法性判断的从属性和独立性思考》，载于《法学家》2017 年第 1 期。

[439] 孙杰远：《个体、文化、教育与国家认同：少数民族学生国家认同和文化融合研究》，商务印书馆 2019 年版。

[440] 孙军、王旭：《公安部：建立网警常态化公开巡查执法机制》，载于《人民公安报》2015 年 6 月 1 日。

[441] 孙茂利主编：《公安机关执法细则释义》，中国民主法治出版社第 2016 年版。

[442] 孙群：《论行政协助行为的可诉性》，载于《河北法学》2014 年第 9 期。

[443] 孙笑侠：《法律对行政的控制》（修订 2 版），光明日报出版社 2018 年版。

[444] 孙振雷：《我国实定法上的行政拘留比较研究及其立法完善》，载于《中国人民公安大学学报》2019 年第 4 期。

[445] 孙振雷：《法治警政建设中的警察权配置——以〈人民警察法〉修改

为视角》，载于《河南警察学院学报》2017 年第 3 期。

[446]《太原市新闻办通报 2017 年上半年全市社会治安形势》，百度网，https://baijiahao.baidu.com/s?id=1572708674146701&wfr=spider&for=pc。

[447] 谭建立主编：《中央与地方财权事权关系研究》，中国财政经济出版社 2010 年版。

[448] 汤俪瑾：《论行政调查正当程序中的令状主义原则》，载于《政法论坛》2012 年第 1 期。

[449] 唐皇凤：《社会转型与组织化调控——中国社会治安综合治理组织网络研究》，武汉大学出版社 2008 年版。

[450] 唐震：《行政协助行为研究》，中国法制出版社 2017 年版。

[451] 藤井俊夫：《行政法総論》，成文堂 1997 年版。

[452] [日] 田村悦一著，李哲范译：《自由裁量及其界限》，中国政法大学出版社 2016 年版。

[453] 田村正博：《今日における警察行政法の基本的な考え方》，立花書房 2007 年版。

[454] [日] 田村正博著，侯洪宽译：《警察行政法解说》，中国人民公安大学出版社 2016 年版。

[455] [日] 田口守一著，刘迪等译：《刑事诉讼法》，法律出版社 2000 版。

[456] 樋口陽一：《憲法》，北樹出版 2000 年版。

[457] 童之伟：《法律关系的内容重估和概念重整》，载于《中国法学》1999 年第 6 期。

[458] [日] 土本武司著，董瑶兴、宋英辉译：《日本刑事诉讼法要义》，五南图书出版公司 1994 版。

[459] 万长松：《现行公安体制存在的几个问题》，载于《公安大学学报》1999 年第 2 期。

[460] 万川主编：《中国警政史》，中华书局 2006 年版。

[461] 万毅：《警察盘查制度若干法律问题研究》，载于《南京师大学报：社会科学版》2009 年第 5 期。

[462] 万毅：《论盘查》，载于《法学研究》2006 年第 2 期。

[463] 万毅：《侦查启动程序探析》，载于《人民检察》2003 年第 3 期。

[464] 万毅：《证据"转化"规则批判》，载于《政治与法律》2011 年第 1 期。

[465] 汪抗：《社会治安综合治理内容的商榷》，载于《法学》1986 年第 12 期。

[466] 王成栋：《论行政法的效率原则》，载于《行政法学研究》2006 年第 2 期。

[467] 王光、王毅虹、李侠：《从我国警察队伍的历史变迁看公安编制管理改革的发展趋势》，载于《公安教育》2013 年第 6 期。

[468] 王贵松：《行政裁量的构造与审查》，中国人民大学出版社 2016 年版。

[469] 王弘宁：《我国搜查与扣押制度的完善——从中美搜查与扣押制度比较研究谈起》，载于《法学杂志》2016 年第 7 期。

[470] 王虹钸：《建国初期人民公安机构的建立与构成》，载于《江苏公安专科学校学报》2002 年第 2 期。

[471] 王洪芳：《对学界关于警察权性质认识的思考》，载于《行政与法》2008 年第 5 期。

[472] 王基锋：《公安管理体制改革的若干探讨》，载于《公安研究》2009 年第 1 期。

[473] 王进喜：《刑事证据法的新发展》，法律出版社 2013 年版。

[474] 王敬波：《政府信息公开中的公共利益衡量》，载于《中国社会科学》2014 年第 9 期。

[475] 王兰玉：《"不完全作为"行政行为的法律性质及分类归属》，载于《政治与法律》2009 年第 2 期。

[476] 王连昌主编：《行政法学》，中国政法大学出版社 1994 年版。

[477] 王良钧：《加强权力的控制是依法行政的宗旨与归宿》，载于《政法论坛》2000 年第 1 期。

[478] 王名扬：《法国行政法》，北京大学出版社 2007 年版。

[479] 王名扬：《美国行政法》，北京大学出版社 2016 年版。

[480] 王名扬：《美国行政法》，中国法制出版社 1995 年版。

[481] 王名扬：《美国行政法》，中国法制出版社 2005 年版。

[482] 王名扬：《王名扬全集：英国行政法、比较行政法》，北京大学出版社 2016 年版。

[483] 王明泉：《警察学教程》，中国人民公安大学出版社 1996 年版。

[484] 王秋杰：《困境与完善：论我国通缉制度》，载于《法学杂志》2012 年第 11 期。

[485] 王瑞娟：《论刑事侦查权滥用的法律规制》，华中师范大学硕士论文，2015 年。

[486] 王世洲：《罪与非罪之间的理论与实践——关于德国违反社会秩序法的几点考察》，载于《比较法研究》2000 年第 2 期。

[487] 王万华：《法治政府建设的程序主义进路》，载于《法学研究》2013年第4期。

[488] 王锡锌：《行政正当性需求的回归——中国新行政法概念的提出、逻辑与制度框架》，载于《清华法学》2009年第2期。

[489] 王锡锌：《行政自由裁量权控制的四个模型——兼论中国行政自由裁量权控制模式的选择》，载于《北大法律评论》2009年第2期。

[490] 王锡锌：《正当法律程序与"最低限度的公正"——基于行政程序角度之考察》，载于《法学评论》2002年第2期。

[491] 王先明、张海荣：《论清末警察与直隶、京师等地的社会文化变迁》，载于《河北师范大学学报》（哲学社会科学版）2005年第1期。

[492] 王学辉：《行政法与行政诉讼法学》，法律出版社2015年版。

[493] 王银梅：《论警察权的法理属性与设置改革》，载于《政治与法律》2007年第2期。

[494] 王鹰：《法治公安：社会主义法治原则在公安工作中的新发展》，载于《政法学刊》2009年第6期。

[495] 王鹰：《自从有了警察》，法律出版社2016年版。

[496] 王月英：《试论以公安执法监督保护警察执法权益》，载于《北京人民警察学院学报》2008年第6期。

[497] 王泽河：《论警察权力》，载于《中国人民公安大学学报》1989年第2期。

[498] 王兆鹏：《美国行使诉讼法》，北京大学出版社2005年版。

[499] 王兆鹏：《路检、盘查与人权》，元照出版有限公司2003年版。

[500] 王兆鹏：《搜索扣押与刑事被告的宪法权利》，翰庐图书出版有限公司2000年版。

[501] 王中华：《我国警察行政检查法律规范研究》，中国政法大学硕士论文，2007年。

[502] 王仲方：《论社会治安综合治理》，载于《中国法学》1989年第4期。

[503] [德] 威廉·洪堡著，窦凯滨译：《论国家的作用》，华中科技大学出版社2016年版。

[504] [英] 威廉·韦德著，徐炳等译：《行政法》，中国大百科全书出版社1997年版。

[505] 魏昌东：《国家监察委员会改革方案之辩正：属性、职能与职责定位》，载于《法学》2017年第3期。

[506] 魏继华：《论行政法治视野下〈治安管理处罚法〉的不足》，载于

《郑州大学学报（哲学社会科学版）》2007年第5期。

[507] 魏继华：《〈治安管理处罚法〉的立法缺憾剖析——兼与相关法律规范之比较》，载于《行政法学研究》2010年第3期。

[508] 魏继华：《〈治安管理处罚法〉中的私权利保障问题再探讨》，载于《中州大学学报》2014年第4期。

[509] 魏永忠：《改革开放以来公安机关机构改革及其启示》，载于《中国人民公安大学学报》（社会科学版）2008年第6期。

[510] 魏玉民、胡树新：《"协警"为盗油人提供巡查信息该如何认定》，载于《人民检察》2007年第24期。

[511] 文华：《我国警察权力的法律规制研究》，武汉大学2010年博士论文。

[512] 翁里、胡人斌：《论现代法治框架下的警察行政权》，载于《行政与法》2004年第9期。

[513] [英] 沃尔特·白芝浩著，金自宁译：《物理与政治：或"自然选择"与"遗传"原理应用于政治社会之思考》，上海三联书店2008年版。

[514] [美] 德沃金著，张国清译：《原则问题》，江苏人民出版社2012年版。

[515] 吴赫男：《美国行政裁决中的职能分离制度研究》，南开大学硕士论文，2011年。

[516] 吴洪淇：《刑事证据审查的基本制度结构》，载于《中国法学》2017年第6期。

[517] 吴家清：《论宪法权利价值理念的转型与基本权利的宪法变迁》，载于《法学评论》2004年第6期。

[518] 吴鹏、范学臣：《公安机关参与联合执法的分析》，载于《中国行政管理》2008年第4期。

[519] 吴淞豫：《行政诉讼证据合法性研究》，法律出版社2009年版。

[520] 吴永生：《有罪推定：权力监督的理论基石》，载于《行政论坛》2016年第5期。

[521] 武胜伟：《转型期中国社会治安治理问题研究》，郑州大学博士论文，2016年。

[522] 夏菲：《论英国警察权的变迁》，法律出版社2011年版。

[523] 夏金莱：《论监察体制改革背景下的监察权与检察权》，载于《政治与法律》2017年第8期。

[524] 夏锦文、秦策：《民国时期司法独立的矛盾分析》，载于《南京社会科学》1999年第5期。

[525] 夏芸：《医疗事故赔偿法——来自日本法的启示》，法律出版社2007

年版。

[526] 向灏歆、许韬：《我国警察权规制思路探究》，载于《中国西部科技》2006年第18期。

[527] 肖金明：《论政府执法方法及其变革》，载于《行政法学研究》2004年第4期。

[528] 谢川豫：《治安检查的立法比较与分析》，载于《江西公安专科学校学报》2005年第5期。

[529] 谢杰：《"但书"是对抽象危险犯进行适用性限制的唯一根据》，载于《法学》2011年第7期。

[530] 谢立斌：《药店判决》，载于《德国宪法案例选释（第1辑）·基本权利总论》2012年。

[531] 谢生华：《论警察权的监督机制》，载于《甘肃政法学院学报》2004年第76期。

[532] 谢硕骏：《论行政机关以电子方式作成行政处罚：以作成程序之法律问题为中心》，载于《台大法学论丛》2016年第4期。

[533] 谢旭人：《关于中央与地方事权划分若干问题的思考》，载于《财政研究》1995年第1期。

[534]《【行动】东海岛32名多警种集结一起打击盗抢车辆收网行动，查获七名嫌疑驾驶人员》，搜狐网，http：//www.sohu.com/a/167549714_700728。

[535]《英雄烈士保护法草案二审：宣扬美化侵略战争或将被追究刑事责任》，中青在线，http：//news.cyol.com/yuanchuang/2018-04/25/content_17130535.htm。

[536] 熊一新：《关于全面深化公安改革若干问题的思考》，载于《中国人民公安大学学报（社会科学版）》2015年第6期。

[537] 徐步衡译：《苏联行政法纲要》，大众法学出版社1950年版。

[538] 徐晨：《行政法理论与判解研究——以司法审查为中心》，中国政法大学出版社2017年版。

[539] 徐岱、巴卓：《中国本土化下被害人权利保护及延展反思》，载于《吉林大学社会科学学报》2019年第6期。

[540] 徐发科：《中国警察法论》，湖南出版社1997年版。

[541] 徐汉明：《国家监察权的属性探究》，载于《法学评论》2018年第1期。

[542] 徐鹤喃、刘林呐：《刑事程序公开论》，法律出版社2002年版。

[543] 徐继强：《德国宪法实践中的比例原则》，载于《中国宪法年刊》2010年。

[544] 徐键：《论多阶段行政行为中前阶段行为的可诉性——基于典型案例的研究》，载于《行政法学研究》2017年第3期。

[545] 徐清：《刑事诉讼中公检法三机关间的"共议格局"——一种组织社会学解读》，载于《山东大学学报（哲学社会科学版）》2017年第3期。

[546] 徐武生、高文英主编：《警察法学理论研究综述》，中国人民公安大学出版社2013年版。

[547] 许崇德、韩大元主编：《中国宪法年刊2010》，法律出版社2011年版。

[548] 许恒达：《"实体真实发现主义"之知识形构与概念考古——以中世纪至现代初期之德国刑事程序发展史为中心》，载于《政大法律评论》2008年总第101期。

[549] 许韬：《比较法视野下的现代警察法基本理论》，中国检察出版社2012年版。

[550] 许韬：《建构我国警察权的若干思考》，载于《公安学刊》2003年第6期。

[551] 宣凯、高文英：《警察盘查救济制度研究》，载于《国家行政学院学报》2016年第4期。

[552] 薛刚凌：《行政诉讼法修订基本问题之思考》，载于《中国法学》2014年第3期。

[553] 薛荣、马晓青：《论我国的继续盘问制度》，载于《忻州师范学院学报》2014年第6期。

[554] [英] 亚当·斯密著，陈福生、陈振骅译：《关于法律、警察、岁入及军备的演讲》，商务印书馆1982版。

[555] [古希腊] 亚里士多德著，吴寿彭译：《政治学》，商务印书馆1983年、2007年版。

[556] [古希腊] 亚里士多德著，张竹明译：《物理学》，商务印书馆1982年版。

[557] 《烟草稽查员非法搜查被判刑》，新浪新闻中心，http：//news.sina.com.cn/o/2005-12-02/07107597905s.shtml。

[558] 严存生：《西方法哲学问题史研究》，中国法制出版社2013年版。

[559] 阎国安：《论新时期的新型警民关系》，载于《公安研究》2002年第10期。

[560] 杨登峰：《从合理原则走向统一的比例原则》，载于《中国法学》2016年第3期。

[561] 杨登峰、李晴：《行政处罚中比例原则与过罚相当原则的关系之辨》，

载于《交大法学》2017 年第 4 期。

[562] 杨海坤：《中国行政程序法典化构想》，载于《法学评论》2003 年第 1 期。

[563] 杨建顺：《关于行政行为理论与问题的研究》，载于《行政法学研究》1995 年第 3 期。

[564] 杨解君：《特别法律关系论——特别权力关系论的扬弃》，载于《南京社会科学》2006 年第 7 期。

[565] 杨解君：《行政法学》，中国方正出版社 2002 年版。

[566] 杨解君：《行政主体及其类型的理论界定与探索》，载于《法学评论》1999 年第 5 期。

[567] 杨锦璈、贾晓千：《刑事执法结构化监督模式新探》，载于《中国人民公安大学学报》2019 年第 5 期。

[568] 杨科雄：《试论程序性行政行为》，载于《法律适用》2010 年第 8 期。

[569] 杨明清、黄天伏：《试论社会治安综合治理》，载于《西北政法学院学报》1988 年第 1 期。

[570] 杨秋波：《轻微刑事案件中警察权的扩张和治理》，载于《中国公安大学学报》2014 年第 5 期。

[571] 杨伟东：《政府信息公开主要问题研究》，法律出版社 2013 年版。

[572] 杨雪冬：《市场发育、社会成长和公共权力构建—以县为微观分析单位》，河南人民出版社第 2002 年版。

[573] 杨雪：《辅警执法权问题研究》，载于《湖南警察学院学报》2011 年第 3 期。

[574] 杨屹泰：《公安部部长助理、〈人民警察法〉起草小组组长罗锋谈〈人民警察法〉的基本特点》，载于《人民公安》1995 年第 6 期。

[575] 杨玉生：《警察权的法律解读——兼谈警察职权的法治意义》，载于《湖北警官学院学报》2013 年第 10 期。

[576] 杨正鸣、倪铁：《侦查公开的程序效益衡平论纲》，载于《中国人民公安大学学报》2004 年第 3 期。

[577] 杨正鸣、姚建龙：《转型社会中的社会治安综合治理体系改革》，载于《政治与法律》2004 年第 2 期。

[578] 杨志芳、郝薇：《论警察权威构建——以警察权特征为视角》，载于《云南警官学院学报》2015 年第 4 期。

[579] 杨宗辉：《论我国侦查权的性质——驳行政权本质说》，载于《法学》2005 年第 9 期。

[580] 叶必丰:《行政行为的效力研究》,中国人民大学出版社2002年版。

[581] 叶必丰:《行政组织法功能的行为法机制》,载于《中国社会科学》2017年第7期。

[582] 叶良芳:《危险驾驶罪的立法证成和规范构造》,载于《法学》2011年第2期。

[583] 尹晓红:《管理法抑或维护法?——论〈治安管理处罚法〉的缺陷与完善》,载于《法治研究》2008年第1期。

[584] 尹者刚、张洪波:《论警察责任的类型与归责》,载于《江苏警官学院学报》2013年第6期。

[585] 应松年:《当代中国行政法》,中国方正出版社2005年版。

[586] 应松年:《行政程序法立法展望》,载于《中国法学》2010年第2期。

[587] 应松年、薛刚凌:《行政组织与依法行政》,载于《行政法学研究》1998年第1期。

[588] 应松年主编:《当代中国行政法》(第1卷),人民出版社2018年版。

[589] 应松年主编:《行政法与行政诉讼法词典》,中国政法大学出版社1992年版。

[590] 应旭斌:《近代中国侦查权独立的历史考量》,载于《犯罪研究》2014年第4期,第12页。

[591] 尤小文:《直面公安体制改革四大问题》,载于《人民公安》2003年第21期。

[592] 于立强:《论我国侦查裁量权的规制》,载于《法学论坛》2014年第6期。

[593] 于立深:《权利义务的发展与法治国家的建构》,载于《法制与社会发展》2008年第3期。

[594] 于立深:《行政立法的过程、体例与技术——以〈治安管理处罚法〉为例》,载于《浙江学刊》2008年第2期。

[595] 余凌云:《对不确定的法律概念予以确定化之途径——以警察盘查权的启动条件为例》,载于《法商研究》2009年第2期。

[596] 余凌云:《公安机关办理行政案件程序规定若干问题研究》(第2版),中国人民公安大学出版社2007年版。

[597] 余凌云:《公共行政变迁之下的行政法》,载于《华东政法大学学报》2010年第5期。

[598] 余凌云:《紧急状态下的警察预警与应急机制》,载于《法学》2004年第8期。

[599] 余凌云:《警察法讲义》,法律出版社2015年版。

[600] 余凌云:《警察盘查论》,中国人民公安大学出版社2011年版。

[601] 余凌云:《警察权的"脱警化"规律分析》,载于《中外法学》2018年第2期。

[602] 余凌云:《警察行政强制的理论与实践》,中国人民公安大学出版社2007年版。

[603] 余凌云:《论行政复议法的修改》,载于《清华法学》2013年第4期。

[604] 余凌云:《盘查程序与公民的协助义务》,载于《北方法学》2011年第5期。

[605] 余凌云:《听证理论的本土化实践》,载于《清华法学》2010年第1期。

[606] 余凌云:《行政调查三题》,载于《浙江学刊》2011年第2期。

[607] 余凌云:《行政法讲义（第二版）》,清华大学出版社2014年版。

[608] 余凌云:《行政法讲义（第三版）》,清华大学出版社2019年版。

[609] 余凌云:《行政法讲义》,清华大学出版社2019年版。

[610] 余凌云:《行政自由裁量论》,中国人民公安大学出版社2013年版。

[611] 余湘青:《对公安机关参与行政联合执法的理性思考——兼论警察行政协助法律制度的构建》,载于《中国行政管理》2008年第9期。

[612] 余湘青:《多元风险社会与警察法治》,中国政法大学出版社2016年版。

[613] 余湘青:《警察任务构造研究》,载于《中国人民公安大学学报（社会科学版）》2012年第1期。

[614] 余湘青:《论警察行政协助》,载于《中国人民公安大学学报（社会科学版）》2009年第3期。

[615] 俞可平:《中国治理变迁30年（1978-2008）》,载于《吉林大学社会科学学报》2008年第3期。

[616] 苏宇:《当代中国警察行政法研究的三个基本问题》,载于《行政法论丛》2016年第19卷。

[617] 苏宇:《接处警法制的反思与重构》,载于《当代法学》2017年第1期。

[618] 苏宇:《行政权概念的回溯与反思》,载于《行政法论丛》2015年第17卷。

[619] 郁建兴、高翔:《地方发展型政府的行为逻辑与制度基础》,载于《中国社会科学》2012年第5期。

[620] 喻名峰：《刑事证据法的价值结构》，载于《法学评论》2015 年第 4 期。

[621] 袁国礼：《统计称 5 年来公安民警因公牺牲 2 129 人　逾半系猝死》，载于《京华时报》2015 年 4 月 6 日。

[622] 袁国逞：《加强警务督察工作的思考》，载于《江苏公安专科学校学报》2001 年第 6 期。

[623] 袁立：《公民基本权利视野下国家义务的边界》，载于《现代法学》2011 年第 1 期。

[624] 袁志：《勘验、检查笔录研究》，四川大学博士论文，2005 年。

[625] [美] 约翰·罗尔斯著，何怀宏、何包钢、廖申白译：《正义论》，中国社会科学出版社 2009 年版。

[626] [美] 约翰·罗尔斯著，何怀宏译：《正义论》，中国社会科学出版社 1988 年版。

[627] 《在江苏南京紫金山抗战碉堡前穿日均制服合影的 2 名男子被行拘 15 日》，观察者网，http：//www.guancha.cn/society/2018_02_23_447734.shtml。

[628] 湛中乐、朱秀梅：《论对公务员行政惩戒的法律救济》，载于《法制与社会发展》1999 年第 5 期。

[629] 张岸：《洪堡论国家》，载于《社会科学论坛》2008 年第 7 期。

[630] 张超：《对警察法治基本范畴概念的解读》，载于《河南公安高等专科学校学报》2008 年第 3 期。

[631] 张洪波：《警辅的主体定位及规范》，载于《法学》2011 年第 9 期。

[632] 张焕光、胡建淼主编：《行政法学原理》，劳动人事出版社 1989 年版。

[633] 张建良：《规制警察权权限范围的思考——兼评"城管警察"的组建》，载于《湖北警官学院学报》2007 年第 5 期。

[634] 张建伟：《刑事诉讼法讲义》，北京大学出版社 2016 年版。

[635] 张建伟：《证据法要义》，北京大学出版社 2014 年。

[636] 张明楷：《超期羁押的刑事责任探究》，载于《浙江社会科学》2002 年第 4 期。

[637] 张明：《新中国公安管理体制变迁研究综述》，载于《湖北警官学院学报》2015 年第 3 期。

[638] 张馍钧：《刑事案件中的盘查留置制度研究》，载于《中国案例法评论》2017 年第 2 期。

[639] 张千帆：《西方宪政体系（下）》，中国政法大学出版社 2001 年版。

[640] 张强：《法治视野下的警察权》，吉林大学博士论文，2005 年。

[641] 张盛国:《警察职权的重新配置》,载于《北京人民警察学院学报》2003 年第 4 期。

[642] 张曙:《错位与归位:公安侦查权与行政权关系研究》,载于《政治与法律》2009 年第 4 期。

[643] 张树义主编:《行政法学》,中国政法大学出版社 1995 年版。

[644] 张微:《政府信息的范围辨析——由朱令案引发的思考》,载于《政法学刊》2014 年第 5 期。

[645] 张文显:《二十世纪西方法哲学思潮研究》,法律出版社 2006 年版。

[646] 张文显:《法哲学范畴研究》(修订版),中国政法大学出版社 2001 年版。

[647] 张文显主编:《法理学》,高等教育出版社,北京大学出版社 2007 年版。

[648] 张文郁:《行政辅助人》,《月旦法学教室》第 2 期,元照出版公司 2002 年。

[649] 张翔主编:《德国宪法案例选释(第 1 辑)·基本权利总论》,法律出版社 2012 年版。

[650] 张永进:《中国司法警察制度建设三十年:发展、不足及完善》,载于《河北公安警察职业学院学报》2011 年第 1 期。

[651] 张泽涛:《论公安侦查权与行政权的衔接》,载于《中国社会科学》2019 年第 10 期。

[652] 张真理、许传玺:《社会治安评价指标体系的两个基本问题》,载于《中国人民公安大学学报(社会科学版)》2014 年第 1 期。

[653] 张震华:《关于中央与地方事权划分的几点思考》,载于《海南人大》2008 年第 7 期。

[654] 章光明:《行政机关强制力行使之研究:行政机关与警察机关合作模式》,台湾大学政治学系 2014 年研究报告。

[655] 章剑生:《论"行政惯例"在现代行政法法源中的地位》,载于《政治与法律》2010 年第 6 期。

[656] 章剑生:《我国行政模式与现代行政法的变迁》,载于《当代法学》2013 年第 4 期。

[657] 章剑生:《现代行政法基本理论》(上册),法律出版社 2014 年版。

[658] 章剑生:《现代行政法专题》,清华大学出版社 2014 年版。

[659] 章剑生:《行政复议立法目的之重述——基于行政复议立法史所作的考察》,载于《法学论坛》2011 年第 5 期。

[660] 章剑生：《行政监督研究》，人民出版社 2001 年版。

[661] 章志远：《私人参与执行警察任务的行政法规制》，载于《法商研究》2013 年第 1 期。

[662] 章志远：《我国行政法基本原则之重构》，载于《太原理工大学学报》2005 年第 1 期。

[663] 章志远：《行政行为概念之科学界定》，载于《浙江社会科学》2003 年第 1 期。

[664] 赵琛：《行政法各论》，会文堂新记书局 1937 年版。

[665] 赵红星：《非法证据排除规则若干问题的思考》，载于《河北法学》2012 年第 9 期。

[666] 赵家新：《网上发布轻微违法信息，会被网警"拍肩膀"》，载于《人民公安报》2015 年 6 月 3 日。

[667] 赵万一、叶艳：《从公权与私权关系的角度解读国家国家征收征用制度》，载于《华东政法学院学报》2007 年第 2 期。

[668] 赵炜：《公安改革的历史回顾与前景展望》，载于《中国人民公安大学学报》2005 年第 6 期。

[669] 赵炜：《公安机关体制改革论纲》，载于《中国人民公安大学学报（社会科学版）》2014 年第 6 期。

[670] 赵晓耕主编：《中国近代法制史专题研究》，中国人民大学出版社 2009 年版。

[671] 赵新立：《公安机关继续盘问的适用若干问题探讨》，载于《理论导刊》2009 年第 4 期。

[672] 赵雪圯：《论韩国〈行政调查基本法〉及其对我国的立法启示》，延边大学硕士论文，2012 年。

[673] 赵政大主编：《公务员法》，台北：大华传真出版社 2002 年版。

[674] 赵志涛：《超期羁押责任追究探析》，载于《人民检察》2005 年第 21 期。

[675] 郑百岗：《公安警务督察教程》，中国人民公安大学出版社 2004 年版。

[676] 郑春燕：《取决于行政任务的不确定法律概念定性——再问行政裁量概念的界定》，载于《浙江大学学报》（人文社会科学版）2007 年第 3 期。

[677] 郑红梅：《浅谈治安检查权》，载于《江西公安专科学校学报》2007 年第 2 期。

[678] 郑洁：《警察体制研究》，西南政法大学硕士论文，2010 年。

[679] 郑琳：《论警察协助执行义务》，《中国刑警学院学报》2018 年第 1 期。

[680] 郑贤君：《权利义务相一致原理的宪法释义——以社会基本权为例》，载于《首都师范大学学报》2007 年第 5 期。

[681] 郑翔宇：《论侦查不公开原则》，山东大学硕士论文，2015 年。

[682] 郑新：《"城管"警察的审视与反思》，载于《行政法学研究》2017 年第 4 期。

[683] 郑雅芳：《论警察职务协助及执行协助》，台南市政府 2012 年度自行研究报告。

[684] 郑毅：《中央与地方事权划分基础三题——内涵、理论与原则》，载于《云南大学学报》2011 年第 4 期。

[685] 郑宗楷：《警察法总论》，商务印书馆 1938 年版、1946 年版。

[686] 政工言：《建设正规化辅警队伍若干问题探讨》，载于《公安研究》2008 年第 9 期。

[687] 中国人民大学国家法教研室编译：《苏维埃行政法论文选译第 2 辑》，中国人民大学出版社 1956 年版。

[688] 中国人民大学国家法教研室编译：《苏维埃行政法论文选译第 1 辑》，中国人民大学出版社 1957 年版。

[689] 中国社会科学院语言研究所词典编辑室：《现代汉语词典》，商务印书馆 1988 年版。

[690] 《中央军委关于深化国防和军队改革的意见》，新华网，http：//news. xinhuanet. com/mil/2016 - 01/01/c_128588503. htm。

[691] 钟赓言：《钟赓言行政法讲义》，法律出版社 2015 年版。

[692] 种松志：《检警关系论》，中国政法大学博士论文，2006 年。

[693] 周汉华：《外国政府信息公开制度比较》，中国法制出版社 2003 年版。

[694] 周汉华：《误读与被误读——从公安机关刑事执法信息看〈政府信息公开条例〉修改》，载于《北方法学》2016 年第 6 期。

[695] 周黎安：《行政发包制》，载于《社会》2014 年第 6 期。

[696] 周黎安：《再论行政发包制——对评论人的回应》，载于《社会》2014 年第 6 期。

[697] 周立民等：《从数量激增向质量飞跃——中国立法进入转型新阶段》，载于《新华日报每日电讯》2014 年 10 月 13 日。

[698] 周枏：《罗马法原论（上册）》，商务印书馆 2014 年版。

[699] 周强：《〈政府信息公开条例〉视角下的刑事犯罪记录》，载于《宁夏社会科学》2011 年第 1 期。

[700] 周旺生：《中国立法五十年（上）——1949 - 1999 年中国立法检视》，

载于《法制与社会发展》2000 年第 5 期。

[701] 周欣：《赋予治安部门侦查权的合理性及其原则构建》，载于《中国人民公安大学学报》2012 年第 5 期。

[702] 周欣：《侦查权新论》，载于《刑事司法论坛（第 1 辑）》2008 年第 00 期。

[703] 周雪光：《从"黄宗羲定律"到帝国的逻辑：中国国家治理逻辑的历史线索》，载于《开放时代》2014 年第 4 期。

[704] 周雪光：《威权体制与有效治理——当代中国国家治理的制度逻辑》，载于《开放时代》2011 年第 10 期。

[705] 周雪光：《行政发包制与帝国逻辑——周黎安〈行政发包制〉读后感》，载于《社会》2014 年第 6 期。

[706] 周雪光：《运动型治理机制——中国国家治理的制度逻辑思考》，载于《开放时代》2012 年第 9 期。

[707] 周雪光：《中国国家治理的制度逻辑——一个组织学研究》，生活·读书·新知三联书店 2017 年版。

[708] 周佑勇：《建立健全行政裁量权基准制度论纲——以制定〈行政裁量权基准制定程序暂行条例〉为中心》，载于《法学论坛》2015 年第 6 期。

[709] 周佑勇：《论德国行政法中的基本原则》，载于《行政法学研究》2004 年第 2 期。

[710] 周佑勇：《行政裁量基准研究》，中国人民大学出版社 2015 年版。

[711] 周佑勇：《行政法的正当程序原则》，载于《中国社会科学》2004 年第 4 期。

[712] 周佑勇：《行政法基本原则》，武汉大学出版社 2008 年版。

[713] 朱福惠：《论宪政秩序》，载于《中国法学》2000 年第 3 期。

[714] 朱金池、洪文玲等：《各国警察临检制度比较》，五南图书出版股份有限公司 2002 年版。

[715] 朱金池、洪文玲、章光明等：《各国警察临检制度比较》，五南图书出版公司 2002 年版。

[716]《"朱令案"证据灭失，最终无法侦破》，凤凰网，http://news.xinhuanet.com/legal/2013-05/08/c_115691072.htm。

[717] 朱丘祥：《从行政分权到法律分权——转型时期调整垂直管理机关与地方政府关系的法治对策研究》，中国政法大学出版社 2013 年版。

[718] 朱旭东、于子建：《新中国警察制度现代化进程述评》，载于《中国人民公安大学学报（社会科学版）》2011 年第 4 期。

[719] 朱勇：《论中国传统刑事司法的"泛侦查主义"》，载于《河北法学》2008 年第 7 期。

[720] 子甫：《比"协警裸泳"更严重的是警车滥用》，载于《上海法治报》2013 年 8 月 27 日第 B06 版。

[721] 邹焕聪：《辅警理论研究的悖论——从我国首部辅警地方政府规章切入》，载于《中国人民公安大学（社会科学版）》2012 年第 6 期。

[722] 邹立君：《"重实体，轻程序"命题的语境分析——兼论程序正义问题》，载于《法制与社会发展》2008 年第 4 期。

[723] 祖人、良发、怀忠：《行政执法中"以罚代刑"情况调查》，载于《海南人大》2003 年第 6 期。

[724] 最高人民法院中国应用法学研究所编：《人民法院案例选（分类重排本）·行政与国家赔偿卷》，人民法院出版社 2017 年版。

[725] Abo Youssef, Omar; Töndury, Andrea. Der Schutz Polizeilicher Güter: Entwicklungen und Spannungsfelder. Zürich.

[726] Brissot de Warville, Le philadelphien à Genève, Dublin, 1783.

[727] Bryan A. Garner. Black's Law Dictionary (Tenth Edition), Editor in Chief, USA: Thomson Reuters, 2014.

[728] Burchardi (1825). Das gemeinrechtliche Erziehungsrecht, Archiv für die civilistische Praxis, 8. Bd., H. 2: S. 176.

[729] Carol A. Archbold, Policing: A Text/Reader, SAGE Publications, 2012.

[730] Cerald J. Postema, The Principle of Utility and the Law of Procedure: BentHam's Theory of Adjudication, Georgia Law Review, 1977, 11: 1393.

[731] Charles Seignobos, Servants of Monarchs, La Revue de Paris, année 2, tome 1, 1895, Ⅱ, 12.

[732] Collins Denny, Jr., The Growth and Development of the Police Power of the State, Michigan Law Review, 1921, 20 (2): 173.

[733] C. Tomlins, BOOK REVIEW: To Improve the State and Condition of Man: The Power to Police and the History of American Governance, Buffalo Law Review, 2005, 53: 1246.

[734] David C. Crosby, The Constitutionality of Sobriety Checkpoints in Alaska, 8 Alaska L. Rev, 1991: 227.

[735] Dieter Kugelmann, Polizei-und Ordnungsrecht, Springer – Verlag Berlin Heidelberg, 2006.

[736] D. Patalano, Police Power and the Public Trust: Prescriptive Zoning

Through the Conflation of Two Ancient Doctrines, Boston College Environmental Affairs Law Review, 2001, 28: 686.

［737］ Dr. Nibler (1820). Einige Worte über die Trennung der Gerichte in Civil- und Administrativ-Gerichte, Archiv für die civilistische Praxis, 3. Bd., H. 3: S. 393.

［738］ E. A. Burtt, In the English Philosphers from Bacon to Mill, New Yok, 1939.

［739］ Edward Troup, Police Administration, Local and National, Police Journal, 1928, 1: 6.

［740］ E. Martin Estrada, Criminalizing Silence: Libel and the Continuing Expansion of the Terry Doctrine, Saint Louis University Law Journal, 2004-2005, 49: 283.

［741］ Eric H. Monkkonen, History of Urban Police, Crime & Just, 1992, 15: 549.

［742］ Ernst Freund, The Police Power: Public Policy and Constitutional Rights, Chicago Callaghan & Company, 1904.

［743］ Everett V. Abbot, The Police Power and the Right to Compensation, Harvard Law Review, 1889, 3 (5): 195.

［744］ F. Byrne et al., An Historical Sketch of the French Revolution from its Commencement to the Year 1792, Stockdale, Dublin, 1792.

［745］ Fern Phillips O'Brian, Administrative Agency Searches Since Marshall v. Barlow's Inc.: Probable Cause Requirements for Nonroutine Administrative Searches, The Georgetown Law Journal, 1982, 70: 1198-1220.

［746］ Franz-Joseph Peine, Allgemeines Verwaltungsrecht, 10. Auflage, C. F. Mueller, 2011.

［747］ Freedman, James. Crisis and Legitimacy in the Administrative Process, Stanford Law Review, 1975: 1048.

［748］ Freud. Civilization and Its Discontents, W. W. Norton & Company, 1989.

［749］ Funk, F. X, Die Auffassung des Begriffes der Polizei im vorigen Jahrhundert (Erster Aufsatz), Zeitschrift für die gesamte Staatswissenschaft, 1863.

［750］ Gabriel Peltier, Jean. Les actes des apôtres. I. 1790.

［751］ Gallais, Jean-Pierre. Extrait d'un Dictionnaire Inutile, Composé par une Société en Commandite, et Rédigé par un Homme Seul, 1790.

［752］ Graham Smith. Why Don't More People Complain Against the Police? European Journal of Criminology, 2009, 6: 256.

［753］ G. W. F. Hegel, Grundlinien der Philosophie des Rechts.

［754］ Harl, Johann Paul, Vollständiges Handbuch der Polizei-Wissenschaft, ihrer Hülfsquellen und Geschichte. Palm, Erlangen, 1809: 112.

［755］Harry W. More, Larry S. Miller, Effective Police Supervision, 7th Edition, Routledge, 2005.

［756］H. kelsen. The General Theory of Law and State, Revised Edition, Harvard University Press, 1949.

［757］Homer C. Hockett, Little Essays on the Police Power, The Mississippi Valley Historical Review, 1930, 17 (1): 9.

［758］Jay, Stewart. Servants of Monarchs and Lords: The Advisory Role of Early English Judges, The American Journal of Legal History, 1994, 38 (2): 160.

［759］J. Canning, Ideas of Power in the Late Middle Ages: 1296 – 1417, Cambridge University Press, 2011.

［760］Jean – Paul Rabaut, An impartial history of the French Revolution, R. Morison Junior, 1795, Perth.

［761］John Erskine, Principles of the Law of Scotland, Vol. 1, Hamilton, Balfour & Neill, Edinburgh, 1754.

［762］Jonathan Merritt, Pluralist Models of Policing: Legislating for Police Powers, a Cautionary Note from England and Wales, Policing: Int'l J. Police Strat. & Mgmt, 2009, 32: 377 – 394.

［763］Kenneth Culp Davis. Discretionary Justic: A Preliminary Inquiry, Louisiana State University Press, 1969.

［764］Kimberly A. Lincoln, Stop and Fisk: Search and Seizure on Less Than Probable Cause, Howard Law Journal, 1989, 32: 230 – 231.

［765］Kinghorn (Scotland), Information for the Magistrates and Town-council of the Borough of Kinghorn, Edinburgh, 1861.

［766］Knoke, Thomas. Betriebliche Ordnungsgewalt in Räumlichkeiten des Verwaltungsvermögens: Zugleich ein Beitrag zum "öffentlichen Hausrecht", Archiv des öffentlichen Rechts, 1969, 94 (3): 389, 401.

［767］Kugelmann, Polizei-und Ordnungsrecht, Springer – Verlag Berlin Heidelberg, 2006.

［768］Latocnaye, Les causes de la Révolution de France, et les Efforts de la Noblesse Pour en Arrêter les Progress, J. Mundell, Edimbourg.

［769］Leonard Jason – Lloyd, An Introduction to Policing and Police Powers, 2nd edition, Cavendish Publishing Limited, 2005.

［770］L. Mallonee, Police Power: Proper and Improper Meanings, The Virginia

Law Register, 1917, 3 (1): 862 - 870.

［771］Lotz, Eusebius, über den Begriff der Polizei und den Umfang der Staatspolizeigewalt. Hanisch, Hildburghausen, 1807: IX.

［772］Louis - Antoine Saint - Just, Rapport sur la Police générale (1794), Translated by Christopher Fotheringham, with an Introduction and edited by Jérémie Barthas, Theoria, 2014, 61 (4): 77.

［773］Louis - Pierre Manuel, La Police de Paris dé Voilée, Paris, 1794.

［774］Margaret S. Thomas, Parens Patriae and The States' Historic Police Power, SMU Law Review, 2016, 69: 805 - 806.

［775］Markus Dirk Dubber, Police Power: Patriarchy and the Foundations of American Government, Columbia University Press, 2005.

［776］Maslow. Motivation and personality, Pearson, 1970.

［777］Mc Cauliff, Burdens of Proof: Degree of Belief, Quanta of Evidence, or Constitutional Guarantee, Vand. L. Rev., 1983, 35: 1293, 1325.

［778］M. Dubber, "The Power to Govern Men and Things": Patriarchal Origins of the Police Power in American Law, Buffalo Law Review, 2004, 52: 1277.

［779］Morrison, William Douglas, Crime and Its Causes, 1891.

［780］M. P Glimore, Argument from Roman Law in Political Thought: 1200 - 1600, Harvard University Press, 1941.

［781］Oberregierungsrat Joachim Rott, 100 Jahr "Kreuzberg - Urteil" des PrOVG, NVwZ, 1982.

［782］Peter L. Strauss, The Place of Agencies in Government: Separation of Powers and the Fourth Branch, Columbia Law Review, 1984 (84): 575.

［783］Puchta, G. F. (1828). über Nothwendigkeit und Mittel der Vereinfachung des Geschäftsganges im Deutschen Aemterwesen, Besonders bei den Untergerichten, Archiv für die civilistische Praxis, 11. Bd., H. 2.

［784］P. Van Reenen, The "unpayable" police, 22 Policing Int. J. Police Strat & Mgmt, 1999, 22: 133.

［785］Rethinking Closely Regulated Industries, 129 HARV. L. REV., 2016, 129: 797, 818.

［786］Rick Sarre, The Legal Powers of Private Security Personnel: Some Policy Considerations and Legislative Options, Queensland U. Tech. L. & Just. Journal, 2008, 8: 301 - 313.

［787］R. S. Summers, Evaluating and Improving Legal Process - A Plea for

"Process Values", Cornell Law Review, 1974, 60 (11).

[788] Santiago Legarre, The Historical Background of the Police Power, The University of Pennsylvania Journal of Constitutional Law, 2007, 9748 - 793.

[789] Schade, A, Eigentum und Polizei. Eine verwaltungsrechtliche Untersuchung mit Berücksichtigung der Rechtsprechung des sächsischen Oberverwaltungsgerichts, Archiv des öffentlichen Rechts, 1909, 25 (2): 319.

[790] S. Dunscomb, Jr., The Police Power and Civil Liberty, Columbia Law Review, 1906, 6 (2): 94.

[791] S. H. Bailey, Cases, Materials & Commentary on Administrative Law, London Sweet & Maxwell, 2005.

[792] Stein, Lorenz. Die Verwaltungslehre, I, Stuttgart, 1865.

[793] Thomas Clerkson, Lord Elliock Reporter, Edinburgh, 1765.

[794] Thomas R. Powell, The Police Power in American Constitutional Law, Journal of Comparative Legislation and International Law, Third Series, 1919, 1 (3): 163.

[795] Thos J. Pitts, The Nature and Implications of the Police Power, Kansas City Law Review, 1937 - 1938, 6: 128.

[796] T. Powell, Administrative Exercise of the Police Power. II, Harvard Law Review, 1911, 24 (5): 346.

[797] Von Berg, Günther, Handbuch des Teutschen Policeyrechts. 1. 2. verb. Aufl. Hannover, 1802: 14.

[798] Von Mohl, Robert, Die Polizei - Wissenschaft nach den Grundsätzen des Rechtsstaates. 3. vielfach veränd. Aufl. Tübingen, 1866.

[799] W. Cook, "What Is the Police Power?", Columbia Law Review, 1907, 7 (5): 325 - 334.

[800] William F Fox, Understanding Administrative Law 4th ed, Lexis Publishing companies, 2000.

[801] William Godwin, A Defence of the Rockingham Party, in Their Late Coalition with the Right Honourable Frederic Lord North, J. Stockdale, London, 1783.

[802] William J. Novak, Police Power and the Hidden Transformation of American State, in M. Dubber & M. Valverde edited, Police and the State, Stanford University Press, 2008.

[803] Wolf - Rudiger Schenke, Polizei und Ordnungsrecht, C. F. Müller, 2013.

教育部哲学社会科学研究重大课题攻关项目成果出版列表

序号	书　　名	首席专家
1	《马克思主义基础理论若干重大问题研究》	陈先达
2	《马克思主义理论学科体系建构与建设研究》	张雷声
3	《马克思主义整体性研究》	逄锦聚
4	《改革开放以来马克思主义在中国的发展》	顾钰民
5	《新时期　新探索　新征程——当代资本主义国家共产党的理论与实践研究》	聂运麟
6	《坚持马克思主义在意识形态领域指导地位研究》	陈先达
7	《当代资本主义新变化的批判性解读》	唐正东
8	《当代中国人精神生活研究》	童世骏
9	《弘扬与培育民族精神研究》	杨叔子
10	《当代科学哲学的发展趋势》	郭贵春
11	《服务型政府建设规律研究》	朱光磊
12	《地方政府改革与深化行政管理体制改革研究》	沈荣华
13	《面向知识表示与推理的自然语言逻辑》	鞠实儿
14	《当代宗教冲突与对话研究》	张志刚
15	《马克思主义文艺理论中国化研究》	朱立元
16	《历史题材文学创作重大问题研究》	童庆炳
17	《现代中西高校公共艺术教育比较研究》	曾繁仁
18	《西方文论中国化与中国文论建设》	王一川
19	《中华民族音乐文化的国际传播与推广》	王耀华
20	《楚地出土戰國簡册［十四種］》	陈　伟
21	《近代中国的知识与制度转型》	桑　兵
22	《中国抗战在世界反法西斯战争中的历史地位》	胡德坤
23	《近代以来日本对华认识及其行动选择研究》	杨栋梁
24	《京津冀都市圈的崛起与中国经济发展》	周立群
25	《金融市场全球化下的中国监管体系研究》	曹凤岐
26	《中国市场经济发展研究》	刘　伟
27	《全球经济调整中的中国经济增长与宏观调控体系研究》	黄　达
28	《中国特大都市圈与世界制造业中心研究》	李廉水

序号	书名	首席专家
29	《中国产业竞争力研究》	赵彦云
30	《东北老工业基地资源型城市发展可持续产业问题研究》	宋冬林
31	《转型时期消费需求升级与产业发展研究》	臧旭恒
32	《中国金融国际化中的风险防范与金融安全研究》	刘锡良
33	《全球新型金融危机与中国的外汇储备战略》	陈雨露
34	《全球金融危机与新常态下的中国产业发展》	段文斌
35	《中国民营经济制度创新与发展》	李维安
36	《中国现代服务经济理论与发展战略研究》	陈 宪
37	《中国转型期的社会风险及公共危机管理研究》	丁烈云
38	《人文社会科学研究成果评价体系研究》	刘大椿
39	《中国工业化、城镇化进程中的农村土地问题研究》	曲福田
40	《中国农村社区建设研究》	项继权
41	《东北老工业基地改造与振兴研究》	程 伟
42	《全面建设小康社会进程中的我国就业发展战略研究》	曾湘泉
43	《自主创新战略与国际竞争力研究》	吴贵生
44	《转轨经济中的反行政性垄断与促进竞争政策研究》	于良春
45	《面向公共服务的电子政务管理体系研究》	孙宝文
46	《产权理论比较与中国产权制度变革》	黄少安
47	《中国企业集团成长与重组研究》	蓝海林
48	《我国资源、环境、人口与经济承载能力研究》	邱 东
49	《"病有所医"——目标、路径与战略选择》	高建民
50	《税收对国民收入分配调控作用研究》	郭庆旺
51	《多党合作与中国共产党执政能力建设研究》	周淑真
52	《规范收入分配秩序研究》	杨灿明
53	《中国社会转型中的政府治理模式研究》	娄成武
54	《中国加入区域经济一体化研究》	黄卫平
55	《金融体制改革和货币问题研究》	王广谦
56	《人民币均衡汇率问题研究》	姜波克
57	《我国土地制度与社会经济协调发展研究》	黄祖辉
58	《南水北调工程与中部地区经济社会可持续发展研究》	杨云彦
59	《产业集聚与区域经济协调发展研究》	王 珺

序号	书名	首席专家
60	《我国货币政策体系与传导机制研究》	刘伟
61	《我国民法典体系问题研究》	王利明
62	《中国司法制度的基础理论问题研究》	陈光中
63	《多元化纠纷解决机制与和谐社会的构建》	范愉
64	《中国和平发展的重大前沿国际法律问题研究》	曾令良
65	《中国法制现代化的理论与实践》	徐显明
66	《农村土地问题立法研究》	陈小君
67	《知识产权制度变革与发展研究》	吴汉东
68	《中国能源安全若干法律与政策问题研究》	黄进
69	《城乡统筹视角下我国城乡双向商贸流通体系研究》	任保平
70	《产权强度、土地流转与农民权益保护》	罗必良
71	《我国建设用地总量控制与差别化管理政策研究》	欧名豪
72	《矿产资源有偿使用制度与生态补偿机制》	李国平
73	《巨灾风险管理制度创新研究》	卓志
74	《国有资产法律保护机制研究》	李曙光
75	《中国与全球油气资源重点区域合作研究》	王震
76	《可持续发展的中国新型农村社会养老保险制度研究》	邓大松
77	《农民工权益保护理论与实践研究》	刘林平
78	《大学生就业创业教育研究》	杨晓慧
79	《新能源与可再生能源法律与政策研究》	李艳芳
80	《中国海外投资的风险防范与管控体系研究》	陈菲琼
81	《生活质量的指标构建与现状评价》	周长城
82	《中国公民人文素质研究》	石亚军
83	《城市化进程中的重大社会问题及其对策研究》	李强
84	《中国农村与农民问题前沿研究》	徐勇
85	《西部开发中的人口流动与族际交往研究》	马戎
86	《现代农业发展战略研究》	周应恒
87	《综合交通运输体系研究——认知与建构》	荣朝和
88	《中国独生子女问题研究》	风笑天
89	《我国粮食安全保障体系研究》	胡小平
90	《我国食品安全风险防控研究》	王硕

序号	书名	首席专家
91	《城市新移民问题及其对策研究》	周大鸣
92	《新农村建设与城镇化推进中农村教育布局调整研究》	史宁中
93	《农村公共产品供给与农村和谐社会建设》	王国华
94	《中国大城市户籍制度改革研究》	彭希哲
95	《国家惠农政策的成效评价与完善研究》	邓大才
96	《以民主促进和谐——和谐社会构建中的基层民主政治建设研究》	徐　勇
97	《城市文化与国家治理——当代中国城市建设理论内涵与发展模式建构》	皇甫晓涛
98	《中国边疆治理研究》	周　平
99	《边疆多民族地区构建社会主义和谐社会研究》	张先亮
100	《新疆民族文化、民族心理与社会长治久安》	高静文
101	《中国大众媒介的传播效果与公信力研究》	喻国明
102	《媒介素养：理念、认知、参与》	陆　晔
103	《创新型国家的知识信息服务体系研究》	胡昌平
104	《数字信息资源规划、管理与利用研究》	马费成
105	《新闻传媒发展与建构和谐社会关系研究》	罗以澄
106	《数字传播技术与媒体产业发展研究》	黄升民
107	《互联网等新媒体对社会舆论影响与利用研究》	谢新洲
108	《网络舆论监测与安全研究》	黄永林
109	《中国文化产业发展战略论》	胡惠林
110	《20世纪中国古代文化经典在域外的传播与影响研究》	张西平
111	《国际传播的理论、现状和发展趋势研究》	吴　飞
112	《教育投入、资源配置与人力资本收益》	闵维方
113	《创新人才与教育创新研究》	林崇德
114	《中国农村教育发展指标体系研究》	袁桂林
115	《高校思想政治理论课程建设研究》	顾海良
116	《网络思想政治教育研究》	张再兴
117	《高校招生考试制度改革研究》	刘海峰
118	《基础教育改革与中国教育学理论重建研究》	叶　澜
119	《我国研究生教育结构调整问题研究》	袁本涛 王传毅
120	《公共财政框架下公共教育财政制度研究》	王善迈

序号	书名	首席专家
121	《农民工子女问题研究》	袁振国
122	《当代大学生诚信制度建设及加强大学生思想政治工作研究》	黄蓉生
123	《从失衡走向平衡：素质教育课程评价体系研究》	钟启泉 崔允漷
124	《构建城乡一体化的教育体制机制研究》	李 玲
125	《高校思想政治理论课教育教学质量监测体系研究》	张耀灿
126	《处境不利儿童的心理发展现状与教育对策研究》	申继亮
127	《学习过程与机制研究》	莫 雷
128	《青少年心理健康素质调查研究》	沈德立
129	《灾后中小学生心理疏导研究》	林崇德
130	《民族地区教育优先发展研究》	张诗亚
131	《WTO主要成员贸易政策体系与对策研究》	张汉林
132	《中国和平发展的国际环境分析》	叶自成
133	《冷战时期美国重大外交政策案例研究》	沈志华
134	《新时期中非合作关系研究》	刘鸿武
135	《我国的地缘政治及其战略研究》	倪世雄
136	《中国海洋发展战略研究》	徐祥民
137	《深化医药卫生体制改革研究》	孟庆跃
138	《华侨华人在中国软实力建设中的作用研究》	黄 平
139	《我国地方法制建设理论与实践研究》	葛洪义
140	《城市化理论重构与城市化战略研究》	张鸿雁
141	《境外宗教渗透论》	段德智
142	《中部崛起过程中的新型工业化研究》	陈晓红
143	《农村社会保障制度研究》	赵 曼
144	《中国艺术学学科体系建设研究》	黄会林
145	《人工耳蜗术后儿童康复教育的原理与方法》	黄昭鸣
146	《我国少数民族音乐资源的保护与开发研究》	樊祖荫
147	《中国道德文化的传统理念与现代践行研究》	李建华
148	《低碳经济转型下的中国排放权交易体系》	齐绍洲
149	《中国东北亚战略与政策研究》	刘清才
150	《促进经济发展方式转变的地方财税体制改革研究》	钟晓敏
151	《中国—东盟区域经济一体化》	范祚军

序号	书　名	首席专家
152	《非传统安全合作与中俄关系》	冯绍雷
153	《外资并购与我国产业安全研究》	李善民
154	《近代汉字术语的生成演变与中西日文化互动研究》	冯天瑜
155	《新时期加强社会组织建设研究》	李友梅
156	《民办学校分类管理政策研究》	周海涛
157	《我国城市住房制度改革研究》	高　波
158	《新媒体环境下的危机传播及舆论引导研究》	喻国明
159	《法治国家建设中的司法判例制度研究》	何家弘
160	《中国女性高层次人才发展规律及发展对策研究》	佟　新
161	《国际金融中心法制环境研究》	周仲飞
162	《居民收入占国民收入比重统计指标体系研究》	刘　扬
163	《中国历代边疆治理研究》	程妮娜
164	《性别视角下的中国文学与文化》	乔以钢
165	《我国公共财政风险评估及其防范对策研究》	吴俊培
166	《中国历代民歌史论》	陈书录
167	《大学生村官成长成才机制研究》	马抗美
168	《完善学校突发事件应急管理机制研究》	马怀德
169	《秦简牍整理与研究》	陈　伟
170	《出土简帛与古史再建》	李学勤
171	《民间借贷与非法集资风险防范的法律机制研究》	岳彩申
172	《新时期社会治安防控体系建设研究》	宫志刚
173	《加快发展我国生产服务业研究》	李江帆
174	《基本公共服务均等化研究》	张贤明
175	《职业教育质量评价体系研究》	周志刚
176	《中国大学校长管理专业化研究》	宣　勇
177	《"两型社会"建设标准及指标体系研究》	陈晓红
178	《中国与中亚地区国家关系研究》	潘志平
179	《保障我国海上通道安全研究》	吕　靖
180	《世界主要国家安全体制机制研究》	刘胜湘
181	《中国流动人口的城市逐梦》	杨菊华
182	《建设人口均衡型社会研究》	刘渝琳
183	《农产品流通体系建设的机制创新与政策体系研究》	夏春玉

序号	书　名	首席专家
184	《区域经济一体化中府际合作的法律问题研究》	石佑启
185	《城乡劳动力平等就业研究》	姚先国
186	《20世纪朱子学研究精华集成——从学术思想史的视角》	乐爱国
187	《拔尖创新人才成长规律与培养模式研究》	林崇德
188	《生态文明制度建设研究》	陈晓红
189	《我国城镇住房保障体系及运行机制研究》	虞晓芬
190	《中国战略性新兴产业国际化战略研究》	汪　涛
191	《证据科学论纲》	张保生
192	《要素成本上升背景下我国外贸中长期发展趋势研究》	黄建忠
193	《中国历代长城研究》	段清波
194	《当代技术哲学的发展趋势研究》	吴国林
195	《20世纪中国社会思潮研究》	高瑞泉
196	《中国社会保障制度整合与体系完善重大问题研究》	丁建定
197	《民族地区特殊类型贫困与反贫困研究》	李俊杰
198	《扩大消费需求的长效机制研究》	臧旭恒
199	《我国土地出让制度改革及收益共享机制研究》	石晓平
200	《高等学校分类体系及其设置标准研究》	史秋衡
201	《全面加强学校德育体系建设研究》	杜时忠
202	《生态环境公益诉讼机制研究》	颜运秋
203	《科学研究与高等教育深度融合的知识创新体系建设研究》	杜德斌
204	《女性高层次人才成长规律与发展对策研究》	罗瑾琏
205	《岳麓秦简与秦代法律制度研究》	陈松长
206	《民办教育分类管理政策实施跟踪与评估研究》	周海涛
207	《建立城乡统一的建设用地市场研究》	张安录
208	《迈向高质量发展的经济结构转变研究》	郭熙保
209	《中国社会福利理论与制度构建——以适度普惠社会福利制度为例》	彭华民
210	《提高教育系统廉政文化建设实效性和针对性研究》	罗国振
211	《毒品成瘾及其复吸行为——心理学的研究视角》	沈模卫
212	《英语世界的中国文学译介与研究》	曹顺庆
213	《建立公开规范的住房公积金制度研究》	王先柱

序号	书名	首席专家
214	《现代归纳逻辑理论及其应用研究》	何向东
215	《时代变迁、技术扩散与教育变革：信息化教育的理论与实践探索》	杨浩
216	《城镇化进程中新生代农民工职业教育与社会融合问题研究》	褚宏启 薛二勇
217	《我国先进制造业发展战略研究》	唐晓华
218	《融合与修正：跨文化交流的逻辑与认知研究》	鞠实儿
219	《中国新生代农民工收入状况与消费行为研究》	金晓彤
220	《高校少数民族应用型人才培养模式综合改革研究》	张学敏
221	《中国的立法体制研究》	陈俊
222	《教师社会经济地位问题：现实与选择》	劳凯声
223	《中国现代职业教育质量保障体系研究》	赵志群
224	《欧洲农村城镇化进程及其借鉴意义》	刘景华
225	《国际金融危机后全球需求结构变化及其对中国的影响》	陈万灵
226	《创新法治人才培养机制》	杜承铭
227	《法治中国建设背景下警察权研究》	余凌云
……		